普通高等教育“十一五”国家级规划教材

U0803171

环境法与环境执法

（第三版）

朴光洙　主编
刘定慧　马品懿　刘　湘　王　政　宋海鸥　副主编
王灿发　主审

中国环境出版集团·北京

图书在版编目（CIP）数据

环境法与环境执法/朴光洙主编．—北京：中国环境出版集团，2015.4（2021.8 重印）
普通高等教育“十一五”国家级规划教材
ISBN 978-7-5111-2274-2

Ⅰ．①环…　Ⅱ．①朴…　Ⅲ．①环境保护法—中国—高等学校—教材　Ⅳ．①D922.68

中国版本图书馆 CIP 数据核字（2015）第 041414 号

出 版 人　武德凯
责任编辑　曹　玮　沈　建
助理编辑　宾银平　郑中海
责任校对　任　丽
封面设计　彭　杉

出版发行　中国环境出版集团
（100062　北京市东城区广渠门内大街 16 号）
网　　址：http：//www.cesp.com.cn
电子邮箱：bjgl@cesp.com.cn
联系电话：010-67112765（编辑管理部）
010-67113412（第二分社）
发行热线：010-67125803，010-67113405（传真）
印　　刷　北京中科印刷有限公司
经　　销　各地新华书店
版　　次　2002 年 4 月第 1 版　2015 年 4 月第 3 版
印　　次　2021 年 8 月修订第 3 次印刷
开　　本　787×1092　1/16
印　　张　33
字　　数　811 千字
定　　价　78.00 元

《环境法与环境执法》（第三版）
编委会

主　　编　朴光洙

副 主 编　刘定慧　马品懿　刘　湘　王　政　宋海鸥

编写人员　曹晓凡　宋海鸥　朴光洙　王　政　刘　湘
马品懿　刘永鑫　刘　斌　夏振鹏　杨晓婉
高　原　陈　晨　朴可佳

主　　审　王灿发

第三版说明

党的十八大报告提出："把生态文明建设放在突出地位，融入经济建设、政治建设、文化建设、社会建设各方面和全过程，努力建设美丽中国，实现中华民族永续发展。"实现党的十八大提出的这一目标，贯彻"保护优先"原则，促进绿色发展，必须加强和完善环境法制，把环境保护纳入法制轨道，"用严格的法律制度保护生态环境，加快建立有效约束开发行为和促进绿色发展、循环发展、低碳发展的生态文明法律制度，强化生产者环境保护的法律责任，大幅度提高违法成本。建立健全自然资源产权法律制度，完善国土空间开发保护方面的法律制度，制定完善生态补偿和土壤、水、大气污染防治及海洋生态环境保护等法律法规，促进生态文明建设。"

习近平总书记指出："只有实行最严格的制度、最严密的法治，才能为生态文明建设提供可靠保障。"新修订的《环境保护法》以改革创新的精神，在许多方面对原有的《环境保护法》做出了超越和突破，被称为"史上最严的法""世界上最好的环保法之一"，为推动多元共治的现代环境治理体系建设，推动环境管理转型，强化环境监管，严厉打击环境违法、犯罪行为，有效地遏制环境污染和生态破坏，改善环境质量，促进环境保护与经济建设协调发展，推进生态文明建设，提供了有力的法制保障。

《环境法与环境执法》第二版付印以来，我国召开了第七次全国环境保护大会，先后发布了《国务院关于加强环境保护重点工作的意见》（国发〔2011〕35号）、《国家环境保护"十二五"规划》（国发〔2011〕42号）、《国务院关于印发大气污染防治行动计划的通知》（国发〔2013〕37号）、《国务院关于印发水污染防治行动计划的通知》（国发〔2015〕17号）、《国务院关于加强环境监管执法的通知》（国办发〔2014〕56号）、《国务院关于促进海洋渔业持续健康发展的若干意见》（国发〔2013〕11号）、《国务院关于印发国家级自然保护区调整管理规定的通知》（国函〔2013〕129号）。2014年10月23日，党的第十八届四中全会通过了《中共中央关于全面推进依法治国若干重大问题的决定》。与此同时，先后颁布（修订）了《环境保护法》《行政强制法》《行政诉讼法》《国家赔偿法》《侵权责任法》《循环经济促进法》《清洁生产促进法》《水土保持法》《渔业法》《中华人民共和国刑法修正案（九）》《最高人民法院、最高人民检察院关于办理环境污染刑事案件适用法律若干问题的解释》《规划环境影响评价条例》《畜禽规模养殖污染防治条例》《城镇排水与污水处理条例》《太湖流域管理条例》《南水北调工程供用水管理条例》《危险化学品安全管理条例》《放射性废物安全管理条例》《放射性物品运输安全管理条例》《消耗臭氧层物质管理条例》《防治船舶污染海洋环境管理条例》《废弃电器电子产品回收处理管理条例》《土地复垦条例》《土地管理法实施条例》《国有土地上房屋征收与补偿条例》《水土保持法实施条例》《抗旱条例》《森林防火条例》《草原防火条例》《水生野生动物保护实施条例》《陆生野生动物保护实施条例》《环境行政处罚办法》《环境监察办法》《环境行政执法后督察办法》《环境保护主管部门实施按日连续处罚办法》《环境保护主管部门实施查封、扣押办法》《环境保护主管部门实施限制生产、停产整治办法》《环境突发事件处理规定》《行政主管部门移送适用行政拘留环境违法案件暂行办法》《企业事业单位环境信息公开办法》等一系列环境资源保护法律、法规、规章及规范性文件，这些都为本教材的修改提供了大量信息，提出了新的内容、新的要求、新的高度。

同时，为满足我国高等院校环境类专业深化教育教学改革、进一步提高人才培养质量的目的也需要把本教材修改成更加适应新形势的发展，更加具有环保特色的实用性强的教材。本书第三版，主要是根据近年来颁布、修改的法律、法规、规章的变化，为适应我国高等教育发展的需要而修订的。

本书结构为上下两篇共十六章，上篇包括环境法概述、环境监督管理体制、环境法律制度、环境标准、环境污染防治的法律规定、自然资源保护的法律规定、环境法律责任七章；下篇包括环境执法概述、环境违法行为认定、环境行政许可、环境行政处罚、环境侵权纠纷的行政处理、环境行政复议、环境行政诉讼、环境行政赔偿、环境执法文书九章。

本书在第二版的基础上将原第九章环境违法行为和证据调整为环境违法行为认定；将原第十二章环境污染民事纠纷的行政处理调整为环境侵权纠纷的行政处理。本书的修订始终坚持“新、精、实”的基本原则，在教材编写模式风格上立足改革创新做了较大调整，力求鲜活、精练、实用，突出重点、难点、热点，将每章设计为职业目标与学习要求、引例与思考、本章小结、思考题、延伸阅读及实训案例，并采用了大量表格、图表、专栏，精选了与章节内容相关的案例、阅读资料以及附有环境保护主要法律、法规、规章目录，力求图文并茂，以案说法，深入浅出，通俗易懂，理论与实际紧密结合，更适合高等院校环境类专业教学及环境保护培训教学。

由于水平所限，书中不妥之处，敬请读者和同行们批评指正。

作者

2015年1月5日

第二版说明

《国务院关于落实科学发展观加强环境保护的决定》（国发〔2005〕39号）和2006年4月第六次全国环境保护大会的召开，标志着我国环境保护工作进入了一个新的发展时期。随着我国环保事业的发展，环境法制建设也有了很大的发展。

推进历史性转变，以环境保护优化经济增长，实现国家环境保护目标，必须加强环境法制建设，"坚持依法办事，把人口资源环境工作纳入法制轨道"。当前，加强环境法制建设，"健全和完善环境法律、法规体系，建立完备的环境执法监督体系，坚决做到有法必依、执法必严、违法必究，严厉查处环境违法行为和案件"，宣传、贯彻落实"国家环境保护意志"已成为全面落实科学发展观，构建和谐社会，顺应世界环境管理潮流的必然要求和重要保障。

《环境法与环境执法》（第一版）出版发行以来，我国先后颁布、修订了《行政许可法》《环境影响评价法》《放射性污染防治法》《固体废物污染环境防治法》《土地管理法》《水法》《渔业法》《草原法》《野生动物保护法》《农业法》《水污染防治法》等一系列法律、法规及规章。尤其是本教材2006年被教育部列入"十一五"国家级规划教材，就更需要修改成适应新形势的发展，具有高职高专特色的教材。本书第二版，主要是根据上述近年来颁布、修订的法律、法规的变化，为适应我国高职高专教育发展的需要而修订的。

本书共两篇十六章，上篇包括环境法概述、环境监督管理体制、环境法律制度、环境标准、环境污染防治的法律规定、保护自然资源的法律规定、环境法律责任七章；下篇包括环境执法概述、环境违法行为和证据、环境行政许可、环境行政处罚、环境污染民事纠纷的行政处理、环境行政复议、环境行政诉讼、环境行政赔偿、环境执法文书九章。

本书在第一版的基础上增加了环境监督管理体制、环境执法概述、环境违法行为及证据、环境行政许可、环境执法文书五章，删去了法律基础知识、国际环境法两章。

由于水平所限，书中不妥之处，敬请读者和同行批评指正。

作者

2008年3月16日

前言（第一版）

《环境法与环境执法》是首次为高等学校环境保护专业大专班环境法教学而编写的教材，也是为适应我国加入WTO和实现“十五”环境保护目标、任务必须加快环境保护专门人才的培养，提高我国环保队伍整体素质的要求而编写的。全书共十八章，主要内容包括法律基础知识、环境法总论、环境法分论、环境执法程序和国际环境法五个部分。

本书力图理论与实践相结合，对法律基础知识、我国的环境法体系、环境法的基本原则和制度、环境法律责任，以及《环境污染防治法》与《资源保护法》的立法精神、要点和《国际环境法》的有关问题等进行了全面、系统的论述。尤其是本书在编写过程中注意总结、归纳并吸收了环境立法与环境执法实践中的成功经验，对环境保护领域中的行政处罚、行政调处、行政复议、行政诉讼、行政赔偿、行政强制执行等行政执法程序方面的问题进行了较深入的有益探讨和系统阐述，从而使本教材具有不同于其他环境法教材和专门适合于高等学校环境保护专业大专班环境法教学的特色。

本书在编写过程中，特别注意吸纳现行的最新颁布的环境法律、法规、规章、标准和有关环境政策的新内容、新精神，体现了我国环境保护工作以人为本，实行环境污染防治与生态环境保护并重，不断加大环境执法力度，强化环境监督管理的精神，注重了环境法律规范本身的时效性和准确性，突出了对环境监督管理工作的指导性和适用性。

本书内容较全面、翔实，涵盖了高等学校环保专业的本专科环境法教学大纲内容及各级环境管理、环境法制、环境监察、资源管理干部自学或培训所需的基本内容。因此，本书除作为高等学校环境保护专业教材之外，也可供上述人员学习参考。

近几年，我们在高等学校环保专业的环境法教学与地方环保干部的环境执法培训教学方面做了一些有益的尝试，曾组织了环境法教材的编写工作。但是，由于我国环境法学的理论和体系尚处于开拓发展中，要建立和完善全国统一的具有高等学校环保专业特色的环境法学教学体系和内容，还有待于从事环境法教学、研究和实际工作的专业人员、管理人员的携手合作与共同努力。

当前，我国正处在应对加入WTO及实现“十五”环境保护规划的新形势，这必将对环境法与环境执法的教学实践，对环境管理专门人才的培养带来一系列的新问题，也必将有力地促进我国环境法制建设的发展。我们将不断总结经验，虚心听取来自各方面的宝贵意见，并根据环境保护形势发展的需要，对教材适时地进行修订。

由于水平所限，书中的缺点和错误在所难免，诚恳地希望读者和同行提出批评和建议，供修订时参考。

作者

2002 年 2 月 26 日

目　录

上篇　环境法总论

下篇　环境执法

上篇　环境法总论

本篇作为全书的基础，主要介绍环境法的基础知识、污染防治法规、自然资源保护法规及法律责任，包括环境法概述、环境监督管理体制、环境法律制度、环境标准、环境污染防治的法律规定、自然资源保护的法律规定及环境法律责任七章。

第一章环境法概述，主要内容有：环境法的概念、作用、环境法律关系、环境法的适用范围及环境法的体系（重点介绍《中华人民共和国环境保护法》的要点）、环境法的基本原则；第二章环境监督管理体制，主要内容有：环境监督管理机构及职责、企业事业单位和其他生产经营者环境保护的责任及企业环境监督员的职责；第三章环境法律制度，主要内容有：环境法律制度的形成、作用及主要环境法律制度的具体内容（将原八项制度增加为十二项制度，重点对环评制度、排污许可证制度、总量控制制度、环境保护税制度、环境应急制度、环境信息公开制度等进行调整和补充新内容）；第四章环境标准，主要内容有：环境标准体系、环境标准的分类及常用的国家环境质量标准和排放标准目录；第五章环境污染防治的法律规定，主要内容有：防治大气、水、海洋、噪声、固废、其他有毒有害物污染的立法概况、法律制度及主要措施；第六章自然资源保护的法律规定，主要内容有：土地资源保护、矿产资源保护、水资源保护、水土保持、森林资源保护、草原资源保护、野生动植物资源保护、渔业资源保护及自然保护区保护的立法概况、法律制度及主要措施；第七章环境法律责任，主要内容有：环境行政责任、环境民事责任及环境刑事责任（重点补充介绍了《最高人民法院、最高人民检察院关于办理环境污染刑事案件适用法律若干问题的解释》）。

第一章　环境法概述

职业能力目标与学习要求

1. 了解环境法的含义及适用范围。
2. 理解环境法律关系的含义和内容。
3. 理解环境法的基本原则。
4. 掌握环境法的体系。

【引　例】

位于广州市的黄沙水产交易市场（以下简称黄沙市场）是华南地区最大的水产品综合市场。由于黄沙市场是一个24h全天候的批发交易市场，因此对居住在市场附近的居民的生活有着不小的影响：水产品散发着大量令人不适的气味，市场每天要排放大量的污水，进出市场的机动车辆排放的噪声也加重了周边的噪声负荷……居住在市场附近的居民都苦不堪言。由于黄沙市场的不断发展，业务量逐年扩大，有关单位拟对黄沙市场进行扩建，计划将原来的2.5万m^2的占地面积增加至5.2万m^2。为此，环境保护部门在审查该项目的环境影响评价文件过程中积极贯彻公众参与原则，召开了公众座谈会，邀请了当地18位公众代表参与评估，听取群众的意见。

本案引发的法律思考：

1. 从预防为主的环境法律要求看，本案有哪些不合理之处？
2. 分析本案中的环境法律关系。
3. 公众参与环境管理的途径是什么？

第一节　环境法的概念及作用

一、环境法的概念

环境法是指调整因保护和改善生活环境与生态环境、防治环境污染和其他公害而产生的社会关系的法律规范的总称。

（一）环境法是调整人们在环境保护中产生的社会关系的法律规范

环境问题分为两类：原生环境问题和次生环境问题。由自然界的运动引发的环境问题称为原生或者第一类环境问题；由人类活动引起的环境问题，则称为次生或者第二类环境问题。原生或者第一类环境问题不属于环境法的调整范围，环境法只调整次生或者第二类环境问题。这是因为，任何法律只调整人与人之间的社会关系，具体到环境法而言，其只调整因人类活动引起的环境问题中人与人之间的社会关系。虽然环境法需要协调人与自然的关系，但是环境法是通过调整人与人之间的关系来实现协调人与自然关系的目的的。

（二）环境法调整的社会关系具有特定的范围

并非与环境有关的所有社会关系都由环境法调整，它只调整人们在保护和改善生活环境与生态环境、防治环境污染和其他公害而产生的社会关系，即环境保护关系。以海洋法为例，涉及对海洋的所有权、使用权、管理权和保护权等方面的法律都可以称为海洋法，但是《中华人民共和国海洋环境保护法》（以下简称《海洋环境保护法》）只调整因保护和改善海洋环境、合理开发利用海洋资源、防止海洋污染损害而产生的社会关系，而这些社会关系只是海洋法律关系的一部分。因此，将《海洋环境保护法》等同于海洋法是不正确的。

（三）环境法是指一切调整环境保护关系的法律规范的总和

环境法是指一切与保护和改善生活环境与生态环境，防治环境污染和其他公害的法律规范的总称。它包括：全国人大制定的《中华人民共和国宪法》（以下简称《宪法》）中有关环境保护的规范、全国人大常委会制定的综合性环境保护基本法即《中华人民共和国环境保护法》（以下简称《环境保护法》）以及各种自然资源保护和污染防治单行法；国务院制定的环境保护行政法规和国务院各部、委、局、发布的环境保护规章；地方性环境保护法规和地方政府环境保护规章。

二、环境法的特征

我国的环境法和其他部门法一样，既具有我国法律的共同属性；同时，作为一个独立法律部门，也具有自身的特征。

（一）科学技术性

环境法具有很强的科学技术性，它不仅反映社会经济规律和自然生态规律，还反映环境科学规律。环境法的目的、任务、基本原则、基本制度等都体现了这些规律，这就是环境法的科学性。环境法中有关保护自然资源和防治环境污染的许多措施，环境保护基本原则、基本制度，以及大量的环境保护标准，都是从环境科学研究成果和环境保护实践中，由技术规范上升而来的，这就是环境法的技术性。科学技术性是环境法的最根本属性，并且对环境法的立法、执法、司法、法律服务、法律教育等都产生了深刻的影响。

（二）综合性

从形成的基础看，环境法是以法学和环境科学为基础，是邻近诸部门法和有关自然科学相互交叉与渗透的产物。从法律规范和性质看，既有行政、民事、刑事等实体法规范，也有与之相对应的行政诉讼、民事诉讼和刑事诉讼等程序法规范。从立法机关的种类和地位看，既包括中央立法机关，也包括地方立法机关。从调整的社会关系涉及的方面看，包括政治、经济、文化、外交、军事等社会生产、生活的各个方面。从保护对象看，环境法保护的范围包括 15 个环境因素，并且正在随着经济、科学技术的发展和人们的需求而不断扩大。从调整方法看，它是综合型的，多种多样，包括行政、经济、科技、宣教和法律手段等。从监管部门看，除了包括县级以上环境保护行政主管部门以外，还包括海洋、港监、海事、渔业等依法行使环保监管权的行政主管部门。

（三）可持续发展性

在 1992 年以前，我国环境法的一些原则、制度和措施就体现了可持续发展的思想，但明确提出和较充分体现这一特点的，要算 1992 年联合国环境与发展大会之后。从立法目的看，经修订后颁布的《海洋环境保护法》《中华人民共和国大气污染防治法》（以下简称《大气污染防治法》）、《中华人民共和国土地管理法》（以下简称《土地管理法》）、《中华人民共和国森林法》（以下简称《森林法》）、《中华人民共和国草原法》（以下简称《草原法》）、《中华人民共和国渔业法》（以下简称《渔业法》）、《中华人民共和国水法》（以下简称《水法》）等法律和新出台的《中华人民共和国防沙治沙法》（以下简称《防沙治沙法》）、《中华人民共和国清洁生产促进法》（以下简称《清洁生产促进法》）、《中华人民共和国环境影响评价法》（以下简称《环境影响评价法》）、《中华人民共和国可再生能源法》（以下简称《可再生能源法》）等法律，都明确规定了可持续发展的思想。从法律原则看，体现出可持续发展性的有：保护优先原则、预防为主原则和环境责任原则。从法律制度上看，体现出可持续发展性的有：环境影响评价制度、征收生态补偿费、污染物排放总量控制、淘汰落后设备工艺和实行清洁生产等。从保护和防治措施看，有鼓励开发和使用清洁能源、推广清洁生产工艺、保护湿地和退耕还林等。从法律责任看，普遍规定了责令限期改正违法行为，按日连续处罚，停业、关闭污染严重的排污企事业单位等。

（四）共同性

人类只有一个地球，赖以生存的地球生态环境是一个整体。当代环境问题与资源危机已经不是某一个国家或局部地区的问题，不少已经超越国界而成为全球性的问题，需要国际社会与世界各国的合作协调与共同努力去解决。环境保护的原则与环境管理的规则在许多情况下超越了国界及社会制度、文化背景的局限，具有世界普遍一致性。在当今世界，联合国及国际组织有关全球环境资源保护的一系列宣言、宪章、公约等的要求，对各国的环境立法与实施产生了广泛而深刻的影响；同时，由于各国环境问题大多与经济发展、生产管理、资源利用与科技水平密切相关，所以有关环境立法的诸多措施与规定，各国有必要相互交流与借鉴。

（五）公益性

环境法作为法的一个部门，当然要反映制定或认可它的统治阶级的意志和利益即具有阶级性。但与阶级性与政治职能较强的宪法、刑法等公法部门相比较，环境法较少体现阶级利益的对立与冲突，而着眼于解决人与自然之间的矛盾，特别关注的是人类生存与发展意义上的公共利益与基本人权，侧重于“为一般社会福利而立法”，属于社会立法的范畴。

由于生态环境是人类的经济与社会可持续发展的基础，生态文明是现代社会文明的重要组成部分，因而以保护与改善生态环境为目的的环境法就是以社会公共利益为本位的法。

三、环境法的作用

（一）环境法是实施环境监督管理，实现环境保护目的的法律依据

要改变环境问题日趋严重的现状，国家在采取宣传教育、行政、经济和科技等手段的同时，必须采取强有力的法律手段。要切实改变有法不依、执法不严、违法不究的状况。各级政府应依法将环境保护规划纳入国民经济和社会发展计划，采取有利于环境保护的经济、技术政策和措施，力戒决策不当对环境造成重大失误。行政、司法部门要加大执法、司法力度，凡是污染或者破坏环境的，要依法追究法律责任，绝不姑息。同时，要加强环境监督管理队伍建设，认真学习和坚决执行环境保护法，严肃查处以言代法、以权谋私、以罚代刑等渎职行为。

（二）环境法是提高广大干部群众环境保护意识和法制观念的好教材

《环境保护法》规定了国家机关、社会团体、企业事业单位和公民在环境保护中的职责和权利、义务，使人们懂得什么是法律所禁止的、什么是法律所鼓励的，从而获得判断是非、合法与违法的标准。各级环境保护部门要努力提高监督管理能力，开展环境警示教育，鼓励公众参与，发挥新闻媒体的舆论监督作用。《环境保护法》要求一切单位和个人，自觉履行保护环境的义务，并对污染和破坏环境的单位和个人进行检举和控告。广大群众

专栏 1-1 《无极》剧组破坏天山天池案

2004 年，陈凯歌导演的电影《无极》在云南省迪庆藏族自治州香格里拉碧沽天池取景拍摄。该地位于风景名胜区千湖山片区，属于“三江并流”世界自然遗产地。剧组在此搭建了 3 个临时工棚、1 座取名“海棠精舍”的钢筋水泥建筑物，铺设了一条长 100m、宽 4m 的砂石路，1 座长 100 多 m、宽 2.7m 的木桥，1 条长约 20m、宽 4m 的栈道。为修建砂石道路、栈道及“海棠精舍”，剧组共毁坏并占用高山草甸及灌木林地 500m^2。

2004 年 6 月 14 日，该剧组完成拍摄，撤离碧沽天池。2005 年 8 月，剧组委托地方有关部门进行场地清理和拆除恢复工作，但因种种原因，直到 2006 年 4 月底，清理工作因环境保护部门介入和媒体曝光后才开始进行。在建设部的督促下，云南有关方面对《无极》剧组破坏香格里拉生态环境一事进行调查。具体负责调查的云南省迪庆藏族自治州行政监察局最终出具的调查结果表明：“海棠精舍”及砂石道路等破坏了碧沽天池周围部分高山草甸和高山灌丛植被，对碧沽天池周围的自然生态环境造成不良影响。2006 年 8 月，影片《无极》剧组因拍摄过程中对香格里拉生态环境造成破坏被处以 9 万元罚款，香格里拉县分管副县长因负有领导责任被免职。

此后，原建设部发布通知，要求严格限制在风景名胜区内进行影视拍摄活动。

要学会运用《环境保护法》，积极参与环境保护事业，以维护国家和公民个人的环境权益。

（三）环境法是维护我国环境权益的重要武器

臭氧层破坏、温室效应、海洋污染和放射性泄漏等，其危害范围往往跨越国界，这就涉及国家间环境权益的维护问题。近年来，随着对外贸易、引进外资和旅游业的发展，一些发达国家或者地区向我国内地转嫁污染；某些地区还发生外来物种入侵和珍稀、濒危野生动植物被偷运出境等破坏生态平衡的现象。为了维护我国环境权益，《环境保护法》已设置了相应的规范。这些规定，体现了我国《环境保护法》在维护国家环境权益中的重要作用。有关部门、企业事业单位和个人，要结合我国加入世贸组织面临的新形势，正确运用《环境保护法》的有关规定，坚决维护国家、单位和个人的环境权益。

（四）环境法是促进环境保护的国际交流与合作、保护世界环境的重要手段

20 世纪 80 年代以来，我国积极参与国际环境保护事业，签署多项国际环境保护条约。例如，《保护臭氧层维也纳公约》及其议定书、《控制危险废物越境转移及其处置巴塞尔公约》《联合国气候变化框架公约》《生物多样性公约》和《联合国海洋法公约》；特别是 1992 年在联合国环境与发展大会上，我国提出了加强环境与发展领域国际合作的五点主张，突出了国际环境保护中的国家主权地位，为其他发展中国家伸张正义，受到会议的重视和国际社会的好评。此外，我国还加强了与周边国家和地区环境保护交流与合作。我国代表在各种国际环保会议上多次表示，愿为保护和改善全球环境作出积极的贡献，但是不能承诺与我国发展水平不相适应的义务。众所周知，世界环境的恶化主要是发达国家造成的，它们理应多负起责任。我国坚决反对一些发达国家借环保问题干涉别国内政，在国内环保立法方面也体现了这一原则立场。

第二节　环境法律关系

一、环境法律关系的概念和特征

（一）环境法律关系的概念

法律关系是指由法律规范所确认的当事人之间的具有权利、义务内容的社会关系。环境法律关系是指环境法主体，在利用、保护和改善环境与资源的活动中形成的由环境法规范所确认和调整的具有权利、义务内容的社会关系。

在现实的社会生产和生活中，人与人之间要发生多方面的联系，从而形成各种社会关系。有些社会关系需要法律进行调整并具有法律上的权利与义务的内容，这种社会关系便成为法律关系。由于各种不同的法律规范调整的社会关系具有不同的权利、义务内容而形成各种不同的法律关系，如民事法律关系、刑事法律关系、行政法律关系等，由环境法律规范所调整的人们在利用、保护和改善环境活动中所产生的社会关系，便是环境法律关系。

环境法律关系的产生，同其他法律关系一样，首先要以现行的环境法律规范的存在为前提，没有相应的法律规定，就不会产生相应的法律关系。一切法律关系都具有权利、义务内容，并由国家强制力保证，是具有强制性的社会关系。国家把人们在利用、保护环境与资源活动中形成的社会关系上升为环境法律关系，表明国家要对这个领域的活动进行法律调整，使人们的有关活动受法律的制约并产生相应法律后果，从而加强国家对环境与资源的管理保护。

（二）环境法律关系的特征

环境法律关系作为法律关系的一种，具有一般法律关系的共性，但是，由于环境法律关系的特殊性，又使其不同于一般法律关系而具有自己的特征。

1. 环境法律关系是人与人之间的关系，但又通过人与人的关系体现人与自然的关系

环境法律关系虽然发生在人与人之间，但它并不单纯是一种人与人之间的社会联系，究其发生的根源，是人们在各种同自然环境打交道的过程中，即在利用、保护和改善环境的活动中形成的人与人之间的关系，是人与人之间和人与环境之间相互关系的结合，环境是个中介物，离开了人与环境的关系，也就没有了环境法律关系。通过人与人的关系来体现人与自然的关系，是环境法律关系不同于婚姻家庭关系、诉讼法律关系等其他仅仅表现为人与人之间关系的法律关系的重要特征。

2. 环境法律关系是一种思想社会关系，但决定这种思想关系的除了社会经济基础外，还有自然因素

任何法律关系都是一种人与人之间的非物质关系，即思想社会关系，因为法律关系的形成和实现体现了国家意志和当事人的意志，属于上层建筑的范畴。但是，不能把这种思想关系理解为是主观随意的，归根结底它要受社会物质生产关系即经济关系的制约，就环境法律关系来说，更重要的是还要受人与自然关系的制约、受自然规律的制约。

3. 环境法律关系具有广泛性

环境法律关系具有广泛性和综合性的特征。参与环境法律关系的主体，既包括国家、国家机关，也包括各种企业事业单位、其他社会组织和公民。在环境法律关系中，有依据行政法规范确立的环境法律关系，也有按民法规范确立的环境法律关系，还有按刑法规范确立的环境法律关系。[①]

二、环境法律关系的构成要素

环境法律关系的构成要具备主体、内容和客体三个要素。

（一）环境法律关系的主体

环境法律关系的主体是指依法享有权利和承担义务的环境法律关系的参加者。在我国，环境法律关系的主体包括：国家、国家机关、企业事业单位、其他社会组织和自然人。

---

① 金瑞林．环境法学．北京：北京大学出版社，2002：29．

1. 国家

在国际环境法律关系中，国家是法律关系的主体。例如在缔结与环境保护有关的国际条约时，国家以环境法律关系的主体身份出现。

2. 国家机关

国家的环境管理活动中，国家机关特别是环境保护的主管机关，经常以主体身份参加环境法律关系，如环境保护机关进行的环境执法活动。

3. 企业事业单位和其他组织

企业事业单位和其他组织以主体身份参与开发和利用环境的活动。同国家机关一样，企业事业单位也是环境法律关系的主要参加者。

4. 自然人

自然人既有享有良好环境的权利，又有保护环境的义务，而且通常没有权利能力的限制，因此自然人也是环境法律关系的广泛参加者。

（二）环境法律关系的内容

环境法律关系的内容，是指法律关系的主体依法所享有的权利和所承担的义务。主体享有的权利，是指某种权能或利益，它表现为权利主体可以自己作出一定的行为，或相应地要求他人作出或不作出一定的行为。

1. 权利

在环境法律关系中，主体所享有的权利称为环境权。所谓环境权，是指环境法律关系主体享有适合自身生存和发展的良好环境的法律权利。从权利主体的角度划分，环境权包括公民环境权、法人环境权、国家环境权和非法人环境权等。

（1）公民环境权。公民环境权是指公民有在适宜环境中生活和生存的权利。此处的公民不仅包括当代人还包括后代人，即环境权包含代际权。公民环境权的权能包括日照权、宁静权、清洁水权、清洁空气权、景观权、环境参与权，其中环境参与权是核心权能。[①]我国有关的法律法规也通过立法形式保障公民的环境参与权。例如《环境影响评价法》对公众参与环境影响评价进行了原则性规定，环境保护部发布的《环境影响评价公众参与办法》则对公众参与环境影响评价的方法、途径等问题予以明确。

（2）法人及非法人环境权。法人及非法人的环境权是指其享有优美环境质量的权利与保护环境的义务、利用环境容量排污的权利与达标排放的义务、开发利用自然资源的权利与节约资源保护环境的义务等。

（3）国家环境权。国家机关作为环境法律关系的主体，特别是参与国家环境管理活动时，其所享有的权利同“职权”“职责”，也就是依法从事职权范围内的活动。在这种情况下，主体享有的权利也可以看做是应尽的义务。如果破坏国家所有的自然资源，有可能侵犯国家环境权，应当承担相应的法律责任。

① 邹雄．论环境权．中国环境法网，［2014-03-08］．http：//www. riel. whu. edu. cn/article. asp? id=29650.

专栏 1-2 山东省临沂市南涑河砷化物水污染案

2009 年 4 月，山东省临沂亿鑫化工公司总经理于皓在未取得中华人民共和国农业部颁发的生产许可证、产品批准文号，以及明知阿散酸产生的废水含有有毒物质，未办理工商、环保等手续的情况下，非法生产阿散酸。在生产过程中，于皓将产生的大量含砷有毒废水排入一处蓄意隐藏的污水池（池底作防渗处理）中。7 月 20 日、23 日深夜，于皓为了节省处理污水费用，趁当地降雨，附近一河流水量增加之际，指使生产厂长许长贤、员工于宗友，用水泵将含砷量超标 2.725 4 万倍的生产废水排放到南涑河中，致使南涑河严重污染。

事故发生后，山东省临沂环境保护部门查明，这次污染源自山东省临沂亿鑫化工公司和江苏省洪泽嘉禾畜禽生物公司共同的经营项目；当时，临沂亿鑫化工公司总经理于皓等 3 人已被逮捕，洪泽嘉禾总经理张伟飞等 2 人被刑事拘留。

2009 年 9 月，法院以犯有投放危险物质罪判处临沂亿鑫化工有限公司负责人于皓有期徒刑 11 年，以犯有非法经营罪判处于皓有期徒刑 5 年，数罪并罚，决定执行有期徒刑 15 年，罚金 50 万元人民币；许长贤、于宗友则分别被以犯有投放危险物质罪判处有期徒刑 6 年、5 年。法院同时支持了检察机关提起的刑事附带民事诉讼请求，判决三被告共同赔偿国家 3 714 万元人民币的经济损失。

资料来源：中国广播网，[2014-03-08].http：//china.cnr.cn/gdgg/200909/t20090906_505458125.html。

2. 义务

环境权是权利与义务的综合体。义务是指环境法律关系主体应当承担保护环境、节约资源等义务。

（1）公民。公民负有保护环境的义务，同时对环境污染有适度容忍的义务。从行政管理角度说，如果是由企业达标排放引起的环境污染，则公民应有一定程度的容忍。

（2）法人及非法人组织。与公民一样，法人及非法人组织首先负有保护环境的义务，对排放污染物的企业来说，其义务类型更为复杂，如达标排放的义务、缴纳排污费的义务、治理环境污染的义务、接受环境保护机构检查的义务等。

（3）国家机关。国家机关的义务多表现为“职责”，如环境保护部工作职责包括：负责重大环境问题的统筹协调和监督管理；承担从源头上预防、控制环境污染和环境破坏的责任；负责环境污染防治的监督管理；负责核安全和辐射安全的监督管理等。

专栏 1-3 环境保护部公布对河北省重污染天气应急预案启动执行督查情况（2014 年 2 月 26 日）

近期，京津冀地区遭遇持续重污染天气。环境保护部派出督查组于 2 月 23—24 日对河北省石家庄、邯郸、保定、唐山、廊坊、邢台的应急预案启动、执行情况进行了督查。

督查发现，河北省及各市政府高度重视重污染天气应急工作，及时启动应急预案，相关部门迅速行动，预案规定的排污企业停产限产、加强扬尘污染控制、实施机动车限行、加强燃煤锅炉大气污染物治理以及健康防护等多项措施得到落实。河北省及各市也都派出了督导组进行现场督导，但仍有部分措施未执行到位，主要问题有：

（1）部分工业企业未按应急预案要求停产、限产。例如石家庄市应急预案预计工业企业停产、限产将影响供电负荷60万kW，但实际供电负荷降低在10万～20万kW，停产、限产落实情况与预计有差距。保定市大唐保定热电厂的实际限产量未达到应急预案要求。唐山市河北鑫达钢铁有限公司、唐山泓泰水泥有限公司未履行重污染天气企业停产、限（减）产承诺，唐山泓泰水泥有限公司还存在氮氧化物超标排放、弄虚作假的问题，河北鑫达钢铁有限公司多台烧结机烟气未经处理直排。

（2）小型燃煤锅炉停运落实不到位。例如邯郸市未落实关停主城区及周边14MW以下燃煤工业锅炉的减排措施，邢台市二级应急预案响应区域内大多数工业企业、浴池、餐馆等企业的14MW以下燃煤工业锅炉未落实停产要求。

（3）城乡扬尘污染控制不力。例如石家庄市国瑞城三期等工地未苫盖，廊坊市部分工地防尘网脱落且土堆裸露，保定市涞水县永阳镇冀东水泥涞水公司南从西村数十家已停产的灰粉厂及周边场地集灰较多，易形成二次扬尘，唐山市迁安市沙河驿镇102国道旁多处物料、渣土未苫盖，102国道迁安段、丰润区林荫路扬尘污染严重，唐山泓泰水泥有限公司厂门对面大规模露天物料堆场未苫盖且未建设防风抑尘网和喷淋抑尘设施，邢台市个别县区仍然存在施工场地未停止建设、渣土清运车辆违规行驶、不进行苫盖等问题。

环境保护部强调，各地要进一步完善应急预案，加大预案执行力度，及时向社会通报有关信息，切实做好重污染天气应急工作。对在应急工作中履职不到位的，要依法进行责任追究；对在应急期间存在违法行为的，要依法从重处理处罚。

资料来源：环境保护部，http：//www.mep.gov.cn/gkml/hbb/qt/201402/t20140226_268401.htm。

（三）环境法律关系的客体

环境法律关系的客体是指环境法主体的权利和义务所能实际作用的事物。一般认为法律关系的客体包括物、行为、精神财富和其他权益。环境法律关系的客体一般只有物和行为。

1. 物

物是指可作为权利、义务对象的物品或其他物质。在民事法律关系中，把物作为财产权利的对象，因此必须是具有经济价值或其他物质财富。在环境法律关系中作为权利义务对象的物，是指表现为自然物的各种环境要素。也就是说，这些自然物必须是人们可以影响和控制的、具有环境功能的自然物。

某些环境要素对人类来说至关重要，但因人不能控制它或人的行为不能影响它，故不能称为环境法律关系的客体，如太阳。某些珍稀动物，在它们脱离自然界失去环境功能时，也不再是环境法律关系的客体而是民事法律关系的客体，如动物园和马戏团里的动物；某些可以作为财产权利对象的自然物如土地、森林、草原、山脉、矿藏、水流等，根据我国法律规定，只能由国家或集体拥有所有权，而不能成为私人财产权的客体；还有一些作为环境要素的自然物，如空气、风力、光照等，只能作为环境法律关系的客体，而不能作为具有财产权内容的法律关系如民事法律关系的客体，就是说它们不能作为财产被主体占有或处分。

2. 行为

作为法律关系客体之一的行为，是指参加法律关系主体的行为，包括作为与不作为。

作为又称积极的行为，是指要求从事一定的行为；不作为又称消极的行为，是指不能从事一定的行为。在环境法律关系中，主体的权利和义务常常表现为从事一定的行为或不得从事一定的行为。

第三节　环境法的效力

环境法的效力，是指环境法在哪些地方和在什么时间对哪些人有效力的问题，具体来讲包括空间效力、对人的效力和时间效力。

一、环境法的空间效力

环境法的空间效力是指环境法在哪些地方、区域有效力。

（一）全国性的环境保护法律、法规、规章，一般均在全国范围内有效

例如，《环境保护法》和各种自然资源保护与环境污染防治单行法。其中《环境保护法》第 3 条规定："本法适用于中华人民共和国领域和中华人民共和国管辖的其他海域。"这是《环境保护法》在空间效力上总的规定，表明其效力及于我国的全部领域，包括我国的领陆、领海、领空和延伸意义上的其他领域。需要注意的是，上述环境保护法律、法规、规章，虽然在全国范围内有效，但其实际效力只在特定范围内，即环境保护领域内或者该领域的某一方面有效力。例如，《中华人民共和国水污染防治法》（以下简称《水污染防治法》）只适用于陆地水体的污染防治，不适用于海洋环境污染损害的防治。

（二）地方性环境保护法规、规章的效力及于该地区

地方权力机关、行政机关制定的地方性环境保护法规、规章，只在该辖区内的环境保护领域或者该领域的某一方面有效力，不能作为处理其他地区环境保护纠纷的法律依据。

（三）我国某些环境保护法律具有"域外效力"

随着对外贸易和国际交往的增多，为了防止域外单位或者个人危害我国的环境权益，我国的某些环境保护法律、法规也实行"域外效力"原则，即在我国领域以外生效。例如，《海洋环境保护法》第 2 条第 3 款规定："在中华人民共和国管辖海域以外，造成中华人民共和国海域污染的，也适用本法。"也就是说，在我国管辖海域以外的单位或者个人实施了污染损害我国海洋环境的行为，我国有关行政机关可以依据该法追究其法律责任。

这种“域外效力”，国外法律也有类似的规定，且一般都必须以与有关国家缔结的多边、双边协定为基础，才能得以顺利实施。

（四）我国参加的国际条约效力优于国内法

对于我国参加或者签署的国际环境保护条约，与国内环境保护法律有不同规定的，除我国政府声明保留的条款以外，适用国际条约的规定。这种国际法优于国内法的原则，是国际上的通例。

（五）国内跨区域环境保护法律的适用

跨行政区域环境保护纠纷案件的法律适用问题，原则上应以环境保护违法行为发生地的法规为依据。

二、环境法对人的效力

环境法对人的效力是指环境法对哪些人发生效力，包括对哪些自然人和单位有效力。关于法律对人的效力，世界各国所确立的原则不尽相同，概括起来有以下几种。

（一）属人主义

属人主义指凡是本国人不论在国内还是国外，均适用本国法律，但对在该国领域内的外国人不适用。

（二）属地主义

属地主义指一国的法律对其管辖领域内的一切人，不论本国公民还是外国公民以及单位和无国籍人都具有效力，但在国外的本国人则不受该国法律的约束。

（三）保护主义

保护主义指本国法律对任何损害该国家利益的人都有约束力，而不问此人的国籍或者所在地。

（四）以属地主义为主，以属人主义、保护主义为辅

以属地主义为主，以属人主义、保护主义为辅，指以属地主义为基础，把属地主义、属人主义和保护主义三者结合起来的原则。

三、环境法的时间效力

环境法的时间效力是指环境法在什么时间生效和何时终止效力，以及在环境法颁布以前对破坏或者污染环境的行为是否有效力的问题。

（一）环境法生效时间的两种形式

1. 立即生效

即自颁布之日起生效，这种生效形式在环境法领域中比较少见。例如，1979 年 9 月

13日和1979年2月23日颁布的《环境保护法（试行）》和《森林法（试行）》。

2. 公布之日起一定期限后生效

这是环境保护法律、法规较普遍的生效形式。例如，2014年4月24日修订的《环境保护法》中规定“本法自2015年1月1日起施行”。之所以采取公布之后不立即生效，而另定生效时间，是因为这些法律、法规的贯彻实施，需要有一定时间做准备。

（二）环境法失效的三种形式

1. 经修订的法律明文规定在该法律施行之日起相应的原法同时废止

例如，《环境保护法》（1989年）第47条规定：“本法自公布之日起施行。《中华人民共和国环境保护法（试行）》同时废止。”

2. 规定与新法相抵触的原法律规定失效

例如，1982年8月23日公布实施的《海洋环境保护法》第46条规定：“现行有关海洋环境保护的规定，凡与本法相抵触的，均以本法为准。”

3. 随着新法的颁布施行原有同类法律自行失效

例如，《水污染防治法》是根据1996年5月15日第八届全国人大常委会第十九次会议《关于修改〈中华人民共和国水污染防治法〉的决定》修订的。在该法条文和公布该法的命令，以及在上述《决定》中，均没有规定在新法生效之后，原同样内容的法律相应地失效。但是，根据惯例，应当认为原《水污染防治法》中与新法的规定相抵触的部分自行失效。①

（三）环境法的溯及力问题

环境法的溯及力问题是指环境法对其生效以前的行为和事件是否有约束力的问题。如果有约束力，称有溯及力；如果没有约束力，则称无溯及力。

关于法律的溯及力问题，世界各国一般均比照该国刑法的有关规定。归纳起来，有以下5种：

（1）从旧原则。指新法对其生效以前的行为和事件没有溯及力。

（2）从新原则。指新法对其生效以前的行为和事件有溯及力。

（3）从轻原则。指新法与旧法相比较，以对行为人处罚较轻的法律为处罚依据。

（4）从旧兼从轻原则。指新法原则上不溯及既往，但新法对行为人处罚较轻的，从新法。

（5）从新兼从轻原则。指新法原则上溯及既往，但旧法对行为人处罚较轻者，从旧法。

近代世界各国，在法律的溯及力上大多采用从旧兼从轻原则，我国也是如此。例如，《中华人民共和国刑法》（以下简称《刑法》）第12条规定：“中华人民共和国成立以后本法实施以前的行为，如果当时的法律不认为是犯罪的，适用当时的法律；如果当时的法律认为是犯罪的，依照本法总则第四章第八节的规定应当追诉的，依照当时的法律追究刑事责任。但是如果本法不认为是犯罪或者处刑较轻的，适用本法。”可见，我国法律一般没

① 陈汉光，朴光洙．环境法基础．北京：中国环境科学出版社，2004：16.

有溯及力。例外的情况是，有的法律明文规定有溯及力。例如，1982 年 4 月 1 日起施行的全国人大常委会《关于严惩严重破坏经济的罪犯的决定》中规定："……凡在一九八二年五月一日以前对所犯的罪行继续隐瞒拒不投案自首，或者拒不坦白承认本人的全部罪行，亦不检举其他犯罪人员的犯罪事实的，作为继续犯罪，一律按照本决定处理。"

第四节　环境法的体系

一、环境法的体系概念

环境法的体系，又称环境法的效力体系，是根据环境法的制定机关，按照不同的效力层次或层次而划分的环境法的内部结构。环境法的体系构成如图 1-1 所示。

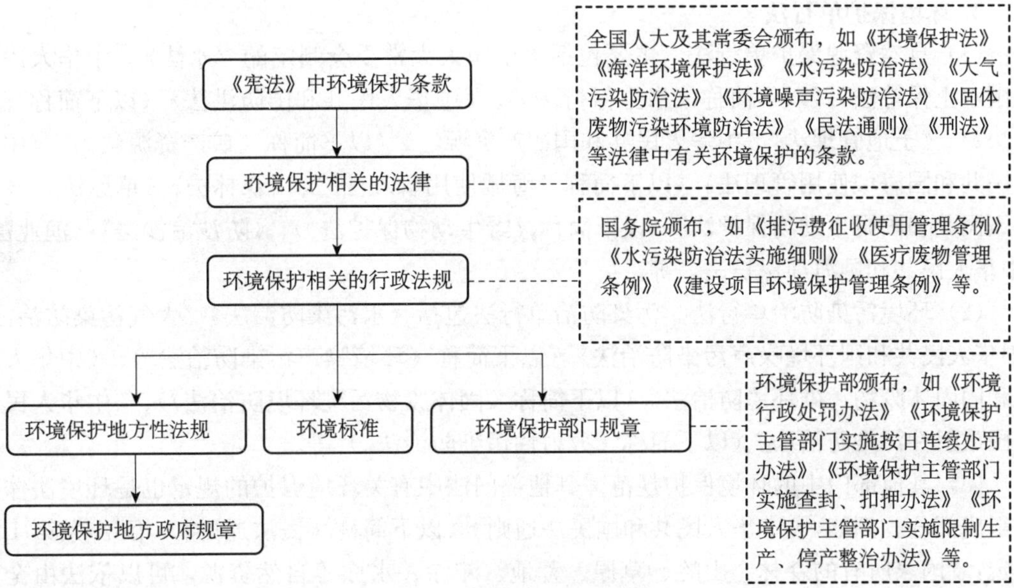

图 1-1　环境法的体系构成

二、环境法的体系构成

（一）《宪法》中有关环境与资源保护的规定

《宪法》中关于环境与资源保护的规定是环境法的基础，是各种环境法律、法规和规章的立法依据。把环境保护作为一项国家职能和基本国策在《宪法》中予以确认，把环境保护的指导原则和主要任务在《宪法》中作出规定，为国家和社会的环境活动奠定了《宪法》基础。

我国《宪法》对环境与资源保护作了一系列规定：

第 9 条规定："矿藏、水流、森林、山岭、草原、荒地、滩涂等自然资源，都属于国家所有，即全民所有；由法律规定属于集体所有的森林和山岭、草原、荒地、滩涂除外。国家保障自然资源的合理利用，保护珍贵的动物和植物。禁止任何组织或者个人用任何手段侵占或者破坏自然资源。”

第 10 条第 5 款规定：“一切使用土地的组织和个人必须合理地利用土地。”

第 22 条第 2 款规定：“国家保护名胜古迹、珍贵文物和其他重要历史文化遗产。”

第 26 条第 1 款规定：“国家保护和改善生活环境和生态环境，防治污染和其他公害。”

（二）环境保护相关的法律

环境保护法律、其他法律由全国人大及人大常委会制定，由国家主席签订主席令予以公布，法律效力高于行政法规、地方性法规、规章。

1. 环境保护基本法

环境保护基本法在整个环境法体系中，具有重要的地位和不可替代的意义，其效力仅次于《宪法》，是制定各种环境保护单行法律、法规和规章的基本依据。《环境保护法》是我国的环境保护基本法。

2. 环境保护单行法

（1）自然资源保护单行法。主要包括由全国人大常委会制定的《水法》《中华人民共和国水土保持法》（以下简称《水土保持法》）、《中华人民共和国防洪法》（以下简称《防洪法》）、《土地管理法》《中华人民共和国矿产资源法》（以下简称《矿产资源法》）、《中华人民共和国海域使用管理法》（以下简称《海域使用管理法》）、《森林法》《草原法》、《中华人民共和国野生动物保护法》（以下简称《野生动物保护法》）、《防沙治沙法》《渔业法》《中华人民共和国海岛保护法》等。

（2）环境污染防治单行法。污染防治单行法包括《水污染防治法》《大气污染防治法》《中华人民共和国环境噪声污染防治法》（以下简称《环境噪声污染防治法》）、《中华人民共和国固体废物污染环境防治法》（以下简称《固体废物污染环境防治法》）、《中华人民共和国放射性污染防治法》（以下简称《放射性污染防治法》）等。

（3）其他部门中的环境保护规范。其他部门法中有关环境保护的规定也是环境法体系的组成部分。例如，《中华人民共和国民法通则》（以下简称《民法通则》）第 81 条第 1 款规定：“国家所有的森林、山岭、草原、荒地、滩涂、水面等自然资源，可以依法由全民所有制单位使用，也可以依法确定由集体所有制单位使用，国家保护它的使用、收益的权利；使用单位有管理、保护、合理利用的义务。”第 124 条规定：“违反国家保护环境防止污染的规定，污染环境造成他人损害的，应当依法承担民事责任。”

《刑法》中关于犯罪的概念、刑事责任年龄、犯罪的追诉时效的规定；关于破坏环境资源罪的规定；关于正当防卫、紧急避险等免责条件的规定。经济法中关于指导外商投资方向和防止污染转嫁的规定等。行政法中关于行政执法的效力、特点、种类的规定。《中华人民共和国治安管理处罚法》（以下简称《治安管理处罚法》）中关于处罚故意破坏树木、草坪、花卉的规定。上述规定均为环境法体系的组成部分。

3. 我国签署的环境保护国际公约

根据我国《宪法》有关规定，经全国人大常委会或国务院批准缔结参加的国际条约、公约和议定书与国内法具有同等法律效力。

我国积极参加国际环境保护公约及立法活动，已加入了 50 余个有关国际环境保护条约。在保护动植物方面，我国已经加入《国际捕鲸公约》、《东南亚及太平洋地区植物保护协定》《国际热带木材协定》、1971 年《关于特别是水禽生境的国际重要湿地公约》及其 1982 年的修正、《濒危野生动植物国际贸易公约》和《生物多样性公约》等。温室效应和臭氧层破坏已成为当今世界瞩目的重大环境问题。我国一贯重视保护臭氧层和防止温室效应的问题，并已于 1989 年加入《保护臭氧层维也纳公约》，1990 年加入《关于消耗臭氧层物质的蒙特利尔议定书》的修正，1992 年参加起草并签署《联合国气候变化框架公约》。

我国参加的国际环境保护公约还有《保护世界文化和自然遗产公约》《南极条约》《关于环境保护的南极条约议定书》《及早通报核事故公约》《核事故或辐射紧急援助公约》《核安全公约》《核材料实物保护公约》《关于在国际贸易中对某些危险化学品和农药采用事先知情同意程序的鹿特丹公约》《化学制品在工作中的使用安全公约》《联合国荒漠化公约》。

（三）环境保护相关行政法规

国务院根据宪法和法律制定环境保护行政法规，并由总理签署国务院令予以公布。行政法规的法律效力高于地方性法规、规章。截至 2017 年 2 月底，国务院颁布的与环境保护有关的行政法规如表 1-1 所示。

表 1-1　国务院公布的与环境保护有关的行政法规（截至 2014 年 2 月底）

序号	行政法规名称	颁布时间
1	《畜禽规模养殖污染防治条例》	2013 年 11 月 11 日
2	《城镇排水与污水处理条例》	2013 年 10 月 2 日
3	《放射性废物安全管理条例》	2011 年 12 月 20 日
4	《太湖流域管理条例》	2011 年 9 月 7 日
5	《土地复垦条例》	2011 年 3 月 5 日
6	《危险化学品安全管理条例》	2011 年 3 月 2 日
7	《中华人民共和国水生野生动物保护实施条例》（以下简称《水生野生动物保护实施条例》）	1993 年 10 月 5 日（2013 年 12 月 7 日修订）
8	《陆生野生动物保护实施条例》	1992 年 3 月 1 日（2011 年 1 月 8 日修订）
9	《消耗臭氧层物质管理条例》	2010 年 4 月 8 日
10	《防治船舶污染海洋环境管理条例》	2009 年 9 月 9 日
11	《规划环境影响评价条例》	2009 年 8 月 17 日
12	《废弃电器电子产品回收处理管理条例》	2009 年 2 月 25 日
13	《全国污染源普查条例》	2007 年 10 月 9 日
14	《防治海洋工程建设项目污染损害海洋环境管理条例》	2006 年 9 月 19 日
15	《风景名胜区条例》	2006 年 9 月 19 日
16	《排污费征收使用管理条例》	2003 年 1 月 2 日
17	《退耕还林条例》	2002 年 12 月 14 日
18	《长江河道采砂管理条例》	2001 年 10 月 25 日
19	《中华人民共和国水污染防治法实施细则》（以下简称《水污染防治法实施细则》）	2000 年 3 月 20 日
20	《中华人民共和国森林法实施条例》（以下简称《森林法实施条例》）	2000 年 1 月 29 日（2011 年 1 月 8 日修订）

序号	行政法规名称	颁布时间
21	《中华人民共和国土地管理法实施条例》（以下简称《土地管理法实施条例》）	1998年12月27日 （2014年7月29日修订）
22	《基本农田保护条例》	1998年12月27日 （2011年1月8日修订）
23	《建设项目环境保护管理条例》	1998年11月29日
24	《中华人民共和国野生植物保护条例》（以下简称《野生植物保护条例》）	1996年9月30日
25	《淮河流域水污染防治暂行条例》	1995年8月8日 （2011年1月8日修订）
26	《中华人民共和国自然保护区条例》（以下简称《自然保护区条例》）	1994年10月9日 （2011年1月8日修订）
27	《水土保持法实施条例》	1993年8月1日 （2011年1月8日修订）
28	《防治陆源污染物污染损害海洋环境管理条例》	1990年6月22日
29	《中华人民共和国河道管理条例》（以下简称《河道管理条例》）	1988年6月10日 （2011年1月8日修订）
30	《中华人民共和国防止拆船污染环境管理条例》（以下简称《防止拆船污染环境管理条例》）	1988年5月18日
31	《野生药材资源保护管理条例》	1987年10月30日
32	《中华人民共和国渔业法实施细则》（以下简称《渔业法实施细则》）	1987年10月20日
33	《中华人民共和国海洋倾废管理条例》（以下简称《海洋倾废管理条例》）	1985年3月6日 （2011年1月8日修订）
34	《中华人民共和国海洋石油勘探开发环境保护管理条例》（以下简称《海洋石油勘探开发环境保护管理条例》）	1983年12月29日
35	《中华人民共和国水产资源繁殖保护条例》（以下简称《水产资源繁殖保护条例》）	1979年2月10日

（四）地方性环境保护法规、规章

环境保护地方性法规由省、自治区、直辖市、省会市、自治区首府所在市和较大市的人大及其常委会制定。地方性法规效力高于本级和下级地方人民政府规章。环境保护地方性法规在制定法规的地方适用。环境保护地方政府规章由省、自治区、直辖市、省会市、自治区首府所在市和较大市的政府制定，经政府常务会议或者全体会议决定并由省长、自治区主席或者市长签署命令予以公布，在本行政区域内适用。

环境问题的地方性特点和我国幅员辽阔的国情，决定了这一层次环境保护法律规范的特殊意义。20世纪80年代以来，我国各地依据《宪法》和《环境保护法》，结合本地区的实际，先后制定了大量的地方性环境保护法规和规章。这些环境保护规范内容相当广泛，有的还规定得比较具体，可操作性也较强，为国家环境保护立法提供了经验。不足之处是各省的情况很不平衡、地方性特点突出不够、自然资源和生态保护方面的立法滞后等。

（五）环境保护部门规章

环境保护部门规章由国务院环境、资源保护行政主管部门或有关部门发布，它们有的由环境、资源保护行政主管部门单独发布，有的由几个有关部门联合发布，是以有关环境法律、行政法规、决定、命令为根据在权限范围内制定的规章。部门规章由部门首长签署命令予以公布。

为了规范环保工作，遏制环境污染，环境保护部颁布了《环境行政处罚办法》《限期治理管理办法》《环境信访办法》《突发环境事件信息报告办法》等部门规章。截至 2016 年 6 月底，环境保护部颁布的部门规章共 85 项（含环境保护部前身颁布的部门规章）。①

（六）环境标准

环境标准中的环境质量标准和污染物排放标准属于强制性标准，具有法律规范的性质和特点，因此是环境保护法体系的重要组成部分。除了国家级环境标准之外，一些省级人民政府也制定了大批地方环境保护标准。

第五节　中华人民共和国环境保护法

《环境保护法》在环境法体系中，除《宪法》之外占有核心的最高地位。它是一种综合性的实体法，即对环境保护方面的重大问题加以全面综合调整，对环境保护的目的、范围、方针政策、基本原则、重要措施、管理制度、组织机构、法律责任等做出原则性规定。我国在 1979 年颁布《环境保护法（试行）》，1989 年修改为《环境保护法》，该法在 2014 年 4 月 24 日修订，于 2015 年 1 月 1 日起实施。

一、《环境保护法》的结构

《环境保护法》是我国的环境保护基本法，该法共七章、70 条，其结构如图 1-2 所示。

二、《环境保护法》的主要内容

1989 年《环境保护法》的修改颁布，对于完善我国环境法体系，加强环境监督管理，控制环境污染生和态破坏，保护和改善环境，促进经济建设与环境保护协调发展发挥了重要作用。但是，25 年来随着我国经济、社会的巨大变化，环境法制建设的不断完善，公众环境意识的不断提高，原《环境保护法》暴露出许多方面存在缺陷和不足，已明显不适应环境保护事业发展的新形势、新要求，急需修订。

2014 年 4 月 24 日，第十二届全国人民代表大会常务委员会第八次会议终于通过了《中华人民共和国环境保护法修订草案》。修订的《环境保护法》以改革创新的精神，从立法理念、立法技术到具体内容进行了重大调整，具有许多亮点和创新点，主要内容归纳

① 2016 年 11 月 14 日，环境保护部发布《关于公布现行有效的环保部门规章目录的公告》（公告 2016 年第 68 号），其中有效的环保部门规章共 85 项。

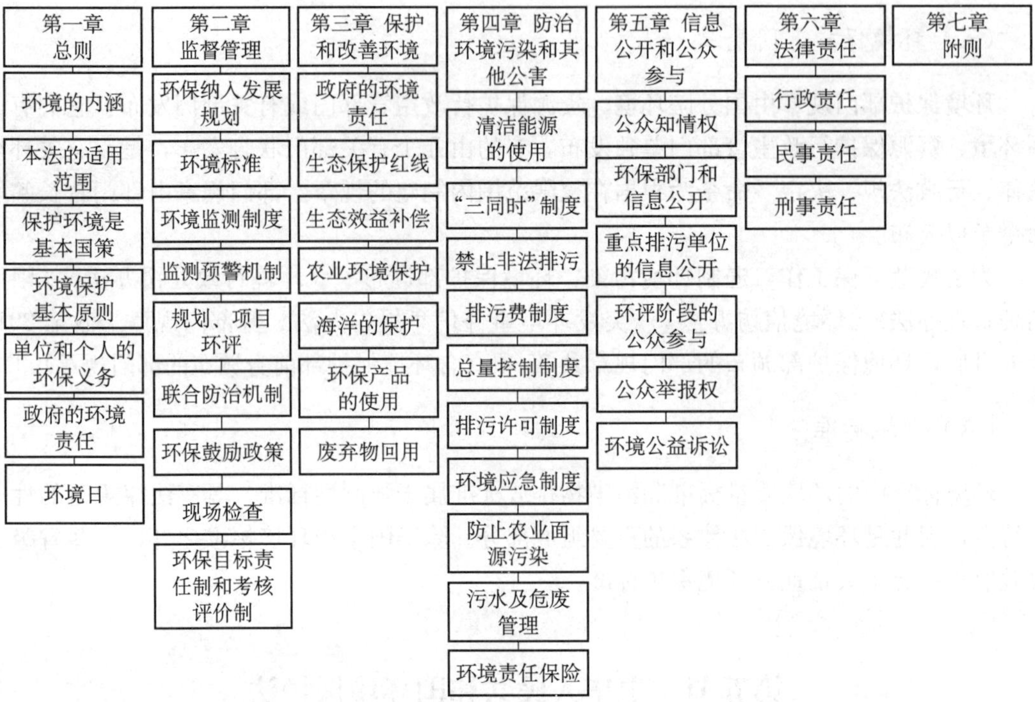

图 1-2　《环境保护法》的结构

如下。

（一）创新了立法理念

首次在基本法中提出“保护优先”“生态红线”理念以及以人为本、保障公众健康的新理念。新《环境保护法》第 5 条规定：“环境保护坚持保护优先、预防为主、综合治理、公众参与、损害担责的原则。”党的十八大报告提出，坚持“节约优先、保护优先、自然恢复”为主的方针。保护优先是生态文明建设规律的内在要求，就是要从源头上加强生态环境保护和合理利用资源，避免生态破坏。新《环境保护法》规定，国家在重点生态功能区、生态敏感区和脆弱区等区域划定生态保护红线，实行严格保护。开发利用自然资源，应当合理开发，保护生物多样性，保障生态安全。

（二）强化了政府环境保护责任，对责任人实行“问责制”

新《环境保护法》增加了多项地方各级政府的环境保护职责，如划定生态保护红线；实行环境保护目标责任制和考核评价制度；建立跨区域联合防治协调机制；加大环保财政投入，提高资金使用效益；建立健全生态保护补偿制度；建立和完善环境调查、监测、评估和修复制度；推动农村环境综合整治等。该法还规定，对地方各级人民政府及其相关职能部门有关人员的环境违法行为实行“问责制”，如不符合行政许可条件准予行政许可的；对环境违法行为进行包庇的；依法应当作出责令停业、关闭的决定而未作出的等行为，对直接负责的主管人员和其他直接责任人员给予记过、记大过或者降级处分；造成严重后果的，给予撤职或者开除处分，其主要负责人应当引咎辞职。

（三）充实、完善了环境管理制度

为强化环境监督管理，适应环境管理转型升级的需要，新《环境保护法》增加了多项新的环境管理制度和措施。除保留建设项目环评制度、“三同时”制度、排污收费制度、现场检查制度、环境监测制度、环境状况公报制度、突发事件报告制度、企业环境保护责任制度等制度外，新增加了包括总量控制制度（第44条）、许可证制度（第45条）、区域限批制度（第44条）、环境信息公开制度（第53、第55条）、清洁生产制度（第40条）、重点排污单位环境监测制度（第43条）、公众参与制度（第53条）、举报制度（第57条）、公益诉讼制度（第58条）、连带责任制度（第65条）、向人大报告接受监督制度（第27条）、问责制度（第68条）等。

（四）实现环境管理转型，强化了环境监督管理

为实现环境监管模式转型，新《环境保护法》规定了一系列强化管理的新手段。例如，查封、扣押；区域限批；建立诚信档案，公布违法者名单；责令恢复原状、停产整治等。新《环境保护法》赋予环境保护部门多项新的职责，如保证监测数据的真实性和准确性；对违法者实施查封、扣押；做好突发事件风险控制、应急准备、应急处置和事后恢复工作；受理企业事业单位的应急预案备案及突发事件报告；公开环境信息、为公众参与提供便利；建立企业社会诚信档案，公布违法者名单；受理公众举报，保护举报人的合法权益；移送行政拘留等。

（五）明确了企业污染治理的主体责任

在原《环境保护法》规定的企业环境法律义务的基础上，新《环境保护法》进一步明确了企业污染治理的主体责任。

（1）第42条规定：“排放污染物的企业事业单位和其他生产经营者，应当采取措施，防治在生产建设或者其他活动中产生的废气、废水、废渣、医疗废物、粉尘、恶臭气体、放射性物质以及噪声、振动、光辐射、电磁辐射等对环境的污染和危害。排放污染物的企业事业单位，应当建立环境保护责任制度，明确单位负责人和相关人员的责任。重点排污单位应当按照国家有关规定和监测规范安装使用监测设备，保证监测设备正常运行，保存原始监测记录。严禁通过暗管、渗井、渗坑、灌注或者篡改、伪造监测数据，或者不正常运行防治污染设施等逃避监管的方式违法排放污染物。”

（2）规定企业事业单位应达标排放，落实总量控制指标，并按照排污许可证要求排污，未取得排污许可证的，不得排污。

（3）实行淘汰制度，不得生产、销售、转移、使用严重污染环境的工艺、设备和产品。

（4）施用农药、化肥等农业投入品采取措施，防止重金属和有毒有害物质污染环境。

（5）评价机构、监测机构、防污设施维护机构、运营机构因弄虚作假，对环境污染损害负有责任的，承担连带责任。

（6）第6条规定了损害担责原则，要求造成污染的企业要对其造成的环境污染承担赔偿责任等。

（六）明确了公众参与，公众监督权利

近年来，公民环境权利受到越来越多的关注，新《环境保护法》新设专章规定“信息公开与公众参与”，并首次以法律形式确认公民获取环境信息、参与环境保护和监督环境保护三项具体的环境权利。新《环境保护法》第53条规定：“公民、法人和其他组织依法享有获取环境信息、参与和监督环境保护的权利。各级人民政府环境保护主管部门和其他负有环境保护监督管理职责的部门，应当依法公开环境信息、完善公众参与程序，为公民、法人和其他组织参与和监督环境保护提供便利。”

此外，新《环境保护法》还明确了环境保护部门应依法公开环境信息、重点排污单位应主动公开环境信息，明确了公众参与的举报权，完善了建设项目环评公众参与制度。

专栏 1-4　中海油渤海漏油事故案

2011年6月19日，中海油渤海蓬莱19-3油田出现原油渗漏，当时国内媒体均无此事故的正式报道。6月21日，蓬莱19-3油田有两口油井渗漏的消息已被新浪微博披露。国内媒体闻讯，即纷纷致电中海油要求其作出回应，而中海油一概以沉默应对。将近半个月之后的7月3日，中海油投资者关系部确认，该油田的渗漏在上个月的上旬就已出现，目前事故已基本处置完毕，整个泄漏污染海面只有200m^2。中海油时隔半个月才对漏油事件作出回应遭到质疑。直到7月3日早晨，中央人民广播电台“中国之声”以《中海油海上漏油发生近半月，污染程度仍扑朔迷离》为题，对这件已被人为瞒报近半个月的油井渗漏事件进行揭露。

7月4日，中央人民广播电台“中国之声”继续跟进报道，称明天（5日）国家海洋局将向社会公布此次漏油事故的调查情况。这个信息很重要，它至少说明，国家海洋局在第一时间就知晓出事了。

上述事件发生后各方的反应说明，企业在遇到污染等环境破坏事件时，第一时间想到的是隐瞒相应的环境信息或至少是怠于发布相关环境信息。但是我国环境信息公开法治建设已历数年，在这种背景下，不得不让我们反思企业相关行为的缘由。

（七）确立了公益诉讼制度，扩大了诉讼主体资格范围

公益诉讼制度是此次修订《环境保护法》的热点、难点之一，争议最大的问题是诉讼主体的范围及资格如何确定。在三审时诉讼主体的范围、资格限于中华环保联合会及在省、自治区、直辖市设立的环保联合会；到后来扩大为在国务院民政部门登记的相关社会组织。最后在四审中第58条规定：“对污染环境、破坏生态，损害社会公共利益的行为，符合下列条件的社会组织可以向人民法院提起诉讼：（一）依法在设区的市级以上人民政府民政部门登记；（二）专门从事环境保护公益活动连续五年以上且无违法记录。符合前款规定的社会组织向人民法院提起诉讼，人民法院应当依法受理。提起诉讼的社会组织不得通过诉讼牟取经济利益。”

按照上述放宽环境公益诉讼主体的资格条件，目前全国有300多家环保社会组织，具

备公益诉讼主体的资格，几乎覆盖全国。从信息公开开始一直到环境公益诉讼这些规定都旨在确保和赋予公众更大的知情权、监督权和参与权，这是从源头上克服和破除生态环境保护障碍的关键。立法明确环境公益诉讼制度，对于违法的企业或地方政府提起环境民事或行政公益诉讼，将更好地发挥社会监督政府与企业的作用。

（八）强化了法律责任，处罚力度明显加大

我国环境立法数量不少，但环境质量越来越差，就是因为法律责任太轻。当前，环保领域“违法成本低、守法成本高”的问题十分突出，因此，解决长期以来企业违法成本低，环境保护部门缺乏有效执法手段的问题是修订《环境保护法》的一个重要原则。新《环境保护法》从以下几方面强化了法律责任，加大了处罚力度：

（1）经济处罚力度加大。新《环境保护法》第59条第1款规定：“企业事业单位和其他生产经营者违法排放污染物，受到罚款处罚，被责令改正，拒不改正的，依法作出处罚决定的行政机关可以自责令改正之日的次日起，按照原处罚数额按日连续处罚。”

（2）行政拘留力度加大。新《环境保护法》第63条规定：“企业事业单位和其他生产经营者有下列行为之一，尚不构成犯罪的，除依照有关法律法规规定予以处罚外，由县级以上人民政府环境保护主管部门或者其他有关部门将案件移送公安机关，对其直接负责的主管人员和其他直接责任人员，处十日以上十五日以下拘留；情节较轻的，处五日以上十日以下拘留：（一）建设项目未依法进行环境影响评价，被责令停止建设，拒不执行的；（二）违反法律规定，未取得排污许可证排放污染物，被责令停止排污，拒不执行的；（三）通过暗管、渗井、渗坑、灌注或者篡改、伪造监测数据，或者不正常运行防治污染设施等逃避监管的方式违法排放污染物的；（四）生产、使用国家明令禁止生产、使用的农药，被责令改正，拒不改正的。”

（3）规定了“双罚制”。新《环境保护法》第61条规定：“建设单位未依法提交建设项目环境影响评价文件或者环境影响评价文件未经批准，擅自开工建设的，由负有环境保护监督管理职责的部门责令停止建设，处以罚款，并可以责令恢复原状。”对上述违反环评制度的违法行为，除罚款外，对拒不改正的，根据第59条的规定，还可处以按日计罚，或根据第63条的规定处以行政拘留。

新《环境保护法》的上述规定进一步强化了法律责任，加大了对环境违法行为的处罚力度，锻铸了打击环境违法行为的利剑，彰显了对环境违法行为“零容忍”的决断态度，有利于促进企业彻底抛弃侥幸心理和观望心态，有利于促进企业转型升级和治污减排，有利于规范企业切实履行治理污染的社会责任。

三、新《环境保护法》配套办法简介

为保障新《环境保护法》的顺利实施，环境保护部于2014年12月19日密集出台《环境保护主管部门实施按日连续处罚办法》《环境保护主管部门实施查封、扣押办法》《环境保护主管部门实施限制生产、停产整治办法》《企业事业单位环境信息公开办法》，上述“办法”均于2015年1月1日起实施；2014年12月24日，为明确新《环境保护法》第63条对严重环境违法行为适用行政拘留的具体适用问题，环保部联合公安部、工信部、农业部、国家质检总局发布《行政主管部门移送适用行政拘留环境违法案件暂行办法》，

该“暂行办法”于2015年1月1日起实施。

第六节 环境法的基本原则

一、保护优先原则

（一）保护优先原则的含义

保护优先原则，是指经济建设和环境保护必须统筹规划、同步实施、协调发展，实现经济效益、社会效益和环境效益的统一，在经济建设与环境保护冲突时应优先考虑环境保护。《环境保护法》第5条规定：“环境保护坚持保护优先、预防为主、综合治理、公众参与、损害担责的原则。”该原则的确立是立法理念的创新。

环境问题多是伴随着经济、社会的发展而产生的，与经济活动、社会问题，尤其是科学技术发展、人口问题有密切关系，如图1-3所示。

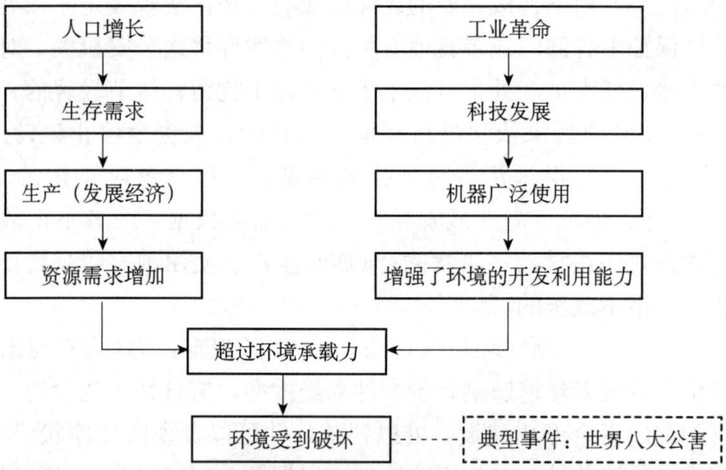

图1-3 环境保护与科技发展、人口问题的关系

专栏1-5 世界八大公害

20世纪30—60年代，震惊世界的环境污染事件频繁发生，使众多人群非正常死亡、残废、患病的公害事件不断出现，其中最严重的有八起污染事件，人们称为“八大公害”：

1. 比利时马斯河谷烟雾事件 1930年12月1日—5日，比利时的马斯河谷工业区，外排的工业有害废气（主要是二氧化硫）和粉尘对人体健康造成了综合影响，其中毒症状为咳嗽、流泪、恶心、呕吐，一周内有几千人发病，近60人死亡，市民中心脏病、肺病患者的死亡率增高，家畜的死亡率也大大增高。

2. 美国洛杉矶烟雾事件 1943年5—10月，美国洛杉矶市的大量汽车废气产生的光化学烟雾，造成大多数居民患眼睛红肿、喉炎、呼吸道疾患恶化等疾病，65岁以上的老人死亡400多人。

3. 美国多诺拉事件　1948年10月26日—30日，美国宾夕法尼亚州多诺拉镇大气中的二氧化硫以及其他氧化物与大气烟尘共同作用，生成硫酸烟雾，使大气严重污染，4天内42%的居民患病，17人死亡，其中毒症状为咳嗽、呕吐、腹泻、喉痛。

4. 英国伦敦烟雾事件　1952年12月5日—8日，英国伦敦由于冬季燃煤引起的煤烟形成烟雾，导致5天时间内4 000多人死亡。

5. 日本水俣病事件　1953—1968年，日本熊本县水俣湾，由于人们食用了海湾中受汞污染的鱼虾、贝类及其他水生动物，造成近万人中枢神经疾患，其中甲基汞中毒患者283人中有66余人死亡。

6. 日本四日市哮喘病事件　1955—1961年，日本的四日市由于石油冶炼和工业燃油产生的废气严重污染大气，引起居民呼吸道疾患骤增，尤其是哮喘病的发病率大大提高。

7. 日本爱知县米糠油事件　1963年3月，在日本爱知县一带，由于对生产米糠油业的管理不善，造成多氯联苯污染物混入米糠油内，人们食用了这种被污染的油之后，造成13 000多人中毒、数十万只鸡死亡的严重污染事件。

8. 日本富山痛痛病事件　1955—1968年，生活在日本富山平原地区的人们，因为饮用了含镉河水和食用了含镉大米，以及其他含镉食物，引起“痛痛病”，也称“骨痛病”，就诊患者258人，其中因此死亡者达207人。

（二）优先保护原则在我国的贯彻

1. 把环境保护规划纳入国民经济和社会发展计划

将环境保护与经济建设重大项目纳入国民经济和社会发展计划，在环境保护与经济发展问题上全面考虑、统筹兼顾、综合平衡、科学决策。从源头控制环境污染和环境破坏，建立新型的决策模式，是实现可持续发展、协调发展的重要保证。

我国从1992年开始，在国民经济和社会发展计划中列入了环境保护指标。我国“十二五”规划纲要中将“单位工业增加值用水量降低30%，非化石能源占一次能源消费比重达到11.4%。单位国内生产总值能源消耗降低16%，单位国内生产总值二氧化碳排放降低17%。主要污染物排放总量显著减少，化学需氧量、二氧化硫排放各减少8%，氨氮、氮氧化物排放各减少10%”“十三五”规划纲要提出以提高环境质量为核心，以解决生态环境领域突出问题为重点，加大生态环境保护力度，提高资源利用效率，为人民提供更多优质生态产品，协同推进人民富裕、国家富强、中国美丽。

在环境污染形势严峻的背景下，国务院先后出台《大气污染防治行动计划》（2013年9月10日发布，简称“大气十条”）、《水污染防治行动计划》（2015年4月2日发布，简称“水十条”）、《土壤污染防治行动计划》（2016年5月28日发布，简称“土十条”）分别对大气、水和土壤污染防治设定基本目标，并将上述目标落实于具体制度中，从根本保障我国生态环境的可持续发展。

2. 应同步制订环境规划，强化环境管理

2011 年 12 月 15 日，国务院发布《国家环境保护“十二五”规划》，制定了环境保护主要目标以及推进主要污染物减排、切实解决突出环境问题、加强重点领域环境风险防控、完善环境保护基本公共服务体系、实施重大环保工程等工作框架。

专栏 1-6 “十三五”环境保护重点工程

国家十三五规划纲指出：国家在“十三五”期间将加大环境治理力度，实施环境治理保护重点工程。针对工业污染源、大气环境、水环境、土壤环境、危险废弃物、核与辐射安全保障六个领域，通过创新环境治理理念和方式，实行最严格的环境保护制度，强化排污者主体责任，形成政府、企业、公众共治的环境治理体系，实现环境质量总体改善。

（一）工业污染源全面达标排放

对钢铁、水泥、平板玻璃、造纸、印染、氮肥、制糖等行业不能稳定达标的企业进行改造。取缔不符合国家产业政策污染严重的项目。限期改造工业园区污水处理设施。全国地级及以上城市建成区基本淘汰 10 蒸吨以下燃煤锅炉，完成 35 蒸吨及以上燃煤锅炉脱硫脱硝除尘改造、钢铁行业烧结机脱硫改造，水泥行业脱硝改造。淘汰高汞催化剂乙炔法生产聚氯乙烯工艺。

（二）大气环境治理

以京津唐及周边地区，长三角、珠三角东北地区为重点，控制区域煤炭消费总量，推进重点城市“煤改气”工程，新增用气 450 亿 m^3，替代燃煤锅炉 18.9 蒸吨。开展石化及化工企业、加油站挥发性有机物综合整治，加快淘汰黄标车和老旧车辆，开展实施国Ⅵ排放标准和相应油品标准，推进油罐车、储油库油气回收治理。

（三）水环境治理

对江河源头及 378 个水质达到或优于Ⅲ类的江河湖库实施严格保护。实施重要江河湖库入河排污口整治工程，完成重要饮用水源地达标建设，实施太湖、洞庭湖、滇池、巢湖、鄱阳湖、白洋淀、乌梁素海、呼伦湖、艾比湖等重要湖泊水污染综合治理和长江中下游、珠三角等河湖内源治理，推进长江、黄河、珠江、松花江、淮河、海河、辽河七大重点流域综合治理，基本消除劣Ⅴ类水体。加大黑臭水体整治力度，地级及以上城市建成区黑臭水体控制在 10%以内，开展京津冀晋等区地下水修复试点，整治主要河口海湾污染。

（四）土壤环境治理

开展土壤污染加密调查，完成 100 个农用地和 100 个建设用地污染治理试点。建设 6 个土壤污染防治先行示范区。做好化工企业安全环保搬迁后的土壤污染治理工作。开展 1 000 万亩受污染耕地治理修复和 4 000 万亩受污染耕地风险管控。深入推进以湘江流域为重点的重金属污染综合治理。

（五）危险废弃物污染防治

开展危险废物普查，加强含铬、铅、汞、镉、砷等重金属废物以及生活垃圾焚烧飞灰、抗生素菌渣、高毒持久性废物等的综合整治，建设危险废物处置设施。

（六）核与辐射安全保障能力提升

建成核与辐射安全监管技术研发基地，加快建设早期核设施及历史遗留放射性废物处理处置工程，建设5座中低放射性废物处置场和1个高放射性废物处理地下实验室，建设高风险放射源实时监控系统，废旧放射源100%安全收贮，加强国家核事故应急队伍建设。

3. 采取有利于环境保护的经济、技术政策和措施

例如，征收资源费、生态补偿费以及实行“植被还原”原则，可以促进节约资源、减少排污、控制（或制止）生态破坏。有利于环境保护的经济、技术政策涉及的范围很广，主要有：产业政策，能源政策，结合技术改造控制工业污染政策，推行清洁生产政策，奖励综合利用，以及对环境保护项目在贷款、税收等方面给予优惠政策等。

4. 转变经济增长方式，发展循环经济，控制开发强度

为实现经济社会与环境保护协调发展，应当把开发建设强度（规模和速度）控制在环境综合承载力限度之内。目前我国耕地、淡水、能源和重要矿产资源相对不足，生态环境比较脆弱，经济结构不合理。在经济快速发展中又出现了一些突出问题：经济增长方式转变缓慢、能源资源消耗过大、环境污染加剧，因此必须加快转变经济增长方式。要把节约资源作为基本国策，发展循环经济，保护生态环境，加快建设资源节约型、环境友好型社会，促进经济发展与人口、资源、环境相协调。切实走新型工业化道路，坚持节约发展、清洁发展、安全发展，实现可持续发展。

二、预防为主原则

（一）预防为主原则的含义

预防为主是对危害作充分的预测并采取各种措施防止危害发生或将危害控制在允许的范围内。该原则包含两层含义：①运用已有的知识和经验，对开发和利用环境行为带来的可能的环境危害，事前采取措施避免危害发生；②开发利用环境行为可能带来的危害尚未明确或无法确定时，运用现实的科学知识进行事前预测、分析、评估，尽量避免这种可能的危害。

预防为主原则是现代环境保护的灵魂，它明确了防与治的辩证关系；最大限度地体现法律公平与效率的结合，明确了环境治理的基本方法和措施，明确了21世纪环境保护战略和环境保护管理的模式，使环境保护与管理更趋全面和科学。我国环境法中规定的环境影响评价制度、“三同时”制度、排污许可制度等制度以及新《环境保护法》第18条规定的预警机制都是预防原则的体现。

（二）预防为主原则建立的原因

（1）环境污染和破坏的不可逆转性。例如，重金属的污染、地下水的污染就很难消除；由于植被破坏造成的水土流失、土壤沙漠化或者物种的灭绝，也很难恢复或者根本无法恢复。这种状况将给人类健康和经济社会发展造成严重危害和威胁。典型事件如苏联的“切尔诺贝利核事故”，该事故造成重大的人员伤亡和财产损失，对环境造成的危害至今仍未能清除。

专栏 1-7　切尔诺贝利核事故

切尔诺贝利核泄漏事件是一件发生在苏联治下乌克兰境内切尔诺贝利核电站的核子反应堆事故。该事故被认为是历史上最严重的核电事故，也是首例被国际核事件分级表评为第七级事件的特大事故（目前为止第二例为 2011 年 3 月 11 日发生于日本福岛县的福岛第一核电站事故）。主因是功率的剧增导致反应堆被破坏，并使大量的放射性物质被释放到环境中。最初发生的蒸汽爆炸导致两人死亡，接踵而至的绝大部分受害者的病因及死因都归咎于事故中释放的高能放射线。

1986 年 4 月 26 日凌晨 1 点 23 分（UTC+3），乌克兰普里皮亚季邻近的切尔诺贝利核电厂的第四号反应堆发生了爆炸。连续的爆炸引发了大火并散发出大量高能辐射物质到大气层中，这些放射性尘埃涵盖了大面积区域。这次灾难所释放出的辐射线剂量是“二战”时期爆炸于广岛的原子弹的 400 倍以上。

核辐射尘污染过的云层飘往众多地区，包括苏联西部的部分地区、西欧、东欧、斯堪的纳维亚半岛、不列颠群岛和北美东部部分地区。此外，乌克兰、白俄罗斯及俄罗斯境内均受到严重的核污染，超过 336 000 名居民被迫撤离。苏联官方的报告表示，约 60%受到辐射尘污染的地区皆位于白俄罗斯境内。

这次意外引起了全世界对苏联及本国核电工业的安全顾虑，并减缓了一系列核电工程进度。同时，此事件促使苏联政府的信息公布更趋透明化。苏联解体后的独联体及各独立国家，包括俄罗斯、乌克兰、白俄罗斯，至今仍为切尔诺贝利事件所遗留的一系列污染问题付出极大代价。此次事故对当地乃至全球生态造成了难以想象的负面影响，仅事件所造成的死亡人数就因主观与客观原因难以精确计算。

经济上，这场灾难总共损失大概 2 000 亿美元（已计算通货膨胀），是近代历史上代价最“昂贵”的灾难事件。由国际原子能总署和世界卫生组织所主导的切尔诺贝利论坛在 2005 年所提出的切尔诺贝利事件报告中，共 56 人死亡（47 名救灾人员，9 名罹患甲状腺癌的儿童），并估算在高度辐射线物质下暴露的大约 60 万人中，将额外有 4 000人死于癌症。此数据包括已诊断出的 4 000 名患有甲状腺癌的儿童将造成的死亡数字（依据白俄罗斯的经验，存活率接近 99%）。绿色和平组织所估计的总伤亡人数是 9 300人，但引用在一份最新出炉的报告中的数据指出发生在白俄罗斯、俄罗斯及乌克兰的单独事件在 1990—2004 年可能已经造成 20 万起额外的死亡，但此数字并非来自经过同济大学审查的学术论文。尽管疏散区域和某些限制地区还有些管制，但是大多数受影响区域已经被认为可以安全地居住和进行经济活动。

资料来源：维基百科。

（2）环境被污染或破坏后治理的成本巨大。例如，日本琵琶湖是国际上湖泊治理的著名工程，已用了 30 多年，投资 180 多亿美元，但目前水质改善还不明显。

（3）环境问题的特点（潜在性、长期性、变动性、复杂性）以及科学技术发展的不确定性，使得人类对损害环境后果的认识往往不足，一旦发现，为时已晚。

三、损害担责原则

（一）损害担责原则的内涵

1. 利用者补偿

指开发利用资源的单位、个人应当按国家规定承担经济补偿责任。现代社会生态危机的恶化使人们已逐渐意识到较高品质的环境资源并非是一种取之不尽、用之不竭的公有物，而是具有一定价值的稀缺品。其价值表现在环境资源的再生产能力和稀缺性两个方面。市场经济条件下的开发利用行为必须遵循价值规律，必须有偿使用有价值的环境资源。凡是开发利用国家所有的环境资源的单位和个人，必须按照有关部门规定的标准向国家缴纳资源费（税）或生态补偿费（税）等有关税费。

专栏 1-8 中央森林生态效益补偿基金制度实行

国家林业局 2004 年 12 月 10 日宣布，在全国范围内实行中央森林生态效益补偿基金制度，2004 年中央政府拿出 20 亿元人民币，对全国 4 亿亩重点公益林进行补偿。

补偿对象是承担重点公益林管护的单位，包括国有林场、自然保护区、乡镇集体和个人的管护责任人。不同权重的重点公益林，补偿支出采取不同的补助方式，其中属于林农个人所有或经营的重点公益林，由自然保护区管理单位将每亩 4.5 元的补偿金全部拨给林农，剩下的 0.5 元用于森林防火等公共管护支出。

“虽然每亩林地只补偿 5 元，但是它的意义很大。”国家林业局副局长李育材说，森林生态效益补偿基金制度，就是让所有纳税人在享受森林带来的生态效益时，为这种“溢出效应”付费。石光银们因此可以获得卖木材之外的其他收入。

这标志着我国结束了长期无偿使用森林生态效益的历史，开始进入有偿使用森林生态效益的新阶段。

当年，毛乌素的治沙劳模们本指望着靠治沙种树卖木材过上富裕生活，可是 2002 年 1 月我国开始实施的《防沙治沙法》禁止砍伐生态林，地方上也出台了“砍一罚十”的具体实施办法。这使得这些治沙劳模们守着自己辛苦受累育成的森林受穷，得不到任何补偿。

当时有人说，治沙英雄们费了大量心血、投入大量资金培育了森林，可是享受森林带来的新鲜空气、涵养水分、调节气候等生态效益的人，却没有为此埋单。这对种树人不公平。

有专家评论说，该政策对于其他问题的解决也有借鉴意义，比如怒江建坝之争。当时怒江政府提出的最充分的建坝理由是，当地百姓不能抱着金矿——巨大的水能资源而继续忍受穷苦生活，这就给反对者提出一个难题：如果保护怒江是为所有人的利益，那么因此而产生的成本不能仅让当地人去承担。如今，森林生态效益补偿基金制度则给通过公共财政给予相应的拨款来解决类似问题的思路。

资料来源：《中国绿色时报》。

2. 污染者付费

也称污染者负担，指因污染环境所造成的损失及治理污染的费用应由对环境造成污染和破坏的组织或个人按照国家有关规定承担赔偿付费责任。“污染者付费”的核心是要求污染者对其污染环境的行为负责，将其对环境污染的治理费用纳入生产成本，从而体现法律上的公平与正义。

外部不经济的实质是私人成本社会化，是把自身的盈利建立在他人受损的基础上。同时，由于社会成本一般远大于私人成本，若将私人成本内部化，则可用较少的投入，减少较大的损失，这在经济上也是有利可图的。

专栏 1-9　“外部不经济性”

“外部不经济性”理论是20世纪初由著名的经济学家马歇尔提出的。随后，他的学生，英国经济学家庇古（A. C. Pigon）丰富和发展了外部不经济性理论。日本经济学家植草益说，外部性是“某个经济主体生产和消费物品及服务的行为不以市场为媒介而对其他经济主体产生的附加效应现象”，因而它是排除在市场作用机制之外的经济活动的副产品或副作用，主要是指未被反映在产品价格上的那部分经济活动的副作用。

经济外部性分为两种情况：①外部经济性。即某项物品对周围事物带来良好影响，并使周围人受益，但是行为人并未从周围取得额外的利益。例如，植树造林可改善当地生态环境，使农作物受益。②外部不经济性。即某项物品或活动对周围事物造成不良影响，而行为人未对此付出任何补偿。例如，空气是自由财产，工厂可以自由排放污染物，工厂的排污不构成生产成本，但被污染的企业和个人却蒙受了损失，这就造成了生产企业花费的成本与社会成本的差异。由于这种差异没有反映在生产企业的成本上，因此构成了私人经济活动的外部成本，即外部不经济性。传统工业向现代工业转型的过程中，伴随着外部不经济行为的是环境的破坏。

在实际生活中，将外部成本内部化的措施主要有：①直接管制。指有关行政部门根据有关法律、法规、标准等，直接规定生产者产生外部不经济性的数量及其方式。②损害赔偿。损害赔偿的基本思路是由于外部不经济性会给他人造成损失，则外部不经济性的行为人（如排污者）应当赔偿受害人的损失。③明晰产权。指政府明确界定环境资源的产权，进而明确各方的利益，促进外部不经济性内部化。④收费。收费是在市场经济体制下最为常见的外部成本内部化的经济手段。缴纳排污费是排污者承担外部不经济性后果的一种方式。[①]

污染者付费在环境法领域的典型表现是排污收费制度。我国排污收费工作自2003年以来发展迅速，为我国环境污染治理筹措了大量资金。我国近年来各地区排污费征收情况如表1-2所示。

① 毛应淮，宋海鸥，等．排污收费与排污申报．北京：中国环境科学出版社，2012.

表 1-2　2000—2012 年各地区排污费征收情况　　单位：万元

地区		2000 年	2001 年	2002 年	2003 年	2004 年	2005 年	2006 年	2007 年	2008 年	2009 年	2010 年	2011 年	2012 年
1	北京	10 000	15 300	19 200	11 719	13 908	16 979	12 085	8 252	4 336	3 148	3 575	3 240	3 374
2	天津	6 800	8 200	11 200	14 219	14 958	20 266	24 155	24 634	18 413	17 246	18 042	22 585	20 905
3	河北	34 700	34 600	38 700	42 462	55 383	64 322	80 148	105 513	116 961	120 873	137 248	149 380	169 499
4	山西	16 500	17 700	19 300	24 636	76 032	144 082	165 695	287 343	256 034	176 074	166 300	199 540	136 633
5	内蒙古	6 000	6 600	8 900	9 651	14 574	25 175	34 466	56 195	79 458	97 516	102 934	115 853	124 363
6	辽宁	44 000	45 400	50 500	56 641	68 625	79 187	86 026	99 982	106 291	103 949	120 630	144 732	140 731
7	吉林	12 320	12 300	14 500	17 969	20 372	21 087	25 164	30 006	37 619	38 170	41 877	36 961	36 393
8	黑龙江	15 400	15 600	16 200	18 005	21 037	27 639	29 035	34 388	33 202	35 025	43 883	45 779	47 290
9	上海	11 500	14 900	16 700	12 876	21 778	30 401	41 227	29 913	29 777	27 671	24 828	23 573	19 017
10	江苏	51 200	63 600	68 700	78 510	87 544	116 444	131 664	177 003	203 555	187 443	202 612	202 594	200 990
11	浙江	51 500	50 000	54 500	37 634	70 374	93 222	108 288	108 439	110 123	101 927	101 473	100 772	95 212
12	安徽	13 200	13 500	14 000	15 953	23 050	28 147	32 158	46 776	43 941	45 783	52 856	49 241	58 520
13	福建	20 100	20 500	21 100	22 123	26 870	32 489	38 837	13 486	40 325	34 172	35 245	37 652	33 378
14	江西	10 100	9 200	9 900	13 602	16 633	19 688	24 390	38 370	41 070	47 534	47 807	64 003	84 334
15	山东	39 900	48 700	51 700	55 069	69 310	92 314	110 275	135 979	141 346	138 461	150 686	154 473	161 808
16	河南	28 300	32 550	32 590	33 250	47 055	62 965	69 933	81 399	91 740	80 326	91 791	99 238	111 828
17	湖北	20 100	18 900	21 000	20 582	23 739	29 001	33 412	37 779	41 368	37 065	37 542	42 256	42 053
18	湖南	22 400	23 000	34 900	25 319	36 171	37 832	43 494	41 905	51 654	48 205	54 261	62 178	61 968
19	广东	60 200	62 500	66 900	68 475	76 723	98 077	110 798	102 331	95 346	85 069	94 138	95 086	90 112
20	广西	24 800	1 8100	17 400	14 962	22 395	26 143	28 786	31 645	23 987	24 738	46 673	31 182	31 736
21	海南	1 400	1 160	1 220	1 267	1 768	2 583	3 881	4 623	3 973	3 448	3 605	3 469	3 578
22	重庆	8 700	12 700	11 900	13 265	19 809	30 231	34 903	42 323	46 095	37 478	37 726	38 806	37 913
23	四川	15 800	17 300	19 600	22 808	28 550	40 523	51 190	52 200	46 791	52 747	58 567	62 214	59 563
24	贵州	7 700	8 500	11 400	13 871	22 268	34 051	41 536	46 008	39 305	43 938	45 304	44 679	51 690
25	云南	10 500	1 1900	11 500	9 148	15 514	19 415	26 692	29 168	28 182	25 123	29 214	31 597	36 436
26	西藏	—	—	—	357	384	577	798	891	709	752	882	—	1 040
27	陕西	15 500	1 6200	17 400	18 591	24 255	29 857	33 591	41 434	44 524	43 376	47 893	52 535	55 962
28	甘肃	10 400	1 0900	11 300	13 765	19 507	19 780	21 631	22 823	23 764	21 312	21 307	26 375	24 026
29	青海	800	873	872	866	2 012	1 712	2 053	3 346	4 069	5 907	6 624	7 016	7 272
30	宁夏	1 900	2 800	2 300	2 103	5 324	9 130	15 186	16 607	15 531	13 503	14 690	20 247	21 784
31	新疆	7 800	8 200	9 200	11 070	15 134	19 097	21 920	26 487	32 980	28 211	41 688	40 959	46 743
32	新疆兵团	—	—	—	—	—	—	—	—	—	—	3 075	3 656	5 901

需要说明的是，2016 年 12 月 25 日《中华人民共和国环境保护税法》颁布，将于 2018 年 1 月 1 日起实施。自该法施行之日起征收环境保护税，不再征收排污费。虽然排污者未来不再缴纳排污费，并不意味着免除其污染治理责任，而是通过税收形式来承担其污染环境的成本。

3. 破坏者恢复

指造成自然资源、生态破坏者必须承担恢复原状、赔偿损失的民事责任。应当指出的是，造成环境污染或破坏者即使付费，也不能免除其恢复和整治的责任。

我国《水法》第 31 条规定：“因违反规划造成江河和湖泊水域使用功能降低、地下水超采、地面沉降、水体污染的，应当承担治理责任。开采矿藏或者建设地下工程，因疏干排水导致地下水水位下降、水源枯竭或者地面塌陷，采矿单位或者建设单位应当采取补救措施；对他人生活和生产造成损失的，依法给予补偿。”《矿产资源法》第32条规定：“耕地、草原、林地因采矿受到破坏的，矿山企业应当因地制宜地采取复垦利用、植树种草或者其他利用措施。开采矿产资源给他人生产、生活造成损失的，应当负责赔偿，并采取必要的补救措施。”

（二）损害担责原则的意义

《环境保护法》第5条规定：“环境保护坚持保护优先、预防为主、综合治理、公众参与、损害担责的原则”，这是在环境法领域首次将损害担责作为基本原则的规定。

（1）明确了开发利用者的负担原则，有利于企业和个人积极防治环境污染和破坏，依靠自己的力量解决有关问题。

（2）通过环境责任的规定，明确了污染单位在享有利用和开发自然资源权利的同时，要承担使用环境资源的相关费用和成本。

（3）体现了社会公平和正义。有权利就应当承担义务。资源的公共性要求谁开发，谁就必须给予保护；谁污染，谁就必须治理并支付相关费用，不能把损害转嫁。

（4）有利于环境资源的节约利用、永续利用，促进和保证经济与社会的可持续发展。可以在法律上明确规定经济个体负有保护环境资源责任，使其正确处理生产经营和保护环境的关系，促使其合理开发和利用自然资源。

四、公众参与原则

（一）公众参与原则的内涵

公众参与是指在环境保护中任何单位和个人都享有平等参与环境管理、环境决策的权利。公众的范围很广泛，既包括普通居民、各类专业人士，也包括行政机关、各类企业事业单位、社会团体。从具体内容上说，公众参与原则要求公众享有环境信息权、环境决策权和环境司法救济权。

专栏1-10 曲靖市环保风暴：环保局联手民间NGO首次成为公益诉讼原告

云南省曲靖市在2011年6月发生了一起严重的铬渣污染事件。曲靖市环保局、民间环保组织“自然之友”和重庆市绿色志愿者联合会共同对责任企业提起了公益诉讼，并在2012年5月23日—25日进行了开庭前证据交换程序。

此次诉讼要求云南陆良化工实业有限公司（以下简称陆良化工）、云南省陆良和平科技有限公司停止侵害、消除危险，赔偿因铬渣污染造成的环境损失1 000万元。陆良化工前身为1988年成立的陆良县集体企业，浙江和平化工于2003年进入投资，成立了和平科技；两家公司是一套人马两块牌子，分工生产与销售。首次由民间环保组织作为公益诉讼原告，是否胜诉都能够对立法起到推动作用，但能够影响到何种程度尚待观察，本案并非由民间环保组织单独诉讼，环境保护部门也是共同原告。

对于外界的质疑，曲靖市环保局副局长袁新华的回应是：“如果我们不能作为原告，法院在立案审查时应该会告知。”

环境保护部门诉污染企业在云南省已经有过先例。2010 年 12 月 13 日，昆明市环保局作为公益诉讼人，将两家污染企业告上了法庭，昆明市检察院则以支持起诉人身份出庭。

资料来源：《时代周报》，2012-08-20。

（二）公众参与原则的形成

公众参与环境管理在国外发展的历史比较长，很多国家都有了比较完善的法律政策来支持，参与形式多样，参与领域也较为广泛。以美国为例，为了保证公众参与、监督政府执法，美国建立了一整套比较完备的公开透明的保障制度，如通告制度、公众意见的回复制度、听证会制度、法规制定的监督制度。1970 年的《清洁空气法》和 1972 年的《清洁水法》专门规定了“公民诉讼”条款，放宽了对环境民事和行政起诉权的限制，在世界上首创环境公民诉讼制度，由此公众参与已经渗入环境司法领域。

国际公约对公众参与环境保护也有具体描述。1972 年，《人类环境宣言》指出：“人类有权在能够过尊严和福利生活的环境中，享有自由、平等和良好生活条件的基本权利。”即是对公众环境权的确认。1992 年，《里约环境与发展宣言》指出：“环境问题最好是在全体有关市民的参与下，在有关级别上加以处理。在国家一级，每个人都应能适当地获得公共当局所特有的有关环境的资料，包括在其社区内的危险物质和活动的资料，并应有机会参与各项决策进程。各国应通过广泛提供资料来立即鼓励公众参与。应让人人都能有效使用司法和行政程序，包括补偿和补救程序。”这是对公众参与环境保护的阐释。

我国环境保护中的公共参与起步较晚，各种法律、政策、制度框架还存在诸多不够完善的地方，关于“公众环境权”的规定尚不明确，使得公众参与环境保护缺乏法律基础。我国关于公众参与的概念正式提出是在 1991 年，当时实施了一个由亚洲开发银行提供赠款的环境影响评价培训项目，该项目在中国首次提出“公众参与”的问题。

表 1-3 我国环境保护公众参与立法的演进

序号	法律名称	发布时间	实施时间
1	《中华人民共和国环境影响评价法》	2002 年 10 月 28 日	2003 年 9 月 1 日
2	《环境保护行政许可听证做暂行办法》	2004 年 6 月 23 日	2004 年 7 月 1 日
3	《环境影响评价公众参与暂行办法》	2006 年 2 月 14 日	2006 年 3 月 18 日
4	《环境信访办法》	2006 年 6 月 24 日	2006 年 7 月 1 日
5	《环境保护公众参与办法》	2015 年 7 月 13 日	2015 年 9 月 1 日
6	《中华人民共和国环境影响评价法》（修订）	2016 年 7 月 2 日	2016 年 9 月 1 日

（三）公众参与环境管理的途径

1. 环境案件举报

《环境保护法》第 57 条规定：“公民、法人和其他组织发现任何单位和个人有污染环境和破坏生态行为的，有权向环境保护主管部门或者其他负有环境保护监督管理职责的部门举报。公民、法人和其他组织发现地方各级人民政府、县级以上人民政府环境保护主管部门和其他负有环境保护监督管理职责的部门不依法履行职责的，有权向其上级机关或者监察机关举报。接受举报的机关应当对举报人的相关信息予以保密，保护举报人的合法权益。”

举报的本质是公众就环境保护中的现象和行为发布意见，属于公众参与的组成部门。《环境保护法》将举报作为公众参与的一种重要形式予以规定：一是明确公众的举报权利，二是规定举报事项的范围，目的是增加对举报人的保护机制，让举报人无后顾之忧。

举报的方式有很多，可采用书信、电子邮件、传真、电话、走访等形式，向各级环境保护行政主管部门反映环境保护情况，提出建议、意见或者投诉请求。我国于 2006 年 7 月 1 日起施行的《环境信访办法》，要求各级环境保护行政主管部门负责人应当阅批重要来信、接待重要来访，定期听取环境信访工作汇报，研究解决环境信访工作中的问题，检查指导环境信访工作。对环境信访工作机构、工作人员及职责、环境信访渠道、环境信访事项的提出、环境信访事项受理和督办都做出相应规定。《环境信访办法》实施以来全国受理环境信访案件处理率 100%，满意率接近 90%。解决环境信访问题以知民情、解民难、办民需为原则，维护了广大群众的环境权益。

2. 听证会

公众参与环境行政许可听证是指以环境保护行政主管机关作为听证组织机关，依法律规定或因其审议的重大环境许可事项涉及公共利益而依职权启动，或者依环境行政许可申请人或利害关系人的依法申请而启动听证程序，听证组织机关指派专人主持听取审查该环境行政许可听证申请人、被申请人、利害关系人就事实和证据进行陈述、质证、辩论的法定程序。国家环境保护总局于 2004 年 6 月 23 日发布，并于 2004 年 7 月 1 日起施行《环境保护行政许可听证暂行办法》。

《环境保护行政许可听证暂行办法》第 39 条规定，环境保护行政主管部门受权起草的环境保护法律、法规，或者依职权起草的环境保护规章，直接涉及公民、法人或者其他组织切身利益，有关机关、组织或者公民对草案有重大意见分歧的，环境保护行政主管部门可以采取听证会形式，听取社会意见。环境立法听证会，参照本办法关于听证组织和听证程序的规定执行。

专栏 1-11　圆明园湖底防渗工程案

圆明园湖底防渗工程案历程（2005 年）：

3 月 28 日，兰州大学生命科学学院张正春教授，质疑圆明园湖底防渗工程破坏园林生态。

3 月 31 日，圆明园湖底防渗工程被叫停。国家环保总局表示，该工程未进行建设项目环境影响评价，应该立即停止建设，依法补办环评审批手续。

4 月 13 日，国家环保总局举行公众听证会，就圆明园遗址公园湖底防渗工程项目的环境影响问题，听取专家、社会团体、公众和有关部门的意见。

5 月 10 日，国家环保总局正式下发关于“圆明园管理处限期补办环评报告”的通知。这意味着圆明园管理处必须在 40 天内上交环评报告。

5 月 17 日，国家环保总局消息，清华大学已承接圆明园整治工程的环评工作，将在国家环保总局限定的时间内提交环境影响报告书。

6 月 30 日，国家环保总局环评司正式受理圆明园管理处按要求提交的《圆明园东部湖底防渗工程环境影响评价报告书》。

7 月 7 日，国家环保总局副局长潘岳向新闻界通报，国家环保总局于 7 月 5 日组织各方专家对清华大学的环评报告书进行了认真审查，同意该报告书结论，要求圆明园东部湖底防渗工程必须进行全面整改。

3. 环境公益诉讼

指任何公民、社会团体、国家机关为了社会公共利益，都可以以自己的名义，向国家司法机关提起诉讼。而在我国现行的环境诉讼法律规定中，唯有直接受害人才有权提起民事诉讼，最后被归于民事法律管辖范畴。由于环境权益不仅仅属于私人权益，更属于社会公益，所以在欧美各国的环境法中，都普遍采用了环境公益诉讼制度。由于环境诉讼涉及许多十分专业的技术问题，为减轻公众在环境诉讼中的成本，弥补其专业知识，各国都为公众环境诉讼创造了便利的司法条件。

专栏 1-12 美国环境公益诉讼典型案例——塞拉俱乐部诉莫顿案

商家 Morton 要在一地区建立滑冰场，而这一地区恰好是塞拉俱乐部成员常常进行徒步旅行的场所，他们认为建立滑冰场会破坏当地自然风景，于是塞拉俱乐部向法院提出诉讼。美国最高法院在此案的判决中指出，滑冰场的建立会对塞拉俱乐部成员在该地区进行徒步山野旅行的环境造成破坏，使他们无法享受到在具有自然风光的荒野中进行徒步旅行的乐趣，这种损害足以构成事实损害，其主体可以归于塞拉俱乐部本身，因此塞拉俱乐部可以作为原告提起诉讼。

在这个案件中，美国最高法院确定了在环境公益诉讼中的原告所必须具备的实际损害不但包括经济损失，还包括环境给予人们的舒适感等非经济损失。

《环境保护法》第 58 条规定，从基本法层面上确立了环境公益诉讼制度，明确对污染环境、破坏生态，损害社会公共利益的行为，符合条件的社会组织可以向人民法院提起诉讼。环境公益组织可以以自己的名义提出停止侵害、排除妨碍、消除危险的诉讼请求。

在我国，民间组织如 NGO 环保组织是环境保护公众参与的重要力量，中国目前有 NGO 环保组织 1 000 余家。政府应加大环境宣传，提高公众的环境意识，让更多的公众自觉组织、参加到民间的环保组织中来，壮大民间环保组织的队伍，扩大民间环保组织的知名度，加强其社会影响。作为政府机关，要对大部分积极健康的民间环保组织予以支持引导，如对各类环保组织进行专业培训、多层次地搭建政府与公众座谈与对话的平台、联合民间环保组织和各界人士共同合作社会公益行动、就重要的公共政策进行专门的解释与沟通等。

专栏 1-13 中国环保 NGO 之“自然之友”

自然之友成立于 1993 年，自然之友办公室设在北京，是一家非营利性的民间环保组织，致力于推动公众参与环境保护，支持全国各地的会员和志愿者关注本地的环境挑战。自然之友最近五年的工作重点是回应中国快速城市化进程中日益凸显的城市环境问题，通过推动垃圾前端减量、城市慢行交通系统改善、低碳家庭和社区建设、城市自然体验和环境教育等，探讨和寻找中国宜居城市的建设之路。

自然之友倡导的公益活动有：

关注西南水电开发：2004 年在“水电工程的经济、社会和生态环境影响研讨会”建议停止怒江阶梯开发计划。

圆明园环评听证：2005 年年初，“圆明园湖底大面积铺设防渗膜”一事引起社会广泛关注。4 月 1 日，自然之友和多家民间组织发表声明，吁请环境保护部门针对环评报告书召开听证会，也希望能参加相关环评、听证会工作。4 月 13 日时任自然之友总干事的薛野代表自然之友出席听证会并做了发言。7 月 5 日，国家环保总局要求圆明园东部湖底防渗工程必须进行全面整改。

26℃空调节能行动：2004 年，自然之友和北京地球村等六家组织发起并组织了“26℃空调节能行动”，通过志愿者自行车环城宣传、空调 26℃健康讲座等方式，倡导 26℃空调节能的理念。2005 年，“26℃空调节能行动”得到了全国 51 家民间环保组织的响应和支持，也得到了公众的积极响应，全社会由此掀起了一股空调节能热潮。2006 年，全国各级政府部门也开始加入进来。2007 年 6 月，国务院办公厅下发了《关于严格执行公共建筑空调温度控制标准的通知》，要求所有公共建筑夏季室内空调温度不得低于 26℃。

年度环境绿皮书：自然之友从 2006 年开始，与中国社会科学文献出版社合作，每年出版一本年度环境绿皮书《中国环境发展报告》，迄今为止已经出版了 6 本。环境绿皮书重视用民间的视角记录、审视和思考中国的环境状况和发展态势，主要以数据和事实说话，强调实证性、真实性。

资料来源：自然之友网站，http：//fon. org. cn/index. php/Index/cate/id/15。

【本章小结】

环境法是一个独立的法律部门，其制定与实施对我国环境问题的改善起到了积极作用。就当前情况看，尽管环境法法律体系相对完善，但随着社会经济的不断变化，应当对不适应新形势的内容予以修订，典型的如《环境保护法》。我国《环境保护法》确立了环境法的基本原则，包括协调发展原则、预防为主原则、环境责任原则和公众参与原则，每个基本原则在我国环境法律体系中都有相应的制度规范，从而成为环境保护工作的基本指导思想。

【思考题】

1. 怎样理解环境法的概念和特征？
2. 环境法的作用是什么？
3. 什么是环境法律关系？如何理解环境法律关系的构成要素？
4. 如何理解环境法的体系？
5. 什么是保护优先原则？
6. 如何理解预防为主原则？
7. 损害担责原则的内涵有哪些？
8. 如何理解公众参与原则？

【实训案例】

一、阅读材料

2011年11月1日，环境保护部发布《“十二五”全国环境保护法规和环境经济政策建设规划》（以下简称《规划》），提出了我国5年（2011—2015年）全国环境法规建设的目标和任务。《规划》指出，结合“十二五”时期环境保护的重点任务和需要解决的突出环境问题，以修订《环境保护法》《大气污染防治法》，制定土壤环境保护、环境应急管理、核安全、化学品环境管理等方面的法律法规为重点，不断完善环境保护法规体系；深入推进排污权有偿使用和交易、生态补偿、环境税等环境经济政策的试点工作，争取尽快在总结试点经验的基础上出台相关法规和政策文件，推动环境保护法规和环境经济政策建设工作的全面提升。

在重点领域的设定上，《规划》指出下列重点方面：

1. 做好《环境保护法》修订

积极配合全国人大环资委、法工委，针对《环境保护法》实施过程中存在的突出问题，围绕加强政府环境责任、完善监管制度、推动公众参与和强化法律责任等重点内容，吸收实践证明行之有效的环境管理制度和措施，全力做好《环境保护法》的修订工作。同时，积极开展环境法典编纂的前期研究。

2. 完善环境保护法律体系

通过修订现有法律和制定新法，不断完善环境保护法律体系，从法律上、制度上推动中央重大决策部署的贯彻落实，解决环保事业发展中带有根本性、全局性、稳定性和长期性的问题。①紧紧围绕推动科学发展和加快转变经济发展方式，抓紧修订《大气污染防治法》《环境噪声污染防治法》《固体废物污染环境防治法》《环境影响评价法》等法律；②着力解决损害群众健康的突出环境问题，研究起草土壤环境保护、环境应急管理、机动车污染防治、生物多样性保护等方面的立法；③保障国家核与辐射安全，尽快研究制定《核安全法》，积极推动《原子能法》，完善核安全法律法规体系。

3. 推动环保行政法规进程

①及时总结探索环保新道路的实践经验，将提高行政管理效能、有效解决环境保护面临的实际问题的环境管理制度，上升为环保行政法规。抓紧制定放射性废物安全管理条例、环境监测管理条例、土壤环境保护条例、畜禽养殖污染防治条例以及化学品环境管理、机动车污染防治方面的法规，抓紧修订《建设项目环境保护管理条例》和《核电厂核事故应急管理条例》，研究论证环境责任、电磁辐射环境管理、环境应急管理等法规。②依法及时制定现行环保法律需要配套的行政法规，保障环保法律的有效实施。③对环保法律明确授权制定排污许可、总量控制等方面的法规，抓紧完成授权立法，增强环保法律的可操作性。④对我国缔结或者参加的《生物多样性公约》《关于持久性有机污染物的斯德哥尔摩公约》等与环境保护有关的国际条约，抓紧研究制定相关配套法规，切实履行国际条约规定的义务。

4. 加快环境保护部门规章步伐

着力构建逻辑清晰、充满活力、富有效率的环境保护部门规章体系。①推动环境保护监督管理手段与方式的规范化、制度化、法制化，通过及时制定部门规章，完善长效环境管理制度，为解决环境管理工作面临的新情况、新问题提供依据。②在通盘研究的基础上，通过适时开展规章以及规范性文件的清理工作，对不同时期制定的环境监督管理内容相近的规章以及规范性文件，进行适度整合修改，消除法律规范之间存在的不协调现象。③对环保法律法规中需要进一步明确具体含义的规定，以及法律法规制定后出现新情况需要明确适用法律依据的，通过及时做出解释，保证法律法规的有效实施。

5. 积极参与其他领域立法

全国人大、国务院和国务院有关部门与环境保护密切相关的立法项目，如自然遗产保护法、生态补偿条例、城镇排水与污水处理条例等，应当高度重视，认真研究，积极提出环境保护方面的意见和建议，推动相关立法顺利开展。

6. 大力支持地方环保立法

①积极支持、指导和推动地方制定环境法规或者规章，更加突出地方特色，更加注重针对性和可操作性，以适应地方环保工作的实际需要，补充国家环境立法的不足，并为其他地方的环境立法提供有益借鉴；②加强地方环保立法的调研，将立法条件比较成熟、应当用法律规范来调整、具有普遍适用意义、各方面意见比较一致的地方立法经验及时上升为适用全国的环保法律法规；③加强地方环保立法工作的交流和培训，构建环保立法工作者交流平台，实现环保立法信息共享。

7. 推进环境经济政策法制化

及时评估和总结环境公共财政、绿色金融、环境税费改革、绿色贸易政策、生态补偿、排污权有偿使用和交易、环境价格政策、环保综合名录等环境经济政策的实施效果，有计划、有重点地将实践证明成熟的环境经济政策上升为法律法规，充分发挥环境经济政策对于环境保护工作的规范和引导作用。

8. 开展环境立法后评估

①合理选择评估对象。结合经济社会发展和环境管理工作的实际需求，积极开展对《水污染防治法》《环境影响评价法》《建设项目环境保护管理条例》等法律法规的立法后评估工作。②创新评估方式。通过文献研究、抽样调查、网络调查、问卷调查、实地调研、召开座谈会或者论证会、专家咨询、案卷评查、相关立法比较分析等多种形式，开展环境立法后评估。③明确评估重点。对环境法律制度的科学性、立法技术的规范性、法律规定的可操作性、法规之间的协调性、法律执行的有效性等做出客观评价，为修改完善环境法律法规、改进环境执法提供重要依据。

9. 探索环境司法保障机制

①研究建立环境行政执法与司法相互配合的机制，制定环境保护部门与公安机关、人民检察院和人民法院沟通协调的办法；②加快制定环境污染损害评估鉴定的办法以及污染损害纠纷调处的程序规定，保障公众的环境救济权；③推动环境公益诉讼，对于严重污染环境和破坏生态，损害国家和公众环境利益的，积极支持环保团体提起环境公益诉讼。

10. 创新环境立法模式

①注重保护公众环境权益。在环境立法项目的选择上，要以直接危害群众健康的环境问题为重点，以保护人民群众生产生活环境为目标，注重保障公众的环境知情权、参与权和监督权。②推进科学立法、民主立法，不断扩大公民对环境立法的有序参与，通过公布法律法规草案和举行立法座谈会、论证会、听证会等多种形式，认真听取各方面意见尤其是基层群众的意见，广泛征求国务院各部门、地方各级政府和管理人的意见，切实做到集思广益、凝聚共识，增强环保法律法规贯彻实施的群众基础。③密切跟踪国际环境立法趋势，研究借鉴国外的环境立法经验，从中吸取适合中国国情的有益经验。

二、实践活动

1. 把全班分为3个小组。

2. 要求每个同学阅读《“十二五”全国环境保护法规建设规划》原文。

3. 要求每个小组把我国环境法律体系的全部现行法律、行政法规、部门规章、地方性法规和地方政府规章用图表的形式罗列出来，要求列明名称、制定机关、生效时间、修改情况等。

4. 要求每个小组在充分学习《“十二五”全国环境保护法规建设规划》和现行法律法规的基础上，讨论环境保护相关立法的修改点及其显示意义。

5. 要求各小组对新《环境保护法》中的创新点、要点进行讨论，重点讨论作为一名大学生如何遵守公民环境保护的义务，如何发挥公众参与、监督环境保护的作用。

6. 每个小组选一名代表发言，以互相交流，最后教师进行点评。

三、扩展活动

1. 把全班分成5个小组，要求每个小组学习《中华人民共和国立法法》的内容。

2. 要求每个小组用图表的形式说明一部法律产生的过程。

第二章 环境监督管理体制

职业能力目标与学习要求

1. 了解我国环境监督管理体制的现状。

2. 了解我国环境监督管理机构的建立和发展。

3. 熟悉国务院环境保护主管部门、地方各级人民政府以及其他依照法律规定行使环境监督管理权的部门的环境保护职责。

4. 掌握县级以上地方人民政府环境保护行政主管部门的职责和企业事业单位环境保护的义务。

【引 例】

2012 年 2 月 1 日，是广西壮族自治区河池市龙江河镉污染事件发生第 16 天，河池市就龙江河突发环境事件应急处置工作举行第一次新闻发布会。河池市市长何辛幸向公众就镉污染事件鞠躬道歉。何辛幸在发布会一开始就说：“龙江河突发环境事件严重影响了沿江民众特别是下游柳州民众的生产生活，我首先代表河池市人民政府诚恳接受社会公众的批评，并向龙江下游群众和社会公众表示最真诚的道歉。”他说，事件发生后，河池市立即责令流域内涉重金属企业停产，组织力量排查整治。目前，监测情况表明，污染源已经切断，排查整治工作正在有序进行当中。全市已排查涉重金属企业和经营户 145 家，责令整改或关停取缔 11 家；排查小企业、小作坊 74 个，原矿、矿渣堆放点 90 多个，在 2 月 5 日前依法予以取缔。他说：“我们还组织 40 家冶炼企业主到龙江河叶茂段开展警示教育，吸取事件教训。”

本案引发的法律思考：

1. 从本案看政府、环境保护部门、企业应当各自承担哪些责任？

2. 从本案看各级政府应当履行的环境保护职责是什么？各级环境保护主管部门应当如何履行环境监督管理职责？

3. 从本案看企业应当如何履行环境保护的法定义务？新修订的《环境保护法》从哪些方面强化了企业污染治理的责任？

第一节 环境监督管理体制概述

一、环境监督管理体制的概念

（一）环境监督管理体制的定义

环境保护监督管理体制，也称环境监督管理体制，是指国家环境保护监督管理机构的设置，以及这些机构之间环境监督管理权限职能的划分。

环境保护监督管理体制的根本问题是要解决环境监督管理的模式问题，即要建立一种协调、和谐的环境监督管理层次机构和职能结构的统一体，并解决好各个层次结构和各职能结构之间的职责和权限划分问题。简单地说，就是要确立环境监督管理的“条条”和“块块”之间有机统一的协调关系，从而使环境监督管理达到科学、合理、精干、高效，以适应新时期环境保护工作的要求，利于实现环境保护目标。[①]

（二）环境监督管理体制的法律规定

关于我国的环境保护监督体制，新修订的《环境保护法》第 10 条作了原则规定：“国务院环境保护主管部门，对全国环境保护工作实施统一监督管理；县级以上地方人民政府环境保护主管部门，对本行政区域环境保护工作实施统一监督管理。县级以上人民政府有关部门和军队环境保护部门，依照有关法律的规定对资源保护和污染防治等环境保护工作实施监督管理。”

《环境保护法》关于环境保护监督管理体制的规定，贯彻了“统一管理，分工负责”的原则，明确了县级以上人民政府环境保护主管部门和其他有关部门在环境保护监督管理中各自的职责及权限，确立了统管与分级、分部门管理相结合的环境保护监督管理体制。

二、我国环境监督管理机构的建立和发展

我国的环境保护监督管理机构，随着环境保护事业的发展经历了从无到有，从弱到强，从不健全到逐步健全的艰难发展过程，大体可分为以下四个阶段。

（一）起步阶段（1972—1978 年）

1972 年斯德哥尔摩人类环境会议之后，1973 年 8 月，我国召开了第一次全国环境保护工作会议，并于 1974 年 2 月成立了国务院环境保护领导小组，这标志着我国环境保护监督管理机构建立的起步。

（二）初创阶段（1979—1981 年）

1979 年 9 月 13 日，第五届全国人大第十一次常委会通过了《中华人民共和国环境保

---

① 陈汉光，朴光洙．环境法基础．北京：中国环境科学出版社，2004：25.

护法（试行)》。该法设专章规定了“环境保护机构和职责”，明确规定国务院和地方人民政府以及大中型企业和有关事业单位建立环境保护机构的原则及其职责，从而为我国环境保护机构的建立提供了法律依据。

（三）徘徊阶段（1982—1987年）

1982年12月29日，国务院决定撤销原国务院环境保护领导小组，其业务并入城乡建设环境保护部，成为该部内设的一个局，称环境保护局。1984年5月，国务院成立环境保护委员会，以加强对全国环境保护工作的统一领导和部门之间的协调。同年年底，原城乡建设环境保护部内设的环境保护局对外称“国家环境保护局”，享有相对独立性，与此同时，一些地方环境保护监督管理机构也作了相应的调整。

（四）发展时期（1988年至今）

1988年，在国家机构改革中，国务院决定将原城乡建设环境保护部内的环境保护局独立出来，成为国务院的直属机构，同时作为国务院原环境保护委员会的办事机构，称“国家环境保护局”。

1989年，经修订后颁布的《环境保护法》，第一次以环境保护基本法的形式，规定了我国环境保护的监督管理体制。1998年，在国务院机构改革中，国家环境保护局被升格为国家环境保护总局（正部级），仍为国务院直属机构。同时，国务院环境保护委员会被撤销，其职能由国家环境保护总局承担。全国31个省、自治区、直辖市中，除西藏外全部建立了一级建制的环境保护监督管理机构；全国地市级城市均建立了独立的环境保护监督管理机构；全国大部分县级行政区也建立了环境保护监督管理机构。

2006年7月8日，国家环保总局决定设立华东环境保护督查中心、华南环境保护督查中心、西北环境保护督查中心、西南环境保护督查中心、东北环境保护督查中心。督查中心为总局派出的执法监督机构，是总局直属事业单位。督查中心受总局领导，对总局负责，受总局委托开展工作，但不指导地方环境保护部门业务工作。

2008年3月，第十一届全国人民代表大会第一次会议通过《国务院机构改革方案》，决定将国家环境保护总局升格为国务院组成部门中华人民共和国环境保护部。环境保护部的主要职责是：拟订并组织实施环境保护规划、政策和标准，组织编制环境功能区划，监督管理环境污染防治，协调解决重大环境问题等。国家环保总局升格为环境保护部，成为国务院组成部门，在环境政策的制订和落实、法律的监督与执行、跨行政地区环境事务协调等系列事务上，环境保护部的执法能力将较原环保总局大大增强。

第二节　环境监督管理机构的职责

根据我国环境保护法律规定，对环境保护实施监督管理的行政机关，包括国务院环境保护主管部门、地方各级人民政府、县级以上地方人民政府环境保护主管部门以及依照法律规定行使环境污染防治或者自然资源保护监督管理权的有关部门。

一、国务院环境保护主管部门的职责

根据《环境保护法》第10条规定和国务院办公厅关于《国家环境保护总局职能配置、内设机构和人员编制规定》，国务院环境保护主管部门的主要职责如下：

(1) 负责建立健全环境保护基本制度。拟订并组织实施国家环境保护政策、规划，起草法律法规草案，制定部门规章。组织编制环境功能区划，组织制定各类环境保护标准、基准和技术规范，组织拟订并监督实施重点区域、流域污染防治规划和饮用水水源地环境保护规划，按国家要求会同有关部门拟订重点海域污染防治规划，参与制定国家主体功能区划。

(2) 负责重大环境问题的统筹协调和监督管理。牵头协调重特大环境污染事故和生态破坏事件的调查处理，指导协调地方政府重特大突发环境事件的应急、预警工作，协调解决有关跨区域环境污染纠纷，统筹协调国家重点流域、区域、海域污染防治工作，指导、协调和监督海洋环境保护工作。

(3) 承担落实国家减排目标的责任。组织制定主要污染物排放总量控制和排污许可证制度并监督实施，提出实施总量控制的污染物名称和控制指标，督查、督办、核查各地污染物减排任务完成情况，实施环境保护目标责任制、总量减排考核并公布考核结果。

(4) 负责提出环境保护领域固定资产投资规模和方向、国家财政性资金安排的意见，按国务院规定权限，审批、核准国家规划内和年度计划规模内固定资产投资项目，并配合有关部门做好组织实施和监督工作。参与指导和推动循环经济和环保产业发展，参与应对气候变化工作。

(5) 承担从源头上预防、控制环境污染和环境破坏的责任。受国务院委托对重大经济和技术政策、发展规划以及重大经济开发计划进行环境影响评价，对涉及环境保护的法律法规草案提出有关环境影响方面的意见，按国家规定审批重大开发建设区域、项目环境影响评价文件。

(6) 负责环境污染防治的监督管理。制定水体、大气、土壤、噪声、光、恶臭、固体废物、化学品、机动车等的污染防治管理制度并组织实施，会同有关部门监督管理饮用水水源地环境保护工作，组织指导城镇和农村的环境综合整治工作。

(7) 指导、协调、监督生态保护工作。拟订生态保护规划，组织评估生态环境质量状况，监督对生态环境有影响的自然资源开发利用活动、重要生态环境建设和生态破坏恢复工作。指导、协调、监督各种类型的自然保护区、风景名胜区、森林公园的环境保护工作，协调和监督野生动植物保护、湿地环境保护、荒漠化防治工作。协调指导农村生态环境保护，监督生物技术环境安全，牵头生物物种（含遗传资源）工作，组织协调生物多样性保护。

(8) 负责核安全和辐射安全的监督管理。拟订有关政策、规划、标准，参与核事故应急处理，负责辐射环境事故应急处理工作。监督管理核设施安全、放射源安全，监督管理核设施、核技术应用、电磁辐射、伴有放射性矿产资源开发利用中的污染防治。

(9) 负责环境监测和信息发布。制定环境监测制度和规范，组织实施环境质量监测和污染源监督性监测。组织对环境质量状况进行调查评估、预测预警，组织建设和管理国家环境监测网和全国环境信息网，建立和实行环境质量公告制度，统一发布国家环境综合性报告和重大环境信息。

（10）开展环境保护科技工作，组织环境保护重大科学研究和技术工程示范，推动环境技术管理体系建设。

（11）开展环境保护国际合作交流，研究提出国际环境合作中有关问题的建议，组织协调有关环境保护国际条约的履约工作，参与处理涉外环境保护事务。

（12）组织、指导和协调环境保护宣传教育工作，制定并组织实施环境保护宣传教育纲要，开展生态文明建设和环境友好型社会建设的有关宣传教育工作，推动社会公众和社会组织参与环境保护。

（13）承办国务院交办的其他事项。

环境保护部设立的督查中心受环境保护部委托，在所辖区域内承担以下职责：

（1）监督地方对国家环境政策、法规、标准执行情况；

（2）承办重大环境污染与生态破坏案件的查办工作；

（3）承办跨省区域和流域重大环境纠纷的协调处理工作；

（4）参与重特大突发环境事件应急响应与处理的督查工作；

（5）承办或参与环境执法稽查工作；

（6）督查重点污染源和国家审批建设项目“三同时”执行情况；

（7）督查国家级自然保护区（风景名胜区、森林公园）、国家重要生态功能保护区环境执法情况；

（8）负责跨省区域和流域环境污染与生态破坏案件的来访投诉受理和协调工作；

（9）承担环境保护部交办的其他工作。

二、地方各级人民政府的环境保护职责

新《环境保护法》对原《环境保护法》做了较大调整，突出了各级人民政府的环境保护责任，明确了如下职责：

（1）县级以上人民政府应当将环境保护工作纳入国民经济和社会发展规划。（第 13 条）

（2）县级以上人民政府批准本行政区域的环境保护规划。（第 13 条）

（3）地方各级人民政府应当对本行政区域的环境质量负责。（第 6 条）

（4）地方各级人民政府应当根据环境保护目标和治理任务，采取有效措施，改善环境质量。（第 28 条）

（5）各级人民政府应当加大保护和改善环境、防治污染和其他公害的财政投入，提高财政资金的使用效益。（第 8 条）

（6）上级人民政府或有关地方人民政府协商解决跨行政区域的环境污染和生态破坏的防治。（第 20 条）

（7）人民政府应当依法采取财政、税收、价格、政府采购等方面的政策和措施，予以鼓励和支持企业事业单位和其他生产经营者，在达标排污的基础上，进一步减少污染物的排放。（第 22 条）

（8）人民政府应当予以支持为改善环境转产、搬迁、关闭的企业事业单位和其他生产经营者。（第 23 条）

（9）地方人民政府（未达到国家环境质量标准的重点区域、流域的地方政府），应当制定限期达标规划，并采取措施按期达标。（第 28 条）

（10）各级人民政府对具有代表性的各种类型的自然生态系统区域，重要的水源涵养区域等特殊保护区域，应当采取措施予以保护，严禁破坏。（第 29 条）

（11）各级人民政府应当加强对农业环境的保护，加强对农业污染源的监测预警，防治土壤污染等，推广植物病虫害的综合防治。（第 33 条）

（12）县级、乡级人民政府应当提高农村环境保护公共服务水平，推动农村环境综合整治。（第 33 条）

（13）国务院和沿海地方各级人民政府应当加强对海洋环境的保护。（第 34 条）

（14）地方各级人民政府应当采取措施，组织对生活废弃物的分类处置、回收利用。（第 37 条）

（15）国务院有关部门和地方各级人民政府应当采取措施，推广清洁能源的生产和使用。（第 40 条）

（16）各级人民政府应当依照《中华人民共和国突发事件应对法》的规定，做好突发环境事件的风险控制、应急准备、应急处置和事后恢复等工作。（第 47 条）

（17）县级以上人民政府应当建立环境污染公共监测预警机制，组织制定预警方案；环境受到污染，可能影响公众健康和环境安全时，依法及时公布预警信息，启动应急措施。（第 47 条）

（18）有关人民政府应当组织评估突发环境事件造成的环境影响和损失，并及时将评估结果向社会公布。（第 47 条）

（19）各级人民政府及其有关部门应当指导农业生产经营者科学种植和养殖，合理施用农业投入品，科学处置农膜、秸秆等农业废弃物，防止农业面源污染。（第 49 条）

（20）县级人民政府负责组织农村生活废弃物的处置工作。（第 49 条）

（21）各级人民政府应当在财政预算中安排资金，支持农村土壤污染防治和农村工矿污染治理等环境保护工作。（第 50 条）

（22）各级人民政府应当统筹城乡建设环境保护公共设施，并保障设施正常运行。（第 51 条）

（23）各级人民政府应当加强环境保护宣传和普及工作，鼓励基层群众组织、社会组织、环保志愿者开展环境保护宣传，营造保护环境的良好风气。（第 9 条）

（24）人民政府奖励对保护和改善环境有显著成绩的单位和个人。（第 11 条）

（25）县级以上人民政府实行环境保护目标责任制和考核评价制度，考核结果应当向社会公开。（第 26 条）

（26）县级以上人民政府应当每年向本级人大或者人大常委会报告环境状况和环境保护目标完成情况，并及时报告重大环境事件，依法接受监督。（第 27 条）

（27）地方各级人民政府及其有关直接负责的主管人员和其他直接责任人员，对其作为或不作为的违法行为应当承担问责责任。（第 68 条）

三、县级以上地方人民政府环境保护主管部门的职责

根据《环境保护法》的规定，地方县级以上人民政府环境保护主管部门的职责如下：

（1）实施统一监督管理。（第 10 条）
（2）会同有关部门编制环保规划，报政府批准并公布实施。（第 13 条）
（3）保证监测数据的真实性和准确性。（第 17 条）
（4）实施现场检查，保守商业秘密。（第 24 条）
（5）对违法者实施查封、扣押。（第 25 条）
（6）征收排污费。（第 43 条）
（7）实施排污许可证管理制度。（第 45 条）
（8）做好突发事件风险控制、应急准备、应急处置和事后恢复工作。（第 47 条）
（9）受理企业事业单位的应急预案备案及突发事件报告。（第 47 条）
（10）公开环境信息、为公众参与提供便利。（第 53、第 54 条）
（11）建立企业诚信档案，及时向社会公布违法名单。（第 54 条）
（12）审批环评文件，公开环境影响报告书全文。（第 56 条）
（13）受理公众举报，保护举报人的合法权益。（第 57 条）
（14）实施行政处罚。（第 59、第 60、第 61、第 62 条）
（15）移送行政拘留案件。（第 63 条）
（16）承担问责责任。（第 68 条）

除上述外，还有四项职责由省级以上环境保护主管部门实施：
（1）制定国家环境标准。（第 15 条）
（2）制定监测规范，组织监测网络，加强对环境监测的管理。（第 17 条）
（3）发布环境状况公报。（第 54 条）
（4）实施区域限批制度。（第 44 条）

四、其他依照法律规定行使环境监督管理权的部门的职责

根据《环境保护法》第 10 条规定，结合我国长期以来在环境监督管理实践中形成的管理模式，对环境保护实施监督管理的行政机关，除县级以上人民政府环境保护主管部门之外，还有依照有关法律规定行使环境污染防治或者自然资源保护监督管理权的部门。这些部门及其职责分别如下。

（1）海洋行政主管部门。根据《环境保护法》《海洋环境保护法》《海洋石油勘探开发环境保护管理条例》及《海洋倾废管理条例》的规定，负责对全国海洋工程建设项目和海洋倾倒废弃物对海洋污染损害的防治实施监督管理。

（2）海事行政主管部门。根据《海洋环境保护法》《中华人民共和国防止船舶污染海域管理条例》（以下简称《防止船舶污染海域管理条例》）、《中华人民共和国防止拆船污染环境管理条例》（以下简称《防止拆船污染环境管理条例》）的规定，对所辖港区水域内非军事船舶和港区水域外非渔业、非军事船舶污染海洋环境防治实施监督管理，并负责污染事故的调查处理；对在我国管辖海域航行、停泊和作业的外国籍船舶造成污染事故登轮检查处理。根据《海洋环境保护法》第 5 条第 3 款规定，船舶污染事故给渔业造成损害的，应当吸收渔业行政主管部门参与调查处理。

（3）港务监督行政主管部门。根据《水污染防治法》《环境噪声污染防治法》《防止拆船污染环境管理条例》的规定，对我国内河船舶、拆船污染港区水域和港区的机动船舶噪

声污染防治实施监督管理。

（4）渔政渔港监督行政主管部门。根据《渔业法》《防止拆船污染环境管理条例》《海洋环境保护法》的规定，对内河渔业船舶排污、拆船作业污染内河渔业港区水域的污染防治实施监督管理，并负责调查处理内河渔业污染事故；对我国海域渔港水域内非军事船舶和渔港水域外渔业船舶污染海洋环境实施监督管理，并参与船舶造成渔业海域污染事故的调查处理。

（5）军队环境保护部门。根据《环境保护法》《中国人民解放军环境保护条例》《海洋环境保护法》的规定，负责军事演练、武器试验、军事科研、军工生产、运输以及部队生活等对环境的污染防治实施监督管理。

（6）各级公安机关。根据《环境保护法》《环境噪声污染防治法》《大气污染防治法》《汽车排气污染监督管理办法》《中华人民共和国道路交通管理条例》（以下简称《道路交通管理条例》）、《中华人民共和国放射性污染防治法》（以下简称《放射性污染防治法》）、《放射性同位素与射线装置放射性防治条例》《治安管理处罚法》《中华人民共和国道路交通安全法》（以下简称《道路交通安全法》）的规定，对环境噪声、汽车尾气污染、放射性污染、破坏野生动植物及破坏水土保持等环境污染防治和自然资源保护实施监督管理。

（7）各级交通部门的航政部门。根据《环境保护法》《大气污染防治法》《水污染防治法》《环境噪声污染防治法》的规定，对陆地水体（港区、渔业区除外）船舶的大气污染、水污染和环境噪声污染防治实施监督管理。

（8）铁道行政主管部门。根据《环境保护法》《大气污染防治法》《环境噪声污染防治法》的规定，对铁路机车环境污染防治实施监督管理。

（9）民航行政主管部门。根据《环境保护法》《环境噪声污染防治法》《民用机场运营管理暂行规定》《国务院关于通用航空管理的暂行规定》的规定，对民用机场和经营通用航空业务的企业事业单位的环境噪声污染防治实施监督管理。

（10）土地行政主管部门。根据《环境保护法》《土地管理法》《中华人民共和国农业法》（以下简称《农业法》）和《土地复垦规定》的规定，对国土规划、土地使用、耕地与草地等土地的保护、土地复垦等土地资源保护实施监督管理。

（11）地质矿产主管部门。根据《环境保护法》《矿产资源法》的规定，对矿产开发、矿区复垦等的矿产资源保护实施监督管理。

（12）林业主管部门。根据《环境保护法》《森林法》《野生动物保护法》《野生植物保护条例》《防沙治沙法》的规定，对森林资源、陆地野生动物、野生植物资源保护和防沙治沙工作实施监督管理。

（13）农业行政主管部门。根据《环境保护法》《农业法》《草原法》《野生植物保护条例》《农药管理条例》的规定，对耕地、农田保护、草原、野生植物资源保护以及农药的安全使用实施监督管理。

（14）水行政主管部门。根据《环境保护法》《水法》《水土保持法》《防洪法》的规定，对流域、区域规划和水资源保护及水土保持实施监督管理。

（15）渔业行政主管部门。根据《渔业法》和《野生动物保护法》的规定，对渔业资源、水生野生动物资源保护实施监督管理。

第三节 企业事业单位环境保护的义务

一、企业事业单位和其他生产经营者是污染治理的责任主体

新《环境保护法》在原《环境保护法》的基础上进一步明确，并强化了企业污染治理的责任，归纳如下：

（1）建设对环境有影响的项目，应当依法进行环境影响评价；编制环评报告书的项目，应当征求公众意见。（第19、第56条）

（2）执行“三同时”制度，不得擅自拆除或者闲置防治污染设施。（第41条）

（3）优先使用清洁能源，采用先进工艺、设备及治理技术，减少污染物的产生。（第40条）

（4）建立环境保护责任制度，明确单位负责人和相关人员的责任，采取措施，防治在生产建设或者其他活动中产生的环境污染和危害。（第42条）

（5）重点排污单位应当安装使用监测设备，保证监测设备正常运行，保存原始监测记录。（第42条）

（6）严禁通过暗管等逃避监管方式违法排污。（第42条）

（7）按照国家有关规定缴纳排污费，排污费应当全部专项用于环境污染防治，任何单位和个人不得截留、挤占或者挪作他用。（第43条）

（8）在执行国家和地方污染物排放标准的同时，应当遵守分解落实到本单位的重点污染物排放总量控制指标。（第44条）

（9）实行排污许可管理的企业事业单位和其他生产经营者应当按照排污许可证的要求排放污染物；未取得排污许可证的，不得排放污染物。（第45条）

（10）执行淘汰制度，不得生产、销售或者转移、使用严重污染环境的工艺、设备和产品。（第46条）

（11）引进外来物种，研发生物技术，应当采取措施，防止对生物多样性的破坏。（第30条）

（12）不得引进不符合环境保护规定的技术、设备、材料和产品。（第46条）

（13）做好突发环境事件的风险控制、应急准备、应急处置和事后恢复等工作。（第47条）

（14）制定环境应急预案，报环境保护主管部门和有关部门备案。在发生或者可能发生突发环境事件时，应当立即采取措施处理，及时通报可能受到危害的单位和居民，并向环境保护主管部门和有关部门报告。（第47条）

（15）生产、储存、运输、销售、使用、处置化学物品和含有放射性物质的物品，应当遵守国家有关规定，防止污染环境。（第48条）

（16）畜禽养殖场、养殖小区、定点屠宰企业等的选址、建设和管理应当符合法律规定。从事畜禽养殖和屠宰的单位和个人应当采取措施，对畜禽粪便、尸体和污水等废弃物进行科学处置，防止污染环境。（第49条）

（17）重点排污单位应当如实向社会公开其主要污染物的名称、排放方式、排放浓度和总量、超标排放情况，以及防治污染设施的建设和运行情况，接受社会监督。（第55条）

（18）在有关环境服务活动中弄虚作假，对造成的环境污染和生态破坏负有责任的，除承担相关行政责任外，还应当与其他责任者承担连带责任。（第65条）

（19）防止和减少环境污染和生态破坏，对所造成的损害依法承担责任。（第6条）

（20）因污染环境和破坏生态造成损害的，承担侵权责任。（第64条）

（21）接受环境保护部门的现场检查，并如实提供有关情况。（第24条）

（22）违法的单位，接受环境保护部门的行政处罚决定。（第59、第60、第61、第62、第63条）。

二、企业环境保护责任制度

（一）企业环境保护责任制度的内容

《环境保护法》第42条第2款规定，排放污染物的企业事业单位，应当建立环境保护责任制度，明确单位负责人和相关人员的责任。单位负责人和相关人员是排污单位承担环境保护责任的人员。其中，单位负责人指排污单位的主要负责人，是排污单位环境保护工作的总负责人，全面负责本单位环境保护工作，对相关责任人员进行指导、监督，落实环境保护管理制度。相关人员指排污单位的环境监督员等有关人员。环境监督员具体负责排污单位的污染防治、日常检查等环境保护工作。单位负责人和相关人员没有履行环境保护职责，导致发生污染事故的，应当承担相应法律责任。

（二）环境监督员的选任

1. 环境监督员的条件

应当从两个方面加以考虑：①能够胜任对企业的环境行为进行监督的职责；②自愿并敢于监督，并被所在企业认可。

2. 环境监督员的产生

2003年，国家环保总局下发的《关于开展企业环保监督员制度试行工作的通知》中，并未明确企业环境监督员的产生程序。根据试点城市的经验，可规定为：所在企业推荐—争得本人同意—环保培训考核取得职业资格—环境保护部门颁发证书。

（三）企业环境监督员的职责

《关于开展企业环保监督员制度试行工作的通知》明确了企业环境监督员的职责：①负责制定企业的环保工作计划和规章制度；②有权检查企业生产污染的生产设施、污染防治设施运转情况、污染物排放情况；③负责确认监测数据，负责污染事故应急预案的制订和预演；④发生污染事故时，负责采取应急措施；⑤定期向环境保护部门报告情况，加强与环境保护部门的联系。

【本章小结】

环境保护监督管理体制是国家环境保护监督管理机构的设置，以及这些机构之间环境监督管理权限职能的划分。本章分别对环境监督管理体制的概念、我国环境监督管理机构的建立和发展历程、国务院环境保护主管部门的职责、地方各级人民政府的职责、县级以上地方人民政府环境保护主管部门的职责、其他依照法律规定行使环境监督管理权的部门的职责、企业事业单位环境保护义务、企业环境监督员制度进行了阐述。

【思考题】

1. 什么是环境保护监督管理体制，我国现行的环境保护监督管理体制是怎样规定的？

2. 国务院环境保护主管部门环境保护的主要职责是什么？

3. 地方各级人民政府环境保护的主要职责是什么？新《环境保护法》增设了哪些新的职责，其理由是什么？

4. 县级以上地方人民政府环境保护主管部门环境保护的主要职责是什么？新《环境保护法》增设了哪些新的职责，其理由是什么？

5. 其他依照法律规定行使环境监督管理权的部门环境保护的主要职责是什么？

6. 企业事业单位和其他生产经营者环境保护的义务是什么？新《环境保护法》增设了哪些新的环保义务，其理由是什么？

7. 企业环境监督员的职责包括哪些，怎样才能成为合格的企业环境监督员？

【实训案例】

查阅资料，分析讨论以下问题：

1. 我国环境保护监督管理体制存在的主要问题是什么？

2. 从我国环保事业发展的实际出发，你认为应当如何改革、完善我国的环境保护监督管理体制？

3. 目前地方政府、环境保护部门在履行法律赋予的环保职责及监督管理职能中存在的主要问题是什么？请举例说明。

4. 企业事业单位履行环境保护义务的情况怎样？存在哪些主要问题？请举例说明。

第三章　环境法律制度

职业能力目标与学习要求

1. 了解环境法律制度的建立与发展概况。

2. 熟悉主要环境法律制度的基本内涵。

3. 掌握违反环境影响评价制度等主要法律制度的法律责任。

4. 掌握《环境保护法》《大气污染防治法》和《环境影响评价法》等修订后对环境制度的主要调整变化。

【引　例】

2017年5月7日，A市环保局在对企业进行排查时发现，B公司在未报批环境影响评价手续的情况下，擅自于2010年2月5日投入生产，经调查核实，该公司超标排放生产废水，其中总铜浓度超出排放标准42倍。

A市环保局仅依据《建设项目环境保护管理条例》（1998年11月29日起施行）第23条和第28条，于4月25日对B公司做出了责令立即停止生产并罚款8万元人民币的处罚。

本案引发的法律思考：

1. 该公司同时违反环评和“三同时”规定，是否属于两个完全独立的违法行为？

2. 何为环评制度？何为“三同时”制度？这两项制度在建设项目环境管理中有何意义？

3. 违反环评制度、“三同时”制度应承担何种法律责任？

4. 市环保局对B公司违反环评制度的行为是否还应当进行处罚？为什么？

5. B公司私设暗道恶意偷排生产废水，是否构成涉嫌犯罪？理由是什么？

第一节　环境法律制度概述

一、环境法律制度的概念及特征

环境保护法律制度是指为实现环境法的任务和目的，根据环境法的基本原则，通过立法形成的在环境监督管理中起主要作用且具有普遍意义的法律规则和程序，是调整某一方面或某一类环境保护社会关系的一系列环境法律规范所组成的体系。

环境保护法律制度是环境保护法律规范的重要组成部分，是环境管理制度的法律化。因而它不同于一般的环境法律规范，也不同于环境保护法的基本原则，具有以下主要特征。

（1）环境保护法律制度具有普遍性。环境保护法律制度是环境保护基本政策和环境保护法基本原则的具体化，是环境保护法律关系主体必须共同遵守的行为规则，对实现环境保护法的任务和目的起主要的法制保障作用，其适用对象和调整范围广泛，在环境监督管理中普遍适用且使用频率高。

（2）环境保护法律制度具有系统性。环境保护法律制度不是由某一个法律规范所组成，而是由一系列法律规范所组成。这些规范之间相互关联、相互制约、相互作用，共同构成一个相对完整的系统。

（3）环境保护法律制度具有程序性。环境保护法律制度调整某一方面或某一类环境保护社会关系，从法律上明确了法律关系主体的权利、义务和必须遵循的规则、程序，把环境监督管理工作规范化、程序化，从而既维护了环境保护法制的正常秩序，又提高了工作效率。

（4）环境保护法律制度具有约束性。环境保护法律制度是由某一方面或某一类的环境法律规范所组成的，因此必然具有法律规范的逻辑结构属性及其特点。

二、环境保护法律制度的种类

环境保护法律制度是由多项制度所组成的制度体系，从不同的角度，可以对环境保护法律制度进行如下分类。

（1）按照环境保护法律制度在环境监督管理中所处的地位和作用分，可分为环境保护法的基本制度和环境保护法的一般制度。

（2）按照环境保护法律制度所调整或保护的对象分，可分为防治环境污染的制度（如总量控制制度）、防治环境破坏制度（如防治水土流失制度）、保护生活环境制度（如城市环境综合整治定量考核制度）、保护生态环境制度（如自然保护区管理制度）等。

（3）按照环境保护法律制度主要手段的性质分，可分为行政性的法律制度（如现场检查制度）、经济性的法律制度（如排污收费制度）、技术性的法律制度（如环境标准制度）。

三、我国环境保护法律制度的建立和发展

自1979年颁布的《环境保护法（试行）》第一次在环境保护基本法上确定了环境影响评价制度、“三同时”制度、排污收费制度、限期治理制度等法律制度以来，经过30多年的发展，我国的环境保护法律制度日趋丰富和完善，并在强化环境监督管理，防治环境污染，改善环境质量等方面发挥了十分重要的作用。

尤其是1989年修订后颁布的《环境保护法》，汲取了我国环境保护法制建设的实践经验与成果，对各项环境保护法律制度进一步加以规范和确认。1995年后修订的《大气污染防治法》《水污染防治法》《海洋环境保护法》以及新颁布的《环境噪声污染防治法》和《固体废物污染环境防治法》及时总结我国的环境监督管理实践经验，把一些环境管理中成功的做法加以规范上升为法律制度，为全面深化、完善和发展我国的环境保护法律制度作出了新的贡献。例如，《水污染防治法》首次在单行法中明确规定了“三同时”制度、

总量控制与核定制度，《大气污染防治法》第一次规定了总量收费制度与排污许可证制度，并且把限期治理制度从一般行政管理制度上升为超标排污者应承担的法律责任。

新《环境保护法》对现行的法律制度进行了较大的调整、修改和补充，如删去了限期治理制度、排污申报登记等级制度，增设了环境保护目标责任制和考核评价制度；生态保护补偿制度；环境调查、监测、评估和修复制度（大气、水、土壤）；环境与健康监测、调查和风险评估制度；重点污染物排放总量控制制度；排污许可证管理制度；对严重污染环境的工艺、设备和产品淘汰制度；环境信息公开制度、环境污染联防联控制度等，进一步完善了环境法律制度。

第二节　环境影响评价制度

一、环境影响评价制度的概念和意义

依照我国《环境影响评价法》第 2 条的规定，环境影响评价是指对规划和建设项目实施后可能造成的环境影响进行分析、预测和评估，提出预防或者减轻不良环境影响的对策和措施，进行跟踪监测的方法与制度。环境影响评价制度则是指有关环境影响评价的范围、内容、编制、审批环境影响报告书（表）、登记表的程序等一系列法律规定的总称。

建立和实施环境影响评价制度，对于贯彻“预防为主”的原则，推进产业合理布局和企业的优化选址；加强环境管理，预防开发建设、经济发展规划等活动可能产生的环境污染和破坏；提高公众的环境意识，调动公众参与环境保护的积极性；实现环境保护同经济建设协调发展等，都具有重要的意义。

二、环境影响评价制度的形成

环境影响评价制度首创于美国，是由美国的柯威尔教授提出的。1969 年，美国《国家环境政策法》把环境影响评价作为联邦政府在环境管理中必须遵循的一项制度，以后被很多国家所采用。

我国早在 1979 年《环境保护法（试行）》中就对建设项目实施环境影响评价作出了规定。1989 年，在修改后颁布的《环境保护法》中采用准用性规范规定了“建设污染环境的项目，必须遵守国家有关建设项目环境保护管理的规定”。

此外，在我国颁布的一系列环境污染防治法律如《水污染防治法》《环境噪声污染防治法》《海洋环境保护法》《大气污染防治法》《固体废物污染环境防治法》中，均对建设项目施行环境影响评价作了重申。

国务院于 1998 年 11 月发布了《建设项目环境保护管理条例》（以下简称《条例》），提出了对建设项目实行分类管理，并进一步完善了建设项目环境影响评价报告书（表）的申报、批准程序及法律责任。

2002 年 10 月 28 日，第九届全国人大常委会第三十次会议通过了《环境影响评价法》，首次以专门立法的形式确立了环境影响评价制度。2009 年 8 月 12 日发布的《规划环境影响评价条例》进一步明确了规划环评的内容、审查程序、跟踪评价及法律责任。

《环境影响评价法》和《规划环境影响评价条例》第一次将环境影响评价的范围从以往单纯建设项目进行环境影响评价拓展到对规划进行战略环评，并强化了公众参与环境影响评价的民主决策机制，明确规定环境影响评价的跟踪评价与后评价制度，从而进一步完善了我国的环境影响评价体系，为从源头上采取防治措施，促进环境与经济、社会协调发展，开创环境影响评价工作的新局面，全面贯彻实施可持续发展战略提供了有力的法律依据。

根据2016年7月2日第十二届全国人民代表大会常务委员会第二十一次会议《关于修改〈中华人民共和国节约能源法〉等六部法律的决定》，对《环境影响评价法》进行了修正。

三、环境影响评价制度的主要内容

根据《环境影响评价法》和《规划环境影响评价条例》的规定，我国环境影响评价的适用范围包括对各级人民政府组织编制的规划（包括专项规划）以及对环境有影响的建设项目。也就是说，环境影响评价的对象分为规划和建设项目两大类。

（一）规划环境影响评价

1. 规划环境影响评价的范围

《规划环境影响评价条例》第2条规定：“国务院有关部门、设区的市级以上地方人民政府及其有关部门，对其组织编制的土地利用的有关规划和区域、流域、海域的建设、开发利用规划（以下简称综合性规划），以及工业、农业、畜牧业、林业、能源、水利、交通、城市建设、旅游、自然资源开发的有关专项规划（以下简称专项规划），应当进行环境影响评价。依照本条第1款规定应当进行环境影响评价的规划的具体范围，由国务院环境保护主管部门会同国务院有关部门拟订，报国务院批准后执行。”

2. 规划环境影响评价的内容

对规划进行环境影响评价，应当分析、预测和评估以下内容：①规划实施可能对相关区域、流域、海域生态系统产生的整体影响；②规划实施可能对环境和人群健康产生的长远影响；③规划实施的经济效益、社会效益与环境效益之间以及当前利益与长远利益之间的关系。

编制综合性规划，应当根据规划实施后可能对环境造成的影响，编写环境影响篇章或者说明。编制专项规划，应当在规划草案报送审批前编制环境影响报告书。编制专项规划中的指导性规划，应当依照规定编写环境影响篇章或者说明。指导性规划是指以发展战略为主要内容的专项规划。

环境影响篇章或者说明应当包括下列内容：①规划实施对环境可能造成影响的分析、预测和评估。主要包括资源环境承载能力分析、不良环境影响的分析和预测以及与相关规划的环境协调性分析。②预防或者减轻不良环境影响的对策和措施。主要包括预防或者减轻不良环境影响的政策、管理或者技术等措施。

环境影响报告书除包括上述内容外，还应当包括环境影响评价结论。主要包括规划草案的环境合理性和可行性，预防或者减轻不良环境影响的对策和措施的合理性和有效性，以及规划草案的调整建议。

3. 规划环境影响评价的审查

（1）规划草案的报批。规划编制机关在报送审批综合性规划草案和专项规划中的指导性规划草案时，应当将环境影响篇章或者说明作为规划草案的组成部分一并报送规划审批机关。未编写环境影响篇章或者说明的，规划审批机关应当要求其补充；未补充的，规划审批机关不予审批。

规划编制机关在报送审批专项规划草案时，应当将环境影响报告书一并附送规划审批机关审查；未附送环境影响报告书的，规划审批机关应当要求其补充；未补充的，规划审批机关不予审批。

（2）规划环境影响的审查意见。审查小组的成员应当客观、公正、独立地对环境影响报告书提出书面审查意见，规划审批机关、规划编制机关、审查小组的召集部门不得干预。审查意见应当包括下列内容：①基础资料、数据的真实性；②评价方法的适当性；③环境影响分析、预测和评估的可靠性；④预防或者减轻不良环境影响的对策和措施的合理性和有效性；⑤公众意见采纳与不采纳情况及其理由说明的合理性；⑥环境影响评价结论的科学性。审查意见应当经审查小组3/4以上成员签字同意。审查小组成员有不同意见的，应当如实记录和反映。

有下列情形之一的，审查小组应当提出对环境影响报告书进行修改并重新审查的意见：①基础资料、数据失实的；②评价方法选择不当的；③对不良环境影响的分析、预测和评估不准确、不深入，需要进一步论证的；④预防或者减轻不良环境影响的对策和措施存在严重缺陷的；⑤环境影响评价结论不明确、不合理或者错误的；⑥未附具对公众意见采纳与不采纳情况及其理由的说明，或者不采纳公众意见的理由明显不合理的；⑦内容存在其他重大缺陷或者遗漏的。审查小组提出修改意见的，专项规划的编制机关应当根据环境影响报告书结论和审查意见对规划草案进行修改完善，并对环境影响报告书结论和审查意见的采纳情况作出说明；不采纳的，应当说明理由。

有下列情形之一的，审查小组应当提出不予通过环境影响报告书的意见：①依据现有知识水平和技术条件，对规划实施可能产生的不良环境影响的程度或者范围不能作出科学判断的；②规划实施可能造成重大不良环境影响，并且无法提出切实可行的预防或者减轻对策和措施的。

4. 规划环境影响的跟踪评价

对环境有重大影响的规划实施后，规划编制机关应当及时组织规划环境影响的跟踪评价，将评价结果报告规划审批机关，并通报环境保护等有关部门。

规划环境影响的跟踪评价应当包括下列内容：①规划实施后实际产生的环境影响与环境影响评价文件预测可能产生的环境影响之间的比较分析和评估；②规划实施中所采取的预防或者减轻不良环境影响的对策和措施有效性的分析和评估；③公众对规划实施所产生的环境影响的意见；④跟踪评价的结论。

规划实施过程中产生重大不良环境影响的，规划编制机关应当及时提出改进措施，向规划审批机关报告，并通报环境保护等有关部门。环境保护主管部门发现规划实施过程中产生重大不良环境影响的，应当及时进行核查。经核查属实的，向规划审批机关提出采取改进措施或者修订规划的建议。规划审批机关在接到规划编制机关的报告或者环境保护主管部门的建议后，应当及时组织论证，并根据论证结果采取改进措施或者对规划进行修订。

规划实施区域的重点污染物排放总量超过国家或者地方规定的总量控制指标的，应当暂停审批该规划实施区域内新增该重点污染物排放总量的建设项目的环境影响评价文件。

（二）建设项目环境影响评价

1. 建设项目环境影响评价的范围

根据《环境影响评价法》规定，凡从事对环境可能造成不良影响的建设项目，都必须依法执行环境影响评价制度。[①] 建设项目是指：固定资产投资方式进行的一切开发建设活动，包括国有经济、城乡集体经济、联营、股份制、外资、港澳台投资、个体经济和其他各种不同经济类型的开发活动。按计划管理体制，建设项目可分为基本建设、技术改造、房地产开发（包括开发区建设、新区建设、老区改造）和其他共四个部分的工程和设施建设。[②]

2. 建设项目环境影响评价的分类管理

国家根据建设项目对环境的影响程度，对建设项目的环境影响评价实行分类管理。建设项目所处环境的敏感性质和敏感程度，是确定建设项目环境影响评价类别的重要依据。建设涉及环境敏感区的项目，应当严格按照《建设项目环境影响评价分类管理名录》确定其环境影响评价类别，不得擅自提高或者降低环境影响评价类别。环境影响评价文件应当就该项目对环境敏感区的影响作重点分析。《环境影响评价法》第 16 条对建设项目环境影响评价的分类管理作了如下规定：①建设项目对环境可能造成重大影响的，应当编制环境影响报告书，对建设项目产生的污染和对环境的影响进行全面、详细的评价。②建设项目对环境可能造成轻度影响的，应当编制环境影响报告表，对建设项目产生的污染和对环境的影响进行分析或者专项评价。③建设项目对环境影响很小，不需要进行环境影响评价的，应当填报环境影响登记表。

3. 建设项目环境影响评价的内容

根据《环境影响评价法》第 17 条规定，建设项目的环境影响报告书的内容包括以下几个方面：①建设项目概况；②建设项目周围环境现状；③建设项目对环境可能造成影响的分析、预测和评估；④建设项目环境保护措施及其技术、经济论证；⑤建设项目对环境影响的经济损益分析；⑥对建设项目实施环境监测的建议；⑦环境影响评价的结论。

4. 环境影响评价中的公众参与

2006 年 3 月，国家环保总局公布第一部公众参与的规范性文件——《环境影响评价公众参与暂行办法》（以下简称《暂行办法》），详细规定公众参与环境影响评价的范围、程序、组织形式等内容。其主要内容有：

（1）6 种情况须征求公众意见。《暂行办法》明确提出，国家鼓励公众参与建设项目和规划的环境影响评价活动。公众参与实行公开、平等、广泛和便利的原则。《环境影响评价法》第 11、第 21、第 24 条规定范围内的专项规划环境影响评价的活动、应当编制环

---

① 参见《环境影响评价法》第 1 条的规定。

② 韩德培．环境保护法教程（第 4 版）．北京：法律出版社，2003：81.

境影响报告书的建设项目、应当重新报批环境影响评价文件的建设项目、环境影响评价的活动等 6 种情况都要公开征求公众意见。

（2）7 日内向公众公告与建设项目有关信息。《暂行办法》规定，建设单位或编制机关应当在委托环境影响评价单位进行环境影响评价工作后 7 日内向公众公告与建设项目有关的五项信息；还要对环境可能造成的影响以及预防或者减轻不良环境影响的对策和措施等进行公开。

《暂行办法》要求，环境影响评价文件报送审批或审查前，建设单位、编制机关、受委托单位应进行公众意见反馈。审批环境影响评价文件的环境保护行政主管部门应当组织专家委员会，根据法律授予环境保护行政主管部门的管辖权限和现有的环境法律、法规和标准，审核环境影响评价文件中对公众意见采纳或者不采纳的说明，并判断其合理性。

（3）应公开环评报告书简本。《暂行办法》针对环评报告书过于专业等情况，要求建设单位或其委托的环评机构公开环评报告书简本，便于公众了解信息。

（4）公众参与形式有 5 种。《暂行办法》规定公众参与形式有 5 种：调查公众意见、咨询专家意见、座谈会、论证会、听证会。

（5）征求公众意见的期限不能少于 10 天。《暂行办法》规定，公开征求公众对建设项目或专项规划的环境影响、环境影响评价工作和环境影响评价文件的意见（以下统称意见），征求意见的期限应不少于 10 日。

（6）信息公开分两个阶段进行。环评开始阶段，建设单位应当公告项目名称及概要等信息；在环评进行阶段，建设单位应当公告可能造成环境影响的范围、程度以及主要预防措施等内容；环评审批阶段，环境保护部门应当公告已受理的环评文件简要信息与审批结果。

（7）公众意见采纳与否要有说明。为保证公众参与的有效性，《暂行办法》明确要求，建设单位应当在报审的环评报告书中附上对公众意见采纳或者不采纳的说明。《暂行办法》同时还对编制和审查各类开发建设规划如何征求公众意见做了相应规定。

5. 环境影响报告书（表）、登记表的审批程序

根据《条例》规定，环境影响报告书（表）、登记表的审批程序分为报批、预审和审批。

（1）报批。①建设单位在建设项目可行性研究阶段报批；②铁路、交通等建设项目，经环境保护行政主管部门同意，可以在初步设计完成前报批；③不需要进行可行性研究的建设项目，建设单位应当在项目开工前报批；④需要办理营业执照的，建设单位应当在办理营业执照前报批；⑤经批准的建设项目的性质、规模、地点或者采用的生产工艺发生重大变化的，建设单位应当重新报批；⑥环境影响报告书（表）、登记表自批准之日起满 5 年方开工建设的，应当报原审批机关重新审核。

（2）审批（审核）期限。①环境保护行政主管部门自接到环境影响报告书（表）、登记表之日起，分别在 60 日、30 日、15 日内，作出审批决定并书面通知；②需要重新审核的建设项目的环境影响报告书（表）、登记表，原审批机关应当自收到之日起 10 日内，将审核意见书面通知；③海岸工程建设项目的环境影响报告书（表），经海洋行政主管部门审核后，报环境保护行政主管部门审批；④建设项目造成跨行政区域环境影响，有关环境保护行政主管部门对环境影响评价结论有争议的，其环境影响报告书或者环境影响报告表由共同上一级环境保护行政主管部门审批。

建设项目有行业主管部门的，其环境影响报告书或者环境影响报告表应当经行业主管部门预审后，报有审批权的环境保护行政主管部门审批。

环境保护行政主管部门审核、审批建设项目环境影响评价文件，不得收取任何费用。建设项目行业主管部门预审建设项目环境影响评价文件时，也不得收取任何费用。

（3）建设项目环境影响评价文件分级审批。《建设项目环境影响评价文件分级审批规定》规定，建设对环境有影响的项目，不论投资主体、资金来源、项目性质和投资规模，其环境影响评价文件均应按照本规定确定分级审批权限。有关海洋工程和军事设施建设项目的环境影响评价文件的分级审批，依据有关法律和行政法规执行。

建设项目环境影响评价文件的分级审批权限，原则上按照建设项目的审批、核准和备案权限及建设项目对环境的影响性质和程度确定。

环境保护部负责审批下列类型的建设项目环境影响评价文件：①核设施、绝密工程等特殊性质的建设项目；②跨省、自治区、直辖市行政区域的建设项目；③由国务院审批或核准的建设项目，由国务院授权有关部门审批或核准的建设项目，由国务院有关部门备案的对环境可能造成重大影响的特殊性质的建设项目。

上述规定以外的建设项目环境影响评价文件的审批权限，由省级环境保护部门参照下述原则提出分级审批建议，报省级人民政府批准后实施，并抄报环境保护部。①有色金属冶炼及矿山开发、钢铁加工、电石、铁合金、焦炭、垃圾焚烧及发电、制浆等对环境可能造成重大影响的建设项目环境影响评价文件由省级环境保护部门负责审批。②化工、造纸、电镀、印染、酿造、味精、柠檬酸、酶制剂、酵母等污染较重的建设项目环境影响评价文件由省级或地级市环境保护部门负责审批。③法律和法规关于建设项目环境影响评价文件分级审批管理另有规定的，按照有关规定执行。

（4）环境影响报告书审批环节的公众参与。依照《暂行办法》规定，环境保护行政主管部门可以组织专家咨询委员会，由其对环境影响报告书中有关公众意见采纳情况的说明进行审议，判断其合理性并提出处理建议。

6. 建设项目环境影响评价的后评价及跟踪检查

《环境影响评价法》第27条和第28条对建设项目环境影响评价的后评价及跟踪检查作了如下规定：①建设项目在建设、运行过程中产生不符合经审批的环境影响评价文件的情形的，建设单位应当组织环境影响的后评价，采取改进措施，并报原环境影响评价文件审批部门和建设项目审批部门备案；原环境影响评价文件审批部门也可以责成建设单位进行环境影响的后评价，采取改进措施。②环境保护行政主管部门应当对建设项目投入生产或者使用后所产生的环境影响进行跟踪检查，对造成严重环境污染或者生态破坏的，应当查清原因、查明责任。

7. 环境影响评价资质管理

继清理整顿环评机构、实行环评工程师资格全国考试等措施后，国家环境保护总局于2005年7月21日发布了《建设项目环境影响评价资质管理办法》（以下简称《资质管理办法》），规定凡接受委托为建设项目环境影响评价提供技术服务的机构，应当按照规定申请建设项目环境影响评价资质，经国家环境保护总局审查合格，取得《建设项目环境影响评价资质证书》后，方可在资质证书规定的资质等级和评价范围内从事环境影响评价技术服务。该《资质管理办法》对评价机构的资质条件、评价资质的申请与审查、评价机构的管理、评价资质的考核与监督以及罚则等作了详细规定。

《环境影响评价法》第 19 条第 3 款规定："为建设项目环境影响评价提供技术服务的机构，不得与负责审批建设项目环境影响评价文件的环境保护行政主管部门或者其他有关审批部门存在任何利益关系。"

关于评价单位的确定，《条例》第 14 条规定："建设单位可以采取公开招标的方式，选择从事环境影响评价工作的单位，对建设项目进行环境影响评价。任何行政机关不得为建设单位指定从事环境影响评价工作的单位，进行环境影响评价。"

四、违反环境影响评价制度的法律责任

（一）违反规划环境影响评价规定的法律责任

规划编制机关违反本法规定，未组织环境影响评价，或者组织环境影响评价时弄虚作假或者有失职行为，造成环境影响评价严重失实的，对直接负责的主管人员和其他直接责任人员，由上级机关或者监察机关依法给予行政处分。

规划审批机关有下列行为之一的，对直接负责的主管人员和其他直接责任人员，依法给予处分：①对依法应当编写而未编写环境影响篇章或者说明的综合性规划草案和专项规划中的指导性规划草案，予以批准的；②对依法应当附送而未附送环境影响报告书的专项规划草案，或者对环境影响报告书未经审查小组审查的专项规划草案，予以批准的。

审查小组的召集部门在组织环境影响报告书审查时弄虚作假或者滥用职权，造成环境影响评价严重失实的，对直接负责的主管人员和其他直接责任人员，依法给予处分。审查小组的专家在环境影响报告书审查中弄虚作假或者有失职行为，造成环境影响评价严重失实的，由设立专家库的环境保护主管部门取消其入选专家库的资格并予以公告；审查小组的部门代表有上述行为的，依法给予处分。

规划环境影响评价技术机构弄虚作假或者有失职行为，造成环境影响评价文件严重失实的，由国务院环境保护主管部门予以通报，处所收费用 1 倍以上 3 倍以下的罚款；构成犯罪的，依法追究刑事责任。

《最高人民法院、最高人民检察院关于办理环境污染刑事案件适用法律若干问题的解释》第 9 条规定："环境影响评价机构或其人员，故意提供虚假环境影响评价文件，情节严重的，或者严重不负责任，出具的环境影响评价文件存在重大失实，造成严重后果的，应当依照刑法第二百二十九条、第二百三十一条的规定，以提供虚假证明文件罪或者出具证明文件重大失实罪定罪处罚。"

（二）违反建设项目环境影响评价规定的法律责任

《环境保护法》第 61 条规定："建设单位未依法提交建设项目环境影响评价文件或者环境影响评价文件未经批准，擅自开工建设的，由负有环境保护监督管理职责的部门责令停止建设，处以罚款，并可以责令恢复原状。"该法第 63 条还规定，"建设项目未依法进行环境影响评价，被责令停止建设，拒不执行的，尚不构成犯罪的，除依照有关法律法规规定予以处罚外，由县级以上人民政府环境保护主管部门或者其他有关部门将案件移送公

安机关，对其直接负责的主管人员和其他直接责任人员，处 10 日以上 15 日以下拘留；情节较轻的，处 5 日以上 10 日以下拘留。”《环境影响评价法》第 31 条规定：“建设单位未依法报批建设项目环境影响报告书、报告表，或者未依照本法第二十四条的规定重新报批或者报请重新审核环境影响报告书、报告表，擅自开工建设的，由县级以上环境保护行政主管部门责令停止建设，根据违法情节和危害后果，处建设项目总投资额百分之一以上百分之五以下的罚款，并可以责令恢复原状；对建设单位直接负责的主管人员和其他直接责任人员，依法给予行政处分。建设项目环境影响报告书、报告表未经批准或者未经原审批部门重新审核同意，建设单位擅自开工建设的，依照前款的规定处罚、处分。建设单位未依法备案建设项目环境影响登记表的，由县级以上环境保护行政主管部门责令备案，处五万元以下的罚款。海洋工程建设项目的建设单位有本条所列违法行为的，依照《中华人民共和国海洋环境保护法》的规定处罚。”（关于“被责令停止建设，拒不执行的”具体情形，详见第十一章第三节“二、环境行政处罚种类”。）

需要明确的是，对违反“环评制度”的违法行为实施处罚的主体是负有环境监督管理职责的部门和公安机关。这里的负有环境监督管理职责的部门不局限于环境保护主管部门，还包括其他行使环境影响评价文件审批权的部门，如海洋环境保护部门；也不局限于审批环境影响评价文件的部门，有可能是审批环境影响评价文件部门的上级部门，或者是受原审批环境影响评价文件部门委托的部门。

关于承担法律责任的形式，根据《环境影响评价法》及污染防治单行法的相关规定，主要有：责令停止建设、处以罚款、责令恢复原状和行政拘留（根据《环境保护法》规定，“责令限期补办手续”已不再适用）。其中，责令停止建设和责令恢复原状属于行政命令，责令恢复原状是指通过拆除等手段使已经建成的设施或项目恢复到开工建设之前的状态。对于一般的未批先建行为，应当责令停止建设，处以罚款。对于情节恶劣，建设项目对环境的影响较大，严重不符合环境管理要求的，在责令停止建设，处以罚款的同时，还应当责令违法者恢复原状。从上述可知，责令恢复原状是更加严厉的处罚措施。

建设项目依法应当进行环境影响评价而未评价的，或者环境影响评价文件未经依法批准，审批部门擅自批准该项目建设的，对直接负责的主管人员和其他直接责任人员，由上级机关或者监察机关依法给予行政处分；构成犯罪的，依法追究刑事责任。

负责审核、审批、备案建设项目环境影响评价文件的部门在审批、备案中收取费用的，由其上级机关或者监察机关责令退还；情节严重的，对直接负责的主管人员和其他直接责任人员依法给予行政处分。（关于“直接负责的主管人员和其他直接责任人员”界定，详见第十一章第三节“二、环境行政处罚种类”）。

环境保护主管部门或者其他部门的工作人员徇私舞弊、滥用职权、玩忽职守，违法批准建设项目环境影响评价文件的，依法给予行政处分；构成犯罪的，依法追究刑事责任。

（三）环境影响评价机构违反规定应承担的法律责任

接受委托为建设项目环境影响评价提供技术服务的机构在环境影响评价工作中不负责任或者弄虚作假，致使环境影响评价文件失实的，由授予环境影响评价资质的环境保护行政主管部门降低其资质等级或者吊销其资质证书，并处所收费用 1 倍以上 3 倍以下的罚款；构成犯罪的，依法追究刑事责任。

《环境保护法》第 65 条规定，环境影响评价机构在有关环境服务活动中弄虚作假，对造成的环境污染和生态破坏负有责任的，除依照有关法律法规规定予以处罚外，还应当与造成环境污染和生态破坏的其他责任者承担连带责任。

专栏 3-1

新华社北京 3 月 9 日电（记者 孙奕、高敬）环保部部长陈吉宁 2017 年 3 月 9 日表示，从今年开始，不论是人还是资产，没有一家环评机构跟环保部有任何关系。“我们把这件事情切割得干干净净。”

在当天举行的十二届全国人大五次会议记者会上，陈吉宁说，2015 年年底，环保部直属的 8 家环评机构率先完成了脱钩，到去年底，所有地方环保部门 350 家环评机构分两批已经全部完成了脱钩任务。其中 176 家取消或者注销了资质，174 家由原环评机构职工自然人出资设立环评公司或者整体划至国有资产管理部门。

“从进展情况看，脱钩进展比较平稳，从体制上解决了‘红顶中介’问题，有利于环评市场的健康发展。”他说。

他介绍，脱钩之后，目前全国共有环保机构 968 家，其中企业法人机构 818 家，事业法人机构 150 家，从业环评工程师 10 746 人。

第三节 “三同时”制度

一、“三同时”制度的概念和意义

“三同时”制度，是指对环境有影响的一切新建、改建、扩建的基本建设项目，技术改造项目，区域开发项目或自然资源开发项目，其防治污染和生态破坏的设施，必须与主体工程同时设计、同时施工、同时投产使用的法律规定。

“三同时”制度，是我国环境管理实践经验的总结，是我国所独创的一项重要的环境保护法律制度。它与环境影响评价制度相结合，有效地贯彻“预防为主”的原则，落实开发建设活动对环境产生影响的防治措施，防止新的环境污染和生态破坏的产生，并根据“以老带新”的原则，促进老污染源的治理，保证建设项目建成后达标排放或不对周围环境造成破坏。因此，严格贯彻执行“三同时”制度，对于加强建设项目的环境管理，有效地控制新污染源，促进老污染源的治理，防止生态破坏，改善环境质量具有重要意义。

二、“三同时”制度的形成

“三同时”制度最早出现于 1972 年国务院批转的《国家计委、建委关于官厅水库污染情况和解决意见的报告》中。1979 年颁布的《环境保护法（试行)》确认了这项制度。

1989 年颁布的《环境保护法》第 26 条规定：“建设项目中的防治污染的设施，必须与主体工程同时设计、同时施工、同时投产使用。防治污染的设施必须经原审批环境影响报告书的环境保护行政主管部门验收合格后，该建设项目方可投入生产或者使用。防治污染的设施不得擅自拆除或者闲置，确有必要拆除或者闲置的，必须征得所在地的环境保护行政主管部门同意。”该法第 36 条还对违反“三同时”制度的法律责任作了具体规定。此外《建设项目环境保护设计规定》《建设项目环境保护管理程序》《水污染防治法》《海洋环境保护法》《大气污染防治法》《环境噪声污染防治法》《固体废物污染环境防治法》《水法》《水土保持法》等法律法规也都重申并完善了“三同时”制度的有关规定。为适应环境保护形势发展的需要，2017 年新修改的《建设项目环境保护管理条例》，进一步规范了“三同时”制度。

《环境保护法》第 41 条规定：“建设项目中防治污染的设施，应当与主体工程同时设计、同时施工、同时投产使用。防治污染的设施应当符合经批准的环境影响评价文件的要求，不得擅自拆除或者闲置。”在此，值得注意的是，新《环境保护法》将原《环境保护法》关于违反“三同时”制度的法律责任条款删除。因此，作为原《环境保护法》下位法的《建设项目环境保护管理条例》第 28 条规定也已失效。违反“三同时”制度的法律责任应该适用各单行法的相关条款。

三、“三同时”制度的主要内容

（一）“三同时”制度的适用范围

“三同时”制度，开始只适用于新建、改建和扩建的企业，后来其适用范围不断扩大。目前，该制度适用于以下几个方面的开发建设项目：新建、改建、扩建项目；技术改造项目；一切可能对环境造成污染和破坏的开发建设项目；确有经济效益的综合利用项目。

（二）“三同时”制度在不同阶段的要求

1. 设计阶段

建设单位在建设项目投入施工前，必须向环境保护行政主管部门提交初步设计中的环保篇章。环保篇章应当包括：环境保护措施的设计依据；环境影响报告书（表）及审批规定的各项要求和措施：环境保护设施及简要工艺流程、预期效果；对资源开发引起的生态变化所采取的防范措施；绿化设计、监测手段；环境保护投资概算等。施工图设计，必须按照已批准的初步设计文件及其环境保护篇章所确定的各种措施的要求设计。

2. 施工阶段

建设单位与施工单位应将环境保护工程纳入施工计划、建设进度，做好环境保护工程施工组织工作。保证环保设施施工所需要的资金、材料供应，负责落实环境保护行政主管部门对施工阶段的要求。

3. 竣工验收阶段

建设项目建成后，建设单位必须按照《条例》和《建设项目竣工环境保护验收管理办法》的规定，履行验收手续，经批准后，方可正式投入生产或使用。验收程序包括：

（1）分期建设、分期投入生产或者使用的建设项目，其配套的环保设施分期验收。

（2）环境保护行政主管部门自收到环保设施验收申请之日起 30 日内完成验收，并予以批复或签署意见。凡验收合格的批准其申请报告、申请表或验收登记卡。

（3）已建成投入生产或使用的环保设施，确有必要拆除或者闲置的，必须征得所在地的环境保护行政主管部门的同意。

四、违反“三同时”制度的法律责任

各单行法和《条例》规定了建设单位违反“三同时”制度的法律责任，具体见表 3-1。

表 3-1 违反“三同时”制度的法律责任

序号	违法行为	处罚依据	处罚种类、幅度	执法主体
1	违反本法规定，建设项目的水污染防治设施未建成、未经验收或者验收不合格，主体工程即投入生产或者使用的	《水污染防治法》第 71 条	责令停止生产或者使用，直至验收合格，处 5 万元以上 50 万元以下的罚款	县级以上人民政府环境保护主管部门
2	建设项目需要配套建设的固体废物污染环境防治设施未建成、未经验收或者验收不合格，主体工程即投入生产或者使用的	《固体废物污染环境防治法》第 69 条	责令停止生产或者使用，可以并处 10 万元以下的罚款	审批该建设项目环境影响评价文件的环境保护行政主管部门
3	建设项目中需要配套建设的环境噪声污染防治设施没有建成或者没有达到国家规定的要求，擅自投入生产或者使用的	《环境噪声污染防治法》第 48 条	责令停止生产或者使用，可以并处罚款	批准该建设项目的环境影响报告书的环境保护行政主管部门
4	建设项目需要配套建设的环境保护设施未建成、未经验收或者经验收不合格，主体工程正式投入生产或者使用的	《建设项目环境保护管理条例》第 28 条	责令停止生产或者使用，可以处 10 万元以下的罚款	审批该建设项目环境影响报告书（表）、登记表的环境保护行政主管部门

五、同时违反环境影响评价制度和“三同时”制度的处理

如一个建设项目同时违反环境影响评价制度和“三同时”制度，属于两个虽有联系但完全独立的违法行为，应当对建设单位同时、分别、相应予以处罚。即应对其违反“三同时”的行为，依据相关单项环保法律“责令停止生产或者使用”并依法处以罚款，还应同时依据《环境影响评价法》等法律法规作出行政命令和行政处罚。

专栏 3-2

关于《环境保护法》第六十一条适用有关问题的复函 环政法函〔2016〕6 号

湖北省环境保护厅：

你厅《关于对新修订的〈中华人民共和国环境保护法〉第六十一条适用有关法律问题的请示》（鄂环保文〔2015〕33号）收悉。对地方环保部门在适用该条文过程中遇到的具体问题，经征求全国人大常委会法制工作委员会意见，现函复如下：

一、关于执法主体

2014修订的《环境保护法》（以下简称新《环境保护法》）第六十一条是在修订后新增加的条款。对于"未批先建"的行政处罚，此前在单行法层面已有《环境影响评价法》第三十一条作出了规定。对于执法主体，新《环境保护法》作出了新的规定，将《环境影响评价法》第三十一条规定的"有权审批该项目环境影响评价文件的环境保护行政主管部门"，修改为"负有环境保护监督管理职责的部门"。

根据新法优于旧法的规则，我们认为：

第一，新《环境保护法》第六十一条规定的执法主体不限于环保部门，还包括其他负有环境保护监督管理职责的部门，如海洋行政主管部门。

第二，环保部门作为执法主体的，新《环境保护法》第六十一条规定的执法主体，已不限于《环境影响评价法》第三十一条规定的"有权审批该项目环境影响评价文件的环境保护行政主管部门"，而是应当包括涉案违法建设项目所在地的县级以上各级环保部门。

在环境执法实践中，两个以上环保部门都有管辖权的环境行政处罚案件，根据《环境行政处罚办法》第十八条的规定，由"最先发现或者最先接到举报的环境保护主管部门管辖。"

下级环保部门认为其管辖的案件重大、疑难或者实施处罚有困难的，根据《环境行政处罚办法》第二十条的规定，"可以报请上一级环境保护主管部门指定管辖。"

立案处罚的环保部门在决定立案处罚的同时，应当将立案情况通报其他有处罚权的各级环保部门。

二、关于罚款数额

新《环境保护法》第六十一条对罚款数额未作出具体规定。在这种情况下，我们认为，可以根据《环境影响评价法》第三十一条的规定，罚款额度为"5万元以上20万元以下"。

三、关于"未批先建项目"是否适用"限期补办手续"的问题

《环境影响评价法》第三十一条规定，建设单位未依法报批建设项目环境影响评价文件，擅自开工建设的，由环保部门责令停止建设，限期补办手续；逾期不补办手续的，可以处以罚款。

新《环境保护法》第六十一条规定，建设单位未依法提交建设项目环境影响评价文件或者环境影响评价文件未经批准，擅自开工建设的，由负有环境保护监督管理职责的部门责令停止建设，处以罚款，并可以责令恢复原状。

根据新法优于旧法的规则，我们认为：对"未批先建项目"，应当适用新《环境保护法》规定的处罚措施，不再适用《环境影响评价法》第三十一条有关"限期补办手续"的规定。

四、关于新法实施前已经擅自开工建设的项目的法律适用

建设单位未依法提交建设项目环境影响评价文件或者环境影响评价文件未经批准，在2015年1月1日前已经擅自开工建设，并于2015年1月1日之后仍然进行建设的，立案查处的环保部门应当根据新《环境保护法》第六十一条的规定责令停止建设，处以罚款，并可以责令恢复原状；被责令停止建设，拒不执行，尚不构成犯罪的，除依照有关法律法规规定予以处罚外，应当根据新《环境保护法》第六十三条第一项的规定将案件移送公安机关处以拘留。

对已经建成投产或者使用的前述类型的违法建设项目，立案查处的环保部门应当按照全国人大常委会法制工作委员会《关于建设项目环境管理有关法律适用问题的答复意见》（法工委复〔2007〕2号）确定的法律适用原则，分别作出相应的处罚。即，对违反环评制度的行为，依据新《环境保护法》和《环境影响评价法》作出相应处罚；同时，对违反“三同时”制度的行为，依据《水污染防治法》《固体废物污染环境防治法》《环境噪声污染防治法》《放射性污染防治法》《建设项目环境保护管理条例》等现行法律法规作出相应处罚。

地方各级环保部门在执行过程中，如遇到问题，或有相关意见建议，请及时向我部反映。

特此函复。

环境保护部

2016年1月8日

第四节　排污许可证制度

一、许可证制度的概念和意义

所谓“许可”①，是指环境保护行政主管部门根据行政相对人的申请，依照法定程序审查，准予从事某项须经许可的行为。在法律上，环境保护行政许可表现为认可、承认、登记等，并通常以证书的形式表现。证书包括环境保护行政机关批准、核发的许可证、资格证书、注册证书、批准证书、批复等各种形式的证件和文书。

目前，我国环境保护法中规定的许可证主要有：排污许可证；海洋倾废许可证；危险废物经营、转移许可证；核设施建造、运行许可证；化学危险物品生产、经营许可证；放射性药品生产、经营、使用许可证；林木采伐许可证；采矿许可证；勘探许可证；取水许可证；捕捞许可证；特许猎捕证；驯养繁殖许可证；建设用地许可证和建设工程规划许可证等。在同一种许可证中，还可根据不同的标准进行分类。如在海洋倾废中，根据其有害物质和毒性含量及对海洋环境的影响等因素，可分为紧急许可证、特别许可证和普通许可

① 即行政许可。2004年7月1日起施行的《中华人民共和国行政许可法》第二条规定：“本法所称行政许可，是指行政机关根据公民、法人或者其他组织的申请，经依法审查，准予其从事特定活动的行为。”

证三种。

许可证制度，在环境保护领域中，是指环境管理相对人在从事对环境有害或可能有害的活动之前，必须向环境保护行政主管部门提出申请，经准许发给许可证后，方可从事该活动的法律规定。许可证制度是环境保护行政许可行为的法制化、制度化，是环境保护行政机关有效进行环境监督管理的重要手段。

实践证明，实施许可证制度，可以把影响环境的各种开发、建设、经营、排污活动纳人国家统一管理的轨道，并将其严格控制在法律规定的范围内；有利于环境保护行政机关及时掌握持证单位或个人从事开发利用环境的情况，并根据实际情况，采取有针对性的具体措施，实行有效的监督管理；有利于调动环境管理相对人保护环境的积极性，促使开发利用环境者加强内部管理，节约资源，减少排污；有利于实现我国环境管理战略思想“三个转变”，促进我国的环境管理向科学化、法制化、规范化发展。由于许可证制度在环境管理中发挥着重要的作用，其优点多，所以在许多国家的环境法中都规定了这一制度，甚至有些国家把许可证制度视为环境法的“支柱”。本书重点介绍排污许可证制度。

二、排污许可证制度

1. 排污许可证制度的概念

指向环境排放污染物的排活着，事先必须向环境保护行政主管部门提出申请，经审查批准领取许可证后，按照排污许可证所规定的条件排放污染物的一项法律规定。

排污许可证制度是我国正在逐步推行的一项具有科学化、定量化、目标化性质的有效的环境保护监督管理手段。其核心是确定污染物总量控制目标和分配污染物总量的削减指标，通过颁发许可证的形式对排活着的排污行为进行控制，对不超过排放标准或总量控制指标的单位，发给排污许可证；对超过排放标准或超过总量控制指标的，发给临时排污许可证。

2. 排污许可证制度的建立和发展

1987 年，国家环保局决定在上海、北京等 18 个市、县开展“水污染物排放许可证”试点，并于 1988 年发布了《水污染物排放许可证管理暂行办法》（以下简称《暂行办法》），其后《水污染防治法实施细则》规定了向陆地水体排放污染物的许可证分为排污许可证和临时排污许可证。为逐步推行污染物排放总量控制制度和排污许可证制度，国家环保局于 1991 年决定在上海、天津等 16 个城市进行排放大气污染物许可证制度试点工作。此后，1996 年修改的《水污染防治法》规定，对有排污量削减任务的企业实施重点污染物排放量的核定制度。2000 年修改的《大气污染防治法》规定，对大气污染物总量控制区内企业事业单位的主要大气污染物排放总量，实行主要大气污染物排放许可证。

《大气污染防治法》第 15 条规定：“城市大气环境质量限期达标规划应当向社会公开。直辖市和设区的市的大气环境质量限期达标规划应当报国务院环境保护主管部门备案。”

新修订的《环境保护法》第四十五条规定：“国家依照法律规定实行排污许可管理制度。实行排污许可管理的企业事业单位和其他生产经营者应当按照排污许可证的要求排放污染物；未取得排污许可证的，不得排放污染物。”

3. 违反排污许可证制度的法律责任

新《环境保护法》第六十三条规定，违反法律规定，未取得排污许可证排放污染物，被责令停止排污，拒不执行的，尚不构成犯罪的，除依照有关法律法规规定予以处罚外，由县级以上人民政府环境保护主管部门或者其他有关部门将案件移送公安机关，对其直接负责的主管人员和其他直接责任人员，处十日以上十五日以下拘留；情节较轻的，处五日以上十日以下拘留。

专栏 3-3 国务院办公厅关于印发控制污染物排放许可制实施方案的通知

国办发〔2016〕81 号

各省、自治区、直辖市人民政府，国务院各部委、各直属机构：

《控制污染物排放许可制实施方案》已经国务院同意，现印发给你们，请认真贯彻执行。

国务院办公厅

2016 年 11 月 10 日

控制污染物排放许可制实施方案（摘录）

控制污染物排放许可制（以下称排污许可制）是依法规范企事业单位排污行为的基础性环境管理制度，环境保护部门通过对企事业单位发放排污许可证并依证监管实施排污许可制。近年来，各地积极探索排污许可制，取得初步成效。但总体看，排污许可制定位不明确，企事业单位治污责任不落实，环境保护部门依证监管不到位，使得管理制度效能难以充分发挥。为进一步推动环境治理基础制度改革，改善环境质量，根据《中华人民共和国环境保护法》和《生态文明体制改革总体方案》等，制定本方案。

……

二、衔接整合相关环境管理制度

（四）建立健全企事业单位污染物排放总量控制制度。改变单纯以行政区域为单元分解污染物排放总量指标的方式和总量减排核算考核办法，通过实施排污许可制，落实企事业单位污染物排放总量控制要求，逐步实现由行政区域污染物排放总量控制向企事业单位污染物排放总量控制转变，控制的范围逐渐统一到固定污染源。环境质量不达标地区，要通过提高排放标准或加严许可排放量等措施，对企事业单位实施更为严格的污染物排放总量控制，推动改善环境质量。

（五）有机衔接环境影响评价制度。环境影响评价制度是建设项目的环境准入门槛，排污许可制是企事业单位生产运营期排污的法律依据，必须做好充分衔接，实现从污染预防到污染治理和排放控制的全过程监管。新建项目必须在发生实际排污行为之前申领排污许可证，环境影响评价文件及批复中与污染物排放相关的主要内容应当纳入排污许可证，其排污许可证执行情况应作为环境影响后评价的重要依据。

三、规范有序发放排污许可证

（六）制定排污许可管理名录。环境保护部依法制订并公布排污许可分类管理名录，考虑企事业单位及其他生产经营者，确定实行排污许可管理的行业类别。对不同行业或同一行业内的不同类型企事业单位，按照污染物产生量、排放量以及环境危害程度等因素进行分类管理，对环境影响较小、环境危害程度较低的行业或企事业单位，简化排污许可内容和相应的自行监测、台账管理等要求。

（七）规范排污许可证核发。由县级以上地方政府环境保护部门负责排污许可证核发，地方性法规另有规定的从其规定。企事业单位应按相关法规标准和技术规定提交申请材料，申报污染物排放种类、排放浓度等，测算并申报污染物排放量。环境保护部门对符合要求的企事业单位应及时核发排污许可证，对存在疑问的开展现场核查。首次发放的排污许可证有效期三年，延续换发的排污许可证有效期五年。上级环境保护部门要加强监督抽查，有权依法撤销下级环境保护部门作出的核发排污许可证的决定。环境保护部统一制定排污许可证申领核发程序、排污许可证样式、信息编码和平台接口标准、相关数据格式要求等。各地区现有排污许可证及其管理要按国家统一要求及时进行规范。

（八）合理确定许可内容。排污许可证中明确许可排放的污染物种类、浓度、排放量、排放去向等事项，载明污染治理设施、环境管理要求等相关内容。根据污染物排放标准、总量控制指标、环境影响评价文件及批复要求等，依法合理确定许可排放的污染物种类、浓度及排放量。按照《国务院办公厅关于加强环境监管执法的通知》（国办发〔2014〕56 号）要求，经地方政府依法处理、整顿规范并符合要求的项目，纳入排污许可管理范围。地方政府制定的环境质量限期达标规划、重污染天气应对措施中对企事业单位有更加严格的排放控制要求的，应当在排污许可证中予以明确。

（九）分步实现排污许可全覆盖。排污许可证管理内容主要包括大气污染物、水污染物，并依法逐步纳入其他污染物。按行业分步实现对固定污染源的全覆盖，率先对火电、造纸行业企业核发排污许可证，2017 年完成《大气污染防治行动计划》和《水污染防治行动计划》重点行业及产能过剩行业企业排污许可证核发，2020 年全国基本完成排污许可证核发。

四、严格落实企事业单位环境保护责任

（十）落实按证排污责任。纳入排污许可管理的所有企事业单位必须按期持证排污、按证排污，不得无证排污。企事业单位应及时申领排污许可证，对申请材料的真实性、准确性和完整性承担法律责任，承诺按照排污许可证的规定排污并严格执行；落实污染物排放控制措施和其他各项环境管理要求，确保污染物排放种类、浓度和排放量等达到许可要求；明确单位负责人和相关人员环境保护责任，不断提高污染治理和环境管理水平，自觉接受监督检查。

（十一）实行自行监测和定期报告。企事业单位应依法开展自行监测，安装或使用监测设备应符合国家有关环境监测、计量认证规定和技术规范，保障数据合法有效，保证设备正常运行，妥善保存原始记录，建立准确完整的环境管理台账，安装在线监测设备的应与环境保护部门联网。企事业单位应如实向环境保护部门报告排污许可证执行情况，依法向社会公开污染物排放数据并对数据真实性负责。排放情况与排污许可证要求不符的，应及时向环境保护部门报告。

五、加强监督管理

（十二）依证严格开展监管执法。依证监管是排污许可制实施的关键，重点检查许可事项和管理要求的落实情况，通过执法监测、核查台账等手段，核实排放数据和报告的真实性，判定是否达标排放，核定排放量。企事业单位在线监测数据可以作为环境保护部门监管执法的依据。按照“谁核发、谁监管”的原则定期开展监管执法，首次核发排污许可证后，应及时开展检查；对有违规记录的，应提高检查频次；对污染严重的产能过剩行业企业加大执法频次与处罚力度，推动去产能工作。现场检查的时间、内容、结果以及处罚决定应记入排污许可证管理信息平台。

（十三）严厉查处违法排污行为。根据违法情节轻重，依法采取按日连续处罚、限制生产、停产整治、停业、关闭等措施，严厉处罚无证和不按证排污行为，对构成犯罪的，依法追究刑事责任。环境保护部门检查发现实际情况与环境管理台账、排污许可证执行报告等不一致的，可以责令作出说明，对未能说明且无法提供自行监测原始记录的，依法予以处罚。

（十四）综合运用市场机制政策。对自愿实施严于许可排放浓度和排放量且在排污许可证中载明的企事业单位，加大电价等价格激励措施力度，符合条件的可以享受相关环保、资源综合利用等方面的优惠政策。与拟开征的环境保护税有机衔接，交换共享企事业单位实际排放数据与纳税申报数据，引导企事业单位按证排污并诚信纳税。排污许可证是排污权的确认凭证、排污交易的管理载体，企事业单位在履行法定义务的基础上，通过淘汰落后和过剩产能、清洁生产、污染治理、技术改造升级等产生的污染物排放削减量，可按规定在市场交易。

六、强化信息公开和社会监督

（十五）提高管理信息化水平。2017 年建成全国排污许可证管理信息平台，将排污许可证申领、核发、监管执法等工作流程及信息纳入平台，各地现有的排污许可证管理信息平台逐步接入。在统一社会信用代码基础上适当扩充，制定全国统一的排污许可证编码。通过排污许可证管理信息平台统一收集、存储、管理排污许可证信息，实现各级联网、数据集成、信息共享。形成的实际排放数据作为环境保护部门排污收费、环境统计、污染源排放清单等各项固定污染源环境管理的数据来源。

（十六）加大信息公开力度。在全国排污许可证管理信息平台上及时公开企事业单位自行监测数据和环境保护部门监管执法信息，公布不按证排污的企事业单位名单，纳入企业环境行为信用评价，并通过企业信用信息公示系统进行公示。与环保举报平台共享污染源信息，鼓励公众举报无证和不按证排污行为。依法推进环境公益诉讼，加强社会监督。

……

第五节 重点污染物排放总量控制制度

《环境保护法》第 44 条第 1 款规定：“国家实行重点污染物排放总量控制制度。重点污染物排放总量控制指标由国务院下达，省、自治区、直辖市人民政府分解落实。企业事业单位在执行国家和地方污染物排放标准的同时，应当遵守分解落实到本单位的重点污染物排放总量控制指标。”这一规定，首次从基本法层面上确立了重点污染物排放总量控制制度。

一、重点污染物排放总量控制制度的概念

污染物排放总量控制，简称总量控制，是将某一控制区域作为一个完整的系统，采取措施将排入这一区域的污染物总量控制在一定数量之内，以满足该区域的环境质量要求。总量控制是环保领域的基本制度，也是国际上普遍实施的一项有效的环境管理制度。

二、重点污染物排放总量控制制度的形成

我国总量控制制度的探索开始于20世纪70年代。一些地方认识到达标排放不能实现环境质量改善，从而提出总量控制目标，开展总量控制试点。1989年召开的第三次全国环境保护会议，原国家环保局提出了同时实行浓度控制和总量控制的污染控制对策，确定了由浓度控制向总量控制的方向。1996年，国务院批复同意“九五”期间全国主要污染物排放总量控制计划，总量控制制度在我国正式实施。2006年，“十一五”规划纲要首次提出将主要污染物排放总量减少10%作为约束性指标。“十二五”期间，污染物减排约束性指标在“十一五”化学需氧量、二氧化硫的基础上，新增氨氮、氮氧化物两项指标。同时，在国家确定的重点区域、流域、海域专项规划中，还要控制重金属、总氮、总磷等重点污染物排放量。

三、重点污染物排放总量控制制度的主要内容

（一）重点污染物排放总量控制指标的下达

化学需氧量、二氧化硫、氨氮、氮氧化物等国家确定的重点污染物排放总量控制指标由国务院下达。实践中，一般采取环境保护部受国务院委托与各省、自治区、直辖市人民政府签订目标责任书的形式。

各省、自治区、直辖市人民政府接到国务院下达的总量控制指标后，要逐级分解落实到各排污单位。对实行总量控制的排污单位而言，执行国家和地方污染物排放标准是最基本的要求，除此之外，还应当遵守分解落实到本单位的重点污染物排放总量控制指标的要求。

（二）对超总量或者未完成环境质量目标的地区暂停新增总量项目环评审批

对超过国家重点污染物排放总量控制指标或者未完成国家确定的环境质量目标的地区，省级以上人民政府环境保护主管部门应当暂停审批其新增重点污染物排放总量的建设项目环境影响评价文件。“区域限批”是一项在环境监管实践中发展起来的、确保环保目标如期完成的重要制度。

四、违反重点污染物排放总量控制制度的法律责任

根据《环境保护法》第60条规定，企业事业单位和其他生产经营者超过重点污染物

排放总量控制指标排放污染物的，县级以上人民政府环境保护主管部门可以责令其采取限制生产、停产整治等措施；情节严重的，报经有批准权的人民政府批准，责令停业、关闭。

第六节　环境保护税制度

一、环境保护税的概念和意义

环境保护税，是指以保护环境为目的，针对污染、破坏环境的特定行为课征税款的专门税种，不包括在一般性税种中为激励纳税人保护环境而采取的税收优惠等税收调节措施。

环境保护税是把环境污染和生态破坏的社会成本，内化到生产成本和市场价格中，再通过市场机制来分配环境资源的一种经济手段。

二、环境保护税法的立法历程

走过 6 年立法之路、历经两次审议，《中华人民共和国环境保护税法》于 2016 年 12 月 25 日在十二届全国人大常委会第二十五次会议上获表决通过，并将于 2018 年 1 月 1 日起施行。

环境保护税法是党的十八届三中全会提出“落实税收法定原则”要求后，全国人大常委会审议通过的第一部单行税法，也是我国第一部专门体现“绿色税制”，推进生态文明建设的单行税法。

环境保护税法全文 5 章 28 条，分别为总则、计税依据和应纳税额、税收减免、征收管理、附则。

环境保护税法的总体思路是由“费”改“税”，即按照“税负平移”原则，实现排污费制度向环保税制度的平稳转移。法案将“保护和改善环境，减少污染物排放，推进生态文明建设”写入立法宗旨，明确“直接向环境排放应税污染物的企业事业单位和其他生产经营者”为纳税人，确定大气污染物、水污染物、固体废物和噪声为应税污染物。

三、环境保护税法的主要内容

（一）计税依据和应纳税额

应税污染物的计税依据，按照下列方法确定：①应税大气污染物按照污染物排放量折合的污染当量数确定；②应税水污染物按照污染物排放量折合的污染当量数确定；③应税固体废物按照固体废物的排放量确定；④应税噪声按照超过国家规定标准的分贝数确定。

应税大气污染物、水污染物、固体废物的排放量和噪声的分贝数，按照下列方法和顺序计算：①纳税人安装使用符合国家规定和监测规范的污染物自动监测设备的，按照污染物自动监测数据计算；②纳税人未安装使用污染物自动监测设备的，按照监测机构出具的符合国家有关规定和监测规范的监测数据计算；③因排放污染物种类多等原因不具备监测条件的，按照国务院环境保护主管部门规定的排污系数、物料衡算方法计算；④不能按照

《环境保护税法》第十条第一款至第三款规定的方法计算的，按照省、自治区、直辖市人民政府环境保护主管部门规定的抽样测算的方法核定计算。

环境保护税应纳税额按照下列方法计算：①应税大气污染物的应纳税额为污染当量数乘以具体适用税额；②应税水污染物的应纳税额为污染当量数乘以具体适用税额；③应税固体废物的应纳税额为固体废物排放量乘以具体适用税额；④应税噪声的应纳税额为超过国家规定标准的分贝数对应的具体适用税额。

（二）税收减免

下列情形，暂予免征环境保护税：①农业生产（不包括规模化养殖）排放应税污染物的；②机动车、铁路机车、非道路移动机械、船舶和航空器等流动污染源排放应税污染物的；③依法设立的城乡污水集中处理、生活垃圾集中处理场所排放相应应税污染物，不超过国家和地方规定的排放标准的；④纳税人综合利用的固体废物，符合国家和地方环境保护标准的；⑤国务院批准免税的其他情形。前述第五项免税规定，由国务院报全国人民代表大会常务委员会备案。

纳税人排放应税大气污染物或者水污染物的浓度值低于国家和地方规定的污染物排放标准百分之三十的，减按百分之七十五征收环境保护税。纳税人排放应税大气污染物或者水污染物的浓度值低于国家和地方规定的污染物排放标准百分之五十的，减按百分之五十征收环境保护税。

（三）征收管理

环境保护税由税务机关依照《中华人民共和国税收征收管理法》和环境保护税法的有关规定征收管理。环境保护主管部门依照环境保护税法和有关环境保护法律法规的规定负责对污染物的监测管理。县级以上地方人民政府应当建立税务机关、环境保护主管部门和其他相关单位分工协作工作机制，加强环境保护税征收管理，保障税款及时足额入库。

环境保护主管部门和税务机关应当建立涉税信息共享平台和工作配合机制。环境保护主管部门应当将排污单位的排污许可、污染物排放数据、环境违法和受行政处罚情况等环境保护相关信息，定期交送税务机关。税务机关应当将纳税人的纳税申报、税款入库、减免税额、欠缴税款以及风险疑点等环境保护税涉税信息，定期交送环境保护主管部门。

环境保护税按月计算，按季申报缴纳。不能按固定期限计算缴纳的，可以按次申报缴纳。纳税人申报缴纳时，应当向税务机关报送所排放应税污染物的种类、数量，大气污染物、水污染物的浓度值，以及税务机关根据实际需要要求纳税人报送的其他纳税资料。

纳税人应当依法如实办理纳税申报，对申报的真实性和完整性承担责任。税务机关应当将纳税人的纳税申报数据资料与环境保护主管部门交送的相关数据资料进行比对。税务机关发现纳税人的纳税申报数据资料异常或者纳税人未按照规定期限办理纳税申报的，可以提请环境保护主管部门进行复核，环境保护主管部门应当自收到税务机关的数据资料之日起十五日内向税务机关出具复核意见。税务机关应当按照环境保护主管部门复核的数据资料调整纳税人的应纳税额。

第七节 现场检查制度

一、现场检查制度的概念和意义

现场检查制度，是指环境保护行政主管部门或者其他依法行使环境保护监督管理权的部门，进入辖区内的排污单位现场，对其排污情况、污染治理等进行检查的法律规定的总称。

现场检查制度是环境保护行政机关在环境保护行政执法中最普遍适用的一项重要的行政监督管理手段，具有如下重要意义和作用：有利于环境保护行政机关及时了解和掌握管辖区内排污单位的开发、建设、排污、治污情况，有针对性地加强监督管理；有利于督促排污单位加强内部环境管理，认真履行法律规定的各项环境保护义务；有利于帮助和指导排污单位及其有关人员提高环境保护意识和环境保护法制观念；也有利于促进环境保护行政机关及其执法人员依法行政，提高执法水平。

环境现场检查属于环境行政执法的范畴，因而也具有行政执法包括环境行政执法的一般特点。概括起来有以下四点：

（1）环境现场检查是一种单方的具体行政行为。它是对特定的环境行政管理相对人和特定事件所采取的具体行政行为，并且由现场执法主体即环境监察机构单方面意思表达即告成立。

（2）环境现场检查是直接影响环境行政管理相对人权利和义务的行政行为。

（3）环境现场检查是具有程序要求的行为。环境监察机构在进行现场执法活动时，必须按照法律法规规定的程序进行。

（4）环境现场检查是具有技术性的行政行为。环境法含有大量的反映自然规律的技术规范，环境现场执法必须借助一定的技术手段。

专栏 3-4 《工业污染源现场检查技术规范》（HJ 606—2011）

为贯彻《环境保护法》，保护环境，防治污染，规范工业污染源现场检查活动，环境保护部于 2011 年制定《工业污染源现场检查技术规范》（HJ 606—2011）。本标准规定了工业污染源现场检查的准备工作、主要内容及技术要点。本标准适用于各级环境保护主管部门的工业污染源现场检查工作。

二、现场检查制度的形成

1984 年颁布的《水污染防治法》首次规定了现场检查制度，该法第 18 条规定：“各级人民政府的环境保护部门和有关的监督管理部门，有权对管辖范围内的排污单位进行现场检查，被检查的单位必须如实反映情况，提供必要的资料。检察机关有责任为被检查的单位保守技术秘密和业务秘密。”此后，《环境保护法》等一系列法律法规都作出了类似的规定。2000 年，经修订后颁布的《水污染防治法实施细则》第 17 条规定："环境保护部门和海事、渔政管理机构对管辖范围内向水体排放污染物的单位进行现场检查时，应当出示行政执法证件或者佩戴行政执法标志。"该细则第 18 条还规定了被检查单位应当向检察机关提供有关情况及资料的具体内容。

《环境保护法》第 24 条规定："县级以上人民政府环境保护主管部门及其委托的环境监察机构和其他负有环境保护监督管理职责的部门，有权对排放污染物的企业事业单位和其他生产经营者进行现场检查。被检查者应当如实反映情况，提供必要的资料。实施现场检查的部门、机构及其工作人员应当为被检查者保守商业秘密。"

三、现场检查制度的主要内容

（一）现场检查的主体

1. 县级以上人民政府环境保护主管部门

县级以上人民政府环境保护主管部门主要包括：环境保护部，省级人民政府环境保护厅、局，设区的市级人民政府环境保护局，县级人民政府环境保护局等。当然，有些地方在探索大部制改革中，将环保监管与其他一些近似职能组合，成立了新的行政机关，如深圳市的环境保护主管部门是人居环境委员会等。尽管名称有所不同，只要是承担环境保护监督管理职责即可。

2. 县级以上人民政府环境保护主管部门委托的环境监察机构

环境监察，是指环境保护主管部门依据环境保护法律、法规、规章和其他规范性文件实施的行政执法活动。环境保护部对全国环境监察工作实施统一监督管理。县级以上地方环境保护主管部门负责本行政区域的环境监察工作。各级环境保护主管部门所属的环境监察机构（以下简称环境监察机构），负责具体实施环境监察工作。

各级环境监察机构可以命名为环境监察局。省级、设区的市级、县级环境监察机构，也可以分别以环境监察总队、环境监察支队、环境监察大队命名。县级环境监察机构的分支（派出）机构和乡镇级环境监察机构的名称，可以命名为环境监察中队或者环境监察所。

环境监察机构的执法车辆应当喷涂统一的环境监察执法标志。

3. 其他负有环境保护监督管理职责的部门

其他负有环境保护监督管理职责的部门主要是指依照其他法律法规履行环境监督管理职责的各级公安、交通、铁道、渔业、林业、国土资源等部门。

（二）现场检查者的权利与责任

1. 现场检查者的权利

《环境监察办法》第 13 条明确规定，从事现场执法工作的环境监察人员进行现场检查时，有权依法采取以下措施：①进入有关场所进行勘察、采样、监测、拍照、录音、录像、制作笔录；②查阅、复制相关资料；③约见、询问有关人员，要求说明相关事项，提供相关材料；④责令停止或者纠正违法行为；⑤适用行政处罚简易程序，当场作出行政处罚决定；⑥法律、法规、规章规定的其他措施。

实施现场检查时，从事现场执法工作的环境监察人员不得少于两人，并出示《中国环境监察执法证》等行政执法证件，表明身份，说明执法事项。

另外，《环境行政处罚办法》第 29 条也规定，调查人员有权采取下列措施：①进入有关场所进行检查、勘察、取样、录音、拍照、录像；②询问当事人及有关人员，要求其说明相关事项和提供有关材料；③查阅、复制生产记录、排污记录和其他有关材料。

环境保护主管部门组织的环境监测等技术人员随同调查人员进行调查时，有权采取上述措施和进行监测、试验。

2. 现场检查者的责任

《环境行政处罚办法》第 30 条规定，调查人员负有下列责任：①对当事人的基本情况、违法事实、危害后果、违法情节等情况进行全面、客观、及时、公正的调查；②依法收集与案件有关的证据，不得以暴力、威胁、引诱、欺骗以及其他违法手段获取证据；③询问当事人、证人或者其他有关人员，应当告知其依法享有的权利；④对当事人、证人或者其他有关人员的陈述如实记录。

《环境保护法》第 24 条规定，实施现场检查的部门、机构及其工作人员应当为被检查者保守商业秘密。

（三）被检查者的权利与义务

《环境行政处罚办法》第 31 条规定，在环境监察人员进行现场检查时，当事人及有关人员应当配合调查、检查或者现场勘验，如实回答询问，不得拒绝、阻碍、隐瞒或者提供虚假情况。《环境保护法》第 24 条规定，被检查者应当如实反映情况，提供必要的资料。

排放污染物的企业事业单位和其他生产经营者有义务协助环境保护部门的监察，并提供和回答以下资料和信息：①与环境污染有关的工况资料、排污资料、生产资料、资源消耗资料等；②环境监测和污染源自动监控数据；③污染物排放情况；④环境保护制度、法律实施情况；⑤污染治理设施管理、操作和运行情况；⑥环境污染事故和违法事件发生情况；⑦其他与环境污染有关的信息。

四、违反现场检查制度的法律责任

违反现场检查制度的法律责任如表 3-2 所示。

表 3-2 违反现场检查制度的法律责任

法律条款	违法情节	法律责任
《水污染防治法》第 70 条	拒绝环境保护主管部门或者其他依照本法规定行使监督管理权的部门的监督检查，或者在接受监督检查时弄虚作假的	由县级以上人民政府环境保护主管部门或者其他依照本法规定行使监督管理权的部门责令改正，处 1 万元以上 10 万元以下罚款
《大气污染防治法》第 98 条	违反本法规定，以拒绝进入现场等方式拒不接受环境保护主管部门及其委托的环境监察机构或者其他负有大气环境保护监督管理职责的部门的监督检查，或者在接受监督检查时弄虚作假的	责令改正，处 2 万元以上 20 万元以下的罚款；构成违反治安管理行为的，由公安机关依法予以处罚。

法律条款	违法情节	法律责任
《固体废物污染环境防治法》第70条	拒绝县级以上人民政府环境保护行政主管部门或者其他固体废物污染环境防治工作的监督管理部门现场检查的	由执行现场检查部门责令限期改正；拒不改正或者在检查时弄虚作假的，处2 000元以上2万元以下罚款
《环境噪声污染防治法》第55条	拒绝环境保护行政主管部门或者其他依照本法规定行使环境噪声监督管理权的部门、机构现场检查或者在被检查时弄虚作假的	环境保护行政主管部门或者其他依照本法规定行使环境噪声监督管理权的监督管理部门、机构可以根据不同情节，给予警告或者处以罚款
《海洋环境保护法》第75条	拒绝现场检查，或者在被检查时弄虚作假的	由依照本法规定行使海洋环境监督管理权的部门予以警告，并处2万元以下罚款
《放射性污染防治法》第49条	拒绝环境保护行政主管部门和其他有关部门进行现场检查，或者被检查时不如实反映情况和提供必要资料的	由县级以上人民政府环境保护行政主管部门或者其他有关部门依据职权责令限期改正，可以处2万元以下罚款
《电磁辐射环境保护管理办法》第26条	拒绝环境保护部门现场检查或在被检查时弄虚作假的	由环境保护行政主管部门依照国家有关建设项目环境保护管理的规定，责令其限期改正，并处罚款

第八节　环境应急制度

一、环境应急制度的相关概念

突发环境事件，是指突然发生，造成或者可能造成重大人员伤亡、重大财产损失和对全国或者某一地区的经济社会稳定、政治安定构成重大威胁和损害，有重大社会影响的涉及公共安全的环境事件。

突发环境事件信息报告，是指各级环境保护行政主管部门按照职责范围，及时、准确地向同级人民政府和上级环境保护行政主管部门报告辖区内发生的突发环境事件信息的规范性措施的总称。

突发环境事件应急预案，是指针对可能发生的突发环境事件，为确保迅速、有序、高效地开展应急处置，减少人员伤亡和经济损失而预先制定的计划或方案。

专栏3-5　2015年我国突发环境事件概况

2015年，环境保护部调度处置突发环境事件共82起。其中，重大事件3起（甘肃陇星锑业有限公司选矿厂尾矿库溢流井破裂致尾砂泄漏事件、河北省邢台市新河县城区地下水污染事件、济南章丘市普集镇发生危险废物倾倒致人中毒死亡事件）、较大事件3起、一般事件76起。从事件起因看，生产安全事故引发的48起、交通运输事故引发的12起、自然灾害引发的9起、企业违法排污引发的4起、其他原因引发的9

起，分别占事件总数的58.5％、14.6％、11.0％、4.9％、11.0％。

2015年，通过“010-12369”环保举报热线处理群众来电、留言及网络举报共38 689件，受理举报1145件。从举报类型看，涉及大气污染的有896件、水污染的有356件、噪声污染的有265件、固废污染的有59件（个别举报涉及多项污染类型，累计总数多于受理总数）。从查处情况看，群众反映的环境污染问题属实和基本属实的有751件。从举报范围看，河南、江苏、广东、山东、天津等省（市）投诉较为集中，华中、华南等地区举报量多于西北、西南地区。从涉及行业看，化工业、非金属矿产加工业、金属冶炼加工业的举报较为集中，合计占总受理量的52％。

摘自：《2015年中国环境状况公报》。

二、环境应急制度的形成

在我国，突发环境事件的概念是进入21世纪以后逐步为国家规范性文件所确立的，过去的习惯是将此类突发性环境事件称为“环境污染与破坏事故”。为此，原国家环保局于1987年专门发布了《报告环境污染与破坏事故的暂行办法》（已失效）。

目前我国已经进入了环境突发事件高发期，四川沱江污染事件和松花江水污染事件，造成了部分地区人民生命、财产安全的危害，并给国家带来了严重的影响。究其原因，很大程度上是在突发环境事件发生之际由于信息报告延误和缺乏有效的应急预案所致。

2006年1月8日国务院发布了《国家突发公共事件总体应急预案》。2006年1月24日，国务院制定了《国家突发环境事件应急预案》（以下简称《环境应急预案》），适用于应对以下各类事件的应急响应：超出事件发生地省（区、市）人民政府突发环境事件处置能力的应对工作；跨省（区、市）突发环境事件应对工作；国务院或者全国环境保护部际联席会议需要协调、指导的突发环境事件或者其他突发事件次生、衍生的环境事件。2007年1月30日，国家环保总局又对《国家环保总局核事故与辐射事故应急响应方案》进行了修订，划分为《国家环保总局核事故应急预案》和《国家环保总局辐射事故应急预案》。2010年，环境保护部颁布《突发环境事件应急预案管理暂行办法》（环发〔2010〕113号）。

在突发环境事件的信息报告方面，2006年3月31日，为提高环境保护行政主管部门应对突发环境事件的能力，保障人民群众生命健康和财产安全，国家环保总局发布了《环境保护行政主管部门突发环境事件信息报告办法（试行）》（已废止）。2011年，环境保护部颁布《突发环境事件信息报告办法》（环境保护部令第17号）。

2008年2月28日第十届全国人民代表大会常务委员会第三十二次会议修订的《水污染防治法》将该问题专章进行规定，由此也形成了常规水污染防治和水污染事故处置并行存在的篇章结构。

新《环境保护法》第47条在原《环境保护法》第31条的基础上进行了修改，明确了政府、部门、企业在处置突发环境事件中的责任。

三、突发环境事件信息报告制度

（一）突发环境事件的分级标准

按照突发事件严重性和紧急程度，突发环境事件分为特别重大（Ⅰ级）、重大（Ⅱ级）、较大（Ⅲ级）和一般（Ⅳ级）四级，见表 3-3。

表 3-3 突发环境事件的分级

分级	构成要件
Ⅰ级	（1）因环境污染直接导致 10 人以上死亡或 100 人以上中毒的；（2）因环境污染需疏散、转移群众 5 万人以上的；（3）因环境污染造成直接经济损失 1 亿元以上的；（4）因环境污染造成区域生态功能丧失或国家重点保护物种灭绝的；（5）因环境污染造成地市级以上城市集中式饮用水水源地取水中断的；（6）Ⅰ、Ⅱ类放射源失控造成大范围严重辐射污染后果的；核设施发生需要进入场外应急的严重核事故，或事故辐射后果可能影响邻省和境外的，或按照“国际核事件分级（INES）标准”属于Ⅲ级以上的核事件；在台湾核设施中发生的按照“国际核事件分级（INES）标准”属于Ⅳ级以上的核事故；在周边国家核设施中发生的按照“国际核事件分级（INES）标准”属于Ⅳ级以上的核事故；（7）跨国界突发环境事件
Ⅱ级	（1）因环境污染直接导致 3 人以上 10 人以下死亡或 50 人以上 100 人以下中毒的；（2）因环境污染需疏散、转移群众 1 万人以上 5 万人以下的；（3）因环境污染造成直接经济损失 2 000 万元以上 1 亿元以下的；（4）因环境污染造成区域生态功能部分丧失或国家重点保护野生动植物种群大批死亡的；（5）因环境污染造成县级城市集中式饮用水水源地取水中断的；（6）重金属污染或危险化学品生产、储运、使用过程中发生爆炸、泄漏等事件，或因倾倒、堆放、丢弃、遗撒危险废物等造成的突发环境事件发生在国家重点流域、国家级自然保护区、风景名胜区或居民聚集区、医院、学校等敏感区域的；（7）Ⅰ、Ⅱ类放射源丢失、被盗、失控造成环境影响，或核设施和铀矿冶炼设施发生的达到进入场区应急状态标准的，或进口货物严重辐射超标的事件；（8）跨省（区、市）界突发环境事件
Ⅲ级	（1）因环境污染直接导致 3 人以下死亡或 10 人以上 50 人以下中毒的；（2）因环境污染需疏散、转移群众 5 000 人以上 1 万人以下的；（3）因环境污染造成直接经济损失 500 万元以上 2 000 万元以下的；（4）因环境污染造成国家重点保护的动植物物种受到破坏的；（5）因环境污染造成乡镇集中式饮用水水源地取水中断的；（6）Ⅲ类放射源丢失、被盗或失控，造成环境影响的；（7）跨地市界突发环境事件
Ⅳ级	除特别重大突发环境事件、重大突发环境事件、较大突发环境事件以外的突发环境事件

（二）突发环境事件报告的规定

1. 一般规定

突发环境事件发生地设区的市级或者县级人民政府环境保护主管部门在发现或者得知突发环境事件信息后，应当立即进行核实，对突发环境事件的性质和类别做出初步认定。

对初步认定为一般（Ⅳ级）或者较大（Ⅲ级）突发环境事件的，事件发生地设区的市级或者县级人民政府环境保护主管部门应当在 4 小时内向本级人民政府和上一级人民政府环境保护主管部门报告。

对初步认定为重大（Ⅱ级）或者特别重大（Ⅰ级）突发环境事件的，事件发生地设区的市级或者县级人民政府环境保护主管部门应当在 2 小时内向本级人民政府和省级人民政府环境保护主管部门报告，同时上报环境保护部。省级人民政府环境保护主管部门接到报告后，应当进行核实并在1小时内报告环境保护部。

突发环境事件处置过程中事件级别发生变化的，应当按照变化后的级别报告信息。

2. 无法判明等级突发环境事件的报告

发生下列一时无法判明等级的突发环境事件，事件发生地设区的市级或者县级人民政府环境保护主管部门应当按照重大（Ⅱ级）或者特别重大（Ⅰ级）突发环境事件的报告程序上报：①对饮用水水源保护区造成或者可能造成影响的；②涉及居民聚居区、学校、医院等敏感区域和敏感人群的；③涉及重金属或者类金属污染的；④有可能产生跨省或者跨国影响的；⑤因环境污染引发群体性事件，或者社会影响较大的；⑥地方人民政府环境保护主管部门认为有必要报告的其他突发环境事件。

3. 其他规定

上级人民政府环境保护主管部门先于下级人民政府环境保护主管部门获悉突发环境事件信息的，可以要求下级人民政府环境保护主管部门核实并报告相应信息。下级人民政府环境保护主管部门应当依照规定报告信息。

向环境保护部报告突发环境事件有关信息的，应当报告总值班室，同时报告环境保护部环境应急指挥领导小组办公室。环境保护部环境应急指挥领导小组办公室应当根据情况向部内相关司局通报有关信息。

环境保护部在接到下级人民政府环境保护主管部门重大（Ⅱ级）或者特别重大（Ⅰ级）突发环境事件以及其他有必要报告的突发环境事件信息后，应当及时向国务院总值班室和中共中央办公厅秘书局报告。

4. 跨界突发环境事件的通报

突发环境事件已经或者可能涉及相邻行政区域的，事件发生地环境保护主管部门应当及时通报相邻区域同级人民政府环境保护主管部门，并向本级人民政府提出向相邻区域人民政府通报的建议。接到通报的环境保护主管部门应当及时调查了解情况，并按照规定报告突发环境事件信息。

（三）突发环境事件报告的分类

突发环境事件的报告分为初报、续报和处理结果报告。

初报在发现或者得知突发环境事件后首次上报；续报在查清有关基本情况、事件发展情况后随时上报；处理结果报告在突发环境事件处理完毕后上报。

初报应当报告突发环境事件的发生时间、地点、信息来源、事件起因和性质、基本过程、主要污染物和数量、监测数据、人员受害情况、饮用水水源地等环境敏感点受影响情况、事件发展趋势、处置情况、拟采取的措施以及下一步工作建议等初步情况，并提供可能受到突发环境事件影响的环境敏感点的分布示意图。

续报应当在初报的基础上，报告有关处置进展情况。

处理结果报告应当在初报和续报的基础上，报告处理突发环境事件的措施、过程和结果，突发环境事件潜在或者间接危害以及损失、社会影响、处理后的遗留问题、责任追究等详细情况。

（四）突发环境事件报告的方式

突发环境事件信息应当采用传真、网络、邮寄和面呈等方式书面报告；情况紧急时，初报可通过电话报告，但应当及时补充书面报告。书面报告中应当载明突发环境事件报告单位、报告签发人、联系人及联系方式等内容，并尽可能提供地图、图片以及相关的多媒体资料。

（五）违反突发环境事件报告制度的法律责任

在突发环境事件信息报告工作中迟报、谎报、瞒报、漏报有关突发环境事件信息的，给予通报批评；造成后果的，对直接负责的主管人员和其他直接责任人员依法依纪给予处分；构成犯罪的，移送司法机关依法追究刑事责任。

四、突发环境事件应急预案制度

（一）环境应急预案的编制

1. 环境应急预案的编制要求

环境应急预案的编制应当符合以下要求：①符合国家相关法律、法规、规章、标准和编制指南等规定；②符合本地区、本部门、本单位突发环境事件应急工作实际；③建立在环境敏感点分析基础上，与环境风险分析和突发环境事件应急能力相适应；④应急人员职责分工明确、责任落实到位；⑤预防措施和应急程序明确具体、可操作性强；⑥应急保障措施明确，并能满足本地区、本单位应急工作要求；⑦预案基本要素完整，附件信息正确；⑧与相关应急预案相衔接。

县级以上人民政府环境保护主管部门应当根据有关法律、法规、规章和相关应急预案，按照相应的环境应急预案编制指南，结合本地区的实际情况，编制环境应急预案，由本部门主要负责人批准后发布实施。县级以上人民政府环境保护主管部门应当结合本地区实际情况，编制国家法定节假日、国家重大活动期间的环境应急预案。

2. 环境应急预案的内容

县级以上人民政府环境保护主管部门编制的环境应急预案应当包括以下内容：①总则，包括编制目的、编制依据、适用范围和工作原则等；②应急组织指挥体系与职责，包括领导机构、工作机构、地方机构或者现场指挥机构、环境应急专家组等；③预防与预警机制，包括应急准备措施、环境风险隐患排查和整治措施、预警分级指标、预警发布或者解除程序、预警相应措施等；④应急处置，包括应急预案启动条件、信息报告、先期处置、分级响应、指挥与协调、信息发布、应急终止等程序和措施；⑤后期处置，包括善后处置、调查与评估、恢复重建等；⑥应急保障，包括人力资源保障、财力保障、物资保障、医疗卫生保障、交通运输保障、治安维护、通信保障、科技支撑等；⑦监督管理，包括应急预案演练、宣教培训、责任与奖惩等；⑧附则，包括名词术语、预案解释、修订情况和实施日期等；⑨附件，包括相关单位和人员通讯录、标准化格式文本、工作流程图、应急物资储备清单等。

3. 应当编制环境应急预案的单位

向环境排放污染物的企业事业单位，生产、贮存、经营、使用、运输危险物品的企业事业单位，产生、收集、贮存、运输、利用、处置危险废物的企业事业单位，以及其他可能发生突发环境事件的企业事业单位，应当编制环境应急预案。

4. 环境应急预案的类型

企业事业单位的环境应急预案包括综合环境应急预案、专项环境应急预案和现场处置预案。

对环境风险种类较多、可能发生多种类型突发事件的，企业事业单位应当编制综合环境应急预案。综合环境应急预案应当包括本单位的应急组织机构及其职责、预案体系及响应程序、事件预防及应急保障、应急培训及预案演练等内容。

对某一种类的环境风险，企业事业单位应当根据存在的重大危险源和可能发生的突发事件类型，编制相应的专项环境应急预案。专项环境应急预案应当包括危险性分析、可能发生的事件特征、主要污染物种类、应急组织机构与职责、预防措施、应急处置程序和应急保障等内容。

对危险性较大的重点岗位，企业事业单位应当编制重点工作岗位的现场处置预案。现场处置预案应当包括危险性分析、可能发生的事件特征、应急处置程序、应急处置要点和注意事项等内容。

企业事业单位编制的综合环境应急预案、专项环境应急预案和现场处置预案之间应当相互协调，并与所涉及的其他应急预案相互衔接。

工程建设、影视拍摄和文化体育等群体性活动有可能造成突发环境事件的，主办单位应当在活动开始前编制临时环境应急预案。

（二）环境应急预案的评估

县级以上人民政府环境保护主管部门应当在环境应急预案草案编制完成后，组织评估小组对本部门编制的环境应急预案草案进行评估。环境保护主管部门环境应急预案评估小组的组成人员应当包括环境应急预案涉及的政府部门工作人员、相关行业协会和重点风险源单位代表以及应急管理和专业技术方面的专家。

企业事业单位应当在环境应急预案草案编制完成后，组织评估小组对本单位编制的环境应急预案进行评估。企业事业单位环境应急预案评估小组的组成人员应当包括环境应急预案涉及的相关部门应急管理人员、相关行业协会、相邻重点风险源单位代表、周边社区（乡、镇）代表以及应急管理和专业技术方面的专家。

环境应急预案评估小组应当重点评估环境应急预案的实用性、基本要素的完整性、内容格式的规范性、应急保障措施的可行性以及与其他相关预案的衔接性等内容。环境应急预案的编制单位应当根据评估结果，对应急预案草案进行修改。

（三）环境应急预案的备案

县级以上人民政府环境保护主管部门编制的环境应急预案应当报本级人民政府和上级人民政府环境保护主管部门备案。

企业事业单位编制的环境应急预案，应当在本单位主要负责人签署实施之日起 30 日内报所在地环境保护主管部门备案。国家重点监控企业的环境应急预案，应当在本单位主要负责人签署实施之日起 45 日内报所在地省级人民政府环境保护主管部门备案。

工程建设、影视拍摄和文化体育等群体性活动的临时环境应急预案，主办单位应当在活动开始 3 个工作日前报当地人民政府环境保护主管部门备案。

报送备案应当提交下列材料（一式二份）：①《突发环境事件应急预案备案申请表》；②环境应急预案评估意见；③环境应急预案的纸质文件和电子文件。

受理备案登记的环境保护主管部门应当在收到报备材料之日起 60 日内，对报送备案的环境应急预案进行审查，对符合规定并通过评估小组评估的，予以备案并出具《突发环境事件应急预案备案登记表》；对不符合规定的，不予备案并复函说明理由，由申请备案的环境保护主管部门或者企业事业单位自行纠正后重新报送备案。

（四）环境应急预案的实施与监督管理

县级以上人民政府环境保护主管部门应当将环境应急预案的监督管理作为日常环境监督管理的一项重要内容。

县级以上人民政府环境保护主管部门应当建立健全环境应急预案演练制度，每年至少组织一次应急演练。企业事业单位应当定期进行应急演练，并积极配合和参与有关部门开展的应急演练。

环境应急预案演练结束后，有关人民政府环境保护主管部门和企业事业单位应当对环境应急预案演练结果进行评估，撰写演练评估报告，分析存在的问题，对环境应急预案提出修改意见。

县级以上人民政府环境保护主管部门或者企业事业单位，应当按照有关法律法规规定，根据实际需要和情势变化，依据有关预案编制指南或者编制修订框架指南修订环境应急预案。环境应急预案每三年至少修订一次，有下列情形之一的，企业事业单位应当及时进行修订：①本单位生产工艺和技术发生变化的；②相关单位和人员发生变化或者应急组织指挥体系或职责调整的；③周围环境或者环境敏感点发生变化的；④环境应急预案依据的法律、法规、规章等发生变化的；⑤环境保护主管部门或者企业事业单位认为应当适时修订的其他情形。

环境保护主管部门或者企业事业单位，应当于环境应急预案修订后 30 日内将新修订的预案报原预案备案管理部门重新备案；预案备案部门可以根据预案修订的具体情况要求修订预案的环境保护主管部门或者企业事业单位对修订后的预案进行评估。

五、突发环境事件调查处理

为规范突发环境事件调查处理工作，环境保护部于 2014 年 12 月 19 日公布了《突发环境事件调查处理办法》（环境保护部令第 29 号），该办法对突发环境事件的原因、性质、责任的调查处理做出了明确规定。

（一）突发环境事件调查的权限

开展突发环境事件调查，应当对突发环境事件现场进行勘查，并可以采取以下措施：①通过取样监测、拍照、录像、制作现场勘查笔录等方法记录现场情况，提取相关证据材料；②进入突发环境事件发生单位、突发环境事件涉及的相关单位或者工作场所，调取和复制相关文件、资料、数据、记录等；③根据调查需要，对突发环境事件发生单位有关人员、参与应急处置工作的知情人员进行询问，并制作询问笔录。

进行现场勘查、检查或者询问，不得少于两人。突发环境事件发生单位的负责人和有关人员在调查期间应当依法配合调查工作，接受调查组的询问，并如实提供相关文件、资料、数据、记录等。因客观原因确实无法提供的，可以提供相关复印件、复制品或者证明该原件、原物的照片、录像等其他证据，并由有关人员签字确认。现场勘查笔录、检查笔录、询问笔录等，应当由调查人员、勘查现场有关人员、被询问人员签名。

（二）突发环境事件调查应当查明的情况

突发环境事件调查应当查明下列情况：①突发环境事件发生单位基本情况。②突发环境事件发生的时间、地点、原因和事件经过；突发环境事件造成的人身伤亡、直接经济损失情况，环境污染和生态破坏情况。③突发环境事件发生单位、地方人民政府和有关部门日常监管和事件应对情况。④其他需要查明的事项。

（三）突发环境事件调查报告

开展突发环境事件调查，应当在查明突发环境事件基本情况后，编写突发环境事件调查报告。

突发环境事件调查报告应当包括下列内容：①突发环境事件发生单位的概况和突发环境事件发生的经过；②突发环境事件造成的人身伤亡、直接经济损失，环境污染和生态破坏的情况；③突发环境事件发生的原因和性质；④突发环境事件发生单位对环境风险的防范、隐患整改和应急处置情况；⑤地方政府和相关部门日常监管和应急处置情况；⑥责任认定和对突发环境事件发生单位、责任人的处理建议；⑦突发环境事件防范和整改措施建议；⑧其他有必要报告的内容。

（四）突发环境事件的调查期限

特别重大突发环境事件、重大突发环境事件的调查期限为 60 日；较大突发环境事件和一般突发环境事件的调查期限为 30 日。突发环境事件污染损害评估所需时间不计入调查期限。

调查组应当按照上述规定的期限完成调查工作，并向同级人民政府和上一级环境保护主管部门提交调查报告；调查期限从突发环境事件应急状态终止之日起计算。

第九节 环境监测制度

环境监测制度，是指国家、行业、专业、企业按照环境法律规定要求，为掌握国家或本单位的污染物排放情况及其对国家或周围环境质量的影响情况组织开展的环境监测活动的法律规定的总称。

《环境保护法》第 17 条规定，国家建立、健全环境监测制度。国务院环境保护主管部门制定监测规范，会同有关部门组织监测网络，统一规划国家环境质量监测站（点）的设置，建立监测数据共享机制，加强对环境监测的管理。有关行业、专业等各类环境质量监测站（点）的设置应当符合法律法规规定和监测规范的要求。监测机构应当使用符合国家标准的监测设备，遵守监测规范。监测机构及其负责人对监测数据的真实性和准确性负责。该法第 42 条还规定，重点排污单位应当按照国家有关规定和监测规范安装使用监测设备，保证监测设备正常运行，保存原始监测记录。上述规定是对原《环境保护法》第 11

条的修改，进一步完善和规范了环境监测制度。

一、环境监测制度的形成

我国的环境监测工作起步于20世纪70年代中期。到1980年，环境保护部门已建成350多个环境监测站。全国各相关部门和行业按照职能分工，在各领域开展环境监测工作。“六五”和“七五”期间，环境保护部门的环境监测站快速发展，从中央到地方省、市和部分县，都建立了环境监测站。“八五”期间，形成了以环境质量监测为核心的监测网络。“九五”以来，国家大力加强环境监测能力建设，建立了先进的大气、地表水自动监测网络，实施监测的实时监视和日报、周报制度。我国的环境监测事业经过30多年的发展，已建立了覆盖水、气、噪声、生态、核与辐射等多种环境要素的环境监测网络、技术和管理体系。

二、环境监测制度的主要内容

（一）保障监测站点科学、规范设置

针对当前存在的环境监测网络缺乏统一规划、合理布局，环境保护部门与其他有关主管部门设置的环境监测点位（断面）存在重复设置、重复建设造成资源浪费的问题，明确统一规划设置国家环境质量监测站点，建立监测数据共享机制。同时，有关行业、专业等各类环境质量监测站（点）的设置也应当符合《海洋环境保护法》《水法》等法律法规的规定。

在实际工作中，环境监测数据的获取对环境监测方法、点位（断面）设置、采集条件等有较高要求，不同点位（断面）、采集条件下对同一环境要素实施监测获得的数据、资料可能存在巨大差异。因此，针对当前存在的环境监测技术规范、评价方法不统一，造成部门间的监测数据不可比较，不利于政府和管理部门决策，甚至造成不良社会影响的问题，有关行业、专业等各类环境质量监测站点的设置应当符合监测规范的要求。

（二）保障监测数据真实有效

针对当前环境监测质量控制体系不健全、环境监测数据不真不实等造成的环境监测数据质量缺乏有效保障的问题，明确监测机构应当使用符合国家标准的监测设备、遵守监测规范，完善环境监测质量控制体系，同时要求监测机构及其负责人应当如实、客观地报出监测数据，并对监测数据的真实性和准确性负责。

县级以上环境保护部门应当建立环境监测数据库，对环境监测数据实行信息化管理，加强环境监测数据收集、整理、分析、储存，并按照环境保护部的要求定期将监测数据逐级报上一级环境保护部门。

（三）排污者的自我监测

排污者必须按照县级以上环境保护部门的要求和国家环境监测技术规范，开展排污状况自我监测。

排污者按照国家环境监测技术规范，并经县级以上环境保护部门所属环境监测机构检

查符合国家规定能力要求和技术条件的，其监测数据作为核定污染物排放种类、数量的依据。

不具备环境监测能力的排污者，应当委托环境保护部门所属环境监测机构或者经省级环境保护部门认定的环境监测机构进行监测；接受委托的环境监测机构所从事的监测活动，所需经费由委托方承担，收费标准按照国家有关规定执行。

经省级环境保护部门认定的环境监测机构，是指非环境保护部门所属的、从事环境监测业务的机构，可以自愿向所在地省级环境保护部门申请证明其具备相适应的环境监测业务能力认定，经认定合格者，即为经省级环境保护部门认定的环境监测机构。

经省级环境保护部门认定的环境监测机构应当接受所在地环境保护部门所属环境监测机构的监督检查。

三、违反环境监测制度的法律责任

根据《环境保护法》第 68 条规定，地方各级人民政府、县级以上人民政府环境保护主管部门和其他负有环境保护监督管理职责的部门篡改、伪造或者指使篡改、伪造监测数据的，对直接负责的主管人员和其他直接责任人员给予记过、记大过或者降级处分；造成严重后果的，给予撤职或者开除处分，其主要负责人应当引咎辞职。另外，《环境监测管理办法》第 18 条规定："县级以上环境保护部门及其工作人员、环境监测机构及环境监测人员有下列行为之一的，由任免机关或者监察机关按照管理权限依法给予行政处分；涉嫌犯罪的，移送司法机关依法处理：（一）未按照国家环境监测技术规范从事环境监测活动的；（二）拒报或者两次以上不按照规定的时限报送环境监测数据的；（三）伪造、篡改环境监测数据的；（四）擅自对外公布环境监测信息的。"

专栏 3-6 国家环境监测体制改革

2015 年，根据党中央、国务院指示精神，按照《生态文明体制改革总体方案》《生态环境监测网络建设方案》的要求，开展了环境监测体制改革方案研究。印发《关于支持环境监测体制改革的实施意见》，明确环境监测体制改革思路。按照"谁考核、谁监测"原则，理顺国家环境监测管理体系，在大气、水、土壤方面形成国家环境监测直管网。到 2018 年，全面完成国家监测站点及国控断面的上收工作，国家直管的大气、水、土壤环境质量监测网建立健全；省内环境质量监测体系有效建立，同国控监测数据相互印证、互联互通；环境监测市场化改革迈向深入，第三方托管运营机制普遍实行，环境监测效率大幅度提升；陆海统筹、天地一体、信息共享的生态环境监测体系不断完善，环境监测能力同生态文明建设要求更相适应。印发《国家生态环境质量监测事权上收实施方案》，细化分解环境监测体制改革实施的范围、步骤与运行管理方式。明确提出国家环境监测事权上收范围为 338 个地级以上城市的 1 436 个城市站、96 个区域站（农村站）和 16 个背景站组成的国家环境空气质量监测系统，2 767 个地表水国控断面（点位）、300 个国家地表水自动监测站和 419 个近岸海域水质点位组成的国家水环境质量监测系统，由 20 000 个一般点位和 15 000 个风险点位组成的国家土壤环境质量监测系统，由生态状况综合监测与评价、地面生态定位监测和国家重点生态功能区县域生态环境质量监测评价与考核专项工作组成的国家生态监测系统。国家污染源监督性监测事权为制定污染源监测标准和规范，重点排污单位污染源监测信息公开（含企业自测和污染源监督性监测），对重点排污单位进行抽测，对地方污染源监督性监测开展质量检查。国家环境监测事权运行方式为中央财政全额保障国家网的建设、运行、维护、质控、数据传输和数据应用等。计划到2018年年底，中央和地方监测事权全面厘清，基本实现国家网络、国家建设、国家监测、国家考核，国家环境监测质量管理与质量控制水平显著提升，行政干扰得到遏制，达到基本说清全国环境质量状况，基本满足人民群众对环境监测信息知情诉求，基本满足生态文明建设监测技术支撑要求，为环境质量总体改善提供有力支撑。

摘自：《2015年中国环境状况公报》。

第十节　环境信息公开制度

《环境保护法》第54条规定："国务院环境保护主管部门统一发布国家环境质量、重点污染源监测信息及其他重大环境信息。省级以上人民政府环境保护主管部门定期发布环境状况公报。县级以上人民政府环境保护主管部门和其他负有环境保护监督管理职责的部门，应当依法公开环境质量、环境监测、突发环境事件以及环境行政许可、行政处罚、排污费的征收和使用情况等信息。县级以上地方人民政府环境保护主管部门和其他负有环境保护监督管理职责的部门，应当将企业事业单位和其他生产经营者的环境违法信息记入社会诚信档案，及时向社会公布违法者名单。"这一规定，首次从基本法层面上确立了环境信息公开制度。

一、政府环境信息公开

（一）政府环境信息公开的主体

政府环境信息，是指环境保护部门在履行环境保护职责中制作或者获取的，以一定形式记录、保存的信息。

政府环境信息公开的主体除了国务院环境保护主管部门、县级以上人民政府环境保护主管部门外，还有县级以上地方人民政府其他负有环境保护监督管理职责的部门。

（二）政府环境信息公开的内容

根据《环境信息公开办法（试行）》第11条的规定，环境保护部门应当在职责权限范围内向社会主动公开以下政府环境信息：

（1）环境保护法律、法规、规章、标准和其他规范性文件；

（2）环境保护规划；

（3）环境质量状况；

（4）环境统计和环境调查信息；

（5）突发环境事件的应急预案、预报、发生和处置等情况；

（6）主要污染物排放总量指标分配及落实情况，排污许可证发放情况，城市环境综合整治定量考核结果；

（7）大、中城市固体废物的种类、产生量、处置状况等信息；

（8）建设项目环境影响评价文件受理情况，受理的环境影响评价文件的审批结果和建设项目竣工环境保护验收结果，其他环境保护行政许可的项目、依据、条件、程序和结果；

（9）排污费征收的项目、依据、标准和程序，排污者应当缴纳的排污费数额、实际征收数额以及减免缓情况；

（10）环保行政事业性收费的项目、依据、标准和程序；

（11）经调查核实的公众对环境问题或者对企业污染环境的信访、投诉案件及其处理结果；

（12）环境行政处罚、行政复议、行政诉讼和实施行政强制措施的情况；

（13）污染物排放超过国家或者地方排放标准，或者污染物排放总量超过地方人民政府核定的排放总量控制指标的污染严重的企业名单；

（14）发生重大、特大环境污染事故或者事件的企业名单，拒不执行已生效的环境行政处罚决定的企业名单；

（15）环境保护创建审批结果；

（16）环境保护部门的机构设置、工作职责及其联系方式等情况；

（17）法律、法规、规章规定应当公开的其他环境信息。

环境保护部门应当根据上述规定的范围编制本部门的政府环境信息公开目录。

另外，《环境保护法》第 56 条规定：“对依法应当编制环境影响报告书的建设项目，建设单位应当在编制时向可能受影响的公众说明情况，充分征求意见。负责审批建设项目环境影响评价文件的部门在收到建设项目环境影响报告书后，除涉及国家秘密和商业秘密的事项外，应当全文公开；发现建设项目未充分征求公众意见的，应当责成建设单位征求公众意见。”全文公开是全部公开，不能只公开报告书的提纲或者简略本。全文公开可以采用书面或者电子数据等形式。

（三）政府环境信息公开的方式和程序

环境保护部门应当将主动公开的政府环境信息，通过政府网站、公报、新闻发布会以及报刊、广播、电视等便于公众知晓的方式公开。

属于主动公开范围的政府环境信息，环境保护部门应当自该环境信息形成或者变更之日起 20 个工作日内予以公开。法律、法规对政府环境信息公开的期限另有规定的，从其规定。

环境保护部门应当编制、公布政府环境信息公开指南和政府环境信息公开目录，并及时更新。政府环境信息公开指南，应当包括信息的分类、编排体系、获取方式，政府环境信息公开工作机构的名称、办公地址、办公时间、联系电话、传真号码、电子邮箱等内容。政府环境信息公开目录，应当包括索引、信息名称、信息内容的概述、生成日期、公开时间等内容。

公民、法人和其他组织依据《环境信息公开办法（试行）》第5条规定申请环境保护部门提供政府环境信息的，应当采用信函、传真、电子邮件等书面形式；采取书面形式确有困难的，申请人可以口头提出，由环境保护部门政府环境信息公开工作机构代为填写政府环境信息公开申请。

环境保护部门应当在收到申请之日起15个工作日内予以答复；不能在15个工作日内作出答复的，经政府环境信息公开工作机构负责人同意，可以适当延长答复期限，并书面告知申请人，延长答复的期限最长不得超过15个工作日。

（四）违法者名单的公布

根据《环境保护法》的规定，县级以上地方人民政府环境保护主管部门和其他负有环境保护监督管理职责的部门，应当将企业事业单位和其他生产经营者的环境违法信息记入社会诚信档案，及时向社会公布违法者名单。

专栏 3-7 《关于当前环境信息公开重点工作安排的通知》（摘录）

（一）推进空气质量和水质环境信息公开

在继续做好74个城市、496个国控监测站点实时发布二氧化硫、二氧化氮、可吸入颗粒物、细颗粒物（$PM_{2.5}$）、一氧化碳、臭氧六项污染物监测数据的基础上，2013年12月底前，再增加包括国家环保重点城市、模范城市在内的116个城市，在各级环境保护部门政府网站实时发布空气质量新标准六项指标监测数据和AQI值，发布《城市空气质量月报》。实时发布全国地表水自动监测网监测数据，按时发布《全国主要流域重点断面水质自动监测周报》《全国地表水水质月报》、重点流域和重点区域环境质量状况公告。发布环保重点城市年度集中式饮用水源地水质、监测状态等信息。发布年度《中国环境状况公报》及《中国环境质量报告》。

（二）推进建设项目环境影响评价信息公开

2013年发布《环境影响评价政府信息公开工作指南（试行）》，在建设项目环境影响评价文件受理情况、审批结果、验收结果和环境影响报告书简本公开的基础上，公开建设项目环境影响评价和竣工环境保护验收批复文件，公开建设单位或地方政府作出的环境保护措施承诺文件，在全国环境保护部门实行环评受理、审批和验收全过程公开。环境保护部将对地方环境保护部门落实《环境影响评价政府信息公开工作指南（试行）》情况进行监督和指导。

（三）推进环境污染治理政策措施和治理效果信息公开

各级环境保护部门要按照《关于加强污染源环境监管信息公开工作的通知》（环发〔2013〕74号）和《污染源环境监管信息公开目录》（第一批）要求，及时、主动公开污染源环境监管信息。按年度公布《国家重点监控企业名单》，各级环境保护部门按照《国家重点监控企业污染源监督性监测及信息公开办法（试行）》（环发〔2013〕81号）要求，公开污染源监督性监测信息，监督企业按照《国家重点监控企业自行监测及信息公开办法（试行）》公开企业污染物排放自行监测信息。

（四）推进污染减排信息公开

发布半年和年度主要污染物总量减排数据。公告《“十二五”主要污染物总量减排目标责任书》及每年需完成的重点减排项目，确保按期建成投运。及时发布重点减排工程建设和进展情况信息。每年发布《中国环境统计年报》。

各级环境保护部门在推进上述重点工作的同时，涉及行政审批、许可、创建、财政预算、财政审计、应急调查、环境投诉查处、排污收费、法规标准、科技管理、核安全与辐射环境管理、生态保护、土壤及重金属污染信息公开的相关工作，也要按照《政府信息公开条例》和《当前政府信息公开重点工作安排》的要求，继续加大相关领域的信息公开力度。

环境保护部办公厅

2013 年 9 月 14 日

二、企业环境信息公开

为规范企业环境信息公开的原则、范围、时限及方式，环境保护部于 2014 年 12 月 19 日公布了《企业事业单位环境信息公开办法》（环境保护部令第 31 号）。其主要内容如下。

（一）企业事业单位信息公开的原则

企业事业单位应当按照强制公开和自愿公开相结合的原则，及时、如实地公开其环境信息。

（二）环境信息公开工作制度

环境保护主管部门应当建立健全指导、监督企业事业单位环境信息公开工作制度。环境保护主管部门开展指导、监督企业事业单位环境信息公开工作所需经费，应当列入本部门的行政经费预算。有条件的环境保护主管部门可以建设企业事业单位环境信息公开平台。

企业事业单位应当建立健全本单位环境信息公开制度，指定机构负责本单位环境信息公开日常工作。

（三）重点排污单位名录

设区的市级人民政府环境保护主管部门应当于每年 3 月底前确定本行政区域内重点排污单位名录，并通过政府网站、报刊、广播、电视等便于公众知晓的方式公布。环境保护主管部门确定重点排污单位名录时，应当综合考虑本行政区域的环境容量、重点污染物排放总量控制指标的要求，以及企业事业单位排放污染物的种类、数量和浓度等因素。

具备下列条件之一的企业事业单位，应当列入重点排污单位名录：①被设区的市级以上人民政府环境保护主管部门确定为重点监控企业的；②具有试验、分析、检测等功能的化学、医药、生物类省级重点以上实验室、二级以上医院、污染物集中处置单位等污染物排放行为引起社会广泛关注的或者可能对环境敏感区造成较大影响的；③3 年内发生较大以上突发环境事件或者因环境污染问题造成重大社会影响的；④其他有必要列入的情形。

（四）重点排污单位公开信息的范围与时限

重点排污单位应当公开下列信息：①基础信息，包括单位名称、组织机构代码、法定代表人、生产地址、联系方式，以及生产经营和管理服务的主要内容、产品及规模。②排污信息，包括主要污染物及特征污染物的名称、排放方式、排放口数量和分布情况、排放浓度和总量、超标情况，以及执行的污染物排放标准、核定的排放总量；防治污染设施的建设和运行情况。③建设项目环境影响评价及其他环境保护行政许可情况。④突发环境事件应急预案。⑤其他应当公开的环境信息。另外，列入国家重点监控企业名单的重点排污单位还应当公开其自行监测方案。

重点排污单位应当在环境保护主管部门公布重点排污单位名录后 90 日内公开上述环境信息；环境信息有新生成或者发生变更情形的，重点排污单位应当自环境信息生成或者变更之日起 30 日内予以公开（法律、法规另有规定的，从其规定）。

（五）重点排污单位环境信息公开的方式

重点排污单位应当通过其网站、企业事业单位环境信息公开平台或者当地报刊等便于公众知晓的方式公开环境信息，同时可以采取以下一种或者几种方式予以公开：①公告或者公开发行的信息专刊；②广播、电视等新闻媒体；信息公开服务、监督热线电话；③本单位的资料索取点、信息公开栏、信息亭、电子屏幕、电子触摸屏等场所或者设施；④其他便于公众及时、准确获得信息的方式。

（六）重点排污单位违反环境信息公开制度的法律责任

根据《企业事业单位环境信息公开办法》规定，重点排污单位违反该办法规定，不公开或者不按照规定的内容公开环境信息的；不按照规定的方式公开环境信息的；不按照规定的时限公开环境信息的；公开内容不真实、弄虚作假的，由县级以上环境保护主管部门根据《环境保护法》的规定责令公开，处 3 万元以下罚款，并予以公告（法律、法规另有规定的，从其规定）。

另外，需要说明的是，重点排污单位之外的企业事业单位可以参照上述规定公开其环境信息。

第十一节 严重污染环境的工艺、设备和产品淘汰制度

对严重污染环境的工艺、设备和产品实行淘汰制度是我国环境保护的一项重要法律制度，是国家有效推进节能减排的重要法律和行政手段。

一、淘汰制度的概念

对严重污染环境的工艺、设备和产品实行淘汰制度，指国家以防止环境污染、生态破坏和调整产业机构为目的，定期公布浪费资源严重污染环境的落后生产技术、工艺、设备和产品的名录，并限期禁止其生产、销售、进口、使用或转让的规定的总称。

近几年来，我国为了降低污染负荷和资源、能源消耗，实现工业企业达标排放，通过一系列的法律文件规定了限期淘汰制度，关闭、取缔了一大批污染严重的小企业。实践证明，实行限期淘汰制度，对于促进经济机构的调整，减少环境污染，改善环境质量具有十分重要的意义。

二、淘汰制度的形成

对严重污染环境的工艺、设备和产品实行淘汰制度最早见于1995年第一次修改的《大气污染防治法》。该法第15条规定："国家对严重污染大气环境的落后生产工艺和严重污染大气环境的落后设备实行淘汰制度。国务院经济综合主管部门会同国务院有关部门公布限期禁止采用的严重污染大气环境的工艺名录和限期禁止生产、禁止销售、禁止进口、禁止使用的严重污染大气环境的设备名录。"该条还规定了"被淘汰的设备，不得转让给他人使用。"此后修改的《水污染防治法》第41、第42、第43条；《固体废物污染环境防治法》第27、第28条；《环境噪声污染防治法》第18条；《水法》第51条；《电力法》第14条；《节约能源法》第7、第16、第17条；《海洋环境保护法》第13条；《清洁生产促进法》第11、第12条；《循环经济促进法》第18条均对严重污染环境的工艺、设备和产品实行淘汰制度作了相同或类似规定。

2002年6月29日第九届全国人大常委会第二十八次会议通过的《清洁生产促进法》，从推行清洁生产的立法层面上重申了已实行多年的淘汰制度，还加上了时限，成为更具可操作性的新的法律制度，即限期淘汰制度。该法第12条规定："国家对浪费资源和严重污染环境的落后生产技术、工艺、设备和产品实行限期淘汰制度。国务院经济贸易行政主管部门会同国务院有关行政主管部门制定并发布限期淘汰的生产技术、工艺、设备以及产品的名录。"

《环境保护法》第46条规定："国家对严重污染环境的工艺、设备和产品实行淘汰制度。任何单位和个人不得生产、销售或者转移、使用严重污染环境的工艺、设备和产品。禁止引进不符合我国环境保护规定的技术、设备、材料和产品。"

除国家环境保护法律、法规的规定之外，一些地方性环境保护法规和规章也将超薄塑料袋、发泡塑料餐具、含磷洗衣粉等分别列入了本地区限期淘汰之列。

三、淘汰制度的主要内容

对严重污染环境的工艺、设备和产品实行淘汰制度的实施是通过国家有关部门公布限期禁止采用的严重污染环境的工艺名录和禁止生产、销售、进口、使用严重污染环境的设备名录来实现的。《循环经济促进法》第18条规定："国务院循环经济发展综合管理部门会同国务院环境保护等有关主管部门，定期发布鼓励、限制和淘汰的技术、工艺、设备、材料和产品名录。禁止生产、进口、销售列入淘汰名录的设备、材料和产品，禁止使用列入淘汰名录的技术、工艺、设备和材料。”

《促进产业结构调整暂行规定》（国发〔2005〕40号）第16条规定：“淘汰类主要是不符合有关法律法规规定，严重浪费资源、污染环境、不具备安全生产条件，需要淘汰的落后工艺技术、装备及产品。按照以下原则确定淘汰类产业指导目录：（一）危及生产和人身安全，不具备安全生产条件；（二）严重污染环境或严重破坏生态环境；（三）产品质量低于国家规定或行业规定的最低标准；（四）严重浪费资源、能源；（五）法律、行政法规规定的其他情形。”第19条第1款规定：“对淘汰类项目，禁止投资。各金融机构应停止各种形式的授信支持，并采取措施收回已发放的贷款；各地区、各部门和有关企业要采取有力措施，按规定限期淘汰。在淘汰期限内国家价格主管部门可提高供电价格。对国家明令淘汰的生产工艺技术、装备和产品，一律不得进口、转移、生产、销售、使用和采用。”依据这一规定，国家发展和改革委员会于同年发布了《产业结构调整指导目录》。

2013年，国家发展和改革委员会会同国务院有关部门对《产业结构调整指导目录（2011年本）》有关条目进行了调整，形成了《国家发展改革委关于修改〈产业结构调整指导目录（2011年本）〉有关条款的决定》，目录分为鼓励类、限制类和淘汰类三大类，涉及30个行业近千项项目。环境保护部颁布的《环境保护综合名录》（2013年版）对“高污染、高环境风险”产品（简称“双高”产品）名录列有722项，重污染工艺92项。

第十二节　清洁生产与循环经济制度

一、清洁生产制度

清洁生产，是指不断采取改进设计、使用清洁的能源和原料、采用先进的工艺技术与设备、改善管理、综合利用等措施，从源头削减污染，提高资源利用效率，减少或者避免生产、服务和产品使用过程中污染物的产生和排放，以减轻或者消除对人类健康和环境的危害。

（一）清洁生产的推行

国家清洁生产推行规划应当包括：推行清洁生产的目标、主要任务和保障措施，按照资源能源消耗、污染物排放水平确定开展清洁生产的重点领域、重点行业和重点工程。

国务院有关行业主管部门根据国家清洁生产推行规划确定本行业清洁生产的重点项目，制定行业专项清洁生产推行规划并组织实施。

县级以上地方人民政府根据国家清洁生产推行规划、有关行业专项清洁生产推行规划，按照本地区节约资源、降低能源消耗、减少重点污染物排放的要求，确定本地区清洁生产的重点项目，制定推行清洁生产的实施规划并组织落实。中央预算应当加强对清洁生产促进工作的资金投入，包括中央财政清洁生产专项资金和中央预算安排的其他清洁生产资金，用于支持国家清洁生产推行规划确定的重点领域、重点行业、重点工程实施清洁生产及其技术推广工作，以及生态脆弱地区实施清洁生产的项目。中央预算用于支持清洁生产促进工作的资金使用的具体办法，由国务院财政部门、清洁生产综合协调部门会同国务院有关部门制定。

县级以上地方人民政府应当统筹地方财政安排的清洁生产促进工作的资金，引导社会资金，支持清洁生产重点项目。

（二）清洁生产的实施

新建、改建和扩建项目应当进行环境影响评价，对原料使用、资源消耗、资源综合利用以及污染物产生与处置等进行分析论证，优先采用资源利用率高以及污染物产生量少的清洁生产技术、工艺和设备。

企业在进行技术改造过程中，应当采取以下清洁生产措施：①采用无毒、无害或者低毒、低害的原料，替代毒性大、危害严重的原料；②采用资源利用率高、污染物产生量少的工艺和设备，替代资源利用率低、污染物产生量多的工艺和设备；③对生产过程中产生的废物、废水和余热等进行综合利用或者循环使用；④采用能够达到国家或者地方规定的污染物排放标准和污染物排放总量控制指标的污染防治技术。

有下列情形之一的企业，应当实施强制性清洁生产审核：①污染物排放超过国家或者地方规定的排放标准，或者虽未超过国家或者地方规定的排放标准，但超过重点污染物排放总量控制指标的；②超过单位产品能源消耗限额标准构成高耗能的；③使用有毒、有害原料进行生产或者在生产中排放有毒、有害物质的。

污染物排放超过国家或者地方规定的排放标准的企业，应当按照环境保护相关法律的规定治理。

实施强制性清洁生产审核的企业，应当将审核结果向所在地县级以上地方人民政府负责清洁生产综合协调的部门、环境保护部门报告，并在本地区主要媒体上公布，接受公众监督，但涉及商业秘密的除外。

县级以上地方人民政府有关部门应当对企业实施强制性清洁生产审核的情况进行监督，必要时可以组织对企业实施清洁生产的效果进行评估验收，所需费用纳入同级政府预算。承担评估验收工作的部门或者单位不得向被评估验收企业收取费用。

（三）违反清洁生产制度的法律责任

《清洁生产促进法》第39条规定，不实施强制性清洁生产审核或者在清洁生产审核中弄虚作假的，或者实施强制性清洁生产审核的企业不报告或者不如实报告审核结果的，由县级以上地方人民政府负责清洁生产综合协调的部门、环境保护部门按照职责分工责令限期改正；拒不改正的，处以5万元以上50万元以下罚款。

另外，对承担评估验收工作的部门或者单位及其工作人员违反规定向被评估验收企业收取费用的，不如实评估验收或者在评估验收中弄虚作假的，或者利用职务上的便利谋取利益的，对直接负责的主管人员和其他直接责任人员依法给予处分；构成犯罪的，依法追究刑事责任。

二、循环经济制度

循环经济，是指在生产、流通和消费等过程中进行的减量化、再利用、资源化活动的总称。其中，减量化是指在生产、流通和消费等过程中减少资源消耗和废物产生；再利用是指将废物直接作为产品或者经修复、翻新、再制造后继续作为产品使用，或者将废物的全部或者部分作为其他产品的部件予以使用；资源化是指将废物直接作为原料进行利用或者对废物进行再生利用。

（一）循环经济基本管理制度

生产列入强制回收名录的产品或者包装物的企业，必须对废弃的产品或者包装物负责回收；对其中可以利用的，由各该生产企业负责利用；对因不具备技术经济条件而不适合利用的，由各该生产企业负责无害化处置。对上述废弃产品或者包装物，生产者委托销售者或者其他组织进行回收的，或者委托废物利用或者处置企业进行利用或者处置的，受托方应当依照有关法律、行政法规的规定和合同的约定负责回收或者利用、处置。对列入强制回收名录的产品和包装物，消费者应当将废弃的产品或者包装物交给生产者或者其委托回收的销售者或者其他组织。

（二）减量化

从事工艺、设备、产品及包装物设计，应当按照减少资源消耗和废物产生的要求，优先选择采用易回收、易拆解、易降解、无毒无害或者低毒低害的材料和设计方案，并应当符合有关国家标准的强制性要求。

对在拆解和处置过程中可能造成环境污染的电器电子等产品，不得设计使用国家禁止使用的有毒有害物质。禁止在电器电子等产品中使用的有毒有害物质名录，由国务院循环经济发展综合管理部门会同国务院环境保护等有关主管部门制定。设计产品包装物应当执行产品包装标准，防止过度包装造成资源浪费和环境污染。

（三）再利用和资源化

县级以上人民政府应当统筹规划区域经济布局，合理调整产业结构，促进企业在资源综合利用等领域进行合作，实现资源的高效利用和循环使用。各类产业园区应当组织区内企业进行资源综合利用，促进循环经济发展。国家鼓励各类产业园区的企业进行废物交换利用、能量梯级利用、土地集约利用、水的分类利用和循环使用，共同使用基础设施和其他有关设施。新建和改造各类产业园区应当依法进行环境影响评价，并采取生态保护和污染控制措施，确保本区域的环境质量达到规定的标准。

（四）激励措施

国务院和省、自治区、直辖市人民政府设立发展循环经济的有关专项资金，支持循环经济的科技研究开发、循环经济技术和产品的示范与推广、重大循环经济项目的实施、发展循环经济的信息服务等。具体办法由国务院财政部门会同国务院循环经济发展综合管理等有关主管部门制定。

国务院和省、自治区、直辖市人民政府及其有关部门应当将循环经济重大科技攻关项目的自主创新研究、应用示范和产业化发展列入国家或者省级科技发展规划和高技术产业发展规划，并安排财政性资金予以支持。利用财政性资金引进循环经济重大技术、装备的，应当制订消化、吸收和创新方案，报有关主管部门审批并由其监督实施；有关主管部门应当根据实际需要建立协调机制，对重大技术、装备的引进和消化、吸收、创新实行统筹协调，并给予资金支持。

（五）违反循环经济制度的法律责任

《循环经济促进法》第 50 条规定："生产、销售列入淘汰名录的产品、设备的，依照《中华人民共和国产品质量法》的规定处罚。使用列入淘汰名录的技术、工艺、设备、材料的，由县级以上地方人民政府循环经济发展综合管理部门责令停止使用，没收违法使用的设备、材料，并处 5 万元以上 20 万元以下的罚款；情节严重的，由县级以上人民政府循环经济发展综合管理部门提出意见，报请本级人民政府按照国务院规定的权限责令停业或者关闭。违反本法规定，进口列入淘汰名录的设备、材料或者产品的，由海关责令退运，可以处 10 万元以上 100 万元以下的罚款。进口者不明的，由承运人承担退运责任，或者承担有关处置费用。"

违反规定，构成犯罪的，依法追究刑事责任。

除上述制度外，还有环境保护目标责任制和考核评价制度、企业环境保护责任制度、生态保护补偿制度、环境污染责任保险制度等，这些制度还需要在实践中不断完善，加以规范。

【本章小结】

环境法律制度是环境监督管理的重要手段，既有环境保护基本法的规定，又有环境保护单行法的规定，相互之间有延续性，但又不尽相同，需要学习者认真辨析。《环境保护法》对环境法律制度的规定进行了比较大的调整，如何与单行法的相关规定对接是比较重要的问题。

【思考题】

1. 什么是环境保护法律制度？其特征包括哪些？
2. 我国主要的环境保护法律制度包括哪些？
3. 什么是环境影响评价制度、"三同时"制度？有何意义？
4. 规划环境影响评价及建设项目环境影响评价的范围包括哪些？
5. 建设项目环境影响评价的分类管理是如何规定的？环境影响报告书（表）、登记表的审批程序是如何规定的？
6. 建设项目环境影响评价的分类管理是如何规定的？环境影响报告书（表）、登记表的审批程序是如何规定的？
7. 违反环境影响评价制度应承担的法律责任有哪些新的变化？
8. 什么是许可证制度？在环境保护领域实行许可证制度有何意义？
9. 排污许可证制度的主要内容是什么？
10. 结合实际谈谈如何加强对排污许可证的监督管理？
11. 什么是排污收费制度？有何意义？

12. 环境保护税项目包括哪些？

13. 简述环境保护税征收的程序。

14. 简述环境保护税标准及计算方法。

15. 简述环境保护税征收工作中，税务机关和环境保护主管部门的职责分工。

16. 环境信息公开的意义是什么？结合实际谈谈如何进一步完善环境信息公开制度。

17. 什么是现场检查制度？在现场检查中检察机关与被检查者的权利与义务是什么？

18. 突发环境事件的等级是如何划分的？

19. 结合实际谈谈环境行政主管部门在处理突发环境事件中的主要职责是什么。

20. 污染物排放总量控制制度的主要内容是什么？违反总量控制制度的法律责任是什么？

【实训案例 1】 违反环境法律制度的案件分析

一、阅读材料

2014 年 1 月 8 日，环境保护部下发了《2013 年度省级环保厅（局）政府网站绩效评估报告》，其中一项指标主要是考察本省印发的行政处罚文件公开情况，满分为 1 分。各省平均得分 0.64，平均得分率 64%。天津市、黑龙江省、浙江省、安徽省、福建省、河南省和广东省较为领先，及时公开了本省行政处罚文件等信息，得分率在 80%以上。吉林省、山东省、海南省、宁夏回族自治区公开情况较差，得分率不足 40%，主要原因是无相应栏目，对行政处罚信息无发布或难以查找。新疆维吾尔自治区虽然执法信息数量较多，但是没有公布行政处罚文件，因此得分不高。

二、实践活动

1. 活动内容

（1）2014 年各省级环保厅（局）行政处罚文件公开情况与 2013 年相比，有哪些改进？

（2）从已经公开的行政处罚信息来看，违反环境法律制度的案件有哪些类型？请做统计分析。

（3）针对同一类环境违法行为，各省级环保厅（局）进行行政处罚时，有哪些不同？

（4）对各省级环保厅（局）2014 年已经公布的行政处罚文件进行汇编。

2. 活动方式

本训练采用“结构化研讨”的方式进行，全班分为三个小组。请各小组在讨论前确定一名催化者，一名发言人。催化者作为整个研讨的引导者，必须合理把握节奏。在第一次小组讨论中，有可能出现有些学生发言积极，或者发言时间较长，而有些学生比较沉默，不愿积极发言，这时催化者应该注意要求学生发言开门见山、言简意赅，不让部分学生独占大部分讨论时间，从而提高研讨质量和实效，与此同时也能有针对性地提高学生的倾听能力。

对于在研讨过程中出现的个别学生发言偏离研讨主题的情况，催化者应该分情况处理，如果偏离不远或者学生发言跟主题具有一定的相关性，就不要随意打断学生。如果学生的发言偏离主题太远，且会影响其他学生思维方向或研讨方向的，应该巧妙地打断。如果学生在讨论的过程中，各抒己见，讨论过于激烈，观点针锋相对，互不相让，催化者应该运用自己的专业知识进行引导，间接地培养学生的说服和包容妥协能力。

当然，在研讨过程中还会出现很多预想不到的情况，这些都需要催化者和学生共同配合予以化解，逐渐培养催化者与学生之间的默契，保证研讨有序高效地进行。

研讨成果：请各小组按研讨内容编制 Word 文件及课程 PPT，于规定的时间在全班进行汇报。

3. 活动目的

通过实际案例展开的讨论，达到如下两个学习目的：

（1）了解我国当前环境行政处罚案件的现状。

（2）辨析不同省级环保厅（局）针对同一类环境违法案件作出不同处理，并形成学生自己的判断。

三、扩展活动

请登录环境保护部网站（http：//www. zhb. gov. cn/），查询公开的行政处罚案件，并与各省级环保厅（局）行政处罚案件进行对比分析。

【实训案例 2】 突发环境事件分析

一、阅读材料

2015 年，环境保护部调度处置突发环境事件共 82 起。其中，重大事件 3 起（甘肃陇星锑业有限公司选矿厂尾矿库溢流井破裂致尾砂泄漏事件、河北省邢台市新河县城区地下水污染事件、济南章丘市普集镇发生危险废物倾倒致人中毒死亡事件）、较大事件 3 起、一般事件 76 起。从事件起因看，生产安全事故引发的 48 起、交通运输事故引发的 12 起、自然灾害引发的 9 起、企业违法排污引发的 4 起、其他原因引发的 9 起，分别占事件总数的 58.5%、14.6%、11.0%、4.9%、11.0%。

2015 年，通过“010-12369”环保举报热线处理群众来电、留言及网络举报共 38 689 件，受理举报 1 145 件。从举报类型看，涉及大气污染的有 896 件、水污染的有 356 件、噪声污染的有 265 件、固废污染的有 59 件（个别举报涉及多项污染类型，累计总数多于受理总数）。从查处情况看，群众反映的环境污染问题属实和基本属实的有 751 件。从举报范围看，河南、江苏、广东、山东、天津等省（市）投诉较为集中，华中、华南等地区举报量多于西北、西南地区。从涉及行业看，化工业、非金属矿产加工业、金属冶炼加工业的举报较为集中，合计占总受理量的 52%。

二、实践活动

1. 活动内容

（1）了解我国各级环境应急与事故调查的管理机构及其职责。

（2）分析我国现阶段突发环境事件高发的原因。

（3）对我国近年来发生的突发环境事件进行统计分析。

（4）对我国近年来媒体关注度高的突发环境事件进行深入分析。

2. 活动方式

（1）将全班同学分为四组，分别负责查明我国各级环境应急与事故调查的管理机构及其职责、对近年来发生的突发环境事件进行统计分析、深入分析两起最近发生的媒体关注度高的突发环境事件。

（2）研讨成果：请各小组按研讨内容编制 Word 文件及课程 PPT，于规定时间在全班进行汇报。

3. 活动目的

通过实际案例展开讨论，达到如下两个学习目的：

（1）了解我国当前突发环境事件的现状。

（2）掌握我国近年来发生的突发环境事件深层次的原因和应对措施。

三、扩展活动

请登录相关网站，查询公开的突发环境事件应急预案，了解编写政府和企业突发环境应急预案的要点。

第四章　环境标准

职业能力目标与学习要求

1. 理解环境标准的含义。
2. 了解环境标准的分类。
3. 理解环境标准的作用。
4. 掌握国家环境标准与地方环境标准的区别。

【引　例】[①]

2011年3月，赵某入住新购的北京市大兴区黄村镇某处房屋，过上了退休生活。当年9月，某超市公司兴华大街店营业。在超市南侧2～3层楼的高度处，冲向赵某房屋北侧卧室方向，安装有超市冷库制冷机的两台外机组，一套超市厨房油烟排风机。冷库外机组、油烟排风机下，是超市的专用卸货通道。超市营业时，冷库外机组、油烟排风机、装卸货物的噪声非常严重，对赵某的生活、健康产生了影响，经医院诊断为失眠、焦虑抑郁症状。

2012年，赵某将某超市公司、某超市公司兴华大街店起诉到大兴区法院。要求判决二被告停止噪声污染、油烟异味侵害，赔礼道歉，赔偿生活质量损失2万元，赔偿精神损害抚慰金2万元，赔偿鉴定费3 200元。

本案引发的法律思考：

1. 本案中被告某超市应遵守的环境标准是什么？
2. 被告某超市所处的功能区是什么？
3. 在污染物排放标准中，当国家标准与地方标准并存时，如何适用环境标准？
4. 环境标准在环境监督管理中的意义是什么？

第一节　环境标准概述

一、环境标准概述

我国的环境标准是与环境保护事业同步发展的。1973年8月召开的第一次环境保护工

---

① 案例来源：污染受害者帮助中心，http：//www.clapv.org/ZhiChiAnJian _ content.asp？id＝158&title＝%D6%A7%B3%D6%B0%B8%BC%FE&titlecontent＝PD _ zhichianjian&lei1＝22。

作会议审查了我国第一个标准——《工业“三废”排放试行标准》，奠定了我国环境标准建设的基础，为我国刚刚起步的环保事业提供了管理和执法依据，在“三同时”、排污收费、污染源控制和污染防治等方面发挥了重大作用。此后，我国的环境标准体系逐步完善。截至目前，我国共发布国家环境标准 963 项，国家污染防治技术政策 19 项。其中，水环境保护标准 233 项，大气环境标准 178 项，环境噪声与振动标准 20 项，土壤环境保护标准 21 项，固体废物与化学品污染控制标准 69 项，核辐射与电磁辐射环境保护标准 61 项，生态环境保护标准 22 项，行业清洁生产标准 58 项，其他类环境标准 301 项。此外，近 20 个省、自治区、直辖市曾颁布过地方标准。我国环境标准工作发展历程，如图 4-1 所示。

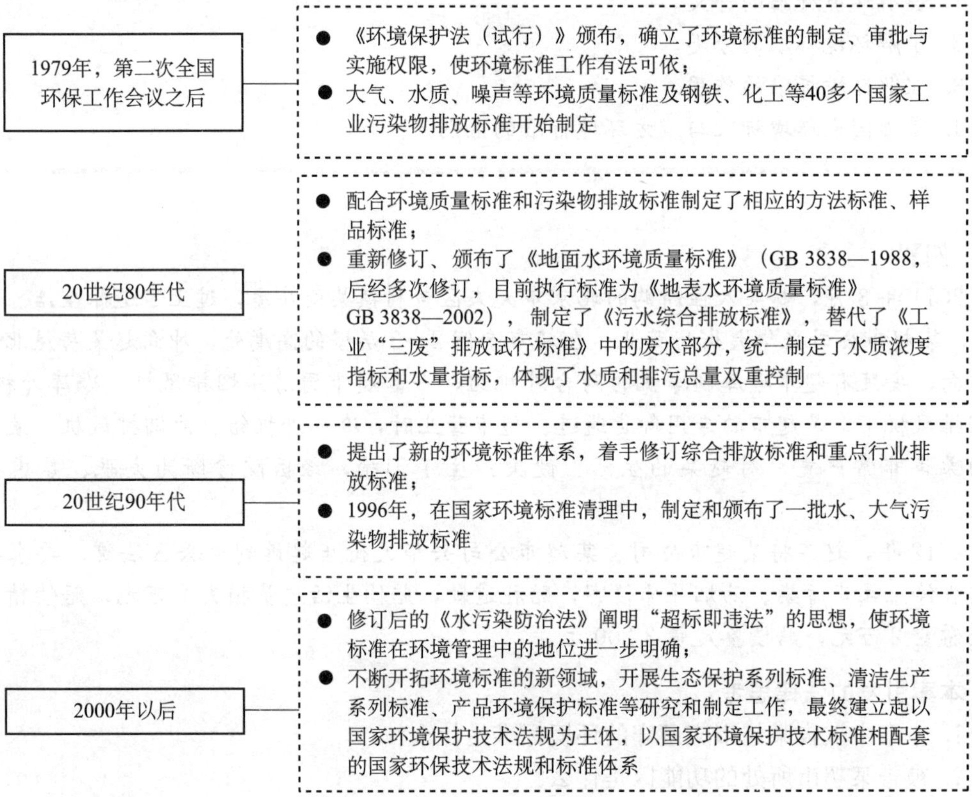

图 4-1　我国环境标准工作发展历程

我国在建立国内标准的同时，还积极参加国际上的环境标准化活动。从 1980 年起，我国陆续加入了国际标准化组织（ISO）的水质、空气质量、土壤三个技术委员会，建立了日常工作制度，做了大量的国际标准草案投票验证的工作，派出多个代表团参加国际会议。1996 年随着 ISO 14000（环境管理体系）系列标准的陆续发布，国家环境保护局在跟踪研究国际标准的基础上，等同转化了 ISO 系列标准并积极开展了试点工作，并于 1997 年成立了中国环境管理体系认证指导委员会，为我国顺利推进这项国际标准提供了有利的组织保障。

今后我国将加大采用和转化国际同类标准的数量，加快采用和转化速度。国家环境监测方法标准将尽量采用国际标准或发达国家的标准。

二、环境标准的分类和分级

环境标准可分为国家级和地方级两级，但分类较复杂。根据环境标准的定义，因限制对象的不同，会产生不同的环境标准。所以，环境标准有许多类型和分类方法。

（一）以“环境介质”作为分类的依据

以环境介质作为一级分类依据，可以将环境标准分为：“水”“大气”“环境噪声与振动”“固体废物与化学品”“土壤”“核辐射与电磁辐射”“生态环境保护”等几大类，其他无法划入具体介质类型的，列入“其他环境标准”之中。

（二）按标准属性分类

在介质分类下再按标准属性划分为“质量”“排放”“监测方法、仪器、规范”等类别。例如，“水环境标准”下分为：“水环境质量标准”“水污染物排放标准”以及“水监测规范、方法标准”等。“环境影响评价技术导则”“清洁生产标准”“环境标志产品标准”以及其他技术导则、规范等则纳入“其他环境保护标准”类目之中。

三、环境标准的作用

（一）环境标准是国家环境管理的技术基础

1. 环境标准是制订国家环境计划和规划的主要依据之一

国家在制订环境计划和规划时，必须有一个明确的环境目标和一系列环境指标，它需要在综合考虑国家的经济、技术水平的基础上，使环境质量控制在一个适宜的水平上，也就是说要符合环境标准的要求。因此，环境标准便成为制订环境计划与规划的主要依据。

2. 环境标准是环境法制定与实施的重要基础与依据

在各种单行环境法规中，通常只规定污染物的排放必须符合排放标准，造成环境污染者应承担何种法律责任等。怎样才算造成污染？排放污染物的具体标准是什么？这些都需要通过制定环境标准来确定。而环境法的实施，尤其是确定合法与违法的界限，确定具体的法律责任，往往依据环境标准，因此，环境标准是环境法制定与实施的重要依据。

（二）环境质量是确认环境是否已被污染的根据

环境污染是指某一地区环境中的污染物含量超过了适用的环境标准规定的数值。因此，判断某地区环境是否已被污染，只能以适用的环境质量标准为根据。

环境法规定，造成环境污染危害者，有责任排除危害并对直接遭受损失的单位和个人赔偿损失。如果排污者排放的污染物在环境中的含量超过了质量标准的规定，便应依法承担相应的民事责任。因此环境质量标准也是判断排污者是否应承担民事责任的依据。

（三）污染物排放标准（或控制标准）是确认某排污行为是否合法的根据

污染物排放标准是为污染源规定的最高容许排污限额（浓度或者总量）。因此，从理论上来说企业事业单位如以符合排污标准的方式排放污染物，则它的排污行为是合法的，反之，则是违法排污。很多国家在法律上（如我国《大气污染防治法》《海洋环境保护法》）都规定：超标排污为违法，甚至是犯罪行为，要承担一系列法律后果。合法排污者只有在其排污造成了环境污染危害时，才依法承担民事责任。

违法排污者的排污行为不受法律保护。超标排污将承担一系列法律责任，包括民事责任、行政责任。超标排污造成重大污染事故，导致公私财产重大损失或者人身伤亡的严重后果的，还将依法承担刑事责任。

（四）环境基础标准和环境监测方法标准是环境纠纷中确认各方所出示的证据是否是合法证据的根据

在环境纠纷中，争执双方为了证明自己主张的正确，都会出示各自的“证据”。这些“证据”旨在证明环境已经或者没有受到污染，或者证明排污是合法的或是违法的。确认这些“证据”是否为合法证据，就成了解决环境纠纷的先决条件。

合法的证据必须与“环境质量标准”或“污染物排放标准”中所列的限额数值具有可比性。而可比性只有当两者建立在同一基础上、同一方法上时才成立。因为环境质量标准和污染物排放标准是以环境基础标准、环境监测方法标准和环境标准样品标准为根据而确定的。只有当争执双方出示的证据也是以环境基础标准、环境监测方法标准和环境标准样品标准为根据而确定时，两者才有可比性。因此，判断争执双方所出示的证据是否是合法证据的办法只能是：检定它们是否是按环境方法标准规定的方法去抽样、分析、试验、计算的。如果是，则是合法证据；否则，这些“证据”没有任何法律意义。

第二节 环境标准体系

环境标准是为了防治环境污染、维护生态平衡、保护人体健康，依照法律规定的程序，由立法机构或政府环境保护部门对环境保护领域中需要统一和规范的事项所制定的含有技术要求及相关管理规定的文件的总称。而将环境标准按照其性质、功能和内在联系进行分级和分类，构成一个统一的有机整体，称为环境标准体系。1999 年 4 月 1 日国家环保总局颁布《环境标准管理办法》，对我国目前的环境标准体系予以明确规定。环境标准体系如图 4-2 所示。其中，国家环境质量标准、国家污染物排放标准和地方环境质量标准、地方污染物排放标准属于强制性环境标准，其他属于推荐性环境标准。强制性环境标准必须执行，国家鼓励采用推荐性环境标准。

一、国家环境标准

（一）环境质量标准

环境质量标准是指为了保障人群健康和社会物质财富，维护生态平衡，并考虑技术、经济条件对环境中有害物质和因素所作的限制性规定。国家环境质量标准是一定时期内衡量环境优劣程度的标准，从某种意义上讲是环境质量的目标标准。

环境质量标准按环境要素可分为：水质量标准、大气质量标准、土壤质量标准、生物

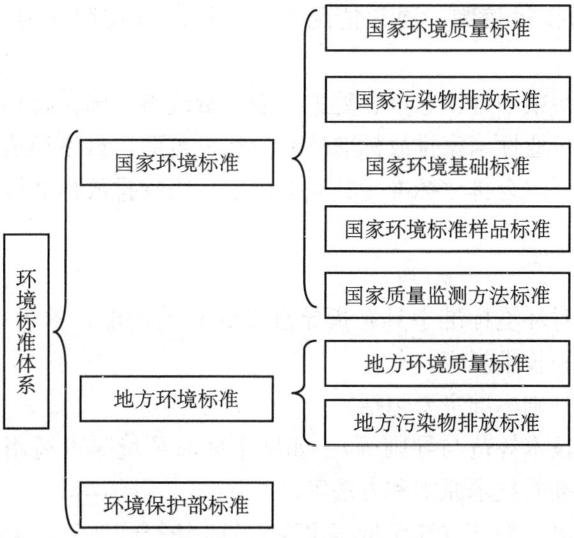

图 4-2　环境标准体系

质量标准以及噪声、辐射、振动、放射性物质等的质量标准。

日本、美国等国有一些警报标准，规定环境中有害物质的浓度达到一定限值时向公众发出警报，也是环境质量标准的一种。

根据我国《环境保护法》的规定，国务院环境保护行政主管部门制定国家环境质量标准，并在全国范围内或特定区域内适用。

（二）污染物排放标准（或控制标准）

污染物排放标准是根据环境质量标准，以及适用的污染治理技术，并考虑经济承受能力，对排入环境中的有害物质和产生的各种因素所作的限制性规定，是对污染源控制的标准。

污染物排放标准的制定是以技术经济可行性为依据的，制定时一般采用最佳技术方法，充分估计技术经济上的可能性，区分不同情况，分时限规定标准的近期值和远期值。近期值即现有企业必须达到的指标，远期值可作为新厂设计的指标。

污染物排放标准按环境要素可分为：大气污染物排放标准、水污染物排放标准，固体废弃物、噪声等污染控制标准。从适用对象上国家污染物排放标准又可分为：一般综合性污染物排放标准和行业性污染物排放标准。综合性排放标准适用于全国所有的企业、行业的污染源；行业性排放标准是对一些特殊行业和个别重点污染行业、结合生产工艺和污染防治技术的特点，对排入环境的污染物和有害因素所作的限制性规定，便于行使重点监督管理。综合性和行业性排放标准都是国家排放标准，它们按不交叉执行的原则实施。

排放标准与质量标准有着密切的联系。通常认为，一个地区的所有污染源严格执行排放标准，该地区环境质量就可以达到要求。但事实上由于各地区污染源的数量、种类不同，污染物降解程度及环境的自净能力不同，即使污染源满足了排放标准，该地区的环境质量也不一定达到要求。为了解决这一问题，国家除制定污染物排放标准外，还同时规定了污染源排放污染物的总量指标。对污染源排放的污染物实施总量控制。污染物排放总量控制是一种更严格的排污控制。通常情况下，实行总量控制才能达到环境质量标准的要求。

为了控制和削减污染物排放总量、促进环境质量改善，国家将逐步缩小综合性排放标准的适用范围，增加行业性国家排放标准的数量和覆盖面，最终形成以行业污染物排放标准为主体，国家通用型综合排放标准为补充的国家污染物排放标准体系。

（三）环境基础标准

环境基础标准是对环境标准中具有指导意义的有关词汇、术语、图式、原则、导则、量纲单位等所作的统一技术规定。

目前我国的环境基础标准主要包括：

（1）管理标准（技术规范与导则等）。如城市区域环境噪声适用区域划分原则、制定地方水污染物排放标准的技术原则和方法等。

（2）环保名词术语。如《空气质量 词汇》（HJ 492－2009）、《水质 词汇 第一部分》（HJ 596.1－2010）等。

（3）环保图形符号。如《环境保护图形标志、排放口（源）》（GB 15562.1－1995）、《环境保护图形标志——固体废物贮存（处置）场》（GB 15562.2－1995）。

（4）环保信息分类和编码标准。如《放射性废物的分类》（GB 9133－1995）、《环境污染类别代码》（GB/T 16705－1996）等。

（四）环境监测方法标准

环境监测方法标准又称方法标准，是指对环保领域内以采样、分析、测定、试验、统计等方法为对象所制定的统一技术规定。

它与环境质量标准和污染物排放标准紧密联系，每一种污染物的测定均需有配套的方法标准，而且必须全国统一，才能得出正确的标准数值，否则就不可能在同一水平上对环境质量作出评价，对污染物排放作出判断。被环境质量标准和污染物排放标准等强制性标准引用的方法标准具有强制性。

对于地方环境质量标准和污染物排放标准中规定的项目，如果没有相应的方法标准，可由省、自治区、直辖市人民政府环境保护行政主管部门组织制定地方统一分析方法，与地方环境质量标准或地方污染物排放标准配套执行。相应的国家方法标准发布后，地方统一分析方法停止执行。

（五）环境标准样品标准

环境标准样品标准简称样品标准，是指在环保工作中，用来标定仪器、验证测定方法、进行量值传递或质量控制的标准材料或物质称为标准样品。样品标准是对环保标准样品必须达到的要求所作的统一技术规定。如《水质 COD 标准样品》（GBZ 50001—1987）、《烟度卡标准》（GB 9804—1996）等。

标准样品可以用来评价分析方法，也可以评价分析仪器，鉴定其灵敏度和应用范围，还可以用来评价分析者的技术水平，使操作技术规范化。在环境监测站的分析质量控制中，标准样品是分析质量考核中评价实验室各方面水平，进行技术仲裁的依据。

二、地方环境保护标准

地方环境标准包括地方环境质量标准和地方污染物排放标准（或控制标准）。地方环境标准是对国家环境标准的补充和完善。

（一）地方环境质量标准

地方环境质量标准包括大气环境质量标准、水环境质量标准，是针对本地区的特点和实际管理需要，对国家环境质量标准中未作规定的项目制定的地方质量标准。地方环境质量标准由省、自治区、直辖市人民政府制定，并报国务院环境保护行政主管部门备案。地方环境质量标准只在本辖区适用。

（二）地方污染物排放标准

地方污染物排放标准包括大气污染物排放标准、水污染物排放标准。省、自治区、直辖市人民政府可以根据地方环境问题特点对国家污染物排放标准中未作规定的项目，制定地方污染物排放标准；也可以根据区域的技术、经济发展水平，对国家污染物排放标准中已作规定的项目，制定严于国家污染物排放标准的地方污染物排放标准。地方污染物排放标准须报国务院环境保护行政主管部门备案，但是省、自治区、直辖市人民政府制定机动车船大气污染物排放标准严于国家排放标准的须报国务院批准。

凡是向已有地方污染物排放标准的区域排放污染物的，应当执行地方污染物排放标准（地方环境标准与国家环境标准的比较如表 4-1 所示）。

专栏 4-1　地方污染物排放标准制定情况概览

截至目前，较多省份制定了本地区的污染物排放标准，例如：

北京：水泥工业大气污染物排放标准、防水卷材行业大气污染物排放标准、固定式内燃机大气污染物排放标准、固定式燃气轮机、大气污染物排放标准、铸锻工业大气污染物排放标准、水污染物综合排放标准、城镇污水处理厂水污染物排放标准。

上海：危险废物焚烧大气污染物排放标准、生活垃圾焚烧大气污染物排放标准、铅蓄电池行业大气污染物排放标准、锅炉大气污染物排放标准、生物制药行业污染物排放标准、半导体行业污染物排放标准、液化石油气发动机助力车怠速污染物排放标准、污水综合排放标准。

重庆：重庆市大气污染物综合排放标准、重庆市化工园区主要水污染物排放标准、重庆市餐饮船舶生活污水污染物排放标准、重庆市水泥工业大气污染物排放标准、重庆市燃煤电厂大气污染物排放标准。

天津：天津市污水综合排放标准、天津市锅炉大气污染物排放标准、天津市恶臭污染物排放标准。

黑龙江：松花江水系水污染物排放标准。

四川：四川省大气污染物排放标准。

另外，近年来为控制环境质量的恶化趋势，一些地方已开始将总量控制指标纳入地方环境标准体系。

表 4-1　地方环境标准与国家环境标准的比较

比较项目	国家环境标准	地方环境标准
颁布部门	环境保护部与国家质检总局联合发布	省级环保厅（局）与省级质监局联合发布
规定范围	包括环境质量标准、污染物排放标准、环境基础标准、环境标准样品标准以及环境监测方法标准等	环境质量标准和污染物排放标准
环境质量标准	可以发布水、大气、声、土壤等环境质量标准	只能在没有国家环境质量标准的领域发布地方环境质量标准
污染物排放标准	可发布各类型污染物排放标准	可发布各类型污染物排放标准，在有国家污染物排放标准的领域，地方污染物排放标准要严于国家污染物排放标准
适用规则	适用于全国	适用于地方，且当国家污染物排放标准与地方污染物排放标准并存时，适用地方污染物排放标准

三、国家环境保护行业标准

除上述环境标准外，在环境保护工作中对还需要统一的技术要求所制定的标准称为国家环境保护行业标准（包括执行各项环境管理制度、监测技术、环境区划、规划的技术要求、规范、导则等）。

环境保护行业标准分为强制性环境标准和推荐性环境标准。环境质量标准和污染物排放标准和法律法规规定必须执行的其他标准为强制性标准。强制性环境标准必须执行，超标即违法。强制性标准以外的环境标准属于推荐性标准。国家鼓励采用推荐性环境标准，推荐性环境标准被强制性标准引用，也必须强制执行。

四、我国环境标准的使用

我国的环境标准建设已逐步完善，环境标准体系已逐步形成。如何使用好这些名目繁多的环境标准是环境管理活动中必须认真对待的问题。根据我国《环境标准管理办法》，结合实际工作经验的总结，在使用环境标准时应注意以下问题。

（一）环境质量标准的使用

环境质量标准有国家标准和地方标准之分，使用时必须注意，地方环境质量标准只能对国家环境质量标准中未做规定的项目进行补充，对国家环境质量标准中已经存在的项目，地方环境质量标准不得加以改动。

（二）污染物排放标准的使用

地方污染物排放标准是在国家污染物排放标准的基础上，结合地方的社会、经济、技术条件制定的一类严于国家排放标准的标准。当地方排放标准与国家排放标准共存的时候，执行地方排放标准。而国家污染物排放标准又有综合性排放标准和行业性排放标准之分。国家综合性排放标准（如污水综合排放标准、大气污染物综合排放标准）是对一切排污单位的，具有广泛的适用性，但针对性不强；而国家行业性排放标准（如火电厂大气污染物排放标准、合成氨工业水污染物排放标准、造纸工业水污染物排放标准等）是以清洁生产工艺和先进的末端污染治理技术为依托，考虑行业企业的经济承受能力，针对重点污染行业污染物的特点而制定的一类标准。综合性排放标准与行业性排放标准不交叉执行，即有行业性排放标准的执行行业排放标准，没有行业排放标准的执行综合排放标准。

（三）环保行业标准与国家标准的使用

环保行业标准是一种特殊的国家标准，它与国家标准一样在全国范围内执行，但必须与国家标准协调一致。已有国家标准的不再制定环保行业标准；当发布的国家标准与某一环保行业标准相同时，这一环保行业标准同时废止。

专栏 4-2　关于发布《畜禽养殖业污染防治技术规范》为环境保护行业标准的公告
环发〔2001〕196 号

为贯彻《中华人民共和国环境保护法》，防治环境污染，保护和改善生活环境和生态环境，保障人体健康，加强环境管理，现批准《畜禽养殖业污染防治技术规范》为环境保护行业标准，并予以发布。

标准编号、名称如下：

HJ/T 81—2001 畜禽养殖业污染防治技术规范

此标准为推荐性标准，由中国环境科学出版社出版，自 2002 年 4 月 1 日起实施。

特此公告。

二〇〇一年十二月十九日

第三节　环境标准分类

国家环境标准种类较多，本节以表格形式对常用的国家环境质量标准和污染物排放标准予以说明（见表 4-2）。

表 4-2　常用的国家环境保护质量、排放（控制）标准目录（部分）

类别	序号	标准编号	名称	实施日期
一、水环境保护标准				
水环境质量标准	1	GB 3838—2002	地表水环境质量标准	2002-06-01
	2	GB 3097—1997	海水水质标准	1998-07-01
	3	GB/T 14848—1993	地下水质量标准	1994-10-01
	4	GB 5084—2005	农田灌溉水质标准	2006-11-01
	5	GB 11607—1989	渔业水质标准	1990-03-01

类别	序号	标准编号	名称	实施日期
城市污水再生利用水质标准	1	GB/T 18919—2002	城市污水再生利用 分类	2003-05-01
	2	GB/ 18920—2002	城市污水再生利用 城市杂用水水质	2003-05-01
	3	GB/ 18921—2002	城市污水再生利用 景观环境用水水质	2003-05-01
	4	GB/T 18923—2005	城市污水再生利用 工业用水水质	2006-04-01
	5	GB/ 19772—2005	城市污水再生利用 地下水回灌水质	2005-11-01
	6	GB/T 20922—2007	城市污水再生利用 农田灌溉用水水质	2007-10-01
工业行业水污染物排放标准	1	GB 4287—1992	纺织染整工业水污染物排放标准	1992-07-01
	2	GB 8978—1996	污水综合排放标准	1998-01-01
		环发〔1999〕285 号	《污水综合排放标准》中石化工业 COD 标准值修改单	1999-12-15
	3	GB 18918—2002	城镇污水处理厂污染物排放标准	2003-07-01
		环保总局公告（2006 年第 21 号）	《城镇污水处理厂污染物排放标准》（GB18918—2002）修改单	2006-05-08
	4	GB 13457—1992	肉类加工工业水污染物排放标准	1992-07-01
	5	GB 13456—2012	钢铁工业水污染物排放标准	2012-10-01
	6	GB 14374—1993	航天推进剂水污染物排放与分析方法标准	1993-12-01
	7	GB 15580—2011	磷肥工业水污染物排放标准	2011-10-01
	8	GB 15581—1995	烧碱、聚氯乙烯工业水污染物排放标准	1996-07-01
	9	GB 13458—2013	合成氨工业水污染物排放标准	2013-07-01
	10	GB 14470.1—2002	兵器工业水污染物排放标准　火炸药	2003-07-01
	11	GB 14470.2—2002	兵器工业水污染物排放标准　火工药剂	2003-07-01
	12	GB 14470.3—2011	弹药装药行业水污染物排放标准	2012-01-01
	13	GB 18466—2005	医疗机构水污染物排放标准	2006-01-01
	14	GB 20425—2006	皂素工业水污染物排放标准	2007-01-01
	15	GB 21523—2008	杂环类农药工业水污染物排放标准	2008-07-01
	16	GB 21901—2008	羽绒工业水污染物排放标准	2008-08-01
	17	GB 21903—2008	发酵类制药工业水污染物排放标准	2008-08-01
	18	GB 21904—2008	化学合成类制药工业水污染物排放标准	2008-08-01
	19	GB 21905—2008	提取类制药工业水污染物排放标准	2008-08-01
	20	GB 21906—2008	中药类制药工业水污染物排放标准	2008-08-01
	21	GB 21907—2008	生物工程类制药工业水污染物排放标准	2008-08-01
	22	GB 21908—2008	混装制剂类制药工业水污染物排放标准	2008-08-01
	23	GB 21909—2008	制糖工业水污染物排放标准	2008-08-01
	24	GB 3544—2008	制浆造纸工业水污染物排放标准	2008-08-01
	25	GB 25461—2010	淀粉工业水污染物排放标准	2010-10-01
	26	GB 25462—2010	酵母工业水污染物排放标准	2010-10-01
	27	GB 25463—2010	油墨工业水污染物排放标准	2010-10-01
	28	GB 27631—2011	发酵酒精和白酒工业水污染物排放标准	2012-01-01
	29	GB 26877—2011	汽车维修业水污染物排放标准	2012-01-01
	30	GB 30486—2013	制革及毛皮加工工业水污染物排放标准	2014-03-01
	31	GB 13458—2013	合成氨工业水污染物排放标准	2013-07-01
	32	GB 19430—2013	柠檬酸工业水污染物排放标准	2013-07-01
	33	GB 28938—2012	麻纺工业水污染物排放标准	2013-01-01
	34	GB 28937—2012	毛纺工业水污染物排放标准	2013-01-01
	35	GB 28936—2012	缫丝工业水污染物排放标准	2013-01-01
	36	GB 4287—2012	纺织染整工业水污染物排放标准	2013-01-01

类别	序号	标准编号	名称	实施日期
	37	GB 13456—2012	钢铁工业水污染物排放标准	2012-10-01
	38	GB 26877—2011	汽车维修业水污染物排放标准	2012-01-01
二、水、大气污染物排放标准（合）				
工业污染物排放标准（含大气、水）	1	GB 19430—2004	柠檬酸工业污染物排放标准	2004-04-01
	2	GB 19431—2004	味精工业污染物排放标准	2004-04-01
	3	GB 19821—2005	啤酒工业污染物排放标准	2006-01-01
	4	GB 20426—2006	煤炭工业污染物排放标准	2006-10-01
	5	GB 21900—2008	电镀污染物排放标准	2008-08-01
	6	GB 21902—2008	合成革与人造革工业污染物排放标准	2008-08-01
	7	GB 25464—2010	陶瓷工业污染物排放标准	2010-10-01
	8	GB 25465—2010	铝工业污染物排放标准	2010-10-01
	9	GB 25466—2010	铅、锌工业污染物排放标准	2010-10-01
	10	GB 25467—2010	铜、镍、钴工业污染物排放标准	2010-10-01
	11	GB 25468—2010	镁、钛工业污染物排放标准	2010-10-01
	12	GB 26451—2011	稀土工业污染物排放标准	2011-01-01
	13	GB 26131—2010	硝酸工业污染物排放标准	2011-03-01
	14	GB 26132—2010	硫酸工业污染物排放标准	2011-03-01
	15	GB 26452—2011	钒工业污染物排放标准	2011-10-01
	16	GB 27632—2011	橡胶制品工业污染物排放标准	2012-01-01
	17	GB 16171—2012	炼焦化学工业污染物排放标准	2012-10-01
	18	GB 28666—2012	铁合金工业污染物排放标准	2012-10-01
	19	GB 28661—2012	铁矿采选工业污染物排放标准	2012-10-01
	20	GB 27632—2011	橡胶制品工业污染物排放标准	2012-01-01
	21	GB 26452—2011	钒工业污染物排放标准	2011-10-01
其他		GB 18596—2001	畜禽养殖业污染物排放标准	2003-01-01
三、大气环境保护标准（不含流动污染源）				
大气环境质量标准	1	GB 3095—1996	环境空气质量标准	1996-10-01
		环发〔2000〕1号	环境空气质量标准（GB 3095—1996）修改单	2000-01-06
		GB 3095—2012	环境空气质量标准	2016-12-01
	2	GB 9137—1988	保护农作物的大气污染物最高允许浓度	1988-10-01
大气污染物排放标准	1	GB 16297—1996	大气污染物综合排放标准	1997-01-01
	2	GB 14554—1993	恶臭污染物排放标准	1994-01-15
	3	GB 9078—1996	工业炉窑大气污染物排放标准	1997-01-01
	4	GB 13271—2014	锅炉大气污染物排放标准	2014-07-01
	5	GB 16171—1996	炼焦炉大气污染物排放标准	1997-01-01
	6	GB 18483—2001	饮食业油烟排放标准（试行）	2002-01-01
	7	GB 13223—2011	火电厂大气污染物排放标准	2012-01-01
	8	GB 4915—2013	水泥工业大气污染物排放标准	2014-03-01
	9	GB 20950—2007	储油库大气污染物排放标准	2007-08-01
	10	GB 20951—2007	汽油运输大气污染物排放标准	2007-08-01
	11	GB 20952—2007	加油站大气污染物排放标准	2007-08-01
	12	GB 21522—2008	煤层气（煤矿瓦斯）排放标准（暂行）	2008-07-01
	13	GB 26453—2011	平板玻璃工业大气污染物排放标准	2011-10-01
	14	GB 28662—2012	钢铁烧结、球团工业大气污染物排放标准	2012-10-01

类别	序号	标准编号	名称	实施日期
	15	GB 28663—2012	炼铁工业大气污染物排放标准	2012-10-01
	16	GB 28664—2012	炼钢工业大气污染物排放标准	2012-10-01
	17	GB 28665—2012	轧钢工业大气污染物排放标准	2012-10-01
	18	GB 29495—2013	电子玻璃工业大气污染物排放标准	2013-07-01
	19	GB 29620—2013	砖瓦工业大气污染物排放标准	2014-10-01
四、环境噪声与振动标准				
声环境质量标准	1	GB 3096—2008	声环境质量标准	2008-10-01
	2	GB 10070—1988	城市区域环境振动标准	1989-07-01
	3	GB 9660—1988	机场周围飞机噪声环境标准	1988-11-01
环境噪声排放标准	1	GB 12523—2011	建筑施工场界环境噪声排放标准	2012-07-01
	2	GB 12348—2008	工业企业厂界环境噪声排放标准	2008-10-01
	3	GB 22337—2008	社会生活环境噪声排放标准	2008-10-01
	4	GB 12525—1990	铁路边界噪声限值及其测量方法	1991-03-01
		环境保护部公告2008年第38号	关于发布《铁路边界噪声限值及其测量方法》（GB 12525—1990）修改方案	2008-10-01
五、固体废物污染控制标准				
固体废物污染控制标准	1	GB 4284—1984	农用污泥中污染物控制标准	1985-03-01
	2	GB 8173—1987	农用粉煤灰中污染物控制标准	1988-02-01
	3	GB 8172—1987	城镇垃圾农用控制标准	1988-02-01
	4	GB 13015—1991	含多氯联苯废物污染控制标准	1992-03-01
	5	GB 18484—2001	危险废物焚烧污染控制标准	2002-01-01
	6	GB 18485—2014	生活垃圾焚烧污染控制标准	2014-07-01
	7	GB 18597—2001	危险废物贮存污染控制标准	2002-07-01
	8	GB 18598—2001	危险废物填埋污染控制标准	2002-07-01
	9	GB 18599—2001	一般工业固体废物贮存、处置场污染控制标准	2002-07-01
	10	GB 16889—2008	生活垃圾填埋场污染控制标准	2008-07-01
	11	GB 30485—2013	水泥窑协同处置固体废物污染控制标准	2014-03-01
六、核辐射与电磁辐射环境保护标准				
	1	GB 8703—1988	辐射防护规定	1988-06-01
	2	GB 14500—2002	放射性废物管理规定	2003-04-01
	3	GB 6249—2011	核动力厂环境辐射防护规定	2011-09-01
七、土壤环境保护标准				
	1	GB 15618—1995	土壤环境质量标准	1996-03-01

【本章小结】

作为环境法律体系中的技术性规范，环境标准是国家环境管理的技术基础，是判断排污者是否存在违法行为的依据之一，因此环境标准在企业的环境管理中具有重要的意义。从性质上划分，环境标准分为强制性标准和推荐性标准；从种类上说，环境标准分为环境质量标准、污染物控制标准、环境标准样品标准等。在环境标准体系中，最常用的是环境质量标准和污染物控制标准。通常情况下，存在国家环境质量标准，地方不能制定本地区的环境质量标准；存在国家某污染物排放标准的，地方可以制定严于国家污染物排放标准的地方污染物排放标准。当某地区颁布了地方污染物排放标准时，排污者应当遵循地方污染物排放标准。

【思考题】

1. 什么是环境标准？
2. 简述环境标准的分类和分级。
3. 环境标准的作用包括哪些？
4. 如何理解国家环境保护标准与地方环境保护标准的关系？

【实训案例】

一、阅读材料

《2013 年环境状况公报》显示，全国地表水总体为轻度污染，部分城市河段污染较重。长江、黄河、珠江、松花江、淮河、海河、辽河、浙闽片河流、西北诸河和西南诸河等十大流域的国控断面中，Ⅰ～Ⅲ类、Ⅳ～Ⅴ类和劣Ⅴ类水质断面比例分别为 71.7%、19.3% 和 9.0%。与上年相比，水质无明显变化。主要污染指标为化学需氧量、高锰酸盐指数和五日生化需氧量。

（1）长江水系水质良好。Ⅰ～Ⅲ类、Ⅳ～Ⅴ类和劣Ⅴ类水质断面比例分别为 89.4%、7.5%和 3.1%。与上年相比，水质无明显变化。

（2）黄河水系轻度污染。Ⅰ～Ⅲ类、Ⅳ～Ⅴ类和劣Ⅴ类水质断面比例分别为 58.1%、25.8%和 16.1%。与上年相比，水质无明显变化。主要污染指标为氨氮、五日生化需氧量和化学需氧量。

（3）珠江水系水质为优。Ⅰ～Ⅲ类和劣Ⅴ类水质断面比例分别为 94.4%和 5.6%。与上年相比，水质无明显变化。

（4）松花江水系轻度污染。Ⅰ～Ⅲ类、Ⅳ～Ⅴ类和劣Ⅴ类水质断面比例分别为 55.7%、38.6% 和 5.7%。与上年相比，水质无明显变化。主要污染指标为高锰酸盐指数、化学需氧量和总磷。

（5）淮河流域轻度污染。Ⅰ～Ⅲ类、Ⅳ～Ⅴ类和劣Ⅴ类水质断面比例分别为 59.6%、28.7%和 11.7%。与上年相比，水质有所好转。主要污染指标为化学需氧量、五日生化需氧量和高锰酸盐指数。

（6）海河流域中度污染。Ⅰ～Ⅲ类、Ⅳ～Ⅴ类和劣Ⅴ类水质断面比例分别为 39.1%、21.8%和 39.1%。与上年相比，水质无明显变化。主要污染指标为化学需氧量、五日生化需氧量和总磷。

（7）辽河流域轻度污染。Ⅰ～Ⅲ类、Ⅳ～Ⅴ类和劣Ⅴ类水质断面比例分别为 45.5%、49.1%和 5.4%。与上年相比，水质有所好转。主要污染指标为五日生化需氧量、石油类和高锰酸盐指数。

二、实践活动

根据上述材料，讨论以下问题：

1. 判断“七大水系”的水质为良好、轻度污染、中度污染的依据是水环境质量标准还是水污染物排放标准？

2. 影响本地地表水水质好坏的主要污染物有哪些？

3. 污水综合性排放标准与行业性排放标准同时存在的情况下，应该适用哪个标准？

三、扩展活动

1. 上网查一下近三年全国及本地的环境状况公报，总结一下水环境质量的变化及原因。

2. 全面了解有关水环境标准的种类、内容等基本知识。

3. 对当地水环境质量及水污染案件进行调查，分析出现该类问题的原因。

4. 了解当地政府、社会公众对水污染问题的态度及典型水污染案件的处理结果。

第五章　环境污染防治的法律规定

职业能力目标与学习要求

1. 了解我国环境污染防治的法律法规体系。
2. 了解我国突出的环境污染防治法律问题。
3. 掌握突出环境污染防治违法行为的处理依据。
4. 掌握环境污染防治违法案例分析的基本思路。
5. 了解我国环境污染防治法律法规体系存在的主要问题及修改方向。

【引　例】

2005—2008 年，云南澄江锦业工贸有限责任公司在生产经营过程中，长期将含砷生产废水通过明沟、暗管直接排放到厂区最低凹处没有经过防渗处理的天然水池内，并抽取该池内的含砷废水进行洗矿作业；将含砷固体废物磷石膏倾倒于厂区外未采取防渗漏、防流失措施的堆场露天堆放；雨季降水量大时直接将天然水池内的含砷废水抽排至厂外东北侧邻近阳宗海的磷石膏渣场放任自流。致使含砷废水通过地表径流和渗透随地下水进入阳宗海，造成阳宗海水体受砷污染，水质从Ⅱ类下降到劣Ⅴ类，饮用、水产品养殖等功能丧失，县级以上城镇水源地取水中断，公私财产遭受百万元以上损失的特别严重后果。

本案引发的法律思考：

1. 本案应当如何处理？
2. 除了单位应当承担法律责任外，哪些个人也应当承担法律责任？
3. 此案如果发生在今天，与当时的处理应该有何不同结果？

第一节　防治大气污染的法律规定

一、防治大气污染的法律法规依据

我国现行的防治大气污染的法律法规（见表 5-1）。

表 5-1　防治大气污染的法律法规主要依据

效力等级	名　称	实施日期
法　律	《大气污染防治法》	2016 年 1 月 1 日
国务院文件	《大气污染防治行动计划》	2013 年 9 月 10 日
部门规章	《秸秆禁烧和综合利用管理办法》	1999 年 4 月 12 日
	《汽车排气污染监督管理办法》	1990 年 8 月 15 日
	《消耗臭氧层物质进出口管理办法》	2014 年 3 月 1 日

二、防治大气污染的主要法律规定

（一）大气污染防治的基本法律制度

1. 限期达标规划制度

《环境空气质量标准》首次发布于 1982 年，1996 年、2000 年、2012 年分别作了修订。根据《关于推进大气污染联防联控工作改善区域空气质量的指导意见》和《关于实施〈环境空气质量标准〉（GB3095—2012）的通知》，《环境空气质量标准》的实施安排为：2012 年，京津冀、长三角、珠三角等重点区域以及直辖市和省会城市；2013 年，113 个环境保护重点城市和国家环保模范城市；2015 年，所有地级以上城市；2016 年 1 月 1 日，全国实施新标准。《大气污染防治法》第 14 条规定，未达到国家大气环境质量标准城市的人民政府应当及时编制大气环境质量限期达标规划，采取措施，按照国务院或者省级人民政府规定的期限达到大气环境质量标准。编制城市大气环境质量限期达标规划，应当征求有关行业协会、企业事业单位、专家和公众等方面的意见。城市大气环境质量限期达标规划应当向社会公开。直辖市和设区的市的大气环境质量限期达标规划应当报国务院环境保护主管部门备案。

2. 环境影响评价制度

《大气污染防治法》第 18 条规定，企业事业单位和其他生产经营者建设对大气环境有影响的项目，应当依法进行环境影响评价、公开环境影响评价文件；向大气排放污染物的，应当符合大气污染物排放标准，遵守重点大气污染物排放总量控制要求。根据《环境保护法》第 61 条、第 63 条规定，建设单位未依法提交建设项目环境影响评价文件或者环境影响评价文件未经批准，擅自开工建设的，由负有环境保护监督管理职责的部门责令停止建设，处以罚款，并可以责令恢复原状；建设项目未依法进行环境影响评价，被责令停止建设，拒不执行的，县级以上人民政府环境保护主管部门或者其他有关部门将案件移送公安机关，对其直接负责的主管人员和其他直接责任人员，处以行政拘留。

3. 排污许可证制度

《大气污染防治法》第 19 条规定，排放工业废气或者大气污染防治法第 78 条规定名录中所列有毒有害大气污染物的企业事业单位、集中供热设施的燃煤热源生产运营单位以及其他依法实行排污许可管理的单位，应当取得排污许可证。排污许可的具体办法和实施步骤由国务院规定。从上述规定可以看出，应当取得排污许可证的对象包括四类：（1）排放工业废气的企业事业单位。即石油化工、冶金、建材等生产过程中产生废气的企业事业单位。根据《固定源废气监测规范》，工业废气包括颗粒物和气态污染物两类。具体包括：二氧化硫、氮氧化物、氯气、一氧化碳和颗粒物等。(2)《大气污染防治法》第78条规定名录中所列有毒有害大气污染物的企业事业单位。《大气污染防治法第78条规定，国务院环境保护主管部门应当会同国务院卫生行政部门，根据有毒有害大气污染物对公众健康和生态环境的危害和影响程度，公布有毒有害大气污染物名录，实行风险管理。(3)集中供热设施的燃煤热源生产运营单位。这里有两处限定，一是要集中供热；二是燃煤热源，以燃气、生物质燃料等为热源的生产运营单位未包括在内。(4)其他依法应当取得排污许可的单位。需要注意的是，应当取得排污许可证的主体限于单位，个体工商户等其他生产经营者不需要进行排污许可管理。

4. 重点大气污染物排放总量控制制度

《大气污染防治法》第21条规定，国家对重点大气污染物排放实行总量控制。重点大气污染物排放总量控制目标，由国务院环境保护主管部门在征求国务院有关部门和各省、自治区、直辖市人民政府意见后，会同国务院经济综合主管部门报国务院批准并下达实施。省、自治区、直辖市人民政府应当按照国务院下达的总量控制目标，控制或者削减本行政区域的重点大气污染物排放总量。确定总量控制目标和分解总量控制指标的具体办法，由国务院环境保护主管部门会同国务院有关部门规定。省、自治区、直辖市人民政府可以根据本行政区域大气污染防治的需要，对国家重点大气污染物之外的其他大气污染物排放实行总量控制。国家逐步推行重点大气污染物排污权交易。

《大气污染防治法》第22条进一步规定，对超过国家重点大气污染物排放总量控制指标或者未完成国家下达的大气环境质量改善目标的地区，省级以上人民政府环境保护主管部门应当会同有关部门约谈该地区人民政府的主要负责人，并暂停审批该地区新增重点大气污染物排放总量的建设项目环境影响评价文件。约谈情况应当向社会公开。

大气污染物的总量控制与排放标准针对的都是污染源的排放，但二者侧重点有所不同，大气污染物排放标准是“浓度控制”；总量控制是对污染物排放总量的控制。排污者排放大气污染物，必须同时遵守大气污染物排放标准和总量控制要求。《环境保护法》第44条规定，企业事业单位在执行国家和地方污染物排放标准的同时，应当遵守分解落实到本单位的重点污染物排放总量控制指标。

5. 限期淘汰制度

我国的大气污染很大程度上是由于企业在生产过程中，使用落后的生产工艺、设备和产品所导致的。这些落后的生产工艺、设备和产品的大量使用，导致大气污染物的产生量和排放量居高不下，增加了末端处置的压力。目前大多数企业的末端治理措施，只能在一定程度上控制大气污染的进一步恶化，不能从根本上改变或缓解大气污染的现状，其危害也很难通过源头得到控制。《大气污染防治法》第27条规定，国家对严重污染大气环境的工艺、设备和产品实行淘汰制度。国务院经济综合主管部门会同国务院有关部门确定严重污染大气环境的工艺、设备和产品淘汰期限，并纳入国家综合性产业政策目录。生产者、进口者、销售者或者使用者应当在规定期限内停止生产、进口、销售或者使用列入前款规定目录中的设备和产品。工艺的采用者应当在规定期限内停止采用列入前款规定目录中的工艺。被淘汰的设备和产品，不得转让给他人使用。

6. 大气污染损害评估制度

大气污染损害评估是综合运用经济、技术等手段，对大气污染导致的损害范围、程度等进行合理鉴定、测算，出具鉴定意见和评估报告，为环境管理、环境司法等提供服务的活动。党的十八大报告和十八届三中全会提出了关于“实行最严格的损害赔偿制度、责任追究制度”的精神。《关于加快推进生态文明建设的意见》提出，基本形成源头预防、过程控制、损害赔偿、责任追究的生态文明制度体系；建立独立公正的生态环境损害评估制度。开展环境污染损害鉴定评估工作，是全面追究污染者的环境责任，切实落实污染者负担原则的迫切需要。开展环境污染损害鉴定评估工作，对环境污染损害进行定量化评估，科学、合理确定损害赔偿数额与行政罚款数额，有助于真实体现企业生产的环境成本，强化企业环境责任，增强企业的环境风险意识，从而有效解决“违法成本低，守法成本高”的突出问题，改变以牺牲环境为代价的经济增长方式。

《大气污染防治法》第 28 条规定，国务院环境保护主管部门会同有关部门，建立和完善大气污染损害评估制度。

7. 现场检查制度

《大气污染防治法》第 29 条规定，环境保护主管部门及其委托的环境监察机构和其他负有大气环境保护监督管理职责的部门，有权通过现场检查监测、自动监测、遥感监测、远红外摄像等方式，对排放大气污染物的企业事业单位和其他生产经营者进行监督检查。被检查者应当如实反映情况，提供必要的资料。实施检查的部门、机构及其工作人员应当为被检查者保守商业秘密。

各地方也对现场检查监测进行了规范。如《山东省污染源现场检查工作指南（试行）》规定，环境监察人员对废气排放污染源的现场检查，还需重点检查以下内容：（1）大气污染防治设施检查。包括除尘系统、脱硫系统、脱硝系统、其他气态污染物净化系统。（2）废气排放口检查。（3）无组织排放源检查。对于无组织排放有毒有害气体、粉尘、烟尘的排放点，检查排污单位是否按要求进行了整治。对于煤场、料场、货场等扬尘排放点，检查是否按要求采取了防尘抑尘措施或设施。

8. 重污染天气应对

《环境保护法》第 47 条规定，各级人民政府及其有关部门和企业事业单位，应当依照《中华人民共和国突发事件应对法》的规定，做好突发环境事件的风险控制、应急准备、应急处置和事后恢复等工作。《大气污染防治行动计划》中明确规定，地方人民政府应当将重污染天气应急响应纳入突发事件应急管理体系，实行政府主要负责人负责制。目前，许多地方已经制定了相应的应急预案，将重污染天气应急响应纳入了政府突发事件应急管理体系，成立应急指挥部，明确任务分工，建立工作机制，在重污染天气应急管理方面取得初步成效。

《大气污染防治法》第 93 条规定，国家建立重污染天气监测预警体系。国务院环境保护主管部门会同国务院气象主管机构等有关部门、国家大气污染防治重点区域内有关省、自治区、直辖市人民政府，建立重点区域重污染天气监测预警机制，统一预警分级标准。可能发生区域重污染天气的，应当及时向重点区域内有关省、自治区、直辖市人民政府通报。省、自治区、直辖市、设区的市人民政府环境保护主管部门会同气象主管机构等有关部门建立本行政区域重污染天气监测预警机制。

《大气污染防治法》第96条规定，县级以上地方人民政府应当依据重污染天气的预警等级，及时启动应急预案，根据应急需要可以采取责令有关企业停产或者限产、限制部分机动车行驶、禁止燃放烟花爆竹、停止工地土石方作业和建筑物拆除施工、停止露天烧烤、停止幼儿园和学校组织的户外活动、组织开展人工影响天气作业等应急措施。应急响应结束后，人民政府应当及时开展应急预案实施情况的评估，适时修改完善应急预案。

《大气污染防治法》第97条规定，发生造成大气污染的突发环境事件，人民政府及其有关部门和相关企业事业单位，应当依照《中华人民共和国突发事件应对法》、《中华人民共和国环境保护法》的规定，做好应急处置工作。环境保护主管部门应当及时对突发环境事件产生的大气污染物进行监测，并向社会公布监测信息。《大气污染防治法》第122条进一步规定，违反大气污染防治法规定，造成大气污染事故的，由县级以上人民政府环境保护主管部门依照本条第二款的规定处以罚款；对直接负责的主管人员和其他直接责任人员可以处上一年度从本企业事业单位取得收入百分之五十以下的罚款。对造成一般或者较大大气污染事故的，按照污染事故造成直接损失的一倍以上三倍以下计算罚款；对造成重大或者特大大气污染事故的，按照污染事故造成的直接损失的三倍以上五倍以下计算罚款。

（二）大气污染防治措施

1. 燃煤和其他能源污染防治

国务院有关部门和地方各级人民政府应当采取措施，调整能源结构，推广清洁能源的生产和使用；优化煤炭使用方式，推广煤炭清洁高效利用，逐步降低煤炭在一次能源消费中的比重，减少煤炭生产、使用、转化过程中的大气污染物排放。

《大气污染防治法》第33条规定，国家推行煤炭洗选加工，降低煤炭的硫分和灰分，限制高硫分、高灰分煤炭的开采。新建煤矿应当同步建设配套的煤炭洗选设施，使煤炭的硫分、灰分含量达到规定标准；已建成的煤矿除所采煤炭属于低硫分、低灰分或者根据已达标排放的燃煤电厂要求不需要洗选的以外，应当限期建成配套的煤炭洗选设施。禁止开采含放射性和砷等有毒有害物质超过规定标准的煤炭。

《大气污染防治法》第35、第37条规定，国家禁止进口、销售和燃用不符合质量标准的煤炭，鼓励燃用优质煤炭。单位存放煤炭、煤矸石、煤渣、煤灰等物料，应当采取防燃措施，防止大气污染。石油炼制企业应当按照燃油质量标准生产燃油。禁止进口、销售和燃用不符合质量标准的石油焦。

《大气污染防治法》第38条规定，城市人民政府可以划定并公布高污染燃料禁燃区，并根据大气环境质量改善要求，逐步扩大高污染燃料禁燃区范围。高污染燃料的目录由国务院环境保护主管部门确定。在禁燃区内，禁止销售、燃用高污染燃料；禁止新建、扩建燃用高污染燃料的设施，已建成的，应当在城市人民政府规定的期限内改用天然气、页岩气、液化石油气、电或者其他清洁能源。

专栏 5-1 关于发布《高污染燃料目录》的通知

国环规大气〔2017〕2 号

各省、自治区、直辖市环境保护厅（局），新疆生产建设兵团环境保护局：

为改善城市大气环境质量，根据全国人大常委会 2015 年 8 月 29 日修订通过的《中华人民共和国大气污染防治法》第 38 条规定，我部组织编制了《高污染燃料目录》（见附件），现予发布。本目录自发布之日起实施。原国家环境保护总局 2001 年发布的《关于划分高污染燃料的规定》（环发〔2001〕37 号）同时废止。

附件：高污染燃料目录

环境保护部

2017 年 3 月 27 日

2. 工业污染防治

工业是排放粉尘、硫化物和氮氧化物等大气污染物的最主要来源。本着源头治理的原则，不仅应当关注工业企业排放粉尘、硫化物和氮氧化物是否符合排放标准，还应当加强工业企业的生产过程管理，采用清洁生产工艺，配套建设除尘、脱硫、脱硝等装置，或者采取技术改造等措施尽可能减少大气污染物的排放。《大气污染防治法》第 43 条规定，钢铁、建材、有色金属、石油、化工等企业生产过程中排放粉尘、硫化物和氮氧化物的，应当采用清洁生产工艺，配套建设除尘、脱硫、脱硝等装置，或者采取技术改造等其他控制大气污染物排放的措施。

挥发性有机物的来源包括工业源和生活源，其中工业源主要包括石油炼制与石油化工、煤炭加工与转化等含挥发性有机物原料的生产行业，油类（燃油、溶剂等）储存、运输和销售过程，涂料、油墨、胶粘剂、农药等以挥发性有机物为原料的生产行业，涂装、印刷、粘合、工业清洗等含挥发性有机物产品的使用过程；生活源包括建筑装饰装修、餐饮服务和服装干洗。《大气污染防治法》第 45、第 46 条规定，产生含挥发性有机物废气的生产和服务活动，应当在密闭空间或者设备中进行，并按照规定安装、使用污染防治设施；无法密闭的，应当采取措施减少废气排放。工业涂装企业应当使用低挥发性有机物含量的涂料，并建立台账，记录生产原料、辅料的使用量、废弃量、去向以及挥发性有机物含量。台账保存期限不得少于三年。

3. 机动车船等污染防治

《大气污染防治法》第 51 条规定，机动车船、非道路移动机械不得超过标准排放大气污染物。禁止生产、进口或者销售大气污染物排放超过标准的机动车船、非道路移动机械。

《大气污染防治法》第 56 条规定，环境保护主管部门应当会同交通运输、住房城乡建设、农业行政、水行政等有关部门对非道路移动机械的大气污染物排放状况进行监督检查，排放不合格的，不得使用。

《大气污染防治法》第 64、第 65 条规定，国务院交通运输主管部门可以在沿海海域划定船舶大气污染物排放控制区，进入排放控制区的船舶应当符合船舶相关排放要求。禁止生产、进口、销售不符合标准的机动车船、非道路移动机械用燃料；禁止向汽车和摩托车销售普通柴油以及其他非机动车用燃料；禁止向非道路移动机械、内河和江海直达船舶销售渣油和重油。

4. 扬尘污染防治

《大气污染防治法》第 69 条规定，建设单位应当将防治扬尘污染的费用列入工程造价，并在施工承包合同中明确施工单位扬尘污染防治责任。施工单位应当制定具体的施工扬尘污染防治实施方案。从事房屋建筑、市政基础设施建设、河道整治以及建筑物拆除等施工单位，应当向负责监督管理扬尘污染防治的主管部门备案。施工单位应当在施工工地设置硬质围挡，并采取覆盖、分段作业、择时施工、洒水抑尘、冲洗地面和车辆等有效防尘降尘措施。建筑土方、工程渣土、建筑垃圾应当及时清运；在场地内堆存的，应当采用密闭式防尘网遮盖。工程渣土、建筑垃圾应当进行资源化处理。施工单位应当在施工工地公示扬尘污染防治措施、负责人、扬尘监督管理主管部门等信息。暂时不能开工的建设用地，建设单位应当对裸露地面进行覆盖；超过三个月的，应当进行绿化、铺装或者遮盖。《大气污染防治法》第 115 条规定，违反大气污染防治法规定，施工单位有下列行为之一的，由县级以上人民政府住房城乡建设等主管部门按照职责责令改正，处一万元以上十万元以下的罚款；拒不改正的，责令停工整治：（一）施工工地未设置硬质围挡，或者未采取覆盖、分段作业、择时施工、洒水抑尘、冲洗地面和车辆等有效防尘降尘措施的；（二）建筑土方、工程渣土、建筑垃圾未及时清运，或者未采用密闭式防尘网遮盖的。违反大气污染防治法规定，建设单位未对暂时不能开工的建设用地的裸露地面进行覆盖，或者未对超过三个月不能开工的建设用地的裸露地面进行绿化、铺装或者遮盖的，由县级以上人民政府住房城乡建设等主管部门依照前款规定予以处罚。

《大气污染防治法》第 70、第 72 条规定，运输煤炭、垃圾、渣土、砂石、土方、灰浆等散装、流体物料的车辆应当采取密闭或者其他措施防止物料遗撒造成扬尘污染，并按照规定路线行驶。装卸物料应当采取密闭或者喷淋等方式防治扬尘污染。贮存煤炭、煤矸石、煤渣、煤灰、水泥、石灰、石膏、砂土等易产生扬尘的物料应当密闭；不能密闭的，应当设置不低于堆放物高度的严密围挡，并采取有效覆盖措施防治扬尘污染。码头、矿山、填埋场和消纳场应当实施分区作业，并采取有效措施防治扬尘污染。

5. 农业和其他污染防治

《大气污染防治法》第 74、第 77、第 82 条规定，禁止在人口集中地区对树木、花草喷洒剧毒、高毒农药。省、自治区、直辖市人民政府应当划定区域，禁止露天焚烧秸秆、落叶等产生烟尘污染的物质。禁止在人口集中地区和其他依法需要特殊保护的区域内焚烧沥青、油毡、橡胶、塑料、皮革、垃圾以及其他产生有毒有害烟尘和恶臭气体的物质。禁止生产、销售和燃放不符合质量标准的烟花爆竹。任何单位和个人不得在城市人民政府禁止的时段和区域内燃放烟花爆竹。

《大气污染防治法》第 81 条规定，排放油烟的餐饮服务业经营者应当安装油烟净化设施并保持正常使用，或者采取其他油烟净化措施，使油烟达标排放，并防止对附近居民的正常生活环境造成污染。禁止在居民住宅楼、未配套设立专用烟道的商住综合楼以及商住综合楼内与居住层相邻的商业楼层内新建、改建、扩建产生油烟、异味、废气的餐饮服务项目。任何单位和个人不得在当地人民政府禁止的区域内露天烧烤食品或者为露天烧烤食品提供场地。

专栏 5-2 关于租赁住宅楼从事餐饮业执行环境影响评价制度和“三同时”制度有关意见的复函 环办政法〔2017〕25 号

广东省环境保护厅：

你厅《关于建设项目执行环保“三同时”制度有关问题的请示》（粤环报〔2016〕109 号）收悉。经研究，并征求最高人民法院意见（见附件），函复如下：

一、公民个人租赁住宅楼开办个体餐馆，不属于环境影响评价法第十六条第三款关于“建设项目的环境影响评价分类管理名录”规定中的“建设项目”。因公民个人租赁住宅楼开办个体餐馆产生环境噪声、油烟等污染的，依照环境噪声污染防治法、大气污染防治法等有关法律法规处理。

二、最高人民法院 2006 年 11 月 27 日作出的《关于工商行政管理部门审查颁发个体工商户营业执照是否以环保评价许可为前置条件问题的答复》（〔2006〕行他字第 2 号）现行有效，对各级人民法院审理同类案件具有普遍指导意义。

三、关于公民个人租赁住宅楼开办个体餐馆具体应用法律问题，环境保护部之前所做规定与本复函不一致的，按本复函执行。《环境保护部办公厅关于公民租赁住宅楼开办个体餐馆应当执行环境影响评价制度的复函》（环办函〔2009〕1220 号）同时废止。

特此函复。

附件：《最高人民法院办公厅关于建设项目执行环境影响评价和“三同时”制度有关问题意见的复函》（法办函〔2017〕86 号）

环境保护部办公厅

2017 年 3 月 31 日

（三）政府及有关部门的大气污染防治职责

一些地方政府对环境保护法落实任务的分工不明确，而且这种不明确越到基层越衰减。《大气污染防治法》规定的部门职责只有三分之一在环保部门，所以下一步要明晰各部门的责任，才能更好地落实《大气污染防治法》。

表 5-2 我国《大气污染防治法》中关于政府及有关部门职责管辖的主要规定

条款	违法行为	职能管辖规定
第九十八条	违反本法规定，以拒绝进入现场等方式拒不接受环境保护主管部门及其委托的环境监察机构或者其他负有大气环境保护监督管理职责的部门的监督检查，或者在接受监督检查时弄虚作假的	县级以上人民政府环境保护主管部门或者其他负有大气环境保护监督管理职责的部门
第九十八条	违反本法规定，以拒绝进入现场等方式拒不接受环境保护主管部门及其委托的环境监察机构或者其他负有大气环境保护监督管理职责的部门的监督检查，或者在接受监督检查时弄虚作假，构成违反治安管理行为的	公安机关

条款	违法行为	职能管辖规定
第九十九条第一项	违反本法规定，未依法取得排污许可证排放大气污染物，情节严重的	有批准权的人民政府
第九十九条第二项	违反本法规定，超过大气污染物排放标准或者超过重点大气污染物排放总量控制指标排放大气污染物，情节严重的	有批准权的人民政府
第九十九条第三项	违反本法规定，通过逃避监管的方式排放大气污染物，情节严重的	有批准权的人民政府
第一百零一条	违反本法规定，生产、进口、销售或者使用国家综合性产业政策目录中禁止的设备和产品，采用国家综合性产业政策目录中禁止的工艺，或者将淘汰的设备和产品转让给他人使用的	县级以上人民政府经济综合主管部门、出入境检验检疫机构
第一百零一条	违反本法规定，生产、进口、销售或者使用国家综合性产业政策目录中禁止的设备和产品，采用国家综合性产业政策目录中禁止的工艺，或者将淘汰的设备和产品转让给他人使用，被责令改正，拒不改正的	有批准权的人民政府
第一百零一条	违反本法规定，生产、进口、销售或者使用国家综合性产业政策目录中禁止的设备和产品，采用国家综合性产业政策目录中禁止的工艺，或者将淘汰的设备和产品转让给他人使用，进口行为构成走私的	海关
第一百零二条第一款	违反本法规定，煤矿未按照规定建设配套煤炭洗选设施的	县级以上人民政府能源主管部门
第一百零二条第一款	违反本法规定，煤矿未按照规定建设配套煤炭洗选设施，被责令改正，拒不改正的	有批准权的人民政府
第一百零二条第二款	违反本法规定，开采含放射性和砷等有毒有害物质超过规定标准的煤炭的	县级以上人民政府
第一百零三条第一项	违反本法规定，销售不符合质量标准的煤炭、石油焦的	县级以上地方人民政府质量监督、工商行政管理部门
第一百零三条第二项	违反本法规定，生产、销售挥发性有机物含量不符合质量标准或者要求的原材料和产品的	县级以上地方人民政府质量监督、工商行政管理部门
第一百零三条第三项	违反本法规定，生产、销售不符合标准的机动车船和非道路移动机械用燃料、发动机油、氮氧化物还原剂、燃料和润滑油添加剂以及其他添加剂的	县级以上地方人民政府质量监督、工商行政管理部门
第一百零三条第四项	违反本法规定，在禁燃区内销售高污染燃料的	县级以上地方人民政府质量监督、工商行政管理部门
第一百零四条第一项	违反本法规定，进口不符合质量标准的煤炭、石油焦的	出入境检验检疫机构
第一百零四条第一项	违反本法规定，进口不符合质量标准的煤炭、石油焦，构成走私的	海关

条款	违法行为	职能管辖规定
第一百零四条第二项	违反本法规定，进口挥发性有机物含量不符合质量标准或者要求的原材料和产品的	出入境检验检疫机构
第一百零四条第二项	违反本法规定，进口挥发性有机物含量不符合质量标准或者要求的原材料和产品，构成走私的	海关
第一百零四条第三项	违反本法规定，进口不符合标准的机动车船和非道路移动机械用燃料、发动机油、氮氧化物还原剂、燃料和润滑油添加剂以及其他添加剂的	出入境检验检疫机构
第一百零四条第三项	违反本法规定，进口不符合标准的机动车船和非道路移动机械用燃料、发动机油、氮氧化物还原剂、燃料和润滑油添加剂以及其他添加剂，构成走私的	海关
第一百零六条	违反本法规定，使用不符合标准或者要求的船舶用燃油的	海事管理机构、渔业主管部门
第一百零七条第二款	违反本法规定，生产、进口、销售或者使用不符合规定标准或者要求的锅炉	县级以上人民政府质量监督、环境保护主管部门
第一百零九条第一款	违反本法规定，生产超过污染物排放标准的机动车、非道路移动机械，被责令改正，拒不改正的	省级以上人民政府环境保护主管部门和国务院机动车生产主管部门
第一百零九条第二款	违反本法规定，机动车、非道路移动机械生产企业对发动机、污染控制装置弄虚作假、以次充好，冒充排放检验合格产品出厂销售的	省级以上人民政府环境保护主管部门和国务院机动车生产主管部门
第一百一十条第一款	违反本法规定，进口、销售超过污染物排放标准的机动车、非道路移动机械的	县级以上人民政府工商行政管理部门、出入境检验检疫机构
第一百一十条第一款	违反本法规定，进口、销售超过污染物排放标准的机动车、非道路移动机械，进口行为构成走私的	海关
第一百一十一条第二款	违反本法规定，机动车生产、进口企业未按照规定向社会公布其生产、进口机动车车型的有关维修技术信息的	省级以上人民政府交通运输主管部门
第一百一十二条第一款	违反本法规定，伪造机动车、非道路移动机械排放检验结果或者出具虚假排放检验报告，情节严重的	负责资质认定的部门
第一百一十二条第二款	违反本法规定，伪造船舶排放检验结果或者出具虚假排放检验报告的	海事管理机构
第一百一十三条	违反本法规定，机动车驾驶人驾驶排放检验不合格的机动车上道路行驶的	公安机关交通管理部门
第一百一十五条第一款第一项	施工工地未设置硬质围挡，或者未采取覆盖、分段作业、择时施工、洒水抑尘、冲洗地面和车辆等有效防尘降尘措施的	县级以上人民政府住房城乡建设等主管部门

条款	违法行为	职能管辖规定
第一百一十五条第一款第一项	施工工地未设置硬质围挡，或者未采取覆盖、分段作业、择时施工、洒水抑尘、冲洗地面和车辆等有效防尘降尘措施，被责令改正，拒不改正的	县级以上人民政府住房城乡建设等主管部门
第一百一十五条第一款第二项	违反本法规定，建筑土方、工程渣土、建筑垃圾未及时清运，或者未采用密闭式防尘网遮盖的	县级以上人民政府住房城乡建设等主管部门
第一百一十五条第一款第二项	违反本法规定，建筑土方、工程渣土、建筑垃圾未及时清运，或者未采用密闭式防尘网遮盖，被责令改正，拒不改正的	县级以上人民政府住房城乡建设等主管部门
第一百一十五条第二款	违反本法规定，建设单位未对暂时不能开工的建设用地的裸露地面进行覆盖，或者未对超过三个月不能开工的建设用地的裸露地面进行绿化、铺装或者遮盖的	县级以上人民政府住房城乡建设等主管部门
第一百一十五条第二款	违反本法规定，建设单位未对暂时不能开工的建设用地的裸露地面进行覆盖，或者未对超过三个月不能开工的建设用地的裸露地面进行绿化、铺装或者遮盖，被责令改正，拒不改正的	县级以上人民政府住房城乡建设等主管部门
第一百一十六条	违反本法规定，运输煤炭、垃圾、渣土、砂石、土方、灰浆等散装、流体物料的车辆，未采取密闭或者其他措施防止物料遗撒的	县级以上地方人民政府确定的监督管理部门
第一百一十八条第一款	违反本法规定，排放油烟的餐饮服务业经营者未安装油烟净化设施、不正常使用油烟净化设施或者未采取其他油烟净化措施，超过排放标准排放油烟的	县级以上地方人民政府确定的监督管理部门
第一百一十八条第一款	违反本法规定，排放油烟的餐饮服务业经营者未安装油烟净化设施、不正常使用油烟净化设施或者未采取其他油烟净化措施，超过排放标准排放油烟，被责令改正，拒不改正的	县级以上地方人民政府确定的监督管理部门
第一百一十八条第二款	违反本法规定，在居民住宅楼、未配套设立专用烟道的商住综合楼、商住综合楼内与居住层相邻的商业楼层内新建、改建、扩建产生油烟、异味、废气的餐饮服务项目的	县级以上地方人民政府确定的监督管理部门
第一百一十八条第二款	违反本法规定，在居民住宅楼、未配套设立专用烟道的商住综合楼、商住综合楼内与居住层相邻的商业楼层内新建、改建、扩建产生油烟、异味、废气的餐饮服务项目，被责令改正，拒不改正的	县级以上地方人民政府确定的监督管理部门
第一百一十八条第三款	违反本法规定，在当地人民政府禁止的时段和区域内露天烧烤食品或者为露天烧烤食品提供场地的	县级以上地方人民政府确定的监督管理部门
第一百一十九条第一款	违反本法规定，在人口集中地区对树木、花草喷洒剧毒、高毒农药，或者露天焚烧秸秆、落叶等产生烟尘污染的物质的	县级以上地方人民政府确定的监督管理部门
第一百一十九条第二款	违反本法规定，在人口集中地区和其他依法需要特殊保护的区域内，焚烧沥青、油毡、橡胶、塑料、皮革、垃圾以及其他产生有毒有害烟尘和恶臭气体的物质的	县级人民政府确定的监督管理部门

条款	违法行为	职能管辖规定
第一百一十九条第三款	违反本法规定，在城市人民政府禁止的时段和区域内燃放烟花爆竹的	县级以上地方人民政府确定的监督管理部门
第一百二十一条第一款	违反本法规定，擅自向社会发布重污染天气预报预警信息，构成违反治安管理行为的	公安机关
第一百二十一条第二款	违反本法规定，拒不执行停止工地土石方作业或者建筑物拆除施工等重污染天气应急措施的	县级以上地方人民政府确定的监督管理部门
第一百二十四条	违反本法规定，对举报人以解除、变更劳动合同或者其他方式打击报复的	依照有关法律的规定确定的部门

第二节　防治水污染的法律规定

一、防治水污染的法律法规依据

我国现行的防治水污染的法律法规及规章，见表 5-3。

表 5-3　防治水污染的法律法规主要依据

效力等级	名　称	生效日期
法律	水污染防治法	2018 年 1 月 1 日
行政法规	水污染防治法实施细则	2000 年 3 月 20 日
	淮河流域水污染防治暂行条例	1995 年 8 月 8 日
	畜禽规模养殖污染防治条例	2014 年 1 月 1 日
	城镇排水与污水处理条例	2014 年 1 月 1 日
部门规章	饮用水水源保护区污染防治管理规定	1989 年 7 月 10 日 （经环境保护部第 16 号令修改）

二、防治水污染的主要法律规定

（一）防治水污染的主要法律制度

1. 水环境质量改善目标限期达标制度

目前我国的水环境质量不容乐观，部分良好水体有所恶化，部分水体仍为劣Ⅴ类，局部近岸海域污染严重，《水污染防治行动计划》（以下简称“水十条”）提出到 2020 年全国水环境质量得到阶段性改善，污染严重水体较大幅度减少，饮用水安全保障水平持续提升，地下水超采得到严格控制，地下水污染加剧趋势得到初步遏制，近岸海域环境质量稳中趋好，京津冀、长三角、珠三角等区域水生态环境状况有所好转。到 2030 年，力争全国水环境质量总体改善，水生态系统功能初步恢复。到本世纪中叶，生态环境质量全面改善，生态系统实现良性循环。同时，“水十条”针对各类水体提出了具体指标。这些目标和指标应当落实到水污染防治规划中，未达标的有关市、县级人民政府要按照水污染防治规划确定的改善目标，制订具体的达标规划，采取措施按期达标。为实现上述目标，新

《水污染防治法》增加规定："有关市、县级人民政府应当按照水污染防治规划确定的水环境质量改善目标的要求，制定限期达标规划，采取措施按期达标。""有关市、县级人民政府应当将限期达标规划报上一级人民政府备案，并向社会公开。"

2. 河长制

近年来，一些地方积极探索河长制，由党政领导担任河长，依法落实地方主体责任，协调整合各方力量，有力地促进了水资源保护、水域岸线管理、水污染防治、水环境治理等工作。党中央、国务院总结地方实践经验，于 2016 年 12 月由中共中央办公厅、国务院办公厅印发了《关于全面推行河长制的意见》，对河长制的指导思想、基本原则、组织形式、工作职责、主要任务和保障措施等提出了明确要求，明确全面建立省、市、县、乡四级河长体系，各级河长负责组织领导相应河湖的管理和保护工作，包括水资源保护、水域岸线管理、水污染防治、水环境治理等，牵头组织对侵占河道、围垦湖泊、超标排污、非法采砂、破坏航道、电毒炸鱼等突出问题依法进行清理整治，协调解决重大问题；对跨行政区域的河湖明晰管理责任，协调上下游、左右岸实行联防联控；对相关部门和下一级河长履职情况进行督导，对目标任务完成情况进行考核，强化激励问责。《关于全面推行河长制的意见》要求，2018 年年底前全面建立河长制。目前，水利部、环保部出台了贯彻落实的实施方案，各地方正在积极推进这项工作。新《水污染防治法》按照《关于全面推行河长制的意见》精神规定："省、市、县、乡建立河长制，分级分段组织领导本行政区域内江河、湖泊的水资源保护、水域岸线管理、水污染防治、水环境治理等工作。"

河长制是河湖管理保护的新机制，全面推行河长制是党中央为加强河湖管理保护作出的重大决策部署，是落实绿色发展理念、推进生态文明建设的内在要求，是解决我国复杂水问题、维护河湖健康生命的有效举措，是完善水治理体系、保障国家水安全的制度创新。

3. 三同时制度

新《水污染防治法》完善了水污染防治设施"三同时制度"。原法第 17 条第 3 款规定"建设项目的水污染防治设施，应当与主体工程同时设计、同时施工、同时投入使用。水污染防治设施应当经过环境保护主管部门验收，验收不合格的，该建设项目不得投入生产或者使用"，按照新《环境保护法》的规定和行政审批改革的精神，新《水污染防治法》取消了环保部门对水污染防治设施的验收，明确规定"水污染防治设施应当符合经批准或者备案的环境影响评价文件的要求"，由企业自己验收，环保部门通过排污检测和排污许可证进行管理。

4. 环境监测制度

目前既有水污染物排放监测，又有水环境质量监测，既有排污企业事业单位的自行监督，也有环保部门、水利部门等的监督性监测，监测的主体多，监测数据不统一，有的还存在监测数据造假的现象。对此，新《水污染防治法》作了如下修改：一是扩大了自行监测的排污单位范围，要求实行排污许可管理的企业事业单位和其他生产经营者都要自行监测。新《水污染防治法》第 23 条中规定"实行排污许可管理的企业事业单位和其他生产经营者应当按照国家有关规定和监测规范，对所排放的水污染物自行监测，并保存原始监测记录。"二是为保证企业事业单位和其他生产经营者监测数据真实可靠，新《水污染防治法》规定："实行排污许可管理的企业事业单位和其他生产经营者应当对监测数据的真实性和准确性负责。""环境保护主管部门发现重点排污单位的水污染物排放自动监测设备传输数据异常，应当及时进行调查。"（第 24 条）三是为解决各部门监测各自为政，数据不统一的问题，明确建立监测数据共享机制，在原法第 25 条中增加规定，国务院环境保护主管部门会同国务院水行政等部门“统一规划国家水环境质量监测站（点）的设置，建立监测数据共享机制，加强对水环境监测的管理。”（第 25 条）

5. 城市污水集中处理制度

城镇污水是水体的又一重要污染源。随着我国城镇化的发展，城镇污水总量越来越大，原法对城镇污水防治专节作出规定，城镇污水应当集中处理，要求地方政府统筹安排建设城镇污水集中处理设施及配套管网，提高城镇污水的收集率和处理率，要求地方政府建设主管部门加强对城镇污水集中处理设施运营的监督管理，明确城镇污水集中处理设施的运营单位应当对处理设施的出水水质负责，环保部门应当对处理设施的出水水质和水量进行监督检查。在修改《水污染防治法》过程中，有些企业和社会公众提出，随着城镇污染集中处理率的不断提高，污水处理后产生的污泥日益增多，有的污水处理厂未按照规定对污泥进行处理，随意填埋，有的污泥含有有毒有害物质，如果处理不当，会造成新的污染，应当对污泥处理处置作出规定。据此，新《水污染防治法》做了两处修改，一是明确污水处理费可以用作污泥处理处置（第 49 条第 4 款）。二是增加规定：“城镇污水集中处理设施的运营单位或者污泥处理处置单位应当安全处理处置污泥，保证处理处置后的污染符合国家标准，并对污泥的去向等进行记录。”（第 51 条）

6. 落后工艺、设备淘汰制度

生产、销售、进口或者使用列入禁止生产、销售、进口、使用的严重污染水环境的设备名录中的设备，或者采用列入禁止采用的严重污染水环境的工艺名录中的工艺的，由县级以上人民政府经济综合宏观调控部门责令改正，处五万元以上二十万元以下的罚款；情节严重的，由县级以上人民政府经济综合宏观调控部门提出意见，报请本级人民政府责令停业、关闭。

建设不符合国家产业政策的小型造纸、制革、印染、染料、炼焦、炼硫、炼砷、炼汞、炼油、电镀、农药、石棉、水泥、玻璃、钢铁、火电以及其他严重污染水环境的生产项目的，由所在地的市、县人民政府责令关闭。

7. 现场检查制度

环境保护主管部门和其他依照本法规定行使监督管理权的部门，有权对管辖范围内的排污单位进行现场检查，被检查的单位应当如实反映情况，提供必要的资料。检查机关有义务为被检查的单位保守在检查中获取的商业秘密。

以拖延、围堵、滞留执法人员等方式拒绝、阻挠环境保护主管部门或者其他依照本法规定行使监督管理权的部门的监督检查，或者在接受监督检查时弄虚作假的，由县级以上人民政府环境保护主管部门或者其他依照本法规定行使监督管理权的部门责令改正，处二万元以上二十万元以下的罚款。

8. 跨行政区水污染纠纷协商解决制度

鉴于跨行政区水污染纠纷的原因复杂多样，许多纠纷是由于各行政区地方政府在有关经济与社会发展计划之间的不协调所致。因此，跨行政区水污染纠纷的处理并非司法审判所能全面解决，需要通过政府之间的协调才能达到最终目标。[①] 新《水污染防治法》第 31

① 汪劲．环境法学．北京：北京大学出版社，2006：358.

条规定，跨行政区域的水污染纠纷，由有关地方人民政府协商解决，或者由其共同的上级人民政府协调解决。

9. 饮用水水源保护措施

（1）饮用水水源保护的法律依据

对饮用水水源保护作出规定的法律法规主要有：《水污染防治法》（自 2008 年 6 月 1 日起施行）、《水法》（自 2002 年 10 月 1 日起施行）和《饮用水水源保护区污染防治管理规定》（〔1989〕环管字第 201 号，自 1989 年 7 月 10 日起施行）。其中，依据《关于废止、修改部分环保部门规章和规范性文件的决定》（环境保护部令第 16 号），自 2010 年 12 月 22 日起，对《饮用水水源保护区污染防治管理规定》（1989 年 7 月 10 日，国家环境保护局、卫生部、建设部、水利部、地矿部发布）做了修改。

特别提醒：《水法》第 67 条第 1 款规定："在饮用水水源保护区内设置排污口的，由县级以上地方人民政府责令限期拆除、恢复原状；逾期不拆除、不恢复原状的，强行拆除、恢复原状，并处五万元以上十万元以下的罚款。"《水法》的上述规定与《水污染防治法》的规定不一致。《水法》根据 2016 年 7 月 2 日第十二届全国人民代表大会常务委员会第二十一次会议《关于修改〈中华人民共和国节约能源法〉等六部法律的决定》第二次修正，自 2016 年 7 月 2 日起施行。《水污染防治法》根据 2017 年 6 月 27 日第十二届全国人民代表大会常务委员会第二十八次会议《关于修改〈中华人民共和国水污染防治法〉的决定》第二次修正，自 2018 年 1 月 1 日起施行。《立法法》第 92 条规定，同一机关制定的法律、行政法规、地方性法规、自治条例和单行条例、规章，新的规定与旧的规定不一致的，适用新的规定。

（2）饮用水水源保护区的划分

国家建立饮用水水源保护区制度。饮用水水源保护区分为一级保护区和二级保护区；必要时，可以在饮用水水源保护区外围划定一定的区域作为准保护区（见图 5-2 和图 5-3）。

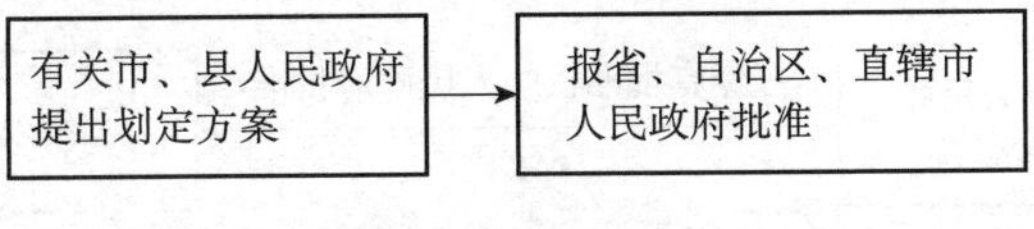

图 5-1　饮用水水源保护区的划定

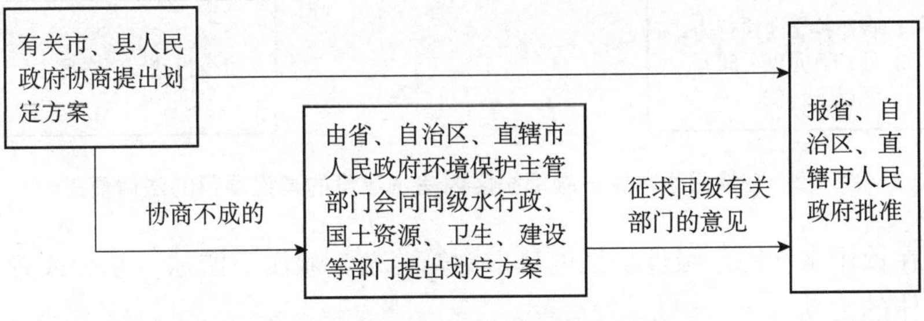

图 5-2　跨市、县饮用水水源保护区的划定

国务院和省、自治区、直辖市人民政府可以根据保护饮用水水源的实际需要，调整饮用水水源保护区的范围，确保饮用水安全。有关地方人民政府应当在饮用水水源保护区的边界设立明确的地理界标和明显的警示标志。

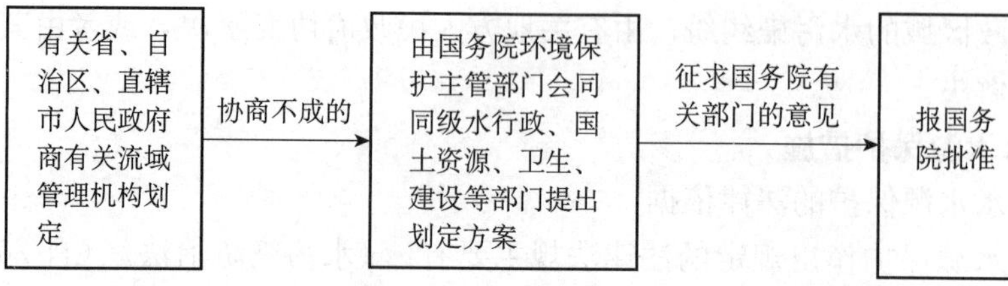

图 5-3　跨省、自治区、直辖市的饮用水水源保护区的划定

（3）饮用水水源保护区保护措施

1）在饮用水水源保护区内，禁止设置排污口（图 5-4）。

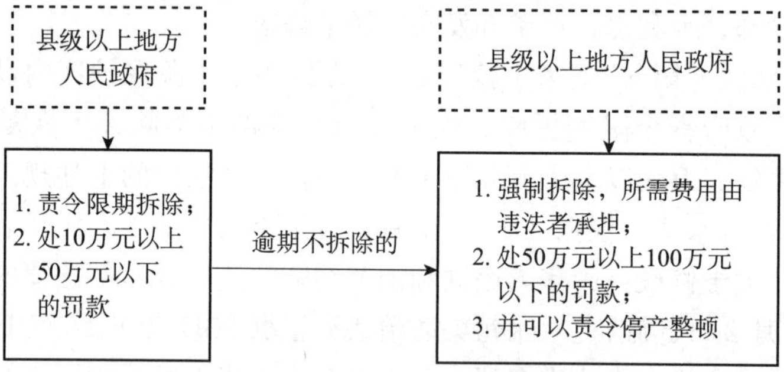

图 5-4　在饮用水水源保护区内设置排污口的法律责任

2）饮用水水源一级保护区保护措施

①禁止在饮用水水源一级保护区内新建、改建、扩建与供水设施和保护水源无关的建设项目。

在饮用水水源一级保护区内新建、改建、扩建与供水设施和保护水源无关的建设项目，应承担的法律责任如下，见图 5-5。

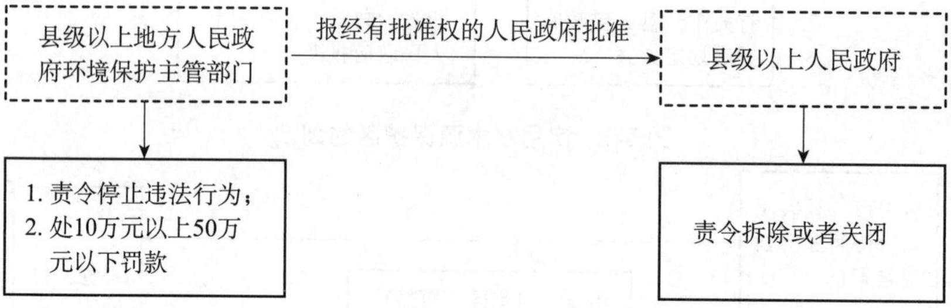

图 5-5　在饮用水水源一级保护区内违法建设的建设项目的法律责任

②禁止在饮用水水源一级保护区内从事网箱养殖、旅游、游泳、垂钓或者其他可能污染饮用水水体的活动。

在饮用水水源一级保护区内从事网箱养殖或者组织进行旅游、垂钓或者其他可能污染饮用水水体的活动的，由县级以上地方人民政府环境保护主管部门责令停止违法行为，处二万元以上十万元以下的罚款。个人在饮用水水源一级保护区内游泳、垂钓或者从事其他可能污染饮用水水体的活动的，由县级以上地方人民政府环境保护主管部门责令停止违法行为，可以处五百元以下的罚款。

3）饮用水水源二级保护区保护措施

禁止在饮用水水源二级保护区内新建、改建、扩建排放污染物的建设项目。在饮用水水源二级保护区内新建、改建、扩建排放污染物的建设项目，应承担的法律责任如下，见图 5-6。

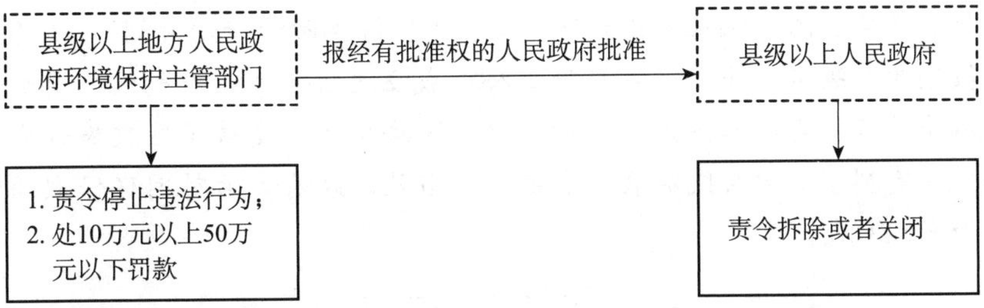

图 5-6　在饮用水水源二级保护区内违法建设的建设项目的法律责任

在饮用水水源二级保护区内从事网箱养殖、旅游等活动的，应当按照规定采取措施，防止污染饮用水水体。

案例 5-1　上海勤辉混凝土有限公司诉上海市奉贤区人民政府责令关闭行政决定案①

（一）基本案情

上海勤辉混凝土有限公司（以下简称勤辉公司）成立于 2006 年 2 月，位于黄浦江上游沿岸，经营范围包括混凝土生产、加工、销售。2010 年 3 月，该公司住所地和实际生产经营地被划入上海市黄浦区上游饮用水水源二级保护区。2015 年 2 月，上海市奉贤区人民政府（以下简称区政府）以勤辉公司在饮用水水源二级保护区内从事混凝土制品制造，生产过程中排放粉尘、噪声等污染物为由，根据《中华人民共和国水污染防治法》（以下简称《水污染防治法》）第五十九条②第一款之规定，作出责令该公司关闭的决定。勤辉公司不服诉至法院，要求撤销上述决定。

（二）裁判结果

上海市第一中级人民法院一审认为，原告勤辉公司从事的利用混凝土搅拌站生产、加工、销售混凝土的建设项目具有排放废气等污染物的特征，属于《水污染防治法》第五十九条第一款规定的在二级饮用水水源保护区已建成排放污染物建设项目，被告区政府责令其关闭，事实认定清楚，适用法律正确，遂判决驳回原告诉讼请求。勤辉公司上诉后，上海市高级人民法院二审认为，勤辉公司从事的混凝土生产客观上存在粉尘排放，按照常理具有对水体产生影响的可能性，现有证据不能证明该粉尘排放确实没有对水体产生影响，区政府责令其关闭，于法有据，故判决驳回上诉、维持原判。

（三）典型意义

本案是涉及饮用水水源保护的典型案例。饮用水安全与人民群众健康息息相关。

① 2016 年 3 月 30 日，最高人民法院发布的《人民法院环境保护行政案件十大案例（第二批）》之一。

② 2017 年 6 月 27 日修正的《水污染防治法》将第 59 条改为第 66 条，内容未变。下同。

近年来，饮用水水源安全问题倍受社会关注，2008 年修订的《水污染防治法》明确了国家建立饮用水水源保护区制度，规定禁止在饮用水水源二级保护区内新建、改建、扩建排放污染物的建设项目，已建成的排放污染物的建设项目，由县级以上人民政府责令拆除或者关闭。“十三五”规划中明确要求“推进多污染综合防治和环境治理，实行联防联控和流域共治，深入实施大气、水、土壤污染防治行动计划”。本案中，虽然涉案区域被划为二级水源保护区系在勤辉公司成立之后 4 年，但是该公司继续生产排放粉尘等污染物可能会对水体产生影响，故人民法院依法支持了区政府作出的责令关闭行政决定，有利于保护人民群众饮水安全。当然，政府其后对因环保搬迁的企业应当依法给予合理补偿。

专栏 5-3 关于执行《水污染防治法》第五十九条有关问题的复函

环函〔2009〕33 号

贵州省环境保护局：

你局《关于如何理解和执行〈水污染防治法〉第五十九条中有关问题的请示》（黔环呈〔2008〕100 号）收悉。经研究，函复如下：

一、《水污染防治法》第五十九条规定“禁止在饮用水水源二级保护区内新建、改建、扩建排放污染物的建设项目；已建成的排放污染物的建设项目，由县级以上人民政府责令拆除或者关闭。”上述规定中“排放污染物的建设项目”并非特指排放水污染物的建设项目，也应包括排放大气污染物、固体废物等其他污染物的建设项目。

二、根据《水污染防治法》第五十九条第一款规定，在饮用水水源二级保护区内禁止存在排放污染物的建设项目。即使建设项目将排放的水污染物经城市排污管网转移至保护区外处理并排放，仍存在事故性排放的危险，威胁饮用水安全，因此，原则上不应审批此类建设项目。

二〇〇九年二月六日

4）饮用水水源准保护区保护措施

禁止在饮用水水源准保护区内新建、扩建对水体污染严重的建设项目；改建建设项目，不得增加排污量。在饮用水水源准保护区内新建、扩建对水体污染严重的建设项目的法律责任，见图 5-7。

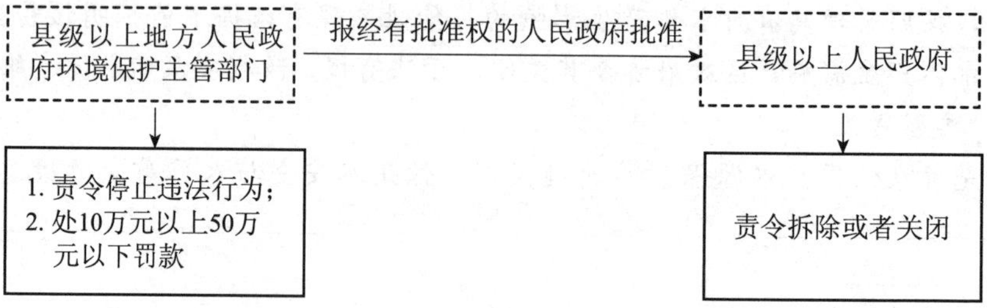

图 5-7 在饮用水水源准保护区内违法建设的建设项目的法律责任

10. 造成水污染事故的处理

企业事业单位违反《水污染防治法》规定，造成水污染事故的，除依法承担赔偿责任外，由县级以上人民政府环境保护主管部门依照本条第二款的规定处以罚款，责令限期采取治理措施，消除污染；未按照要求采取治理措施或者不具备治理能力的，由环境保护主管部门指定有治理能力的单位代为治理，所需费用由违法者承担；对造成重大或者特大水污染事故的，还可以报经有批准权的人民政府批准，责令关闭；对直接负责的主管人员和其他直接责任人员可以处上一年度从本单位取得的收入百分之五十以下的罚款；有《中华人民共和国环境保护法》第六十三条规定的违法排放水污染物等行为之一，尚不构成犯罪的，由公安机关对直接负责的主管人员和其他直接责任人员处十日以上十五日以下的拘留；情节较轻的，处五日以上十日以下的拘留。

对造成一般或者较大水污染事故的，按照水污染事故造成的直接损失的百分之二十计算罚款；对造成重大或者特大水污染事故的，按照水污染事故造成的直接损失的百分之三十计算罚款。

造成渔业污染事故或者渔业船舶造成水污染事故的，由渔业主管部门进行处罚；其他船舶造成水污染事故的，由海事管理机构进行处罚。

（二）水污染的一般规定

1. 水污染防治的禁止性规定

禁止性法律规范给一切单位和个人规定消极的任务，强制性要求其不得实施一定的行为，是实现法的调整目的的基本法律手段之一。禁止性规范一般用“禁止”等文字表示，它所规定的内容一般是确定性的，不允许随便加以改变。任何单位和个人一旦违反了禁止性法律规范，必将受到法律制裁（表 5-4）。[①]

表 5-4　《水污染防治法》关于水污染防治的禁止性规定

序号	法律条文	禁止性规定	违法行为描述	法律责任	职能部门
1	第三十三条第一款	禁止向水体排放油类、酸液、碱液或者剧毒废液	向水体排放油类、酸液、碱液的	责令停止违法行为，限期采取治理措施，消除污染，处十万元以上一百万元以下的罚款；逾期不采取治理措施的，环境保护主管部门可以指定有治理能力的单位代为治理，所需费用由违法者承担；情节严重的，报经有批准权的人民政府批准，责令停业、关闭	县级以上地方人民政府环境保护主管部门
			向水体排放剧毒废液，或者将含有汞、镉、砷、铬、铅、氰化物、黄磷等的可溶性剧毒废渣向水体排放、倾倒或者直接埋入地下的	责令停止违法行为，限期采取治理措施，消除污染，处十万元以上一百万元以下的罚款；逾期不采取治理措施的，环境保护主管部门可以指定有治理能力的单位代为治理，所需费用由违法者承担；情节严重的，报经有批准权的人民政府批准，责令停业、关闭	县级以上地方人民政府环境保护主管部门

① 孙佑海．中华人民共和国水污染防治法解读．北京：中国法制出版社，2008：82.

序号	法律条文	禁止性规定	违法行为描述	法律责任	职能部门
2	第三十三条第二款	禁止在水体清洗装贮过油类或者有毒污染物的车辆和容器	在水体清洗装贮过油类、有毒污染物的车辆或者容器的	责令停止违法行为，限期采取治理措施，消除污染，处二万元以上二十万元以下的罚款；逾期不采取治理措施的，环境保护主管部门可以指定有治理能力的单位代为治理，所需费用由违法者承担；情节严重的，报经有批准权的人民政府批准，责令停业、关闭	县级以上地方人民政府环境保护主管部门
3	第三十四条第一款	禁止向水体排放、倾倒放射性固体废物或者含有高放射性和中放射性物质的废水	向水体排放、倾倒放射性固体废物或者含有高放射性、中放射性物质的废水的	责令停止违法行为，限期采取治理措施，消除污染，处十万元以上一百万元以下的罚款；逾期不采取治理措施的，环境保护主管部门可以指定有治理能力的单位代为治理，所需费用由违法者承担；情节严重的，报经有批准权的人民政府批准，责令停业、关闭	县级以上地方人民政府环境保护主管部门
4	第三十七条第一款	禁止向水体排放、倾倒工业废渣、城镇垃圾和其他废弃物	向水体排放、倾倒工业废渣、城镇垃圾或者其他废弃物，或者在江河、湖泊、运河、渠道、水库最高水位线以下的滩地、岸坡堆放、存贮固体废弃物或者其他污染物的	责令停止违法行为，限期采取治理措施，消除污染，处二万元以上二十万元以下的罚款；逾期不采取治理措施的，环境保护主管部门可以指定有治理能力的单位代为治理，所需费用由违法者承担；情节严重的，报经有批准权的人民政府批准，责令停业、关闭	县级以上地方人民政府环境保护主管部门
5	第三十七条第二款	禁止将含有汞、镉、砷、铬、铅、氰化物、黄磷等的可溶性剧毒废渣向水体排放、倾倒或者直接埋入地下	向水体排放剧毒废液，或者将含有汞、镉、砷、铬、铅、氰化物、黄磷等的可溶性剧毒废渣向水体排放、倾倒或者直接埋入地下的	责令停止违法行为，限期采取治理措施，消除污染，处十万元以上一百万元以下的罚款；逾期不采取治理措施的，环境保护主管部门可以指定有治理能力的单位代为治理，所需费用由违法者承担；情节严重的，报经有批准权的人民政府批准，责令停业、关闭	县级以上地方人民政府环境保护主管部门
6	第三十八条	禁止在江河、湖泊、运河、渠道、水库最高水位线以下的滩地和岸坡堆放、存贮固体废弃物和其他污染物	向水体排放、倾倒工业废渣、城镇垃圾或者其他废弃物，或者在江河、湖泊、运河、渠道、水库最高水位线以下的滩地、岸坡堆放、存贮固体废弃物或者其他污染物的	责令停止违法行为，限期采取治理措施，消除污染，处二万元以上二十万元以下的罚款；逾期不采取治理措施的，环境保护主管部门可以指定有治理能力的单位代为治理，所需费用由违法者承担；情节严重的，报经有批准权的人民政府批准，责令停业、关闭	县级以上地方人民政府环境保护主管部门

序号	法律条文	禁止性规定	违法行为描述	法律责任	职能部门
7	第三十九条	禁止利用渗井、渗坑、裂隙、溶洞，私设暗管，篡改、伪造监测数据，或者不正常运行水污染防治设施等逃避监管的方式排放水污染物	利用渗井、渗坑、裂隙、溶洞，私设暗管，篡改、伪造监测数据，或者不正常运行水污染防治设施等逃避监管的方式排放水污染物的	责令改正或者责令限制生产、停产整治，并处十万元以上一百万元以下的罚款；情节严重的，报经有批准权的人民政府批准，责令停业、关闭	县级以上人民政府环境保护主管部门
8	第四十条第三款	禁止利用无防渗漏措施的沟渠、坑塘等输送或者存贮含有毒污染物的废水、含病原体的污水和其他废弃物	未按照规定采取防护性措施，或者利用无防渗漏措施的沟渠、坑塘等输送或者存贮含有毒污染物的废水、含病原体的污水或者其他废弃物的	责令停止违法行为，限期采取治理措施，消除污染，处十万元以上一百万元以下的罚款；逾期不采取治理措施的，环境保护主管部门可以指定有治理能力的单位代为治理，所需费用由违法者承担；情节严重的，报经有批准权的人民政府批准，责令停业、关闭	县级以上地方人民政府环境保护主管部门

2. 水污染防治的限制性规定

限制性的行为并不是绝对禁止任何形式的排放，而是排污者必须符合严格的限制要求方可排放（表 5-5）。

表 5-5　《水污染防治法》关于水污染防治的限制性规定

序号	法律条文	限制性规定	违法行为描述	法律责任	职能部门
1	第三十四条第二款	向水体排放含低放射性物质的废水，应当符合国家有关放射性污染防治的规定和标准	违反国家有关规定或者标准，向水体排放含低放射性物质的废水、热废水或者含病原体的污水的	责令停止违法行为，限期采取治理措施，消除污染，处二万元以上二十万元以下的罚款；逾期不采取治理措施的，环境保护主管部门可以指定有治理能力的单位代为治理，所需费用由违法者承担；情节严重的，报经有批准权的人民政府批准，责令停业、关闭	县级以上地方人民政府环境保护主管部门
2	第三十五条	向水体排放含热废水，应当采取措施，保证水体的水温符合水环境质量标准	违反国家有关规定或者标准，向水体排放含低放射性物质的废水、热废水或者含病原体的污水的	责令停止违法行为，限期采取治理措施，消除污染，处二万元以上二十万元以下的罚款；逾期不采取治理措施的，环境保护主管部门可以指定有治理能力的单位代为治理，所需费用由违法者承担；情节严重的，报经有批准权的人民政府批准，责令停业、关闭	县级以上地方人民政府环境保护主管部门

序号	法律条文	限制性规定	违法行为描述	法律责任	职能部门
3	第三十六条	含病原体的污水应当经过消毒处理；符合国家有关标准后，方可排放	违反国家有关规定或者标准，向水体排放含低放射性物质的废水、热废水或者含病原体的污水的	责令停止违法行为，限期采取治理措施，消除污染，处二万元以上二十万元以下的罚款；逾期不采取治理措施的，环境保护主管部门可以指定有治理能力的单位代为治理，所需费用由违法者承担；情节严重的，报经有批准权的人民政府批准，责令停业、关闭	县级以上地方人民政府环境保护主管部门
4	第三十七条第三款	存放可溶性剧毒废渣的场所，应当采取防水、防渗漏、防流失的措施	未采取防渗漏等措施，或者未建设地下水水质监测井进行监测的	责令停止违法行为，限期采取治理措施，消除污染，处二万元以上二十万元以下的罚款；逾期不采取治理措施的，环境保护主管部门可以指定有治理能力的单位代为治理，所需费用由违法者承担；情节严重的，报经有批准权的人民政府批准，责令停业、关闭	县级以上地方人民政府环境保护主管部门
5	第四十条第一款	化学品生产企业以及工业集聚区、矿山开采区、尾矿库、危险废物处置场、垃圾填埋场等的运营、管理单位，应当采取防渗漏等措施，并建设地下水水质监测井进行监测，防止地下水污染	未采取防渗漏等措施，或者未建设地下水水质监测井进行监测的	责令停止违法行为，限期采取治理措施，消除污染，处二万元以上二十万元以下的罚款；逾期不采取治理措施的，环境保护主管部门可以指定有治理能力的单位代为治理，所需费用由违法者承担；情节严重的，报经有批准权的人民政府批准，责令停业、关闭	县级以上地方人民政府环境保护主管部门
6	第四十条第二款	加油站等的地下油罐应当使用双层罐或者采取建造防渗池等其他有效措施，并进行防渗漏监测，防止地下水污染	加油站等的地下油罐未使用双层罐或者采取建造防渗池等其他有效措施，或者未进行防渗漏监测的	责令停止违法行为，限期采取治理措施，消除污染，处二万元以上二十万元以下的罚款；逾期不采取治理措施的，环境保护主管部门可以指定有治理能力的单位代为治理，所需费用由违法者承担；情节严重的，报经有批准权的人民政府批准，责令停业、关闭	县级以上地方人民政府环境保护主管部门
7	第四十一条	多层地下水的含水层水质差异大的，应当分层开采；对已受污染的潜水和承压水，不得混合开采	—	—	—

序号	法律条文	限制性规定	违法行为描述	法律责任	职能部门
8	第四十二条第一款	兴建地下工程设施或者进行地下勘探、采矿等活动，应当采取防护性措施，防止地下水污染	—	—	—
9	第四十二条第二款	报废矿井、钻井或者取水井等，应当实施封井或者回填	—	—	—
10	第四十三条	人工回灌补给地下水，不得恶化地下水质	—	—	—

《国务院关于印发水污染防治行动计划的通知》（国发〔2015〕17 号）要求：严控地下水超采。在地面沉降、地裂缝、岩溶塌陷等地质灾害易发区开发利用地下水，应进行地质灾害危险性评估。严格控制开采深层承压水，地热水、矿泉水开发应严格实行取水许可和采矿许可。依法规范机井建设管理，排查登记已建机井，未经批准的和公共供水管网覆盖范围内的自备水井，一律予以关闭。编制地面沉降区、海水入侵区等区域地下水压采方案。开展华北地下水超采区综合治理，超采区内禁止工农业生产及服务业新增取用地下水。京津冀区域实施土地整治、农业开发、扶贫等农业基础设施项目，不得以配套打井为条件。2017 年年底前，完成地下水禁采区、限采区和地面沉降控制区范围划定工作，京津冀、长三角、珠三角等区域提前一年完成。本项工作由水利部、国土资源部牵头，发展改革委、工业和信息化部、财政部、住房城乡建设部、农业部等参与。

（三）船舶水污染防治

1. 船舶水污染防治的禁止性规定（表 5-6）

表 5-6 《水污染防治法》关于船舶水污染防治的禁止性规定

序号	禁止性规定	违法行为描述	法律责任	职能部门
1	船舶的残油、废油禁止排入水体（第五十九条）	向水体排放船舶的残油、废油的（第九十条第一项）	责令停止违法行为，处一万元以上十万元以下的罚款；造成水污染的，责令限期采取治理措施，消除污染，处二万元以上二十万元以下的罚款；逾期不采取治理措施的，海事管理机构、渔业主管部门按照职责分工可以指定有治理能力的单位代为治理，所需费用由船舶承担	海事管理机构、渔业主管部门

序号	禁止性规定	违法行为描述	法律责任	职能部门
2	禁止向水体倾倒船舶垃圾（第五十九条）	向水体倾倒船舶垃圾的（第九十条第一项）	责令停止违法行为，处一万元以上十万元以下的罚款；造成水污染的，责令限期采取治理措施，消除污染，处二万元以上二十万元以下的罚款；逾期不采取治理措施的，海事管理机构、渔业主管部门按照职责分工可以指定有治理能力的单位代为治理，所需费用由船舶承担	海事管理机构、渔业主管部门
3	禁止排放不符合规定的船舶压载水（第五十九条）	进入中华人民共和国内河的国际航线船舶，排放不符合规定的船舶压载水的（第九十条第五项）	责令停止违法行为，处一万元以上十万元以下的罚款；造成水污染的，责令限期采取治理措施，消除污染，处二万元以上二十万元以下的罚款；逾期不采取治理措施的，海事管理机构、渔业主管部门按照职责分工可以指定有治理能力的单位代为治理，所需费用由船舶承担	海事管理机构、渔业主管部门
4	禁止采取冲滩方式进行船舶拆解作业（第六十二条）	以冲滩方式进行船舶拆解的（第九十条第四项）	责令停止违法行为，处一万元以上十万元以下的罚款；造成水污染的，责令限期采取治理措施，消除污染，处二万元以上二十万元以下的罚款；逾期不采取治理措施的，海事管理机构、渔业主管部门按照职责分工可以指定有治理能力的单位代为治理，所需费用由船舶承担	海事管理机构、渔业主管部门

2. 船舶水污染防治的限制性规定 （表 5-7）

表 5-7 《水污染防治法》关于船舶水污染防治的限制性规定

序号	禁止性规定	违法行为描述	法律责任	职能部门
1	船舶排放含油污水、生活污水，应当符合船舶污染物排放标准。从事海洋航运的船舶进入内河和港口的，应当遵守内河的船舶污染物排放标准（第五十九条）	—	—	—
2	船舶的残油、废油应当回收（第五十九条）	—	—	—
3	船舶装载运输油类或者有毒货物，应当采取防止溢流和渗漏的措施，防止货物落水造成水污染（第五十九条）	—	—	—

序号	禁止性规定	违法行为描述	法律责任	职能部门
4	进入中华人民共和国内河的国际航线船舶排放压载水的，应当采用压载水处理装置或者采取其他等效措施，对压载水进行灭活等处理（第五十九条）	—	—	—
5	船舶应当按照国家有关规定配置相应的防污设备和器材，并持有合法有效的防止水域环境污染的证书与文书（第六十条）	船舶未配置相应的防污染设备和器材，或者未持有合法有效的防止水域环境污染的证书与文书的（第八十九条第一款）	责令限期改正，处二千元以上二万元以下的罚款；逾期不改正的，责令船舶临时停航	海事管理机构、渔业主管部门
6	船舶进行涉及污染物排放的作业，应当严格遵守操作规程，并在相应的记录簿上如实记载（第六十条）	船舶进行涉及污染物排放的作业，未遵守操作规程或者未在相应的记录簿上如实记载的（第八十九条第二款）	责令改正，处二千元以上二万元以下的罚款	海事管理机构、渔业主管部门
7	港口、码头、装卸站和船舶修造厂所在地市、县级人民政府应当统筹规划建设船舶污染物、废弃物的接收、转运及处理处置设施（第六十一条第一款）	—	—	—
8	港口、码头、装卸站和船舶修造厂应当备有足够的船舶污染物、废弃物的接收设施。从事船舶污染物、废弃物接收作业，或者从事装载油类、污染危害性货物船舱清洗作业的单位，应当具备与其运营规模相适应的接收处理能力（第六十一条第二款）	—	—	—
9	船舶及有关作业单位从事有污染风险的作业活动，应当按照有关法律法规和标准，采取有效措施，防止造成水污染。海事管理机构、渔业主管部门应当加强对船舶及有关作业活动的监督管理（第六十二条第一款）	船舶及有关作业单位从事有污染风险的作业活动，未按照规定采取污染防治措施的（第九十条第三项）	责令停止违法行为，处一万元以上十万元以下的罚款；造成水污染的，责令限期采取治理措施，消除污染，处二万元以上二十万元以下的罚款；逾期不采取治理措施的，海事管理机构、渔业主管部门按照职责分工可以指定有治理能力的单位代为治理，所需费用由船舶承担	海事管理机构、渔业主管部门

序号	禁止性规定	违法行为描述	法律责任	职能部门
10	船舶进行散装液体污染危害性货物的过驳作业，应当编制作业方案，采取有效的安全和污染防治措施，并报作业地海事管理机构批准（第六十二条第二款）	未经作业地海事管理机构批准，船舶进行散装液体污染危害性货物的过驳作业的（第九十条第二项）	责令停止违法行为，处一万元以上十万元以下的罚款；造成水污染的，责令限期采取治理措施，消除污染，处二万元以上二十万元以下的罚款；逾期不采取治理措施的，海事管理机构、渔业主管部门按照职责分工可以指定有治理能力的单位代为治理，所需费用由船舶承担	海事管理机构、渔渔业主管部门

第三节 防治海洋环境污染的法律规定

一、防治海洋环境污染的法律法规依据

我国现行的防治海洋环境污染的法律法规及规章，见表 5-8。

表 5-8 防治海洋环境污染的法律法规及规章主要依据

效力等级	名 称	施行日期
法律	《海洋环境保护法》	2016 年 11 月 7 日
国际公约	《联合国海洋法公约》	1996 年 5 月 15 日
	《防止倾倒废物及其他物质污染海洋的公约》	1985 年 9 月 6 日
行政法规	《海洋观测预报管理条例》	2012 年 6 月 1 日
	《对外合作开采海洋石油资源条例》	2011 年 11 月 1 日
	《海洋倾废管理条例》	2011 年 1 月 8 日
	《防治船舶污染海洋环境管理条例》	2013 年 12 月 7 日
	《防治海岸工程建设项目污染损害海洋环境管理条例》	2008 年 1 月 1 日
	《防治海洋工程建设项目污染损害海洋环境管理条例》	2006 年 11 月 1 日
	《防治陆源污染物污染损害海洋环境管理条例》	1990 年 8 月 1 日
	《海洋石油勘探开发环境保护管理条例》	1983 年 12 月 29 日
部门规章	《船舶及其有关作业活动污染海洋环境防治管理规定》	2013 年 12 月 24 日
	《船舶污染海洋环境应急防备和应急处置管理规定》	2013 年 12 月 24 日
	《委托签发废弃物海洋倾倒许可证管理办法》	2005 年 1 月 1 日
	《海洋行政处罚实施办法》	2003 年 3 月 1 日

二、防治海洋环境污染的主要法律规定

20 世纪 90 年代以来，随着内河河流和沿岸超标陆源污染物的增多，造成海洋环境污染损害不断加剧，海洋资源也遭到严重破坏。在加入《联合国海洋法公约》等国际条约的前提下，我国在海洋环境保护方面的立法在不断完善，1999 年修订的《海洋环境保护法》在强化海洋污染防治法律制度的基础上，对海域污染物总量控制制度、海洋污染事故应急制度、船舶油污损害民事赔偿制度、船舶油污保险制度和海洋环境污染民事损害赔偿制度

等内容作了新的规定。

（一）海洋环境污染防治的基本制度

1. 海洋功能区划制度

《海洋环境保护法》第 7 条规定，国家海洋行政主管部门会同国务院有关部门和沿海省、自治区、直辖市人民政府根据全国海洋主体功能区规划，拟定全国海洋功能区划，报国务院批准。沿海地方各级人民政府应当根据全国和地方海洋功能区划，保护和科学合理地使用海域。

2. 重点海域排污总量控制制度

《海洋环境保护法》第 11 条规定，国家和地方水污染物排放标准的制定，应当将国家和地方海洋环境质量标准作为重要依据之一。在国家建立并实施排污总量控制制度的重点海域，水污染物排放标准的制定，还应当将主要污染物排海总量控制指标作为重要依据。排污单位在执行国家和地方水污染物排放标准的同时，应当遵守分解落实到本单位的主要污染物排海总量控制指标。对超过主要污染物排海总量控制指标的重点海域和未完成海洋环境保护目标、任务的海域，省级以上人民政府环境保护行政主管部门、海洋行政主管部门，根据职责分工暂停审批新增相应种类污染物排放总量的建设项目环境影响报告书（表）。

3. 排污收费制度

《海洋环境保护法》的排污收费制度与一般的排污收费制度相比有其自身的特殊性。《海洋环境保护法》第 12 条规定，直接向海洋排放污染物的单位和个人，必须按照国家规定缴纳排污费。依照法律规定缴纳环境保护税的，不再缴纳排污费。向海洋倾倒废弃物，必须按照国家规定缴纳倾倒费。根据海洋环境保护法规定征收的排污费、倾倒费，必须用于海洋环境污染的整治，不得挪作他用。具体办法由国务院规定。

4. 重大海上污染事故应急制度

《海洋环境保护法》第 69 条规定，港口、码头、装卸站和船舶修造厂必须按照有关规定备有足够的用于处理船舶污染物、废弃物的接收设施，并使该设施处于良好状态。装卸油类的港口、码头、装卸站和船舶必须编制溢油污染应急计划，并配备相应的溢油污染应急设备和器材。《海洋环境保护法》第 90 条规定，对违反海洋环境保护法规定，造成海洋环境污染事故的单位，除依法承担赔偿责任外，由依照海洋环境保护法规定行使海洋环境监督管理权的部门依照本条第二款的规定处以罚款；对直接负责的主管人员和其他直接责任人员可以处上一年度从本单位取得收入百分之五十以下的罚款；直接负责的主管人员和其他直接责任人员属于国家工作人员的，依法给予处分。对造成一般或者较大海洋环境污染事故的，按照直接损失的百分之二十计算罚款；对造成重大或者特大海洋环境污染事故的，按照直接损失的百分之三十计算罚款。对严重污染海洋环境、破坏海洋生态，构成犯罪的，依法追究刑事责任。

（二）防治陆源污染物对海洋环境污染损害的措施

陆源污染物，是指从陆地向海域排放的造成海洋环境污染的物质。我国《海洋环境保护法》主要从入海排污口设置和禁限措施两个方面对防治陆源污染物污染海洋环境做出了具体规定。

1. 入海排污口设置

入海排污口的设置，必须符合以下规定：① 应当根据海洋功能区划、海水动力条件和有关规定，并经过科学论证；② 有条件的地区，应当将排污口深海设置，实行离岸排放；③ 不得在海洋自然保护区、重要渔业水域、海滨风景名胜区和其他需要特别保护的区域新建排污口。设置入海排污口的审批权限是设区的市级以上人民政府环境保护行政主管部门。

违反该条规定设置入海排污口的，由县级以上地方人民政府环境保护行政主管部门责令其关闭，并处2万元以上10万元以下罚款。

2. 禁限措施

（1）禁止性措施包括：禁止向海域排放油类、酸液、剧毒废液和高、中水平放射性废水；禁止经中华人民共和国内水、领海转移危险废物；经中华人民共和国管辖的其他海域转移危险废物的，必须事先取得国务院环境保护行政主管部门的书面同意。

向海域排放禁止排放的污染物或其他物质的，由行使海洋环境监督管理权的部门责令限期改正，并处以3万元以上20万元以下罚款；经中华人民共和国管辖海域转移危险废物的，由国家海事行政主管部门责令非法运输该危险废物的船舶退出中华人民共和国管辖海域，处5万元以上50万元以下罚款。

（2）限制性措施包括：严格限制向海域排放低水平放射性废水，确需排放的，必须严格执行国家辐射防护规定；严格控制向海域排放含有不易降解的有机物和重金属的废水；严格控制向海湾、半封闭海及其他自净能力较差的海域排放含有有机物和营养物质的工业废水和生活废水；向海域排放含热废水，必须采取有效措施，保证邻近渔业水域的水温符合国家海洋环境质量标准等。

不按照规定向海洋排放污染物，或者超过标准排放污染物的，由行使海洋环境监督管理权的部门责令限期改正，并处2万元以上10万元以下罚款。

（三）防止海岸工程建设项目对海洋环境污染损害的措施

1. 环境影响评价制度

海岸工程建设项目的单位，必须在建设项目可行性研究阶段，对海洋环境进行科学调查，根据自然条件和社会条件，合理选址，编报环境影响报告书。环境影响报告书报环境保护行政主管部门审查批准。

关于违反环境影响评价制度的法律责任，详见第三章第二节。

2. “三同时”制度

海岸工程建设项目未建成环境保护设施，或者环境保护设施未达到规定要求即投入生产、使用的，由环境保护行政主管部门责令其停止生产或者使用，并处2万元以上10万元以下的罚款。

进行海洋工程建设项目，或者海洋工程建设项目未建成环境保护设施、环境保护设施未达到规定要求即投入生产、使用的，由海洋行政主管部门责令其停止施工或者生产、使用，并处5万元以上20万元以下罚款。

3. 采取措施保护海洋生态环境

兴建海岸工程建设项目，必须采取有效措施，保护国家和地方重点保护的野生动植物及其生存环境和海洋水产资源，严格限制在海岸采挖砂石。露天开采海滨砂矿和从岸上打井开采海底矿产资源，必须采取有效措施，防止污染海洋环境。

（四）防止海洋工程建设项目对海洋环境污染损害的措施

海洋工程建设项目，是指在海岸线以下施工兴建的各类海洋工程建设项目，包括海洋石油勘探开发、海上助航工程、跨海桥梁和隧道工程等影响海洋自然生态环境的开发建设项目。

（1）严格执行环评制度和“三同时”制度。

（2）防止油污染事故的措施。海洋石油勘探开发及输油过程中，必须采取有效措施，避免溢油事故的发生。海洋石油钻井船、钻井平台和采油平台的含油污水和油性混合物，必须经过处理达标后排放；残油、废油必须予以回收，不得排放入海。经回收处理后排放的，其含油量不得超过国家规定的标准。海水试油时，应当确保油气充分燃烧，油和油性混合物不得排放入海。

海洋石油勘探开发活动，造成海洋环境污染的，由国家海洋行政主管部门予以警告，并处 2 万元以上 20 万元以下罚款。

（五）防止倾倒废弃物对海洋环境污染损害的措施

所谓倾倒，是指通过船舶、航空器、平台及其他载运工具将废弃物和其他物质处置于海洋的活动，包括弃置船舶、航空器、平台及其辅助设施和其他浮动工具的行为。但不包括船舶、航空器及其他载运工具和设施正常操作产生的废弃物的排放。[①]

1. 倾倒许可证制度

任何单位未经国家海洋行政主管部门批准，不得向我国管辖海域倾倒任何废弃物。需要倾倒废弃物的单位，必须向国家海洋行政主管部门提出书面申请，经国家海洋行政主管部门审查批准，发给许可证后，方可倾倒。禁止我国境外的废弃物在我国管辖海域倾倒。

将我国境外的废弃物运进我国管辖海域倾倒的，由国家海洋行政主管部门予以警告，并根据造成或者可能造成的危害后果，处 10 万元以上 100 万元以下罚款。

2. 倾废单位的义务

①获准倾倒废弃物的单位，必须按照许可证注明的期限及条件，到指定的区域进行倾倒；② 废弃物装载之后，批准单位应当予以核实。倾废单位应当详细记录倾倒的情况，并在倾倒后向批准部门做出书面报告；③ 倾倒废弃物的船舶必须向驶出港的海事行政主管部门做出书面报告。

违反本法规定，不按照许可证的规定倾倒，或者向已经封闭的倾倒区倾倒废弃物的，由海洋行政主管部门予以警告，并处 3 万元以上 20 万元以下罚款；对情节严重的，可以

① 汪劲．环境法学．北京：北京大学出版社，2006：374.

暂扣或者吊销许可证。

3. 倾废主管部门的职责

国家海洋行政主管部门监督管理倾倒区的使用，组织倾倒区的环境监测。对经确认不宜继续使用的倾倒区，国家海洋行政主管部门应当予以封闭，终止在该倾倒区的一切倾倒活动，并报国务院备案。

海洋环境监督管理人员滥用职权、玩忽职守、徇私舞弊造成海洋环境污染损害的，依法给予行政处分；构成犯罪的，依法追究刑事责任。

（六）防治船舶及有关作业活动对海洋环境污染损害的措施

1. 防污设备

从事船舶污染物、废弃物、船舶垃圾接收、船舶清舱、洗舱作业活动的，必须具备相应的接收处理能力。船舶必须配置相应的防污设备和器材。载运具有污染危害性货物的船舶，其结构和设备应当能够防治或者减轻所载货物对海洋环境的污染。

若船舶未配备防污设施、器材的，由行使海洋环境监督管理权的部门予以警告，或者处以2万元以上10万元以下罚款。

2. 防污文书

船舶必须按照有关规定持有防止海洋环境污染的证书与文书，在进行设计污染物排放及操作时，应当如实记录并向海洋环境监督管理部门报告。

船舶未持有防污证书、文书或者不按照规定记载排污记录的，由行使海洋环境监督管理权的部门予以警告，或者处以2万元以下的罚款。

3. 船舶污染损害民事赔偿制度

造成海洋环境污染损害的责任者，应当排除危害，并赔偿损失；完全由于第三人的故意或者过失造成海洋环境污染损害的，由第三人排除危害，并承担赔偿责任。国家完善并实施船舶油污损害民事赔偿责任制度；按照船舶油污损害赔偿责任由船东和货主共同承担风险的原则，建立船舶油污保险、油污损害赔偿基金制度。实施船舶油污保险、油污损害赔偿基金制度的具体办法由国务院规定。

鉴于国务院尚未制定船舶油污损害赔偿责任强制保险的行政法规，因此从事国内沿海油品运输的船舶投保油污损害赔偿责任险，目前应当向国内经营商业保险业务的保险公司投保。①

第四节　防治环境噪声污染的法律规定

一、防治环境噪声污染的法律法规依据

我国现行的防治环境噪声污染的法规，见表5-9。

---

① 参见中国保险监督管理委员会《关于境外船东互保机构承保国内航行油轮油污损害责任保险问题的复函》（保监函〔2002〕13号）。

表 5-9　防治水污染的法律法规主要依据

效力等级	名　称	施行日期
法律	《环境噪声污染防治法》	1997 年 3 月 1 日
规章	《军队环境噪声污染防治规定》	1995 年 1 月 1 日
	《航空器型号和适航合格审定噪声规定》	2002 年 3 月 20 日

二、防治环境噪声污染的主要法律规定

（一）环境噪声污染防治的综合性法律制度

1. 环境影响评价制度

新建、改建、扩建的建设项目，必须遵守国家有关建设项目环境保护管理的规定。建设项目可能产生环境噪声污染的，建设单位必须提出环境影响报告书，规定环境噪声污染的防治措施，并按照国家规定的程序报环境保护行政主管部门批准。环境影响报告书中，应当有该建设项目所在地单位和居民的意见。

关于违反环境影响评价制度的法律责任，详见第三章第二节。

2. “三同时”制度

建设项目的环境噪声污染防治设施必须与主体工程同时设计、同时施工、同时投产使用。建设项目在投入生产或者使用之前，其环境噪声污染防治设施必须经原审批环境影响报告书的环境保护行政主管部门验收；达不到国家规定要求的，该建设项目不得投入生产或者使用。

建设项目中需要配套建设的环境噪声污染防治设施没有建成或者没有达到国家规定的要求，擅自投入生产或者使用的，由批准该建设项目的环境影响报告书的环境保护行政主管部门责令停止生产或者使用，可以并处罚款。

专栏 5-4　关于《环境噪声污染防治法》罚款幅度有关问题的复函
（环发〔1999〕92 号）

山东省环境保护局：

你局《关于对违反〈中华人民共和国环境噪声污染防治法〉行为确定罚款幅度的请示》（鲁环发〔1999〕103 号）收悉。现函复如下：

《中华人民共和国环境噪声污染防治法》赋予环境保护行政主管部门以罚款权，但未规定相应的罚款幅度。在《中华人民共和国环境噪声污染防治法》实施细则颁布之前，各级环境保护行政主管部门在对违反该法的行为确定具体的罚款数额时，可按照如下原则执行：

一、对拒报或者谎报排污申报登记事项、擅自拆除或者闲置污染防治设施、拒绝现场检查、不按规定缴纳排污费以及违反环境保护“三同时”制度和限期治理制度的，《中华人民共和国固体废物污染环境防治法》就这些违法行为规定了具体的罚款额度，可以比照适用。

二、对违反《中华人民共和国环境噪声污染防治法》的其他行为，如夜间进行产生环境噪声污染的建筑施工作业，营业性文化娱乐场所、商业经营活动场所的边界噪声超过国家规定的环境噪声排放标准的，由环境保护行政主管部门根据违法行为的性质、危害后果及其他具体情节，在罚款权限之内确定相应的罚款数额。

三、地方各级环境保护行政主管部门罚款数额的权限，比照《中华人民共和国水污染防治法实施细则》和《中华人民共和国大气污染防治法实施细则》关于罚款权限的规定执行。

1999 年 4 月 9 日

3. 事先申报和公告制度

为防止城市范围内从事生产活动排放偶发性噪声污染扰民，法律规定在城市范围内从事生产活动确需排放偶发性强烈噪声的，必须事先向当地公安机关提出申请，经批准后方可进行。当地公安机关应当向社会公告。未经当地公安机关批准，进行产生偶发性强烈噪声活动的，由公安机关根据不同情节给予警告或者处以罚款。

在工业生产中因使用固定的设备造成环境噪声污染的工业企业，必须按照国务院环境保护行政主管部门的规定，向所在地的县级以上地方人民政府环境保护行政主管部门申报拥有的造成环境噪声污染的设备的种类、数量以及在正常作业条件下所发出的噪声值和防治环境噪声污染的设施情况，并提供防治环境噪声的技术资料。造成环境噪声污染的设备的种类、数量、噪声值和防治设施有重大改变的，必须及时申报，并采取应有的防治措施。

拒报或者谎报规定的环境噪声排放申报事项的，县级以上地方人民政府环境保护行政主管部门可以根据不同情节，给予警告或者处以罚款。

4. 征收超标排污费制度

同《大气污染防治法》《水污染防治法》等污染防治法律不同的是，我国《环境噪声污染防治法》在排污费的征收方面依然采取的是征收超标排污费的方法。产生环境噪声污染的单位，应当采取措施进行治理，并按照国家规定缴纳超标排污费。征收的超标排污费必须用于污染防治，不得挪作他用。

不按照国家规定缴纳超标准排污费的，县级以上地方人民政府环境保护行政主管部门可以根据不同情节，给予警告或者处以罚款。

5. 限期治理制度

对于在噪声敏感建筑物集中区域内造成严重环境噪声污染的企业事业单位，限期治理。被限期治理的单位必须按期完成治理任务。限期治理由县级以上人民政府按照国务院规定的权限决定。对小型企业事业单位的限期治理，可以由县级以上人民政府在国务院规定的权限内授权其环境保护行政主管部门决定。

对经限期治理逾期未完成治理任务的企业事业单位，除依照国家规定加收超标准排污费外，可以根据所造成的危害后果处以罚款，或者责令停业、搬迁、关闭。

上述罚款由环境保护行政主管部门决定。责令停业、搬迁、关闭由县级以上人民政府按照国务院规定的权限决定。

6. 限期淘汰制度

国家对环境噪声污染严重的落后设备实行淘汰制度。国务院经济综合主管部门应当会同国务院有关部门公布限期禁止生产、禁止销售、禁止进口的环境噪声污染严重的设备名录。生产者、销售者或者进口者必须在国务院经济综合主管部门会同国务院有关部门规定的限期内分别停止生产、销售或者进口列入前款规定的名录中的设备。

生产、销售、进口禁止生产、销售、进口设备的，由县级以上人民政府经济综合主管部门责令改正；情节严重的，由县级以上人民政府经济综合主管部门提出意见，报请同级人民政府按照国务院规定的权限责令停业、关闭。

7. 现场检查制度

县级以上人民政府环境保护行政主管部门和其他环境噪声防治工作的监督管理部门、机构，有权依据各自的职责对管辖范围内排放环境噪声的单位进行环境检查。被检查的单位必须如实反映情况，并提供必要的资料。检查部门、机构应当为被检查的单位保守技术秘密和业务秘密。检查人员进行现场检查，应当出示证件。

排放环境噪声的单位违反法律规定，拒绝环境保护行政主管部门或者其他依照本法规定行使环境噪声监督管理权的部门、机构现场检查或者在被检查时弄虚作假的，环境保护行政主管部门或者其他依照本法规定行使环境噪声监督管理权的监督管理部门、机构可以根据不同情节，给予警告或者处以罚款。

（二）工业噪声污染防治的措施

工业噪声，是指在工业生产活动中使用固定设备时产生的干扰周围生活环境的声音。

工业噪声污染的防治，主要涉及如下几个方面：

（1）产生环境噪声污染的工业企业，应当采取有效措施，减轻噪声对周围生活环境的影响。在城市范围内向周围生活环境排放工业噪声的，应当符合国家规定的工业企业厂界环境噪声排放标准。

（2）使用固定的设备造成环境噪声污染的工业企业，必须按照国务院环境保护行政主管部门的规定，向所在地县级以上地方人民政府环境保护行政主管部门申报拥有的造成环境噪声污染的设备种类、数量以及在正常工作条件下所发出的噪声值和防治环境噪声污染的设施情况，并提供防治噪声污染的技术资料。造成环境噪声污染的设备种类、数量、噪声值和防治设施有重大改变的，必须及时申报，并采取应有的防治措施。如果拒报或者谎报的，由县级以上地方人民政府环境保护行政主管部门根据情节给予警告或处以罚款。

（三）建筑施工噪声污染防治的措施

（1）在城市市区范围内，建筑施工过程中使用机械设备，可能产生环境噪声污染的，施工单位必须在工程开工 15 日前向工程所在地县级以上地方人民政府环境保护行政主管部门申报该工程的项目名称、施工场所和期限、可能产生的环境噪声值以及所采取的环境噪声污染防治措施的情况。

（2）在城市市区噪声敏感建筑物集中区域即医疗区、文教科研区和以机关或者居民住宅区为主的区域范围内，禁止夜间进行产生环境噪声污染的建筑施工作业，但抢修、抢险作业和因生产工艺上要求或特殊需要必须连续作业的除外。所谓“夜间”是指晚 10 点至早6点。如果确实因为特殊需要必须连续作业的，必须有县级以上人民政府或者其有关部门的证明，而且必须公告附近居民。

专栏5-5 关于夜间违法进行建筑施工作业处罚问题的复函
（环函〔2004〕392号）

河南省环境保护局：

你局《关于对夜间违法超时超标建筑施工作业行为实施行政处罚的依据问题的请示》（豫环法〔2004〕8号）收悉。经研究，函复如下：

《环境噪声污染防治法》赋予环境保护行政主管部门以罚款权，但未规定相应的罚款幅度。

《环境保护行政处罚办法》第7条规定，环境保护行政主管部门在对环境违法行为实施处罚时，应当在法定的处罚种类和幅度范围内，综合考虑当事人的过错程度、违法行为造成的危害后果、改正违法行为的态度和改正措施以及违法行为是初犯还是再犯等有关具体情节。

根据以上规定，对违反《环境噪声污染防治法》，夜间进行产生噪声污染的建筑施工作业的，由环境保护行政主管部门综合考虑当事人的过错程度、违法行为造成的危害后果、改正违法行为的态度和改正措施，以及违法行为是初犯还是再犯等有关具体情节，裁定相应的罚款数额。

地方性法规和政府规章对违法进行夜间建筑施工作业的处罚已有规定的，可以适用其规定。

2004年11月5日

（四）交通噪声污染防治的措施

（1）禁止制造、销售或者进口超过规定的噪声限值的汽车。

（2）在城市市区范围内行驶的机动车辆的消声器和喇叭必须符合国家规定的要求。机动车辆必须加强维修和保养，保持技术性能良好，防治环境噪声污染。

（3）机动车辆在城市市区范围内行驶，机动船舶在城市市区的内河航道航行，铁路机车驶经或者进入城市市区、疗养区时，必须按照规定使用声响装置，否则将由有关行政机关给予警告或者罚款。警车、消防车、工程抢险车、救护车等机动车辆安装、使用警报器，必须符合国务院公安部门的规定；在执行非紧急任务时，禁止使用警报器。

（五）社会生活噪声污染防治的措施

1. 对商业经营活动排放噪声的规定

在城市市区噪声敏感集中区域内，因商业经营活动中使用固定设备造成环境噪声污染的商业企业，必须向所在地的县级以上地方人民政府环境保护行政主管部门申报拥有的造成环境噪声污染的设备的状况和防治环境噪声污染的设施的情况。

2. 对营业性文化娱乐场所排放噪声的规定

新建营业性文化娱乐场所的边界噪声必须符合国家规定的环境噪声排放标准；不符合国家规定的环境噪声排放标准，文化行政主管部门不得核发文化经营许可证，工商行政管理部门不得核发营业执照。经营中的文化娱乐场所，其经营管理者必须采取有效措施，使其边界噪声不超过国家规定的环境噪声排放标准。违反该规定的，由县级以上地方人民政府环境保护行政主管部门责令改正，可以处以罚款。

3. 对饮食服务业排放噪声的规定

禁止在城市市区噪声敏感建筑物集中区域用高音广播喇叭，并禁止在商业经营活动中以使用高音喇叭或者采取其他发出高噪声的方法来招徕顾客；在商业经营活动中使用空调器、冷却塔等可能产生环境噪声污染的设备、设施的，其经营管理者应当采取措施，使其边界噪声不超过国家规定的环境噪声排放标准；在城市市区街道、广场、公园等公共娱乐场所组织娱乐、集会等活动，使用音响器材可能产生干扰周围生活环境的过大音量的，必须遵守和服从当地公安机关的规定。

4. 对住宅楼室内装修等室内行为排放噪声的规定

在已竣工交付使用的住宅楼进行室内装修活动，应当限制作业时间，并采取其他有效措施，以减轻、避免对周围居民造成环境噪声污染；使用家用电器、乐器或者进行其他家庭室内娱乐活动时，应当控制音量或者采取其他有效措施，避免对周围居民造成环境噪声污染。

第五节　防治固体废物污染环境的法律规定

一、防治固体废物污染环境的法律法规依据

我国现行的防治固体废物污染环境的主要法律法规及规章，见表 5-10。

表 5-10　防治固体废物污染环境的法律法规主要依据

效力等级	名　称	施行日期
法律	《固体废物污染环境防治法》	2016 年 11 月 7 日
行政法规	《畜禽规模养殖污染防治条例》	2014 年 1 月 1 日
部门规章	《固体废物进口管理办法》	2011 年 8 月 1 日
	《危险废物出口核准管理办法》	2008 年 3 月 1 日
	《危险废物转移联单管理办法》	1999 年 10 月 1 日
	《医疗废物管理行政处罚办法》	2004 年 6 月 1 日
	《进口可用作原料的固体废物检验检疫监督管理办法》	2009 年 11 月 1 日
	《防止船舶垃圾和沿岸固体废物污染长江水域管理规定》	1998 年 3 月 1 日

二、固体废物污染防治的主要法律规定

（一）固体废物污染防治的法律原则

1. “三化”原则

即减量化、资源化、无害化原则。

减量化是指从产生固体废物的源头进行控制，采取预防为主的原则，削减固体废物的产生量，采用清洁的生产工艺，将固体废物污染环境的防治提前到固体废物的产生阶段。

资源化即充分合理利用固体废物，是指将其中一部分可以回收利用的固体废物加以充分利用，使其变废为宝。通过对固体废物的大量利用，不仅减少了固体废物的数量，减轻了污染，而且创造了大量的物质财富，取得了可观的经济效益。综合利用、变废为宝，是防治固体废物污染环境的一项根本措施。

无害化是指将固体废物中不可利用的部分进行无害化处置。即通过焚烧以及其他改变固体废物的物理、化学、生物特性的方法，达到减少已产生的固体废物的数量、缩小其体积，减少或者消除其危险成分的活动，或者将固体废物最终置于环境保护规定要求的场所或者设施并不再取回的活动。

“三化”原则代表了当今国际社会固体废物污染防治中的先进指导思想，已被越来越多的国家采纳并用于实践。我国《固体废物污染环境防治法》中的很多条款都体现了“3R”原则，如第3条规定：“国家对固体废物污染环境的防治，实行减少固体废物的产生量和危害性、充分合理利用固体废物和无害化处置固体废物的原则，促进清洁生产和循环经济发展。国家采取有利于固体废物综合利用活动的经济、技术政策和措施，对固体废物实行充分回收和合理利用。国家鼓励、支持采取有利于保护环境的集中处置固体废物的措施，促进固体废物污染环境防治产业发展。”

2. “全过程控制”原则

“全过程控制”原则是指对固体废物的产生、运输、贮存、处理和处置的全过程及各个环节上都实行控制管理和开展污染防治工作，这一原则又形象地被称为从“摇篮”到“坟墓”的管理原则。该原则主要包括以下规定：①产生固体废物的单位和个人，应当采取措施，防止或者减少固体废物对环境的污染。②收集、贮存、运输、利用、处置固体废物的单位和个人，必须采取防扬散、防流失、防渗漏或者其他防止污染环境的措施；不得擅自倾倒、堆放、丢弃、遗撒固体废物；对收集、贮存、运输、处置固体废物的设施、设备和场所，应当加强管理和维护，保证其正常运行和使用。③产品和包装物的设计、制造，应当遵守国家有关清洁生产的规定。

3. 污染者依法负责原则

国家对固体废物污染环境防治实行污染者依法负责的原则。产品的生产者、销售者、进口者、使用者对其产生的固体废物依法承担污染防治责任。

4. 对危险废物严格控制和重点防治原则

《固体废物污染环境防治法》设专节对危险废物的严格控制和防治作出规定。对此内容，将在下文详细阐述。

5. 鼓励固体废物循环利用原则

国家鼓励单位和个人购买、使用再生产品和可重复利用产品；鼓励、支持采取有利于保护环境的集中处置固体废物的措施，促进固体废物污染环境防治产业发展；鼓励科研、生产单位研究、生产易回收利用、易处置或者在环境中可降解的薄膜覆盖物和商品包装物。

（二）固体废物污染防治的主要制度

1. 环境影响评价制度

建设产生固体废物的项目以及建设贮存、利用、处置固体废物的项目，必须依法进行环境影响评价，并遵守国家有关建设项目环境保护管理的规定。

关于违反环境影响评价制度的法律责任，详见第三章第二节。

2. “三同时” 制度

建设项目的环境影响评价文件确定需要配套建设的固体废物污染环境防治设施，必须与主体工程同时设计、同时施工、同时投入使用。固体废物污染环境防治设施必须经原审批环境影响评价文件的环境保护行政主管部门验收合格后，该建设项目方可投入生产或者使用。对固体废物污染环境防治设施的验收应当与对主体工程的验收同时进行。

违反规定，建设项目需要配套建设的固体废物污染环境防治设施未建成、未经验收或者验收不合格，主体工程即投入生产或者使用的，由审批该建设项目环境影响评价文件的环境保护行政主管部门责令停止生产或者使用，可以并处10万元以下罚款。

3. 现场检查制度

县级以上人民政府环境保护行政主管部门和其他固体废物污染环境防治工作的监督管理部门，有权依据各自的职责对管辖范围内与固体废物污染环境防治有关的单位进行现场检查。被检查的单位应当如实反映情况，提供必要的资料。检察机关应当为被检查的单位保守技术秘密和业务秘密。检察机关进行现场检查时，可以采取现场监测、采集样品、查阅或者复制与固体废物污染环境防治相关的资料等措施。检查人员进行现场检查，应当出示证件。

拒绝县级以上人民政府环境保护行政主管部门或者其他固体废物污染环境防治工作的监督管理部门现场检查的，由执行现场检查的部门责令限期改正；拒不改正或者在检查时弄虚作假的，处2 000元以上20 000元以下罚款。

现场检查是环保法律中一个很重要的执法手段，被接受检查单位，不得以任何理由拒绝，必须积极配合，如实反映情况，提供必要的资料，通过检查发现存在问题，提出改进措施，对拒绝检查、拒不改正或检查时弄虚作假要给予行政处罚。

这里需要说明的是，如果行为人以暴力、威胁的方法阻挠固体废物污染环境防治监督管理部门进行现场检查的，根据《刑法》的规定，以暴力、威胁方法阻碍国家机关工作人员依法执行职务的，可能构成妨碍公务罪。对犯本罪的，处3年以下有期徒刑、拘役、管制或者罚金。

4. 固废信息发布制度

国务院环境保护行政主管部门建立固体废物污染环境监测制度，制定统一的监测规范，并会同有关部门组织监测网络。大、中城市人民政府环境保护行政主管部门应当定期发布固体废物的种类、产生量、处置状况等信息。

5. 污染防治设施、场所的停用核准制度

禁止擅自关闭、闲置或者拆除工业固体废物污染环境防治设施、场所；确有必要关闭、闲置或者拆除的，必须经所在地县级以上地方人民政府环境保护行政主管部门核准，并采取措施，防止污染环境（《固体废物污染环境防治法》第34条）。擅自关闭、闲置或者拆除生活垃圾处置设施、场所的，由县级以上地方人民政府环境卫生行政主管部门责令停止违法行为，限期改正，处以1万元以上10万元以下罚款。

禁止擅自关闭、闲置或者拆除生活垃圾处置设施、场所；确有必要关闭、闲置或者拆除的，必须经所在地县级以上地方人民政府环境卫生行政主管部门和环境保护行政主管部门核准，并采取措施，防止污染环境（《固体废物污染环境防治法》第44条第2款）。擅自关闭、闲置或者拆除危险废物集中处置设施、场所的，由县级以上人民政府环境保护行政主管部门责令停止违法行为，限期改正，处以2万元以上20万元以下罚款。

6. 申报登记制度

国家实行工业固体废物申报登记制度。产生工业固体废物的单位必须按照国务院环境保护行政主管部门的规定，向所在地县级以上地方人民政府环境保护行政主管部门提供工业固体废物的种类、产生量、流向、贮存、处置等有关资料。申报事项有重大改变的，应当及时申报。

工业固体废物申报登记在工业固体废物污染环境防治工作中具有基础性的地位和作用。

7. 限期淘汰和限期治理制度

（1）限期淘汰制度。国务院经济综合宏观调控部门应当会同国务院有关部门组织研究、开发和推广减少工业固体废物产生量和危害性的生产工艺和设备，公布限期淘汰产生严重污染环境的工业固体废物的落后生产工艺、落后设备的名录。

生产者、销售者、进口者、使用者必须在国务院经济综合宏观调控部门会同国务院有关部门规定的期限内分别停止生产、销售、进口或者使用列入前款规定的名录中的设备。生产工艺的采用者必须在国务院经济综合宏观调控部门会同国务院有关部门规定的期限内停止采用列入前款规定的名录中的工艺。列入限期淘汰名录被淘汰的设备，不得转让给他人使用。

违反规定，生产、销售、进口或者使用淘汰的设备，或者采用淘汰的生产工艺的，由县级以上人民政府经济综合宏观调控部门责令改正；情节严重的，由县级以上人民政府经济综合宏观调控部门提出意见，报请同级人民政府按照国务院规定的权限决定停业或者关闭。

这里所说的停业，是指行政执法机关对违法的企业事业组织，限其在一定期限内停止一切生产经营活动的一种行政处罚；这里所说的关闭，是指行政执法机关对违法的企业事业组织依法剥夺其从事某项生产经营活动的权利的一种行政处罚。决定停业或者关闭的行政处罚，仅适用于情节严重的违法行为。情节是否严重，应当视具体情况确定。如违法行为人在规定的期限届满后，仍旧继续生产、销售、进口或者使用淘汰的设备、采用淘汰的生产工艺的，或者在县级以上人民政府经济综合宏观调控部门责令其改正而拒不改正的。决定停业或者关闭只能选择其一适用，因为停业与关闭是两种程度不同的行政处罚，被停业的企业事业单位，如果及时改正并停止违法行为，积极消除危害后果，经有关部门允许，可以复业继续从事生产经营等活动。被关闭的企业事业单位，实际上是取消了其继续从事生产经营等活动的资格，一般不予复业。

（2）限期治理制度。《固体废物污染环境防治法》改革了限期治理制度，将限期治理决定权下放到环境保护部门。违反规定，造成固体废物严重污染环境的，由县级以上人民政府环境保护行政主管部门按照国务院规定的权限决定限期治理；逾期未完成治理任务的，由本级人民政府决定停业或者关闭。

在实施过程中，造成固体废物严重污染环境的情况是十分复杂的，有关人民政府及其环境保护行政主管部门要严肃执法，对能够通过限期治理解决严重污染问题的，就不要责令其停业，对可以通过停业整顿解决问题的，就不必责令其关闭。

8. 排污收费制度

《固体废物污染环境防治法》改革了固体废物收费的项目，明确规定只收危险废物排污费，工业固废不再收费。

9. 生产者责任延伸制度

生产、销售、进口依法被列入强制回收目录的产品和包装物的企业，必须按照国家有关规定对该产品和包装物进行回收。

10. 防治危险废物污染环境的特别制度

(1) 危险废物名录制度。国务院环境保护行政主管部门应当会同国务院有关部门制定国家危险废物名录，规定统一的危险废物鉴别标准、鉴别方法和识别标志。

(2) 危险废物识别标志制度。危险废物识别标志制度，是指对危险废物的容器和包装物以及收集、贮存、运输、处置危险废物的设施、场所，必须设置危险废物识别标志。

不具备专门知识的人只能通过危险废物的标志来获得理解，如通过文字、图像、色彩等。因此，设置统一的危险废物标识标志有利于方便和严格管制危险废物，这也是国际通行的做法。我国已经加入的《巴塞尔公约》中就明确要求设置危险废物识别标志。

目前，我国对设置危险废物标志的规定有：①《危险废物贮存污染控制标准》(GB 18597—2001)规定，产生、贮存危险废物的单位及盛装危险废物的容器和包装物要按照该标准的附录 A 设置危险废物标志；②《环境保护图形标志——固体废物贮存（处置）场》(GB 15562.2—1995）要求收集、运输、处置危险废物的设施、场所设置危险废物警告标志；③《危险废物安全填埋处置工程建设技术要求》（环发〔2004〕75 号）规定，安全填埋场运作场地入口处应设一定数量的光字牌，标明危险字样，牌子必须从 7m 远处清晰可见；④《危险废物污染防治技术政策》（环发〔2001〕199 号）明确规定，装有危险废物的容器必须贴有标签，在标签上详细标明危险废物的名称、重量、成分、特性以及发生泄漏、扩散污染事故时的应急措施和补救方法；⑤《医疗废物转运车技术要求（试行)》(GB 19217—2003）要求收集、运输、处置危险废物的设施和场所设置医疗废物转运车标志；⑥《医疗废物专用包装袋、容器和警示标志标准》（HJ 421—2008）规定，医疗废物包装袋、利器盒、周转箱（桶）整体颜色为淡黄，明显处均应印制相应的警示标志和警告语。

(3) 危险废物经营许可证制度。从事收集、贮存、处置危险废物经营活动的单位，必须向县级以上人民政府环境保护行政主管部门申请领取经营许可证；从事利用危险废物经营活动的单位，必须向国务院环境保护行政主管部门或者省、自治区、直辖市人民政府环境保护行政主管部门申请领取经营许可证。禁止无经营许可证或者不按照经营许可证规定从事危险废物收集、贮存、利用、处置的经营活动；禁止将危险废物提供或者委托给无经营许可证的单位从事收集、贮存、利用、处置的经营活动。

国务院已于2004年5月颁布了《危险废物经营许可证管理办法》[并经《国务院关于修改部分行政法规的决定》（国务院令第645号）修改]，对申请领取危险废物经营许可证的条件、程序等内容作了具体规定。据此，任何从事收集、贮存、利用、处置危险废物经营活动的单位都必须向有关人民政府的环境保护部门申请领取相应的经营许可证，无经营许可证或者不按照经营许可证规定从事危险废物收集、贮存、利用、处置经营活动的行为是不允许的；否则，就构成违法行为。

（4）安全处置管理制度。① 分类管理，禁混经营。收集、贮存危险废物，必须按照危险废物特性分类进行。禁止混合收集、贮存、运输、处置性质不相容而未经安全性处置的危险废物。禁止将危险废物混入非危险废物中贮存（《固体废物污染环境防治法》第58条）。② 运输管理。运输危险废物，必须采取防止污染环境的措施，并遵守国家有关危险货物运输管理的规定。禁止将危险废物与旅客在同一运输工具上载运。③ 无害转用管理。收集、贮存、运输、处置危险废物的场所、设施、设备和容器、包装物及其他物品转作他用时，必须经过消除污染的处理，方可使用。

违反上述规定的，将由县级以上环境保护行政主管部门责令停止违法行为，限期改正，处1万元以上10万元以下罚款。

专栏 5-6　天津某高科技（天津）有限公司环境违法案

天津某高科技（天津）有限公司收集、贮存危险废物的场所未设置危险废物识别标志。违反了《固体废物污染环境防治法》第52条的规定，依法应当予以处罚。天津市环境保护局依据《固体废物污染环境防治法》第75条的规定，决定对该公司处人民币1万元罚款。

资料来源：《天津市环境保护局行政处罚决定书》（津市环罚字〔2011〕7号）。

专栏 5-7　关于危险废物监督管理中法律适用问题的复函（环办函〔2014〕104号）

贵州省环境保护厅：

你厅《关于危险废物监督管理中法律适用问题的请示》（黔环呈〔2013〕158号）收悉。经研究，现函复如下：

一、《中华人民共和国固体废物污染环境防治法》中明确规定，危险废物是指列入《国家危险废物名录》或者根据危险废物鉴别标准和鉴别方法认定的具有危险特性的固体废物。因此，《建设项目竣工环境保护验收技术规范 电解铝》（HJ/T 254—2006）不具备认定某种废物是否属于危险废物的法律依据。

二、在根据危险废物鉴别标准和鉴别方法认定固体废物是否具有危险特性时，应依据《危险废物鉴别技术规范》（HJ/T 298—2007）中确定采样的份样数、份样量和采样方法。因此，建议按照《危险废物鉴别技术规范》（HJ/T 298—2007）对电解铝行业阳极残极碳渣进行危险废物的危险特性鉴别，确定其危险废物管理属性。

特此函复。

环境保护部办公厅

2014 年 1 月 27 日

(5) 行政代执行制度。行政代执行制度，是指为使危险废物的产生单位承担处置危险废物的责任，在其违反规定逾期不处置或者处置不符合规定时，由环境保护行政主管部门制定其他单位代为处置，处置费用由产生危险废物的单位承担的法律规定。

产生危险废物的单位，必须按照国家有关规定处置危险废物，不得擅自倾倒、堆放；不处置的，由所在地县级以上地方人民政府环境保护行政主管部门责令限期改正；逾期不处置或者处置不符合国家有关规定的，由所在地县级以上地方人民政府环境保护行政主管部门指定单位按照国家有关规定代为处置，处置费用由产生危险废物的单位承担。

危险废物产生者不处置其产生的危险废物又不承担依法应当承担的处置费用的，由县级以上地方人民政府环境保护行政主管部门责令限期改正，处代为处置费用 1 倍以上 3 倍以下罚款。

(6) 造成固体废物污染环境事故的后果。造成固体废物污染环境事故的，由县级以上人民政府环境保护行政主管部门处 2 万元以上 20 万元以下罚款；造成重大损失的，按照直接损失的 30%计算罚款，但是最高不超过 100 万元，对负有责任的主管人员和其他直接责任人员，依法给予行政处分；造成固体废物污染环境重大事故的，并由县级以上人民政府按照国务院规定的权限决定停业或者关闭。

根据不同的行政处罚，《固体废物污染环境防治法》第 82 条规定了不同的执法主体。本条规定罚款的行政处罚是由县级以上人民政府环境保护行政主管部门实施。本条规定的对负有责任的主管人员和其他直接责任人员给予行政处分，应当依法进行，即给予行政处分一般由负有直接责任的主管人员和其他直接责任人员的所在单位或者政府主管机关执行。本条规定的责令停业或者关闭的行政处罚由县级以上人民政府按照国务院规定的权限决定，也就是说，国务院规定哪些企业事业单位由哪一级人民政府管辖，就由哪一级人民政府根据其违法行为是否造成了固体废物污染环境重大事故的事实决定是否要将其停业或者关闭。

11. 防止畜禽粪便污染环境的制度

从事畜禽规模养殖未按照国家有关规定收集、贮存、处置畜禽粪便，造成环境污染的，由县级以上地方人民政府环境保护行政主管部门责令限期改正，可以处 5 万元以下罚款。

《畜禽规模养殖污染防治条例》规定，将畜禽养殖废弃物用作肥料，超出土地消纳能力，造成环境污染的或者从事畜禽养殖活动或者畜禽养殖废弃物处理活动，未采取有效措施，导致畜禽养殖废弃物渗出、泄漏的，由县级以上地方人民政府环境保护主管部门责令停止违法行为，限期采取治理措施消除污染，依照上述规定和《水污染防治法》的有关规定予以处罚。

未按照国家有关规定收集、贮存、处置畜禽粪便，但没有造成环境污染的，可以不予处罚。是否处以罚款以及罚款的具体数额由县级以上地方人民政府环境保护行政主管部门根据违法行为的具体情况和环境污染程度来确定。

12. 特殊保护区管理制度

特殊保护区是指国务院和国务院有关部门及省级人民政府划定的自然保护区，风景名胜区，饮用水水源保护区，基本农田保护区和其他需特别保护的区域。禁止在特殊保护区建设工业固体废物集中贮存、处置的设施、场所和生活垃圾填埋场。

违反上述规定的，由县级以上人民政府环境保护行政主管部门责令停止违法行为，限期改正，处以 1 万元以上 10 万元以下罚款。

13. 控制固体废物转移的管理制度

控制固体废物转移的管理制度，是指为控制固体废物跨区或者越境转移而产生的环境污染，以及防止将治理污染的负担、损失向异地、异国转嫁的环境管理制度。《固体废物污染环境防治法》对此作了具体规定：

（1）转移固体废物出省、自治区、直辖市行政区域贮存、处置的，应当向固体废物移出地的省、自治区、直辖市人民政府环境保护行政主管部门提出申请。移出地的省、自治区、直辖市人民政府环境保护行政主管部门应当商经接受地的省、自治区、直辖市人民政府环境保护行政主管部门同意后，方可批准转移该固体废物出省、自治区、直辖市行政区域。未经批准的，不得转移。（第 23 条）

（2）禁止中华人民共和国境外的固体废物进境倾倒、堆放、处置。对已经非法入境的固体废物，由省级以上人民政府环境保护行政主管部门依法向海关提出处理意见，海关应当依照《固体废物污染环境防治法》第 78 条的规定作出处罚决定；已经造成环境污染的，由省级以上人民政府环境保护行政主管部门责令进口者消除污染。

其中，责令退运是指海关命令违法行为人将已经非法入境的固体废物退运出中国境内。需要说明的是，这里罚款的处罚是一种“可以并罚”的行政处罚，在本条中不能单独适用。同时，对进口者不明的，由承运人承担退运该固体废物的责任，或者承担其处置费用。

（3）转移危险废物的，必须按照国家有关规定填写危险废物转移联单。跨省、自治区、直辖市转移危险废物的，应当向危险废物移出地省、自治区、直辖市人民政府环境保护行政主管部门申请。移出地省、自治区、直辖市人民政府环境保护行政主管部门应当商经接受地省、自治区、直辖市人民政府环境保护行政主管部门同意后，方可批准转移该危险废物。未经批准的，不得转移。转移危险废物途经移出地、接受地以外行政区域的，危险废物移出地设区的市级以上地方人民政府环境保护行政主管部门应当及时通知沿途经过的设区的市级以上地方人民政府环境保护行政主管部门（第五十九条）。不按照国家规定填写危险废物转移联单或者未经批准擅自转移危险废物的，处二万元以上二十万元以下的罚款。

（4）禁止经中华人民共和国过境转移危险废物。经中华人民共和国过境转移危险废物的，由海关责令退运该危险废物，可以并处 5 万元以上 50 万元以下罚款。

14. 进口分类管理制度

①国务院环境保护行政主管部门会同国务院对外贸易主管部门、国务院经济综合宏观调控部门、海关总署、国务院质量监督检验检疫部门制定、调整并公布禁止进口、限制进口和自动许可进口的固体废物目录；②进口列入限制进口目录的固体废物，应当经国务院

环境保护行政主管部门会同国务院对外贸易主管部门审查许可；③进口列入自动许可进口目录的固体废物，应当依法办理自动许可手续；④进口的固体废物必须符合国家环境保护标准，并经质量监督检验检疫部门检验合格。

进口属于禁止进口的固体废物或者未经许可擅自进口属于限制进口的固体废物用作原料的，由海关责令退运该固体废物，可以并处10万元以上100万元以下罚款；构成犯罪的，依法追究刑事责任。

15. 防治城市生活垃圾污染环境的制度

（1）为了防止城市生活垃圾对环境的污染，在贮存、运输、处置城市生活垃圾时不得违反环境法律关于水体、大气、海洋污染的规定。如在贮存、运输、处置城市生活垃圾时应当按照环境卫生行政主管部门的规定，在指定的地点放置，不得随意倾倒、抛撒或者堆放。

（2）及时清运、合理利用和无害化处置城市生活垃圾。县级以上地方人民政府环境卫生行政主管部门应当组织对城市生活垃圾进行清扫、收集、运输和处置，并应当遵守国家有关环境保护和环境卫生管理的规定，防止污染环境；合理利用生活垃圾是达到生活垃圾减量化的重要措施，采取这一措施不仅能够节余资源，同时也可减少生活垃圾对环境的污染。

（3）逐步做到城市生活垃圾分类收集、运输，并积极开展合理利用和实施无害化处置。

（三）固体废物污染防治的综合性管理制度

1. 技术政策制度

县级以上人民政府应当将固体废物污染环境防治工作纳入国民经济和社会发展计划，并采取有利于固体废物污染环境防治的经济、技术政策和措施。国务院有关部门、县级以上地方人民政府及其有关部门组织编制城乡建设、土地利用、区域开发、产业发展等规划，应当统筹考虑减少固体废物的产生量和危害性、促进固体废物的综合利用和无害化处置。

2. 推广技术与防治知识宣传

国家鼓励、支持固体废物污染环境防治的科学研究、技术开发、推广先进的防治技术和普及固体废物污染环境防治的科学知识。各级人民政府应当加强防治固体废物污染环境的宣传教育，倡导有利于环境保护的生产方式和生活方式。

3. 奖励措施

各级人民政府对在固体废物污染环境防治工作以及相关的综合利用活动中作出显著成绩的单位和个人给予奖励。

（四）固体废物污染防治的其他规定

1. 行政救济途径

《固体废物污染环境防治法》第16条规定："进口者对海关将其所进口的货物纳入固体废物管理范围不服的，可以依法申请行政复议，也可以向人民法院提起行政诉讼。"

2. 举证责任倒置

《固体废物污染环境防治法》第86条规定："固体废物污染环境引起的损害赔偿诉讼，由加害人就法律规定的免责事由及其行为与损害结果之间不存在因果关系承担举证责任。"

3. 法律援助

国家鼓励法律服务机构对固体废物污染环境诉讼中的受害人提供法律援助。

4. 检测机构提供数据

固体废物污染环境的损害赔偿责任和赔偿金额的纠纷，当事人可以委托环境监测机构提供监测数据。环境监测机构应当接受委托，如实提供有关监测数据。

第六节　防治其他有毒有害物污染的法律规定

一、防治放射性污染的法律规定

（一）防治放射性污染的法律法规依据

我国现行的防治放射性污染的法律法规及规章，见表 5-11。

表 5-11　防治放射性污染的法律法规及规章主要依据

效力等级	名　称	施行日期
法律	《放射性污染防治法》	2003 年 10 月 1 日
国际公约	《乏燃料管理安全和放射性废物管理安全联合公约》	2006 年 4 月 29 日
行政法规	《放射性废物安全管理条例》	2012 年 3 月 1 日
	《放射性药品管理办法》	1989 年 1 月 13 日（2011 年 1 月 8 日修订）
	《放射性物品运输安全管理条例》	2010 年 1 月 1 日
	《放射性同位素与射线装置安全和防护条例》	2005 年 12 月 1 日
部门规章	《放射性固体废物贮存和处置许可管理办法》	2014 年 3 月 1 日
	《放射性同位素与射线装置安全和防护管理办法》	2011 年 5 月 1 日
	《放射性物品道路运输管理规定》	2011 年 1 月 1 日
	《放射性物品运输安全许可管理办法》	2010 年 11 月 1 日
	《放射性同位素与射线装置安全许可管理办法》	2006 年 3 月 1 日（2008 年 12 月 6 日修订）
	《放射防护器材与含放射性产品卫生管理办法》	2002 年 7 月 1 日

（二）防治放射性污染的主要法律规定

1. 放射性污染防治的综合性管理措施

（1）安全管理方针。《放射性污染防治法》第 3 条明确指出，国家对放射性污染的防治，实行预防为主、防治结合、严格管理、安全第一的方针。

（2）放射性污染防治标准。国家放射性污染防治标准由国务院环境保护行政主管部门根据环境安全要求、国家经济技术条件制定。国家放射性污染防治标准由国务院环境保护行政主管部门和国务院标准化行政主管部门联合发布。

我国目前有关放射性的环境标准主要有《放射卫生防护基本标准》《核电站环境辐射防护规定》《核设施流出物监测的一般规定》《核辐射环境质量评价一般规定》等。其中，涉及放射工作、辐射应用、放射性废物的标准主要是《辐射防护规定》。

（3）涉核单位的预防义务。涉核单位是指核设施运营单位、核技术利用单位、铀（钍）矿和伴生放射性矿开发利用单位。涉核单位必须采取安全与防护措施，预防发生可能导致放射性污染的各类事故，避免放射性污染危害，并应当对其工作人员进行放射性安全教育、培训，采取有效的防护安全措施。

（4）放射性标志与警示说明义务。放射性物质和射线装置应当设置明显的放射性标志和中文警示说明。生产、销售、使用、贮存、处置放射性物质和射线装置的场所，以及运输放射性物质和含放射源的射线装置的工具，应当设置明显的放射性标志。

不按照规定设置放射性标识、标志、中文警示说明的，由县级以上人民政府环境保护行政主管部门或者其他有关部门依据职权责令限期改正；逾期不改正的，责令停产停业，并处 2 万元以上 10 万元以下罚款；构成犯罪的，依法追究刑事责任。

（5）对含有放射性物质产品的要求。含有放射性物质的产品，应当符合国家放射性污染防治标准；不符合国家放射性污染防治标准的，不得出厂和销售。使用伴生放射性矿渣和含有天然放射性物质的石材做建筑和装修材料，应当符合国家建筑材料放射性核素控制标准。

2. 核设施的管理措施

（1）核设施的运营。核设施营运单位在进行核设施建造、装料、运行、退役等活动前，必须按照国务院有关核设施安全监督管理的规定，申请领取核设施建造、运行许可证和办理装料、退役等审批手续。此前还应当执行环境影响评价和“三同时”制度。

违反环境影响评价制度的，由审批环境影响评价文件的环境保护行政主管部门责令停止违法行为，限期补办手续或者恢复原状，并处 1 万元以上 20 万元以下罚款。

违反“三同时”制度的，由审批环境影响评价文件的环境保护行政主管部门责令停止违法行为，限期改正，并处 5 万元以上 20 万元以下罚款。

专栏 5-8　辽宁省路桥建设第一有限公司环境违法案

在 1991 年从北京市 CPN 公司购买核子密度检测仪一台（型号 MC－3C），仪器中含有铯-137 和镅-241 放射源各一枚。2002 年该公司在施工时将核子密度检测仪从内蒙古自治区赤阳带到湖北省枣阳市，2009 年又将核子密度检测仪带到湖北省恩施市巴东县用于宜昌—巴东公路施工。该公司使用放射源未履行环境影响评价手续，未取得辐射安全许可证。违反了《放射性污染防治法》第 28、第 30 条和《建设项目环境保护管理条例》第 23 条的规定。根据《环境影响评价法》第 31 条、《放射性污染防治法》第 50 条和《建设项目环境保护管理条例》第 25 条规定，湖北省环境保护厅决定责令停止使用放射源，限期交有资质单位收储，并对该公司处罚款人民币 5 万元。

资料来源：湖北省环境保护厅行政处罚决定书（鄂环罚〔2012〕11 号）。

（2）核设施的进口。进口核设施，应当符合国家放射性污染防治标准；没有相应的国家放射性污染防治标准的，采用国务院环境保护行政主管部门指定的国外有关标准。

（3）核设施的规划限制区。核动力厂等重要核设施外围地区应当划定规划限制区，其营运单位应当对核设施周围环境中所含的放射性核素的种类、浓度以及核设施流出物中的放射性核素总量实施监测，并定期向国务院环境保护行政主管部门和所在地省、自治区、直辖市人民政府环境保护行政主管部门报告监测结果。国务院环境保护行政主管部门负责对核动力厂等重要核设施实施监督性监测，并根据需要对其他核设施的流出物实施监测。

（4）核设施的安全管理。核设施营运单位应当建立健全安全保卫制度，加强安全保卫工作，并接受公安部门的监督指导。核设施营运单位应当按照核设施的规模和性质制定核事故场内应急计划，做好应急准备。出现核事故应急状态时，核设施营运单位必须立即采取有效的应急措施控制事故，并向核设施主管部门和环境保护行政主管部门、卫生行政部门、公安部门以及其他有关部门报告。

（5）核设施的核事故报告。国家建立健全核事故应急制度。核设施主管部门、环境保护行政主管部门、卫生行政部门、公安部门以及其他有关部门，在本级人民政府的组织领导下，按照各自的职责依法做好核事故应急工作。中国人民解放军和中国人民武装警察部队按照国务院、中央军事委员会的有关规定在核事故应急中实施有效的支援。

3. 核技术利用的管理措施

（1）放射性同位素和射线装置许可。生产、销售、使用放射性同位素和射线装置的单位，应当按照国务院有关放射性同位素与射线装置放射防护的规定申请领取许可证，办理登记手续。转让、进口放射性同位素和射线装置的单位以及装备有放射性同位素仪表的单位，应当按照国务院有关放射性同位素与射线装置放射防护的规定办理有关手续。

生产、销售、使用放射性同位素和加速器、中子发生器以及含放射源射线装置的单位，应当在申请领取许可证前编制环境影响评价文件，报省、自治区、直辖市人民政府环境保护行政主管部门审查批准；未经批准，有关部门不得颁发许可证。

（2）放射性同位素管理。国家建立放射性同位素备案制度。放射性同位素应当单独存放，不得与易燃、易爆、腐蚀性物品等一起存放，其贮存场所应当采取有效的防火、防盗、防射线泄漏的安全防护措施，并指定专人负责保管；贮存、领取、使用、归还放射性同位素时，应当进行登记、检查，做到账物相符；生产、使用放射性同位素和射线装置的单位，应当按照国务院环境保护行政主管部门的规定对其产生的放射性废物进行收集、包装、贮存。

对违法生产、销售、使用、转让、进口、贮存放射性同位素和射线装置以及装备有放射性同位素仪表的，由县级以上人民政府环境保护行政主管部门或者其他有关部门依据职权责令停止违法行为，限期改正；逾期不改正的，责令停产停业或者吊销许可证；有违法所得的，没收违法所得；违法所得10万元以上的，并处违法所得1倍以上5倍以下罚款；没有违法所得或者违法所得不足10万元的，并处1万元以上10万元以下罚款；构成犯罪的，依法追究刑事责任。

（3）放射源管理。生产放射源的单位，应当按照国务院环境保护行政主管部门的规定回收和利用废旧放射源；使用放射源的单位，应当按照国务院环境保护行政主管部门的规定将废旧放射源交回生产放射源的单位或者送交专门从事放射性固体废物贮存、处置的单位。

生产、销售、使用、贮存放射源的单位，应当建立健全安全保卫制度，指定专人负责，落实安全责任制，制定必要的事故应急措施。发生放射源丢失、被盗和放射性污染事故时，有关单位和个人必须立即采取应急措施，并向公安部门、卫生行政部门和环境保护行政主管部门报告。

不按照规定报告放射源丢失、被盗情况或者放射性污染事故的，由县级以上人民政府环境保护行政主管部门或者其他有关部门依据职权责令限期改正；逾期不改正的，责令停产停业，并处2万元以上10万元以下罚款；构成犯罪的，依法追究刑事责任。

4. 放射性废物的管理措施

放射性废物，是指含有放射性核素或者被放射性核素污染，其浓度或者比活度大于国家确定的清洁解控水平，预期不再使用的废弃物。

（1）减量化要求。涉核单位应当合理选择和利用原材料，采用先进的生产工艺和设备，尽量减少放射性废物的产生量。

（2）向环境排放放射性废气、废液，必须符合国家放射性污染防治标准。对符合标准排放放射性废气、废液的，应向审批环境影响评价文件的环境保护行政主管部门申请放射性核素排放量，并定期报告排放计量结果。

（3）对符合标准的放射性废液按规定方式排放，对不得排放的放射性废液按要求处置或贮存。

（4）低、中水平放射性固体废物在符合国家规定的区域实行近地表处置，高水平放射性固体废物实行集中的深地质处置。

违反上述规定的，由县级以上人民政府环境保护行政主管部门责令停止违法行为，限期改正，处以罚款；构成犯罪的，依法追究刑事责任。

二、防治危险化学品污染的法律规定

（一）危险化学品安全管理的法规依据。

我国危险化学品安全管理的法规依据，见表5-12。

表5-12　危险化学品管理的法律法规主要依据

效力等级	名　称	施行日期
行政法规	《危险化学品安全管理条例》	2011年12月1日 （2013年12月4日修订）
部门规章	《化学品首次进口及有毒化学品进出口环境管理规定》	1994年5月1日 （2007年10月8日修订）
	《废弃危险化学品污染环境防治办法》	2005年10月1日
	《新化学物质环境管理办法》	2010年10月15日

（二）危险化学品污染防治的主要法律规定

1. 危险化学品生产许可制度的规定

危险化学品生产企业进行生产前，应当依照《安全生产许可证条例》的规定，取得危险化学品安全生产许可证。

生产列入国家实行生产许可证制度的工业产品目录的危险化学品的企业，应当依照《中华人民共和国工业产品生产许可证管理条例》的规定，取得工业产品生产许可证。

2. 生产、储存、使用危险化学品的安全和污染防治具体措施的规定

（1）设置安全措施的规定。生产、储存危险化学品的单位，应当根据其生产、储存的危险化学品的种类和危险特性，在作业场所设置相应的监测、监控、通风、防晒、调温、防火、灭火、防爆、泄压、防毒、中和、防潮、防雷、防静电、防腐、防泄漏以及防护围堤或者隔离操作等安全设施、设备，并按照国家标准、行业标准或者国家有关规定对安全设施、设备进行经常性维护、保养，保证安全设施、设备的正常使用。生产、储存危险化学品的单位，应当在其作业场所和安全设施、设备上设置明显的安全警示标志。

（2）化学品安全技术说明书的规定。危险化学品生产企业应当提供与其生产的危险化学品相符的化学品安全技术说明书，并在危险化学品包装（包括外包装件）上粘贴或者拴挂与包装内危险化学品相符的化学品安全标签。化学品安全技术说明书和化学品安全标签所载明的内容应当符合国家标准的要求。

危险化学品生产企业发现其生产的危险化学品有新的危险特性的，应当立即公告，并及时修订其化学品安全技术说明书和化学品安全标签。

（3）危险化学品包装的规定。危险化学品的包装应当符合法律、行政法规、规章的规定以及国家标准、行业标准的要求。

危险化学品包装物、容器的材质以及危险化学品包装的形式、规格、方法和单件质量（重量），应当与所包装的危险化学品的性质和用途相适应。

（4）生产、储存危险化学品的单位转产、停产、停业或者解散的，应当采取有效措施，及时、妥善处置其危险化学品生产装置、储存设施以及库存的危险化学品，不得丢弃危险化学品；处置方案应当报所在地县级人民政府安全生产监督管理部门、工业和信息化主管部门、环境保护主管部门和公安机关备案。安全生产监督管理部门应当会同环境保护主管部门和公安机关对处置情况进行监督检查，发现未依照规定处置的，应当责令其立即处置。

3. 关于危险化学品经营的规定

（1）国家对危险化学品经营（包括仓储经营，下同）实行许可制度。未经许可，任何单位和个人不得经营危险化学品。

依法设立的危险化学品生产企业在其厂区范围内销售本企业生产的危险化学品，不需要取得危险化学品经营许可。依照《中华人民共和国港口法》的规定取得港口经营许可证的港口经营人，在港区内从事危险化学品仓储经营，不需要取得危险化学品经营许可。

（2）危险化学品经营企业不得向未经许可从事危险化学品生产、经营活动的企业采购危险化学品，不得经营没有化学品安全技术说明书或者化学品安全标签的危险化学品。依法取得危险化学品安全生产许可证、危险化学品安全使用许可证、危险化学品经营许可证的企业，凭相应的许可证件购买剧毒化学品、易制爆危险化学品。民用爆炸物品生产企业凭民用爆炸物品生产许可证购买易制爆危险化学品。个人不得购买剧毒化学品（属于剧毒化学品的农药除外）和易制爆危险化学品。

4. 关于危险化学品运输的规定

（1）运输资质许可制度。从事危险化学品道路运输、水路运输的，应当分别依照有关道路运输、水路运输的法律、行政法规的规定，取得危险货物道路运输许可、危险货物水路运输许可，并向工商行政管理部门办理登记手续。危险化学品道路运输企业、水路运输企业应当配备专职安全管理人员。

(2) 托运的规定。通过道路运输危险化学品的，托运人应当委托依法取得危险货物道路运输许可的企业承运。托运危险化学品的，托运人应当向承运人说明所托运的危险化学品的种类、数量、危险特性以及发生危险情况的应急处置措施，并按照国家有关规定对所托运的危险化学品妥善包装，在外包装上设置相应的标志。运输危险化学品需要添加抑制剂或者稳定剂的，托运人应当添加，并将有关情况告知承运人。

(3) 道路运输途中丢失、被盗、被抢或者出现流散、泄漏等情况的处理。剧毒化学品、易制爆危险化学品在道路运输途中丢失、被盗、被抢或者出现流散、泄漏等情况的，驾驶人员、押运人员应当立即采取相应的警示措施和安全措施，并向当地公安机关报告。公安机关接到报告后，应当根据实际情况立即向安全生产监督管理部门、环境保护主管部门、卫生主管部门通报。有关部门应当采取必要的应急处置措施。

5. 关于危险化学品登记与事故应急救援的规定

(1) 国家实行危险化学品登记制度，为危险化学品安全管理以及危险化学品事故预防和应急救援提供技术、信息支持。危险化学品生产企业、进口企业，应当向国务院安全生产监督管理部门负责危险化学品登记的机构（以下简称危险化学品登记机构）办理危险化学品登记。

危险化学品登记机构应当定期向工业和信息化、环境保护、公安、卫生、交通运输、铁路、质量监督检验检疫等部门提供危险化学品登记的有关信息和资料。

(2) 发生危险化学品事故时，事故单位主要负责人应当立即按照本单位危险化学品应急预案组织救援，并向当地安全生产监督管理部门和环境保护、公安、卫生主管部门报告；道路运输、水路运输过程中发生危险化学品事故的，驾驶人员、船员或者押运人员还应当向事故发生地交通运输主管部门报告。发生危险化学品事故，有关地方人民政府应当立即组织安全生产监督管理、环境保护、公安、卫生、交通运输等有关部门，按照本地区危险化学品事故应急预案组织实施救援，不得拖延、推诿。

危险化学品事故造成环境污染的，由设区的市级以上人民政府环境保护主管部门统一发布有关信息。

三、农药管理的相关规定

（一）农药管理的法规依据

我国农药管理的法规依据，见表 5-13。

表 5-13 农药管理的法规依据

效力等级	名 称	施行日期
行政法规	《农药管理条例》	2017 年 6 月 1 日
部门规章	《农药管理条例实施办法》	2008 年 1 月 8 日
	《农药登记资料规定》	2008 年 1 月 8 日
	《农药标签和说明书管理办法》	2008 年 1 月 8 日
	《农药生产管理办法》	2005 年 1 月 1 日
	《农药限制使用管理规定》	2002 年 8 月 1 日
	《农药广告审查办法》	1998 年 12 月 22 日

（二）农药管理的主要规定

1. 关于农药登记的规定

国家实行农药登记制度。申请农药登记的，应当进行登记试验。登记试验应当由国务院农业主管部门认定的登记试验单位按照国务院农业主管部门的规定进行。登记试验单位应当对登记试验报告的真实性负责。登记试验结束后，申请人应当向所在地省、自治区、直辖市人民政府农业主管部门提出农药登记申请，并提交登记试验报告、标签样和农药产品质量标准及其检验方法等申请资料；申请新农药登记的，还应当提供农药标准品。农药登记证应当载明农药名称、剂型、有效成分及其含量、毒性、使用范围、使用方法和剂量、登记证持有人、登记证号以及有效期等事项。

2. 关于农药生产的规定

（1）国家实行农药生产许可制度。农药生产企业应当具备下列条件，并按照国务院农业主管部门的规定向省、自治区、直辖市人民政府农业主管部门申请农药生产许可证：①有与所申请生产农药相适应的技术人员；②有与所申请生产农药相适应的厂房、设施；③有对所申请生产农药进行质量管理和质量检验的人员、仪器和设备；④有保证所申请生产农药质量的规章制度。省、自治区、直辖市人民政府农业主管部门应当自受理申请之日起 20 个工作日内作出审批决定，必要时应当进行实地核查。符合条件的，核发农药生产许可证；不符合条件的，书面通知申请人并说明理由。安全生产、环境保护等法律、行政法规对企业生产条件有其他规定的，农药生产企业还应当遵守其规定。

（2）农药包装应当符合国家有关规定，并印制或者贴有标签。国家鼓励农药生产企业使用可回收的农药包装材料。农药标签应当按照国务院农业主管部门的规定，以中文标注农药的名称、剂型、有效成分及其含量、毒性及其标识、使用范围、使用方法和剂量、使用技术要求和注意事项、生产日期、可追溯电子信息码等内容。剧毒、高毒农药以及使用技术要求严格的其他农药等限制使用农药的标签还应当标注“限制使用”字样，并注明使用的特别限制和特殊要求。用于食用农产品的农药的标签还应当标注安全间隔期。

3. 关于农药经营的规定

国家实行农药经营许可制度，但经营卫生用农药的除外。农药经营者应当具备下列条件，并按照国务院农业主管部门的规定向县级以上地方人民政府农业主管部门申请农药经营许可证：①有具备农药和病虫害防治专业知识，熟悉农药管理规定，能够指导安全合理使用农药的经营人员；②有与其他商品以及饮用水水源、生活区域等有效隔离的营业场所和仓储场所，并配备与所申请经营农药相适应的防护设施；③有与所申请经营农药相适应的质量管理、台账记录、安全防护、应急处置、仓储管理等制度。经营限制使用农药的，还应当配备相应的用药指导和病虫害防治专业技术人员，并按照所在地省、自治区、直辖市人民政府农业主管部门的规定实行定点经营。

农药经营者不得加工、分装农药，不得在农药中添加任何物质，不得采购、销售包装和标签不符合规定，未附具产品质量检验合格证，未取得有关许可证明文件的农药。经营卫生用农药的，应当将卫生用农药与其他商品分柜销售；经营其他农药的，不得在农药经营场所内经营食品、食用农产品、饲料等。

4. 关于农药使用的规定

农药使用者应当遵守国家有关农药安全、合理使用制度，妥善保管农药，并在配药、用药过程中采取必要的防护措施，避免发生农药使用事故。限制使用农药的经营者应当为农药使用者提供用药指导，并逐步提供统一用药服务。

农药使用者应当严格按照农药的标签标注的使用范围、使用方法和剂量、使用技术要求和注意事项使用农药，不得扩大使用范围、加大用药剂量或者改变使用方法。农药使用者不得使用禁用的农药。标签标注安全间隔期的农药，在农产品收获前应当按照安全间隔期的要求停止使用。剧毒、高毒农药不得用于防治卫生害虫，不得用于蔬菜、瓜果、茶叶、菌类、中草药材的生产，不得用于水生植物的病虫害防治。

农药使用者应当保护环境，保护有益生物和珍稀物种，不得在饮用水水源保护区、河道内丢弃农药、农药包装物或者清洗施药器械。严禁在饮用水水源保护区内使用农药，严禁使用农药毒鱼、虾、鸟、兽等。国家鼓励农药使用者妥善收集农药包装物等废弃物；农药生产企业、农药经营者应当回收农药废弃物，防止农药污染环境和农药中毒事故的发生。

5. 生产、使用国家明令禁止生产、使用的农药的法律责任

《环境保护法》规定，企业事业单位和其他生产经营者生产、使用国家明令禁止生产、使用的农药，被责令改正，拒不改正，尚不构成犯罪的，除依照有关法律法规规定予以处罚外，由县级以上人民政府环境保护主管部门或者其他有关部门将案件移送公安机关，对其直接负责的主管人员和其他直接责任人员，处 10 日以上 15 日以下拘留；情节较轻的，处 5 日以上 10 日以下拘留。

《行政主管部门移送适用行政拘留环境违法案件暂行办法》（公治〔2014〕853 号）规定，生产、使用国家明令禁止生产、使用的农药，被责令改正，拒不改正的行为，包括以下情形：送达责令改正文书后再次检查发现仍在生产、使用的；无正当理由不及时完成责令改正文书规定的改正要求的；送达责令改正文书后，拒绝、阻挠环境保护、农业、工业和信息化、质量监督检验检疫等主管部门核查的。

四、电磁辐射环境保护管理的相关规定

（一）电磁辐射环境保护管理的法规依据

我国电磁辐射环境保护管理的法规依据，见表 5-14。

表 5-14 电磁辐射环境保护管理的法规依据

效力等级	名称	施行日期
部门规章	《电磁辐射环境保护管理办法》	1997 年 3 月 25 日
	《核与辐射安全监督检查人员证件管理办法》	2014 年 3 月 1 日
	《核事故辐射影响越境应急管理规定》	2002 年 4 月 1 日

（二）电磁辐射环境保护管理的主要规定

（1）建设项目环境保护申报登记和环境影响评价制度。国务院环境保护行政主管部门负责下列建设项目环境保护申报登记和环境影响报告书的审批，负责对该类项目执行环境

保护设施与主体工程同时设计、同时施工、同时投产使用（以下简称“三同时”制度）的情况进行检查并负责该类项目的竣工验收：总功率在200kW以上的电视发射塔；总功率在1 000kW以上的广播台、站；跨省级行政区电磁辐射建设项目；国家规定的限额以上电磁辐射建设项目。

按规定必须编制环境影响报告书（表）的，从事电磁辐射活动的单位或个人，必须对电磁辐射活动可能造成的环境影响进行评价，编制环境影响报告书（表），并按规定的程序报相应环境保护行政主管部门审批。电磁辐射环境影响报告书分两个阶段编制。第一阶段编制《可行性阶段环境影响报告书》，必须在建设项目立项前完成。第二阶段编制《实际运行阶段环境影响报告书》，必须在环境保护设施竣工验收前完成。

（2）从事电磁辐射活动的单位和个人必须定期检查电磁辐射设备及其环境保护设施的性能，及时发现隐患并及时采取补救措施。在集中使用大型电磁辐射发射设施或高频设备的周围，按环境保护和城市规划要求划定的规划限制区内，不得修建居民住房和幼儿园等敏感建筑。

（3）污染事件处理。因发生事故或其他突然性事件，造成或者可能造成电磁辐射污染事故的单位，必须立即采取措施，及时通报可能受到电磁辐射污染危害的单位和居民，并向当地环境保护行政主管部门和有关部门报告，接受调查处理。环境保护部门收到电磁辐射污染环境的报告后，应当进行调查，依法责令产生电磁辐射的单位采取措施，消除影响。

造成环境污染危害的，必须依法对直接受到损害的单位或个人赔偿损失。

【本章小结】

环境污染防治方面的法律法规体系比较庞杂，是我国环境保护监督管理的重要依据。但是由于立法时期不同，导致对相同性质环境问题的法律规定有比较大的差异，所以在适用法律时应予以充分的注意。本章主要针对环境保护监督管理突出问题的法律适用进行了重点分析，同时配套了大量实际案例，突出实用性。

【思考题】

1. 大气污染防治的基本制度有哪些？
2. 防治燃煤污染大气的措施有哪些？
3. 谈谈《大气污染防治法》在清洁生产方面有何具体规定。
4. 防治地表水污染的具体措施有哪些？
5. 防治地下水污染的具体措施有哪些？
6. 生活饮用水地表水水源保护区制度主要包括哪些内容？
7. 在实际工作中，“采取其他规避监管的方式排放水污染物”有多种情形，哪些情形可以理解为属于“采取其他规避监管的方式排放水污染物”？
8. 防治陆源污染物对海洋环境污染损害的措施主要包括哪些？
9. 简述《海洋环境保护法》关于海洋生态保护的主要法律规定。

10. 防止倾倒废弃物对海洋环境污染损害的具体措施有哪些？

11. 工业噪声污染的防治措施有哪些？

12. 建筑施工噪声污染防治的措施有哪些？

13. 交通噪声污染防治的措施有哪些？

14. 如何理解固废防治“三化”原则？该原则在《固体废物污染环境防治法》中的具体体现有哪些？

15. 固体废物污染防治的具体制度有哪些？

16. 简述控制固体废物转移管理制度的主要内容。

17. 城市生活垃圾污染的防治措施有哪些？

18. 防治危险废物污染环境的特别制度的主要内容是什么？

19. 什么是行政代执行制度？其适用的条件是什么？

20. 放射性污染防治的综合性管理措施有哪些？

21. 核设施管理措施的主要内容是什么？

22. 危险化学品污染防治的主要法律规定是什么？

23. 农药污染防治的主要法律规定是什么？

24. 防治电磁波辐射的具体法律制度有哪些？

【实训案例 1】 阳宗海污染案

一、案情简介

阳宗海是云南九大高原湖泊之一，距昆明 36 km，地跨澄江、呈贡、宜良三县之间，因大理国时强宗部落居住而得名。海拔 1 770 m，南北长约 12 km，面积为 31 km^2，总蓄水量 6.04 亿 m^3。阳宗海为高原断陷湖泊，湖岸平直，湖底凹凸不平，有岩洞暗礁，为淡水湖，属珠江流域南盘江水系。

2007 年 10 月，云南宜良县环境监测站监测到阳宗海水体砷浓度与此前相比出现异常波动、升高，至 2008 年 6 月砷浓度均值达 0.055 mg/L，超过国家Ⅲ类水限制（0.05 mg/L），于是将情况上报省环保局。后云南省环境监测中心站、昆明市环境监测中心、玉溪市环境监测中心即对阳宗海实施加频、加密监测，至同年 7 月 16 日砷浓度达 0.102 mg/L，超过国家Ⅴ类水限制（0.1 mg/L）。饮用、水产品养殖等功能丧失，周边居民 2.6 万余人的饮用水水源取水中断，公私财产直接经济损失 900 余万元。

公安机关于 2008 年 9 月 13 日对此事件立案侦查，并委托鉴定机构组织有关专家，对本案的污染原因进行鉴定。鉴定人根据相关资料，并结合现场调查情况，证实阳宗海水体砷浓度增加不是自然地质因素造成，并排除了砷污染源来自阳宗海入湖河流。

经云南省环保局对阳宗海周边及入湖河道沿岸企业进行紧急检查，排查出 8 家企业有环境违法行为，并初步确定，阳宗海水体砷污染的主要来源是云南澄江锦业工贸有限公司，该公司违反国家规定，未经环境保护部门批准擅自建设渣场、对工业废水收集池、原料堆场未做防渗处理，使该公司生产过程中产生的砷通过地下水污染、堆场外溢水和地表水径流，进入该公司所在湖湾水域后向阳宗海全湖扩散，是造成阳宗海水体砷污染的主要来源。

2009 年 6 月 2 日云南澄江县法院对该案做出一审判决。澄江县法院认为，鉴于云南澄江锦业公司为阳宗海的主要污染源，其违反国家规定向土地、水体排放、倾倒有毒物质，造成重大环境污染事故，致使公私财产遭受特别重大损失，后果特别严重，故云南澄江锦业公司及三被告人应当承担阳宗海被污染的主要责任。最后判决认定被告单位云南澄江锦业工贸有限责任公司犯重大环境污染事故罪，判处罚金人民币 1 600 万元；被告人李大宏犯重大环境污染事故罪，判处有期徒刑 4 年，并处罚金人民币 30 万元；被告人李耀鸿、金大东犯重大环境污染事故罪，各判处有期徒刑 3 年，并处罚金人民币 15 万元。一审宣判后，被告单位及 3 名被告人均对判决不服，当庭表示将上诉。

二、实践活动

1. 活动内容

（1）根据《国家突发环境事件应急预案》的规定，判断阳宗海污染案的总体危害后果属于哪个级别的突发环境事件。

（2）分析被告云南澄江锦业公司存在哪些环境违法行为，按照《环境保护法》及《水污染防治法》的规定应分别承担何种法律责任（以下简称任务 A）。

（3）分析环境监督管理部门可能存在哪些渎职行为，应承担何种法律责任（以下简称任务 B）。

（4）被告云南澄江锦业公司只是造成阳宗海污染的主要污染源，分析其他污染源应如何对污染后果承担法律责任（以下简称任务 C）。

2. 活动方式

（1）将学生分为三组展开讨论。第 1 组同学负责任务 A，第 2 组同学负责任务 B，第 3 组同学负责任务 C。各组同学在承担各自主要任务的同时兼顾其他任务。

（2）集体作答阳宗海污染事件的级别。

（3）三组同学分别说明自己任务的解决方案，其他组别的同学可给予修订或者补充。

（4）教师总结：就三组同学的表现给予点评，帮助同学理清解题思路，掌握案件事实与法律责任之间的逻辑联系，从而得出正确的结论。

3. 活动目的

通过实际案例展开的讨论，达到如下几个学习目的：

（1）掌握判断突发环境事件级别的标准。

（2）熟练掌握企业环境影响评价制度、“三同时”制度在水污染防治中的具体操作方式，掌握环境保护行政主管部门在水污染防治中的监督管理职责。

（3）通过回顾民法的共同侵权责任，界定本案中其他责任人的法律责任。

三、扩展活动

收集各自家乡的水污染信息，调查污染造成的损害事实，分析造成损害事实的原因，借助“12369”环境保护热线电话举报、参与到水污染防治工作中来。

【实训案例 2】 赤峰某厂大气污染案

一、案情简介

原告韩某自有果园一处，位于被告赤峰金锋铜业有限公司工厂东侧。1998 年 5 月至 6

月，被告的粗铜冶炼厂出现二氧化硫污染事故，经当地人民政府组织事故调查组进行调查后，划定了污染范围并进行了相应赔偿。同年 6 月，原告果园内林木也出现了异常现象，向被告索赔遭到拒绝。中国林科院生态研究所经鉴定认为林木受损系因二氧化硫超标排放污染所致。1998 年 11 月，经赤峰市环境监测中心站监测，被告工厂二氧化硫排放超标。

一审法院在审理期间，委托农业部果品及苗木质量监督检验测试中心对原告果园内林木受损害、死亡原因进行鉴定，结论为：原告果园内林木死亡原因并非二氧化硫污染所致，而是由于病虫害及立地条件差等因素造成的，果园内未见到二氧化硫污染的典型症状。依据该鉴定结论，一审法院判决驳回原告韩某的诉讼请求。韩某不服，提起上诉。

二审法院认为韩某提供的中国林科院对其果木受损原因的鉴定报告，系单方委托、单方送检，其鉴定程序违法不予采信；对于上诉人提出的原审法院所委托的鉴定单位农业部果品及苗木质量监督检验测试中心不具备鉴定资格，其鉴定结论不具备科学性、公正性及原审法院在审理本案时存在偏袒金锋铜业有限公司的情形，因无证据证实，故不予支持。二审法院最终判决驳回上诉，维持原判。

二、实践活动

1. 活动方式

模拟案件二审的审理过程，允许合理地更改审理结果。

2. 活动安排

(1) 将学生分为四组，分别模拟法院、原告、被告和其他诉讼参加人。

(2) 法院、原告、被告三方需要的材料以及程序安排根据案情提供的线索，由各组同学查找资料，补充完整。

(3) 对各组同学中模拟的具体身份有同学自行协商。

(4) 模拟审判结束，“法院”应出具判决书。

(5) 教师对模拟审判进行总结。

3. 活动目的

通过对大气污染案件的模拟审判以期达到如下几个学习目的：

(1) 掌握民事诉讼案件起诉、应诉、审理的程序。

(2) 理解《大气污染防治法》对本案中企业违法行为承担法律责任的规定。

(3) 理解环境污染案件民事诉讼中的举证规则。

三、扩展活动

环境污染民事诉讼采取举证责任倒置的规则，但并不是排除原告提出证据的责任。根据本案原告败诉的原因，谈谈对原告举证的理解。

【实训案例 3】 环境噪声污染的防治

一、阅读材料

随着城市化进程的加快，许多建筑工地布满城市，建筑噪声侵害着老百姓平静的生活，一些建筑工地就在居民小区附近，甚至一个工地有不同单位在进行不同阶段的施工工作，获得夜晚的安宁成为不少居民的奢望。

城市汽车数量的激增带来的噪声污染也不容忽视。有报道称，一私家车的防盗器在一居民小区响彻一夜，无奈的居民求助110，民警在查看了现场情况后，通报交警部门将车拖走，送至维修厂修理，小区才安静下来。

在征收排污费方面，企业也与环境保护行政主管部门进行着拉锯战。有些企业在农村建设，排放的环境噪声超过了国家规定的环境噪声厂界排放标准，但由于左右都是荒地，因而并未对其他单位和居民的生产和生活带来干扰，只有本厂的职工可能受有不同程度的噪声危害，环境保护部门在进行排污费征收时遭遇企业的拒绝。

二、实践活动

1. 活动内容

（1）分析对噪声如何征收排污费。

（2）对不同施工单位在同一建筑工地施工中排放的噪声，超过国家噪声标准的排污行为，如何计征超标排污费。

（3）分析材料中环境保护部门征收排污费的行为是否正确，原因何在。

（4）对噪声超标排放的排污者，如何采取必要的执法措施。

（5）对城市道路交通噪声如何防治。

（6）在噪声污染防治中，有关执法部门各自的职责分别是什么。

2. 活动方式

（1）将学生分为三组展开讨论。

（2）三组同学先分别派代表说出本组的解题思路或者解决方案。

（3）针对不同的解题思路或者解决方案，其他组的同学可以展开多轮“攻击”，在指出对方思路（或者方案）偏颇之处的同时指明己方观点正确性的原因。

（4）教师注意维持辩论、讨论纪律，纠正“攻击”过程中的人身攻击以及漫无边际的言论；讨论结束就三组同学的表现给予点评，帮助同学理清解题思路，在比较方案优劣的同时对学生大胆创新予以鼓励，提高他们学习和参与的积极性。

3. 活动目的

通过实际案例展开讨论，达到如下几个学习目的：

（1）掌握噪声排污费的征收方法以及征收条件。

（2）理解不同环境保护监督管理部门在噪声防治工作中的职责，了解现实生活中存在责任推诿的根本原因。

（3）了解噪声污染防治的基本措施，增加学生自身维权意识。

三、扩展活动

除了建筑噪声和交通噪声，社会生活噪声也是近年来困扰百姓的一个头疼问题。以家庭装修为例，了解家庭装修噪声的产生源，查找与家庭装修有关的法律法规，了解对家庭装修为代表的生活噪声污染防治措施。

【实训案例4】 固体废物污染环境的防治

一、案情简介

重庆长风化学工业有限公司（以下简称长风公司）委托被告重庆云光化工有限公司（以下简称云光公司）处置其生产过程中产生的危险废物（次级苯系物有机产品）。之后，被告人蒋云川（云光公司法定代表人）将危险废物处置工作交由公司员工被告人夏勇负责。夏勇在未审查被告人张必宾是否具备危险废物处置能力的情况下，将长风公司委托处置的危险废物直接转交给张必宾处置。张必宾随后与被告人胡学辉和周刚取得联系并经实地察看，决定将危险废物运往四川省兴文县共乐镇境内的黄水沱倾倒。2011 年 6 月 12 日，张必宾联系一辆罐车在长风公司装载 28t 多工业废水，准备运往兴文县共乐镇境内的黄水沱倾倒。后因车辆太大而道路窄小，不能驶入黄水沱，周刚、胡学辉、张必宾等人临时决定将工业废水倾倒在大坳口公路边的荒坡处，致使当地环境受到严重污染。2011 年 6 月 14 日，张必宾在长风公司装载三车铁桶装半固体状危险废物约 75 余 t，倾倒在黄水沱振兴硫铁矿的荒坡处，致使当地环境受到严重污染，并对当地居民的身体健康和企业的生产作业产生影响。经鉴定，黄水沱和大坳口两处危险废物的处置费、现场清理费、运输费等为 918 315 元。

二、实践活动

1. 活动内容

（1）分析本案中排污者违反《固体废物污染环境防治法》的具体表现。

（2）在查找资料的基础上理解什么是危险废物以及经营危险废物需满足的条件。

（3）除了应承担相应的刑事责任外，分析本案中排污者如何承担民事责任。

（4）讨论能否用多罚款的形式代替刑事责任的承担。

（5）依据《最高人民法院、最高人民检察院关于办理环境污染刑事案件适用法律若干问题的解释》重庆长风工业有限公司的行为是否构成犯罪，为什么？

2. 活动方式

（1）将学生分为三组展开讨论。

（2）交流查找到的相关资料，共同分析危险废物的内涵及其经营条件。

（3）分组讨论民事责任的承担以及刑事责任的替代问题，各组同学可各抒己见，也可进行攻守辩论。

（4）教师注意维持辩论、讨论纪律，讨论结束后就三组同学的表现给与点评，帮助同学理清解题思路，了解案情背后的法理问题，对有创意的观点给予肯定，激发学生的学习兴趣。

三、扩展活动

查找各地在网络公开的危险废物相关案例，并可以从横向（省份之间）或纵向（不同年份）的角度分别进行比较分析。

第六章　自然资源保护的法律规定

职业能力目标与学习要求

1. 了解我国自然资源保护方面的主要法律、法规及规章。
2. 掌握我国自然资源保护方面的主要法律规定。
3. 掌握重点自然资源保护的方针、原则及法律制度。
4. 培养分析和解决相关自然资源保护案例的基本思路及能力。

【引　例】

即便是自家的农用承包土地，未经有关部门批准改变用途，并造成农用土地的严重毁损，数量较大，其行为将构成非法占用农用地罪。近日，安徽省怀远县人民法院对被告人于某以犯非法占用农用地罪，判处有期徒刑一年二个月，缓刑二年，并处罚金人民币40 000元。

2013年12月，被告人于某未经批准，擅自占用自家的农用承包土地建造甲鱼养殖场。经GPS仪器现场测量，被告人于某共占用农用地9.54亩（其中，耕地1.84亩），且不符合当地的土地利用总体规划。经鉴定：于某建造甲鱼养殖场共造成土地严重毁损面积为9.54亩。

案发后，被告人于某已将建造甲鱼养殖场占用的土地恢复还原。

法院认为：被告人于某违反土地管理法规，未经批准擅自改变农用地的用途，并造成农用土地的严重毁损，数量较大，其行为已构成非法占用农用地罪。被告人于某怀有身孕不能羁押，并当庭认罪，且已将占用的土地恢复还原，有较好的认罪态度和悔罪表现及缓刑适用条件，可以对被告人于某从轻处罚，并适用缓刑，故作出以上判决。

本案引发的法律思考：

1. 本案应当如何处理？
2. 非法占用农用地罪的构成要件是什么？
3. 如果修改《土地管理法》，你认为哪些条文最需要修改？为什么？

第一节　土地资源保护的法律规定

一、土地资源保护的立法概况

我国现行的土地资源保护的主要法律法规及规章，见表6-1。

表 6-1　土地资源保护的主要法律法规及规章依据

效力等级	名　称	施行日期
法律	《土地管理法》	1987 年 1 月 1 日（2004 年 8 月 28 日修订）
	《中华人民共和国农村土地承包法》	2003 年 3 月 1 日
	《中华人民共和国城市房地产管理法》	1995 年 1 月 1 日（2007 年 8 月 30 日修订）
行政法规	《国有土地上房屋征收与补偿条例》	2011 年 1 月 21 日
	《中华人民共和国土地管理法实施条例》	1999 年 1 月 1 日（2011 年 1 月 8 日修订）
	《基本农田保护条例》	1999 年 1 月 1 日（2011 年 1 月 8 日修订）
	《土地复垦规定》	1989 年 1 月 1 日
部门规章	《闲置土地处置办法》	2012 年 7 月 1 日
	《建设用地审查报批管理办法》	2010 年 11 月 30 日
	《征用土地公告办法》	2002 年 1 月 1 日（2010 年 11 月 30 日修订）
	《土地权属争议调查处理办法》	2003 年 3 月 1 日（2010 年 11 月 30 日修订）
	《土地利用总体规划编制审查办法》	2009 年 2 月 4 日
	《建设项目用地预审管理办法》	2009 年 1 月 1 日
	《土地登记办法》	2008 年 2 月 1 日
	《招标拍卖挂牌出让国有建设用地使用权规定》	2007 年 11 月 1 日
	《耕地占补平衡考核办法》	2006 年 8 月 1 日
	《土地利用年度计划管理办法》	2006 年 12 月 19 日
	《土地登记资料公开查询办法》	2003 年 3 月 1 日
	《划拨用地目录》	2001 年 10 月 22 日
	《关于违反土地管理规定行为行政处分暂行办法》	2000 年 3 月 2 日
	《土地监察暂行规定》	1995 年 6 月 12 日
	《划拨土地使用权管理暂行办法》	1992 年 3 月 8 日

二、土地资源保护的主要法律规定

（一）关于土地资源权属的规定

我国实行土地的社会主义公有制，即全民所有制和劳动群众集体所有制。

1. 全民所有制

全民所有，即国家所有土地的所有权由国务院代表国家行使。

属于全民所有即国家所有的土地包括：①城市市区的土地；②农村和城市郊区中已经依法没收、征收、征购为国有的土地；③国家依法征用的土地；④依法不属于集体所有的林地、草地、荒地、滩涂及其他土地；⑤农村集体经济组织全部成员转为城镇居民的，原属于其成员集体所有的土地；⑥因国家组织移民、自然灾害等原因，农民成建制地集体迁移后不再使用的原属于迁移农民集体所有的土地。

2. 集体所有制

农村和城市郊区的土地，除由法律规定属于国家所有的以外，属于农民集体所有；宅基地和自留地、自留山，属于农民集体所有。

任何单位和个人不得侵占、买卖或者以其他形式非法转让土地。土地使用权可以依法转让。

买卖或者以其他形式非法转让土地的，没收违法所得；对直接负责的主管人员和其他直接责任人员，依法给予行政处分；构成犯罪的，依法追究刑事责任。

（二）关于土地利用规划的规定

1. 编制土地利用总体规划的原则

土地利用总体规划按照下列原则编制：①严格保护基本农田，控制非农业建设占用农用地；②提高土地利用率；③统筹安排各类、各区域用地；④保护和改善生态环境，保障土地的可持续利用；⑤占用耕地与开发复垦耕地相平衡。

2. 土地利用总体规划的审批权限

根据《土地管理法》第 21 条及《土地管理法实施条例》第 8 条规定，土地利用总体规划的审批权限，见表 6-2。

表 6-2 土地利用总体规划的审批权限

土地利用总体规划的类型	编制机关	审批机关	备注
全国土地利用总体规划	国务院土地行政主管部门会同国务院有关部门	国务院	
省、自治区、直辖市土地利用总体规划	省、自治区、直辖市人民政府组织本级土地行政主管部门和其他有关部门	国务院	
省、自治区人民政府所在地的市、人口在 100 万以上的城市以及国务院指定的城市土地利用总体规划	各该市人民政府组织本级土地行政主管部门和其他有关部门	国务院	报国务院批准前，需经省、自治区人民政府审查同意
其他土地利用总体规划	有关人民政府组织本级土地行政主管部门和其他有关部门	逐级上报省、自治区、直辖市人民政府批准	其中，乡（镇）土地利用总体规划，由乡（镇）人民政府编制，逐级上报省、自治区、直辖市人民政府或者省、自治区、直辖市人民政府授权的设区的市、自治州人民政府批准

对违反土地利用总体规划擅自将农用地改为建设用地的，限期拆除在非法转让的土地上新建的建筑物和其他设施，恢复土地原状，对符合土地利用总体规划的，没收在非法转让的土地上新建的建筑物和其他设施；可以并处罚款，罚款额为非法所得的 50%以下；对直接负责的主管人员和其他直接责任人员，依法给予行政处分；构成犯罪的，依法追究刑事责任。

另外，对在土地利用总体规划制定前已建的不符合土地利用总体规划确定用途的建筑物、构筑物重建、扩建的，责令限期拆除；逾期不拆除的，由作出处罚决定的机关依法申请人民法院强制执行。

3. 土地利用总体规划的规划期限

土地利用总体规划的规划期限一般为 15 年。

4. 多种规划的衔接

城市总体规划、村庄和集镇规划，应当与土地利用总体规划相衔接，城市总体规划、村庄和集镇规划中建设用地规模不得超过土地利用总体规划确定的城市和村庄、集镇建设用地规模。

江河、湖泊综合治理和开发利用规划，应当与土地利用总体规划相衔接。

5. 建立土地调查制度

县级以上人民政府土地行政主管部门会同同级有关部门进行土地调查。

6. 建立土地统计制度

县级以上人民政府土地行政主管部门和同级统计部门共同制定统计调查方案，依法进行土地统计，定期发布土地统计资料。

（三）关于保护耕地的规定

1. 实行占用耕地补偿制度

为实现耕地总量的动态平衡，非农业建设经批准占用耕地的，按照“占多少，垦多少”的原则，由占用耕地的单位负责开垦与所占用耕地的数量和质量相当的耕地；没有条件开垦或者开垦的耕地不符合要求的，应当按照省、自治区、直辖市的规定缴纳耕地开垦费，专款用于开垦新的耕地。省、自治区、直辖市人民政府应当制定开垦耕地计划，监督占用耕地的单位按照计划开垦耕地或者按照计划组织开垦耕地，并进行验收。

2. 保证耕地总量不减少

省、自治区、直辖市人民政府编制的土地利用总体规划，应当确保本行政区域内耕地总量不减少。

省、自治区、直辖市人民政府应当严格执行土地利用总体规划和土地利用年度计划，采取措施，确保本行政区域内耕地总量不减少；耕地总量减少的，由国务院责令在规定期限内组织开垦与所减少耕地的数量与质量相当的耕地，并由国务院土地行政主管部门会同农业行政主管部门验收。个别省、直辖市确因土地后备资源匮乏，新增建设用地后，新开垦耕地的数量不足以补偿所占用耕地的数量的，必须报经国务院批准减免本行政区域内开垦耕地的数量，进行易地开垦。

3. 实行基本农田保护制度

应当根据土地利用总体规划划入基本农田保护区的耕地包括：①经国务院有关主管部门或者县级以上地方人民政府批准确定的粮、棉、油生产基地内的耕地；②有良好的水利与水土保持设施的耕地，正在实施改造计划以及可以改造的中、低产田；③蔬菜生产基地；④农业科研、教学试验田；⑤国务院规定应当划入基本农田保护区的其他耕地。

各省、自治区、直辖市划定的基本农田应当占本行政区域内耕地的80%以上。

4. 节约使用土地，禁止闲置、荒芜耕地

(1) 禁止占用耕地建窑、建坟或者擅自在耕地上建房、挖砂、采石、采矿、取土等。如果实施上述行为，破坏种植条件的，责令限期改正或者治理，可以并处罚款，罚款额为耕地开垦费的2倍以下；构成犯罪的，依法追究刑事责任。

(2) 禁止占用基本农田发展林果业和挖塘养鱼。占用基本农田从事其他活动（包括发展林果业和挖塘养鱼）破坏基本农田，毁坏种植条件的，责令改正或者治理，恢复原种植条件，处占用基本农田的耕地开垦费1倍以上2倍以下罚款；构成犯罪的，依法追究刑事责任。

（3）禁止任何单位和个人闲置、荒芜耕地。已经办理审批手续的非农业建设占用耕地，一年内不用而又可以耕种并收获的，应当由原耕种该幅耕地的集体或者个人恢复耕种，也可以由用地单位组织耕种；一年以上未动工建设的，应当按照省、自治区、直辖市的规定缴纳闲置费；连续两年未使用的，经原批准机关批准，由县级以上人民政府无偿收回用地单位的土地使用权；该幅土地原为农民集体所有的，应当交由原农村集体经济组织恢复耕种。

5. 实行土地复垦制度

因挖损、塌陷、压占等造成土地破坏，用地单位和个人应当按照国家有关规定负责复垦；没有条件复垦或者复垦不符合要求的，应当缴纳土地复垦费，专项用于土地复垦。复垦的土地应当优先用于农业。

违反规定，拒不履行土地复垦义务的，责令限期改正；逾期不改正的，责令缴纳复垦费，专项用于土地复垦，可以处以罚款，罚款额为土地复垦费的2倍以下。

（四）关于控制建设用地的规定

由于土地资源的有限性和功能的不可替代性，以及土地资源受到污染或破坏后很难恢复其原有的功能等特征，所以必须严格控制建设用地。

1. 实行建设用地审批制度

任何单位和个人进行建设，需要使用土地的，必须依法申请使用国有土地；但是，兴办乡镇企业和村民建设住宅经依法批准使用本集体经济组织农民集体所有的土地的，或者乡（镇）村公共设施和公益事业建设经依法批准使用农民集体所有的土地的除外。

《土地管理法》第44条规定，建设占用土地，涉及农用地转为建设用地的，应当办理农用地转用审批手续、审批权限，见表6-3。

表6-3 农用地转用审批权限

建设项目类型	批准机关
省、自治区、直辖市人民政府批准的道路、管线工程和大型基础设施建设项目、国务院批准的建设项目占用土地，涉及农用地转为建设用地的	国务院
在土地利用总体规划确定的城市和村庄、集镇建设用地规模范围内，为实施该规划而将农用地转为建设用地的	原批准土地利用总体规划的机关
在已批准的农用地转用范围内的具体建设项目用地	可以是市、县人民政府
其他建设项目占用土地，涉及农用地转为建设用地的	省、自治区、直辖市人民政府

引例中的案例在处理时，2014年9月1日，南京市国土资源局依据《中华人民共和国土地管理法》第76条及《土地管理法实施条例》第42条之规定，依法对南京某市政工程材料厂的土地违法行为作出处罚决定如下：①责令南京某市政工程材料厂退还该非法占用的土地；②责令南京某市政工程材料厂立即拆除在该非法占用的土地上新建的建筑物和其他设施，恢复土地原状。

2. 依法征收土地制度

（1）征收土地的审批权限。根据《土地管理法》第 45 条规定，征收土地的审批权限，见表 6-4。

表 6-4　征收土地的审批权限

土地的类型	审批机关	备注
①基本农田； ②基本农田以外的耕地超过 $35hm^2$； ③其他土地超过 $70hm^2$ 的	国务院	
其他土地	省、自治区、直辖市人民政府	报国务院备案

（2）征收土地的补偿。国家征收土地的，依照法定程序批准后，由县级以上地方人民政府予以公告并组织实施。被征收土地的所有权人、使用权人应当在公告规定期限内，持土地权属证书到当地人民政府土地行政主管部门办理征地补偿登记。

根据《土地管理法》第 47 条规定，征收土地的，按照被征收土地的原用途给予补偿，补偿标准，见表 6-5。

表 6-5　征收土地的补偿标准

征收耕地补偿费用的组成	补偿标准
土地补偿费	为该耕地被征收前 3 年平均年产值的 6～10 倍
安置补助费	每一个需要安置的农业人口的安置补助费标准，为该耕地被征收前 3 年平均年产值的 4～6 倍。但是，每公顷被征收耕地的安置补助费，最高不得超过被征收前 3 年平均年产值的 15 倍
地上附着物和青苗补偿费	补偿标准由省、自治区、直辖市规定

另外，依照规定支付土地补偿费和安置补助费，尚不能使需要安置的农民保持原有生活水平的，经省、自治区、直辖市人民政府批准，可以增加安置补助费。但是，土地补偿费和安置补助费的总和不得超过土地被征收前 3 年平均年产值的 30 倍；征收城市郊区的菜地，用地单位应当按照国家有关规定缴纳新菜地开发建设基金。

土地补偿费归农村集体经济组织所有；地上附着物及青苗补偿费归地上附着物及青苗的所有者所有。征收土地的安置补助费必须专款专用，不得挪作他用。需要安置的人员由农村集体经济组织安置的，安置补助费支付给农村集体经济组织，由农村集体经济组织管理和使用；由其他单位安置的，安置补助费支付给安置单位；不需要统一安置的，安置补助费发放给被安置人员个人或者征得被安置人员同意后用于支付被安置人员的保险费用。

市、县和乡（镇）人民政府应当加强对安置补助费使用情况的监督。侵占、挪用被征收土地单位的征地补偿费用和其他有关费用，构成犯罪的，依法追究刑事责任；尚不构成犯罪的，依法给予行政处分。

3. 建设用地的取得

建设单位使用国有土地，应当以出让等有偿使用方式取得。

但是，下列建设用地，经县级以上人民政府依法批准，可以以划拨方式取得：①国家机关用地和军事用地；②城市基础设施用地和公益事业用地；③国家重点扶持的能源、交通、水利等基础设施用地；④法律、行政法规规定的其他用地。

4. 建设用地的收回

有下列情形之一的，由有关人民政府土地行政主管部门报经原批准用地的人民政府或者有批准权的人民政府批准，可以收回国有土地使用权：①为公共利益需要使用土地的；②为实施城市规划进行旧城区改建，需要调整使用土地的；③土地出让等有偿使用合同约定的使用期限届满，土地使用者未申请续期或者申请续期未获批准的，但是，住宅建设用地使用权期间届满的，自动续期；④因单位撤销、迁移等原因，停止使用原划拨的国有土地的；⑤公路、铁路、机场、矿场等经核准报废的。

依法收回国有土地使用权当事人拒不交出土地的，临时使用土地期满拒不归还的，或者不按照批准的用途使用国有土地的，责令交还土地，处以罚款，罚款额为非法占用土地每平方米 10 元以上 30 元以下。

5. 严格控制乡（镇）村建设用地

（1）控制乡镇企业建设用地。农村集体经济组织使用乡（镇）土地利用总体规划确定的建设用地兴办企业或者与其他单位、个人以土地使用权入股、联营等形式共同举办企业的，应当持有关批准文件，向县级以上地方人民政府土地行政主管部门提出申请，按照省、自治区、直辖市规定的批准权限，由县级以上地方人民政府批准；其中，涉及占用农用地的，依照规定办理审批手续。

专栏 6-1　某公司擅自将农用地改为建设用地案

经查实，某经济合作社为了搞活集体经济，解决村内富余人员的工作和生活，2013 年 5 月 10 日，经湛江市工商行政管理局坡头分局批准成立了某公司。2013 年 10 月 3 日，该公司未经批准、擅自在位于坡头区南调街老杨村东侧的集体土地上建设楼房，拟作为旅游度假项目。经湛江市国土测绘大队测量，并由该公司确认，实际占地面积 6 073.37m^2（折合 9.110 1 亩），其中，建筑面积 3 170.03m^2。该宗用地地类为耕地（5 901.17m^2）、沟渠（172.20m^2）；符合土地利用总体规划 4 402.42m^2，不符合土地利用总体规划 1 670.95m^2。该公司未经批准、擅自将农用地改为建设用地的行为，违反了《中华人民共和国土地管理法》第 36 条和第 44 条的规定，构成非法占用土地的违法事实。根据《中华人民共和国土地管理法》第 76 条和《中华人民共和国土地管理法实施条例》第 42 条规定，湛江市国土资源局决定对该公司作出如下行政处罚：一、没收在非法占用 6 073.37m^2 土地上新建的 3 170.03m^2 建筑物和其他设施；二、对非法占用 5 901.17m^2 耕地处以每平方米 20 元的罚款，计罚款为 118 023.4 元；对非法占用 172.20m^2 沟渠用地处以每平方米 15 元的罚款，计罚款为 2 583 元，两项罚款合计 120 606.4 元。

资料来源：湛江市国土资源行政处罚决定书［湛国土资（执法）决字〔2014〕第 3 号］。

（2）控制乡（镇）村公共设施、公益事业建设用地。乡（镇）村公共设施、公益事业建设，需要使用土地的，经乡（镇）人民政府审核，向县级以上地方人民政府土地行政主管部门提出申请，按照省、自治区、直辖市规定的批准权限，由县级以上地方人民政府批准；其中，涉及占用农用地的，依照规定办理审批手续。

(3) 控制农村村民住宅用地。农村村民一户只能拥有一处宅基地，其宅基地的面积不得超过省、自治区、直辖市规定的标准。农村村民建住宅，应当符合乡（镇）土地利用总体规划，并尽量使用原有的宅基地和村内空闲地。农村村民住宅用地，经乡（镇）人民政府审核，由县级人民政府批准；其中，涉及占用农用地的，依照规定办理审批手续。农村村民出卖、出租住房后，再申请宅基地的，不予批准。

农村村民未经批准或者采取欺骗手段骗取批准，非法占用土地建住宅的，责令退还非法占用的土地，限期拆除在非法占用的土地上新建的房屋。

建设单位或者个人对责令限期拆除的行政处罚决定不服的，可以在接到责令限期拆除决定之日起 15 日内，向人民法院起诉；期满不起诉又不自行拆除的，由作出处罚决定的机关依法申请人民法院强制执行，费用由违法者承担。

另外，农民集体所有土地的使用权不得出让、转让或者出租用于非农业建设；但是，符合土地利用总体规划并依法取得建设用地的企业，因破产、兼并等情形致使土地使用权依法发生转移的除外。

擅自将农民集体所有土地的使用权出让、转让或者出租用于非农业建设的，责令限期改正，没收违法所得，并处罚款，罚款额为非法所得的 5%以上 20%以下。

第二节　矿产资源保护的法律规定

一、矿产资源保护的立法概况

我国现行矿产资源保护的主要法律法规及规章，见表 6-6。

表 6-6　矿产资源保护的主要法律法规及规章依据

效力等级	名　称	施行日期
法律	《矿产资源法》	1986 年 10 月 1 日（1997 年 1 月 1 日修订）
行政法规	《地质勘查资质管理条例》	2008 年 7 月 1 日
	《矿产资源法实施细则》	1994 年 3 月 26 日
	《矿产资源勘查区块登记管理办法》	1998 年 2 月 12 日（2014 年 7 月 9 日修订）
	《矿产资源开采登记管理办法》	1998 年 2 月 12 日
	《探矿权采矿权转让管理办法》	1998 年 2 月 12 日
部门规章	《矿产资源规划编制实施办法》	2012 年 12 月 1 日
	《矿产资源节约与综合利用专项资金管理办法》	2013 年 3 月 26 日
	《矿产资源登记统计管理办法》	2004 年 3 月 1 日
	《地质资料管理条例实施办法》	2003 年 3 月 1 日
	《矿产资源储量评审认定办法》	1999 年 7 月 15 日
	《违反矿产资源法规行政处罚办法》	1994 年 1 月 1 日
	《中华人民共和国海洋石油勘探开发环境保护管理条例实施办法》	1990 年 9 月 20 日

二、矿产资源保护的主要法律规定

（一）关于矿产资源权属的规定

矿产资源属于国家所有，由国务院行使国家对矿产资源的所有权。地表或者地下的矿产资源的国家所有权，不因其所依附的土地的所有权或者使用权的不同而改变。

（二）关于矿业权的规定

就我国矿业立法实际而言，矿业权包括探矿权和采矿权。探矿权，是指在依法取得的勘查许可证规定的范围内，勘查矿产资源的权利。取得勘查许可证的单位或者个人称为探矿权人。采矿权，是指在依法取得的采矿许可证规定的范围内，开采矿产资源和获得所开采的矿产品的权利。取得采矿许可证的单位或者个人称为采矿权人。

1. 许可证制度

国家对矿产资源的勘查、开采实行许可证制度。勘查矿产资源，必须依法申请登记，领取勘查许可证，取得探矿权；开采矿产资源，必须依法申请登记，领取采矿许可证，取得采矿权。

违反上述规定，未取得采矿许可证擅自采矿的，责令停止开采、赔偿损失，没收采出的矿产品和违法所得，可以并处罚款，处以违法所得50%以下的罚款；拒不停止开采，造成矿产资源破坏的，依照《刑法》的规定对直接责任人员以非法采矿罪追究其刑事责任。单位和个人进入他人依法设立的国有矿山企业和其他矿山企业矿区范围内采矿的，依照上述规定处罚。

专栏 6-2　某公司非法采矿案

2014 年 6 月，某公司未经有关部门批准，擅自在金坛市薛埠镇东进泉水洞开采建筑用砂岩。经鉴定，该公司非法采出矿产品共计 5 357.11t。该行为违反了《中华人民共和国矿产资源法》第 3 条第 3 款的规定，属未经批准非法开采行为。根据《中华人民共和国矿产资源法》第 39 条和《中华人民共和国矿产资源法实施细则》第 42 条第 1 项的规定，2014 年 7 月 10 日金坛市国土资源局对该公司依法作出行政处罚决定：①责令该公司停止非法开采行为；②没收违法所得折合人民币 53 571.1 元；③处以违法所得 25%的罚款，共计人民币 13 392.78 元。

资料来源：江苏省国土资源厅网站（2014 年 12 月 23 日登录）。

超越批准的矿区范围采矿的，责令退回本矿区范围内开采、赔偿损失，没收越界开采的矿产品和违法所得，可以并处罚款，处以违法所得 30%以下的罚款；拒不退回本矿区范围内开采，造成矿产资源破坏的，吊销采矿许可证，依照刑法的规定对直接责任人员以非法采矿罪追究其刑事责任。

专栏 6-3 某建材厂越界开采黏土案

2014 年 4 月，丹阳市国土资源局在巡查中发现某建材厂在超越批准范围的矿区开采黏土。经鉴定，认定越界开采黏土 6 212.5m^3。该行为违反了《中华人民共和国矿产资源法》第 3 条第 2 款的规定，属未经批准、非法开采矿产资源的违法行为。依照《中华人民共和国矿产资源法》第 40 条和《中华人民共和国矿产资源法实施细则》第 42 条的规定，2014 年 6 月 25 日，丹阳市国土资源局对该建材厂依法作出行政处罚决定：①责令停止违法取土行为，并对违法取土现场自行整理，恢复耕种条件；②没收该建材厂非法所得 26 714 元；③对该建材厂越界开采黏土的违法行为处以罚款 13 357 元。2014 年 7 月 3 日，该建材厂已履行处罚决定的内容，该地块已恢复耕种。

资料来源：江苏省国土资源厅网站（2014 年 12 月 23 日登录）。

2. 有偿取得制度

国家实行探矿权、采矿权有偿取得的制度。但是，国家对探矿权、采矿权有偿取得的费用，可以根据不同情况规定予以减缴、免缴。具体办法和实施步骤由国务院规定。开采矿产资源，必须按照国家有关规定缴纳资源税和资源补偿费。

3. 限制流转制度

禁止将探矿权、采矿权倒卖牟利。除按下列规定可以转让外，探矿权、采矿权不得转让：①探矿权人有权在划定的勘查作业区内进行规定的勘查作业，有权优先取得勘查作业区内矿产资源的采矿权；探矿权人在完成规定的最低勘查投入后，经依法批准，可以将探矿权转让他人。②已取得采矿权的矿山企业，因企业合并、分立，与他人合资、合作经营，或者因企业资产出售以及有其他变更企业资产产权的情形而需要变更采矿权主体的，经依法批准可以将采矿权转让他人采矿。

买卖、出租或者以其他形式转让矿产资源的，没收违法所得，违反规定将探矿权、采矿权倒卖牟利的，吊销勘查许可证、采矿许可证，没收违法所得，并对卖方、出租方、出让方处以违法所得一倍以下的罚款。

上述行政处罚由县级以上人民政府负责地质矿产管理工作的部门按照国务院地质矿产主管部门规定的权限决定。给予吊销勘查许可证或者采矿许可证处罚的，须由原发证机关决定。依照规定应当给予行政处罚而不给予行政处罚的，上级人民政府地质矿产主管部门有权责令改正或者直接给予行政处罚。

（三）关于矿产资源勘查登记和开采审批的规定

1. 矿产资源勘查登记制度

国家对矿产资源勘查实行统一的区块登记管理制度。为此，国务院于 1998 年专门制定了《矿产资源勘查区块登记管理办法》。

2. 申请开办矿山企业或个体采矿所应具备的条件

根据《矿产资源法》第 3 条规定，从事矿产资源勘查和开采的，必须符合规定的资质条件：

（1）开办国有矿山企业，除应当具备有关法律、法规规定的条件外，还应当具备的条件详见《矿产资源法实施细则》第 11 条的规定。

（2）申请开办集体所有制矿山企业或者私营矿山企业，除应当具备有关法律、法规规定的条件外，还应当具备的条件详见《矿产资源法实施细则》第13条的规定。

（3）申请个体采矿应当具备的条件详见《矿产资源法实施细则》第14条的规定。

3. 开采审批制度

（1）审批权限。《矿产资源法》第16条规定了开采矿产资源的审批权限，见表6-7。

表6-7 开采矿产资源的审批权限

开采矿产资源的类型	审批并颁发采矿许可证的机关
①国家规划矿区和对国民经济具有重要价值的矿区内的矿产资源； ②前项规定区域以外可供开采的矿产储量规模在大型以上的矿产资源； ③国家规定实行保护性开采的特定矿种； ④领海及中国管辖的其他海域的矿产资源； ⑤国务院规定的其他矿产资源	国务院地质矿产主管部门
石油、天然气、放射性矿产等特定矿种	国务院地质矿产主管部门，也可以是国务院授权的有关主管部门
其他矿产资源，其可供开采的矿产的储量规模为中型	省、自治区、直辖市人民政府地质矿产主管部门

（2）计划开采和限制开采区域。对国家规划矿区、对国民经济具有重要价值的矿区和国家规定实行保护性开采的特定矿种，实行有计划的开采；未经国务院有关主管部门批准，任何单位和个人不得开采。

根据《矿产资源法》第20条规定，非经国务院授权的有关主管部门同意，不得在下列地区开采矿产资源：①港口、机场、国防工程设施圈定地区以内；②重要工业区、大型水利工程设施、城镇市政工程设施附近一定距离以内；③铁路、重要公路两侧一定距离以内；④重要河流、堤坝两侧一定距离以内；⑤国家划定的自然保护区、重要风景区，国家重点保护的不能移动的历史文物和名胜古迹所在地；⑥国家规定不得开采矿产资源的其他地区。

（四）关于矿产资源勘查与开采的规定

1. 探矿权人的权利义务及争议解决方式

（1）探矿权人享有的权利详见《矿产资源法实施细则》第16条的规定。

（2）探矿权人应当履行的义务详见《矿产资源法实施细则》第17条的规定。

（3）探矿权人之间对勘查范围发生争议时，由当事人协商解决；协商不成的，由主管部门裁决。

2. 采矿权人的权利义务及争议解决方式

（1）采矿权人享有的权利详见《矿产资源法实施细则》第30条的规定。

（2）采矿权人应当履行的义务详见《矿产资源法实施细则》第31条的规定。

（3）采矿权人之间对矿区范围发生争议时，先协商解决；协商不成的，由人民政府处理。

（五）关于集体矿山企业和个体采矿的规定

1. 指导方针

国家对集体矿山企业和个体采矿实行积极扶持、合理规划、正确引导、加强管理的方针。

2. 集体矿山企业和个体采矿的开采范围

《矿产资源法实施细则》第38、第39条规定了集体矿山企业和个体采矿的开采范围，见表6-8。

表6-8　集体矿山企业和个体采矿的开采范围

开采主体	开采范围
集体矿山企业（私营矿山企业开采矿产资源的范围参照执行）	不适于国家建设大、中型矿山的矿床及矿点
	经国有矿山企业同意，并经其上级主管部门批准，在其矿区范围内划出的边缘零星矿产
	矿山闭坑后，经原矿山企业主管部门确认可以安全开采并不会引起严重环境后果的残留矿体
	国家规划可以由集体所有制矿山企业开采的其他矿产资源
个体采矿者	零星分散的小矿体或者矿点
	只能用作普通建筑材料的砂、石、黏土

（六）关于勘查、开采矿产资源过程中，保护生态环境的规定

（1）关闭矿山，必须提出矿山闭坑报告及有关采掘工程、不安全隐患、土地复垦利用、环境保护的资料，并按照国家规定报请审查批准。

关闭矿山报告批准后，矿山企业应当按照批准的关闭矿山报告，完成有关水土保持、土地复垦和环境保护工作，或者缴清土地复垦和环境保护的有关费用。

（2）勘查作业不得阻碍或者损害航运、灌溉、防洪等活动或者设施，勘查作业结束后应当采取措施，防止水土流失，保护生态环境。

（3）开采矿产资源，必须遵守有关环境保护的法律规定，防止污染环境。开采矿产资源，应当节约用地。耕地、草原、林地因采矿受到破坏的，矿山企业应当因地制宜地采取复垦利用、植树种草或者其他利用措施。开采矿产资源给他人生产、生活造成损失的，应当负责赔偿，并采取必要的补救措施。

专栏6-4　稀土开发的生态环境破坏问题

稀土开采、选冶、分离存在的落后生产工艺和技术，严重破坏地表植被，造成水土流失和土壤污染、酸化，使得农作物减产甚至绝收。离子型中重稀土矿过去采用落后的堆浸、池浸工艺，每生产1t稀土氧化物产生约2 000t尾砂，目前虽已采用较为先进的原地浸矿工艺，但仍不可避免地产生大量氨氮、重金属等污染物，破坏植被，严重污染地表水、地下水和农田。轻稀土矿多为多金属共伴生矿，在冶炼、分离过程中会产生大量有毒有害气体、高浓度氨氮废水、放射性废渣等污染物。一些地方因为稀土的过度开采，还造成山体滑坡、河道堵塞、突发性环境污染事件，甚至造成重大事故灾难，给公众的生命健康和生态环境带来重大损失。而生态环境的恢复与治理，也成为一些稀土产区的沉重负担。

第三节 水资源保护的法律规定

一、水资源保护的立法概况

我国现行水资源保护的主要法律、法规及规章，见表 6-9。

表 6-9 水资源保护的主要法律法规依据

效力等级	名 称	施行日期
法律	《水法》	2002 年 10 月 1 日（2016 年 7 月 2 日修改）
	《防洪法》	1998 年 1 月 1 日（2009 年 8 月 27 日修订）
行政法规	《南水北调工程供用水管理条例》	2014 年 2 月 16 日
	《太湖流域管理条例》	2011 年 11 月 1 日
	《中华人民共和国抗旱条例》	2009 年 2 月 26 日
	《中华人民共和国水文条例》	2007 年 6 月 1 日（2013 年 7 月 18 日修订）
	《大中型水利水电工程建设征地补偿和移民安置条例》	2006 年 9 月 1 日（2013 年 12 月 7 日修订）
	《取水许可和水资源费征收管理条例》	2006 年 4 月 15 日
	《中华人民共和国防汛条例》	2005 年 7 月 15 日（2011 年 1 月 8 日修订）
	《长江河道采砂管理条例》	2002 年 1 月 1 日
	《河道管理条例》	1988 年 6 月 10 日（2011 年 11 月 8 日修订）
部门规章	《水利工程建设项目管理规定（试行）》	1995 年 4 月 21 日
	《水文站网管理办法》	2012 年 2 月 1 日
	《饮用水水源保护区污染防治管理规定》	1989 年 7 月 10 日（2010 年 12 月 22 日修订）
	《长江河道采砂管理条例实施办法》	2010 年 5 月 1 日
	《三峡水库调度和库区水资源与河道管理办法》	2008 年 11 月 3 日
	《取水许可管理办法》	2008 年 4 月 9 日
	《水量分配暂行办法》	2008 年 2 月 1 日
	《水工程建设规划同意书制度管理办法（试行）》	2007 年 11 月 29 日
	《水行政许可听证规定》	2006 年 5 月 24 日
	《水利工程建设项目验收管理规定》	2007 年 4 月 1 日
	《水行政许可实施办法》	2005 年 7 月 8 日
	《入河排污口监督管理办法》	2005 年 1 月 1 日
	《水利工程供水价格管理办法》	2004 年 1 月 1 日
	《建设项目水资源论证管理办法》	2002 年 5 月 1 日
	《水政监察工作章程》	2000 年 5 月 15 日
	《水利基本建设项目稽察暂行办法》	1999 年 12 月 7 日
	《水行政处罚实施办法》	1997 年 12 月 26 日
	《河道采砂收费管理办法》	1990 年 6 月 20 日

二、水资源保护的主要法律规定

（一）关于水资源权属的规定

《水法》第 3 条规定：水资源属于国家所有。水资源的所有权由国务院代表国家行使。

另外该条还特别强调：农村集体经济组织的水塘和由农村集体经济组织修建管理的水库中的水，归各该农村集体经济组织使用。但其所有权还是属于国家所有。

（二）关于水资源管理体制的规定

国家对水资源实行流域管理与行政区域管理相结合的管理体制。

专栏 6-5　国务院关于实行最严格水资源管理制度的意见

《意见》的主要内容是要确立“三条红线”，实施“四项制度”。“三条红线”是指：①确立水资源开发利用控制红线，到 2030 年全国用水总量控制在 7 000 亿 m^3 以内。②确立用水效率控制红线，到 2030 年用水效率达到或接近世界先进水平，万元工业增加值用水量降低到 $40m^3$ 以下，农田灌溉水有效利用系数提高到 0.6 以上。③确立水功能区限制纳污红线，到 2030 年主要污染物入河湖总量控制在水功能区纳污能力范围之内，水功能区水质达标率提高到 95%以上。为实现上述红线目标，《意见》进一步明确了 2015 年和 2020 年水资源管理的阶段性目标。“四项制度”是指：①用水总量控制。加强水资源开发利用控制红线管理，严格实行用水总量控制，包括严格规划管理和水资源论证，严格控制流域和区域取用水总量，严格实施取水许可，严格水资源有偿使用，严格地下水管理和保护，强化水资源统一调度。②用水效率控制制度。加强用水效率控制红线管理，全面推进节水型社会建设，包括全面加强节约用水管理，强化用水定额管理，加快推进节水技术改造。③水功能区限制纳污制度。加强水功能区限制纳污红线管理，严格控制入河湖排污总量，包括严格水功能区监督管理，加强饮用水水源地保护，推进水生态系统保护与修复。④水资源管理责任和考核制度。将水资源开发利用、节约和保护的主要指标纳入地方经济社会发展综合评价体系，县级以上人民政府主要负责人对本行政区域水资源管理和保护工作负总责。

（三）关于水资源规划的规定

1. 水资源规划的制定

《水法》第 17 条规定了水资源规划的编制及审批机关，见表 6-10。

2. 水资源规划的种类

规划分为流域规划和区域规划。流域规划包括流域综合规划和流域专业规划；区域规划包括区域综合规划和区域专业规划。水资源规划的编制及审批机关，见表 6-10。

表 6-10　水资源规划的编制及审批机关

水资源规划的类型	编制机关	审批机关	备注
国家确定的重要江河、湖泊的流域综合规划	国务院水行政主管部门会同国务院有关部门和有关省、自治区、直辖市人民政府编制	国务院	

水资源规划的类型	编制机关	审批机关	备注
跨省、自治区、直辖市的其他江河、湖泊的流域综合规划和区域综合规划	有关流域管理机构会同江河、湖泊所在地的省、自治区、直辖市人民政府水行政主管部门和有关部门编制	国务院或者其授权的部门	分别经有关省、自治区、直辖市人民政府审查提出意见后，报国务院水行政主管部门审核；国务院水行政主管部门征求国务院有关部门意见后，报国务院或者其授权的部门批准
其他江河、湖泊的流域综合规划和区域综合规划	县级以上地方人民政府水行政主管部门会同同级有关部门和有关地方人民政府编制	本级人民政府或者其授权的部门	需报上一级水行政主管部门备案
专业规划	县级以上人民政府有关部门编制	报本级人民政府批准	报批准前需征求同级其他有关部门意见。另外，防洪规划、水土保持规划的编制、批准，依照防洪法、水土保持法的有关规定执行

（四）关于保护水资源、水域和水工程的规定

1. 地下水的保护

从事水资源开发、利用、节约、保护和防治水害等水事活动，应当遵守经批准的规划；因违反规划造成江河和湖泊水域使用功能降低、地下水超采、地面沉降、水体污染的，应当承担治理责任。开采矿藏或者建设地下工程，因疏干排水导致地下水水位下降、水源枯竭或者地面塌陷，采矿单位或者建设单位应当采取补救措施；对他人生活和生产造成损失的，依法给予补偿。

2. 水功能区划制度

《水法》第32条规定了水功能区划的拟定及审批权限，见表6-11。

表6-11 水功能区划的拟定及审批权限

水功能区类型	拟定机关	审批机关	备注
国家确定的重要江河、湖泊的水功能区划	国务院水行政主管部门会同国务院环境保护行政主管部门、有关部门和有关省、自治区、直辖市人民政府	国务院	
跨省、自治区、直辖市的其他江河、湖泊的水功能区划	有关流域管理机构会同江河、湖泊所在地的省、自治区、直辖市人民政府水行政主管部门、环境保护行政主管部门和其他有关部门	国务院或者其授权的部门	报送审批前，需分别经有关省、自治区、直辖市人民政府审查提出意见，然后由国务院水行政主管部门会同国务院环境保护行政主管部门审核
其他江河、湖泊的水功能区划	县级以上地方人民政府水行政主管部门会同同级人民政府环境保护行政主管部门和有关部门	同级人民政府或者其授权的部门	并报上一级水行政主管部门和环境保护行政主管部门备案

3. 饮用水水源保护区制度

国家建立饮用水水源保护区制度。省、自治区、直辖市人民政府应当划定饮用水水源保护区，并采取措施，防止水源枯竭和水体污染，保证城乡居民饮用水安全；禁止在饮用水水源保护区内设置排污口。

《水法》第67条规定，在饮用水水源保护区内设置排污口的，由县级以上地方人民政府责令限期拆除、恢复原状；逾期不拆除、不恢复原状的，强行拆除、恢复原状，并处5万元以上10万元以下罚款。

4. 江河、湖泊的保护

（1）在江河、湖泊新建、改建或者扩大排污口，应当经过有管辖权的水行政主管部门或者流域管理机构同意，由环境保护行政主管部门负责对该建设项目的环境影响报告书进行审批。

如若违反上述规定，责令停止违法行为，限期恢复原状，处5万元以上10万元以下罚款。

（2）禁止在江河、湖泊、水库、运河、渠道内弃置、堆放阻碍行洪的物体和种植阻碍行洪的林木及高秆作物。

如若违反上述规定，且防洪法未作规定的，责令停止违法行为，限期清除障碍或者采取其他补救措施，处1万元以上5万元以下罚款。

（3）禁止在河道管理范围内建设妨碍行洪的建筑物、构筑物以及从事影响河势稳定、危害河岸堤防安全和其他妨碍河道行洪的活动。

如若违反上述规定，责令停止违法行为，限期拆除违法建筑物、构筑物，恢复原状；逾期不拆除、不恢复原状的，强行拆除，所需费用由违法单位或者个人负担，并处1万元以上10万元以下罚款。

（4）在河道管理范围内建设桥梁、码头和其他拦河、跨河、临河建筑物、构筑物，铺设跨河管道、电缆，应当符合国家规定的防洪标准和其他有关的技术要求，工程建设方案应当依照《防洪法》的有关规定报经有关水行政主管部门审查同意。

如若违反上述规定，且《防洪法》未作规定的，责令停止违法行为，限期补办有关手续；逾期不补办或者补办未被批准的，责令限期拆除违法建筑物、构筑物；逾期不拆除的，强行拆除，所需费用由违法单位或者个人负担，并处1万元以上10万元以下罚款。

（5）禁止围湖造地。已经围垦的，应当按照国家规定的防洪标准有计划地退地还湖。禁止围垦河道。确需围垦的，应当经过科学论证，经省、自治区、直辖市人民政府水行政主管部门或者国务院水行政主管部门同意后，报本级人民政府批准。

如若违反上述规定，责令停止违法行为，限期拆除违法建筑物、构筑物，恢复原状；逾期不拆除、不恢复原状的，强行拆除，所需费用由违法单位或者个人负担，并处1万元以上10万元以下罚款。

5. 河道采砂许可证制度

国家实行河道采砂许可制度。河道采砂许可制度实施办法，由国务院规定。

专栏 6-6 某非法采砂案

2014 年 12 月 9 日，湖北省恩施市水政执法大队接到群众举报，称龙凤镇龙马河道有人非法采挖砂石，用于铺设附近的公路。接到举报后，执法人员迅速赶往现场调查，查处这起非法采砂案件。

经查实，当事人黄某利用挖机盗采河道砂石，销售给龙马村某项目部滨河大道工程，用于铺设公路。执法人员当即对挖机和农用车进行了登记保存，对项目部负责人、司机、挖机驾驶员以及黄某进行了讯问，并制作了讯问笔录，依法下达了处罚告知书。11 日，当事人黄某主动接受处理，并缴纳相应罚款。

资料来源：湖北省水利厅网站，2014-12-23。

6. 水工程的保护

水工程是指在江河、湖泊和地下水水源上开发、利用、控制、调配和保护水资源的各类工程。

（1）单位和个人有保护水工程的义务，不得侵占、毁坏堤防、护岸、防汛、水文监测、水文地质监测等工程设施。

侵占、盗窃或者抢夺防汛物资，防洪排涝、农田水利、水文监测和测量以及其他水工程设备和器材，贪污或者挪用国家救灾、抢险、防汛、移民安置和补偿及其他水利建设款物，构成犯罪的，依照《刑法》的有关规定追究刑事责任。

尚不够刑事处罚，且《防洪法》未作规定的，责令停止违法行为，采取补救措施，处 1 万元以上 5 万元以下罚款；违反《治安管理处罚法》的，由公安机关依法给予治安管理处罚；给他人造成损失的，依法承担赔偿责任。

（2）在水工程保护范围内，禁止从事影响水工程运行和危害水工程安全的爆破、打井、采石、取土等活动。

如若违反上述规定，构成犯罪的，依照刑法的有关规定追究刑事责任；尚不够刑事处罚，且《防洪法》未作规定的，责令停止违法行为，采取补救措施，处 1 万元以上 5 万元以下罚款；违反《治安管理处罚法》的，由公安机关依法给予治安管理处罚；给他人造成损失的，依法承担赔偿责任。

（五）关于水资源配置和节约使用的规定

1. 实行水中长期供求规划制度

《水法》第 44 条规定了水中长期供求规划的制订及审批权限，见表 6-12。

表 6-12 水中长期供求规划的制订及审批权限

水中长期供求规划的类型	制定机关	审批机关
全国的和跨省、自治区、直辖市的水中长期供求规划	国务院水行政主管部门会同有关部门	国务院发展计划主管部门
地方的水中长期供求规划	县级以上地方人民政府水行政主管部门会同同级有关部门	本级人民政府发展计划主管部门

2. 实行水量分配制度

《水法》第 45 条规定，调蓄径流和分配水量，应当依据流域规划和水中长期供求规划，以流域为单元制定水量分配方案。该条款还规定了水量分配方案的制订及审批权限，见表 6-13。

表 6-13　水量分配方案的制订及审批权限

水量调度预案的类型	制定机关	审批机关
跨省、自治区、直辖市的水量分配方案和旱情紧急情况下的水量调度预案	流域管理机构商有关省、自治区、直辖市人民政府	国务院或者其授权的部门
其他跨行政区域的水量分配方案和旱情紧急情况下的水量调度预案	共同的上一级人民政府水行政主管部门商有关地方人民政府	本级人民政府

3. 实行取水许可制度和水资源有偿使用制度

直接从江河、湖泊或者地下取用水资源的单位和个人，应当按照国家取水许可制度和水资源有偿使用制度的规定，向水行政主管部门或者流域管理机构申请领取取水许可证，并缴纳水资源费，取得取水权。

未经批准擅自取水或者未依照批准的取水许可规定条件取水的，由县级以上人民政府水行政主管部门或者流域管理机构依据职权，责令停止违法行为，限期采取补救措施，处 2 万元以上 10 万元以下罚款；情节严重的，吊销其取水许可证。

拒不缴纳、拖延缴纳或者拖欠水资源费的，由县级以上人民政府水行政主管部门或者流域管理机构依据职权，责令限期缴纳；逾期不缴纳的，从滞纳之日起按日加收滞纳部分 2‰的滞纳金，并处应缴或者补缴水资源费 1 倍以上 5 倍以下罚款。

但是，家庭生活和零星散养、圈养畜禽饮用等少量取水的除外。实施取水许可制度和征收管理水资源费的具体办法，由国务院规定。

4. 节约用水

(1) 工业用水应当采用先进技术、工艺和设备，增加循环用水次数，提高水的重复利用率。

生产、销售或者在生产经营中使用国家明令淘汰的落后的、耗水量高的工艺、设备和产品的，责令停止生产、销售或者使用，处 2 万元以上 10 万元以下罚款。

(2) 新建、扩建、改建建设项目，应当制订节水措施方案，配套建设节水设施。节水设施应当与主体工程同时设计、同时施工、同时投产。供水企业和自建供水设施的单位应当加强供水设施的维护管理，减少水的漏失。

建设项目的节水设施没有建成或者没有达到国家规定的要求，擅自投入使用的，责令停止使用，限期改正，处 5 万元以上 10 万元以下罚款。

(六) 关于水事纠纷处理的规定

1. 不同行政区域之间水事纠纷的处理

不同行政区域之间发生水事纠纷的，应当协商处理；协商不成的，由上一级人民政府裁决，有关各方必须遵照执行。在水事纠纷解决前，未经各方达成协议或者共同的上一级人民政府批准，在行政区域交界线两侧一定范围内，任何一方不得修建排水、阻水、取水和截（蓄）水工程，不得单方面改变水的现状。

拒不执行上一级人民政府的裁决或者在水事纠纷解决前，未经各方达成协议或者上一级人民政府批准，单方面违反本法规定改变水的现状的，对负有责任的主管人员和其他直接责任人员依法给予行政处分。

2. 单位之间、个人之间、单位与个人之间水事纠纷的处理

单位之间、个人之间、单位与个人之间发生的水事纠纷，应当协商解决；当事人不愿协商或者协商不成的，可以申请县级以上地方人民政府或者其授权的部门调解，也可以直接向人民法院提起民事诉讼。县级以上地方人民政府或者其授权的部门调解不成的，当事人可以向人民法院提起民事诉讼。在水事纠纷解决前，当事人不得单方面改变现状。

第四节　水土保持的法律规定

一、水土保持的立法概况

我国现行的水土保持法律法规及规章，见表6-14。

表6-14　水土保持的主要法律法规及规章依据

效力等级	名　称	施行日期
法律	《水土保持法》	2011年3月1日
行政法规	《水土保持法实施条例》	1993年8月1日（2011年1月8日修订）
部门规章	《水土保持生态环境监测网络管理办法》	2000年1月31日（2014年8月19日修订）
	《开发建设项目水土保持设施验收管理办法》	2002年12月1日（2005年7月8日修订）
	《开发建设项目水土保持方案管理办法》	1995年11月22日
	《开发建设项目水土保持方案编报审批管理规定》	1995年5月30日（2005年7月8日修订）

二、水土保持的主要法律规定

（一）关于水土保持工作指导方针的规定

水土保持工作实行预防为主、保护优先、全面规划、综合治理、因地制宜、突出重点、科学管理、注重效益的方针。

（二）关于水土保持规划的规定

1. 水土流失重点预防区和重点治理区

县级以上人民政府应当依据水土流失调查结果划定并公告水土流失重点预防区和重点治理区。

对水土流失潜在危险较大的区域，应当划定为水土流失重点预防区；对水土流失严重的区域，应当划定为水土流失重点治理区。

2. 水土保持规划的内容

水土保持规划的内容应当包括水土流失状况、水土流失类型区划分、水土流失防治目标、任务和措施等。

水土保持规划包括对流域或者区域预防和治理水土流失、保护和合理利用水土资源作出的整体部署，以及根据整体部署对水土保持专项工作或者特定区域预防和治理水土流失作出的专项部署。水土保持规划应当与土地利用总体规划、水资源规划、城乡规划和环境保护规划等相协调。编制水土保持规划，应当征求专家和公众的意见。

（三）关于预防水土流失的规定

1. 限制开垦坡地

（1）禁止在25°以上陡坡地开垦种植农作物。在25°以上陡坡地种植经济林的，应当科学选择树种，合理确定规模，采取水土保持措施，防止造成水土流失。省、自治区、直辖市根据本行政区域的实际情况，可以规定小于25°的禁止开垦坡度。禁止开垦陡坡地的范围由当地县级人民政府划定并公布。

如若违反上述规定，在禁止开垦坡度以上陡坡地开垦种植农作物，或者在禁止开垦、开发的植物保护带内开垦、开发的，由县级以上地方人民政府水行政主管部门责令停止违法行为，采取退耕、恢复植被等补救措施；按照开垦或者开发面积，可以对个人处每平方米2元以下罚款、对单位处每平方米10元以下罚款。

（2）在5°以上坡地植树造林、抚育幼林、种植中药材等，应当采取水土保持措施。在禁止开垦坡度以下、5°以上的荒坡地开垦种植农作物，应当采取水土保持措施。具体办法由省、自治区、直辖市根据本行政区域的实际情况规定。

2. 加强林业、草业管理

禁止毁林、毁草开垦和采集发菜。禁止在水土流失重点预防区和重点治理区铲草皮、挖树兜或者滥挖虫草、甘草、麻黄等。

违反上述规定，毁林、毁草开垦的，依照《中华人民共和国森林法》《中华人民共和国草原法》的有关规定处罚。采集发菜，或者在水土流失重点预防区和重点治理区铲草皮、挖树兜、滥挖虫草、甘草、麻黄等的，由县级以上地方人民政府水行政主管部门责令停止违法行为，采取补救措施，没收违法所得，并处违法所得1倍以上5倍以下罚款；没有违法所得的，可以处5万元以下罚款。在草原地区有上述规定违法行为的，依照《中华人民共和国草原法》的有关规定处罚。

林木采伐应当采用合理方式，严格控制皆伐；对水源涵养林、水土保持林、防风固沙林等防护林只能进行抚育和更新性质的采伐；对采伐区和集材道应当采取防止水土流失的措施，并在采伐后及时更新造林。在林区采伐林木的，采伐方案中应当有水土保持措施。采伐方案经林业主管部门批准后，由林业主管部门和水行政主管部门监督实施。

在林区采伐林木不依法采取防止水土流失措施的，由县级以上地方人民政府林业主管部门、水行政主管部门责令限期改正，采取补救措施；造成水土流失的，由水行政主管部门按照造成水土流失的面积处每平方米2元以上10元以下罚款。

3. 建设项目施工时对水土流失的预防

（1）生产建设项目选址、选线应当避让水土流失重点预防区和重点治理区；无法避让的，应当提高防治标准，优化施工工艺，减少地表扰动和植被损坏范围，有效控制可能造成的水土流失。

在山区、丘陵区、风沙区以及水土保持规划确定的容易发生水土流失的其他区域开办可能造成水土流失的生产建设项目，生产建设单位应当编制水土保持方案，报县级以上人民政府水行政主管部门审批，并按照经批准的水土保持方案，采取水土流失预防和治理措施。没有能力编制水土保持方案的，应当委托具备相应技术条件的机构编制。

水土保持方案应当包括水土流失预防和治理的范围、目标、措施和投资等内容。

水土保持方案经批准后，生产建设项目的地点、规模发生重大变化的，应当补充或者修改水土保持方案并报原审批机关批准。水土保持方案实施过程中，水土保持措施需要作出重大变更的，应当经原审批机关批准。

（2）依法应当编制水土保持方案的生产建设项目，生产建设单位未编制水土保持方案或者水土保持方案未经水行政主管部门批准的，生产建设项目不得开工建设。违反规定，依法应当编制水土保持方案的生产建设项目，未编制水土保持方案或者编制的水土保持方案未经批准而开工建设的；生产建设项目的地点、规模发生重大变化，未补充、修改水土保持方案或者补充、修改的水土保持方案未经原审批机关批准的；水土保持方案实施过程中，未经原审批机关批准，对水土保持措施作出重大变更的，由县级以上人民政府水行政主管部门责令停止违法行为，限期补办手续；逾期不补办手续的，处 5 万元以上 50 万元以下罚款；对生产建设单位直接负责的主管人员和其他直接责任人员依法给予处分。

依法应当编制水土保持方案的生产建设项目中的水土保持设施，应当与主体工程同时设计、同时施工、同时投产使用；生产建设项目竣工验收，应当验收水土保持设施；水土保持设施未经验收或者验收不合格的，生产建设项目不得投产使用。水土保持设施未经验收或者验收不合格将生产建设项目投产使用的，由县级以上人民政府水行政主管部门责令停止生产或者使用，直至验收合格，并处 5 万元以上 50 万元以下罚款。

依法应当编制水土保持方案的生产建设项目，其生产建设活动中排弃的砂、石、土、矸石、尾矿、废渣等应当综合利用；不能综合利用，确需废弃的，应当堆放在水土保持方案确定的专门存放地，并采取措施保证不产生新的危害。违反规定，在水土保持方案确定的专门存放地以外的区域倾倒砂、石、土、矸石、尾矿、废渣等的，由县级以上地方人民政府水行政主管部门责令停止违法行为，限期清理，按照倾倒数量处每立方米 10 元以上 20 元以下罚款；逾期仍不清理的，县级以上地方人民政府水行政主管部门可以指定有清理能力的单位代为清理，所需费用由违法行为人承担。

（四）关于治理水土流失的规定

1. 承包土地的治理

国家鼓励和支持承包治理荒山、荒沟、荒丘、荒滩，防治水土流失，保护和改善生态环境，促进土地资源的合理开发和可持续利用，并依法保护土地承包合同当事人的合法权益。

承包治理荒山、荒沟、荒丘、荒滩和承包水土流失严重地区农村土地的，在依法签订的土地承包合同中应当包括预防和治理水土流失责任的内容。

2. 生产建设活动造成水土流失的治理责任

开办生产建设项目或者从事其他生产建设活动造成水土流失的，应当进行治理。

在山区、丘陵区、风沙区以及水土保持规划确定的容易发生水土流失的其他区域开办生产建设项目或者从事其他生产建设活动，损坏水土保持设施、地貌植被，不能恢复原有水土保持功能的，应当缴纳水土保持补偿费，专项用于水土流失预防和治理。专项水土流失预防和治理由水行政主管部门负责组织实施。水土保持补偿费的收取使用管理办法由国务院财政部门、国务院价格主管部门会同国务院水行政主管部门制定。拒不缴纳水土保持补偿费的，由县级以上人民政府水行政主管部门责令限期缴纳；逾期不缴纳的，自滞纳之日起按日加收滞纳部分0.5‰的滞纳金，可以处应缴水土保持补偿费3倍以下的罚款。

生产建设项目在建设过程和生产过程中发生的水土保持费用，按照国家统一的财务会计制度处理。

对生产建设活动所占用土地的地表土应当进行分层剥离、保存和利用，做到土石方挖填平衡，减少地表扰动范围；对废弃的砂、石、土、矸石、尾矿、废渣等存放地，应当采取拦挡、坡面防护、防洪排导等措施。生产建设活动结束后，应当及时在取土场、开挖面和存放地的裸露土地上植树种草、恢复植被，对闭库的尾矿库进行复垦。

在干旱缺水地区从事生产建设活动，应当采取防止风力侵蚀措施，设置降水蓄渗设施，充分利用降水资源。

（五）关于水土保持监测和监督的规定

1. 水土保持监测

县级以上人民政府水行政主管部门应当加强水土保持监测工作，发挥水土保持监测工作在政府决策、经济社会发展和社会公众服务中的作用。县级以上人民政府应当保障水土保持监测工作经费。国务院水行政主管部门应当完善全国水土保持监测网络，对全国水土流失进行动态监测。

对可能造成严重水土流失的大中型生产建设项目，生产建设单位应当自行或者委托具备水土保持监测资质的机构，对生产建设活动造成的水土流失进行监测，并将监测情况定期上报当地水行政主管部门。从事水土保持监测活动应当遵守国家有关技术标准、规范和规程，保证监测质量。

2. 水土保持监督

县级以上人民政府水行政主管部门负责对水土保持情况进行监督检查。流域管理机构在其管辖范围内可以行使国务院水行政主管部门的监督检查职权。

水政监督检查人员依法履行监督检查职责时，有权采取下列措施：要求被检查单位或者个人提供有关文件、证照、资料；要求被检查单位或者个人就预防和治理水土流失的有关情况作出说明；进入现场进行调查、取证。

被检查单位或者个人拒不停止违法行为，造成严重水土流失的，报经水行政主管部门批准，可以查封、扣押实施违法行为的工具及施工机械、设备等。

第五节　森林资源保护的法律规定

一、森林资源保护的立法概况

我国《森林法》颁布于1984年，于1998年第一次修订，现行的森林资源保护的主要法律、行政法规及部门规章，见表6-15。

表6-15　森林资源保护的主要法律、行政法规及部门规章依据

效力等级	名　称	施行日期
法律	《森林法》	1985年8月1日（1998年7月1日修订）
行政法规	《森林防火条例》	2009年1月1日
	《森林病虫害防治条例》	1989年12月18日
	《城市绿化条例》	1992年8月1日
	《森林法实施条例》	2000年1月29日（2011年1月8日修订）
	《退耕还林条例》	2003年1月20日
	《国家处置重、特大森林火灾应急预案》	2006年1月14日
部门规章	《森林采伐更新管理办法》	1987年9月10日（2011年1月8日修订）
	《林木林地权属争议处理办法》	1996年10月14日
	《占用征用林地审核审批管理办法》	2001年1月4日
	《林业行政处罚听证规则》	2002年12月15日
	《森林植被恢复费征收使用管理暂行办法》	2003年1月1日
	《突发林业有害生物事件处置办法》	2005年7月1日
	《林木种子质量管理办法》	2007年1月1日
	《中央财政森林生态效益补偿基金管理办法》	2007年3月15日
	《林木种质资源管理办法》	2007年11月1日
	《森林资源监督工作管理办法》	2008年1月1日
	《林业行政许可听证办法》	2008年10月1日
	《国家级森林公园管理办法》	2011年8月1日
	《天然林资源保护工程森林管护管理办法》	2012年2月21日

二、保护森林资源的主要法律规定

（一）关于森林权属制度的规定

我国《森林法》把林权分为国家林权、集体林权、单位林权及公民个人林权。根据《森林法》及其他森林法规规定：森林资源属于国家所有，由法律规定属于集体所有的除外。

全民所有制单位营造的林木，由营造单位经营并按照国家规定支配林木收益；集体所有制单位营造的林木，归该单位所有；农村居民在房前屋后、自留地、自留山种植的林木，归个人所有，城镇居民和职工在自有房屋的庭院内种植的林木，归个人所有；集体或者个人承包的林木归承包的集体或者个人所有。

（二）关于林业建设方针的规定

《森林法》第5条规定："林业建设实行以营林为基础，普遍护林、大力造林、采育结合、永续利用的方针。""以营林为基础"是要把营林、造林放在林业建设的首位，改变过去以原木生产为中心的思想。"普遍护林"是指要提高全社会的护林意识，保护现有森林资源。"大力造林"是指要积极开展植树造林，扩大森林面积，提高森林覆盖率。"采育结合"是指把采伐森林与培育森林资源有机结合，在有计划采伐森林的同时不断扩大森林面积。"永续利用"则是在合理利用森林资源的基础上，通过培育森林资源使其保持平衡发展。

（三）关于植树造林的规定

1. 制订植树造林规划

《中华人民共和国国民经济和社会发展第十二个五年规划纲要》指出，到2020年，森林覆盖率提高到21.66%，森林蓄积量增加6亿m^3。

2. 组织植树造林

各级政府应当组织各行各业和城乡居民完成植树造林规划确定的任务。

3. 组织封山育林

封山育林是山区人民扩大森林面积的有效措施，具有投资少、简便易行、形成多树种多层次覆盖、保持水土、比单一树种能较佳发挥生态效益等优点，它适合于天然更新能力强的疏林地、造林不易成活需要改善土地条件的荒山荒地、幼林地以及一切其他有天然恢复植被可能的荒山和荒地，由当地人民政府组织实施。

专栏6-7　造林绿化再创新高，森林抚育力度加大

2013年，造林规模达到自2008年实施扩大内需政策以来的历史新高。全年共完成荒山荒地造林面积610.01万hm^2，比2012年增长9.01%，在全部造林面积中，用材林、经济林、防护林、薪炭林和特种用途林分别占17.34%、20.22%、61.45%、0.41%和0.58%。全国共有5.3亿人次参加各种形式的义务植树活动，植树25.2亿株。2013年，森林抚育力度加大。中央财政森林抚育资金增加1.25亿元，抚育任务增加8.32万hm^2，全国完成森林抚育（含低产低效林改造）860.55万hm^2，其中，低产低效林改造75.83万hm^2，中、幼龄林抚育面积784.72万hm^2，分别比2012年增长2.82%、7.18%和2.42%。

资料来源：《2014中国林业发展报告》（摘要）。

（四）关于森林保护的规定

1. 建立林业基金制度

林业基金由国家对林业的投资、各级财政的拨款、银行的贷款、按照规定提取的育林基金和更新改造资金、接收的捐赠款、经过批准的其他资金等组成，主要用于营林生产性支出。由各级林业部门按照规定权限分级管理，专款专用，年终结余允许跨年度使用。

2. 建立森林生态效益补偿基金制度

森林生态效益补偿基金用于提供生态效益的防护林和特种用途林的森林资源、林木的营造、抚育、保护和管理。森林生态效益补偿基金必须专款专用，不得挪作他用。我国公益生态林占全国森林总面积的一半以上，只有通过设立生态效益补偿基金才能保证从事生态公益林建设者投入的积极性，才能保障林业生态公益事业的正常运转。

3. 征收育林费制度

育林费就是从木材、竹材和一部分林产品的销售收入中，征收一定数额的资金，用来造林育林，也叫育林基金。目前我国实行的征收育林费制度分为两种：一种叫国有林育林基金，按第一次销售价的21%，由生产单位向用户提取；另一种叫集体育林基金，由木材经营单位缴纳，按第一次卖出价的12%提取。育林基金由林业部门统一征收，分级管理，专款专用，用于造林育林。

4. 木材综合利用及木材代用制度

随着森林资源日渐衰竭，提倡木材综合利用、节约使用木材，鼓励开发、利用木材代用品，是保护森林资源的必要措施。在有条件的地方可以实行以煤代木，发展沼气和小水电，发展人造板生产；在煤炭、铁道、建材等用材较多的部门，积极推广金属矿柱、水泥轨枕、塑钢门窗等多种木材代用品。

5. 建立护林组织

地方各级人民政府应当组织有关部门建立护林组织，负责护林工作；根据实际需要在大面积林区增加护林设施，加强森林保护；督促有林的和林区的基层单位，订立护林公约，组织群众护林，划定护林责任区，配备专职或者兼职护林员。

在林区设立的森林公安机关，负责维护辖区社会治安秩序，保护辖区内的森林资源，并可以依照本法规定，在国务院林业主管部门授权的范围内，依法代行行政处罚权（《森林法》第20条）。

6. 预防和扑救森林火灾

地方各级人民政府应当切实做好森林火灾的预防和扑救工作。森林防火工作实行“预防为主，积极消灭”的方针，遵从《国家处置重、特大森林火灾应急预案》的规定，主要采取以下措施：

（1）规定森林防火期，在此期间内，禁止在林区野外用火；因特殊情况需要用火的，必须经过县级人民政府或者县级人民政府授权的机关批准；

（2）在林区设置防火设施；

（3）发生森林火灾，必须立即组织当地军民和有关部门扑救；

（4）扑救森林火灾负伤、致残、牺牲的，国家职工由所在单位给予医疗、抚恤；非国家职工由起火单位按照国务院有关主管部门的规定给予医疗、抚恤，起火单位对起火没有责任或者确实无力负担的，由当地人民政府给予医疗、抚恤；

（5）武装森林警察部队执行国家赋予的预防和扑救森林火灾的任务。

7. 防治森林病虫害

森林病虫害是森林又一大自然灾害，被称为“不冒烟的森林火灾”。其防治工作实行“预防为主，综合治理”的方针和“谁经营，谁防治”的责任制度。各级林业主管部门负责组织森林病虫害防治工作，负责规定林木种苗的检疫对象，划定疫区和保护区，对林木种苗进行检疫。

8. 禁止毁林

①禁止毁林开垦和毁林采石、采砂、采土以及其他毁林行为，从事上述违法活动，致使森林、林木受到毁坏的，依法赔偿损失。②禁止在幼林地和特种用途林内砍柴、放牧，从事上述违法活动，致使森林、林木受到毁坏的，依法赔偿损失。

9. 建立自然保护区

国务院林业主管部门和省、自治区、直辖市人民政府，应当在不同自然地带的典型森林生态地区、珍贵动物和植物生长繁殖的林区、天然热带雨林区和具有特殊保护价值的其他天然林区，划定自然保护区，加强保护管理。

对自然保护区以外的珍贵树木和林区内具有特殊价值的植物资源，应当认真保护；未经省、自治区、直辖市林业主管部门批准，不得采伐和采集。

（五）关于森林采伐的规定

1. 制定森林采伐限额

国家根据用材林的消耗量低于生长量的原则，严格控制森林年采伐量。制定年采伐限额的单位，应当依照法律、法规规定的程序和方法，对其经营范围内的森林和林木进行科学测算，并经国家批准的年度采伐限额进行采伐。违反上述规定，超过批准的年采伐限额发放林木采伐许可证的，由上一级人民政府林业主管部门责令纠正，对直接负责的主管人员和其他直接责任人员依法给予行政处分；有关人民政府林业主管部门未予纠正的，国务院林业主管部门可以直接处理；构成犯罪的，依法追究刑事责任。

2. 森林采伐许可证制度

采伐林木必须申请采伐许可证，按许可证的规定进行采伐；农村居民采伐自留地和房前屋后个人所有的零星林木除外。采伐林木的单位或个人，必须按照采伐许可证规定的面积、株数、树种、期限完成更新造林任务，更新造林的面积和株数不得少于采伐的面积和株数。

专栏6-8 《最高人民法院关于审理破坏森林资源刑事案件具体应用法律若干问题的解释》（节录）

第三条　以非法占有为目的，具有下列情形之一，数量较大的，依照《刑法》第345条第1款的规定，以盗伐林木罪定罪处罚：

（一）擅自砍伐国家、集体、他人所有或者他人承包经营管理的森林或者其他林木的；

（二）擅自砍伐本单位或者本人承包经营管理的森林或者其他林木的；

（三）在林木采伐许可证规定的地点以外采伐国家、集体、他人所有或者他人承包经营管理的森林或者其他林木的。

第四条　盗伐林木"数量较大"，以2立方米至5立方米或者幼树100株至200株为起点；盗伐林木"数量巨大"，以20立方米至50立方米或者幼树1 000株至2 000株为起点；盗伐林木"数量特别巨大"，以100立方米至200立方米或者幼树5 000株至1 000株为起点。

第五条 违反森林法的规定，具有下列情形之一，数量较大的，依照《刑法》第345条第2款的规定，以滥伐林木罪定罪处罚：

（一）未经林业行政主管部门及法律规定的其他主管部门批准并核发林木采伐许可证，或者虽持有林木采伐许可证，但违反林木采伐许可证规定的时间、数量、树种或者方式，任意采伐本单位所有或者本人所有的森林或者其他林木的；

（二）超过林木采伐许可证规定的数量采伐他人所有的森林或者其他林木的。

林木权属争议一方在林木权属确权之前，擅自砍伐森林或者其他林木，数量较大的，以滥伐林木罪论处。

3. 木材运输管理制度

依法取得采伐许可证后，按照许可证的规定采伐的木材，从林区运出时，林业主管部门应当发给运输证件。对未取得运输证件或者物资主管部门发给的调拨通知书运输木材的，木材检查站有权制止。违反本法规定，在林区非法收购明知是盗伐、滥伐的林木的，由林业主管部门责令停止违法行为，没收违法收购的盗伐、滥伐的林木或者变卖所得，可以并处违法收购林木的价款1倍以上3倍以下罚款；构成犯罪的，依法追究刑事责任。

4. 森林和林木采伐方式

采伐森林和林木必须遵守下列规定：①成熟的用材林应当根据不同情况，分别采取择伐、皆伐和渐伐方式，皆伐应当严格控制，并在采伐的当年或者次年内完成更新造林。②防护林和特种用途林中的国防林、母树林、环境保护林、风景林，只准进行抚育和更新性质的采伐。③特种用途林中的名胜古迹和革命纪念地的林木、自然保护区的森林，严禁采伐。违反上述规定，在幼林地和特种用途林内砍柴、放牧致使森林、林木受到毁坏的，依法赔偿损失；由林业主管部门责令停止违法行为，补种毁坏株数1倍以上3倍以下的树木。拒不补种树木或者补种不符合国家有关规定的，由林业主管部门代为补种，所需费用由违法者支付。

5. 珍贵树木及其制品、衍生物的出口禁限制度

我国珍贵树木种类繁多，由于长期大量出口珍贵树木所生产的木材及其制品、衍生物，导致珍贵树种资源破坏严重，致使一些珍贵树种处于濒危或者灭绝状态。因此，《森林法》规定，国家禁止、限制出口珍贵树木及其制品、衍生物。《中华人民共和国刑法修正案（四）》增设非法收购、运输、加工、出售国家重点保护植物、国家重点保护植物制品罪[①]，以最严厉的法律手段惩罚破坏者；出口国家限制出口的珍贵树木及其制品、衍生物的，必须依法办理手续；进出口的树木或者其制品、衍生物属于中国参加的国际公约限制进出口的濒危物种的，必须向国家濒危物种进出口管理机构申请办理允许进出口证明书，海关凭允许进出口证明书放行。

① 参见《中华人民共和国刑法修正案（四）》。

（六）退耕还林的规定

1. 退耕还林的原则

①统筹规划、分步实施、突出重点、注重实效；②政策引导和农民自愿退耕相结合；③遵循自然规律，因地制宜，综合治理；④建设和保护并重，防止边建设边破坏；⑤逐步改善退耕还林者的生活条件。

2. 实行省级人民政府负责制和目标责任制

省、自治区、直辖市人民政府应当组织有关部门采取措施，保证退耕还林中央补助资金的专款应用，组织落实补助粮食的调运和供应，加强退耕还林的复查工作，按期完成国家下达的退耕还林任务，并逐级落实目标责任，签订责任书，实现退耕还林目标。县级以上地方各级人民政府有关部门应当与退耕还林工程项目负责人和技术负责人签订责任书，明确其应当承担的责任。

3. 制订退耕还林规划

退耕还林总体规划由国务院林业行政主管部门编制，省级人民政府林业行政主管部门根据退耕还林总体规划会同有关部门编制本区域的退耕还林规划，经本级人民政府批准，报国务院有关部门备案。未经批准机关同意，不得擅自调整退耕还林规划。

专栏 6-9　男子无证砍伐自家树木获刑 8 个月

一男子无证砍伐自家所有杉木 16.4970m^3，广西壮族自治区富川瑶族自治县人民法院以滥伐林木罪依法判处其有期徒刑 8 个月。

2013 年 6 月，被告人黄某在未办理林木采伐许可证的情况下，对自家种的位于富川瑶族自治县富阳镇涝溪村的杉树进行砍伐，并以人民币 8 640 元卖给三合木材加工厂的老板盘某。经富川瑶族自治县林业局林业技术工程师鉴定：被伐杉树蓄积量为 16.497 0m^3。2014 年 2 月 18 日，被告人黄某被公安机关传唤归案。

法院经审理后认为，被告人黄某违反《森林法》及其他保护森林法规，在未经林业行政主管部门及法律规定的其他主管部门批准并核发采伐许可证的情况下，任意采伐林木达 16.497 0m^3，数量较大，构成滥伐林木罪。鉴于被告人黄某归案后能如实供述自己的犯罪事实，当庭自愿认罪，可酌情从轻处罚。据此，法院作出上述判决。

资料来源：广西新闻网。

专栏 6-10　新一轮退耕还林还草总体方案（节选）
（发改西部〔2014〕1772 号）

……

二、总体规模和任务安排

（一）总体规模。到 2020 年，将全国具备条件的坡耕地和严重沙化耕地约 4 240 万亩退耕还林还草。其中包括：25 度以上坡耕地 2 173 万亩，严重沙化耕地 1 700 万亩，丹江口库区和三峡库区15—25度坡耕地370万亩。对已划入基本农田的25度以上坡耕地，要本着实事求是的原则，在确保省域内规划基本农田保护面积不减少的前提下，依法定程序调整为非基本农田后，方可纳入退耕还林还草范围。严重沙化耕地、重要水源地的15—25度坡耕地，需有关部门研究划定范围，再考虑实施退耕还林还草。……

三、补助政策

（一）中央根据退耕还林还草面积将补助资金拨付给省级人民政府。补助资金按以下标准测算：退耕还林每亩补助1 500元，其中，财政部通过专项资金安排现金补助1 200元、国家发展改革委通过中央预算内投资安排种苗造林费300元；退耕还草每亩补助800元，其中，财政部通过专项资金安排现金补助680元、国家发展改革委通过中央预算内投资安排种苗种草费120元。

（二）中央安排的退耕还林补助资金分三次下达给省级人民政府，每亩第一年800元（其中，种苗造林费300元）、第三年300元、第五年400元；退耕还草补助资金分两次下达，每亩第一年500元（其中，种苗种草费120元）、第三年300元。

（三）省级人民政府可在不低于中央补助标准的基础上自主确定兑现给退耕农民的具体补助标准和分次数额。地方提高标准超出中央补助规模部分，由地方财政自行负担。

第六节　草原资源保护的法律规定

一、草原资源保护的立法概况

我国《草原法》颁布于1985年，后经2002年、2009年、2013年先后3次修订，现行的草原资源保护法律、行政法规及部门规章，见表6-16。

表6-16　草原资源保护的主要法律、行政法规及部门规章依据

效力等级	名　称	施行日期
法律	《草原法》	2003年3月1日（2013年6月29日修订）
行政法规	《草原防火条例》	2009年1月1日
	《国务院关于进一步做好退耕还林还草试点工作的若干意见》	2000年9月10日
	《国务院关于禁止采集和销售发菜制止滥挖甘草和麻黄有关问题的通知》	2000年6月14日
部门规章	《草畜平衡管理办法》	2005年3月1日
	《草原征占用审核审批管理办法》	2006年3月1日
	《全国草原火灾应急预案》	2010年11月1日

二、保护草原资源的主要法律规定

（一）草原权属制度的规定

1. 草原所有权和使用权制度

草原权属包括草原所有权和使用权。《草原法》规定，草原属于国家所有，即包括全民所有和集体所有两种所有权形式。依法登记的草原所有权和使用权受法律保护，任何单位或者个人不得侵犯。未经批准或者采取欺骗手段骗取批准，非法使用草原，构成犯罪的，依法追究刑事责任；尚不够刑事处罚的，承担相应的行政责任。

2. 草原承包经营制度

集体所有的草原或者依法确定给集体经济组织使用的国家所有的草原，可以由本集体经济组织内的家庭或者联户承包经营。承包经营草原，发包方和承包方应当签订书面合同。承包期届满，原承包经营者在同等条件下享有优先承包权。承包经营草原的单位和个人，应当履行保护、建设和按照承包合同约定的用途合理利用草原的义务。

3. 草原承包经营权转让制度

草原承包经营权受法律保护，可以按照自愿、有偿的原则依法转让。违反法律有关规定，买卖或者以其他形式非法转让草原，构成犯罪的，依法追究刑事责任；尚不够刑事处罚的，由县级以上人民政府草原行政主管部门依据职权责令限期改正，没收违法所得，并处违法所得1倍以上5倍以下罚款。

4. 草原权属争议的解决

草原权属争议一般是指与草原所有权和使用权相关的争议，主要有侵权纠纷和确权纠纷。对于侵权纠纷当事人可以协商，协商不成的请求有关地方政府进行调解，调解不成的提起民事诉讼，也可以不经协商和调解直接提起民事诉讼；对于确权纠纷，当事人可以协商，协商不成的请求有关地方政府进行裁决，对行政裁决不服的提起行政诉讼。

（二）草原保护、建设、利用规划制度

草原保护、建设、利用规划制度，见表6-17。

表6-17　草原保护、建设、利用规划制度

	国家草原保护、建设、利用规划	地方草原保护、建设、利用规划
编制主体	国务院草原行政主管部门会同国务院有关部门	县以上政府草原行政主管部门会同有关部门
批准机关	国务院	本级政府
调整或修改	原批准机关批准	原批准机关批准
编制依据和原则	应当依据国民经济和社会发展规划并遵循下列原则：改善生态环境，维护生物多样性，促进草原可持续利用；以现有草原为基础，因地制宜，统筹规划，分类指导；保护为主、加强建设、分批改良、合理利用；生态效益、经济效益、社会效益相结合	同左

<table>
<tr><th colspan="2"></th><th>国家草原保护、建设、利用规划</th><th>地方草原保护、建设、利用规划</th></tr>
<tr><td colspan="2">规划内容</td><td>草原保护、建设、利用的目标和措施，草原功能分区和各项建设的总体部署，各项专业规划等</td><td>同左</td></tr>
<tr><td colspan="2">与其他规划的关系</td><td>应当与土地利用总体规划相衔接，与环境保护规划、水土保持规划、防沙治沙规划、水资源规划、林业长远规划、城市总体规划、村庄和集镇规划以及其他有关规划相协调</td><td>同左</td></tr>
<tr><td colspan="2">规划的效力</td><td>草原保护、建设、利用规划一经批准，必须严格执行</td><td>同左</td></tr>
<tr><td rowspan="4">与规划有关的配套制度</td><td>草原调查制度</td><td>县级以上人民政府草原行政主管部门会同同级有关部门定期进行草原调查</td><td>同左</td></tr>
<tr><td>草原等级评定制度</td><td>国务院草原行政主管部门会同国务院有关部门制定全国草原等级评定标准</td><td>县级以上人民政府草原行政主管部门根据草原调查结果、草原的质量，依据草原等级评定标准，对草原进行评等定级</td></tr>
<tr><td>草原统计制度</td><td>县级以上政府草原行政主管部门和同级统计部门共同制定草原统计调查办法，依法对草原的面积、等级、产草量、载畜量等进行统计，定期发布草原统计资料</td><td>同左</td></tr>
<tr><td>草原生产、生态监测系统</td><td>县级以上人民政府草原行政主管部门对草原的面积、等级、植被构成、生产能力、自然灾害、生物灾害等草原基本状况实行动态监测，及时为本级政府和有关部门提供动态监测和预警信息服务</td><td>同左</td></tr>
</table>

（三）草原建设的规定

1. 增加草原建设的投入

县级以上人民政府应当增加草原建设的投入，支持草原建设。并按照谁投资、谁受益的原则，鼓励单位和个人投资建设草原，保护草原投资建设者的合法权益。

2. 稳定和提高草原生产力

《草原法》规定，国家支持、鼓励和引导农牧民开展生产、生活和水利设施建设；县级以上人民政府应当支持、鼓励和引导农牧民开展草原围栏、饲草饲料储备、牲畜圈舍、牧民定居点等生产生活设施的建设；县级以上地方人民政府应当支持草原水利设施建设，发展草原节水灌溉，改善人畜饮水条件；县级以上人民政府应当按照草原保护、建设、利用规划加强草种基地建设，鼓励选育、引进、推广优良草品种。

3. 草原防火设施建设

火灾是造成草原破坏的重要原因之一。2013 年，全国共发生草原火灾 90 起，其中一般草原火灾 76 起、较大草原火灾 13 起、重大草原火灾 1 起。受害草原面积 35 077.3hm^2，经济损失 759 万元。①《草原法》规定，县级以上人民政府应当有计划地进行火情监测、防

① 参见《2013 环境状况公报》。

火物资储备、防火隔离带等草原防火设施的建设，确保防火需要。

4. 组织专项治理草原

对退化、沙化、盐碱化、石漠化和水土流失的草原，地方各级人民政府应当按照草原保护、建设、利用规划，划定治理区，组织专项治理。大规模的草原综合治理，列入国家国土整治计划。

（四）草原利用的规定

1. 合理利用资源，保持草畜平衡

牧区的草原承包经营者应当实行划区轮牧，合理配置羊群，均衡利用草原；草原承包经营者应当合理利用草原，不得超过草原行政主管部门核定的载畜量，保持草畜平衡。

2. 提倡牲畜圈养

国家提倡在农区、半农半牧区和有条件的牧区实行牲畜圈养，并对实施舍饲圈养的给予粮食和资金补助。

3. 实行轮割轮采

县级以上地方人民政府草原行政主管部门对割草场和野生草种基地应当规定合理的割草期、采种期以及留茬高度和采割强度，实行轮割轮采。

4. 对非牧业、利用草原的规定

（1）进行矿藏开采和工程建设而征用或使用草原。一般应当不占或者少占草原；确需征用或者使用草原的，必须经省以上政府草原行政主管部门审核同意后，依照有关土地管理的法律、行政法规办理建设用地审批手续。非法批准征用、使用草原，构成犯罪的，依法追究刑事责任；尚不够刑事处罚的，依法给予行政处分；给当事人造成损失的，依法承担赔偿责任。

（2）因建设征用集体草原或使用国有草原。因建设征用集体草原或使用国有草原的，应当依法给予补偿并交纳草原植被恢复费。草原植被恢复费专款专用，任何单位和个人不得截留、挪用，违反上述规定，构成犯罪的，依法追究刑事责任；尚不够刑事处罚的，依法给予行政处分。

（3）临时占用草原。需要临时占用草原的，应当经县以上地方政府草原行政主管部门审核同意。临时占用草原的期限不得超过2年，并不得在该草原上修建永久性建筑物、构筑物，违反上述规定，由县以上地方政府草原行政主管部门依据职权责令限期拆除，逾期不拆除的，依法强制拆除；临时占用草原，占用期届满，用地单位不予恢复草原植被的，由县以上地方政府草原行政主管部门依据职权责令限期恢复；逾期不恢复的，由县以上地方政府草原行政主管部门代为恢复，所需费用由违法者承担。

（五）草原保护的规定

《草原法》对草原保护设专章规定，具体内容如下。

1. 实行基本草原保护制度

《草原法》规定，国家实行基本草原保护制度，对重要放牧场、割草地，用于畜牧业生产的人工草地、退耕还草地以及改良草地、草种基地，对调节气候、涵养水源、保持水土、防风固沙具有特殊作用的草原，作为国家重点保护野生动植物生存环境的草原，草原科研、教学试验基地实施严格管理。国务院《关于加强草原保护与建设的若干意见》规定，任何单位和个人不得擅自征用、占用基本草地或者改变其用途。

2. 建立草原自然保护区

对具有代表性的草原类型，珍稀濒危野生动植物分布区以及具有重要生态功能和经济科研价值的草原，国务院草原行政主管部门或者省、自治区、直辖市人民政府可以按照自然保护区管理的有关规定，建立草原自然保护区。

3. 实行以草定畜、草畜平衡制度

县级地方政府草原行政主管部门应当按照国务院草原行政主管部门制定的草原载畜量标准，结合当地实际情况，定期核定草原载畜量。各级政府应当采取有效措施，防止超载过牧。

4. 禁止开垦草原

对水土流失严重、有沙化趋势、需要改善生态环境的已垦草原，应当有计划、有步骤地退耕还草；已造成沙化、盐碱化、石漠化的，应当限期治理。非法开垦草原，构成犯罪的，依法追究刑事责任；尚不够刑事处罚的，由行政主管部门给予行政处罚；给草原所有者或者使用者造成损失的，依法承担赔偿责任。

5. 实行退耕还草、禁牧、休牧制度

对严重退化、沙化、盐碱化、石漠化的草原和生态脆弱区的草原，实行禁牧、休牧制度。

6. 禁止破坏草原植被

①禁止在荒漠、半荒漠和严重退化、沙化、盐碱化、石漠化、水土流失的草原等生态脆弱区从事破坏草原植被的其他活动，违法实施上述行为的依法承担行政责任和民事赔偿责任。②限制在草原上从事采土、采砂、采石等作业活动，从事采土、采砂、采石等作业活动，应当报县级人民政府草原行政主管部门批准。③在草原上开展经营性旅游活动，应当符合有关草原保护、建设、利用规划，并事先征得县以上地方政府草原行政主管部门的同意，不得侵犯草原所有者、使用者和承包经营者的合法权益，不得破坏草原植被。未经批准或者未按照规定的时间、区域和采挖方式在草原上进行采土、采砂、采石等活动的，由有关部门进行行政处罚；给草原所有者或者使用者造成损失的，依法承担赔偿责任。④除抢险救灾和牧民搬迁的机动车辆外，禁止机动车辆离开道路在草原上行驶，破坏草原植被。违反上述规定，由县级政府草原行政主管部门进行行政处罚；给草原所有者或者使用者造成损失的，依法承担赔偿责任。

7. 草原防火和防止草原生物灾害

①草原防火。以“预防为主、防消结合”原则做好草原防火工作。②防治生活灾害。县以上地方政府应当做好草原鼠害、病虫害和毒害草防治的组织管理工作，加强监测预警、调查以及防治工作。

（六）监督检查的规定

（1）设立草原监督管理机构。国务院草原行政主管部门和草原面积较大的省、自治区的县级以上地方人民政府草原行政主管部门设立草原监督管理机构，负责草原法律、法规执行情况的监督检查，对违反草原法律、法规的行为进行查处。

（2）草原监督检查人员履行职责时，有权采取如下措施：①要求被检查单位或者个人提供有关草原权属的文件和资料，进行查阅或者复制；②要求被检查单位或者个人对草原权属等问题作出说明；③进入违法现场进行拍照、摄像和勘测；④责令被检查单位或者个人停止违反草原法律、法规的行为，履行法定义务。

专栏 6-11　农业部通报七起破坏草原资源典型案例

2013 年是《最高人民法院关于审理破坏草原资源刑事案件应用法律若干问题的解释》（以下简称草原司法解释）贯彻实施的第一年。一年来，农业部各级草原行政主管部门和草原监督管理机构以草原司法解释出台为契机，深入开展草原执法监督年活动，加强与司法机关的沟通协调，不断加大对各类草原违法犯罪行为的打击力度，切实做到发现一起，严肃查处一起。全年共立案查处各类草原违法案件 1.87 万多起，其中向司法机关移送涉嫌犯罪案件 270 余起。

为进一步震慑不法分子，开展警示教育，近日农业部对外公布了 7 起破坏草原资源的犯罪典型案件。

一、内蒙古阿鲁科尔沁旗特木高勒陶非法开垦草原案。特木高勒陶于 2013 年 5 月 11 日非法开垦阿鲁科尔沁旗绍根镇草原。经阿鲁科尔沁旗农牧业局立案调查，特木高勒陶开垦草原 67.7 亩，其行为已涉嫌构成犯罪。旗农牧业局遂将该案件移送旗公安局立案侦查。2013 年 8 月 17 日，阿鲁科尔沁旗人民法院依法以非法占用农用地罪判处被告人特木高勒陶拘役 2 个月，并处罚金 1 万元。

二、内蒙古莫力达瓦达斡尔族自治旗王国文非法开垦草原案。王国文于 2013 年 5 月 12 日—13 日非法开垦莫力达瓦达斡尔族自治旗（以下简称莫旗）巴彦乡草原。经莫旗农牧业局立案调查，王国文开垦草原 78.2 亩，其行为已涉嫌构成犯罪。莫旗农牧业局及时将该案移送旗公安局立案侦查。2013 年 7 月 12 日，莫旗人民法院依法以非法占用农用地罪判处被告人王国文拘役 2 个月，并处罚金 2 万元。

三、内蒙古科尔沁右翼中旗格日乐图非法开垦草原案。科尔沁右翼中旗（以下简称科右中旗）格日乐图于 2010—2013 年陆续非法开垦自己承包的草原种植农作物。经科右中旗农牧业局立案调查，格日乐图共开垦草原 103 亩，其行为已涉嫌构成犯罪。科右中旗农牧业局将该案移送旗公安局立案侦查。2013 年 8 月 23 日，科右中旗人民法院以非法占用农用地罪判处被告人格日乐图有期徒刑 1 年，缓期 2 年执行，并处罚金 1.5 万元。

四、吉林省乾安县闫中伟等 3 人非法开垦草原案。闫中伟、闫占华、孙志于 2013 年 5 月 16 日非法开垦乾安县大遐牧场华字分场草原。经乾安县公安局立案侦查，闫中伟等 3 人开垦草原 64.5 亩。2013 年 9 月 17 日，乾安县人民法院依法以非法占用农用地罪分别判处被告人闫中伟、闫占华、孙志有期徒刑 7 个月，每人并处罚金 2 000 元。

五、吉林省乾安县王付友等 5 人非法开垦草原案。王付友、郑晓龙、刘万里、刘彦龙和王兆刚 5 人于 2013 年 5 月 16 日非法开垦乾安县大遐牧场华字分场草原。经乾安县公安局立案侦查，王付友等5人开垦草原33亩。2013年9月17日，乾安县人民法院依法以非法占用农用地罪分别判处被告人王付友等5人有期徒刑6个月，每人并处罚金1 000元。

六、黑龙江省泰来县赵礼刚等3人非法开垦草原案。2012年10月15日，泰来县畜牧兽医局接到群众举报，反映赵礼刚、张保林和安国斌3人于2011—2012年陆续开垦赵礼刚所承包的草原种植杨树和其他经济作物。经泰来县畜牧兽医局立案调查，3人共开垦草原4 151.7亩，开垦面积极其巨大，违法行为已涉嫌构成犯罪。泰来县畜牧兽医局将该案移送县公安局立案侦查。2013年11月28日，泰来县人民法院以非法占用农用地罪判处被告人赵礼刚有期徒刑2年6个月，并处罚金6万元；以非法占用农用地罪分别判处被告人张保林和安国斌有期徒刑2年，缓期2年执行，并各处罚金4万元。

七、新疆福海县王荣江非法开垦草原案。王荣江于2013年4月8日非法开垦福海县喀拉玛盖乡草原。经福海县草原监理所立案调查，王荣江开垦草原449.2亩，开垦面积较大，其行为已涉嫌构成犯罪。福海县草原监理所在对其作出限期恢复草原植被、罚款5万元行政处罚后，将该案移送县公安局立案侦查。2013年9月2日，福海县人民法院依法以非法占用农用地罪判处被告人王荣江有期徒刑1年6个月，缓期2年执行，并处罚金8万元。

资料来源：中国农业新闻网，2014-02-01。

第七节　野生动植物资源保护的法律规定

一、野生动物资源保护的法律规定

（一）野生动物保护的立法概况

我国现行的野生动物保护法律、行政法规及部门规章，见表6-18。

表6-18　野生动物资源保护的主要法律、行政法规及部门规章依据

效力等级	名　称	施行日期
法律	《野生动物保护法》	1989年3月1日（2004年8月28日修订）
行政法规	《森林和野生动物类型自然保护区管理办法》	1985年7月6日
	《国家重点保护野生动物名录》	1989年1月14日（2003年2月21日修订）
	《陆生野生动物保护实施条例》	1992年3月1日（2011年1月8日修订）
	《水生野生动物保护实施条例》	1993年10月5日（2013年12月7日修订）
	《水生野生动物利用特许办法》	1999年9月1日
	《中华人民共和国濒危野生动植物进出口管理条例》，以下简称《濒危野生动植物进出口管理条例》	2006年9月1日

效力等级	名 称	施行日期
部门规章	《突发林业有害生物事件处置办法》	2005 年 7 月 1 日
	《引进陆生野生动物外来物种种类及数量审批管理办法》	2005 年 11 月 1 日
	《陆生野生动物疫源疫病监测防控管理办法》	2013 年 4 月 1 日
司法解释	《最高人民法院关于审理破坏野生动物资源刑事案件具体应用法律若干问题的解释》（法释〔2000〕37 号）	2000 年 12 月 11 日

（二）野生动物保护的主要法律规定

1. 野生动物的权属制度

野生动物资源属于国家所有。国家保障依法开发利用野生动物资源的单位和个人的合法权益。国家对野生动物实行保护优先、规范利用、严格监管的原则，鼓励开展野生动物科学研究，培育公民保护野生动物的意识，促进人与自然和谐发展。

2. 野生动物及其栖息地保护制度

（1）国家保护野生动物及其栖息地。野生动物栖息地，是指野生动物野外种群生息繁衍的重要区域县级以上人民政府应当制定野生动物及其栖息地相关保护规划和措施，并将野生动物保护经费纳入预算。国家鼓励公民、法人和其他组织依法通过捐赠、资助、志愿服务等方式参与野生动物保护活动，支持野生动物保护公益事业。县级以上人民政府野生动物保护主管部门，应当定期组织或者委托有关科学研究机构对野生动物及其栖息地状况进行调查、监测和评估，建立健全野生动物及其栖息地档案。

（2）国家对珍贵、濒危的野生动物实行重点保护。国家重点保护的野生动物分为一级保护野生动物和二级保护野生动物①。地方重点保护野生动物，是指国家重点保护野生动物以外，由省、自治区、直辖市重点保护的野生动物。《国家重点保护野生动物名录》中列出国家重点保护的陆生野生动物 335 种，其中国家一级保护野生动物 97 种，国家二级保护野生动物 238 种。

（3）重点保护野生动物遭受自然灾害时的拯救措施。因保护国家或地方重点保护野生动物造成农作物或其他损失的，由当地政府给与补偿。

（4）保护野生动物及其生存环境。国家保护野生动物及其生存环境，禁止任何单位和个人非法猎捕或者破坏。具体实施方法上，一是划定自然保护区，加强保护管理：省级以上人民政府依法划定相关自然保护区域，保护野生动物及其重要栖息地，保护、恢复和改善野生动物生存环境。对不具备划定相关自然保护区域条件的，县级以上人民政府可以采取划定禁猎（渔）区、规定禁猎（渔）期等其他形式予以保护。禁止或者限制在相关自然保护区域内引入外来物种、营造单一纯林、过量施洒农药等人为干扰、威胁野生动物生息繁衍的行为。二是监视、监测环境对野生动物的影响：各级野生动物行政主管部门应当监视、监测环境对野生动物的影响，由于环境影响对野生动物造成危害时，野生动物行政主管部门应当会同有关部门进行调查处理。三是编制规划时应充分考虑野生动物及其栖息地

① 参见《国家重点保护野生动物名录》。

保护的需要：禁止在相关自然保护区域建设法律法规规定不得建设的项目。机场、铁路、公路、水利水电、围堰、围填海等建设项目的选址选线，应当避让相关自然保护区域、野生动物迁徙洄游通道；无法避让的，应当采取修建野生动物通道、过鱼设施等措施，消除或者减少对野生动物的不利影响。四是建设单位的环境影响评价义务：建设项目可能对相关自然保护区域、野生动物迁徙洄游通道产生影响的，环境影响评价文件的审批部门在审批环境影响评价文件时，涉及国家重点保护野生动物的，应当征求国务院野生动物保护主管部门意见；涉及地方重点保护野生动物的，应当征求省、自治区、直辖市人民政府野生动物保护主管部门意见。

3. 野生动物管理制度

（1）野生动物猎捕的管理制度。禁止猎捕、杀害国家重点保护野生动物。因科学研究、种群调控、疫源疫病监测或或者其他特殊情况，需要捕捉、捕捞国家一级保护野生动物的，应向国务院野生动物主管部门申请特许猎捕证；猎捕国家二级保护野生动物的，应向省、自治区、直辖市政府野生动物主管部门申请特许猎捕证。猎捕者应当按照特许猎捕证、狩猎证规定的种类、数量、地点、工具、方法和期限进行猎捕。猎捕非国家重点保护野生动物的，应当依法取得县级以上地方人民政府野生动物保护主管部门核发的取得狩猎证，并且服从猎捕量限额管理。在自然保护区、禁猎（渔）区和禁猎（渔）期内，禁止猎捕和其他妨碍野生动物生息繁衍的活动，法律另有规定除外。非法捕杀国家重点保护野生动物的，依法[①]追究刑事责任；情节显著轻微危害不大的，或者犯罪情节轻微不需要判处刑罚的，由野生动物行政主管部门给予行政处罚。未取得狩猎证或者未按狩猎证规定猎捕野生动物的，由野生动物行政主管部门没收猎获物和违法所得，处以罚款[②]，并可以没收猎捕工具，吊销狩猎证；未取得持枪证持枪猎捕野生动物的，由公安机关比照治安管理处罚条例的规定处罚。

（2）野生动物人工繁育许可制度。国家支持有关科学研究机构因物种保护目的人工繁育国家重点保护野生动物。前款规定以外的人工繁育国家重点保护野生动物实行许可制度。人工繁育国家重点保护野生动物的，应当经省、自治区、直辖市人民政府野生动物保护主管部门批准，取得人工繁育许可证，但国务院对批准机关另有规定的除外。人工繁育国家重点保护野生动物应当使用人工繁育子代种源，建立物种系谱、繁育档案和个体数据。因物种保护目的确需采用野外种源的，应取得特种狩猎证。

人工繁育国家重点保护野生动物应当有利于物种保护及其科学研究，不得破坏野外种群资源，并根据野生动物习性确保其具有必要的活动空间和生息繁衍、卫生健康条件，具备与其繁育目的、种类、发展规模相适应的场所、设施、技术，符合有关技术标准和防疫要求，不得虐待野生动物。省级以上人民政府野生动物保护主管部门可以根据保护国家重点保护野生动物的需要，组织开展国家重点保护野生动物放归野外环境工作 。

（3）野生动物经营利用管理制度。禁止出售、购买、利用国家重点保护野生动物及其制品。因科学研究、人工繁育、公众展示展演、文物保护或者其他特殊情况，需要出售、

---

① 参见《刑法》第三百四十一条第一款。

② 参见《陆生野生动物保护实施条例》第三十五条："有猎获物的，处以相当于猎获物价值五倍以下的罚款；没有猎获物的，处一千元以下罚款"。

购买、利用国家重点保护野生动物及其制品的，应当经省、自治区、直辖市人民政府野生动物保护主管部门批准，并按照规定取得和使用专用标识，保证可追溯，但国务院对批准机关另有规定的除外。实行国家重点保护野生动物及其制品专用标识的范围和管理办法，由国务院野生动物保护主管部门规定。出售、利用非国家重点保护野生动物的，应当提供狩猎、进出口等合法来源证明。

利用野生动物及其制品的，应当以人工繁育种群为主，有利于野外种群养护，符合生态文明建设的要求，尊重社会公德，遵守法律法规和国家有关规定。野生动物及其制品作为药品经营和利用的，还应当遵守有关药品管理的法律法规。

禁止生产、经营使用国家重点保护野生动物及其制品制作的食品，或者使用没有合法来源证明的非国家重点保护野生动物及其制品制作的食品。禁止为食用非法购买国家重点保护的野生动物及其制品。

禁止为出售、购买、利用野生动物或者禁止使用的猎捕工具发布广告。禁止为违法出售、购买、利用野生动物制品发布广告。

禁止网络交易平台、商品交易市场等交易场所，为违法出售、购买、利用野生动物及其制品或者禁止使用的猎捕工具提供交易服务。

运输、携带、寄递国家重点保护野生动物及其制品、人工繁育的国家保护重点野生动物及其制品出县境的，应当持有或者附有许可证、批准文件的副本或者专用标识，以及检疫证明。运输非国家重点保护野生动物出县境的，应当持有狩猎、进出口等合法来源证明，以及检疫证明。

任何组织和个人将野生动物放生至野外环境，应当选择适合放生地野外生存的当地物种，不得干扰当地居民的正常生活、生产，避免对生态系统造成危害。随意放生野生动物，造成他人人身、财产损害或者危害生态系统的，依法承担法律责任。

专栏 6-12　最高人民检察院发布 15 起生态环境领域犯罪典型案例（节选）

检察机关作为国家法律监督机关，在依法打击破坏环境资源犯罪、推进生态文明建设等方面肩负着重要的职责。2014 年 6 月 12 日上午，最高人民检察院举行新闻发布会，通报检察机关查办破坏生态环境犯罪案件有关情况，并发布检察机关查办生态环境领域犯罪典型案例。其中，典型案例的发布彰显了我国检察机关全面履行法律监督职责，不断加大环境资源司法保护力度所作出的努力。

■典型案例之三：易元良、田华虎非法猎捕、杀害珍贵、濒危野生动物案

案件事实：2013 年 8 月底，易元良、田华虎经事先预谋，在四川省道孚县，使用钢丝绳套猎野生动物 19 只，宰杀后存储于易元亮家中的冰柜内，后被丹巴县森林公安查获。经鉴定，猎捕的 19 只野生动物为：国家一级重点保护动物林麝 2 只，国家二级重点保护动物斑羚 8 只，四川省重点保护动物毛冠鹿 9 只。

诉讼过程：2014 年 2 月 28 日，四川省丹巴县人民法院以非法猎捕、杀害珍贵、濒危野生动物罪，判处易元良有期徒刑 11 年，并处罚金 3 000 元；判处田华虎有期徒刑 8 年，并处罚金 2 000 元。此判决为生效判决。

典型意义：本案中的不法分子疯狂猎捕四川省境内的珍贵、濒危野生动物 19 只，导致野生动物资源遭受严重破坏。四川省人民检察院充分履行检察职能，适时介入侦查，依法引导取证，加强跟踪力度，为案件成功办理奠定了坚实的基础，是检察机关回应社会对加强生态资源司法保护新期待的充分反映。

■典型案例之四：于亮等5人非法猎捕珍贵、濒危野生动物，非法收购、运输、出售珍贵、濒危野生动物案

案件事实：2012年5—7月，于磊联系王顺康，欲收购猕猴。王顺康遂联系杨正华，后杨正华先后在四川省金川县内非法猎捕猕猴19只。12月2日，王顺康以1.08万元的价格从杨正华处购得猕猴19只，后以3万元的价格出售给于磊的弟弟于亮。于亮与其妻卓娟在运输猕猴途经汶川县时，被森林公安查获。经鉴定，涉案的19只动物均为国家二级保护动物猕猴。

诉讼过程：2013年10月16日，汶川县人民法院以非法收购、运输、出售珍贵、濒危野生动物罪，判处王顺康有期徒刑十年零二个月，并处罚金1万元；以非法收购、运输珍贵、濒危野生动物罪，判处于亮有期徒刑10年，并处罚金1万元；以非法猎捕珍贵、濒危野生动物罪，判处杨正华有期徒刑6年，并处罚金8 000元；以包庇罪判处于磊有期徒刑1年，缓刑2年；卓娟免予刑事处罚。此判决为生效判决。

典型意义：案发后，四川省检察院林业检察处及时派员提前介入，指导侦查机关收集、固定证据，为案件的成功处理打下了坚实的基础。针对该类案件呈现出的跨区域化、有组织化、专业化等特点，四川省检察院林业检察处密切结合正在开展的“四川省集中打击整治破坏森林和野生动植物资源违法犯罪专项行动”，有针对性地加大了对该类案件的打击力度，有力地保护了珍贵、濒危野生动物资源。

资料来源：正义网，2014-06-13。

二、野生植物资源保护的法律规定

（一）野生植物保护的立法概况

我国目前尚无对野生植物保护的专门法律，主要的行政法规及部门规章，见表6-19。

表6-19　野生植物资源保护的主要行政法规及部门规章依据

效力等级	名　称	施行日期
行政法规	《野生药材资源保护管理条例》	1987年12月1日
	《野生植物保护条例》	1997年1月1日
	《国务院关于禁止采集和销售发菜制止滥挖甘草和麻黄草有关问题的通知》	2000年6月14日
	《关于加强生物物种资源保护和管理的通知》	2004年3月31日
	《濒危野生动植物进出口管理条例》	2006年9月1日
	《中华人民共和国植物新品种保护条例》	1997年10月1日（2013年3月1日修订）
部门规章	《国家重点保护野生植物名录（第一批）》	1999年9月9日（2001年8月4日修订）
	《农业野生植物保护办法》	2002年10月1日
	《野生动植物进出口证书管理办法》	2014年5月1日

（二）野生植物保护的主要法律规定

1. 国家重点保护野生植物的分级保护

野生植物分为国家重点保护野生植物和地方重点保护野生植物。国家重点保护野生植物分为国家一级保护野生植物和国家二级保护野生植物[①]。地方重点保护野生植物名录，由省、自治区、直辖市人民政府制定并公布，报国务院备案。

2. 国家保护野生植物及其生长环境

禁止任何单位和个人非法采集野生植物或者破坏其生长环境，具体措施如下：

（1）建立自然保护区。在国家重点保护野生植物物种和地方重点保护野生植物物种的天然集中分布区域，建立自然保护区；在其他区域，县级以上人民政府野生植物行政主管和其他有关部门，可以根据实际情况建立国家重点保护野生植物和地方重点保护野生植物的保护点和设立保护标志。禁止破坏国家重点保护野生植物和地方重点保护野生植物的保护点的保护设施和保护标志。

（2）监视、监测环境对重点保护野生植物生长的影响。野生植物行政主管部门及其他有关部门应当监视、监测环境对国家重点保护野生植物生长和地方重点保护野生植物生长的影响，并采取措施，维护和改善国家重点保护野生植物和地方重点保护野生植物的生长条件。

（3）实行环境影响评价制度。建设项目对国家重点保护野生植物和地方重点保护野生植物的生长环境产生不利影响的，建设单位提交的环境影响报告书中必须对此作出评价；环境保护部门在审批环境影响报告书时，应当征求野生植物行政主管部门的意见。

（三）野生植物管理的规定

1. 野生植物采集许可证管理制度

（1）采集国家重点保护野生植物的禁限制度。因科学研究、人工培育、文化交流等特殊需要，采集国家一级保护野生植物的，必须经采集地的省、自治区、直辖市人民政府野生植物行政主管部门签署意见后，向国务院野生植物行政主管部门或者其授权的机构申请采集证。

采集国家二级保护野生植物的，必须经采集地的县级人民政府野生植物行政主管部门签署意见后，向省、自治区、直辖市人民政府野生植物行政主管部门或者其授权的机构申请采集证。

采集城市园林或者风景名胜区内的国家一级或者二级保护野生植物的，须先征得城市园林或者风景名胜区管理机构同意，分别依照上述规定申请采集证。

（2）采集活动的日常管理。采集国家重点保护野生植物的单位和个人，必须按照采集证规定的种类、数量、地点、期限和方法进行采集。

2. 野生植物经营利用的管理制度

（1）出售、收购国家重点保护野生植物的禁限制度。禁止出售、收购国家一级保护野生植物。出售、收购国家二级保护野生植物的，必须经省级政府野生植物行政主管部门或者其授权的机构批准。

---

① 参见《国家重点保护野生植物名录》（第一批）。

专栏 6-13　最高人民检察院发布 15 起生态环境领域犯罪典型案例（节选）

2014 年 6 月 12 日上午，最高人民检察院举行新闻发布会，通报检察机关查办破坏生态环境犯罪案件有关情况，并发布检察机关查办生态环境领域犯罪典型案例。

■典型案例之五：陈会江等 3 人非法收购国家重点保护植物案

案件事实：2010 年下半年至 2012 年 2 月，陈会江、邓军、殷建芬在未办理木材经营加工许可证的情况下，大肆收购无合法来源的国家重点保护植物桢楠，并囤积于四川省崇州市羊马镇木材市场内。经查明，涉案桢楠原木材积 2 290m^3，折合立木蓄积 3 810.12m^3，价值达数千万元。

诉讼过程：2012 年 5 月 25 日、7 月 28 日，四川省人民检察院分别批准逮捕邓军及陈会江、殷建芬；2012 年 7 月，四川省人民检察院将案件指定自贡市沿滩区检察院审查起诉。同年 12 月 31 日，沿滩区法院以非法收购国家重点保护植物罪，判处陈会江有期徒刑 5 年，并处罚金 13 万元；判处邓军有期徒刑 4 年，并处罚金 12 万元；判处殷建芬有期徒刑 3 年，并处罚金 10 万元。3 人上诉后，二审法院裁定驳回上诉，维持原判。

典型意义：本案是新中国成立以来全国最大的一起非法收购国家重点保护植物案，作案时间历时近两年，作案地域横跨多省。案发伊始，四川省人民检察院林业检察处从涉案罪名、侦查思路、取证方向等方面向侦查机关适时提出建议，推动了案件的顺利办理。该案成功办结，不仅摧毁了一张以四川省崇州市羊马镇为中心，辐射滇、黔、渝等省市的非法收购国家重点保护植物桢楠的犯罪网络，更为全国检察机关今后办理同类型案件起到了良好的示范作用。

■典型案例之六：杨福成非法采伐国家重点保护植物案

案件事实：2014 年 2 月 24 日、25 日，杨福成携带锄头、柴刀等工具先后来到江西省铜鼓县大沩山林场高桥工区“笼子坑”和“河排上”山场，私自采挖南方红豆杉 2 株，并砍去红豆杉树尾和树枝，移栽至自家门前。

经鉴定，该 2 株树木均为国家重点保护植物野生南方红豆杉，径级分别为 14cm、18cm。

诉讼过程：2014 年 3 月 7 日，江西省铜鼓县检察院接匿名电话举报，称在高桥乡白石村村民杨福成家门前移栽了红豆杉。3 月 10 日，该院调查核实后向铜鼓县森林公安局移送案件线索。3 月 12 日，铜鼓县森林公安局立案侦查。5 月 14 日，铜鼓县检察院提起公诉。铜鼓县人民法院以非法采伐国家重点保护植物罪判处杨福成有期徒刑 18 个月，缓刑 3 年，并处罚金人民币 5 000 元。

典型意义：江西省铜鼓县人民检察院在全国检察机关正在开展的打击破坏环境资源专项立案监督活动中，把人民群众的控告、申诉、举报作为发现线索的一个重要渠道，并针对本地野生动植物资源丰富的实际，对惩治常见的破坏野生动植物资源犯罪的法律规定进行重点宣传，提高了社会公众对检察机关依法保护环境资源的认知度，营造良好的监督氛围。

资料来源：正义网，2014-06-13。

（2）进出口国家重点保护野生植物的禁限制度。出口国家重点保护野生植物或者进出口中国参加的国际公约所限制进出口的野生植物的，必须经进出口者所在地的省级政府野生植物行政主管部门审核，报国务院野生植物行政主管部门批准，并取得国家濒危物种进出口管理机构核发的允许进出口证明书或者标签。海关凭允许进出口证明书或者标签查验放行。禁止出口未定名的或者新发现并有重要价值的野生植物。

（3）外国人接触国家重点保护野生植物的管理。外国人不得在中国境内采集或者收购国家重点保护野生植物。外国人在中国境内对国家重点保护野生植物进行野外考察的，必须向国家重点保护野生植物所在地的省级政府野生植物行政主管部门提出申请，经其审核后，报国务院野生植物行政主管部门或者其授权的机构批准。

第八节　渔业资源保护的法律规定

一、渔业资源保护的立法概况

我国《渔业法》颁布于1986年，后经2000年、2004年、2008年以及2013年先后4次修订，现行的渔业资源保护法律、行政法规及部门规章，见表6-20。

表6-20　渔业资源保护的主要法律、行政法规及部门规章依据

效力等级	名　称	施行日期
法律	《渔业法》	1986年7月1日（2013年12月28日修订）
行政法规	《水产资源繁殖保护条例》	1979年2月10日
	《国务院关于促进海洋渔业持续健康发展的若干意见》	2013年3月8日
部门规章	《渔业法实施细则》	1987年10月20日
	《远洋渔业管理规定》	2003年6月1日
	《水产养殖质量安全管理规定》	2003年9月1日
	《水产苗种管理办法》	2005年4月1日
	《渔业行政执法督察规定（试行）》	2009年5月22日
	《中华人民共和国渔业船舶登记办法》	2013年1月1日

二、渔业资源保护的主要法律规定

（一）渔业生产的方针

《渔业法》规定："国家对渔业生产实行以养殖为主，养殖、捕捞、加工并举，因地制宜，各有侧重的方针。该规定明确了养殖、捕捞、加工三者之间的关系，体现了大力发展人工养殖，增殖、保护渔业资源的指导原则。"

（二）养殖业的规定

1. 实行养殖使用证制度

单位和个人使用国家规划确定用于养殖业的全民所有的水域、滩涂的，使用者应当向县级以上地方人民政府渔业行政主管部门提出申请，由本级人民政府核发养殖证，许可其使用该水域、滩涂从事养殖生产。集体所有的或者全民所有由农业集体经济组织使用的水域、滩涂，可以由个人或者集体承包，从事养殖生产。

2. 加强对重要养殖水域的保护

县级以上地方人民政府应当采取措施，加强对商品鱼生产基地和城市郊区重要养殖水域的保护。

3. 水产苗种的管理

国家鼓励和支持水产优良品种的选育、培育和推广。水产新品种必须经全国水产原种和良种审定委员会审定，由国务院渔业行政主管部门公告后推广。水产苗种的进口、出口、生产必须经相关部门审批审批。引进转基因水产苗种必须进行安全性评价。

4. 养殖生产者的义务

从事养殖生产不得使用含有毒有害物质的饵料、饲料。从事养殖生产应当保护水域生态环境，科学确定养殖密度，合理投饵、施肥、使用药物，不得造成水域的环境污染。

专栏 6-14　养殖者使用有毒有害饵料、饲料

据报道，在 2006 年十大食品安全事件中有两个与渔业养殖有关：11 月 17 日，上海市公布了对 30 件冰鲜或鲜活多宝鱼的抽检结果，30 件样品中全部被检出硝基呋喃类代谢物，部分样品还被检出环丙沙星、氯霉素、红霉素等多种禁用鱼药残留，部分样品土霉素超过国家标准限量要求。11 月底，香港地区食环署食物安全中心对 15 个桂花鱼样本进行化验，结果发现 11 个样本含有孔雀石绿。孔雀石绿是有毒的三苯甲烷类化学物，既是染料，也是杀菌剂，可致癌。它是带有金属光泽的绿色结晶体，可用作治理鱼类或鱼卵寄生虫、真菌或细菌感染。

（三）捕捞业的规定

1. 实行捕捞限额制度

渔业资源的总可捕捞量。国家根据捕捞量低于渔业资源增长量的原则，确定渔业资源的总可捕捞量，实行捕捞限额制度。捕捞限额总量的分配应当体现公平、公正原则，分配方法和结果必须向社会公开。

2. 实行捕捞许可证制度

国家对捕捞业实行捕捞许可证制度。《渔业法》规定，到中华人民共和国与有关国家缔结的协定确定的共同管理的渔区或者公海从事捕捞作业的捕捞许可证，由国务院渔业行政主管部门批准发放；海洋大型拖网、围网作业的捕捞许可证，由省、自治区、直辖市人民政府渔业行政主管部门批准发放；其他作业的捕捞许可证，由县级以上地方人民政府渔业行政主管部门批准发放。但是，批准发放海洋作业的捕捞许可证不得超过国家下达的船网工具控制指标，具体办法由省、自治区、直辖市人民政府规定。捕捞许可证不得涂改、买卖、出租或者以其他形式转让。未依法取得捕捞许可证擅自进行捕捞的，没收渔获物和违法所得，并处10万元以下罚款；情节严重的，并可以没收渔具和渔船。涂改、买卖、出租或者以其他形式转让捕捞许可证的，没收违法所得，吊销捕捞许可证，可以并处1万元以下罚款；伪造、变造、买卖捕捞许可证，构成犯罪的，依法追究刑事责任。

从事捕捞作业的单位和个人，必须按照捕捞许可证关于作业类型、场所、时限、渔具数量和捕捞限额的规定进行作业，并遵守国家有关保护渔业资源的规定。违反上述规定进行捕捞的，没收渔获物和违法所得，可以并处5万元以下罚款；情节严重的，并可以没收渔具，吊销捕捞许可证。

专栏6-15 超越许可证限额收购鱼苗受处罚案例

1997年2月25日上午，广西壮族自治区合浦渔政管理站的渔政人员驾驶渔政船到海上执行检查任务，驶至北海市某港口海面时，发现石某在港口处收购真鲷鱼苗，即登船进行检查。经查，石某的船上共有12网箱约24万尾真鲷鱼苗，当场作了现场检查笔录。当渔政人员要求石某出示相关证件时，石某仅出示1997年2月18日领取的收购2万尾真鲷鱼苗的《海洋经济鱼类苗种收购特许证》。同日，该渔政站以石某无证收购真鲷鱼苗22万尾为由做出没收石某无证收购的真鲷鱼苗22万尾的行政处罚，并于26日凌晨派员执行了该处罚决定。石某不服，以其收购的真鲷鱼苗经营盘渔政站监管和登记，不应追究其行政责任为由向法院提起行政诉讼。法院审理查明，石某超出许可证限额收购育苗，具有违法性，因此渔政人员处罚正确。

资料来源：《人民法院案例选》（第22辑），人民法院出版社1998年版。

（四）关于渔业资源增值保护的规定

1. 征收渔业资源增值保护费

县级以上人民政府渔业行政主管部门可以向受益的单位和个人征收渔业资源增殖保护费，专门用于增殖和保护渔业资源。渔业资源增殖保护费的征收有助于增加渔业资源保护的资金来源。

2. 建立水产种质资源保护区

国家保护水产种质资源及其生存环境，并在具有较高经济价值和遗传育种价值的水产种质资源的主要生长繁育区域建立水产种质资源保护区。未经批准不得在水产种质资源保护区内从事捕捞活动。未经批准在水产种质资源保护区内从事捕捞活动的，责令立即停止捕捞，没收渔获物和渔具，可以并处1万元以下罚款。

3. 实施捕捞禁限制度

①禁止使用炸鱼、毒鱼、电鱼等破坏渔业资源的方法进行捕捞；禁止制造、销售、使用禁用的渔具；禁止在禁渔区、禁渔期进行捕捞；禁止使用小于最小网目尺寸的网具进行捕

捞；在禁渔区或者禁渔期内禁止销售非法捕捞的渔获物；禁止捕捞有重要经济价值的水生动物苗种；禁止围湖造田。②禁止捕捞有重要经济价值的水生动物苗种。因养殖或者其他特殊需要捕捞有重要经济价值的苗种或者禁捕的怀卵亲体的，必须经渔业主管部门批准，在指定的区域和时间内，按照限额捕捞。违反上述规定，由有关部门依法追究相应的法律责任。

4. 保护和改善渔业水域的生态环境

各级人民政府应当采取措施，保护和改善渔业水域的生态环境，防治污染环境。在鱼、虾、蟹洄游通道建闸、筑坝，对渔业资源有严重影响的，建设单位应当建造过鱼设施或者采取其他补救措施。进行水下爆破、勘探、施工作业，对渔业资源有严重影响的，作业单位应当事先同有关县级以上人民政府渔业行政主管部门协商，采取措施，防止或者减少对渔业资源的损害。

第九节　自然保护区保护的法律规定

一、自然保护区

（一）自然保护区的现状

我国在 1956 年建立了第一个自然保护区——鼎湖山自然保护区，截至 2015 年年底，全国共建立各种类型、不同级别的自然保护区 2 740 个，总面积约 14 703 万公顷；其中陆地面积约 14 247 万公顷，占全国陆地面积的 14.8%。国家级自然保护区 428 个，面积约 9 649万公顷，约占国土面积的 10%，[①]见表 6-21。

表 6-21　2013 年全国不同类型自然保护区情况

类型	数量		面积	
	总数量/个	占总数的百分比/%	总面积/万 hm^2	占总面积的百分比/%
自然生态系统类	1 906	70.67	10 385.07	70.98
森林生态系统类型	1 410	52.28	3 013.32	20.60
草原与草甸生态系统类型	45	1.67	216.52	1.48
荒漠生态系统类型	37	1.37	4 087.23	27.94
内陆湿地和水域生态系统类型	344	12.75	2 991.25	20.44
海洋与海岸生态系统类型	70	2.60	76.75	0.52
野生生物类	672	24.92	4 084.65	27.92
野生动物类型	525	19.47	3 891.44	26.60
野生植物类型	147	5.45	193.22	1.32
自然遗迹类	119	4.41	161.26	1.10
地质遗迹类型	85	3.15	106.10	0.73
古生物遗迹类型	34	1.26	55.16	0.38
合计	2 697	100.00	1 4630.98	100.00

① 参见《2015 中国环境状况公报》。

二、自然保护区保护的立法概况

我国目前尚无对自然保护区保护的专门法律，主要行政法规及部门规章，见表6-22。

表6-22 自然保护区保护的主要行政法规及部门规章依据

效力等级	名 称	施行日期
行政法规	《森林和野生动物类型自然保护区管理办法》	1985年7月6日
	《自然保护区条例》	1994年12月1日（2011年1月8日修订）
	《国务院办公厅关于进一步加强自然保护区管理工作的通知》	1998年8月4日
	《国务院关于印发国家级自然保护区调整管理规定的通知》	2013年12月2日
部门规章	《海洋自然保护区管理办法》	1995年5月29日
	《中华人民共和国水生动植物自然保护区管理办法》	1997年10月17日（2010年11月26日修订）
	《海洋特别保护区管理暂行办法》	2010年8月31日
	《国家级自然保护区监督检查办法》	2006年12月1日
	《水生生物自然保护区管理工作考核暂行办法》	2013年1月8日

三、自然保护区保护的主要法律规定

（一）自然保护区的管理体制

国家对自然保护区实行综合管理与分部门管理相结合的管理体制。国务院环境保护行政主管部门负责全国自然保护区的综合管理。国务院林业、农业、地质矿产、水利、海洋等有关行政主管部门在各自的职责范围内，主管有关的自然保护区。县级以上地方人民政府负责自然保护区管理的部门设置和职责，由省、自治区、直辖市人民政府根据当地具体情况确定。

（二）自然保护区的规划

1. 编制国家自然保护区发展规划

国务院环境保护行政主管部门应当会同国务院有关自然保护区行政主管部门，在对全国自然环境和自然资源状况进行调查和评价的基础上，拟订国家自然保护区发展规划，经国务院计划部门综合平衡后，报国务院批准实施。

2. 自然保护区编制建设规划

自然保护区管理机构或者该自然保护区行政主管部门应当组织编制自然保护区的建设规划，按照规定的程序纳入国家的、地方的或者部门的投资计划，并组织实施。

（三）自然保护区的建设

1. 建立自然保护区的条件

凡具有下列条件之一的，应当建立自然保护区：①典型的自然地理区域、有代表性的自然生态系统区域以及已经遭受破坏但经保护能够恢复的同类自然生态系统区域；②珍稀、濒危野生动植物物种的天然集中分布区域；③具有特殊保护价值的海域、海岸、岛屿、湿地、内陆水域、森林、草原和荒漠；④具有重大科学文化价值的地质构造、著名溶洞、化石分布区、冰川、火山、温泉等自然遗迹；⑤经国务院或者省、自治区、直辖市人民政府批准，需要予以特殊保护的其他自然区域。

2. 自然保护区的分类

根据《中国环境标准汇编》“自然保护区的类型与级别划分原则”的规定，自然保护区可分为自然生态系统类自然保护区、野生生物类自然保护区和自然遗迹类自然保护区。

3. 自然保护区的分级

自然保护区分为国家级自然保护区和地方级自然保护区。在国内外有典型意义、在科学上有重大国际影响或者有特殊科学研究价值的自然保护区，列为国家级自然保护区；除此之外，其他具有典型意义或者重要科学研究价值的自然保护区列为地方级自然保护区。

4. 自然保护区的分区

自然保护区可以分为核心区、缓冲区和实验区。①核心区。在核心区内，禁止任何单位和个人进入，如从事科研、观测等活动，必须经有关部门批准。②缓冲区。核心区外围可以划定一定面积的缓冲区，只准进入从事科学研究观测活动。③实验区。缓冲区外围划为实验区，可以进入从事科学试验、教学实习、参观考察、旅游以及驯化、繁殖珍稀、濒危野生动植物等活动。④外围保护地带。原批准建立自然保护区的人民政府认为必要时，可以在自然保护区的外围划定一定面积的外围保护地带。

5. 自然保护区的建立程序

国家级自然保护区的设立由所在省级政府或者国务院有关自然保护区行政主管部门提出申请，经国家级自然保护区评审委员会评审后，由国务院环境保护行政主管部门进行协调并提出审批建议，报国务院批准。地方级自然保护区的设立有相关部门按上述程序报批，需要备案的应报有关部门备案。跨两个以上行政区域的，应先协商，然后报批；建立海上自然保护区，须经国务院批准。

（四）自然保护区管理的规定

1. 自然保护区的管理机构与职责

国家级自然保护区，由其所在地的省级政府有关自然保护区行政主管部门或者国务院有关自然保护区行政主管部门管理。地方级自然保护区，由其所在地县级以上政府有关自然保护区行政主管部门管理。职责包括：①贯彻执行国家有关自然保护的法律、法规和方针、政策；②制定自然保护区的各项管理制度，统一管理自然保护区；③调查自然资源并建立档案，组织环境监测，保护自然保护区内的自然环境和自然资源；④组织或者协助有关部门开展自然保护区的科学研究工作；⑤进行自然保护的宣传教育；⑥在不影响保护自然保护区的自然环境和自然资源的前提下，组织开展参观、旅游等活动。

自然保护区所在地的公安机关，可以根据需要在自然保护区设置公安派出机构，维护自然保护区内的治安秩序。

2. 对自然保护区内单位、人员的管理

在自然保护区内的单位、居民和经批准进入自然保护区的人员，必须遵守各项管理制度，接受管理。进入自然保护区的外国人，应当遵守有关自然保护区的法律、法规和规定。违反上述规定，管理机构责令其改正，并可以根据不同情节处以100元以上5 000元以下的罚款。

3. 自然保护区内的禁限制度

①禁止在自然保护区内从事破坏资源的活动。禁止在自然保护区内进行砍伐、放牧、狩猎、捕捞、采药、开垦、烧荒、开矿、采石、捞沙等活动。对违反规定的单位和个人给予处罚，由有关部门没收违法所得，责令停止违法行为，限期恢复原状或者采取其他补救措施；对自然保护区造成破坏的，可以处以罚款。②禁止任何人进入核心区。因科研需要，必须进入核心区的，应当事先向自然保护区管理机构提交申请和活动计划，并经省级以上政府有关自然保护区行政主管部门批准。对违反规定的单位和个人给予处罚，由有关部门没收违法所得，责令停止违法行为，限期恢复原状或者采取其他补救措施；对自然保护区造成破坏的，可以处以罚款。③禁止在缓冲区开展旅游和生产经营活动。因教学科研目的，需要进入自然保护区的缓冲区从事非破坏性的科学研究、教学实习和标本采集活动的，应当事先经自然保护区管理机构批准。

专栏6-16 湖南省东洞庭湖国家级自然保护区内非法大面积种植速生丰产林案

湖南省东洞庭湖保护区内有多种鸟类和湿地植物，以珍稀水禽及湿地生态系统为保护对象，还有独特的湖洲滩涂生态系统和景观，是我国第一批列入《湿地公约》“国际重要湿地目录”的湿地保护区。保护区大面积种植了杨树速生林，缓冲区、核心区均种植有意大利杨，其中在核心区栽种意大利杨1 000多亩。违反了《自然保护区条例》不得在自然保护区核心区和缓冲区开展生产经营活动的规定。在东洞庭湖湿地自然保护区内大面积种植杨树，一方面改变了原有的湿地生态系统，破坏生物多样性，另一方面也影响洞庭湖的蓄洪泄洪。

资料来源：中国政府门户网站，2005-11-15。

4. 在自然保护区开展参观、旅游活动的管理

在自然保护区的实验区组织参观、旅游活动的，必须按照批准的方案进行，并加强管理；严禁开设与自然保护区保护方向不一致的参观、旅游项目。违反上述规定，由县级以上人民政府有关自然保护区行政主管部门责令限期改正；对直接责任人员，由其所在单位或者上级机关给予行政处分。

5. 对自然保护区内建设活动的管理

在自然保护区的核心区和缓冲区内，不得建设任何生产设施。在自然保护区的实验区内，不得建设污染环境、破坏资源或者景观的生产设施；建设其他项目，其污染物排放不得超过国家和地方规定的污染物排放标准；在自然保护区的实验区内已经建成的设施，其污染物排放超过国家和地方规定的排放标准的，应当限期治理；造成损害的，必须采取补救措施；在自然保护区的外围保护地带建设的项目，不得损害自然保护区内的环境质量；已造成损害的，应当限期治理。

6. 突发事件的处理

因发生事故或者其他突然性事件，造成或者可能造成自然保护区污染或者破坏的单位和个人，必须立即采取措施处理，及时通报可能受到危害的单位和居民，并向自然保护区管理机构、当地环境保护行政主管部门和自然保护区行政主管部门报告，接受调查处理。

专栏 6-17　两国家自然保护区存在环境违法行为

2011 年环境保护部下发的文件披露，双台河口国家级自然保护区建立已 20 多年，至今仍未完成保护区划界立标，保护区边界范围未予公告。此外，保护区内未经环评审批已建成主要旅游设施 5 处，旅游旺季每天进入保护区核心区的游客人数达万人以上，全年门票收入 2 000 万元左右，存在违法建设旅游设施，开展旅游经营活动。

该保护区内长期违法从事油气开发建设活动，新建油井 1 576 口、井站 81 座、油气集输管线 304 条及油田专用道路等大量的附属设施，同时违规开垦苇田，粮食种植和水产养殖面积占保护区总面积的 10%以上。为满足油田开发旅游观光等需要，该保护区内建设道路总里程达 481.2km。其中，穿越核心区的有 18 条，穿越缓冲区的有 70 条，穿越实验区的有 75 条。

另外，山东省马山国家级自然保护区（以下简称马山保护区）存在边界和功能区划分不明确问题。该保护区内 14 家企业中有 10 家无任何环保手续，所有建设项目均未在审批前征得国务院环境保护行政主管部门同意。同时，保护区内人类活动频繁，旅游开发过热且未获国家批准。马山保护区内城镇居民点农田省道旅游等人类活动几乎遍布整个保护区，尤其核心区内存在多处旅游景点，游人可直接进入。

环境保护部表示，将责成辽宁省环保厅和山东省环保厅对所辖的上述自然保护区存在的违法行为进行整改。

资料来源：人民网，2012-03-07。

【本章小结】

自然资源是人类生存和发展的基础。我国自然资源保护法律包括保护土地、矿产资源的法律规定，保护森林、草原、野生动植物、渔业资源的法律规定以及自然保护区的法律规定等。在上述与自然资源保护有关的立法中，规定了自然资源许可制度、自然资源禁限制度、自然资源有偿使用制度等内容。自然资源保护法一般以某一环境要素为立法对象，针对不同环境要素的特点或生态功能分别立法加以保护。自然资源保护法是环境法的重要组成部分，各环境要素保护费的实施，是生态平衡得以维持的法律保障。

【思考题】

1. 我国土地资源权属制度的主要内容包括哪些？

2. 简述基本农田保护制度的内容。

3. 关于控制建设用地的主要法律规定有哪些?

4. 经批准,可以划拨方式取得的建设用地包括哪些?

5. 各级政府征收土地的审批权限是如何规定的?征地补偿款应如何分配?

6. 我国矿产资源权属制度的主要内容包括哪些?

7. 关于矿业权的主要法律规定有哪些?

8. 勘查、开采矿产资源过程中,保护生态环境的主要法律规定有哪些?

9. 如果一宗土地属于某农村集体经济组织所有,那么其地下的矿产资源属于该农村集体经济组织所有吗?

10. 水资源权属的主要法律规定有哪些?

11. 简述饮用水水源保护区制度的主要内容。

12. 取水许可制度和水资源有偿使用制度主要内容是什么?

13. 简述解决水事纠纷的主要法律规定。

14. 如果有人在禁止开垦的陡坡地开垦种植农作物,应由哪个部门进行处罚?应该如何处罚?

15. 森林所有权制度的主要内容是什么?

16. 森林保护的主要法律规定有哪些?

17. 森林采伐许可证制度的主要内容是什么?

18. 草原权属制度的主要内容是什么?

19. 草原建设的主要法律规定有哪些?

20. 草原利用的主要法律规定有哪些?

21. 野生动物保护制度的主要内容是什么?

22. 野生动物猎捕许可证管理制度的主要内容是什么?

23. 在自然保护区内法律是如何规范各种活动的?

24. 野生植物保护的主要法律规定是什么?

25.《渔业法》对渔业资源保护是如何规定的?

26. 渔业捕捞许可证规定的具体内容是什么?

27. 截至目前,我国设立的国家级自然保护区有哪些?

【延伸阅读】

美国黄石公园简介

黄石国家公园(Yellowstone National Park)简称黄石公园,是世界第一座国家公园,成立于1872年。黄石公园位于美国中西部怀俄明州的西北角,并向西北方向延伸到爱达荷州和蒙大拿州,面积达8 956km²。这片地区原本是印第安人的圣地,但因美国探险家路易斯与克拉克的发掘,而成为世界上最早的国家公园。它在1978年被列为世界自然遗产。

黄石国家公园是美国设立最早、规模最大的国家公园,它是世界上最壮观的国家公园之一。黄石河、黄石湖纵贯其中,有峡谷、瀑布、温泉以及间歇喷泉等,景色秀丽,引人入胜。

黄石国家公园占地8 956km²，位于美国西部爱达荷、蒙大拿、怀俄明三个州交界的北落基山之间的熔岩高原上，绝大部分在怀俄明的西北部。公园自然景观丰富多样。园内最高峰为华许布恩峰，海拔3 550m，园内森林占全园总面积的90%左右，水面占10%左右。园内最大的湖是黄石湖，最大的河流是黄石河。此外，园内还有峡谷、瀑布、温泉及间歇喷泉等。另外，在这多样的自然环境中生存着大量的野生动物，如灰熊、狼、麋鹿和野牛等，无疑也是黄石公园的一大特色。

【实训案例1】

一、阅读材料

中国的土地所有权主要存在三个方面的矛盾。①国家机构之间的矛盾。举例来说，政府部门是否拥有军事用地的所有权？对于地方政府使用的土地来说，它们的所有权是否就归属于当地政府呢？这些问题背后蕴含的更深层次的疑问是——究竟哪一级政府部门代表了国有土地的所有权？②农村集体之间的矛盾。举例来说，作为生产队的后继者，自然村是拥有土地所有权的基本单位吗？对于一家乡镇集体企业兴办的砖场来说，它占用的土地是否也归集体所有？③国家与农村集体之间的矛盾。城市扩张将会对农村土地的所有权产生怎样的影响？农民开垦的荒地究竟属于国家所有还是集体所有？随着我国经济体制改革的逐步推进，土地所有权制度的种种缺陷逐渐暴露无遗，这些缺陷有可能频繁引发社会冲突。

二、实践活动

1. 把全班分为3个小组，讨论上述阅读材料中的问题。

2. 每个小组把土地资源方面的全部现行法律、行政法规、部门规章、地方性法规和地方政府规章用图表的形式罗列出来，要求列明名称、制定机关、生效时间、修改情况等。

3. 每个小组都要把不同法律文件中有关土地所有权主体的不同称谓用图表的形式罗列出来，要求列明出处，并分析其相互之间的异同。

4. 在充分学习现行法律法规的基础上，每个小组写出阅读材料中问题经充分讨论后的答案。

5. 教师进行讲评，在学习过程中教师要及时做好评价工作，以调动学生的学习欲望。

三、扩展活动

1. 把全班分成5个小组，要求每个小组列举出土地资源方面的十大热点问题，并说明选择理由。

2. 每个小组整理出5个土地资源方面的案例，要求写清楚案情简介和法理分析。

3. 每个小组选择至少一本与土地问题有关的书籍进行阅读，跟其他同学交流读后心得。

【实训案例2】

一、案情简介

2004年3月浙商王某与南丰县付坊乡政府签订了温泉宾馆转让开发合同。合同约定，王某以人民币68万元的价格买断宾馆区域内地下温泉资源（温泉水水温为66～68℃）及地上四至界线范围内的土地、建筑物、地面附着物等一切资产，开发经营期限50年。合同签订后王某全权委托浙江永康人褚某设立清水湾温泉度假有限公司（以下简称度假公司），利用温泉水资源从事洗浴经营。但一直未办理地热资源采矿权的转让、开采等审批手续。矿产资源监督管理机构——市国土资源局受理后进行了调查取证，下达了《责令整改意见书》《拟进行行政处罚告知书》等，2006年11月30日抚州市国土资源局以"未经国土资源管理部门批准，擅自转让地热资源，并开发兴建度假村的行为，构成了非法转让矿产资源、无证采矿的违法事实"，依照《矿产资源法》第3条第2款、第3款及其实施细则第42条第1款、第3款的规定，作出抚国土资监（矿）字（2006）第02027号行政处罚决定，对南丰县付坊乡政府和南丰县清水湾温泉度假有限公司处以罚款12万元，并限期依法补办采矿权手续。

本案进入复议程序后，度假公司认为：①其开发利用的这股温泉水是地表水，属于水资源，而不属于矿产资源，其行为没有违反矿产资源法的规定；②《矿产资源法实施细则》第44条明确了地下水资源的开发、利用、保护和管理适用《水法》和有关的行政法规；③根据《江西省人民政府办公厅关于印发江西省水利厅职能配置内设机构和人员编制规定的通知》（以下简称赣府厅发〔2000〕78号通知）"原地矿厅承担的地下水行政管理职能，由省水利厅承担，开发矿泉水、地热水、办理取水许可证"的规定，市国土资源局对该行为没有管辖权。被申请人辩称：①申请人开采的温泉水不是自然溢出的地表水，是通过钻机开采的地热水资源，也是矿产资源。②地热水资源属于其行政管理职责范围。依据中央机构编制委员会办公室《关于矿泉水地热水管理职责分工问题的通知》（以下简称中编办发〔1998〕14号通知）规定，开采矿泉水、地热水用于商业经营的企业事业单位，凭取水许可证向地质矿产主管部门办理采矿许可证，并依法向地质矿产主管部门缴纳矿权使用费和矿产资源补偿费。江西省人民政府办公厅关于《江西省国土资源厅职能配置、内设机构和人员编制规定》（以下简称赣府厅发〔2000〕74号规定）中第三项内设机构第10条矿产资源储量处的职能明确规定"按规定管理矿泉水和地热资源开发利用、监测、监督地下水过量开采与污染"。③付坊乡政府违反规定将地热资源转让给王高远，申请人从王高远手中接管温泉宾馆从事经营活动，一直未办理地热资源转让、开采审批手续。申请人和付坊乡政府的行为已分别构成无证开采和非法转让地热资源。

二、实践活动

1. 活动内容

（1）请判断度假公司开发利用的这股温泉水属于水资源，还是属于矿产资源？法律法规依据是什么？（以下简称任务A）

（2）请思考行政执法行为怎样才能规范？请分析本案在行政程序上的不当之处，本案在事实认定上有哪些情节属于事实不清？（以下简称任务B）

（3）本案的复议机关应该如何处理本案？并请阐明理由。（以下简称任务C）

2. 活动方式

（1）将学生分为三组展开讨论。第1组同学负责任务A，第2组同学负责任务B，第3组同学负责任务C。各组同学在承担各自主要任务的同时兼顾其他任务。

（2）三组同学分别说明本组任务的解决方案，其他组别的同学可给予修订或者补充。

（3）教师总结：就三组同学的表现给予点评，帮助同学厘清解题思路，掌握案件事实与法律责任之间的逻辑联系，从而得出正确的结论。

3. 活动目的

通过实际案例展开讨论，达到如下几个学习目的：

（1）根据具体法律条文，掌握矿产资源与水资源的辨别界限。

（2）掌握自然资源保护行政主管部门在行政执法中的规范化要求。

（3）通过站在复议机关的角度，了解行政复议的基础知识。

三、扩展活动

搜集各方面的案例，了解在矿产资源开发过程中，矿产资源开发行为与土地资源、水资源、水土保持、森林资源、渔业资源、草原资源、野生动植物保护、自然保护区管理等方面的冲突与协调。

【实训案例3】

一、阅读材料

2008年7月14日，《中共中央　国务院关于全面推进集体林权制度改革的意见》公布。从此，中国农民可在不改变林地用途的前提下，依法对所拥有的林地承包经营权和林木所有权进进行转包、出租、转让、入股、抵押或作为出资、合作条件。无疑，这些做法“是将农村家庭承包经营制度从耕地向林地的拓展和延伸”，是对农村土地制度的一次重大变革。这场改革是关于明晰集体林地使用权和林木所有权、放活经营权、落实处置权、保障收益权的综合性改革。说一千道一万，改革的主要目的是让生态受到保护，让农民得到实惠。然而，这一“林兴民富”愿景，要有许多实实在在的制度、政策支撑才可能真正实现。如果森林所有者的采伐权或处置权还受制于“采伐限额”制度，林权制度改革是不是会成为空话？但如果完全放开，是否会引起乱砍滥伐？如何避免“一管就死、一放就乱”的通病？全国集体林地有25.6亿亩，改革要求用5年左右时间，将25亿亩集体林地的产权全部通过承包落实到户，真正使农民成为林地的经营主体。

《中共中央　国务院关于全面推进集体林权制度改革的意见》（摘录）：（一）集体林权制度改革是稳定和完善农村基本经营制度的必然要求。（二）集体林权制度改革是促进农民就业增收的战略举措。（三）集体林权制度改革是建设生态文明的重要内容。（四）集体林权制度改革是推进现代林业发展的强大动力。……（八）明晰产权。（九）勘界发证。（十）放活经营权。（十一）落实处置权。（十二）保障收益权。（十三）落实责任。（十四）完善林木采伐管理机制。（十五）规范林地、林木流转。（十六）建立支持集体林业发展的公共财政制度。（十七）推进林业投融资改革。（十八）加强林业社会化服务。

二、实践活动

1. 把全班分为3个小组，讨论上述阅读材料中的问题。

2. 把森林资源方面的全部现行法律、行政法规、部门规章、地方性法规和地方政府规章用图表的形式罗列出来，要求列明名称、制定机关、生效时间、修改情况等。

3. 把不同法律文件中有关集体林权主体的不同称谓用图表的形式罗列出来，要求列明出处，并分析其相互之间的异同。

4. 在充分学习现行法律法规的基础上，每个小组写出阅读材料中问题经充分讨论后的答案。

5. 教师进行讲评，在学习过程中教师要及时做好评价工作，以调动学生的学习欲望。

三、扩展活动

1. 把全班分成5个小组，要求每个小组列举出集体林权方面的十大热点问题，并说明选择理由。

2. 每个小组整理出5个森林资源方面的案例，要求写清楚案情并对案例进行法律分析。

3. 每个小组选择至少一本与森林问题有关的书籍进行阅读，跟其他同学交流读后心得。

【实训案例4】

一、阅读材料

中国的草原总面积为3.2亿hm^2，约是现有耕地面积的3倍，在中国各类土地资源中占首位。中国是世界上草原资源最丰富的国家之一，仅次于澳大利亚和苏联，居世界第三位。

中国草原的大体分布情况为，从东北大兴安岭、松嫩平原和呼伦贝尔高原起，呈带状向西南延伸，经内蒙古高原、黄土高原，达青藏高原的南缘，绵延4 500多公里，可分为东南、西北两部分。西北部分草原是以畜牧业为主的牧区，面积广袤；东南部分则是以种植业为主的农区，草原与耕地、林地交错分布，其中草原面积约占该区土地总面积的30%。

中国草原属于温带草原，可分为中温草原、暖温草原和高寒草原三类。因地貌和水热条件的区域差异，中国草原可分为典型草原、荒漠草原、草甸草原和草丛草原四种基本生态类型。

典型草原占中国草原总面积的37.4%，可分为平原草原、山地草原、高原草原三类。其中平原草原包括干草原和草甸草原，重要分布于内蒙古及东北地区；山地草原主要分布在天山、昆仑山、祁连山地区，是中国主要的秋季牧场。高原草原主要分布于西藏高原的中部，散见于青海省部分地区。

荒漠草原包括平原荒漠、高原荒漠和山地荒漠三类，占中国北方草原总面积的34.7%。其中平原荒漠占荒漠草原总面积的83%，集中分布在中国西北部的新疆、甘肃、宁夏、内蒙古等省区；高原荒漠主要分布在西藏高原西部和藏北高原；山地荒漠占荒漠草原总面积的4.5%，分布在东经105°以西的许多山地。

草甸草原占中国草原总面积的27.9%，可分为平原草甸、山地草甸、高原草甸三大类。其中平原草甸分布在东北三江平原、辽河平原的低洼地及新疆塔里木河等地。山地草甸集中分布于荒漠地区的山地，也见于大兴安岭林缘地区和西南亚热带山地，是中国主要的夏季牧场。高原草甸主要分布于青藏高原东北部和四川西北部海拔4 000m以上的高寒地带。

草丛草原在海拔500m以下的丘陵平原中占3.1%，在海拔500～1 200m的低山丘陵中占42.6%，在1 200m以上的山地中占54.3%，通常与耕地、林地交错分布，又可分为草丛、灌木草丛和疏林草丛3种。

二、实践活动

1. 把全班分为3个小组。

2. 要求每个小组把草原方面的全部现行法律、行政法规、部门规章、地方性法规和地方政府规章用图表的形式罗列出来，要求列明名称、制定机关、生效时间、修改情况等。

3. 要求每个小组依据具体的法律条文说明农业部、国家林业局、国土资源部以及环境保护部在草原管理上的职权界限。

4. 要求每个小组在充分学习现行法律法规的基础上写出集体草原所有权和集体土地所有权之间的联系。

5. 教师进行讲评，在学习过程中教师要及时做好评价工作，以调动学生的学习欲望。

三、扩展活动

1. 把全班分成5个小组，要求每个小组列举出现行《草原法》存在的问题，并说明应当如何修改。

2. 每个小组整理出5个草原方面的案例，要求写清楚案情并对案例进行法律分析。

3. 每个小组选择至少一本与草原问题有关的书籍进行阅读，跟其他同学交流读后心得。

第七章　环境法律责任

职业能力目标与学习要求

1. 了解环境法律责任及其分类。
2. 掌握环境法律责任（行政、民事、刑事）的归责。
3. 掌握环境行政责任、民事责任、刑事责任的构成要件。
4. 掌握承担环境法律责任（行政、民事、刑事）的具体情形和方式。

【引　例】

自2015年年底开始，江苏省常州市外国语学校先后有641名学生被送到医院进行检查，有493人出现皮炎、湿疹、支气管炎、血液指标异常、白细胞减少等异常症状，个别的还被查出了淋巴癌、白血病等恶性疾病。学校紧邻三家化工厂，常隆化工、长宇化工和华达化工，生产像克百威、灭多威、异丙威、氰基萘酚等剧毒类产品，将有毒废水直接排出厂外，将危险废物偷偷埋到了地下，对环境带来了很大隐患。

事件经媒体曝光后，环保部与江苏省成立了联合调查组，对相关责任人员追究责任。2016年4月29日上午，民间环保组织“自然之友”就常州“毒地事件”正式提起环境公益诉讼，请求常州市中级人民法院判令被告三家企业消除其原厂址污染物对周围环境的影响，并承担生态环境修复费用，同时在国家级、江苏省级和常州市级媒体上向公众赔礼道歉，并承担原告因本诉讼支出的各种费用等。12月21日，此案在常州中院一审开庭。目前，此案仍在审理过程中。

常州毒地污染事件是2016年影响极大的环境污染事件，民间环保公益组织提起环境公益诉讼，是社会组织推动中国生态环境建设的一项重要制度，同时也希望能够和社会组织形成合力，共同推动常州市的生态环境保护工作，并通过此案形成“谁污染，谁负责”的机制。

此案引发的法律思考：

1. 被告三家企业实施一系列环境违法行为，应当承担的环境法律责任有哪些？具体方式是什么？

2. 当谢知锦等四人的现有财产不足以同时支付行政罚款和民事赔偿时，应如何处理？

3. 在环境违法行为以及造成的损害中，情节和损害后果对环境法律责任的承担有何意义？

第一节 环境行政责任

一、环境行政责任的概念及特征

环境行政责任是指违反环境法、实施污染环境的单位或个人所应承担的行政方面的法律责任。其中的“单位”是指法人和其他组织。“法人”是指“具有民事权利能力和民事行为能力，依法独立享有民事权利和承担民事义务的组织”。[①]“其他组织”是指不具备法人资格的社会组织，如合伙企业等。“个人”是指具有相应行为能力的自然人，包括我国公民和在我国境内的外国人以及无国籍人。

环境行政责任具有如下主要特征：

(1) 承担环境行政责任的主体是行政主体和行政相对人。行政主体是拥有行政管理职权的行政机关及其公职人员，如各级环境保护主管部门、依照有关法律规定对环境污染实施监督管理的港务监督、渔政渔港监督等。行政相对人是指负有遵守环境行政法律义务的单位和个人。

(2) 构成环境行政责任是行为人的行政违法行为和法律规定的特定情况。违法行为是承担环境行政责任的前提条件，如引例中的渗漏污染环境行为，构成行政责任的基础。追究行政责任的法律依据，包括一切环境保护法律、法规、规章和具有普遍约束的决定、命令。[②]

(3) 环境行政责任通常为过错责任。以行为人的过错作为归责的根据和要件。[③] 它要求对加害人追究法律责任以加害人的主观有过错为要件，在举证责任上实行“谁主张谁举证”的原则。

(4) 环境行政责任的形式多样化，主要包括环境行政处罚、环境行政处分、环境行政命令和环境行政强制等形式。其中财产责任为常见，如罚款、没收非法财物和违法所得，另外人身责任如行政拘留等。

二、环境行政责任的构成

根据《环境保护法》的规定，行政责任的构成要件包括：行为违法、行为有危害结果、违法行为与危害后果咨询有因果关系、行为人有过错。

1. 行为违法

指单位或个人（以下简称行为人）实施了污染或者破坏环境的行为而违反了《环境保护法》，这是环境保护领域中行为人承担行政责任的第一个必要条件。《海洋环境保护法》和《大气污染防治法》则明文规定，超过规定标准向海洋或者大气环境排放污染物者的行为属于违法，并应受到行政处罚。

---

① 参见《民法通则》第 36 条。

② 陈汉光，朴光洙．环境法基础．北京：中国环境科学出版社，2004：191.

③ 魏振瀛．民法．北京：北京大学出版社，2008：681.

2. 行为有危害后果

指违法行为造成了污染或者破坏环境的后果。例如，排污者擅自拆除或者闲置防治污染设施致使污染物超标排放，造成农作物枯黄失收或者鱼类死亡等。

需要注意的是，《环境保护法》和环境保护单行法的许多行政责任规范中，并未将危害后果规定为承担行政责任的必要条件。[①] 这体现了《环境保护法》以预防为主的基本原则和惩罚危害行为的精神。也就是说，只要行为者实施了污染或者破坏环境的违法行为，即使未造成危害后果，也将受到法律制裁。但是在另一些场合，《环境保护法》则明文规定，只有造成危害后果的行为才算违法，也才应受到法律制裁。

可见，在行政责任中“危害后果”具有不同的意义。在一些场合，即在法律明文规定的情况下，它是承担行政责任的构成要件；[②] 在另一些场合，它既是承担行政责任的构成要件，又是对违法者从重处罚的情节；[③] 还在一些场合，只有在情节较重时，才成为追究有关责任人员行政责任的构成要件。[④]

3. 违法行为与危害后果有因果关系

指违法行为与该行为所造成的污染或者破坏环境的后果之间存在内在的、必然的联系，而不是表面的、偶然的联系。例如，某鱼塘鱼类的死亡，经环境监测确认系由附近某化工厂因发生事故大量超标排放的污染物所致。这时，就可认定该化工厂的上述排污行为是造成该鱼塘鱼类死亡的原因。该鱼塘鱼类的死亡是化工厂排污行为造成的危害后果。排污行为与鱼类死亡存在必然的因果关系。

4. 行为人有过错

“过错”指行为人实施污染或者破坏环境违法行为时的心理状态，分为故意和过失两种。行政法律责任中过错的概念，一般参照《刑法》的规定。“故意”是指行为人明知自己的行为会造成污染或者破坏环境的危害后果，并且希望或者放任这种危害后果发生。“过失”是指行为人应当预见自己的行为可能发生污染或者破坏环境的危害后果，因疏忽大意而没有预见，或者已经预见而轻信可以避免，以致发生危害后果的心理状态。

我国的环境法对故意实施污染或者破坏环境的违法行为，一般都规定应当追究其行政责任。一些违法行为故意和过失均予以追究。对过失行为，则规定在一定条件下不予追究。例如，《环境保护法》第 59 条规定：“企业事业单位和其他生产经营者违法排放污染物，受到罚款处罚，被责令改正，拒不改正的，依法作出处罚决定的行政机关可以自责令改正之日的次日起，按照原处罚数额按日连续处罚。”这一规定的前段表明，无论故意还是过失只要超标排放污染物即追究行政责任——罚款；后段表明如果拒不改正，也就是故意不执行的，即按日计罚。

从以上的分析可知，承担行政责任必须具备行为违法和有过错两个条件；只有在法律

① 参见《环境保护法》第 35、第 36、第 37 条，各种环境保护单行法的法律责任中的大部分行政责任规范都未将危害后果规定为承担行政责任的构成要件。

② 参见《环境保护法》第 39 条、《海洋环境保护法》第 76 条等。

③ 有的环境保护单行法明文规定，行为“情节严重”的，应从重处罚，而“情节严重”包括造成了危害后果。参见《海洋环境保护法》第 86 条、《大气污染防治法》第 57 条第 2 款等。

④ 参见《环境保护法》第 38 条。

明文规定的情况下，危害后果和违法行为与危害后果之间有因果关系才是承担行政责任的条件。故可将前者称为“必要条件”，后者则称“选择条件”。

三、环境行政处罚

环境行政处罚详见第十一章。

四、环境行政处分

环境行政处分是指国家行政机关对有环境保护违法违纪的国家行政机关的直接负责的主管人员、其他直接责任人员以及工作人员依法实施的一种行政惩戒措施。

（一）环境行政处分与环境纪律处分的区别

环境行政处分与环境纪律处分有相似之处，但又有明确区别，见表 7-1。

表 7-1　环境行政处分与纪律处分的区别

	环境行政处分	环境纪律处分
对象	国家机关工作人员	单位中的责任人
依据	环境法律、法规、规章	单位内部规章和章程
形式	六种形式	七种形式
程序	有法定程序	无法定程序

(1) 对象不同。行政处分的对象是国家行政机关中有环境违法行为的直接负责人员，纪律处分的对象可以是企业中有环境保护违纪行为的直接负责的责任人。

(2) 依据不同。行政处分所依据的是环境法律、法规和规章；纪律处分依据《环境保护违法违纪行为处分暂行规定》（以下简称《暂行规定》）和企业事业单位内部的行政纪律规定、组织章程。

(3) 处分形式不同。根据《中华人民共和国公务员法》第 56 条的规定，对国家行政机关工作人员的处分分为警告、记过、记大过、降级、撤职、开除六种；而对企业有关人员的纪律处分，根据《企业职工奖惩条例》，除上述六种外还有“留用察看”共七种。

(4) 处分程序不同。行政处分有法定的程序，包括任免机关的处分程序和监察机关的行政处分程序，但是纪律处分没有统一规定的程序，在实践中一般会参照行政处分的程序，同时适用上比较灵活。

（二）环境行政处分与环境行政处罚的区别

行政处罚是指行政机关或其他行政主体依照法定权限和程序对违反行政法规范尚未构成犯罪的相对方给予行政制裁的具体行政行为。行政处分是指国家行政机关对其系统内部违法失职的公务员实施的一种惩戒措施。行政处罚与行政处分虽然都是国家行政机关作出的制裁行为，但有较大区别，见表 7-2。

表 7-2　环境行政处分与环境行政处罚的区别

	环境行政处分	环境行政处罚
对象	国家机关公务员	单位或个人
行为性质	内部行政行为	外部行政行为
依据	组织工作规范	行政管理规范
形式	申诫为主	财产罚为主
救济途径	申诉	行政复议与诉讼

（1）所制裁的对象不同。行政处罚制裁的对象是违反行政法规范的单位或个人；而行政处分的对象仅限于行政机关系统内部的公务员。

（2）行为的性质不同。行政处罚属于外部行政行为，以行政管辖关系为基础；而行政处分属于内部行政行为，以行政隶属关系为前提。

（3）所依据的法律、法规不同。行政处罚所依据的是有关行政管理的法律规范，而行政处分则由有关行政机关工作人员或公务员的法律规范调整。

（4）采取的形式不同。行政处罚的形式、种类很多，有警告、罚款、行政拘留、吊销许可证执照、责令停产停业、没收财物，以及法律法规规定的其他形式，主要表现为财产罚和行为罚；而行政处分的形式只有警告、记过、记大过、降级、撤职和开除六种形式，主要表现为申诫或剥夺权利。

（5）两者的救济途径不同。对行政处罚不服的，除法律、法规另有规定外，相对方可申请复议或提起行政诉讼，通过复议与行政诉讼获得救济；而对行政处分不服的，被处分的公务员只能向作出处分决定的机关的上一级机关或行政监察部门申诉。

（三）环境行政处分的主体及处分权限

1. 环境行政处分的主体

根据我国现行的处分体制，对国家行政机关工作人员和由国家行政机关任命的人员给予处分的决定机关分别是任免机关和监察机关。

2. 环境行政处分的权限

指任免机关和监察机关给予有环境保护违法违纪行为的国家行政机关工作人员处分的权力分工。处分权限包括一般处分权限和特殊处分权限。

一般处分权限是指对由各级国家行政机关自行任命的本机关的公务员的行政处分，各该机关可以决定。根据《行政监察法》的有关规定，监察机关可以给予有违法违纪行为的监察对象处分，其中包括不是由监察机关任命的国家行政机关公务员处分。

特殊处分权限是指给予经各级人民代表大会及其常务委员会选举或者决定任命的国家行政机关工作人员行政处分的特殊处分权限；监察机关的特殊处分权限；县级人民政府各工作部门或者乡、镇人民政府的特殊处分权限。

（四）应受行政处分和纪律处分的环境违法违纪行为

根据所受处分行为的主体特征不同可以把应受行政处分或纪律处分的环境违法违纪行为归纳为：国家行政机关及其工作人员中的直接责任人员应受处分的环境违法违纪行为；依法具有环境保护监督管理职责的国家行政机关及其工作人员中的直接责任人员应受处分

的环境违法违纪行为；企业中直接负责的主管人员和其他直接责任人员中由国家行政机关任命的人员有应受处分的环境违法违纪行为。

（1）国家行政机关及其工作人员中的直接责任人员应受处分的环境违法违纪行为。

①拒不执行国家有关环境保护法律法规规定的行为或制定与国家环境保护法律法规相抵触的规定的行为。根据《暂行规定》第 4 条，应受到处分的具体行为主要包括六种。②违反环境保护法律法规进行行政审批或许可的行为。根据《暂行规定》第 5 条，应受到处分的具体行为主要包括六种。③违反自然保护区条例的行为。根据《暂行规定》第 6 条，应受到处分的具体行为主要包括四种。④贪污、索贿、受贿和截留、挤占环境保护专项资金的行为。根据《暂行规定》第 9 条，应受到处分的具体行为主要包括 5 种。国家行政机关及其工作人员有这 5 种行为之一的，给予警告、记过或者记大过处分；情节较重的，给予降级或者撤职处分；情节严重的，给予开除处分。⑤为被检查单位通风报信或者包庇、纵容环境保护违法违纪的行为。根据《暂行规定》第 10 条，国家行政机关及其工作人员为被检查单位通风报信或者包庇、纵容环境违法行为的，给予降级或者撤职处分；致使公民、法人或者其他组织的合法权益、公共利益遭受重大损失，或者导致发生群体性事件或者冲突，严重影响社会安定的，给予开除处分。

（2）依法具有环境保护监督管理职责的国家行政机关及其工作人员中的直接责任人员应受处分环境违法违纪的行为。①不按法定条件或者违反法定程序对环境违法行为进行行政处罚或者采取行政强制措施的行为。根据《暂行规定》第 7 条，应受到处分的具体行为主要包括四种。②不依法履行监督管理职责的行为。根据《暂行规定》第 8 条，应受到处分的具体行为主要包括五种。

（3）《环境保护法》规定 9 种情况对直接负责的主管人员和其他直接责任人员给予记过、记大过或者降级处分；造成严重后果的，给予撤职或者开除处分，其主要负责人应当引咎辞职。①不符合行政许可条件准予行政许可的；②对环境违法行为进行包庇的；③依法应当作出责令停业、关闭的决定而未作出的；④对超标排放污染物、采用逃避监管的方式排放污染物、造成环境事故以及不落实生态保护措施造成生态破坏等行为，发现或者接到举报未及时查处的；⑤违反本法规定，查封、扣押企业事业单位和其他生产经营者的设施、设备的；⑥篡改、伪造或者指使篡改、伪造监测数据的；⑦应当依法公开环境信息而未公开的；⑧将征收的排污费截留、挤占或者挪作他用的；⑨法律法规规定的其他违法行为。

（4）企业中直接负责的主管人员和其他直接责任人员中由国家行政机关任命的人员应受处分的环境违法违纪行为。根据《暂行规定》第 11 条规定，企业有下列行为之一的，对其直接负责的主管人员和其他直接责任人员中由国家行政机关任命的人员给予降级处分；情节较重的，给予撤职或者留用察看处分；情节严重的，给予开除处分。①未依法履行环境影响评价文件审批程序，擅自开工建设，或者经责令停止建设、限期补办环境影响评价审批手续而逾期不办的；②与建设项目配套建设的环境保护设施未与主体工程同时设计、同时施工、同时投产使用的；③擅自拆除、闲置或者不正常使用环境污染治理设施，或者不正常排污的；④违反环境保护法律法规，造成环境污染事故，情节较重的；⑤不按照国家有关规定制定突发事件应急预案，或者在突发事件发生时，不及时采取有效控制措施导致严重后果的；⑥被依法责令停业、关闭后仍继续生产的；⑦阻止、妨碍环境执法人员依法执行公务的；⑧有其他违反环境保护法律法规进行建设、生产或者经营行为的。

（5）地方党委和政府有关领导成员应受处分的环境违法违纪行为

根据《党政领导干部生态环境损害责任追究办法（试行）》第5条规定，有下列情形之一的，应当追究相关地方党委和政府主要领导成员的责任，同时，对其他有关领导成员及相关部门领导成员依据职责分工和履职情况追究相应责任。①贯彻落实中央关于生态文明建设的决策部署不力，致使本地区生态环境和资源问题突出或者任期内生态环境状况明显恶化的；②作出的决策与生态环境和资源方面政策、法律法规相违背的；③违反主体功能区定位或者突破资源环境生态红线、城镇开发边界，不顾资源环境承载能力盲目决策造成严重后果的；④作出的决策严重违反城乡、土地利用、生态环境保护等规划的；⑤地区和部门之间在生态环境和资源保护协作方面推诿扯皮，主要领导成员不担当、不作为，造成严重后果的；⑥本地区发生主要领导成员职责范围内的严重环境污染和生态破坏事件，或者对严重环境污染和生态破坏（灾害）事件处置不力的；⑦对公益诉讼裁决和资源环境保护督察整改要求执行不力的；⑧其他应当追究责任的情形。

根据《党政领导干部生态环境损害责任追究办法（试行）》第6条规定，有下列情形之一的，应当追究相关地方党委和政府有关领导成员的责任。①指使、授意或者放任分管部门对不符合主体功能区定位或者生态环境和资源方面政策、法律法规的建设项目审批（核准）、建设或者投产（使用）的；②对分管部门违反生态环境和资源方面政策、法律法规行为监管失察、制止不力甚至包庇纵容的；③未正确履行职责，导致应当依法由政府责令停业、关闭的严重污染环境的企业事业单位或者其他生产经营者未停业、关闭的；④对严重环境污染和生态破坏事件组织查处不力的；⑤其他应当追究责任的情形。

根据《党政领导干部生态环境损害责任追究办法（试行）》第7条规定，有下列情形之一的，应当追究政府有关工作部门领导成员的责任，同时，对负有责任的有关机构领导人员追究相应责任。①制定的规定或者采取的措施与生态环境和资源方面政策、法律法规相违背的；②批准开发利用规划或者进行项目审批（核准）违反生态环境和资源方面政策、法律法规的；③执行生态环境和资源方面政策、法律法规不力，不按规定对执行情况进行监督检查，或者在监督检查中敷衍塞责的；④对发现或者群众举报的严重破坏生态环境和资源的问题，不按规定查处的；⑤不按规定报告、通报或者公开环境污染和生态破坏（灾害）事件信息的；⑥对应当移送有关机关处理的生态环境和资源方面的违纪违法案件线索不按规定移送的；⑦其他应当追究责任的情形。

根据《党政领导干部生态环境损害责任追究办法（试行）》第8条规定，党政领导干部利用职务影响，有下列情形之一的，应当追究其责任。①限制、干扰、阻碍生态环境和资源监管执法工作的；②干预司法活动，插手生态环境和资源方面具体司法案件处理的；③干预、插手建设项目，致使不符合生态环境和资源方面政策、法律法规的建设项目得以审批（核准）、建设或者投产（使用）的；④指使篡改、伪造生态环境和资源方面调查和监测数据的；⑤其他应当追究责任的情形。

（五）环境行政处分的程序

1. 任免机关的处分程序

初步调查；立案；调查取证；听取被调查的国家行政机关工作人员的陈述、申辩；作出行政处分决定或者撤销案件；告知和宣布；归档；备案。

2. 监察机关的行政处分程序

对需要调查处理的事项进行初步审查，认为有违反行政纪律的事实，需要追究行政纪律责任的，予以立案；组织实施调查，收集有关证据；有证据证明违反行政纪律，需要给予行政处分或者作出其他处理的，进行审理；作出监察决定或者提出监察建议。

专栏 7-1　山西省两破坏生态环境案例被监察部通报

日前，监察部就10起破坏生态环境责任追究典型案例发出通报。其中山西省天镇县大同市裕旺商贸有限责任公司建成的糠醛生产线，未通过环保竣工验收，也未按环评批复要求建设污水处理等环保设施，其间断性生产产生的废水未经处理违法直排张西河村北自然河沟，造成土地严重污染。天镇县环保局分管环境监察执法的纪检组长等3人受到政纪处分；潞安集团蒲县黑龙煤业有限公司在有关项目建设中未按环评、“三同时”要求建设矿井水、生活污水处理设施，将生活污水直接排至农民的蓄水池，严重影响当地生产生活用水安全。蒲县环保局副局长等5人受到政纪处分。

资料来源：山西日报，2013-10-25。

第二节　环境民事责任

一、环境民事责任的概念及特征

（一）环境民事责任概念

环境民事责任又称环境民事法律责任，是民事责任的一种。它是指民事主体因污染或破坏环境导致他人环境权益的损害而应当承担的法律后果。环境民事责任，因责任产生的原因与一般的民事责任不同而成为一种相对独立的责任。危害环境的违法行为可分为两大方面，即污染环境的违法行为和破坏资源的违法行为。民事责任相应地也分为污染环境的民事责任和破坏资源的民事责任。前面引例中铜矿厂的违法排放行为导致环境污染，首先要承担的是污染环境民事责任，当然还必须承担相应的行政责任和刑事责任。

（二）环境民事责任的主要特征

1. 主要为财产责任

因污染环境破坏资源造成公共财产或者他人财产损失、造成他人人身伤害、死亡所应承担的民事责任，主要是一种财产责任，以赔偿损失为常见方式。如果需要承担人身责任，当为行政责任或刑事责任。

2. 环境民事责任的范围与环境污染危害造成的损失相当

这一特点表明，致害者造成损失的大小是确定其民事责任程度和范围的唯一依据。造成多大的损失就应承担多大的责任，以使受害者的合法权益得到充分、合理的补偿。

3. 诉讼时效较长

《民法通则》对一般民事责任的诉讼时效分两种，因身体受到伤害要求赔偿的时效为一年，因财产受到损害要求赔偿的时效为两年。由于环境污染原因复杂，其危害的潜伏期较长，要发现和查明致害人以便提出赔偿要求或者提起诉讼都需要较长时间。《环境保护法》和《中华人民共和国侵权责任法》（以下简称《侵权责任法》）规定，因环境污染损害赔偿提起诉讼的时效期间为 3 年，从当事人知道或者应当知道受到污染损害时起计算。

4. 诉讼中实行举证责任倒置

按照《民事诉讼法》的一般规定，原告应当为自己的诉讼请求提供证据，包括提供致害人有过错，侵权行为与损害结果有因果关系的依据。考虑到环境侵权的特殊性和环境污染因果关系的复杂性，我国法律确认了举证责任倒置原则，《最高人民法院关于民事诉讼证据的若干规定》第 4 条第 3 项："因环境污染引起的损害赔偿诉讼，由加害人就法律规定的免责事由及其行为与损害后果之间不存在因果关系承担举证责任"。

二、环境民事责任的构成

环境民事责任在构成上与一般的民事责任有所不同。一般民事责任的构成必须具备四个方面的要件：行为人的行为具有违法性、有损害事实的存在、行为人的行为与损害事实之间具有因果关系、行为人主观上具有过错。环境民事责任的构成分为两种情况，破坏资源的环境侵权行为要求符合民事责任一般构成要件，而污染环境的民事责任则与普通民事责任的构成不同，见表 7-3。

表 7-3　污染环境与一般侵权民事责任构成要件比较

类型 条件	污染环境民事责任	一般侵权民事责任
1	污染环境的行为	侵害行为
2	损害后果	损害后果
3	污染环境行为和损害后果之间有因果关系	侵害行为和损害后果之间有因果关系
4	主观有过错或无过错	主观有过错
5	行为违法或不违法	行为违法

1. 污染环境民事责任是一种侵权的民事责任

《侵权责任法》第 65 条：因污染环境造成损害的，污染者应当承担侵权责任。从这一规定中可以看出，污染环境造成他人损害是追究环境污染民事责任的首要条件。

行为人只有在其行为造成了损害的情况下，才应承担民事责任。如果行为人虽然实施了某种行为，但并没有对他人的人身或财产造成损害事实，不应承担民事责任。环境民事责任在这一要件上，与一般民事责任的构成并无不同，损害事实既包括对他人造成的直接的财产损害事实，也包括对他人造成的人身损害的事实。

2. 污染环境行为与损害事实之间具有因果关系

所谓的因果关系是指污染环境的行为与损害事实之间所存在的前因后果的联系。环境污染案件中，污染环境的行为与损害后果之间，是相对的两种社会现象与自然现象的综合。因此，要追究排污者的民事责任，就必须查明其行为与结果之间的因果关系。只有在行为与损害事实之间具有这种原因和结果联系的情况下，环境民事责任才能构成。一般民事责任的构成同样要求行为与损害事实之间具有因果关系，但是一般民事责任构成中要求的因果关系与环境民事责任构成中所要求的因果关系在认定的方法上有所不同。一般民事责任构成中因果关系的认定要求有极为严格的直接证明，而环境民事责任构成中因果关系的认定有时只要具备盖然性即可。

污染环境行为与损害事实之间具有因果关系的举证规则实行举证责任倒置，一反“谁主张，谁举证”的民事举证规则，由污染者就因果关系承担举证责任。《侵权责任法》第66条规定：“因污染环境发生纠纷，污染者应当就法律规定的不承担责任或者减轻责任的情形及其行为与损害之间不存在因果关系承担举证责任。”对此目前学界存在两种认识，一种是侵权人不能证明行为与损害结果间有因果关系，即可“推定”为有因果关系；另一种观点认为由污染者承担举证责任的因果关系要件，被侵权人应当首先承担因果关系具有可能性的初步证明，未证明具有存在因果关系可能性的，不得进行因果关系推定。这是环境污染责任因果关系举证责任的缓和。

专栏7-2　有损害即应担责

2011年10月5日，上思县水产畜牧兽医局接到梁兆南报告，梁兆南所承包的下走水库因华润水泥（上思）有限公司（以下简称华润公司）所属华润水泥厂所排入的污水污染致使大批鱼类死亡。该局与县环境监测大队、思阳镇政府等单位组成联合调查组多次前往现场调查，调查报告显示，下走水库水质发黄混浊，水库周围靠近岸边的水面及其他水面出现死鱼；华润水泥厂的排水沟有水泥、煤炭等粉灰不断排入水库。上思县渔政管理站出具的《现场检查（勘验）笔录》记载，华润水泥厂位于水库上游，有水沟直接排到水库。上思县水产畜牧兽医局会同思阳镇政府、六银村、龙怀村及华润公司等单位到现场勘察，发现库中鱼类基本死亡。梁兆南提起诉讼，主张华润公司承担侵权责任。经法院委托鉴定确认，梁兆南的鱼类损失为11万余元。

广西壮族自治区上思县人民法院一审认为，华润公司有污染源进入梁兆南的养殖水库，其水库中鱼类基本死亡。上思县水产畜牧兽医局出具的调查报告，是在联合调查组三次现场勘察、对周边群众进行询问后形成的，并无违法情形，调查报告得出下走水库鱼类死亡与华润公司排污有因果关系的结论，应予采信。华润公司存在污染侵权行为，其所举证据并不足以证明其行为与损害之间没有因果关系，故其应承担环境污染的侵权责任，赔偿下走水库鱼类死亡的损失。一审法院判令华润公司赔偿梁兆南经济损失11万余元。广西壮族自治区防城港市中级人民法院二审维持了一审判决。

三、环境民事责任的归责原则

（一）无过错责任和过错责任原则

因环境污染而给他人造成财产和人身损害的行为人，无论主观上是否有过错，都要对其所造成的损害承担赔偿责任。这一归责原则适用于污染环境行为，如大气污染、水污染、海洋污染、环境噪声污染、固体废物污染等，称为无过错责任原则；而过错责任原则适用于对生态环境资源的保护，如森林资源、土地资源、野生动植物资源等以及自然保护区、风景名胜区、城乡环境等人文环境的保护。

无过错责任原则也称无过失责任原则或严格责任原则，它是指实施污染危害环境的行为，给国家、其他单位或者个人客观上造成了损失的公民、法人，即使主观上没有过错，也应当承担民事赔偿责任。无过错责任原则，属于《民法》中承担特殊侵权责任的特殊原则，即一般民事责任的归责原则——过错责任原则的例外。但是，在环境污染民事赔偿责任归责中，则是普遍的归责原则。

（二）实行无过错责任的原因及其意义

1. 现代工业具有污染环境的高度危险

环境污染是现代工业的产物，而大工业是造成环境污染危害的主要原因。随着科学技术的飞速发展，现代企业的生产过程、技术设备及工艺越来越复杂，其规模也越来越大。这些企业往往为了追求经济利益，降低成本，无时不向环境超标排放各种污染物，尤其是排放有毒有害物质。虽然企业采取了各种污染防治措施和安全措施，但仍然不能完全消除对环境的污染和侵害人体健康的危险。也就是说，即使企业排污中没有过错，也可能给他人造成污染危害。另外，环境污染所造成的危害，一般都范围广，后果严重，不但危及当代人的健康及生命，制约经济、社会的可持续发展，而且还会影响到下代人乃至整个人类和其他生物的生存与发展。因此，环境污染民事责任采用无过错责任原则，明确企业应承担的法律责任是十分必要的。

2. 环境污染民事责任实行过错责任归则不仅不合理也是不公平的

一般民事责任实行过错责任归责，即在一般民事侵权赔偿诉讼中，受害人必须提供有关证据，包括加害人有过错的证据，否则索赔请求不成立。但是，在环境污染民事赔偿诉讼中，由于现代工业生产及由此造成的环境污染一般都涉及复杂的专门科学技术问题，作为普通公众的受害人、农民或城镇居民，难以了解生产工艺及造成污染的原因，更难以提供充足的证据，也就难以证实加害人的故意或过失。如果因受害人不能证明加害人有过错，使受害人得不到法律保护，这实际上等于承认排污者“污染权”的合法化，无异于放纵排污者图财害命，这是很不合理的，也是很不公平的。因此，无过错责任原则已普遍成为当代各国环境法所采用的归责原则。

关于无过错责任原则的适用，一些国家的规定与我国环境法的规定有所不同。例如，日本的公害法只对因大气污染、水污染造成损害实行无过错责任，而且仅限于“对人的生命或者健康的危害”及特定的“原因物质”，而对法律未作规定的“新的公害”和对人体伤害之外的“农业损害和渔业损害”，或者“噪声、振动及其他公害所造成的损害”，则不适用无过错责任。而我国的环境法考虑到环境污染所造成的严重后果，以及加害人与受害人的不同经济状况，并没有规定上述限制条件，这是符合我国环境法的立法宗旨，也体现了社会公正性要求。

环境污染民事责任实行无过错责任归责，对于依法及时、有效保护受害者的合法权益，使受害人得到应有的补偿；明确排污者的责任，加强防范，推动排污者采取防治污染的措施，积极主动治理污染具有重要意义。

四、环境民事责任的免责

正确理解和准确把握无过错责任的免责条件，对于公正公平调解环境污染民事纠纷，提高环境保护行政机关及审判机关的办案质量，以环境公平促进社会公平具有重要现实意义。

环境民事责任的免责事由包括不可抗力、受害人过错和第三人过错。

（一）不可抗力

不可抗力是指不可预见、不能避免并不能克服的客观情况。不可抗力的不能预见性是指根据现有的技术水平，一般人对某种事情的发生不可预见；不可避免并不能克服，指当事人已经尽到最大努力和采取一切可以采取的措施，仍然不能避免某种事情的发生并克服某种造成的损害后果。它是一种客观情况，即当事人的主观意识不能左右的客观现象。既包括自然现象也包括社会现象，不包括特定人的行为。不可抗力因不受人的意志所支配，要人们承担与其行为无关而无法控制的事故的后果，不仅对责任的承担者不公平，而且也不能发挥法律责任的教育警戒作用。

《海洋环境保护法》第 92 条规定：“完全属于下列情形之一，经过及时采取合理措施，仍然不能避免对海洋环境造成了污染损害的，造成污染损害的有关责任者免于承担责任：(1) 战争；(2) 不可抗拒的自然灾害；(3) 负责灯塔或者其他助航设备的主管部门，在执行职责时的疏忽，或者其他过失行为”。由此可知，不可抗力的情况下环境民事责任的免除应当具备以下两个条件：

1. 必须完全属于不可抗力造成的损害，致害人才能免责。不是“完全属于”的责任，如果损害后果的发生虽然有不可抗力的作用，但也夹杂着人为的或者其他的因素，此时就不能免除致害人的责任。比如，化工厂因雷击起火造成有毒物质排人环境造成损害，而雷击能导致起火则是由于化工厂未装避雷针。在这里，雷击是不可抗力，而未装避雷针则是人为因素，此时，化工厂就要对损害进行赔偿，不能免责。

2. 必须“经及时采取合理措施”。发生不可抗力后，如果没有及时采取措施，或虽及时采取了措施，但采取的措施“不合理”，就仍然要对损害进行赔偿，不能免责。所谓“合理措施”，是指依据当时的客观情况，充分利用了所能利用的条件，作出常人所能做出的努力而采取的应对措施，这种措施既不违反常规，又不超越常规。

（二）因受害人自身的原因免责

受害者自身责任，是指受害人明知自己的行为会发生损害自己的后果，而希望或放任此种结果发生。受害人对损害的发生具有故意或重大过失，足以表明受害人的行为是损害发生的惟一原因，因此该损害后果与受害人的行为之间有因果关系，而与致害人之间无因果关系，故应由受害人自己承担责任，从而免除致害人的责任。

受害人自身原因与受害人过错不同。《水污染防治法》第 41 条第 3 款规定：“水污染损失由受害者自身的责任引起的，排污单位不承担责任。”这是我国法律对受害者自身责任导致环境损害予以免责的明确规定。这里使用“受害者自身责任”而不用“受害者过错”一词是因为自身责任和过错的含义并不一致：过错一般可分为故意、重大过失、轻微过失。如果环境污染损害完全是由受害人的故意或重大过失引起，则应由受害人自己负责，污染行为人将不承担责任。如果污染损害后果是由受害者的轻微过失引起，则只能酌情减轻污染行为人的责任。之所以如此，是因为每一个人都生活在一定的环境中，环境一旦被污染，将影响每一个人的生活，影响人们生活的各个层面，令人防不胜防，在某些情况下，人们甚至不具有行为选择的自由。此外现代社会生活的快节奏使得人们心智负荷太重，难免出现偏差，即所谓轻微过失。因此这种轻微过失在道德上不具有非难性。如果仅仅因为受害者的轻微过失就免除加害人的责任，不仅有失公平，而且也违背了无过错责任制度所追求的公平正义的根本目的。

（三）因第三人过错免责

第三人过错是指除排污者和受害人之外的人，因其故意或过失致使排污者排出的有毒物质造成受害人的人身或财产损失，由该第三者承担损害的赔偿责任，排污者的责任则被免除。《海洋环境保护法》第 43 条第 2 款规定：“完全是由于第三者的故意或过失造成污染损害海洋环境的，由第三者承担赔偿责任。”《水污染防治法》第 55 条第 3 款和第四款规定：“水污染损失由第三者的故意或过失造成污染损害的，由第三者承担赔偿责任。”《侵权责任法》第 68 条规定：“因第三人的过错污染环境造成损害的，被侵权人可以向污染者请求赔偿，也可以向第三人请求赔偿。污染者赔偿后，有权向第三人追偿。”

第三人的行为是造成环境损害的唯一原因，并且损害结果纯粹是由第三人的过错（包括故意和过失）所致，排污者因此免除民事责任。但是如果排污者不能证明自己没有过错、损害完全由于第三人的过错造成，或第三人难以确定时，则仍应承担责任。

另外，《民法通则》第 120、第 129 条还规定，符合正当防卫或者紧急避险条件的，也不予承担民事赔偿责任。

五、共同环境侵权责任

（一）概念

共同环境侵权行为是指为两个或两个以上侵权主体共同侵害他人合法环境权益造成损害的行为。共同环境侵权行为主要有以下几个法律特征：

（1）侵权主体的复数性。导致污染或者破坏环境资源的行为人为多个。

（2）侵权行为的共同性。共同环境侵权行为中，各侵权人的污染行为具有主观或客观上的共同性，即他们的污染行为相互联系、互相作用，构成一个统一的致害原因。

（3）损害后果的共同性。各污染侵权人实施的侵权行为相互结合，共同致害于环境权益受损人，并发生共同的环境损害后果。

（二）共同环境侵权和第三人环境侵权的区别

共同环境侵权和第三人环境侵权的区别，见表 7-4。

表 7-4 共同环境侵权和第三人环境侵权的区别

	共同环境侵权	第三人环境侵权
责任主体	直接行为主体	非直接行为主体
主观要件	有过错或者无过错	主观有过错
行为种类	共同致害或共同危险行为	单独致害或单独危险行为
法律后果	共同承担连带或按份责任	承担独立责任
举证责任	举证责任倒置	谁主张，谁举证

（1）责任主体不同。第三人并不是造成环境污染损害责任的直接行为主体。造成环境损害后果的实际上是由于直接行为人（污染者）的行为，但该行为是由于第三人的完全过错，而直接行为人并无过错，其行为流程是第三人行为→直接行为人→损害后果。而共同侵权行为的责任主体则是直接的侵权行为主体，造成损害后果的就是由于多个行为人的共同侵权行为，其行为流程是共同侵权行为→损害后果。

（2）主观要件不同。第三人承担环境损害赔偿责任是无过错责任原则的例外情形，第三人承担责任恰恰是因为第三人主观上有过错，而且是完全的、绝对的过错，直接侵权行为人并无主观上的故意或过失；共同环境侵权责任则是无过错责任原则的应用，包括 3 种情形：①共同行为人之间存在共同的故意，即所谓意思联络；②共同行为人之间没有共同的故意而仅存在共同的过失；③共同行为人之间既不存在共同的故意也不存在共同的过失，只要事实上造成环境损害后果，就要承担责任。

（3）侵权行为种类不同。第三人侵权行为往往并非直接污染环境的行为，而与一般侵权行为相同，既可能是有形的、具体的，也可能是无形的、精神上的损害；前者如船舶碰撞，破坏污染处理设施等；后者如对污染者人格、名誉的中伤、诽谤等精神损害，导致污染者操作失误、管理失误等。共同环境侵权行为依客观表现形式不同，可分为共同环境致害行为和共同环境危险行为。所谓共同环境致害行为是指行为人排放的污染物共同造成他人损害，它又包括两种情况：一种是每一排污行为都是损害发生的原因；另一种是单独的排污行为并不能使损害发生，但与其他排污行为合在一起则构成损害发生的原因。所谓共同环境危险行为是指两个或两个以上的人的排污行为都有造成他人损害的危险性，但不知谁是造成损害的直接加害人，则推定他们的行为都是损害发生的原因。

（4）法律后果不同。第三人承担环境损害赔偿责任是一种完全责任，责任主体只能是第三人，其责任形式与一般侵权行为责任形式相同，包括赔偿损失、排除危售、消除影响、赔礼道歉等。共同侵权行为人承担环境损害赔偿责任分为外部和内部责任两种，对外部，即对受害者负连带赔偿责任；对内部则依各自行为导致环境损害的程度按比例分担；如果达成内部协议，则按协议办理，没有协议，又无法分清各自的危害程度，则推定行为人在实施共同侵权行为过程中，导致环境损害后果的概率大致相等，平均分担损害后果所造成的损失。

（5）举证责任不同。第三人行为造成环境损害赔偿案件的举证责任仍然是“谁主张，谁举证”。在由第三人造成环境损害赔偿案件中，排污人既要证明表面上由自己造成环境污染损害的事实上完全是由于第三人的过错所造成，并且第三人的行为是造成最终环境损害后果的唯一原因，排污者既要证明第三人的完全过错，又要证明自己完全没有过错；在共同环境侵权行为造成环境损害赔偿案件中，举证责任则完全按照无过错责任的举证责任分配规则，即受害者证明受到污染损害的事实，侵权者要想免责，必须证明侵害结果与已无关，举证责任倒置。

在司法实践中，对由于第三人过错引起的环境损害赔偿责任至关重要的是如何确定举证责任，即排污人、受害人、第三人如何分担举证责任。受害人一般作为弱势群体一方，要证明排污者造成环境污染损害的行为显然超出其能力范围，按照《民法》公平合理原则，其举证责任必然大大小于排污者，但并不是一点举证责任都不承担，他必须证明受到环境污染损害的事实，如因环境污染而导致的人身伤害、财产损失、精神损害等。而第三人要想免责，则必须证明损害事实与已无关，自己的行为并没有造成排污者排放污染物、损害环境。

（三）共同环境侵权责任的承担

根据我国环境法和侵权法的相关规定，由多个主体导致的污染损害所承担的民事责任包括按份责任和连带责任两种。

1. 按份责任

按份责任是指两个以上排污者造成环境污染损害时，每一个排污者按照一定的份额对损害承担全部的民事责任。

二人以上分别实施侵权行为造成同一损害，能够确定责任大小的，各自承担相应的责任；难以确定责任大小的，平均承担赔偿责任。两个以上污染者污染环境，污染者承担责任的大小，根据污染物的种类、排放量等因素确定。①

专栏 7-3 共同侵权承担按份责任

某地农民甲承包农田种植水稻。2012 年和 2013 年两年连续出现水稻受害症状，减产稻谷 11.5 万 kg。农民认为是上游四个造纸厂向作为农田灌溉水源的河流中排污所致，在请求当地环境保护部门调解处理未果的情况下，甲向人民法院提出赔偿诉讼。在审理中查明，四被告均超标排放污染物。专家调查组的鉴定报告证明环境污染水稻受害是四家企业排污，污染物直接结合所致。此案各企业分别实施侵权行为，责任大小容易确定，应承担按份责任。

2. 连带责任

连带责任是指两个以上排污者共同造成环境污染损害时，每一个排污者都应当对损害后果承担全部的民事责任。连带责任是一种更加严格的环境民事责任，它要求排污单位在从事对环境有影响的活动中特别要加强环境管理，避免对他人造成损害，否则就要承担全部民事责任。承担连带责任的情形：

① 参见《中华人民共和国侵权责任法》第 12、第 67 条。

（1）二人以上实施危及他人人身、财产安全的行为，其中一人或者数人的行为造成他人损害，不能确定具体侵权人的，行为人承担连带责任。①

（2）二人以上分别实施侵权行为造成同一损害，每个人的侵权行为都足以造成全部损害的，行为人承担连带责任。②

（3）环境影响评价机构、环境监测机构以及从事环境监测设备和防治污染设施维护、运营的机构，在有关环境服务活动中弄虚作假，对造成的环境污染和生态破坏负有责任的，除依照有关法律法规规定予以处罚外，还应当与造成环境污染和生态破坏的其他责任者承担连带责任。③

专栏7-4　共同侵权承担连带责任

某市相邻的A、B两化工有限公司系环境保护部门规定的“废水不外排”企业。2007年11月底至2009年2月16日，两公司明知公司生产过程中所产生的废水含有苯、酚类有毒物质的情况下，仍将大量废水偷排至该企业北侧的五支河内，任其流经蟒蛇河污染某市区城西、越河自来水厂取水口，致某市区20多万居民饮用水停水长达66小时40分钟，造成经济损失543.21万元。经查两企业所排放有毒物质均可导致河水污染，法院判决两企业负责人污染环境罪，同时承担连带赔偿责任。

六、环境污染民事责任的形式

环境污染民事责任的形式主要是排除危害和赔偿损失两种。

（一）赔偿损失

1. 赔偿损失的概念

环境污染损害是指环境污染事故和事件造成的各类损害，包括环境污染行为直接造成区域生态环境功能和自然资源破坏、人身伤亡和财产损毁及其减少的实际价值，也包括为防止污染扩大、污染修复和/或恢复受损生态环境而采取的必要的、合理的措施而发生的费用。

（1）直接损失与间接损失。直接损失是指因受环境污染危害而造成法律所保护的现有财产的减少或者丧失的实际，也称实际损失；间接损失也称可得利益的损失，是指由直接损失引发的其他损失，即在正常情况下应当得到，但因环境污染危害而得不到的那一部分合法收入。

（2）物质损失与精神损失。物质损失是指受害者因环境污染危害所造成的财产上的损失；精神损害在民法上是指侵权行为所造成的人格上的损害。

近年来，我国各地因环境污染危害而导致精神伤害或养殖物损害的事件不断发生。对

---

① 参见《中华人民共和国侵权责任法》第10条。

② 参见《中华人民共和国侵权责任法》第11条。

③ 参见《中华人民共和国环境保护法》第65条。

此，有的地方人民法院能正确地判决加害方承担精神赔偿责任①，这一点很值得在今后的环境立法中加以规范和完善。

（3）直接受到损害者与间接受到损害者。直接受到损害者是指环境污染危害行为直接指向的公民、法人或者其他组织。例如，在某企业排污毒死养鱼塘的鱼苗案中，个体养鱼户是直接受到损害的人，个体养鱼户与某饭店签订了供应鱼的合同，后因鱼苗全部死亡而未能按合同供应鱼使饭店的经营受损失，饭店便是间接受到损害者②。

2. 赔偿损失的原则

赔偿损失的原则是指确定赔偿损失的范围及具体数额时应遵循的准则。根据环境法及相关法律规定，以及我国《环境保护法》的实践，在环境污染民事纠纷中，确定赔偿损失的范围及具体数额应遵循如下原则：

（1）对财产损失全部赔偿的原则。环境污染民事责任的财产性质及对受害者给予经济补偿的目的决定了赔偿损失的范围、具体数额完全取决于加害者造成他人财产损失的大小。即损失多少应赔偿多少，没有造成损失就无需承担赔偿责任。

（2）民事赔偿优先原则。行为人现有财产不足以同时支付行政罚款、刑事罚金和民事赔偿时，应优先支付民事赔偿部分。

（3）适当考虑当事人经济状况的原则。根据这一原则，在确定赔偿金额时，可以适当考虑当事人（主要指加害者）的经济状况。但是，必须以承担赔偿责任为前提，且必须征得受害者的同意。

3. 环境污染损害评估

环境污染损害鉴定评估指综合运用经济、法律、技术等手段，对环境污染导致的损害范围、程度等进行合理鉴定、测算，出具鉴定意见和评估报告，为环境管理、环境司法等提供服务的活动。

由于我国法律在环境责任、环境污染损害赔偿和土壤污染防治等方面规定的不完善以及环境污染损害鉴定评估机制的缺失，导致了在我国对私益环境损害的赔偿远不能足额到位，对公益环境损害的赔偿更是很少涉及。全面完整的环境污染损害评估范围包括：人身损害、财产损害、生态环境资源损害、应急处置费用、调查评估费用、污染修复费用、事故影响损害和其他应当纳入评估范围内的损害。

人身损害包括因环境污染事故和事件而支出的医疗费、误工费、护理费、交通费、住宿费、住院伙食补助费等一般性医疗支出费用以及造成人身伤残的特别损害、造成死亡的特别损害等费用。

而财产损害则包括因环境污染事故和事件直接造成的资产性财产损毁、减少的实际价值。其中财产损害分为国家财产损害、单位财产损害和个人财产损害。个人财产损害主要包括个人所有的鱼产品、农作物、畜禽和房屋等资产的损害等。③

---

① 污染损失也要进行精神赔偿．中国环境报，2002-08-03（3）.

② 根据《环境保护法》规定，加害者不承担对间接受到损失者的赔偿责任，但是作为间接受到损失的饭店可以据合同法向个体养鱼户索赔。

③ 参见 2014 年环境保护部《环境损害鉴定评估推荐方案》（第Ⅱ版）。

（二）排除危害

排除危害是指环境保护监督管理部门依法强令造成或者可能造成环境污染危害者，排除可能发生的环境污染危害，或者停止已经发生环境污染危害并予以消除继续发生环境污染危害的一种民事制裁形式。从上述概念可知，《环境保护法》所规定的排除危害实际上包括了《民法通则》所规定的停止侵害、排除妨碍及消除危险三种民事责任形式①。

从《环境保护法》的规定看，排除危害具有如下两个特点：①排除危害是一种预防性的民事责任形式。即排除危害与停止侵害、排除妨碍、消除危险相同，都是属于强调预防性的民事责任形式，而不是带有补偿性、财产性的民事责任形式。②排除危害的预防性功能更为突出。即排除危害与上述三种民事责任形式相比较，其预防性功能更为明显、更为突出。因为它不仅严格要求停止已发生的环境污染危害行为，而且还要求排除尚未发生但实际可能要发生的环境危害隐患。

在环境保护监督管理中，正确及时适用排除危害这种民事责任形式，对贯彻“预防为主”原则，主动预防和消除环境污染危害的危险或者隐患具有重要意义。

专栏 7-5 中华环保联合会诉德州晶华集团振华有限公司大气污染民事公益诉讼案

德州晶华集团振华有限公司（以下简称振华公司）是一家从事玻璃及玻璃深加工产品制造的企业，位于山东省德州市区内。振华公司虽投入资金建设脱硫除尘设施，但仍有两个烟囱长期超标排放污染物，造成大气污染，严重影响了周围居民生活。2014 年，振华公司被环境保护部点名批评，并被山东省环境保护行政主管部门多次处罚，但其仍持续超标向大气排放污染物。2015 年 3 月 25 日，中华环保联合会提起诉讼，请求判令振华公司立即停止超标向大气排放污染物，增设大气污染防治设施，经环境保护行政主管部门验收合格并投入使用后方可进行生产经营活动；赔偿因超标排放污染物造成的损失 2 040 万元及因拒不改正超标排放污染物行为造成的损失 780 万元，并将赔偿款项支付至地方政府财政专户，用于德州市大气污染的治理；在省级及以上媒体向社会公开赔礼道歉；承担本案诉讼、检验、鉴定、专家证人、律师及其他为诉讼支出的费用。

山东省德州市中级人民法院受理本案后，向振华公司送达民事起诉状等诉讼材料，向社会公告案件受理情况，并向德州市环境保护局告知本案受理情况。德州市人民政府、德州市环境保护局积极支持、配合本案审理，并与一审法院共同召开协调会。通过司法机关与环境保护行政主管部门的联动、协调，振华公司将全部生产线关停，在远离居民生活区的天衢工业园区选址建设新厂，启动老厂区搬迁工作。2015 年 9 月 21 日，法院组织原、被告双方质证，就相关证据材料、被告整改情况等问题见面沟通、交换意见。本案尚在审理之中。

---

① 停止侵害是指停止已发生的侵犯他人利益的侵害行为；排除妨碍是指排除妨碍他人行使权利的侵害行为；消除危险是指消除对公共财产、他人财产及人身危险隐患的侵害行为。

第三节　环境刑事责任

一、环境刑事责任概述

（一）环境刑事责任的概念

刑事责任是指行为人因实施刑事法律禁止的行为所必须承担的法律后果。

环境刑事责任是指行为人违反法律，造成或者可能造成环境资源的严重污染破坏、公私财产重大损失或者人身伤亡的严重后果，已构成犯罪所必须承担的法律结果。它是法律责任的一种。

专栏 7-6　白家林、吴淑琴污染环境案

润滑油等矿物油系危险废物，根据《国家危险废物名录》的规定，含有或直接沾染危险废物的废弃包装物、容器亦属于危险废物。2014 年 10 月至 2015 年 4 月，白家林在未取得危险废物经营许可证的情况下，从吴淑琴等人处收购沾染有矿物油、涂料废物及废有机溶剂等物的废旧包装桶，并雇佣工人清洗或者切割后出售。对于清洗废旧包装桶产生的废水，白家林指使工人倾倒在地上，通过铺设的管道排放至外环境。据查，吴淑琴先后向白家林出售沾染有润滑油的废旧包装桶共计 50.5 吨。

白家林违反国家规定，非法处置危险废物三吨以上，严重污染环境；被告人吴淑琴明知白家林无经营许可证，向其提供危险废物，严重污染环境，构成共同犯罪，二人均应承担污染环境罪的刑事责任。

（二）环境刑事责任立法概况

我国环境刑事责任立法概况，见表 7-5 和表 7-6。

表 7-5　有关环境刑事责任的立法文件

序号	有关环境刑事责任的立法文件	环境刑事责任的立法内容
1	《中华人民共和国刑法》（1997 年 3 月 14 日修订，1997 年 10 月 1 日实施）	在第六章“妨害社会管理秩序罪”中第六节专节规定了破坏环境资源保护罪；在第九章“渎职罪”中规定了环境监管失职罪、违法发放林木采伐许可证罪、非法批准征用、占用土地罪、非法低价出让国有土地使用权罪等环境资源监管渎职犯罪以及其他章节破坏环境资源的相关犯罪
2	《中华人民共和国刑法修正案（二）》（2001 年 8 月 31 日发布实施）	取消非法占用耕地罪，确立非法占用农用地罪

序号	有关环境刑事责任的立法文件	环境刑事责任的立法内容
3	《中华人民共和国刑法修正案（四）》（2002年12月28日发布实施）	取消非法采伐、毁坏珍贵树木罪，确立非法采伐、毁坏国家重点保护植物罪并增设非法收购、运输、加工、出售国家重点保护植物、国家重点保护植物制品罪；取消非法收购盗伐、滥伐林木罪，确立非法收购、运输盗伐、滥伐林木罪
4	《中华人民共和国刑法修正案（八）》（2011年2月25日发布，2011年5月1日实施）	取消重大环境污染事故罪，确立污染环境罪

表 7-6　有关环境资源刑事责任的司法解释

序号	有关环境刑事责任的司法解释
1	《最高人民法院关于审理破坏土地资源刑事案件具体应用法律若干问题的解释》（2000年6月19日发布，2000年6月22日实施）
2	《最高人民法院关于审理破坏森林资源刑事案件具体应用法律若干问题的解释》（2000年11月22日发布，2000年12月11日实施）
3	《最高人民法院关于审理破坏野生动物资源刑事案件具体应用法律若干问题的解释》（2000年11月27日发布，2000年12月11日实施）
4	《最高人民法院关于审理非法采矿、破坏性采矿刑事案件具体应用法律若干问题的解释》（2003年5月29日发布，2003年6月3日实施）
5	《最高人民法院关于审理破坏林地资源刑事案件具体应用法律若干问题的解释》（2005年12月26日发布，2005年12月30日实施）
6	《最高人民检察院关于渎职侵权犯罪案件立案标准的规定》（2006年7月26日发布实施）
7	《环保总局、公安部、最高人民检察院关于环境保护行政主管部门移送涉嫌环境犯罪案件的若干规定》（2007年5月17日发布实施）
8	《最高人民法院关于审理破坏草原资源刑事案件应用法律若干问题的解释》（2012年11月2日发布，2012年11月22日实施）
9	《最高人民法院、最高人民检察院关于办理渎职刑事案件适用法律若干问题的解释（一）》（2012年12月7日发布，2013年1月9日实施）
10	《最高人民法院、最高人民检察院关于办理环境污染刑事案件适用法律若干问题的解释》（2016年12月23日发布，2017年1月1日实施）

（三）承担环境刑事责任的方式

承担环境刑事责任的主要方式，见表 7-7。

表 7-7　承担环境刑事责任的主要方式

序号	承担方式	主要内容
1	刑罚	主刑：管制、拘役、有期徒刑、无期徒刑、死刑
		附加刑：剥夺政治权利、罚金、没收财产、驱逐出境
2	非刑罚方式	赔偿损失、限期治理、责令补救或恢复等

二、环境犯罪及其构成要件

(一) 环境犯罪的概念

环境资源犯罪是指违反国家环境资源法的规定，造成环境资源的严重污染破坏或人体和公私财产重大损失，依法应受刑事制裁的行为。成立环境犯罪是承担环境刑事责任的前提。

(二) 环境犯罪构成

环境犯罪构成，是成立环境犯罪所需要的主客观要件的统一，包括环境犯罪客体、环境犯罪客观方面、环境犯罪主体、环境犯罪主观方面四个要件，缺一不可。只有符合环境犯罪构成的行为才构成环境犯罪，才需要承担环境刑事责任。

环境犯罪构成的各个要件，见表 7-8。

表 7-8 环境犯罪构成的各个要件

序号	环境犯罪构成要件	环境犯罪构成要件包含的内容
1	环境犯罪客体	有关环境资源刑事法律所保护并被犯罪行为侵犯的环境资源权益和相关环保制度
2	环境犯罪客观方面	破坏环境资源犯罪行为的外在表现，包括危害行为、危害结果等
3	环境犯罪主体	实施了污染环境和破坏资源的行为，依法应负刑事责任的人，包括自然人和单位，且有一般主体和特殊主体之分，主要是一般主体
4	环境犯罪主观方面	环境资源犯罪主体在实施危害环境资源行为时对危害结果发生的心理态度，包括犯罪故意和犯罪过失两种，主要是犯罪故意

专栏 7-7 A 污染环境案的犯罪构成分析

A（男，25 岁）承包了一个乡办小化工厂，为牟取暴利，明知无能力处理含氰化钠、氰化钾的剧毒工业废渣，却与某工厂签署了处理该厂含氰废渣的协议。从 2008 年到 2012 年，A 指使手下的人把装运的废渣直接投入 B 河，前后 10 次共计 150t，造成严重水域污染，大量鱼及生物死亡、自来水停止供水、部分企业停产，直接经济损失 300 万元，水域中含氰化物难以清除，潜在危害更难以估量。

本案中，在客观上，A 实施了废渣直接入河的危害行为，造成了严重水域污染和财产损失的危害结果，侵犯了公私财产所有权和国家环保制度；主观上，A 明知无能力处理含氰化钠、氰化钾的剧毒工业废渣，却与某工厂签署了处理该厂含氰废渣的协议，实施废渣直接入河的危害行为，属于犯罪故意。因此，A 的行为符合一般犯罪主体要求，构成环境犯罪。

(三) 环境犯罪的种类

我国环境犯罪的种类，见表 7-9。

表 7-9 我国环境犯罪的种类

序号	环境犯罪的种类	相关规定
1	破坏环境资源犯罪	《刑法》第六章“妨害社会管理秩序罪”第六节规定的破坏环境资源保护罪中的 15 种犯罪；造成环境污染或者资源破坏的投放危险物质罪、走私废物罪等
2	环境与资源监管渎职犯罪	《刑法》第九章“渎职罪”中规定的环境监管失职罪、违法发放林木采伐许可证罪、非法批准征用、占用土地罪、非法低价出让国有土地使用权罪

三、我国主要环境犯罪介绍

（一）破坏环境资源犯罪

破坏环境资源犯罪是指违反环境法律规范与刑事法律规范，严重污染环境或破坏自然资源，造成或可能造成公私财产重大损失或人身伤亡的严重后果，应当承担刑事责任的行为。我国《刑法》从 1997 年修订开始便在分则第六章“妨害社会管理秩序罪”中第六节专节规定了破坏环境资源保护罪（第 338～第 346 条），共 15 种犯罪，此外《刑法》还在在分则第二章、第三章对相关破坏环境资源的犯罪做了相应的规定。我国《刑法》中破坏环境资源犯罪的构成及其处罚，见表 7-10。

表 7-10 我国《刑法》中破坏环境资源犯罪的构成及其处罚

序号	罪名	构成要件				处罚
		犯罪客体	犯罪客观方面	犯罪主观方面	犯罪主体	
1	污染环境罪（第 338 条）（由原来的结果犯变为行为犯）	国家环保制度和公私财产权、公众的生命健康权	违反国家规定，排放、倾倒或者处置有放射性的废物、含传染病病原体的废物、有毒物质或者其他有害物质，严重污染环境	过失	一般主体，自然人和单位均可	处 3 年以下有期徒刑或者拘役，并处或者单处罚金；后果特别严重的，处 3 年以上 7 年以下有期徒刑，并处罚金
2	非法处置进口的固体废物罪（第 339 条）（注意与擅自进口固体废物罪的区别，关键在于是否用作原料以及是否产生危害结果）	国家环保制度	违反国家规定，将境外的固体废物进境倾倒、堆放、处置	故意	一般主体，自然人和单位均可	处5年以下有期徒刑或者拘役，并处罚金；造成重大环境污染事故，致使公私财产遭受重大损失或者严重危害人体健康的，处 5 年以上 10 年以下有期徒刑，并处罚金；后果特别严重的，处 10 年以上有期徒刑，并处罚金

序号	罪名	构成要件				处罚
		犯罪客体	犯罪客观方面	犯罪主观方面	犯罪主体	
3	擅自进口固体废物罪（第339条）（注意与走私废物罪的区别，关键在于是否用作原料）	国家对废物进口管理制度与环保制度	未经国务院有关主管部门许可，擅自进口固体废物用作原料，造成重大环境污染事故，致使公私财产遭受重大损失或者严重危害人体健康	故意	一般主体，自然人和单位均可	处5年以下有期徒刑或者拘役，并处罚金；后果特别严重的，处5年以上10年以下有期徒刑，并处罚金
4	非法捕捞水产品罪（第340条）	国家水产资源制度	违反保护水产资源法规，在禁渔区、禁渔期或者使用禁用的工具、方法捕捞水产品，情节严重	故意	一般主体，自然人和单位均可	处3年以下有期徒刑、拘役、管制或者罚金
5	非法猎捕、杀害珍贵、濒危野生动物罪（第341条）	国家珍贵、濒危野生动物保护制度	非法猎捕、杀害国家重点保护的珍贵、濒危野生动物	故意	一般主体，自然人和单位均可	处5年以下有期徒刑或者拘役，并处罚金；情节严重的，处5年以上10年以下有期徒刑，并处罚金；情节特别严重的，处10年以上有期徒刑，并处罚金或者没收财产
6	非法收购、运输、出售珍贵濒危野生动物、珍贵、濒危野生动物制品罪（第341条）	国家珍贵、濒危野生动物保护制度	非法收购、运输、出售国家重点保护的珍贵、濒危野生动物及其制品	故意	一般主体，自然人和单位均可	处5年以下有期徒刑或者拘役，并处罚金；情节严重的，处5年以上10年以下有期徒刑，并处罚金；情节特别严重的，处10年以上有期徒刑，并处罚金或者没收财产

序号	罪名	构成要件				处罚
		犯罪客体	犯罪客观方面	犯罪主观方面	犯罪主体	
7	非法狩猎罪（第341条）	国家野生动物保护制度	违反狩猎法规，在禁猎区、禁猎期或者使用禁用的工具、方法进行狩猎，破坏野生动物资源，情节严重	故意	一般主体，自然人和单位均可	处3年以下有期徒刑、拘役、管制或者罚金
8	非法占用农用地罪（第342条）	国家土地管理制度	违反土地管理法规，非法占用耕地、林地等农用地，改变被占用土地用途，数量较大，造成耕地、林地等农用地大量毁坏	故意	一般主体，自然人和单位均可	处5年以下有期徒刑或者拘役，并处或者单处罚金
9	非法采矿罪（第343条）（注意与破坏性采矿罪的区别，关键在于犯罪主体不同）	国家矿产资源保护制度	违反矿产资源法的规定，未取得采矿许可证擅自采矿，擅自进入国家规划矿区、对国民经济具有重要价值的矿区和他人矿区范围采矿，或者擅自开采国家规定实行保护性开采的特定矿种，情节严重	故意	一般主体，自然人和单位均可	处3年以下有期徒刑、拘役或者管制，并处或者单处罚金；情节特别严重的，处3年以上7年以下有期徒刑，并处罚金
10	破坏性采矿罪（第343条）	国家矿产资源保护制度	违反矿产资源法的规定，采取破坏性的开采方法开采矿产资源，造成矿产资源严重破坏	故意	特殊主体，即取得采矿许可证的自然人或单位	处5年以下有期徒刑或者拘役，并处罚金

序号	罪名	构成要件				处罚
		犯罪客体	犯罪客观方面	犯罪主观方面	犯罪主体	
11	非法采伐、毁坏国家重点保护植物罪（第344条）	国家森林保护制度	违反国家规定，非法采伐、毁坏珍贵树木或者国家重点保护的其他植物	故意	一般主体，自然人和单位均可	处3年以下有期徒刑、拘役或者管制，并处罚金；情节严重的，处3年以上7年以下有期徒刑，并处罚金
12	非法收购、运输、加工、出售国家重点保护植物、国家重点保护植物制品罪（第344条）	国家森林保护制度	违反国家规定，非法收购、运输、加工、出售珍贵树木或者国家重点保护的其他植物及其制品	故意	一般主体，自然人和单位均可	处3年以下有期徒刑、拘役或者管制，并处罚金；情节严重的，处3年以上7年以下有期徒刑，并处罚金
13	盗伐林木罪（第345条）	国家林业管理制度和林木所有权	盗伐森林或者其他林木，数量较大	故意	一般主体，自然人和单位均可	处3年以下有期徒刑、拘役或者管制，并处或者单处罚金；数量巨大的，处3年以上7年以下有期徒刑，并处罚金；数量特别巨大的，处7年以上有期徒刑，并处罚金。盗伐国家级自然保护区内的森林或者其他林木的，从重处罚
14	滥伐林木罪（第345条）	国家森林保护制度	违反森林法的规定，滥伐森林或者其他林木，数量较大	故意	一般主体，自然人和单位均可	处3年以下有期徒刑、拘役或者管制，并处或者单处罚金；数量巨大的，处3年以上7年以下有期徒刑，并处罚金。滥伐国家级自然保护区内的森林或者其他林木的，从重处罚

序号	罪名	构成要件				处罚
		犯罪客体	犯罪客观方面	犯罪主观方面	犯罪主体	
15	非法收购、运输盗伐、滥伐的林木罪（第345条）	国家森林保护制度	非法收购、运输明知是盗伐、滥伐的林木，情节严重	故意	一般主体，自然人和单位均可	处3年以下有期徒刑、拘役或者管制，并处或者单处罚金；情节特别严重的，处3年以上7年以下有期徒刑，并处罚金
16	投放危险物质罪（第114～第115条）	公共安全	投放毒害性、放射性、传染病病原体等物质危害公共安全			尚未造成严重后果的，处3年以上10年以下有期徒刑；致人重伤、死亡或者使公私财产遭受重大损失的，处10年以上有期徒刑、无期徒刑或者死刑
17	走私废物罪（第152条）	国家关税制度和国家环保制度	逃避海关监管将境外固体废物、液态废物和气态废物运输进境，情节严重；以原料利用为名，进口不能用作原料的固体废物、液态废物和气态废物	故意	一般主体，自然人和单位均可	处5年以下有期徒刑，并处或者单处罚金；情节特别严重的，处5年以上有期徒刑，并处罚金
18	走私珍贵动物、珍贵动物制品罪（第151条）	国家关税制度和国家野生动物保护制度	走私国家禁止进出口的珍贵动物及其制品	故意	一般主体，自然人和单位均可	处5年以上10年以下有期徒刑，并处罚金；情节特别严重的，处10年以上有期徒刑或无期徒刑，并处没收财产；情节较轻的，处5年以下有期徒刑，并处罚金

序号	罪名	构成要件				处罚
		犯罪客体	犯罪客观方面	犯罪主观方面	犯罪主体	
19	走私珍贵植物、珍贵植物制品罪（第151条）	国家关税制度和国家森林保护制度	走私珍贵植物及其制品	故意	一般主体，自然人和单位均可	处5年以下有期徒刑或者拘役，并处或者单处罚金；情节严重的，处5年以上有期徒刑，并处罚金
20	非法转让、倒卖土地使用权罪（第228条）	国家土地管理制度	以牟利为目的，违反土地管理法规，非法转让、倒卖土地使用权，情节严重	故意	一般主体，自然人和单位均可	处3年以下有期徒刑或者拘役，并处或者单处非法转让、倒卖土地使用权价额5%以上20%以下罚金；情节特别严重的，处3年以上7年以下有期徒刑，并处非法转让、倒卖土地使用权价额5%以上20%以下罚金

注：本部分包含的犯罪除投放危险物质罪外，单位均可构成，且处罚规则相同，即单位犯本部分相应罪的，对单位判处罚金，并对其直接负责的主管人员和其他直接责任人员，依照个人犯相应罪的规定处罚（《刑法》第346、第151、第152、第228条）。

专栏7-8　《最高人民法院、最高人民检察院关于办理环境污染刑事案件适用法律若干问题的解释》（节选）（2017.1.1实施）

第一条　实施刑法第三百三十八条规定的行为，具有下列情形之一的，应当认定为“严重污染环境”：

（一）在饮用水水源一级保护区、自然保护区核心区排放、倾倒、处置有放射性的废物、含传染病病原体的废物、有毒物质的；

（二）非法排放、倾倒、处置危险废物三吨以上的；

（三）排放、倾倒、处置含铅、汞、镉、铬、砷、铊、锑的污染物，超过国家或者地方污染物排放标准三倍以上的；

（四）排放、倾倒、处置含镍、铜、锌、银、钒、锰、钴的污染物，超过国家或者地方污染物排放标准十倍以上的；

（五）通过暗管、渗井、渗坑、裂隙、溶洞、灌注等逃避监管的方式排放、倾倒、处置有放射性的废物、含传染病病原体的废物、有毒物质的；

（六）二年内曾因违反国家规定，排放、倾倒、处置有放射性的废物、含传染病病原体的废物、有毒物质受过两次以上行政处罚，又实施前列行为的；

（七）重点排污单位篡改、伪造自动监测数据或者干扰自动监测设施，排放化学需氧量、氨氮、二氧化硫、氮氧化物等污染物的；

（八）违法减少防治污染设施运行支出一百万元以上的；

（九）违法所得或者致使公私财产损失三十万元以上的；

（十）造成生态环境严重损害的；

（十一）致使乡镇以上集中式饮用水水源取水中断十二小时以上的；

（十二）致使基本农田、防护林地、特种用途林地五亩以上，其他农用地十亩以上，其他土地二十亩以上基本功能丧失或者遭受永久性破坏的；

（十三）致使森林或者其他林木死亡五十立方米以上，或者幼树死亡二千五百株以上的；

（十四）致使疏散、转移群众五千人以上的；

（十五）致使三十人以上中毒的；

（十六）致使三人以上轻伤、轻度残疾或者器官组织损伤导致一般功能障碍的；

（十七）致使一人以上重伤、中度残疾或者器官组织损伤导致严重功能障碍的；

（十八）其他严重污染环境的情形。

第二条 实施刑法第三百三十九条、第四百零八条规定的行为，致使公私财产损失三十万元以上，或者具有本解释第一条第十项至第十七项规定情形之一的，应当认定为“致使公私财产遭受重大损失或者严重危害人体健康”或者“致使公私财产遭受重大损失或者造成人身伤亡的严重后果”。

第三条 实施刑法第三百三十八条、第三百三十九条规定的行为，具有下列情形之一的，应当认定为“后果特别严重”：

（一）致使县级以上城区集中式饮用水水源取水中断十二小时以上的；

（二）非法排放、倾倒、处置危险废物一百吨以上的；

（三）致使基本农田、防护林地、特种用途林地十五亩以上，其他农用地三十亩以上，其他土地六十亩以上基本功能丧失或者遭受永久性破坏的；

（四）致使森林或者其他林木死亡一百五十立方米以上，或者幼树死亡七千五百株以上的；

（五）致使公私财产损失一百万元以上的；

（六）造成生态环境特别严重损害的；

（七）致使疏散、转移群众一万五千人以上的；

（八）致使一百人以上中毒的；

（九）致使十人以上轻伤、轻度残疾或者器官组织损伤导致一般功能障碍的；

（十）致使三人以上重伤、中度残疾或者器官组织损伤导致严重功能障碍的；

（十一）致使一人以上重伤、中度残疾或者器官组织损伤导致严重功能障碍，并致使五人以上轻伤、轻度残疾或者器官组织损伤导致一般功能障碍的；

（十二）致使一人以上死亡或者重度残疾的；

（十三）其他后果特别严重的情形。

第四条　实施刑法第三百三十八条、第三百三十九条规定的犯罪行为，具有下列情形之一的，应当从重处罚：

（一）阻挠环境监督检查或者突发环境事件调查，尚不构成妨害公务等犯罪的；

（二）在医院、学校、居民区等人口集中地区及其附近，违反国家规定排放、倾倒、处置有放射性的废物、含传染病病原体的废物、有毒物质或者其他有害物质的；

（三）在重污染天气预警期间、突发环境事件处置期间或者被责令限期整改期间，违反国家规定排放、倾倒、处置有放射性的废物、含传染病病原体的废物、有毒物质或者其他有害物质的；

（四）具有危险废物经营许可证的企业违反国家规定排放、倾倒、处置有放射性的废物、含传染病病原体的废物、有毒物质或者其他有害物质的。

第十条　违反国家规定，针对环境质量监测系统实施下列行为，或者强令、指使、授意他人实施下列行为的，应当依照刑法第二百八十六条的规定，以破坏计算机信息系统罪论处：

（一）修改参数或者监测数据的；

（二）干扰采样，致使监测数据严重失真的；

（三）其他破坏环境质量监测系统的行为。

重点排污单位篡改、伪造自动监测数据或者干扰自动监测设施，排放化学需氧量、氨氮、二氧化硫、氮氧化物等污染物，同时构成污染环境罪和破坏计算机信息系统罪的，依照处罚较重的规定定罪处罚。

从事环境监测设施维护、运营的人员实施或者参与实施篡改、伪造自动监测数据、干扰自动监测设施、破坏环境质量监测系统等行为的，应当从重处罚。

第十五条　下列物质应当认定为刑法第三百三十八条规定的“有毒物质”：

（一）危险废物，是指列入国家危险废物名录，或者根据国家规定的危险废物鉴别标准和鉴别方法认定的，具有危险特性的废物；

（二）《关于持久性有机污染物的斯德哥尔摩公约》附件所列物质；

（三）含重金属的污染物；

（四）其他具有毒性，可能污染环境的物质。

第十六条　无危险废物经营许可证，以营利为目的，从危险废物中提取物质作为原材料或者燃料，并具有超标排放污染物、非法倾倒污染物或者其他违法造成环境污染的情形的行为，应当认定为“非法处置危险废物”。

专栏 7-9　王秋为等污染环境案

2014 年 10 月起，被告人王秋为承包现代农业物流园用地回填工程，并转包给他人，在明知该物流园用地不具备生活垃圾处置功能，且他人无处置生活垃圾资质的情况下，任其倾倒、填埋生活垃圾。该填埋场西北侧为吴淞江，东侧为农田，500 米内有村庄 3 座，最近的村庄距离该填埋场 125 米。王秋为和被告人李伟根系合伙关系，其中王秋为总体负责填埋工程。被告人刘红海系南侧填埋工地负责人，被告人韩洋应刘红海之邀作为合伙人参与南侧填埋工程。该填埋场采用生活垃圾和建筑垃圾分层填埋的方式填埋生活垃圾。填埋生活垃圾被发现后，王秋为派人移除北侧部分生活垃圾，南侧继续填埋生活垃圾直至2015年3月。经测算，北侧所倾倒、填埋生活垃圾的留存量为48 236立方米，南侧所倾倒、填埋生活垃圾的留存量为146 935立方米。经评估，王秋为、李伟根填埋生活垃圾造成公私财产损失合计人民币约12 067 009.94元，刘红海、韩洋填埋生活垃圾造成公私财产损失合计人民币约9 084 680.27元。江苏省苏州市姑苏区人民法院判决认为：被告人王秋为、李伟根明知涉案物流园用地不具备生活垃圾处置功能，且他人无处置生活垃圾资质，任其倾倒、填埋生活垃圾，造成公私财产重大损失；被告人刘红海、韩洋违反国家规定，无资质倾倒、填埋生活垃圾，造成公私财产重大损失。上述各被告人的行为均构成污染环境罪，且属“后果特别严重”。据此，以污染环境罪判处被告人王秋为有期徒刑五年，并处罚金人民币二十万元；被告人刘红海有期徒刑四年八个月，并处罚金人民币十五万元；被告人李伟根有期徒刑三年六个月，并处罚金人民币十万元；被告人韩洋有期徒刑二年六个月，并处罚金人民币六万元。

专栏7-10 建滔（河北）焦化有限公司污染环境案

2014年3月，被告单位建滔（河北）焦化有限公司二期生化处理站的生化池出现活性污泥死亡，不能达标处理蒸氨废水。被告人王成武（公司总经理）、张剑甫（公用工程部经理）、胡晓晶（公用工程部副经理）、陈瑞（二期生化处理站主任）和张铸（岗位责任人）发现这一情况后，在未采取有效措施使蒸氨废水处理达标的情况下，为逃避环保部门的监管，由张剑甫指使陈瑞、张铸捏造达标的虚假水质检测表，并将这些未达标处理的蒸氨废水用于熄焦塔补水，导致蒸氨废水中的挥发酚被直接排入大气，严重污染环境，经检测，熄焦塔补水中的有毒物质挥发酚超出国家规定标准137倍。河北省邢台市桥东区人民法院判决认为：被告单位建滔（河北）焦化有限公司违反国家规定排放严重危害环境、损害人体健康的污染物，严重污染环境，构成污染环境罪。被告人张剑甫、张铸、陈瑞、王成武、胡晓晶作为直接负责的主管人员或者其他直接责任人员，应当承担相应的刑事责任。案发后被告单位建滔（河北）焦化有限公司投入大量资金对设备进行改造，达到环保要求，可以酌情从轻处罚。据此，以污染环境罪判处被告单位建滔（河北）焦化有限公司罚金人民币二百四十五万元；被告人张剑甫有期徒刑一年，并处罚金人民币五万元；被告人张铸有期徒刑十个月，并处罚金人民币三万元；被告人陈瑞有期徒刑十个月，并处罚金人民币三万元；被告人王成武有期徒刑六个月，缓刑一年，并处罚金人民币二万元；被告人胡晓晶罚金人民币二万元。该判决已发生法律效力。

（二）环境与资源监管渎职犯罪

我国《刑法》从1997年起就在分则第九章对环境资源监管人员的渎职犯罪作了具体规定，主要包括环境监管失职罪、违法发放林木采伐许可证罪、非法批准征用、占用土地罪、非法低价出让国有土地使用权罪；同时，最高人民法院、最高人民检察院先后发布了《关于渎职侵权犯罪案件立案标准的规定》（2006年7月26日实施）、《关于办理环境污染刑事案件适用法律若干问题的解释》（2013年6月19日实施），对各种环境与资源渎职犯罪的立案条件作了详细规定。

我国《刑法》中环境监管渎职犯罪的构成及其处罚，见表7-11。

表7-11 我国《刑法》中环境监管渎职犯罪的构成及其处罚

序号	罪名	构成要件				处罚
		犯罪客体	犯罪客观方面	犯罪主观方面	犯罪主体	
1	环境监管失职罪（第408条）	国家环保制度和环保机关正常管理活动	负有环境保护监督管理职责的国家机关工作人员严重不负责任，导致发生重大环境污染事故，致使公私财产遭受重大损失或者造成人身伤亡的严重后果	过失	特殊主体，即有环境保护监管职责的国家机关工作人员	处3年以下有期徒刑或者拘役
2	违法发放林木采伐许可证罪（第407条）	林木采伐管理制度	林业主管部门的工作人员违反森林法的规定，超过批准的年采伐限额发放林木采伐许可证或者违反规定滥发林木采伐许可证，情节严重，致使森林遭受严重破坏	故意	特殊主体，即林业主管部门工作人员	处3年以下有期徒刑或者拘役

序号	罪名	构成要件				处罚
		犯罪客体	犯罪客观方面	犯罪主观方面	犯罪主体	
3	非法批准征用、占用土地罪（第410条）	国家土地管理制度	国家机关工作人员徇私舞弊，违反土地管理法规，滥用职权，非法批准征用、占用土地，情节严重	故意	特殊主体，即有土地审批权限的国家土地管理、城市规划等机关工作人员	处3年以下有期徒刑或者拘役；致使国家或者集体利益遭受特别重大损失的，处3年以上7年以下有期徒刑
4	非法低价出让国有土地使用权罪（第410条）	国家土地管理制度	国家机关工作人员徇私舞弊，违反土地管理法规，滥用职权，非法低价出让国有土地使用权，情节严重	故意	特殊主体，即有土地审批权限的国家土地管理、城市规划等机关工作人员	处3年以下有期徒刑或者拘役；致使国家或者集体利益遭受特别重大损失的，处3年以上7年以下有期徒刑

专栏7-11 莫思坚、唐传城环境监管失职案

2014年6月9日下午，广西壮族自治区贺州市八步区人民法院对“贺江水污染”系列案中的职务犯罪案件作出一审宣判，以环境监管失职罪分别判处原贺州市环境保护局平桂分局局长莫思坚、环境监察大队队长唐传城有期徒刑2年和18个月。

法院审理认为，被告人莫思坚、唐传城依照法律法规规定对环境保护负有监督管理职责。但被告人莫思坚、唐传城在工作中严重不负责任，不严格履行监督管理职责，导致发生重大环境污染事故，致使公私财产遭受重大损失，其行为确已触犯《中华人民共和国刑法》第408条的规定，构成环境监管失职罪，法院遂依法作出判决。

法院审理查明，2013年1月21日，唐传城等人在对汇威综合选矿厂进行监管时，发现该厂在原厂房附近投资另建厂房，安装生产铅、铟产品的生产设备，当即责令该厂立即停止建设，事后，唐传城等人向莫思坚进行了汇报。2013年4月，莫思坚、唐传城在工作中再次发现汇威厂新建的铅、铟生产线已接近竣工，即将投产。贺州市环境保护局平桂分局发出文件要求汇威厂立即停止建设，未取得环保相关手续前不得擅自开工建设。

2013年6月23日，莫思坚在明知道汇威厂没有整改、不符合换发排污许可证条件且申请材料不齐全的情况下，在接受由赵和平等人出资的吃请、娱乐活动后，授意唐传城对汇威厂提交的排放污染物许可证发放申请表上，签署“建议换发排污许可证”的意见。经莫思坚签署“同意”意见后，贺州市环境保护局平桂分局对该厂换发了排污许可证。2013年5月底至7月初，赵和平、龚大华等人新建的铅、铟生产线在没有建设任何防污措施的情况下投入生产，将产生含高浓度镉、铊的废水直接排入厂区的溶洞，造成贺江水污染事件。经事故原因调查专家组调查认定，汇威厂铟生产线违法排污与贺江水污染事件有直接因果关系，是本次事件的主要责任污染源。

【本章小结】

环境法律责任是指违法者对其环境违法犯罪行为所应承担的具有强制性的法律后果，主要包括环境行政责任、环境民事责任、环境刑事责任三种。环境法律责任是环境法的重要组成部分，是环境保护最强有力的手段。本章针对不同环境法律责任的特征，特别是不同环境法律责任构成要件的特殊性进行了重点分析，同时配套了大量实际案例，突出实用性。

【思考题】

1. 环境法律责任包括哪些内容？如何区分各种责任？
2. 什么是环境行政责任？其主要特征是什么？
3. 如何理解环境行政责任的构成要件？
4. 环境行政处分与环境行政处罚的区别是什么？
5. 什么是环境民事责任？其主要特征是什么？
6. 什么是无过错责任原则？其构成要件是什么？
7. 为什么在环境污染民事责任中实行举证责任倒置？其意义是什么？
8. 环境民事责任的免责事由有哪些？其法律依据是什么？
9. 环境污染民事责任形式中的“赔偿损失”和“补偿”有何区别？
10. 什么是环境刑事责任？其主要特征是什么？
11. 从“重大环境污染事故罪”到“污染环境罪”，立法上的变化是什么？这一进步的意义是什么？
12. 如何理解环境犯罪的构成要件？
13. 走私废物罪、非法处置进口的固体废物罪与擅自进口固体废物罪有何区别？
14. 环境监管失职罪的构成要件及法律依据是什么？应承担的刑事责任是什么？

【延伸阅读】

刘定慧 . 环境典型案例分析与执法要点解析［M］. 北京：机械工业出版社，2012.

本书共六章，分别为：环境法律制度（上、下）、环境污染防治法、环境行政责任、环境行政复议和环境行政诉讼、环境污染纠纷处理。正文共收集了 113 个案例，另外又从环境保护部环境监察局的案例库选编了 10 个典型案例，以使其内容更全面；其中部分案例由全国各地环境保护部门提供，部分案例来源于“环境监察机构负责人岗位培训班参评案例”，部分案例来源于刘湘的律师实践，部分案例来源于中国环境报、网络等公开媒体。在进行案例选择时，力求选择具有一定影响和典型意义且对基层执法实践有一定帮助的案例。

【实训案例 1】

一、案情介绍

2011 年 7 月 5 日，邓州市环保局接到群众反映，欣荣农药厂排放有害废气。环保局立即对欣荣农药厂进行调查，发现该厂在农药生产过程中未采取废气净化处理措施。环保局以该厂上述行为违反了《大气污染防治法》第 11 条第 3 款规定为由，依据《大气污染防治法》第 47 条规定，对欣荣农药厂做出行政处罚决定，责令其立即停止生产，并于 2011 年 7 月 10 日送达《行政处罚决定书》，行政处罚决定书上载明，对本行政处罚决定不服，可以在收到本行政处罚决定书之日起 60 日申请复议，也可在 15 日内直接向人民法院起诉，逾期不申请复议，也不向人民法院起诉，又不履行行政处罚决定的，将申请人民法院强制执行。

行政处罚决定书生效后，该厂既未在规定限期内履行处罚书规定的内容，也未在法定期限内申请行政复议或提起行政诉讼。邓州市环保局于 2011 年 9 月 10 日，向人民法院申请强制执行，法院行政审判庭对此行政处罚决定进行了审查。法院审查后认为，行政处罚决定书所引用的《大气污染防治法》中没有起诉期限的规定，同时又未引用《环境保护法》（1989 年版）第 40 条，不适用此条款关于 15 天起诉期限的规定，应适用《中华人民共和国行政诉讼法》（以下简称《行政诉讼法》）第 39 条规定的 3 个月起诉期限的规定，最后以行政处罚决定未超过法定起诉期限为由不予受理。

试分析法院的决定是否正确？理由是什么？

二、实践活动

1. 把全班分为 3 个小组，分组讨论上述案例中法院的决定是否正确？为什么？

2. 在充分讨论的基础上，每个小组写出各自的答案，并选出一名代表发言，互相交流。

3. 教师针对各组发言进行点评，指出各组观点的正确与否及不够完善之处。

三、扩展活动

要求各小组整理出 5 个相关环境行政处罚或环境行政处分方面的案例，并写清楚案情简介和法理分析。

【实训案例 2】

一、案情介绍

李某从出生到 2009 年 10 月居住在某石化炼油厂西生活区。居住地南边是液化气罐装站，该站经常漏气；东边是制造压力容器的工程队，该队主要是就地进行射线探伤，对容器喷漆；北边是炼油厂的生产装置；西北边是炼油厂火炬，排放出的火炬气含有害物质。2009 年 11 月至 2012 年 7 月，李某一家住在炼油厂东生活区。住处的东边是炼油厂排污未封闭地带，北边是焦化装置。

2013 年除夕夜，李某被诊断出患了急性混合型白血病，其家人认为是周围环境污染造成的。但金陵石化炼油厂认为：该厂一直进行密闭生产，环境保护部门还对排污进行了非常严格的监控，排放完全达标；生活区居住了很多人，与李某同龄的人中只有她一人不幸患病，具体致病原因可能有多种。

在双方多次协商无果的情况下，李某将石化炼油厂告上了法庭。李某在起诉状中表示：石化炼油厂应对其人身损害承担赔偿责任；请求法院判令该单位赔偿已花费的医疗费用 54 万元，后续医疗费 15 万元，精神抚慰金 26 万元，交通费、住宿费、住院伙食补助费 5 万元，共计人民币 100 万元。

本案涉及的三个焦点问题：①环境污染侵权责任能否成立；②被告（石化炼油厂）的抗辩是否有道理；③原告（李某）提出的赔偿请求能否得到支持。

二、实践活动

1. 把全班分为 3 个小组，讨论上述案例中的三个焦点问题。

2. 各小组在充分讨论的基础上，选出一名代表发言，交流讨论结果。

3. 教师针对各组发言进行点评，指出各组观点的正确与否及不够完善之处。

三、扩展活动

要求各小组把相关环境侵权方面的现行法律、行政法规、部门规章、地方性法规和地方政府规章用图表的形式罗列出来（列明名称、制定机关、生效时间、修改情况），并形成文字资料。

【实训案例 3】

一、案情介绍

2012 年 5 月 2 日夜间，南京市六合区长芦街道撇洪河沿岸企业上夜班的职工闻到了一股“洋葱”味，不久就感觉嗓子疼痛、胸闷、呼吸困难。其中两家企业先后有 15 人被送往医院救治。经过当地环保局连夜排查，最终确认了气体来源于水体，并很快发现了一处排水沟边院子内一辆槽罐车，车旁坑内有残留积水，气味与撇洪河水体类似，遂将案件线索移送至南京沿江工业开发区公安分局处理。南京市环境保护局水质监测报告结果显示，事发地撇洪河主要检出的特征因子丙醛、2-甲基戊醛、2-甲基-2-戊烯醛与被告单位南京荣欣化工有限公司废液罐、南京妙华物流有限公司排放地水池、排污罐车提取物检出的特征因子相一致，属有毒危险废物。5 月 3 日，此案被正式立案侦查，物流公司法定代表人徐长福、股东潘林春、杨建忠等人被传唤归案。法院经过开庭审理查明，2010 年 5 月初，先后担任荣欣化工生产助理、总经理助理的被告人娄敬明，联系被告人徐长福，用槽罐车将含有化工精馏或蒸馏残液的污水送至南京胜科水务有限公司处置，后因污水超标而被退回。两人遂商议，以每吨 500 元处理费为交易，由不具备处理污水资质和能力的徐长福进行处理，荣欣化工法定代表人林毓勇、被告人潘林春对此表示同意，被告人杨建忠则在明知徐长福等人无资质处理污水的情况下，参与违法排放、处置污水。截至案发，涉及违法处置排放的污水达 1 600 余吨，按照正常处理价格为每吨 3 400 元，荣欣化工因非法排放有毒危险废物获利额达 464 万元。法院还查明，被告人徐长福、潘林春、杨建忠主要采取两种方式违法处置、排放超标污水，一是借帮其他单位运送污水至污水处理单位之机，通过夹带、做假水样的手段，将部分超标污水送给不具备处理该污染物能力的企业扬子污水处理厂、南京胜科水务有限公司；二是将约 200 余吨的超标污水在提取污液沉淀析出的污油后，将超标污水直接排至河道水体。据了解，该污染事件发生后，撇洪河水体治污费达 313 705 余元。事件还导致河流沿岸企业事业单位 10 多名员工入院治疗。案发后，荣欣化工支付了水体治污费用、员工入院治疗费用并给付了部分补偿金，主动认缴了环保局罚款 91 万元。此案在侦破过程中，还查实了荣欣化工生产助理、总经理助理娄敬明的非国家工作人员受贿犯罪事实。判决书中认定，为了便于与荣欣化工开票、结算，2011 年 5 月

30日，被告人徐长福、潘林春、杨建忠注册成立了南京妙华物流有限公司。3名被告人在不具备污水处理资质的情况下，为取得荣欣化工生产过程中产生的超标污水处理权，并进而谋取不正当利益，从2011年4月至12月，先后给娄敬明“好处费”99 500元。南京市六合区法院一审判决被告单位南京荣欣化工有限公司犯污染环境罪，判处罚金人民币500万元；被告人林毓勇犯污染环境罪，判处有期徒刑两年，罚金人民币5万元；被告人娄敬明犯污染环境罪，判处有期徒刑两年6个月，罚金人民币6万元，犯非国家工作人员受贿罪，判处有期徒刑3年，决定执行有期徒刑5年，罚金人民币6万元；被告人徐长福、潘林春、杨建忠则以犯污染环境罪、对非国家工作人员行贿罪，数罪并罚分别判处有期徒刑3年6个月至两年6个月不等刑罚，并处6万元至4万元不等罚金。

本案涉及的焦点问题：

1. 本案中被告南京荣欣化工有限公司的行为是否构成污染环境罪？为什么？

2. 污染环境罪的犯罪主体有哪些？不同的主体，处罚方式有何不同？

二、实践活动

1. 把全班分为3个小组，讨论上述案例中的焦点问题。

2. 各小组在充分讨论的基础上，选出一名代表发言，交流讨论结果。

3. 教师针对各组发言进行点评，指出各组观点的正确与否及不够完善之处。

三、扩展活动

1. 把与污染环境罪有关的全部法条、司法解释用图表形式罗列出来，要求列明名称、制定机关、生效时间、修改情况，并形成文字资料。

2. 每个小组整理出5个环境犯罪方面的案例，要求写清楚案情简介和法理分析。

下篇　环境执法

本篇主要介绍环境执法基本理论、环境违法行为的认定、环境执法文书的分类与制作等环境执法程序分类及运用，是本书的核心部分，也是环境执法实务的关键所在。本篇包括环境执法概述、环境违法行为认定、环境行政许可、环境行政处罚、环境侵权纠纷的行政处理、环境行政复议、环境行政诉讼、环境行政赔偿及环境执法文书九章。

第八章环境执法概述，主要内容有：环境执法分类、环境执法手段的分类及环境行政执法方式创新；第九章环境违法行为认定，主要内容有：环境违法行为的分类、证据种类及适用、环境违法行为的认定标准与法律适用；第十章环境行政许可，主要内容有：环境行政许可种类、设定、实施程序及行政许可听证程序；第十一章环境行政处罚，主要内容有：环境行政处罚的基本原则、处罚的种类（重点介绍“按日计罚”的范围及程序，限产、停产整治的范围及程序，移送行政拘留案件的范围及程序等）、处罚的主体与管辖、处罚的法律适用及环境行政处罚程序（重点介绍行政处罚的一般程序、听证程序、强制执行程序、查封扣押的范围及程序）；第十二章环境侵权纠纷的行政处理，主要内容有：环境侵权纠纷行政处理的性质、特征、意义及行政处理程序；第十三章环境行政复议，主要内容有：环境行政复议的特征、复议范围、管辖、复议机构及复议参加人、复议程序；第十四章环境行政诉讼，主要内容有：新修订的《行政诉讼法》要点、环境行政诉讼种类、受案范围、管辖、诉讼参加人、诉讼程序及执行（将新修订的《行政诉讼法》调整、修改变化的主要内容补充到相关内容中）；第十五章环境行政赔偿，主要内容有：行政赔偿的构成要件、赔偿范围、标准、赔偿请求人、赔偿义务机关、赔偿程序及追偿；第十六章环境执法文书，主要内容有：环境行政执法文书分类及制作、环境诉讼文书分类及制作、环境行政执法常用法律文书格式。

第八章　环境执法概述

职业能力目标与学习要求

1. 理解环境执法的特点、手段及程序。

2. 了解环境执法手段的种类、环境执法的程序种类。

3. 掌握不同环境执法手段的具体含义。

【引　例】

甲是A市B区的居民，在其居住地附近有一家个体经营户乙冷冻食品购销部（以下称购销部），主要经营冻肉批发业务。2013年3月20日，居民甲向B区环保局递交了《投诉书》，投诉该购销部储存冻肉的制冷设备发出噪声，严重干扰了其正常生活，影响身体健康，要求B区环保局制止该购销部的噪声污染。2013年12月10日，经B区环保局检测，确认该购销部的冷却塔在运作期间的噪声超标排放，造成环境污染。2013年12月20日，B区环保局对该购销部做出罚款500元的行政处罚，并要求其在15天内完善冷却塔整治，确保噪声达标排放。15天后，居民甲又到B区环保局投诉，反映购销部发出的噪声没有变小，要求环保局继续查处该购销部。B区环保局接到投诉后再次到购销部核查，核查时，购销部说已找专业技术人员调试了设备，不知道噪声还有影响，至于罚款已按要求刚交到银行了。B区环保局了解情况后批评了购销部的负责人并对整治技术进行了指导，同时要求尽快完成整治，否则将受到更严厉的处罚。此后，购销部加装了降噪设施，居民甲未再投诉。

本案引发的法律思考：

1. B区环保局对购销部的违法行为采用了哪些执法手段？

2. 如果购销部依旧不能使排放的噪声达标，B区环保局还会采取哪些执法手段？

第一节　环境执法及其分类[①]

一、环境执法的概念

环境执法是指有关国家机关按照法定权限和程序将环境法规范中抽象的权利义务变成

① 解振华．中国环境执法全书．北京：红旗出版社，1997.

环境法主体的具体的权利义务的过程。或者说是国家有关机关将环境法规范适用于具体环境法主体的过程。环境执法是整个国家执法活动的一个组成部分。环境执法不同于环境法的实施，环境法的实施是指环境法在现实社会生活中的具体运用、贯彻和执行，也就是用抽象的环境法规范确立环境法主体之间的具体环境法律关系的过程。环境法实施比环境执法的内涵和外延更大，环境执法只是环境法实施的一个组成部分。环境执法只是国家有关机关的专有权力，而环境法实施的主体既包括有关国家行政机关和司法机关，也包括国家立法机关、军事机关，还包括公民、团体和组织。国家立法机关主要是通过对行政机关、司法机关、军队等执行和遵守环境法的监督来实施环境法；公民、团体和组织主要是通过行使监督权、参与权、诉讼权等来实施环境法。

二、环境执法的特点

环境执法的特点是指环境执法不同于环境立法和其他方面执法的特性。因此它是在与环境立法和其他方面执法的比较中而表现出来的特殊性。这种特殊性，一方面由环境法的特点来决定，另一方面由执法的特点来决定，是环境法特点与执法特点的有机结合。掌握环境执法的特点，便于有针对性地解决环境执法中的特殊问题，提高执法水平。环境执法具有以下几个特点。

（一）环境执法具有多部门性

环境执法不是由一个行政部门进行，而是由多个部门分别进行或共同进行的。有权从事环境执法的部门，除了司法机关和各级人民政府外，还包括县级以上各级人民政府的环境保护行政主管部门和十多个相关部门。环境执法的多部门性是由环境法内容的综合性和保护范围的广泛性决定的。环境法的保护对象包括了人类赖以生存和发展的各种天然的和经过人工改造的自然因素，如大气、水、海洋、土地、矿藏、森林、草原、野生生物、自然遗迹、人文遗迹、自然保护区、风景名胜区、城市和乡村等。众多的环境要素，全让一个部门加以保护和管理是不可能的，因此，就必须授权各有关部门分别负起保护和管理职责，相应地也就必然赋予其环境执法的权力。同时，各环境要素在法律上又是作为一个整体加以保护的，那么各有关部门的环境管理及其执法也就需要统一的协调，并对环境保护进行统一的监督管理。因此，国家也就必然要设立进行统一环境执法的部门，从而形成了统一执法与分级、分部门执法相结合的环境执法体制。

（二）环境执法具有技术性

环境执法的技术性是由环境法的科学技术性特点决定的。环境法作为通过调整一定领域的社会关系来协调人与自然关系的法律部门，其内容包含有大量的反映自然规律的技术规范，从而使其具有科学技术性的特点。那么，环境执法部门贯彻执行具有技术性特点的环境法，其活动也必然带有一定的技术性。首先表现在，环境执法人员必须具有一定的环境科学技术知识。由于环境法针对许多技术性规范，这就要求环境执法人员不仅要全面掌握环境法律知识，而且还要掌握一定的环境科学技术知识，包括环境地理学、环境生物学、环境化学，环境物理学、环境医学、环境工学等知识。否则，环境执法人员就难以发现和认定环境违法行为，也难以正确地理解和运用环境法律规范。其次表现在，环境执法必须借助一定的技术手段。环境破坏是否形成，环境是否受到污染，人身和财产是否受到损害，仅靠人的感觉往往是不够的，而必须通过环境监测、化验、试验，取得准确的数据资料，才能加以认定。因此，环境执法就必须具备一定的技术、设备、仪器，并按照科学技术方法进行监测、采样、化验，从而使环境执法具有一定的技术性。

（三）环境执法具有超前性

环境执法在许多情况下不是在环境污染或破坏事件发生之后进行的，而是在环境污染或破坏事件发生之前进行的。这是由环境法中预防为主的原则决定的。因为环境污染和破坏一旦发生，往往难以消除和恢复，甚至具有不可逆转性，而且环境造成污染和破坏以后再进行治理，往往要耗费巨额资金，从经济上来说也是不合算的。所以，环境执法应当具有一定的超前性，应当使这种执法足以防止环境污染和破坏行为的发生。事实上，我国的环境执法也确实具有一定的超前性，如对环境规划制度、环境影响评价制度、“三同时”制度、许可证制度的执行等。

三、环境执法的分类

我国环境执法的分类，见表 8-1。

表 8-1　环境执法分类

分类依据	类型	含　义
按照执法机关的不同	行政管理机关的执法	环境行政机关的执法，也称环境行政执法，它是指有关行政管理机关执行环境法律规范的活动。环境行政执法又可分为环境保护行政主管部门的执法和环境保护行政相关部门的执法
	司法机关的执法	司法机关的环境执法，也称环境司法，是人民检察院和人民法院依照法定的权限和程序，对环境纠纷和环境犯罪案件进行检察、起诉、审判和监督的活动
按照执法机关是否主动从事执法行为	依职权的环境执法	依职权的环境执法是指执法机关无须他人的申请，即可依其职权范围而主动从事的执法行为。例如，环境保护行政主管部门现场检查的行为，检察机关起诉环境犯罪嫌疑人的行为等
	依申请的环境执法	依申请的环境执法是指环境执法机关只有在他人提出申请后才能进行的执法行为，如环境保护行政主管部门应当事人请求批准许可的行为
按照执法行为是否须具备一定方式	要式环境执法	要式环境执法是指环境执法机关必须依法定的方式或遵循一定的程序才能正式生效的环境执法行为。例如，环境保护行政主管部门对环境违法行为人可处罚款，必须书面通知受罚人，收到罚款后必须开具符合规定的收据给受罚人
	不要式环境执法	不要式环境执法是指环境执法机关不必具备特定的方式即可生效的环境执法行为。例如，环境保护行政主管部门对轻微的环境违法、违章行为给予的口头批评教育
按照能否以环境执法机关的单方意思表示即可使执法行为成立	单方的环境执法	单方的环境执法是指只要有环境执法机关一方的意思表示即可成立的执法行为。例如，环境行政处罚、采取环境行政强制措施的行为。大量的环境执法活动属于单方的执法行为
	双方的环境执法	双方的环境执法行为，并不是说环境执法机关与行政相对人或案件当事人共同执法，而是指环境执法机关的意思表示须征得行政相对人或案件当事人同意，执法行为方可成立、生效的情况。例如，环境保护行政主管部门调处环境纠纷的执法行为

环境执法的分类不只限于以上划分方法，还可以根据环境执法的需要做出各种不同的划分。例如，根据是否有涉外因素划分，可分为国内环境执法和涉外环境执法；根据执法机关是否有自由裁量权来划分，可分为受羁束的环境执法和可自由裁量的环境执法等。

第二节 环境执法手段

一、环境行政执法手段

（一）概念

行政执法手段是指行政执法机关贯彻执行行政法律规范所采取的方式、方法和措施。环境行政执法手段则是指环境行政执法机关贯彻执行环境保护法律规范所采取的各种方式、方法和措施。在理解环境行政执法手段这一概念时，应注意把握以下三点：

（1）行政执法中所采用的执法手段基本可适用于环境执法。行政执法一般采用行政许可与行政确认、行政征收、行政合同、行政奖励、行政监督检查、行政强制执行和行政处罚等手段。作为行政执法之一的环境行政执法基本上也采用上述执法手段，换言之，环境行政执法中采用的各种执法手段基本上可以划入行政执法的各类手段之中。例如，审核发放排放许可证属于行政许可，环境保护部门与排污单位签订环境保护目标责任书属于行政合同，环境保护部门对排污的企业事业单位进行现场检查属于行政监督检查，责令严重污染环境的企业事业单位停业关闭属于行政处罚等。因此，行政执法机关运用行政执法手段应遵守的一般性法律规定和应遵循的一般性原理，环境行政执法机关在运用环境行政执法手段时，也应该遵守和遵循。

（2）环境行政执法具体采用什么样的执法手段是由环境行政执法的内容决定的。环境行政执法的内容是指环境保护法律、法规中规定的各项环境法律制度及其他具有行政执法性质的具体法律规范。环境行政执法手段是为履行环境行政执法内容服务的，并由环境行政执法的内容所决定，因此采取什么样的环境行政执法手段要视环境行政执法内容而定。例如，执行建设项目环境管理制度主要采用行政许可手段，同时也要辅之以行政监督检查和行政处罚手段。

（3）环境行政执法手段相对于一般行政执法手段来说，具有特殊性。环境行政执法是一项专业性、技术性较强的行政执法工作，具有自身的一些特定规律和特殊要求，因此环境行政执法中所采用的具体行政执法手段也受这些特定规律和特殊要求所左右，而具有一些特殊性。具体表现为两方面：①环境行政执法中常采用一些一般行政执法中不采用或很少采用的执法手段，如排污收费就是一项十分特殊的执法手段。②环境行政执法中所采用的一般行政执法手段由环境行政执法的内容决定，在具体实施的前提条件、步骤、基本要求及法律后果等方面具有特殊性。例如，环境行政执法中常用行政许可这种行政执法手段审批建设项目的环境影响报告书（表），但环境法中关于环境影响评价制度有一些具体规定，运用行政许可这一手段实施该制度时必须遵守有关的具体规定。

（二）分类

环境行政执法手段，包括环境行政监督检查、环境行政指导、环境行政合同、环境行政处理决定等。环境行政处理决定的形式广泛，通常有环境行政确认、行政征收、环境行政给付、环境行政奖励、环境行政许可、环境行政处罚、环境行政强制措施与环境行政强制执行等。

环境行政处理决定中常见的环境行政许可、环境行政处罚等内容将在后面专章介绍，故本节只对行政处理决定、行政监督检查、环境行政指导、环境行政合同作简单介绍。

1. 环境行政处理决定[①]

环境行政处理决定是指环境执法机关依法针对特定对象所作的具体的、单方面的、能直接发生行政法律关系的决定。其实体法上的表现形式一般为“行政处理决定”或者“行政决定”。常见环境行政处理决定有限制生产的决定、停产整治的决定、实施强制性应急措施的决定、批准环境影响报告书（表）的决定、批准环保设施竣工验收报告的决定、批准颁发排污许可证的决定、批准环保设施闲置的决定、环境行政处罚的决定等。可以说，环境执法机关所作出的具体行政行为，大部分都是以行政处理决定的形式表现的。《环境保护法》首次规定，环境执法机关对违法排污，造成或者可能造成严重污染的企业事业单位可以实施查封、扣押造成污染物排放的设施、设备的行政强制措施。这一规定使得行政处理决定更加具有权威性。

2. 环境行政监督检查

环境行政监督检查是指环境执法机关为实现环境管理的职能，对相对人是否遵守环境保护法律法规和具体行政决定所进行的监督检查。也就是说，它包括两种情况：一种是对相对人是否遵守环境法律法规所作的监督检查；另一种是对相对人是否执行环境行政处理决定和环境行政处罚决定所作的监督检查。

环境行政监督检查与其他环境执法手段的区别在于：其他环境执法手段都是对相对人的权利、义务进行设定、取消或确认，也就是说对相对人的实体权利义务产生法律上的效力和后果；而环境行政监督检查不具有这样的功能，它只对相对人行使权利和承担义务的情况依职权进行了解。尽管在环境行政监督检查中，相对人也要承担一定的义务，如当环境保护部门对排污单位进行现场检查时，被检查的单位应当如实反映情况，提供必要的资料，但这种义务并不影响相对人的实体权利和义务。环境行政监督检查既是一项环境执法手段，又是环境执法的一个重要步骤，它与其他环境执法手段有着密切联系。环境行政监督检查有实地环境监督检查、书面环境监督检查等分类。

3. 环境行政合同

环境行政合同是指环境行政主体为行使行政职权，实现特定的环境行政目标，与公

---

① 按行政管理领域划分，环境行政处理决定是行政处理决定的一种。行政处理这一概念，在中国学术界曾经存在争议，关于行政处理和行政处理决定的论述也略有不同。并且，尽管学界大多数教材或专著都涉及这一概念，而人们使用这一概念时又缺乏统一的理解，导致许多混乱。一些学者不赞成使用这种概念，因为中国行政法学者所论述的“行政处理”或者“行政处理决定”，实质上是狭义行政行为的代名词，更确切地说，也就是通常人们所说的“具体行政行为”。现在，这一概念基本得到学界的普遍承认，人们的理解也逐步趋向于统一。（姜明安．行政法与行政诉讼法．北京：北京大学出版社，高等教育出版社，2005：250.）

民、法人或其他组织经协商一致所达成的协议。环境行政合同是环境行政主体行使职权和相对方积极参与相结合的一种法律形式。

环境行政合同是一种灵活的行政方式，它是双方意思表示一致与保留环境行政主体一定特权的有机统一体，在环境行政领域发挥着日益重要的作用。

4. 环境行政指导[①]

环境行政指导是指环境行政机关在其职责范围内，为实现一定的行政目的而采取的符合法律精神、原则、规则或政策的指导、劝告、建议等，不具有国家强制力的行为。环境行政指导虽是一种非权力手段，但它是环境行政主体依据其法定职权实施的行为，所以借助其主体的优势性，环境行政指导可以发挥重要作用。

二、环境行政司法手段

（一）环境行政司法的概念及分类

环境保护中产生的行政争议和民事纠纷，依照我国法律规定，可由行政机关依法处理和裁决。行政机关处理和裁决上述争议和纠纷，要运用一定的行政司法手段。环境行政司法手段，是指行政机构处理和裁决环境行政争议和环境民事纠纷所采用的方式、方法和措施。

依照我国现行的法律规定，行政机构解决环境行政争议的主要手段是环境行政复议（具体内容详见第十二章）。

（二）环境行政调处

根据我国现行的法律规定，行政机构处理环境民事纠纷的主要手段是环境行政调处。环境行政调处是环保等部门在实际工作中对其处理环境民事纠纷手段的称谓，是指由环保部门及其他依法行使环境监督管理权的部门对因环境污染和破坏引起的民事纠纷进行调解和处理。在我国的一些环境法律、法规中，对这一手段的称谓是“处理”，如 1989 年颁布的《环境保护法》第 41 条第 2 款规。而在《固体废物污染环境防治法》中则采用“调解处理”一词。但值得注意的是新修订的《环境保护法》删去了第 41 条第 2 款环境行政调处的内容。环保部门及其他依法对环境保护行使监督管理权的部门对环境民事纠纷所进行的处理或调处，是一种行政调解性质的行为，当事人不服处理或调处，可以对方当事人为被告向法院提起民事诉讼，不能以处理或调处机关为被告提起行政诉讼。

环境保护部门及其他依法行使环境监督管理权的部门在对环境民事纠纷进行调处时，应注意以下问题：①调处必须依法进行；②调处必须坚持平等自愿原则；③调处不是处理环境民事纠纷的必经程序；④根据环境民事纠纷当事人的请求，对于赔偿之外，有关其他环境民事责任（如排除妨碍）的纠纷，当事人也应有权请求进行行政调处；⑤处理环境民事纠纷，属于环境保护部门及其他环境监督管理部门职责范围之内的工作，当当事人请求对环境民事纠纷予以调处时，这些部门不能拒绝。

---

① 刘国涛．环境与资源保护法学．北京：中国法制出版社，2004：393-397.

三、环境司法手段

环境司法手段是指司法机关处理环境案件所采用的方式、方法和措施。环境案件按其性质可分为环境刑事案件、环境民事案件和环境行政案件，以下对司法机关处理这三种案件的手段作分别介绍。

（一）司法机关处理环境刑事案件的方法和手段

环境刑事案件是指因污染和破坏环境构成犯罪，需依法追究刑事责任的案件。

司法机关处理环境刑事案件的手段主要包括：

（1）侦查。是指公安机关、人民检察院在办理环境刑事案件过程中，依照法律进行的专门调查工作和有关的强制性措施。

（2）提起公诉。是指人民检察院代表国家对环境刑事案件提起公诉和出庭支持公诉，追究犯罪人的刑事责任。

（3）审判。是指由人民法院对环境刑事案件进行审理，并对环境刑事案件的被告人做出是否有罪以及对犯罪人判处何种刑罚的判决。

（4）执行。是指由劳动改造机关或公安机关对人民法院已经生效的判处犯罪人刑罚的刑事判决予以执行。其中对罪犯不予关押的判决，由公安机关负责执行，其他由劳改机关负责执行。

（5）监督。是指由人民检察院对公安机关、审判机关及劳改机关在刑事司法活动中的活动进行监督，如对人民法院错误的判决和裁定提出抗诉等。

（二）司法机关处理环境民事案件的手段

环境民事案件是指平等的民事主体之间因环境纠纷而提起的诉讼案件。司法机关处理环境民事案件的手段包括：

（1）由人民法院对环境民事案件进行审判，通过审判，由人民法院就诉讼当事人争议事项做出判决或就诉讼中的一些事项做出裁定或通过人民法院主持调解工作，使诉讼当事人达成调解。

（2）应当事人的申请，由人民法院执行已经发生效力的环境民事判决、裁定及调解书。

（3）由人民检察院对人民法院环境民事案件的审判活动实施监督。例如，根据《民事诉讼法》第208条的规定，人民检察院对人民法院已经发生法律效力的判决、裁定，可依照审判监督程序提出抗诉。

（三）司法机关处理环境行政案件的手段

环境行政案件是指环境执法机构与管理相对人发生行政争议，而请求人民法院处理的案件。环境行政案件又分为以下两种类型，对这两种类型的案件，人民法院采取不同的处理手段。①行政相对人对环境执法机构的具体行政行为不服提起行政诉讼的案件（环境行政诉讼具体内容见第十四章）。②行政相对人在法定期限内对环境执法机关作出的具体行政行为，不申请行政复议也不提起行政诉讼又不履行的，由作出该具体行政行为的环境执法机关申请人民法院强制执行的案件。除行政处罚之外，其他可允许相对人申请行政复议和提起行政诉讼的具体行政行为，如果有需要相对人履行的内容（如拒绝缴纳排污费），也可申请人民法院强制执行。

人民法院对环境执法机关申请强制执行的案件，不经过诉讼程序进行审理，而只是在全面了解案情，确认申请强制执行的行政处罚或其他行政处理决定正确的情况下，即可予以执行。执行的手段主要有：对排污费、滞纳金、罚款等以财产为执行内容的，由人民法院通知银行强行划拨；对责令重新安装使用、责令停业关闭等以行为为执行内容的，由人民法院亲自执行或由人民法院委托有关单位执行，如委托相关工作人员代为安装污染治理设施，但安装的费用强令相对人负担等。2011 年颁布的《中华人民共和国行政强制法》对申请人民法院强制执行做了较细的规定。在申请人民法院强制执行的案件中，以财产为执行内容的案件占绝大多数。

第三节　环境行政执法方式

一、执法方式与创新

行政执法方式是行政权的实现形式，是行政机关及其工作人员依据行政管理权，将行政法律规范适用于具体的人和事，以直接实现行政管理目标时所采用的具有直观现实特点的手段或方法。由于政府管理理念的改变，公民观念、意识的变化，传统行政执法方式已不能满足或适应执法的需要，行政执法争议日益增多，执法风险事件频发。为贯彻落实党的十六届四中全会提出的“加强社会建设和管理，推进社会管理体制创新”精神，各级政府相关行政执法机关积极探索创新行政执法方式，取得了较好的效果。近年来，社会舆论对环保工作的关注度不断提升，各类环境事件成为新闻焦点和热点，环境保护部门改进和创新环境执法方式成为各级环境保护部门的重要工作之一。在此，环境行政执法方式的创新，是指在法律规定前提下的创新，是对已有环境行政执法方式的革新、完善。目前，环境保护部正在积极探索并稳步推进环境监察移动执法、环境监察网格化和精细化执法，使我国的环境行政执法规范化、现代化、信息化得到了明显提升。

二、环境监察移动执法

（一）环境监察移动执法建设

环境监察移动执法是为促进环境执法更加规范、客观、快捷，采用现代化通信、数据库及计算机网络安全等技术，以局域办公网、业务专网、无线通信网等为依托，以移动终端设备为载体，实现现场环境执法信息的动态采集、相关标准和记录查询、决策辅助等综合应用的现代化执法方式。2012 年环境保护部发布《环境监察移动执法系统建设指南》后，各级地方环境保护部门陆续发布环境监察移动执法系统建设项目实施方案。

环境监察移动执法系统建设内容包括软件支持系统和硬件装备两部分。软件支持系统包括移动执法终端系统和移动执法后台支撑系统；硬件装备包括移动终端（PDA、执法工具箱、车载移动视频监控传输系统）和基础软硬件设备（服务器、路由器、防火墙）。移动执法终端系统包含综合信息查询、现场执法、执法作业指导、任务管理、队伍管理、移动办公、地图导航、数据同步等功能。移动执法后台支撑系统包含“一厂一档”管理、执法管理、数据交换、信息查询WAP服务、系统管理、指挥调度、GIS管理、行政处罚管理等功能。

（二）环境监察移动执法系统的作用

环境执法人员可以用智能手机完成现场取证、现场笔录及处罚建议等执法文书的编写工作；可现场核查、计算排污费金额和企业脱硫设施运行情况；可定位污染源并进行导航，引领执法人员快速到达企业；可查询企业的环保审批、环保验收、排污许可证、企业信用、行政处罚、现场检查记录等相关的环保信息及监察信息；可以随时随地查看重点污染源的自动监控实时数据，查看水质断面监测质量、各城市环境空气质量等数据，实现24小时不间断监控等。

2007年，中央财政对环境执法能力建设项目投入了13亿元，带动地方配套近30亿元，由此，环境监察执法移动系统建设试点全面展开。2014年国务院办公厅发布《关于加强环境监管执法的通知》，到2017年底前，80%以上的环境监察机构要配备使用便携式手持移动执法终端，以规范执法行为。2015年环保部办公厅发布环《境监察移动执法系统管理规定（试行）》，环境监察移动执法走入规范化管理。

三、环境监察网格化执法

（一）环境监察网格化执法含义

环境监察网格化执法是依据管辖区域分布状况、不同行业企业分布特征、环境执法队伍与装备水平等，进一步整合环境执法力量，按照联动式执法、全方位覆盖、网格化定位要求，将环境保护部门管辖的区域划分为网格，定区域、定人员、定职责、定任务，将环境监管基本工作任务全面落实到具体人员，使网格内各重点排污单位、主要环境问题得到有效监管。

（二）网格化执法工作的要求

1. 开展日常巡查

网格内执法人员应将网格内的国控、省控企业、省环境安全重点监管企业作为重点企业，视情加密检查频次。具体的日常环境监察频次结合实际按上级要求自行确定。

2. 明确监管对象

网格内执法人员要全面排摸网格内环境风险源、重点污染源、辐射源、饮用水水源和敏感环境信访单位，建立相应档案资料，并实施动态更新。

3. 分级分类管理

对网格内重点污染源、辐射源、饮用水水源和敏感环境信访点列为重点监管企业，实施重点监管、重点调处；其他列入环境统计范围内的一般污染源，建立企业环保一厂一册基础档案，并建立环保信用等级档案，实施分类管理。

4. 及时响应举报和应急处置

网格执法人员接到管辖网格内环境违法排污行为举报，应尽快组织查处；管辖网格内发生的各类突发环境污染事故，执法人员应按照指令要求，第一时间前往事故现场开展前期处置工作，及时向上级和有关部门上报事故情况。

四、环境监察精细化执法

（一）环境监察精细化执法含义

环境监察精细化执法是指在环境执法检查过程中，注重关键环节的检查并明确责任和要求，推行标准化执法，将监管责任具体化、明确化，确保企业检查监管到位。

（二）精细化执法工作的要求

1. 重点企业的精细化监管

①企业日常监察的模板化。根据企业的行业特点、工艺特点，找准每家企业的产排污关键节点，制定完善简便易懂的环境现场监察模板，做好日常企业的全方位监管工作。②企业环境标准的手册化。针对每家企业制定环境标准手册，为日常企业环境保护执法和管理工作提供技术依据。③企业应急处置的手册化。针对每家企业制定突发环境污染事故应急处置手册，为及时妥善处置突发环境污染事故提供技术依据。④日常监管工作的电子化。日常环境监管工作电子化管理，整理存档企业相关环保资料，设定企业监管频次，到期动态提醒，确保企业日常监管到位。

2. 重点区域的精细化监管

①对重点区域的企业、周边敏感点和水体等情况进行全方位掌握；② 对区域内的企业按照重点企业的精细化监管实施管理；③ 加强对重点区域的科技监控，建立污染源自动监控、重点企业厂界自动监控、区域环境空气自动站和企业废气处理工艺参数在线监控多方位科技监控网络；④ 建立区域环保监管网络。

3. “三同时” 项目的精细化监管

“三同时”项目的精细化监管是从项目前期环评设计、施工建设、试生产、环保竣工验收的全过程实施监督检查和日常管理活动。

4. 其他项目的精细化管理

根据管辖区域的特点确定其他细化管理对象，如环境影响评价项目、河流污染整治、噪声污染，危险废物等。

网格和精细化执法是解决环境监控能力薄弱的有效措施之一，只要改变观念，重视环境执法的创新和效果，网格和精细化执法易于得到推广和应用。

第四节 环境执法程序

一、环境执法程序

（一）程序和程序法

在一般用法上，程序是指事情进行的先后次序。对于人类行为来说，程序可表述为：

由一定的行为方式和步骤所构成的行为过程。所谓方式，是行为过程的空间表现形式，任何行为都必须采用一定的形式，并在一定的空间范围内发生，行为形式和空间范围的结合就是行为方式。所谓步骤，是指行为过程的时间表现形式，行为的每一方式和环节有一定的时间性，每一方式间也有一定的时间顺序，两者的结合就划分出行为的步骤。

法律适用（包括司法适用和行政适用），作为国家机关、公职人员以及被授权的单位依照其职权范围实施法律规范的一种法律行为，也必须遵守一定程序，且此程序具有比一般行为程序更严格的要求，通常由法律规范予以调整，这就是与实体法相对称的程序法。

狭义的程序法又称“诉讼法”“审判法”等，是指为保证实体法所规定的权利义务关系的实现而制定的诉讼程序的法律。行政诉讼法、民事诉讼法、刑事诉讼法是狭义程序法的三大内容。广义的程序法，除“诉讼法”以外，还包括行政程序法等内容。所谓行政程序法，是关于行政行为的方式、步骤及其所形成的过程的法律规范的总称。

本节在广义上使用“程序法”概念，既研究狭义上的程序法，也涉及行政程序法的内容。程序法是法律体系的一个组成部分，是主客观结合的产物。程序法是对“程序”所作的规定，而程序本身有客观性和内在的规律，这就决定了程序法具有客观性的特点，它是客观的程序要求在法律上的反映。同时，程序法上又具有主观性的特点，它是国家根据管理需要所作出的政策法律选择，反映着国家意志。程序法是主客观相结合的产物。

（二）程序法的作用

程序法内容丰富，各部分的作用不完全相同。但从总体上看，程序法具有以下作用。

1. 保障实体法的顺利实施

保障实体法的顺利实施是程序法的首要作用，也是程序法立法目的之所在。实体法对各类法律关系主体享有的权利和承担的义务作了规定，但无论是权利的行使还是义务的履行，都必须以一定的方式和步骤进行，而对此方式和步骤的调整，正是程序法的内容。鉴于此，无论是立法还是执法中，都应实体法与程序法并重，才能实现法的社会功能。

2. 提高法律适用的效率

程序法把合理的、简明的程序法律化、制度化，既从根本上免去了烦琐或不必要的程序，又通过法的强制力，使法律的适用得以依法定程序进行。尤其是程序法中有关时效、期限等法的规定，在时间步骤上保证了法律适用的效率。

3. 监督有关机关及其工作人员

法律适用是一种国家行为，由有关国家机关及其工作人员具体适用。程序法的一大作用是通过对法律适用具体程序的规定，对有关机关及其工作人员在实施法律中的活动予以监督。

4. 保护个人和组织的合法权益

与监督有关机关及其工作人员相辅相成，保护个人和组织的合法权益是程序法的另一重要作用。其具体保护机制是对法律适用的方式和步骤作出明确规定，并同时确立个人和组织在此程序中享有的权利及行使此权利的途径。

（三）环境执法程序的概念

环境执法程序是贯彻执行环境法律规范的方式、步骤及其手续的总称。按照执法机关的不同可分为环境行政执法程序和环境司法程序。

二、环境行政执法程序

（一）概念

环境行政执法是行政执法的一种。对行政执法有两种不同的理解：广义上的行政执法，是指行政机关执行法律、法规的行为；狭义上的行政执法，是指行政机关按照法律、法规的规定对相对人采取的直接影响其权利义务或者对相对人的权利义务的行使和履行情况直接进行监督检查的行为。以下从广义上理解行政执法，并依此对环境行政执法程序进行研究。

环境行政执法程序是指由有关环境管理机关执行环境法的方式和步骤所组成的过程，主要的环境行政执法程序有环境行政调处程序、环境行政处罚程序、环境行政复议程序和环境行政强制执行程序等；环境行政执法程序法则是有关环境执法程序的法律规范的总称，环境行政执法内容丰富，手段多样，每种执法行为都有不同的内容和程序要求。将在后面专门章节介绍或涉及。

（二）分类[①]

我国环境行政执法程序的分类，见表 8-2。

表 8-2　环境行政执法程序分类

分类依据	类型	含义
是否给相对人权利和义务造成影响	内部环境行政程序	指环境行政主体在对内部行使行政管理职权时所依据的程序
	外部环境行政程序	指环境行政主体在针对相对人行使其环境资源管理职权的过程中所遵循的法定程序
环境行政行为的对象是否特定	抽象环境行政程序	具有普遍性特点，针对某类人或事普遍适用的程序
	具体环境行政程序	针对特定的具体行政行为而设定的，针对特定的人或事而适用的程序
根据法律是否有明确规定或要求	非法定环境行政程序	法律没有明文规定环境行政程序的内容，由环境行政主体自由裁量来决定其程序的具体适用
	法定环境行政程序	法定环境行政程序，是指具体内容由法律明文规定的行政程序
根据适用的时间顺序	事先环境行政程序	指在作出环境行政行为之前或在环境行政行为实施过程中所应遵循的法定程序，如在环境行政处罚作出之前举行听证会的程序
	事后环境行政程序	指在环境行政主体作出环境行政行为之后，为了证明其行为的合法性与合理性所遵循的程序，如在环境行政相对人申请下所进行的环境行政复议程序

① 周玉华．环境行政法学．哈尔滨：东北林业大学出版社，2002.

三、环境司法程序

环境司法是指国家司法机关处理环境案件的活动。从内容看，我国司法机关处理环境案件的活动主要包括对环境民事案件进行审理、对环境行政案件进行审理、对危害环境的刑事案件进行审理以及协助环境管理机关强制执行行政处罚决定四个方面。从另一个角度看，环境司法的内容主要是环境诉讼，环境司法程序主要是环境诉讼程序。

（一）环境诉讼程序

环境诉讼是指在特定环境法主体的请求和参加下，人民法院依法定程序审理和裁判环境案件的全部活动。环境诉讼程序，则是指司法机关及环境案件当事人为解决案件而分阶段又相连贯地顺次进行活动的方式和步骤。

按环境诉讼所保护利益性质和所采用的调整方法的不同，环境诉讼可分成环境民事诉讼、环境刑事诉讼和环境行政诉讼三种。相应地环境诉讼程序也分为环境民事诉讼程序、环境刑事诉讼程序和环境行政诉讼程序三种。三种程序可分别适用《民事诉讼法》、《中华人民共和国刑事诉讼法》（以下简称《刑事诉讼法》）和《行政诉讼法》。

（二）环境行政诉讼

环境管理行为是环境保护工作的主要内容和基本形式，因不服环境管理行为而发生的环境行政诉讼在环境诉讼中占主导地位。环境行政诉讼是指应作为行政管理相对人的公民、法人或其他组织的请求，人民法院审理和裁判环境行政争议的全部活动。

环境行政诉讼既有环境法的规定性，又有行政诉讼法的规定性，两者结合起来使之具有环境行政诉讼中的被告只能是依法享有环境监督管理权的行政机关和其他组织，只有因对国家行政机关及其工作人员的具体环境行政行为不服所产生的行政争议，才能进行环境行政诉讼；原告人声称被具体环境行政行为所侵害的，是其认为合法的环境利益；我国环境行政诉讼的具体程序适用《行政诉讼法》等的特征。

（三）环境民事诉讼

环境民事诉讼是指环境法主体在其环境权利受到或可能受到损害时，为请求国家保护自己的合法环境权利而按照民事诉讼程序向人民法院对侵权行为人提起的诉讼。

根据诉讼内容的不同，环境民事诉讼主要有停止侵害之诉、排除妨碍之诉、恢复原状之诉、损害赔偿之诉几种。此外，民事诉讼中的其他诉讼种类，如消除危险之诉、返还财物之诉等，在环境民事诉讼中也有一定应用。而且，对于一起环境纠纷案件，在实践中可以同时提起两种或两种以上诉讼请求。《环境保护法》第 64 条规定，因污染环境和破坏生态造成损害的，应当依照《中华人民共和国侵权责任法》的有关规定承担侵权责任。

2012 年修订的《民事诉讼法》第 55 条规定了环境民事公益诉讼，《环境保护法》第 58 条进一步明确了诉讼的范围和原告资格条件。

（四）环境刑事诉讼

环境刑事诉讼是指由国家检察机关为追究环境犯罪人的刑事责任而向人民法院提起的

诉讼。

环境刑事诉讼是刑事诉讼的一个方面，它有以下特点：只能由国家检察机关以国家的名义提起，任何其他组织和个人，包括环境保护行政主管部门都无权提起；起诉的目的是为追究犯罪人的环境刑事责任，结果也往往是违犯环境法和刑事法律的犯罪者受到刑罚处罚；适用刑事诉讼。

2015年《中华人民共和国刑法修正案（九）》将刑法第三百三十八条修改为："违反国家规定，排放、倾倒或者处置有放射性的废物、含传染病病原体的废物、有毒物质或者其他有害物质，严重污染环境的，处三年以下有期徒刑或者拘役，并处或者单处罚金；后果特别严重的，处三年以上七年以下有期徒刑，并处罚金。"降低了入罪门槛。2013年6月最高人民法院、最高人民检察院发布了《关于办理环境污染刑事案件适用法律若干问题的解释》规定了十四种"严重污染环境"的情形。2016年12月最高人民法院、最高人民检察院再次发布《关于办理环境污染刑事案件适用法律若干问题的解释》（2013年6月的解释废止），将"严重污染环境"的情形细化至十八种，伪造自动监测数据或者干扰自动监测设施，排放化学需氧量、氨氮、二氧化硫、氮氧化物等污染物的也认定为"严重污染环境"。

四、环境执法与环境刑事司法程序的衔接

（一）衔接的依据

《环境保护法》第69条规定："违反本法规定，构成犯罪的，依法追究刑事责任。"《刑事诉讼法》第108条规定："任何单位和个人发现有犯罪事实或者犯罪嫌疑人，有权利也有义务向公安机关、人民检察院或者人民法院报案或者举报。……公安机关、人民检察院或者人民法院对于报案、控告、举报，都应当接受。对于不属于自己管辖的，应当移送主管机关处理，并且通知报案人、控告人、举报人；对于不属于自己管辖而又必须采取紧急措施的，应当先采取紧急措施，然后移送主管机关。"第52条规定："行政机关在行政执法和查办案件过程中收集的物证、书证、视听资料、电子数据等证据材料，在刑事诉讼中可以作为证据使用。"《行政处罚法》第22条规定："违法行为构成犯罪的，行政机关必须将案件移送司法机关，依法追究刑事责任。"这是《行政处罚法》以法律的形式将行政执法和刑事司法进行了明确的规定，也就是要求行政机关在行政执法中发现了违法行为构成犯罪的，必须将案件移送至司法机关追究其刑事责任。

此外，2001年国务院颁布的《行政执法机关移送涉嫌犯罪案件的规定》，2006年最高人民检察院、全国整顿和规范市场经济秩序领导小组办公室、公安部、监察部出台的《关于在行政执法中及时移送涉嫌犯罪案件的意见》，2007年原国家环境保护总局、公安部、最高人民检察院联合发文的《关于环境保护行政主管部门移送涉嫌环境犯罪案件的若干规定》以及各地方制定的关于环境保护部门调查与移送涉嫌环境污染犯罪案件等规定进一步明确了衔接与程序的要求。2017年1月，环境保护部、公安部和最高人民检察院再次联合发布了《环境保护行政执法与刑事司法衔接工作办法》（2007年原国家环境保护总局、公安部、最高人民检察院联合发文的《关于环境保护行政主管部门移送涉嫌环境犯罪案件的若干规定》废止）。

（二）启动移送的违法情形[①]

在环境违法行为立案调查中启动移送程序的环境污染犯罪事实包括：在饮用水水源一级保护区、自然保护区核心区排放、倾倒、处置有放射性的废物、含传染病病原体的废物、有毒物质的；非法排放、倾倒、处置危险废物三吨以上的；排放、倾倒、处置含铅、汞、镉、铬、砷、铊、锑的污染物，超过国家或者地方污染物排放标准三倍以上的；排放、倾倒、处置含镍、铜、锌、银、钒、锰、钴的污染物，超过国家或者地方污染物排放标准十倍以上的；通过暗管、渗井、渗坑、裂隙、溶洞、灌注等逃避监管的方式排放、倾倒、处置有放射性的废物、含传染病病原体的废物、有毒物质的；二年内曾因违反国家规定，排放、倾倒、处置有放射性的废物、含传染病病原体的废物、有毒物质受过两次以上行政处罚，又实施前列行为的；重点排污单位篡改、伪造自动监测数据或者干扰自动监测设施，排放化学需氧量、氨氮、二氧化硫、氮氧化物等污染物的；违法减少防治污染设施运行支出一百万元以上的；违法所得或者致使公私财产损失三十万元以上的；造成生态环境严重损害的；致使乡镇以上集中式饮用水水源取水中断十二小时以上的；致使基本农田、防护林地、特种用途林地五亩以上，其他农用地十亩以上，其他土地二十亩以上基本功能丧失或者遭受永久性破坏的；致使森林或者其他林木死亡五十立方米以上，或者幼树死亡两千五百株以上的；致使疏散、转移群众五千人以上的；致使三十人以上中毒的；致使三人以上轻伤、轻度残疾或者器官组织损伤导致一般功能障碍的；致使一人以上重伤、中度残疾或者器官组织损伤导致严重功能障碍的；其他严重污染环境的情形。

在涉嫌环境污染犯罪案件调查过程可以商请公安机关提前介入的情形包括：可能引发群体性事件或者暴力抗法的；执法人员执行公务时，遇到恐吓、恶意阻挠或者暴力抗法的；犯罪嫌疑人不明、需要控制犯罪嫌疑人、犯罪嫌疑人逃匿或者可能逃匿的；环境违法行为严重的；其他需要公安机关提供支持和协助的情况。

向公安机关移送涉嫌环境犯罪案件应当附有的材料包括：涉嫌环境污染犯罪案件移送书；涉嫌环境污染犯罪案件情况的案件调查报告；涉案物品清单；有关监测报告或者鉴定意见（检测报告）、现场检查（勘察）笔录、认定意见等证据材料；其他有关涉嫌犯罪的材料。

【本章小结】

环境执法是整个国家执法活动的一个组成部分，环境行政执法担负着环境执法的主要任务。创新环境执法手段，遵守环境执法程序是法治的需要，也是建设国家生态文明，实现碧水蓝天的需要。本章对环境执法、环境执法手段、环境执法程序的概念、分类、具体种类进行了简要、概括阐述。

【思考题】

1. 环境执法及其特点是什么？

---

① 2014年《最高人民法院、最高人民检察院关于办理环境污染刑事案件适用法律若干问题的解释》。

2. 环境执法是如何分类的？

3. 什么是环境行政执法手段？常见的环境行政执法手段有哪些？

4. 结合环保系统推行的移动执法、网格化和精细化执法，谈谈如何完善环境行政执法方式？

5. 环境执法程序及其分类是什么？

6. 环境行政监督检查与其他环境行政执法手段的区别与联系是什么？

【延伸阅读 1】 环境移动执法系统

环境移动执法系统

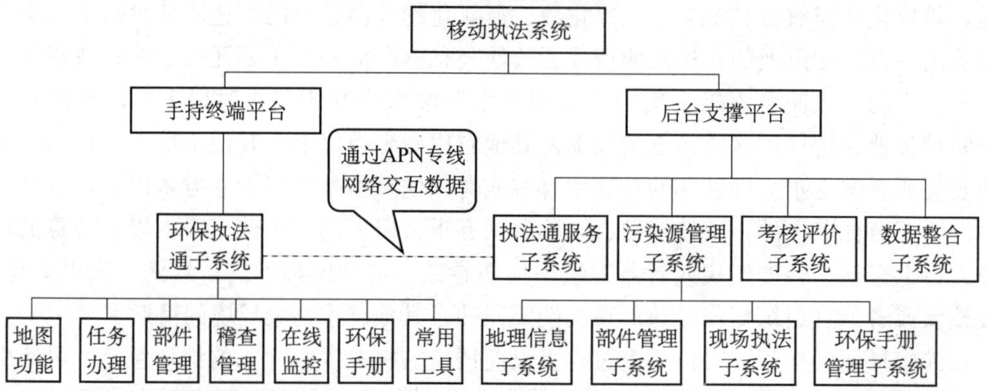

执法查询：实时查询企业的基本信息、国控省控断面、工业企业污染源等基础数据；

视频监控数据实时查询：通过网络查看相关的重点污染源实时视频图像和实时监测数据；

定位导航：上传位置信息、污染源定位、导航功能等；

现场执法：进行现场取证（拍照、视频、录音），并进行证据的上传；

数字会商：在执法现场同领导进行会商；

移动办公：可以远程登录办公系统进行公文的处理等；

应急管理：提供给执法人员应急技术分析和应急资源的管理功能，实现即时通话功能等；

绩效管理：实现执法人员的绩效管理功能；

系统管理：实现密码修改和系统的自动下载更新。

【延伸阅读 2】

请阅读《环境监察办法》（2012 年 7 月 25 日国环境保护部令第 21 号）、《国务院办公厅关于加强环境监管执法的通知》（2014 年国办发〔2014〕56 号），结合修订后的环保法、大气污染防治法等，讨论环境执法机构在加大环境执法力度中应运用哪些具体的行政执法手段。

【实训案例】

一、案情介绍

2015 年 3 月 11 日，A 市环境监察总队在例行现场监察时发现 B 公司聚氯乙烯树脂配套 30 万吨 / 年离子烧碱项目未按照环评批复的要求采用干法工艺，擅自采取湿法工艺进行建设，属生产工艺发生重大变更未向环境保护行政主管部门报批，2015 年 3 月 15 日，A 市环保局以“生产工艺发生重大变化，未重新报批环境影响评价文件，擅自开工建设”为由对 B 公司下达了环境违法行为限期改正决定书，责令其立即停止建设。2015 年 3 月 25 日 A 市环境监察总队对 B 公司的上述违法行为根据《中华人民共和国环境影响评价法》的规定，对其下达《环境行政处罚事先告知书》，拟做出罚款人民币拾万元，并责令停止建设。B 公司在收到《环境行政处罚事先告知书》后提出陈述申辩，称环评部分增加了地下水导则部分，导致报批进度缓慢。2015 年 4 月 7 日，A 市环保局对该企业下达了《环境行政处罚决定书》，对该企业处以罚款人民币拾万元，并责令其立即停止建设、恢复原状。B 公司收到处罚决定后及时缴纳了罚款。

2015 年 6 月，A 市环境监察总队对 B 公司后督察发现，B 公司不仅未停止建设，也未重新报批聚氯乙烯树脂配套 30 万吨 / 年离子膜烧碱的环评手续，而且未经环境保护竣工验收，主体工程于 2015 年 10 月满负荷运行。鉴于上述情况，A 市环境监察总队于 2016 年 6 月 14 日下达了《环境行政处罚事先告知书》，并在陈述申辩期限届满后下达了《环境行政处罚决定书》，以“未经环境保护竣工验收，主体工程即擅自正式投入生产”为由对 B 公司罚款人民币捌万元并责令停止生产，直至环境保护竣工验收合格方能进行生产。B 公司收到《环境行政处罚决定书》后，在规定期限内足额缴纳了罚款并准备重新申报聚氯乙烯树脂配套 30 万吨 / 年离子膜烧碱的环评手续。

二、实训活动

第一步，教师布置学生在一定时间内找出 A 市环保局对 B 公司采取了何种执法手段，并找出所依据的相关法律条文。

第二步，由学生将上述内容板书或录入到多媒体屏幕上。

第三步，将学生分成两组，一组代表案例中的 B 公司，一组代表 A 市环保局，讨论 A 市环保局采取的执法手段是否严格遵守了执法程序。

第四步，每组选出两名代表发言，阐明各自观点；教师根据本章内容进行分析点评。

三、扩展活动

结合《环境保护法》中关于强化行政执法手段的规定，分组讨论 A 市环保局对 B 公司还可以采取哪些具体执法手段？要求每个学生提交书面答案。

第九章　环境违法行为认定

职业能力目标与学习要求

1. 了解环境违法行为的含义。
2. 理解环境违法行为的分类。
3. 熟悉证据的含义及其分类。
4. 掌握常见环境违法行为的违法事实。
5. 通过案例分析，培养和提高环境违法事实认定与法律适用的能力及技巧。

【引　例】

2010 年 2 月 23 日，环境保护部环境投诉受理中心接到群众来电，反映安徽滁州中盐东兴盐化股份有限公司新建的电厂使用劣质煤，燃煤露天堆放，脱硫设备未正常运行，仅在环境保护部门检查时开启。居民区位于盐矿中心，粉尘污染严重。接到转办件后，安徽省环境监察局立即对企业进行了调查。经查，中盐东兴盐化股份有限公司现有 3 台链条炉、3 台循环流化床锅炉。3 台链条炉已关停 1 台，另两台仍在使用；3 台循环流化床锅炉为新建项目，分两期建设。目前污染治理设施尚未调试完毕，自动监控设施尚未安装。

2010 年 3 月 30 日，检查组对企业脱硫设施运行进行了现场检查，3 台循环流化床锅炉均处于生产状态。130t 锅炉烟气分析仪出口二氧化硫量程及浓度与工控机电脑出口不一致；污染源自动监控室内标气瓶过期。3 台锅炉共用一套脱硫控制系统，目前已投入运行，但尚未按相关文件要求记录出口二氧化硫浓度、脱硫剂输送风机电流等参数，且无历史记录。企业燃煤主要为淮南煤，因此，群众举报企业燃烧劣质燃煤情况不属实。但企业燃煤临时露天堆放，粉尘污染的情况属实。对此，检查组提出调查处理意见：一是要求企业对临时露天堆放燃煤及时采取“三防”措施；二是要求企业立即整改，保证烟气自动监控数据的准确性和有效性；三是要求企业完善脱硫控制系统，记录重要参数，并将历史数据保存 1 年以上。①

本案引发的法律思考：

1. 本案中存在哪些环境违法行为？
2. 上述违法行为如何定性？
3. 认定上述环境违法行为的证据有哪些？
4. 上述违法行为的证据分别属于哪一种类？

---

① 资料来源：环境保护部 . http：//www. mep. gov. cn/xxgk/hjyw/201005/t20100524 _ 189848. shtml.

第一节 环境违法行为

一、环境违法行为的概念[①]

违法行为是指具有法定责任能力的组织或个人违反法律规定，不履行法定义务，侵犯他人权利，致使法律所保护的社会关系和社会秩序受到破坏，依法应承担法律责任的行为。违法行为通常分为广义和狭义两种，广义的违法行为包括严重违法和一般违法；狭义的违法行为仅指一般违法，是指违反刑法以外的法律、法规的行为。

环境违法行为采用广义的违法行为概念，指企业事业单位和公民因违反环境法律的规定，侵犯环境社会关系，对环境资源造成污染和破坏，依法应当承担法律责任的行为。环境违法行为的构成要件包括：

(1) 它首先是一种违反环境法律法规的行为，并且造成了一定的损害后果。违法性是环境违法行为的首要特征，但是，由于环境法具有广泛性、综合性的特点，所以，违反环境法律法规的行为除了违反环境保护基本法和单行法以外，还包括违反国家和地方有关部门依法制定颁布的环境行政法规以及其他法律文件中有关环境法律法规的行为。

对于违法行为所产生的损害后果而言，环境违法行为具有一定的特殊性。因为，在很多情况下，单位或个人在开发利用环境和自然资源后，所产生的损害后果并不是直接的或立即显现出来，它可能是一种间接和潜在的危害，所以，对于环境违法行为的损害后果的定义应有所不同。

(2) 它是在一定程度上对环境社会关系造成危害的行为。环境违法行为主要是对环境和自然资源的污染和破坏，进而影响到整个社会的环境质量和资源状况，对他人的环境权益造成损害。由于整个环境资源体系是一个大的生态圈，无论哪一环节出现问题，所造成的影响不仅仅限于环境资源方面，有可能涉及经济、政治等领域，因此，环境违法行为所危害的社会关系是广泛的。

(3) 环境违法行为人在主观上有过错，即具有主观上的故意或过失。这一点对于环境违法行为而言，并不是必要构成要件，是否应当具备应视具体情况而定。对于环境民事违法行为，因特殊原因，不要求违法行为人必须具备主观上的过错，因此，环境民事违法行为不以主观过错为必要构成要件；而环境行政违法行为和环境犯罪，则不仅要求在客观上有侵犯环境社会关系的行为，而且在主观上也要求行为人有过错，因此，环境刑事违法行为和环境行政违法行为均以主观过错为必要的构成要件。

(4) 必须具有明确的违法主体，且该主体具有法定责任能力。同普通违法行为一样，只要违反了环境法律法规，对环境资源造成了污染和破坏，具有法定责任能力的一切单位和个人，都可能成为环境违法行为的主体。

① 王权典，高敏．现代环境法学概论．广州：华南理工大学出版社，2004：66.

二、环境违法行为的特点

环境违法行为除了具有一般违法行为的共性外，其本身还有以下特点①：

(1) 主体广泛。公民、法人和一般社会团体及国家机关都可能成为违法主体。因为人们的生产生活活动无不与环境有关，人们总是在有意无意地影响改变着环境，与一般的经济活动相比较，环境问题的涉及面更广。

(2) 后果复杂。许多环境违法行为能造成多方位的、长期的，甚至是潜伏的危害后果。环境受到污染损害后，通过其内部的运动变化机制，将危害后果反馈给人类。在这一过程中，自然因素和人为因素相互影响，相互作用，必然性和偶然性同时起作用，这里，直线式的因果关系常被一因多果或多因一果所取代。要弄清各种因素对产生危害后果所起的作用是相当困难的。

(3) 环境违法行为常常直接表现为违反技术性规范的行为。技术规范是指国家或各部门各行业制定的技术要求和操作要求。不仅是环境领域的技术规范，而且一般生产中的技术规范对保护环境往往也有重要意义。例如，由于操作不当引起的跑、冒、滴、漏而污染环境的，就屡见不鲜。环境法律规范不可能对任何具有污染危害危险的行为都作出事先的限制，对某些科研、生产、开发活动，法律往往只规定其不得产生何种危害后果，而如何保障达到这一目的，就需要有一系列具体的技术规范和要求。这些技术规范比法律更直接地体现人和自然的关系，一般地说，它们代表着人们的认识水平和技术水平，违反这些规定，也就可能造成对环境的危害后果。

(4) 具有持续性和反复性的特点。一般违法行为多为一次性的，屡犯是少数情况，而环境违法行为如违法排污行为，往往是持续性和反复性的，这给环境执法带来很大困难。我国《环境保护法》规定了“按日计罚”制度，针对排污者违法排放污染物，受到罚款处罚，被责令改正，拒不改正的，则将此后每一天构成一个独立的违法行为来看待。

三、环境违法行为的分类

环境违法行为根据不同的标准，可分为如下几种：

(1) 按违法行为的主体为标准，可分为排污者的环境违法行为和环境监管部门的环境违法行为。排污者包括企业事业单位、行政机关和个人。环境监管部门的环境违法行为是指环境行政机关工作人员在执法过程中违反环境法律规定，应当该承担法律责任的行为。

(2) 按违反的环境要素为标准，可分为违反水污染防治规定的环境违法行为、违反大气污染防治规定的环境违法行为等 14 种。这一分类方法在如环境保护部出台的《环境行政处罚目录》中有所体现。《环境行政处罚目录》主要采用环境要素作为分类标准，兼顾环境管理规范。环境要素是指构成环境的基本结构单元又易于被污染或破坏的环境基质。《环境行政处罚目录》将环境违法行为分为 14 类共计 304 种环境违法行为。该分类方法的实质是以现行环境污染防治法律法规体系为分类依据的，如表 9-1 所示。

① 胡保林．环境法新论．北京：中国政法大学出版社，1992.

表 9-1　《环境行政处罚目录》对环境违法行为的分类

序号	分类标准	违法行为种类数
1	通用类	9
2	水污染防治类	31
3	大气污染防治类	20
4	固体废物污染防治类（含危险废物）	81
5	化学品管理类	9
6	环境噪声污染防治类	8
7	海洋环境保护类	19
8	放射性污染防治类	91
9	环境影响评价及“三同时”管理类	20
10	排污管理类	3
11	清洁生产类	2
12	监测与自动监控管理类	1
13	环境污染治理设施运营资质许可管理类	4
14	生态保护类	7
合计		305

(3) 按照违法行为的严重程度为标准，环境违法行为可以划分为一般违法行为和环境犯罪两大类。一般违法行为大致上又可分成两种类型，即以违反环境行政管理法规为主要特征的违法行为和以污染侵权为主要特征的违法行为，但二者之间没有明显的界线。环境犯罪在我国《刑法》中有专章规定，即第六章第六节的“破坏环境资源保护罪”。

(4) 按企业违法行为的表现形式为标准，可分为违反环境影响评价制度的行为、违反“三同时”制度的行为等。此种分类方法在环境保护部出台的《环境违法行为证据指南》中有所体现。

第二节　证　据

一、证据的概念与特性

(一) 证据的概念

“以事实为根据，以法律为准绳”是我国社会主义法制的一般要求，而“事实”必须通过证据加以证明。因此，无论是环境行政执法还是环境行政诉讼，都涉及证据问题。

根据我国法律规定的精神，证据定义可表述为：证据是指经过查证属实可以作为定案根据的，具有法定形式和来源的，能证明案件真实情况的一切事实。环境行政诉讼离不开证据，环境行政执法过程中也涉及证据问题。例如，环境保护部门要对某厂的超标排污行为进行处罚，就必须有确凿的证据证明发生了超标排污行为。环境行政执法中的证据指能证明环境执法所涉及事实真实情况的一切事实。行政机关收集和认定的材料应当属于证据，是认定案件事实的依据。

（二）证据的特性

1. 客观性

证据的客观性是指证据事实必须伴随着案件的发生、发展过程而留下来的、不以人们的主观意志为转移而存在的事实。这一特性表明证据是由案件本身的客观性决定的；从证据的来源看，客观性是必然的。

2. 关联性

证据的关联性是指证据必须同案件事实存在某种联系，并因此对证明案情具有实际意义。同案件事实没有联系的，即使是客观事实，也不能成为证据。

专栏 9-1　关于证据关联性的理解
（2003 年国家司法考试有一不定项选择题）

甲故意杀人案件中，公安机关在侦查过程中除了其他证据外，还收集到了下列材料，如果要认定甲犯有故意杀人罪，这些材料中哪些不具备证据的关联性特征？（　　）

A. 甲写给被害人的恐吓信

B. 甲在 10 年前曾采用过与本案相同的手段实施过杀人行为（未遂，被判过刑）

C. 甲吃喝嫖赌

D. 甲的情妇证明，在本案的作案时间中，甲曾与她一起在某电影院看电影，电影的名字是《泰坦尼克号》

本题目的答案为 B、C。选项中 A 表明甲有犯罪动机，D 表明甲有不在现场的证据，因此与案件事实有关联。尽管 B、C 均属客观事实，但 B 仅能表明甲有犯罪前科，不能说明甲与本次杀人案有关联；C 仅能表明甲生活作风存在问题，并不能说明甲会杀人。

3. 合法性

证据必须依照法律规定的程序取得，并符合法律要求的形式。证据的合法性要求：①证据必须符合法定形式；②证据的取得必须符合法律、法规、司法解释及规章的要求。

专栏 9-2　最高人民法院关于未经对方当事人同意私自录音取得的资料能否作为证据使用问题的批复
（法复〔1995〕2 号）

河北省高级人民法院：

你院冀高法〔1994〕39 号请示收悉。经研究，答复如下：

证据的取得首先要合法，只有经过合法途径取得的证据才能作为定案的根据。未经对方当事人同意私自录制其谈话，系不合法行为，以这种手段取得的录音资料，不能作为证据使用。

此复

最高人民法院

1995 年 3 月 6 日

专栏 9-3 最高人民法院关于行政诉讼证据若干问题的规定（节录）
（法释〔2002〕21 号）

（2002 年 6 月 4 日由最高人民法院审判委员会第 1224 次会议通过，自 2002 年 10 月 1 日起施行。）

第五十五条 法庭应当根据案件的具体情况，从以下方面审查证据的合法性：

（一）证据是否符合法定形式；

（二）证据的取得是否符合法律、法规、司法解释和规章的要求；

（三）是否有影响证据效力的其他违法情形。

第五十六条 法庭应当根据案件的具体情况，从以下方面审查证据的真实性：

（一）证据形成的原因；

（二）发现证据时的客观环境；

（三）证据是否为原件、原物，复制件、复制品与原件、原物是否相符；

（四）提供证据的人或者证人与当事人是否具有利害关系；

（五）影响证据真实性的其他因素。

第五十七条 下列证据材料不能作为定案依据：

（一）严重违反法定程序收集的证据材料；

（二）以偷拍、偷录、窃听等手段获取侵害他人合法权益的证据材料；

（三）以利诱、欺诈、胁迫、暴力等不正当手段获取的证据材料；

（四）当事人无正当事由超出举证期限提供的证据材料；

（五）在中华人民共和国领域以外或者在中华人民共和国香港特别行政区、澳门特别行政区和台湾地区形成的未办理法定证明手续的证据材料；

……

二、证据的分类

证据种类是指对证明案件事实材料的分类。对于环境行政执法中的证据，当然包括对环境违法行为认定的证据，由于我国行政程序法发展相对缓慢，目前还没有专门的行政程序法或行政证据法。一些关于证据的规定散见于单行法律法规中。行政程序证据种类应当与诉讼证据种类大体一致，但行政程序的特殊性决定行政程序证据的种类不可能与诉讼证据种类完全一致。

我国行政诉讼法确定的证据种类是比较科学的，书证、物证、视听资料、电子数据、证人证言、当事人陈述、鉴定意见、勘验笔录、现场笔录都应当是行政程序中的证据类型。2015 年 5 月 1 日实施的新修订的《行政诉讼法》将电子数据增加为行政诉讼中的证据类型之一，是对社会现实在法律层面的反应。由于科技的发展，电子证据作为一类新兴证据显现出来；为保护当事人程序权利，言词审理笔录也发挥了重要作用，应当是一类重要证据。因此，行政程序中的证据有书证、物证、证人证言、当事人陈述、视听资料、鉴定意见、勘验笔录、现场笔录和言词审理笔录、电子数据等。

根据《环境行政处罚办法》和《环境行政处罚证据指南》规定，与环境行政执法有关的证据包括书证、物证、证人证言、当事人陈述、鉴定意见、检查（勘验）笔录、视听资料、环境监测报告、自动监控数据、调查询问笔录①。其中，环境监测报告、自动监控数据、调查询问笔录是环境行政执法中特有的证据类型。

（一）书证

指以文字、符号、图形等在物体（主要是纸张）上记载的内容、含义或表达的思想来反映案件情况的材料，如环境影响评价文件、企业生产记录、环保设施运行记录、合同、发票等缴款凭据，环境保护部门的环评批复、验收批复、排污许可证、危险废物经营许可证，举报信等。

专栏 9-4 关于颁发青岛新天地固体废物综合处置有限公司《危险废物经营许可证》的公告

（公告 2013 年 第 65 号）

根据《危险废物经营许可证管理办法》（国务院令第 408 号），我部受理了青岛新天地固体废物综合处置有限公司关于申请危险废物经营许可证的申请。经审查，该公司基本符合许可条件。现决定予以颁发危险废物经营许可证，许可证编号：G3702850030。

环境保护部

2013 年 10 月 28 日

（二）物证

指以其存在状况、形状、特征、质量、属性等反映案件情况的物品和痕迹，如厂房、生产设施、环保设施、排污口标志牌、暗管，污水、废气、固体废物，受污染的农作物、水产品等。

物证示例1：刑事案件中伤人的凶器水果刀

物证示例2：环境污染案件中受污染的水产品

① 由于《环境行政处罚办法》的发布日期是 2010 年 1 月 10 日，《环境行政处罚证据指南》的发布日期是 2011 年 5 月 1 日，均在新《行政诉讼法》发布之前。因新《行政诉讼法》增加了“电子证据”，行政执法中的证据可以也应当包括电子证据。

（三）当事人陈述

指当事人就案件情况向环境保护部门所作的陈述，如当事人的陈述申辩意见、当事人的听证会意见等。

（四）证人证言

指当事人以外的其他人员就了解的案件情况向环境保护部门所作的反映案件情况的陈述，如企业附近居（村）民的陈述、污染受害人的陈述等。

（五）视听资料

指以录音、拍照、摄像等方式记录声音、图像、影像来反映案件情况的资料，如录音、录像、照片等。

（六）鉴定意见

指具有资质的鉴定机构，受环境保护部门、当事人或者相关人委托，运用专门知识和技能，通过分析、检验、鉴别、判断对专门性问题做出的数据报告和书面结论，如环境污染损害评估报告、渔业损失鉴定、农产品损失鉴定等。

专栏 9-5　江苏省首例环境污染损害评估报告
——《新浦化学（泰兴）有限公司污染常州等地饮用水水源地事故环境损害评估报告》通过专家评审

日前，由省环科院编制的《新浦化学（泰兴）有限公司污染常州等地饮用水水源地事故环境损害评估报告》（以下简称《评估报告》）顺利通过由省环境应急与事故调查中心组织的专家评审。《评估报告》通过现场勘察、座谈访谈和问卷调查等方法，在掌握本次事故原因、应急处置措施和应急监测分析结果的基础上，确定了本次环境损害评估的内容、时间和空间范围，并根据各地上报数据，核定了本次突发环境事件的环境损害数额。

专家组认为《评估报告》依据环境保护部《关于开展环境污染损害鉴定评估工作的若干意见》（环发〔2011〕60号）及附件《环境污染损害数额计算推荐方法（第Ⅰ版）》和《突发环境事件污染损害评估工作暂行办法》（征求意见稿），环境损害评估的内容和空间范围合理，研究方法正确，污染损害量化计算基本合理，结论明确，可作为事故赔偿的依据。并建议进一步提供应急物资消耗量、劳务用工量、设备租赁台班等费用支出数量的测算依据、价格标准，提供相关证明材料。

开展环境污染损害鉴定评估工作，运用经济、法律、技术等手段，对环境污染导致的损害范围、程度等进行合理鉴定、测算，出具鉴定意见和评估报告，有助于深化环境责任保险、绿色信贷、生态补偿等环境经济政策体系的创新，对于推动我省加快环境风险防范、环境应急处置等环境行政管理水平，具有重要的意义。

江苏省环境保护厅
2013 年 3 月 1 日

（七）现场检查（勘察）笔录

指执法人员对有关物品、场所等进行检查、勘察时当场制作的反映案件情况的文字记录，如现场检查笔录、现场勘察笔录等。

（八）环境监测报告

指具有资质的监测机构，按照有关环境监测技术规范，运用物理、化学、生物、遥感等技术，对各环境要素的状况、污染物排放状况做进行定性、定量分析后得出的数据报告和书面结论，如水、气、声等环境监测报告。

（九）自动监控数据

指以污染源自动监控系统、DCS 系统、CEMS 系统等计算机系统运行过程中产生的反映案件情况的电子数据，如污染源自动监控数据、DCS 系统数据、CEMS 系统数据、监控仪器运行参数数据。

专栏 9-6　关于加强污染源监督性监测数据在环境执法中应用的通知（节录）

（环办〔2011〕123 号）

各省、自治区、直辖市环境保护厅（局），新疆生产建设兵团环境保护局：

为加强对污染源的监督管理，发挥污染源监督性监测数据的作用，提高环境执法效率，现就加强污染源监督性监测数据在环境执法中应用工作通知如下：

一、污染源监督性监测数据是各级环境保护部门依据环境保护法律法规，按照国家环境监测技术规范，对排污单位排放污染物进行监测获得的监测数据，是开展环境执法的重要依据。各级环境保护部门要加强污染源监督性监测数据的应用，通过其评价排污单位的排污行为，对于超过应执行排放标准的，要以污染源监督性监测数据作为重要证据，依法实施行政处罚。

……

2011 年 10 月 8 日

（十）调查询问笔录

指执法人员向案件当事人、证人和其他有关人员询问案件情况时当场制作的文字记录，如对当事人的询问笔录、对证人的询问笔录、对污染受害人的询问笔录等。

三、证据的有效要件

证据要求能确认环境违法行为的实施人，能证明环境违法事实、执法程序事实、行使自由裁量权的基础事实，能反映环境保护部门实施行政处罚的合法性和合理性。证据的有效要件，见表 9-2。

表 9-2 证据的有效要件

序号	证据类型	有效要件
1	书证	(1) 尽可能收集书证原件，收集原件有困难的，可以对原件进行复印、扫描、照相、抄录，经提供人和执法人员核对后，在复制件、影印件、抄录件或者节录本上注明“原件存××处，经核对与原件无误”； (2) 书证要注明调取时间、提供人和执法人员姓名，并由提供人、执法人员签名或者盖章； (3) 送达回证要由受送达人记明收到日期，并签名或者盖章； (4) 对专业性较强的书证，如图纸、会计账册、专业技术资料、科技文献等，要附有说明材料。对外文书证，要附有中文译本
2	物证	(1) 尽可能收集物证原物，并附有对该物证的来源、调取时间、提供人和执法人员姓名、证明对象的说明，并由提供人、执法人员签名或者盖章； (2) 收集原物有困难的，可以对原物进行拍照、录像、复制。物证的照片、录像、复制件要附有对该物证的保存地点、保存人姓名、调取时间、执法人员姓名、证明对象的说明，并由执法人员签名或者盖章
3	当事人陈述	(1) 要写明当事人基本信息，注明出具日期，并由当事人签名、盖章或者按指印； (2) 当事人陈述中的添加、删除、改正文字之处，要有当事人的签名、盖章或者按指印
4	证人证言	(1) 要写明证人的姓名、年龄、性别、职业、住址、与本案关系等基本信息，注明出具日期，由证人签名、盖章或者按指印，并附有居民身份证复印件、工作证复印件等证明证人身份的材料； (2) 证人证言中的添加、删除、改正文字之处，要有证人的签名、盖章或者按指印
5	视听资料及自动监控数据等电子数据	(1) 要提取原始载体； (2) 无法提取原始载体或者提取原始载体有困难的，可以采取打印、拷贝、拍照、录像等方式复制，制作笔录记载收集时间、地点、参与人员、技术方法、过程、事项名称、内容、规格、类别等信息； (3) 声音资料还要附有该声音内容的文字记录
6	鉴定意见	要载明委托人、委托鉴定的事项、向鉴定部门提交的相关材料、鉴定依据和使用的科学技术手段、鉴定部门和鉴定人的鉴定资格说明，并有鉴定人的签名和鉴定部门的盖章
7	现场检查（勘察）笔录	(1) 要记录执法人员出示执法证件表明身份和告知当事人申请回避权利、配合调查义务的情况； (2) 执法人员签名
8	环境监测报告	要载明委托单位、监测项目名称、监测机构全称、国家计量认证标志（CMA）和监测字号、监测时间、监测点位、监测方法、检测仪器、检测分析结果等信息，并有编制、审核、签发等人员的签名和监测机构的盖章

序号	证据类型	有效要件
9	调查询问笔录	(1) 调查询问笔录要记录执法人员出示执法证件表明身份和告知当事人申请回避权利、配合调查义务的情况； (2) 被询问人对笔录的审阅确认意见； (3) 执法人员签名； (4) 调查询问笔录应当有被询问人的签名、盖章或者按指印

四、证据的审查

案件审查人员应当依据法律、法规和规章规定，运用专门知识、逻辑推理和工作经验，对取得的所有证据进行全面、客观和公正的分析判断，确定证据材料与待证事实间的证明关系，排除不具有关联性的证据材料，准确认定案件事实。证据的审查要点，见表 9-3。

表 9-3　证据的审查要点

序号	证据类型	审查要点
1	书证	(1) 书证与案件是否有联系； (2) 书证的形式是否符合要求； (3) 查明书证的制作者、制作过程、制作方法，判断书证有无伪造、变造、涂改、增减、与原件是否一致； (4) 将书证与其他证据进行比较，分析当事人对书证的意见，判断书证记载的内容是否虚假
2	物证	(1) 物证与案件事实是否有联系； (2) 查明物证的收集者、提供者、形成时间、地点、原因、经过，是原件还是复制件； (3) 物证是否伪造，是否因自然原因发生变化，是否因为提取、固定、保管的手段、方法等不当导致物证发生变化
3	当事人陈述	(1) 当事人是否因规避不利法律后果而提供虚假陈述； (2) 当事人是否因表述能力等主观原因导致陈述瑕疵； (3) 当事人陈述是否与其他证据吻合，是否有其他证据印证，是否能排除其他证据的矛盾
4	证人证言	(1) 查明证人的基本情况、证人与案件当事人之间的关系、证人与案件处理结果之间的利害关系； (2) 根据证人证言形成的主客观条件判断其真实性； (3) 查明证人证言的形成过程和方式，判断是否存在威胁、引诱、欺骗等情况，询问方法是否恰当，来源是否可信
5	视听资料	(1) 形成和取得是否合法； (2) 是否有残缺、失真； (3) 现场有无伪造、伪装迹象； (4) 是否有剪辑、加工、删节或者篡改迹象
6	鉴定意见	(1) 鉴定人是否具备鉴定资格； (2) 鉴定机构是否符合法定条件； (3) 鉴定人是否签名； (4) 鉴定机构是否盖章； (5) 鉴定人是否有应当回避的情形； (6) 鉴定结论有无明显矛盾

序号	证据类型	审查要点
7	现场检查（勘察）笔录	(1) 现场是否有两名执法人员； (2) 执法人员是否表明身份、出示执法证件、告知权利义务（暗查等无法出示和告知的情形除外）； (3) 是否有执法人员的签名； (4) 现场情况有无伪造或者破坏迹象； (5) 检查（勘查）方法是否科学； (6) 记载是否客观、准确、全面
8	环境监测报告	(1) 有无监测机构印章； (2) 有无编制、审核、签发等人员的签名； (3) 有无国家计量认证标志（CMA）； (4) 监测机构有无资质； (5) 监测人员有无执业资格、上岗证书； (6) 监测人员是否有应当回避的情形
9	自动监控数据	(1) 有无环境保护部门出具的自动监测设备有效性审核文件（包括比对监测报告和现场核查报告）及有效性审核合格标志发放文件； (2) 形成和收集是否合法； (3) 是否残缺； (4) 是否为原始数据，有无伪造、剪裁、删改迹象； (5) 是否明显失真
10	调查询问笔录	(1) 现场是否有两名执法人员； (2) 执法人员是否表明身份、出示执法证件、告知权利义务； (3) 是否有执法人员的签名； (4) 是否有被询问人的审核确认意见； (5) 是否有被询问人的签名、盖章或者按指印； (6) 被询问人身份； (7) 记载是否客观、准确、全面
11	电子数据	(1) 与案件是否有关联； (2) 是否经过篡改； (3) 有无伪造迹象

五、环境执法常见证据的证明对象

环境执法常见证据的证明对象，见表 9-4。

表 9-4　环境违法行为常见证据的证明对象

序号	常见证据	证明对象示例
1	企业营业执照复印件、事业单位法人证书复印件、组织机构代码证复印件、居民身份证复印件、工作证复印件	(1) 证明当事人身份； (2) 证明陈述人、证人身份等
2	中国环境监察证或其他行政执法证件的复印件	证明环境执法人员身份
3	投诉、举报、信访材料	证明案件的来源、性质、案情、社会影响等
4	环境监察记录	(1) 证明当事人环境守法的历史情况； (2) 证明环境保护部门现场执法的历史情况； (3) 证明当事人履行环境保护部门行政决定的情况等

序号	常见证据	证明对象示例
5	建设项目的环境影响评价文件及当事人有关建设项目的规划、选址、设计、建设等材料	（1）证明业主单位； （2）证明环评单位； （3）证明建设项目的名称、性质、地点、规模、工艺、可能的环境影响、拟采取的环保措施等情况； （4）证明建设项目的周边状况，如环境功能区、敏感区等情况
6	土地、规划、经济综合等行政机关的项目审批材料	证明其他行政机关对建设项目的审批情况、批复要求、批复机关、批复日期等
7	当事人的验收申请、延期验收申请及环境保护部门的受理回执	证明当事人是否申请验收及申请日期等
8	环境保护部门的环评批复、环保竣工验收批复	（1）证明建设项目是否通过环评审批、环保竣工验收审批； （2）证明环评批复、环保竣工验收批复的批复机关、批复日期、批复要求； （3）证明排污口的设置要求等
9	调查询问笔录、现场检查（勘察）笔录、照片、录像、录音、采样记录、调取自动监控数据记录、排污口规范化整治记录、自动监控设施的运营维修或定期检验记录、近期数据比对监测报告	（1）证明执法程序； （2）证明建设项目的业主名称、性质、规模、主要生产工艺、环境保护措施、设施等情况； （3）证明建设项目周边情况，如环境功能区、敏感区等； （4）证明建设项目开工建设的日期、地点、进度； （5）证明建设项目投入生产的日期、进度； （6）证明配套环保设施的建设、运行情况； （7）证明环境保护措施的落实情况； （8）证明生产经营情况； （9）证明污染物排放情况； （10）证明排污口设置情况； （11）证明环境污染状况等
10	当事人的生产记录、环保设施运行记录、排污记录、财务报表、合同、发票等缴费凭据	（1）证明生产经营情况； （2）证明环保设施的运行情况； （3）证明环保措施的落实情况； （4）证明污染物排放情况等
11	自动监控数据、采样记录及环境监测报告	（1）证明污染物排放状况； （2）证明环境污染状况等
12	排污许可证	（1）证明允许排放的污染物质的种类、浓度、总量等情况； （2）证明排污口设置情况； （3）证明排污许可证的颁发机关、日期、有效期
13	排污申报通知书、排污费核定通知书、排污费缴费通知单、收款单据	（1）证明环境保护部门的申报要求、发文机关、日期； （2）证明环境保护部门对污染物排放的核定结果、核定机关、核定日期； （3）证明环境保护部门的缴费要求、发文机关、日期； （4）证明当事人排污费的缴纳情况

序号	常见证据	证明对象示例
14	环境污染损害评估鉴定、渔业损失鉴定、农产品损失鉴定、发票等缴款凭据	证明经济损失的范围、程度及经济损失的大小
15	居（村）民或受害人的陈述	证明案情、社会影响、损失、投诉情况等
16	合同、发票等缴费凭据	（1）证明当事人编制环境影响评价文件的进度、委托日期； （2）证明当事人的设备购买、安装、调试进度； （3）证明当事人水、气、电的使用情况； （4）证明当事人委托处理污染物的情况； （5）证明经济损失大小及赔偿情况； （6）证明罚款、没收违法所得等处罚的履行情况
17	环境保护部门的行政决定（如行政处罚决定书、责令改正违法行为决定书）及送达回证	（1）证明作出决定的环境保护部门名称、日期； （2）证明环境保护部门对当事人提出的行政要求、当事人收到的日期； （3）证明当事人因环境违法被行政处理的历史情况； （4）证明环境保护部门的执法程序； （5）证明处罚前置程序的实施情况等

专栏 9-7 中国神华煤制油化工有限公司包头煤化工分公司煤制烯烃项目违反“三同时”制度案行政处罚决定书（环法〔2013〕6 号）

中国神华煤制油化工有限公司包头煤化工分公司（以下简称公司）环境违法一案，经我部华北环境保护督查中心调查，现已审查终结。

一、环境违法事实和证据

经调查核实，你公司煤制烯烃项目于 2005 年 3 月经我部环评批复（环审〔2005〕270 号），于 2010 年 6 月投入试生产，至今配套建设的环保设施未通过环境保护部门验收。

以上事实，有华北环境保护督查中心 2012 年 9 月 27 日《关于中国神华煤制油化工有限公司包头煤化工分公司环境违法问题的调查报告》（华北环督发〔2012〕105 号）及 2012 年 9 月 18 日《调查询问笔录》和《现场检查（勘查）笔录》为证。

你公司上述行为违反了《中华人民共和国环境保护法》第 26 条（1989 年版）和《建设项目环境保护管理条例》第 23 条关于“三同时”制度的规定。

我部于 2012 年 10 月 26 日告知你公司违法事实、处罚依据和拟作出的处罚决定，并告知你公司有权进行陈述、申辩和要求听证。你公司于 2012 年 11 月 12 日进行了陈述说明，但在法定期限内未提出听证申请。你公司表示对存在的问题正在进行整改，承诺于 2012 年 12 月完成环保“三同时”验收工作，恳请免于处罚。但你公司 2012 年 12 月底仍未完成“三同时”验收工作。

以上事实，有我部2012年10月26日《行政处罚听证告知书》（环法字〔2012〕112号）及《送达回证》、你公司2012年11月12日《神华煤制烯烃项目关于“三同时”陈述的说明》为证。

二、责令改正和行政处罚的依据、种类

《建设项目环境保护管理条例》第28条规定：“违反本条例规定，建设项目需要配套建设的环境保护设施未建成、未经验收或者经验收不合格，主体工程正式投入生产或者使用的，由审批该建设项目环境影响报告书、环境影响报告表或者环境影响登记表的环境保护行政主管部门责令停止生产或者使用，可以处10万元以下的罚款。”

根据上述规定，我部决定责令你公司煤制烯烃项目停止生产，罚款10万元。

三、责令改正和行政处罚决定的履行方式和期限

（一）关于责令停止生产的履行方式和期限

你公司应于接到本决定书之日起对煤制烯烃项目停止生产。在通过我部环保竣工验收之前，不得擅自恢复生产。

（二）关于罚款的履行方式和期限

根据《中华人民共和国行政处罚法》和《罚款决定与罚款收缴分离实施办法》的规定，你公司应于接到本处罚决定书之日起15日内，持我部出具的“一般缴款书”将罚款缴至中央总金库。

你公司缴纳罚款后，应将缴款凭据复印件报送我部备案。逾期不缴纳罚款，我部将每日按罚款数额的3%加处罚款。

（三）履行情况的报告和后督察

请你公司于2013年2月8日前将改正违法行为和履行处罚决定的情况书面报告我部、华北环境保护督查中心和内蒙古自治区环境保护厅。我部委托华北环境保护督查中心和内蒙古自治区环境保护厅对你公司改正违法行为和履行处罚决定的情况实施环境行政执法后督察。

四、申请行政复议或者提起行政诉讼的途径和期限

你公司如不服本处罚决定，可以在接到处罚决定书之日起60日内向我部申请行政复议；也可以在接到处罚决定书之日起3个月内依法提起行政诉讼。

逾期不申请行政复议，也不向人民法院提起行政诉讼，又不履行本处罚决定的，我部将依法申请人民法院强制执行。

环境保护部

2013年1月15日

第三节　环境违法行为的认定标准与法律适用

2011年5月30日，环境保护部发布《环境行政处罚证据指南》（以下简称《指南》），该《指南》列出常见的11种主要环境违法行为，并对这些认定环境违法行为所涉及的证据的收集、审查和认定予以明确。在该《指南》的基础上，本书对上述环境违法行为的种类加以微调，增加了一类环境违法行为即“超标排污”，累计为 12 种环境违法行为。

一、环境违法行为的认定标准

（一）常见环境违法行为的违法事实

1. 拒绝环境保护部门检查

环境保护部门有权对管辖范围内的排污单位实施现场检查，被检查的单位有义务如实反映情况，提供必要的资料。被检查的单位拒绝环境保护部门检查的主要违法事实包括阻挠执法人员检查、拒不提供有关资料等不配合检查的情况。

2. 在环境保护部门检查时弄虚作假

在环境保护部门检查时弄虚作假的主要违法事实包括提供虚假资料、做不实陈述、制造假象等情况。

3. 违反排污申报登记规定

向环境排放污染物的单位应当在规定期限内向所在地环境保护部门申报排污事项并提供相关污染物的污染防治技术与资料。申报事项发生重大改变的，应及时申报。违反排污申报登记规定的违法行为主要是指违反排污申报登记事项的行为，排污申报登记事项具体包括：①废水。水污染物排放设施、处理设施和正常作业条件下排放水污染物的种类、数量和浓度。排放水污染物的种类、数量和浓度有重大改变的，应当及时申报登记。②废气。拥有的污染物排放设施、处理设施和在正常作业条件下排放污染物的种类、数量、浓度。③工业固体废物。工业固体废物的种类、产生量、流向、贮存、处置等资料。④环境噪声。拥有的造成环境噪声污染的设备的种类、数量以及在正常作业条件下所发出的噪声值和防治环境噪声污染的设施情况。⑤陆源污染物。拥有的陆源污染物排放设施、处理设施和在正常作业条件下排放陆源污染物的种类、数量和浓度。

4. 违反建设项目环境影响评价制度

违反建设项目环境影响评价制度是指存在违反《环境影响评价法》第 24、第 25 条的情形，即：①未向环境保护部门报批环评文件，建设项目已经开工建设；②虽向环境保护部门报批环评文件，但环境保护部门未审批，建设项目已经开工建设；③建设项目发生重大改变，环评文件未重新报批建设项目已经开工建设；④建设项目自环评文件批准之日起 5 年后方决定开始建设，未经原审批部门重新审核即开工建设的。

5. 违反建设项目“三同时”制度

违反建设项目“三同时”制度的违法事实主要表现在如下方面：①建设项目的环境保护设施未建成，主体工程（正式）即投入生产或者使用；②建设项目的环境保护设施未经验收，主体工程（正式）即投入生产或者使用；③建设项目的环境保护设施经验收不合格，主体工程（正式）即投入生产或者使用。

6. 不正常使用污染处理设施

不正常使用污染处理设施的违法事实主要表现为：①将部分或全部污水、废气或其他污染物不经过处理设施，直接排入环境；②将未处理达标的污水、废气或其他污染物从处理设施的中间工序或旁路引出直接排入环境；③非紧急情况下开启污染物处理设施的应急排放阀门，将部分或全部污水或者其他污染物直接排入环境；④将部分或者全部处理设施短期或者长期停止运行；⑤违反操作规程使用处理设施致使处理设施不能正常运行；⑥不按规程进行检查和维修致使处理设施不能正常运行的事实。

7. 擅自拆除、闲置、关闭污染处理设施、场所

我国实施污染治理设施停用核准制度，即排污单位拆除或者闲置污染治理设施必须事先报经环境保护行政主管部门批准。未经环境保护部门批准擅自拆除、闲置、关闭污染处理设施、场所的，属于本《指南》所指的环境违法行为。

8. 违反规定造成污染事故

本《指南》规定的违反规定造成污染事故是指排污单位因存在违反环境影响评价制度、“三同时”制度、不正常使用污染处理设施、排放禁排的污染物、采用非法手段排污或者超标排污等行为造成污染事故，致使直接经济损失未超过30万元，尚不构成犯罪的环境违法行为。

9. 违反排污口设置规定

违反排污口设置规定的违法事实主要表现在：①未经批准，增设排污口；②通过私设暗管形式排放污染物。

专栏 9-8　私设暗管排污

2008 年 7 月 6 日零时 55 分，某市环境监察支队监察人员在一次例行对污染防治设施运行情况检查中，发现某生物化工厂在正常生产之中，污水处理设施各部分正在运行，在污水处理站 3# 预沉池中有一条黑色的软胶管将池中未经设施处理的生产废水抽出直接注入污水处理站总排口处外排，外排水呈酱黑色，并伴有刺鼻性气味。检查人员在设施总排口处提取水样一壶，并摄像取证，制作询问笔录和现场勘察笔录，并责令该单位立即停止偷排行为。经监测，该单位污水总排口外排废水主要污染因子化学需氧量（COD）严重超标。

本案评析：《水污染防治法》第 22 条规第 2 款规定：“禁止私设暗管或者采取其他规避监管的方式排放水污染物。”本案中某生物化工厂通过软胶管将生产废水直排水体，符合“违反排污口设置规定”的事实要件，应按照《水污染防治法》第 75 条予以处罚。

10. 在禁止建设区域内违法建设

在禁止建设区域内违法建设的违法事实主要表现在：①饮用水水源一级保护区内新建、改建、扩建与供水设施和保护水源无关的建设项目；②饮用水水源二级保护区内新建、改建、扩建排放污染物的建设项目；③在饮用水水源准保护区内新建、扩建对水体污染严重的建设项目；④集中供热管网覆盖的地区，新建燃煤供热锅炉；⑤在自然保护区、风景名胜区、饮用水水源保护区、基本农田保护区和其他需要特别保护的区域内，建设工业固体废物集中贮存、处置的设施、场所和生活垃圾填埋场。

11. 超标排污

排污单位超标排污的违法事实主要表现在：①污染物排放超过国家或地方污染物排放标准；②污染物排放超过重点污染物排放总量控制指标的事实。

主要环境违法行为的违法事实归类，见表 9-5。

表 9-5　主要环境违法行为的违法事实归类

序号	违法行为		主要事实
1	拒绝环境保护部门检查		(1) 环境保护部门检查的事实； (2) 当事人拒绝检查的事实
2	在环境保护部门检查时弄虚作假		(1) 环境保护部门检查的事实； (2) 当事人弄虚作假的事实
3	违反排污申报登记规定	拒报排污申报登记	(1) 拒报污染物排放申报登记事项的事实； (2) 环境保护部门责令限期改正的事实和当事人逾期不改正的事实
		谎报排污申报登记	(1) 谎报污染物排放申报登记事项的事实； (2) 环境保护部门责令限期改正的事实和当事人逾期不改正的事实
4	违反建设项目环境影响评价制度		(1) 未依法报批、未依法重新报批或者报请重新审核环境影响评价文件的事实； (2) 建设项目已经开工建设的事实
5	违反建设项目“三同时”制度		(1) 建设项目的环境保护设施未建成、未经验收或者经验收不合格的事实； (2) 主体工程（正式）投入生产或者使用的事实
6	不正常使用污染处理设施		(1) 将部分或全部污水、废气不经过处理设施而直接排入环境的事实； (2) 将未处理达标的污水、废气从处理设施的中间工序或旁路引出直接排入环境的事实； (3) 将部分或者全部处理设施停止运行的事实； (4) 违反操作规程使用处理设施致使处理设施不能正常运行的事实； (5) 不按规程进行检查和维修致使处理设施不能正常运行的事实； (6) 违反处理设施正常运行所需条件致使处理设施不能正常运行的事实
7	擅自拆除、闲置、关闭污染处理设施、场所		(1) 拆除、闲置、关闭污染处理设施、场所的事实； (2) 未经环境保护部门批准的事实
8	违反规定造成污染事故		(1) 违反法律规定的事实； (2) 排放污染物的事实； (3) 造成环境污染事故的事实； (4) 直接经济损失的数额大小
9	违反排污口设置规定		(1) 排污口的设置要求及违反规定设置排污口的事实； (2) 私设暗管的事实

序号	违法行为	主要事实
10	在禁止建设区域内违法建设	（1）新建、改建、扩建建设项目的事实； （2）该建设项目位于禁止建设区域内（如饮用水水源一级保护区、二级保护区、准保护区等）的事实； （3）该建设项目与供水设施和保护水源无关的事实，或者严重污染水体的事实，或者增加排污量的事实（适用《水污染防治法》第 91 条的）； （4）在自然保护区、风景名胜区、饮用水水源保护区、基本农田保护区和其他需要特别保护的区域内，建设工业固体废物集中贮存、处置的设施、场所和生活垃圾填埋场的事实（适用《固体废物污染环境防治法》第 68 条的）
11	超标排污	（1）排放污染物的事实； （2）污染物超过国家或地方标准的事实； （3）超过重点污染物排放总量控制指标的事实

（二）常见环境违法行为的证据

常见环境违法行为的证据，见表 9-6。

表 9-6　常见环境违法行为的证据

序号	违法行为		主要证据
1	拒绝环境保护部门检查		（1）当事人的身份证明； （2）调查询问笔录，或者现场检查（勘察）笔录； （3）现场照片、录像； （4）环境监察记录； （5）环境保护部门处理违法行为的行政决定； （6）投诉、举报、信访材料
2	在环境保护部门检查时弄虚作假		（1）当事人的身份证明； （2）调查询问笔录，或者现场检查（勘察）笔录；或者反映实际情况的材料及当事人提供的虚假材料等； （3）现场照片、录像； （4）环境监察记录； （5）环境保护部门处理违法行为的行政决定； （6）投诉、举报、信访材料
3	违反排污申报登记规定	拒报排污申报登记	（1）当事人的身份证明； （2）排污申报通知书及送达回证； （3）企业排放污染物申报登记情况查询材料； （4）环境保护部门责令限期改正决定及送达回证
		谎报排污申报登记	（1）当事人的身份证明； （2）排放污染物申报登记表； （3）排污费核定通知书； （4）环境监测报告，或者通过有效性审核的自动监控数据，或者物料衡算结果等； （5）环境保护部门责令改正决定及送达回证

序号	违法行为	主要证据
4	违反建设项目环境影响评价制度	(1) 当事人的身份证明； (2) 调查询问笔录，或者现场检查（勘察）笔录； (3) 现场照片、录像； (4) 环境监察记录； (5) 企业有关建设项目的规划、选址、设计、建设等材料； (6) 企业有关环保资料，如环境保护业务咨询服务登记表、环评大纲、环评报告书、评估意见等； (7) 土地、规划、经济综合等行政机关的项目审批材料； (8) 附近居（村）民或者受害人的证言； (9) 环境保护部门处理违法行为的行政决定； (10) 投诉、举报、信访材料
5	违反建设项目“三同时”制度	(1) 当事人的身份证明； (2) 调查询问笔录，或者现场检查（勘察）笔录； (3) 现场照片、录像； (4) 环境监察记录； (5) 环境影响评价文件； (6) 环境保护部门的环评批复； (7) 企业验收申请、延期验收申请等材料； (8) 企业生产记录、排污记录、财务报表等材料； (9) 环境监测报告，或者通过有效性审核的自动监控数据； (10) 环境保护部门处理违法行为的行政决定； (11) 附近居（村）民或者受害人的证言； (12) 投诉、举报、信访材料
6	不正常使用污染处理设施	(1) 当事人的身份证明； (2) 调查询问笔录，或者现场检查（勘察）笔录； (3) 现场照片、录像； (4) 污染处理设施的操作规程要求，环保设施的设计使用要求、产品资料、设计图纸等； (5) 污染处理设施的运行记录； (6) 环境监察记录； (7) 环境监测报告，或者通过有效性审核的自动监控数据
7	擅自拆除、闲置、关闭污染处理设施、场所	(1) 当事人的身份证明； (2) 调查询问笔录，或者现场检查（勘察）笔录； (3) 现场照片、录像； (4) 污染处理设施的运行记录； (5) 环境监察记录； (6) 环境监测报告，或者通过有效性审核的自动监控数据； (7) 环境影响评价文件、建设项目环保竣工验收监测或调查报告(表)； (8) 环境保护部门的环评批复、环保竣工验收批复； (9) 企业生产记录、排污记录、财务报表等材料； (10) 附近居（村）民或者受害人的证言； (11) 环境保护部门处理违法行为的行政决定； (12) 投诉、举报、信访材料

序号	违法行为	主要证据
8	违反规定造成污染事故	（1）当事人的身份证明； （2）调查询问笔录，或者现场检查（勘察）笔录； （3）环境监测报告，或者通过有效性审核的自动监控数据； （4）环境污染损害评估鉴定、渔业损失鉴定、农产品损失鉴定、合同、发票等损失统计材料
9	违反排污口设置规定	（1）当事人的身份证明； （2）调查询问笔录，或者现场检查（勘察）笔录、现场照片、录像； （3）环境监察记录； （4）环境影响评价文件、建设项目环保竣工验收监测或调查报告（表）； （5）环境保护部门的环评批复、环保竣工验收批复； （6）企业生产记录、排污记录、财务报表等材料； （7）环境监测报告，或者通过有效性审核的自动监控数据； （8）环境保护部门处理违法行为的行政决定； （9）附近居（村）民或者受害人的证言； （10）投诉、举报、信访材料
10	在禁止建设区域内违法建设	（1）当事人的身份证明； （2）调查询问笔录或者现场检查（勘察）笔录； （3）现场照片、录像； （4）项目所在的禁止建设区域（如饮用水水源一级保护区、二级保护区、准保护区等）的材料； （5）环境监察记录； （6）GPS定位记录； （7）企业有关建设项目的规划、选址、设计、建设等材料； （8）企业生产记录、排污记录、财务报表等材料； （9）环境监测报告，或者通过有效性审核的自动监控数据； （10）环境保护部门处理违法行为的行政决定； （11）附近居（村）民或者受害人的证言； （12）投诉、举报、信访材料； （13）土地、规划、经济综合等行政机关的项目审批材料
11	超标排污	（1）当事人的身份证明； （2）调查询问笔录或者现场检查（勘察）笔录； （3）现场照片、录像； （4）企业生产记录、排污记录等材料； （5）环境监测报告，或者通过有效性审核的自动监控数据； （6）环境保护部门处理违法行为的行政决定； （7）附近居（村）民或者受害人的证言； （8）投诉、举报、信访材料

（三）环境违法行为的认定流程

需要说明的是，证据是架设自然事实与法律事实的桥梁，因此，环境违法行为的认定需要在自然事实存在之后通过证据来上升为法律事实，从而为后续的行政处罚奠定基础。

环境违法行为认定流程的要点包括如下几点，流程图见图 9-1。

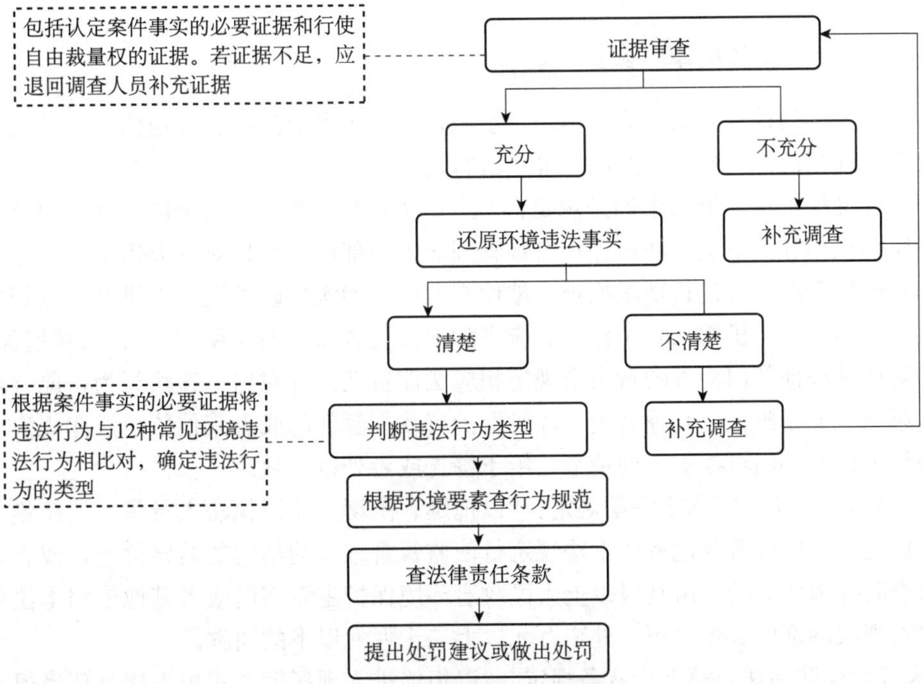

图 9-1　环境违法行为认定流程

1. 证据审查

审查的证据包括认定案件事实的必要证据和行使自由裁量权的证据。

证据的审查包括三方面：①审查证据取得的程序是否合法；②审查认定案件违法事实和当事人违法情节的证据是否充分；③对证据合法性、客观性和关联性进行审查。若证据不足，应退回调查人员补充证据。

2. 查明违法事实

通过执法文书记载及其他证据，对当事人的环境违法行为有基本了解。如果证据显示的违法事实不清楚甚至前后矛盾，应当退回调查人员补充调查。

3. 环境违法行为的定性

本指南列出了常见的 12 种环境违法行为并列出每一种违法行为的主要违法事实，通过与违法事实比对，确定当事人违法行为的类型。

4. 梳理行为规范的要求

将当事人的行为与法律规定的当事人行为规范相比对，存在违反行为规范的情形即表明当事人存在环境不法行为，意味着应承担相应的法律责任。

5. 明确行政处罚的依据

考察当事人违法行为涉及的环境要素，比对各环境要素对应的法律条款，准确选择行政处罚的依据。

6. 做出行政处罚

当事人违法事实清楚，证据充分，依照相应的法律责任条款，根据当事人的违法情节作出行政处罚。

二、环境违法认定的法律适用

（一）拒绝环境保护部门检查

拒绝环保部门检查是指行为人拒绝环境保护行政主管部门或者其他依照法律规定行使环境监督管理权的部门现场检查的环境违法行为。

新《环境保护法》第二十四条规定："县级以上人民政府环境保护主管部门及其委托的环境监察机构和其他负有环境保护监督管理职责的部门，有权对排放污染物的企业事业单位和其他生产经营者进行现场检查。被检查者应当如实反映情况，提供必要的资料。实施现场检查的部门、机构及其工作人员应当为被检查者保守商业秘密。"新《环境保护法》对排污者拒绝环保部门检查的行为未规定相应法律责任。针对这一违法行为，原《环境保护法》第三十五条第（一）项规定：环境保护行政主管部门或者其他依照法律规定行使环境监督管理权的部门可根据不同情节，给予警告或者处以罚款。

《水污染防治法》第八十一条规定："以拖延、围堵、滞留执法人员等方式拒绝、阻挠环境保护主管部门或者其他依照本法规定行使监督管理权的部门的监督检查，或者在接受监督检查时弄虚作假的，由县级以上人民政府环境保护主管部门或者其他依照本法规定行使监督管理权的部门责令改正，处二万元以上二十万元以下的罚款。"

《大气污染防治法》第九十八条规定："以拒绝进入现场等方式拒不接受环境保护主管部门及其委托的环境监察机构或者其他负有大气环境保护监督管理职责的部门的监督检查，或者在接受监督检查时弄虚作假的，由县级以上人民政府环境保护主管部门或者其他负有大气环境保护监督管理职责的部门责令改正，处二万元以上二十万元以下的罚款；构成违反治安管理行为的，由公安机关依法予以处罚。"

《固体废物污染环境防治法》第七十条规定："拒绝县级以上人民政府环境保护行政主管部门或者其他固体废物污染环境防治工作的监督管理部门现场检查的，由执行现场检查的部门责令限期改正；拒不改正或者在检查时弄虚作假的，处二千元以上二万元以下的罚款。"

此外，在《环境噪声污染防治法》《海洋环境保护法》《医疗废物管理条例》《新化学物质环境管理办法》等法律法规中也有对该环境违法行为法律责任的规定。

拒绝环境保护部门检查的违法行为的法律适用，见表 9-7。

表 9-7　拒绝环境保护部门检查的违法行为认定与法律适用对照

法律适用	处罚种类、幅度	执法主体
《水污染防治法》第81条	责令改正，处二万元以上二十万元以下的罚款	县级以上人民政府环境保护主管部门或者其他依照本法规定行使监督管理权的部门
《大气污染防治法》第98条	责令改正，处二万元以上二十万元以下的罚款；构成违反治安管理行为的，由公安机关依法予以处罚	县级以上人民政府环境保护主管部门或者其他负有大气环境保护监督管理职责的部门
《固体废物污染环境防治法》第70条	责令限期改正，拒不改正，处2 000元以上2万元以下罚款	县级以上人民政府环境保护行政主管部门或者其他固体废物污染环境防治工作的监督管理部门

法律适用	处罚种类、幅度	执法主体
①《医疗废物管理条例》第 50 条 ②《医疗废物管理行政处罚办法》第 12 条	拒不改正的，由原发证部门暂扣或者吊销执业许可证或者经营许可证件。 责令限期改正，拒不改正，处 2 000 元以上 2 万元以下罚款	县级以上地方人民政府卫生行政主管部门或者环境保护行政主管部门
《危险废物出口核准管理办法》第 23 条	责令改正，并处以罚款	县级以上人民政府环境保护行政主管部门
《新化学物质环境管理办法》第 45 条	责令改正，处 1 万元以上 3 万元以下罚款，并报环境保护部公告其违规行为，记载其不良记录	负有监督管理职责的地方环境保护部门
《环境噪声污染防治法》第 55 条	根据不同情节，给予警告或者处以罚款	环境保护行政主管部门或者其他依照本法规定行使环境噪声监督管理权的监督管理部门、机构
《海洋环境保护法》第 75 条	警告，并处 2 万元以下罚款	行使海洋环境监督管理权的部门
《自然保护区条例》第 36 条	300 元以上 3 000 元以下罚款	县级以上人民政府环境保护行政主管部门或者有关自然保护区行政主管部门

（二）在环境保护部门检查时弄虚作假

在环境保护部门检查时弄虚作假是指行为人在环境保护行政主管部门或者其他依照法律规定行使环境监督管理权的部门现场检查时弄虚作假的环境违法行为。

在环境保护部门检查时弄虚作假的法律规定与上文“拒绝环境保护部门检查”一致，此处不再赘述。

环境保护部门检查时弄虚作假的违法行为的法律适用，见表 9-8。

表 9-8　环境保护部门检查时弄虚作假的违法行为认定与法律适用对照

法律适用	处罚种类、幅度	执法主体
《水污染防治法》第 81 条	责令改正，处二万元以上二十万元以下的罚款	县级以上人民政府环境保护主管部门或者其他依照本法规定行使监督管理权的部门
《大气污染防治法》第 98 条	责令改正，处二万元以上二十万元以下的罚款；构成违反治安管理行为的，由公安机关依法予以处罚	县级以上人民政府环境保护主管部门或者其他负有大气环境保护监督管理职责的部门
《固体废物污染环境防治法》第 70 条	处 2 000 元以上 2 万元以下罚款	执行现场检查的部门
《环境噪声污染防治法》第 55 条	根据不同情节，给予警告或者处以罚款	环境保护行政主管部门或者其他依照本法规定行使环境噪声监督管理权的监督管理部门、机构

法律适用	处罚种类、幅度	执法主体
《新化学物质环境管理办法》第45条	责令改正，处1万元以上3万元以下罚款，并报环境保护部公告其违规行为，记载其不良记录	负有监督管理职责的地方环境保护部门
《海洋环境保护法》第75条	警告，并处2万元以下罚款	行使海洋环境监督管理权的部门
《防止拆船污染环境管理条例》第18条第1项	责令其限期纠正，根据不同情节，给予警告或者处以1万元以下罚款	监督拆船污染的主管部门
《自然保护区条例》第36条	300元以上3 000元以下罚款	县级以上人民政府环境保护行政主管部门或者有关自然保护区行政主管部门

（三）违反排污申报登记规定

违法排污申报登记规定是指行为人不按规定申报、拒报或者谎报国务院环境保护行政主管部门规定的有关污染物排放申报事项的环境违法行为。

《排污费征收使用管理条例》第六条规定：排污者应当按照国务院环境保护行政主管部门的规定，向县级以上地方人民政府环境保护行政主管部门申报排放污染物的种类、数量，并提供有关资料。

此外，《固体废物污染环境防治法》《海洋环境保护法》也对该环境违法行为的法律适用予以规定。

违反排污申报登记规定的违法行为认定的法律适用，见表9-9。

表9-9 违反排污申报登记规定的违法行为认定与法律适用对照

法律适用	处罚种类、幅度	执法主体
《固体废物污染环境防治法》第68条第1项、第75条第2项	责令停止违法行为，限期改正，处以罚款	县级以上人民政府环境保护行政主管部门
《环境噪声污染防治法》第49条	根据不同情节，给予警告或者处以罚款	县级以上地方人民政府环境保护行政主管部门
《废弃危险化学品污染环境防治办法》第22条第2项	依据《固体废物污染环境防治法》第75条规定予以处罚，即责令停止违法行为，限期改正，处以罚款	县级以上环境保护部门
《海洋环境保护法》第74条第1项	警告，或者处以罚款	行使海洋环境监督管理权的部门

专栏9-9 拒报排污申报登记事项的案例

个体工商户王中杰经营小型农具加工和销售，在加工过程中使用了钻床、车床和切割机等产生环境噪声的设备。依据国家排污申报登记的有关法律、法规及规章的规定，内乡县环保局于2003年8月5日向王中杰下达了排污申报登记通知书，要求其限期办理排污申报登记手续。但是王中杰对此通知置之不理，在规定的期限内，虽经环境执法人员多次对其进行说服解释工作，仍置若罔闻，拒不办理。针对王中杰的环境违法行为，该环保局在经过了立案登记、调查取证、告知申辩、集体审议等行政处罚程序后，依法向其下达了行政处罚决定书。王中杰在接到处罚决定书后认为，其不排水、不排气，不属于排污者，并称该局行政处罚程序违法，遂向内乡县人民法院提起行政诉讼。内乡县人民法院受理后，依法组成了合议庭，公开审理了此案。经审理查明：原告王中杰在加工小型农具过程中产生了环境噪声，经内乡县环境监测站监测，其厂界噪声值超过了GB12348—90（已废止）规定的排放标准，并且处于居民区内。根据《环境噪声污染防治法》第2条第2款之规定，所产生的噪声为环境噪声污染，属于排污单位，应依法按时申报。原告的行为构成了拒报，内乡县环保局的行政处罚程序合法、适法正确、量罚得当，故维持内乡县环保局作出的内环罚字〔2003〕第061号行政处罚决定。王中杰接到判决书后，不服一审判决，上诉至南阳市中级人民法院。南阳市中级人民法院公开开庭审理后，依法驳回王中杰的上诉，维持原判。

资料来源：蒋亚娟编著的《环境法学案例教程》。

（四）违反建设项目环境影响评价制度

违反建设项目环境影响评价制度是指行为人违反建设项目环境影响评价规定的环境违法行为。

认定违反建设项目环境影响评价制度行为时所需要的证据，参考环境保护部2011年5月公布的《环境行政处罚证据指南》。

违反建设项目环境影响评价制度的法律规定众多，有专门的《环境影响评价法》以及《建设项目环境保护管理条例》对该行为的处罚进行规定，另有各个环境要素的单行环境法律也有所规定。在本种违法行为法律适用时应当遵循上位法优于下位法、特别法优于一般法的原则。由于违反环境影响评价制度的表现形式以及适用法律规定的不同，在认定本种违法行为时，应当认真比照违法行为的具体表现以及违法行为涉及的环境要素，查找相应的法条尤其在新《环境保护法》和新《环境影响评价法》的出台，在具体责任规范上与《建设项目环境保护管理条例》有较大差异，在具体法律适用上应注意法律适用规则。

《环境保护法》第61条规定：建设单位未依法提交建设项目环境影响评价文件或者环境影响评价文件未经批准，擅自开工建设的，由负有环境保护监督管理职责的部门责令停止建设，处以罚款，并可以责令恢复原状。第63条第1款规定：建设项目未依法进行环境影响评价，被责令停止建设，拒不执行的，尚不构成犯罪的，除依照有关法律法规规定予以处罚外，由县级以上人民政府环境保护主管部门或者其他有关部门将案件移送公安机关，对其直接负责的主管人员和其他直接责任人员，处10日以上15日以下拘留，情节较轻的，处5日以上10日以下拘留。

简言之，《环境保护法》堵住了“限期补办”的漏洞，对建设单位未依法提交建设项目环境影响评价文件或者环境影响评价文件未经批准，擅自开工建设的，将承担的法律责任形式为停止建设、处以罚款和恢复原状。

为了与新《环境保护法》相一致，修订后的《环境影响评价法》于 2016 年 9 月 1 日起实施，“未批先建”行为的法律责任规定与新《环境保护法》相一致：建设单位未依法报批建设项目环境影响报告书、报告表，或者未重新报批或者报请重新审核环境影响报告书、报告表以及建设项目环境影响报告书、报告表未经批准或者未经原审批部门重新审核同意，擅自开工建设的，由县级以上环境保护行政主管部门责令停止建设，根据违法情节和危害后果，处建设项目总投资额百分之一以上百分之五以下的罚款，并可以责令恢复原状；对建设单位直接负责的主管人员和其他直接责任人员，依法给予行政处分。建设单位未依法备案建设项目环境影响登记表的，由县级以上环境保护行政主管部门责令备案，处五万元以下的罚款。

因此，本项违法行为中针对的违法行为认定与法律适用对照表较其他几种环境违法行为不同，见表 9-10。

表 9-10　违反建设项目环境影响评价制度的违法行为认定与法律适用对照表

法律适用	处罚种类、幅度	执法主体	行为表现
新《环境保护法》第 61 条	责令停止建设，处以罚款，并可以责令恢复原状	负有环境保护监督管理职责的部门	建设单位未依法提交建设项目环境影响评价文件或者环境影响评价文件未经批准，擅自开工建设的
《环境保护法》第 63 条	行政拘留	县级以上人民政府环境保护主管部门或者其他有关部门将案件移送公安机关	建设项目未依法进行环境影响评价，被责令停止建设，拒不执行的
《环境影响评价法》第 31 条	①责令停止建设，根据违法情节和危害后果，处建设项目总投资额百分之一以上百分之五以下的罚款，并可以责令恢复原状。 ②责令备案，处五万元以下的罚款	县级以上环境保护行政主管部门	①建设单位未依法报批建设项目环境影响报告书、报告表，或者未重新报批或者报请重新审核环境影响报告书、报告表以及建设项目环境影响报告书、报告表未经批准或者未经原审批部门重新审核同意，擅自开工建设的； ②建设单位未依法备案建设项目环境影响登记表的
《环境影响评价法》第 33 条	降低其资质等级或者吊销其资质证书，并处所收费用一倍以上三倍以下的罚款；构成犯罪的，依法追究刑事责任	授予环境影响评价资质的环境保护行政主管部门	接受委托为建设项目环境影响评价提供技术服务的机构在环境影响评价工作中不负责任或者弄虚作假，致使环境影响评价文件失实

法律适用	处罚种类、幅度	执法主体	行为表现
《建设项目环境保护管理条例》第21条	①责令停止建设，根据违法情节和危害后果，处建设项目总投资额百分之一以上百分之五以下的罚款，并可以责令恢复原状 ②责令备案，处五万元以下的罚款	县级以上环境保护行政主管部门	①建设单位未依法报批建设项目环境影响报告书、报告表，或者未重新报批或者报请重新审核环境影响报告书、报告表以及建设项目环境影响报告书、报告表未经批准或者未经原审批部门重新审核同意，擅自开工建设的； ②建设单位未依法备案，建设项目环境影响登记表的
《建设项目环境保护管理条例》第25条	处所收费用1倍以上3倍以下的罚款	县级以上环境保护行政主管部门	从事建设项目环境影响评价工作的单位，在环境影响评价工作中弄虚作假的
《建设项目环境影响评价资质管理办法》第35条	降低其评价资质等级或者吊销其资质证书，并处所收费用一倍以上三倍以下的罚款，同时依据有关规定对主持该环境影响评价文件的环境影响评价工程师注销登记	国家环境保护总局	评价机构在环境影响评价工作中不负责任或者弄虚作假，致使环境影响评价文件失实的
《海洋环境保护法》第79条	依照《环境影响评价法》规定处理	县级以上地方人民政府环境保护行政主管部门	海岸工程建设项目未依法进行环境影响评价

专栏9-10 未批先建的案例

2005年9月26日，某市环境监察人员在日常监察中发现该市一铸管有限公司的179m^3高炉项目未进行环境影响评价，擅自于2005年8月在厂区南侧开工建设。现场检查时高炉的工建部分已建起1m，炉体钢结构已完工30%。监察人员当即对该公司高炉进行影像取证，并制作了现场检查笔录，提出立即停止建设，补办环评手续的要求。2005年11月28日该市环保局以违反《建设项目环境保护管理条例》第9条为由，拟依据《建设项目环境保护管理条例》第24条第1款对该公司作出罚款5万元，立即停止违法建设，拆除设施，恢复原貌的行政处罚，并送达了行政处罚事先告知书。2005年12月12日该市环保局又作出了行政处罚听证告知书。2005年12月15日该市环保局正式送达了行政处罚决定书，处罚认定的环境违法行为是擅自于2005年8月在厂区南部动工建设179m^3高炉；认定的证据为环境保护执法检查记录、录像；处罚种类、幅度等与行政处罚事先告知书内容相同。此案被处罚单位于2006年6月1日将5万元的罚款交到指定银行，后补办了环评手续，未发生复议与诉讼。

资料来源：刘定慧主编的《环境典型案例分析与执法要点解析》。

（五）违反建设项目“三同时”制度

违反建设项目“三同时”制度是指建设项目需要配套建设的污染防治设施未建成、未经验收或者验收不合格，主体工程即投入生产或者使用的环境违法行为。

“三同时”制度是与建设项目有关的重要法律制度，是我国独创性的环境法律制度。违法该制度应承担的法律责任在《水污染防治法》《固体废物污染环境防治法》《环境噪声污染防治法》《海洋环境保护法》以及《建设项目环境保护管理条例》中有详细规定，见表 9-11。

表 9-11　违反建设项目“三同时”制度的违法行为认定与法律适用对照

法律适用	处罚种类、幅度	执法主体
《固体废物污染环境防治法》第 69 条	责令停止生产或者使用，可以并处 10 万元以下罚款	审批该建设项目环境影响评价文件的环境保护行政主管部门
《环境噪声污染防治法》第 48 条	责令停止生产或者使用，可以并处罚款	批准该建设项目的环境影响报告书的环境保护行政主管部门
《海洋环境保护法》第 80 条	责令其停止生产或者使用，并处 2 万元以上 10 万元以下罚款	环境保护行政主管部门
《海洋环境保护法》第 82 条	责令其停止施工或者生产、使用，并处 5 万元以上 20 万元以下罚款	海洋行政主管部门
《防治海洋工程建设项目污染损害海洋环境管理条例》第 46 条	责令停止建设、运行，限期补办手续，并处 5 万元以上 20 万元以下罚款	负责核准该工程环境影响报告书的海洋主管部门
《建设项目环境保护管理条例》第 23 条	责令限期改正，处 20 万元以上 100 万元以下罚款；逾期不改正的，处 100 万元以上 200 万元以下罚款；造成重大环境污染或者生态破坏的，责令停止生产或者使用，或者责令关闭	县级以上环境保护行政主管部门；有批准权的人民政府

专栏 9-11　环保设施未建成主体工程投入使用的案例

某企业在未重新报批环境影响评价文件的情况下，擅自将其经营的精研塑料厂从某市××镇××路段搬迁至该镇××工业区××路 1 号，并增设了 8 台切割机、1 台磨粉机，新建了挤塑车间，且未建任何环保设施即擅自将主体工程正式投入生产。某市

> 环保局在经过调查、取证和组织听证后，于 2005 年 6 月 28 日作出了环罚字〔2005〕037 号“行政处罚书”，认定该企业的上述行为违反了《建设项目环境保护管理条例》第 28 条的规定，对其作出责令停止生产并处罚款 3 万元的行政处罚决定。
>
> 资料来源：刘定慧主编的《环境典型案例分析与执法要点解析》。

（六）不正常使用污染处理设施

不正常使用污染处理设施是指行为人未经环境保护行政主管部门同意，不按规定正常使用污染处理设施，污染物排放超过规定的排放标准的环境违法行为。不正常适用污染处理设施的违法行为主要发生在与水、大气环境要素相关的生产活动中。不正常使用污染处理设施的法律适用主要体现在《水污染防治法》和《大气污染防治法》中。《水污染防治法》在认定不正常使用污染处理设施时要求主观上存在故意，而《大气污染防治法》并无主观状态的要求。不正常使用污染处理设施的法律适用，见表 9-12。

表 9-12　不正常使用污染处理设施的违法行为认定与法律适用对照表

法律适用	处罚种类、幅度	执法主体
《环境保护法》第 63 条	除行政处罚外，对直接负责的主管人员和其他直接责任人员，处十日以上十五日以下拘留；情节较轻的，处五日以上十日以下拘留	县级以上人民政府环境保护主管部门或者其他有关部门将案件移送公安机关
《水污染防治法》第 83 条	责令改正或者责令限制生产、停产整治，并处十万元以上一百万元以下的罚款；情节严重的，报经有批准权的人民政府批准，责令停业、关闭	县级以上人民政府环境保护主管部门
《大气污染防治法》第 99 条	责令改正或者限制生产、停产整治，并处十万元以上一百万元以下的罚款；情节严重的，报经有批准权的人民政府批准，责令停业、关闭	环境保护主管部门
《行政主管部门移送适用行政拘留环境违法案件暂行办法》	行政拘留	县级以上环境保护主管部门或者其他负有环境保护监督管理职责的部门
《环境保护主管部门实施限制生产、停产整治办法》第 6 条第一项	（通过暗管、渗井、渗坑、灌注或者篡改、伪造监测数据，或者不正常运行防治污染设施等逃避监管的方式排放污染物，超过污染物排放标准的）可以责令其采取停产整治措施	环境保护主管部门

法律适用	处罚种类、幅度	执法主体
《环境保护主管部门实施按日连续处罚办法》第5条第二项	（通过暗管、渗井、渗坑、灌注或者篡改、伪造监测数据，或者不正常运行防治污染设施等逃避监管的方式排放污染物的）可以实施按日连续处罚	依法作出罚款处罚决定的环境保护主管部门
《环境保护主管部门实施查封、扣押办法》第4条第四项	（通过暗管、渗井、渗坑、灌注或者篡改、伪造监测数据，或者不正常运行防治污染设施等逃避监管的方式违反法律法规规定排放污染物的）依法实施查封、扣押	环境保护主管部门

专栏9-12 《行政主管部门移送适用行政拘留环境违法案件暂行办法》(节录)

第七条 《环境保护法》第六十三条第三项规定的通过不正常运行防治污染设施等逃避监管的方式违法排放污染物，包括以下情形：

（一）将部分或全部污染物不经过处理设施，直接排放的；

（二）非紧急情况下开启污染物处理设施的应急排放阀门，将部分或者全部污染物直接排放的；

（三）将未经处理的污染物从污染物处理设施的中间工序引出直接排放的；

（四）在生产经营或者作业过程中，停止运行污染物处理设施的；

（五）违反操作规程使用污染物处理设施，致使处理设施不能正常发挥处理作用的；

（六）污染物处理设施发生故障后，排污单位不及时或者不按规程进行检查和维修，致使处理设施不能正常发挥处理作用的；

（七）其他不正常运行污染防治设施的情形。

（七）擅自拆除、闲置、关闭污染处理设施、场所

擅自拆除、闲置、关闭污染处理设施、场所是指未经环境保护行政主管部门同意，擅自拆除、闲置、关闭防治污染的设施、场所，污染物排放超过规定的排放标准的环境违法行为。

擅自拆除、闲置、关闭污染处理设施、场所首先违反的是我国污染治理设施停用核准制度。污染治理设施停用核准制度是指排污单位拆除或者闲置污染治理设施必须事先报经环境保护行政主管部门批准的法律制度。该制度要求需要拆除或闲置、改造、更新污染物处理设施或者需要停运污染物处理设施的单位应当提前向环境保护行政主管部门申报，环境保护行政主管部门应当在一个月内答复。

应注意区分不正常使用环保设施与擅自拆除、闲置、关闭污染处理设施、场所的区别：污染物处理设施发生故障后，排污单位不及时或者不按规程进行检查和维修，致使处理设施不能正常发挥处理作用的，可认定为不正常使用污染物处理设施；如果企业未报经环境保护部门批准同意即停运污染物处理设施，即可认定为擅自闲置污染物处理设施。

擅自拆除、闲置、关闭污染处理设施、场所的违法行为认定与法律适用，见表 9-13。

表 9-13 擅自拆除、闲置、关闭污染处理设施、场所的违法行为认定与法律适用对照

法律适用	处罚种类、幅度	执法主体
《固体废物污染环境防治法》第 74 条第 2 项	擅自关闭、闲置或者拆除生活垃圾处置设施、场所的，责令停止违法行为，限期改正，处以罚款	县级以上地方人民政府环境卫生行政主管部门
《固体废物污染环境防治法》第 75 条第 3 项	擅自关闭、闲置或者拆除危险废物集中处置设施、场所的，责令停止违法行为，限期改正，处以罚款	县级以上人民政府环境保护行政主管部门
《环境噪声污染防治法》第 50 条	责令改正，并处罚款	县级以上地方人民政府环境保护行政主管部门
《防治海洋工程建设项目污染损害海洋环境管理条例》第 48 条第 1 项	责令限期改正；逾期不改正的，责令停止运行，并处 1 万元以上 10 万元以下罚款	原核准该工程环境影响报告书的海洋主管部门

专栏 9-13 不正常使用环保设施还是擅自停用环保设施？

2011 年 5 月 11 日，某县环境监察执法人员在对该县一家个体企业进行现场巡查时，发现这家企业在生产时其废水处理设施没有运行，生产废水流经处理设施的调节池后也没有使用提升机将其废水抽入初沉淀池，而是沿着调节池的池沿流入外排水沟直接排入环境当中。执法人员当即通知这家企业的负责人和企业负责管理污水处理设施的负责人来到现场，并在外排水沟进行了现场采样，同时制作了《环境监察现场检查笔录》并现场拍照，执法人员随即责令其恢复废水处理设施运行时，才发现提升机上面配套的电机已出现了故障，致使生产废水流经处理设施的调节池后无法再将其废水抽入初沉淀池。后经县环境监测站监测，这家企业所排放的废水属于超标排放。

对该企业该如何处罚问题，环保局内部出现分歧。意见 1：对这家企业的环境违法行为可以直接认定为闲置水污染物处理设施，并给予应缴纳排污费数额 2 倍的罚款；意见 2：因电机已出现了故障而停用，应当属于不正常使用环保设施。

根据环境保护部《关于擅自闲置大气污染物处理设施认定问题的复函》（环函〔2005〕239 号）的规定，本案中污染物处理设施发生故障后，排污单位不及时或者不按规程进行检查和维修，致使处理设施不能正常发挥处理作用的，属于不正常使用污染物处理设施。

（八）违反环境法律规定造成环境污染事故

违反环境法律规定造成环境污染事故是指企业事业单位违反法律规定，造成环境污染事故的环境违法行为。根据《突发环境事件分级标准》，环境污染事故可分为特别重大（Ⅰ级）、重大（Ⅱ级）、较大（Ⅲ级）和一般（Ⅳ级）四级。2013 年 6 月 19 日最高人民法院和最高人民检察院联合发布《关于办理环境污染刑事案件适用法律若干问题的解释》，该司法解释明确了“严重污染环境”的标准，其中包括造成重大人员伤亡和财产损失的危害后果。本书对违反环境法律规定造成环境污染事故的法律适用仅指行政责任的法律适用问题，对刑事责任的法律适用在“环境刑事责任”一章中体现。

违反环境法律规定造成环境污染事故的违法行为认定与法律适用，见表 9-14。

表 9-14 违反环境法律规定造成环境污染事故的违法行为认定与法律适用对照

法律适用	处罚种类、幅度	执法主体
《水污染防治法》第 94 条	①罚款：对造成一般或者较大水污染事故的，按照水污染事故造成的直接损失的 20%计算罚款；对造成重大或者特大水污染事故的，按照水污染事故造成的直接损失的 30%计算罚款； ②责令限期采取治理措施，消除污染；不按要求采取治理措施或者不具备治理能力的，由环境保护主管部门指定有治理能力的单位代为治理，所需费用由违法者承担； ③对造成重大或者特大水污染事故的，可以报经有批准权的人民政府批准，责令关闭；对直接负责的主管人员和其他直接责任人员可以处上一年度从本单位取得的收入 50%以下的罚款	①县级以上人民政府环境保护主管部门 ②渔业主管部门 ③海事管理机构
《大气污染防治法》第 122 条	①对造成一般或者较大大气污染事故的，按照污染事故造成直接损失的一倍以上三倍以下计算罚款； ②对造成重大或者特大大气污染事故的，按照污染事故造成的直接损失的三倍以上五倍以下计算罚款； ③对直接负责的主管人员和其他直接责任人员可以处上一年度从本企业事业单位取得收入百分之五十以下的罚款	县级以上地方人民政府环境保护主管部门
《固体废物污染环境防治法》第 82 条	①造成固体废物污染环境事故的，处二万元以上二十万元以下的罚款；造成重大损失的，按照直接损失的百分之三十计算罚款，但是最高不超过一百万元，对负有责任的主管人员和其他直接责任人员，依法给予行政处分； ②造成固体废物污染环境重大事故的，并由县级以上人民政府按照国务院规定的权限决定停业或者关闭	县级以上人民政府环境保护行政主管部门

法律适用	处罚种类、幅度	执法主体
①《医疗废物管理条例》第48条 ②《医疗废物管理条例》第49条 ③《医疗废物管理条例》第51条	造成传染病传播或者环境污染事故的： ①暂扣或者吊销执业许可证件 ②暂扣或者吊销执业许可证件或者经营许可证件 ③暂扣或者吊销执业许可证件	原发证部门
《废弃危险化学品污染环境防治办法》第26条	依据《固体废物污染环境防治法》第八十二条规定予以处罚；构成犯罪的，依法追究刑事责任	县级以上环境保护部门
《海洋环境保护法》第91条	①对造成一般或者较大海洋环境污染事故的，按照直接损失的百分之二十计算罚款； ②对造成重大或者特大海洋环境污染事故的，按照直接损失的百分之三十计算罚款； ③对直接负责的主管人员和其他直接责任人员可以处上一年度从本单位取得收入百分之五十以下的罚款；直接负责的主管人员和其他直接责任人员属于国家工作人员的，依法给予处分	行使海洋环境监督管理权的部门
《防治陆源污染物污染损害海洋环境管理条例》第30条	按照直接损失百分之三十计算罚款，但最高不得超过二十万元	县级以上人民政府环境保护行政主管部门
《海洋倾废管理条例》第17条	责令其限期治理，支付清除污染费，向受害方赔偿由此所造成的损失，并视情节轻重和污染损害的程度，处以警告或人民币十万以下的罚款	海洋环境主管部门

专栏 9-14　紫金矿业污染案

2010年12日下午，福建省环保厅通报称，紫金矿业集团公司旗下紫金山铜矿湿法厂污水池发生渗漏，污染了汀江，部分江段出现死鱼。据了解，这起污染事件实际发生在9天前，即7月3日。7月3日下午15时50分左右，铜矿湿法厂岗位人员发现储存待处理的污水池水位异常下降。调查发现，污水池中含铜、硫酸根离子的酸性废水外渗，通过排洪涵洞排入汀江。

紫金山金铜矿湿法厂所在的上杭县是福建省的矿产基地，有着丰富的铜矿资源，正发力打造“海西铜都”。其中紫金山铜矿可开发储量达205万t，是目前中国华东地区蓄量最丰富的铜矿。7月3日和7月16日，紫金山金铜矿铜矿湿法厂突发环保事故先后两次发生含铜酸性溶液渗漏，有9 100 m^3的含铜酸水外渗引发汀江流域污染，造成汀江重大水污染事故，直接经济损失达3 187.71万元……

经福建省环境监察总队现场调查，7月3日和7月16日，紫金山金铜矿铜矿湿法厂先后两次发生含铜酸性溶液渗漏，造成汀江重大水污染事故。根据《水污染防治法》和《环境保护法》，福建省环境保护厅决定对紫金山金铜矿做出如下行政处罚：①责令采取治理措施，消除污染，直至治理完成；②罚款 956.313 万元。

2010 年 12 月 27 日，福建省环境保护厅发出行政处罚决定书，对紫金矿业集团股份有限公司董事长、法定代表人陈景河，根据《水污染防治法》有关规定，处以人民币 705 997 元的罚款。对紫金矿业集团股份有限公司常务副总裁兼紫金山金铜矿矿长邹来昌罚款 449 768 元。

（九）违反排污口设置规定

违反排污口设置规定是指违反规定设置排污口、私设暗管的环境违法行为，主要对水、大气、海洋环境要素造成破坏。私设暗管是《环境保护法》严厉打击的环境违法行为之一，该法第 63 条规定：通过暗管、渗井、渗坑、灌注或者篡改、伪造监测数据，或者不正常运行防治污染设施等逃避监管的方式违法排放污染物的，尚不构成犯罪的，除依照有关法律法规规定予以处罚外，由县级以上人民政府环境保护主管部门或者其他有关部门将案件移送公安机关，对其直接负责的主管人员和其他直接责任人员，处 10 日以上 15 日以下拘留；情节较轻的，处 5 日以上 10 日以下拘留。

违反排污口设置规定的违法行为认定与法律适用，见表 9-15。

表 9-15 违反排污口设置规定的违法行为认定与法律适用对照表

法律适用	处罚种类、幅度	执法主体
《环境保护法》第六十三条	除行政处罚外，对直接负责的主管人员和其他直接责任人员，处十日以上十五日以下拘留；情节较轻的，处五日以上十日以下拘留	县级以上人民政府环境保护主管部门或者其他有关部门将案件移送公安机关
《水污染防治法》第八十三条、八十四条	在饮用水水源保护区内设置排污口：责令限期拆除，处十万元以上五十万元以下的罚款；逾期不拆除的，强制拆除，所需费用由违法者承担，处五十万元以上一百万元以下的罚款，并可以责令停产整治	县级以上地方人民政府
	私设暗管，责令改正或者责令限制生产、停产整治，并处十万元以上一百万元以下的罚款；情节严重的，报经有批准权的人民政府批准，责令停业、关闭	县级以上地方人民政府环境保护主管部门
	非法设置排污口：责令限期拆除，处二万元以上十万元以下的罚款；逾期不拆除的，强制拆除，所需费用由违法者承担，处十万元以上五十万元以下的罚款；私设暗管或者有其他严重情节的，县级以上地方人民政府环境保护主管部门可以提请县级以上地方人民政府责令停产整顿	县级以上地方人民政府环境保护主管部门
	未经同意在江河、湖泊新建、改建、扩建排污口的：责令限期拆除，处二万元以上十万元以下的罚款；逾期不拆除的，强制拆除，所需费用由违法者承担，处十万元以上五十万元以下的罚款	县级以上人民政府水行政主管部门或者流域管理机构

法律适用	处罚种类、幅度	执法主体
《淮河流域水污染防治暂行条例》第三十二条	擅自在河流、湖泊、水库、渠道管理范围内设置或者扩大排污口的，责令纠正，可以处5万元以下的罚款	县级以上地方人民政府环境保护行政主管部门或者水行政主管部门
《海洋环境保护法》第七十七条	违反《海洋环境保护法》第三十条第一款、第三款规定设置入海排污口的	县级以上地方人民政府环境保护行政主管部门
《环境保护主管部门实施限制生产、停产整治办法》第六条第一项	（通过暗管、渗井、渗坑、灌注或者篡改、伪造监测数据，或者不正常运行防治污染设施等逃避监管的方式排放污染物，超过污染物排放标准的）可以责令其采取停产整治措施	环境保护主管部门
《环境保护主管部门实施按日连续处罚办法》第五条第二项	（通过暗管、渗井、渗坑、灌注或者篡改、伪造监测数据，或者不正常运行防治污染设施等逃避监管的方式排放污染物的）可以实施按日连续处罚	依法作出罚款处罚决定的环境保护主管部门
《环境保护主管部门实施查封、扣押办法》第四条第四项	（通过暗管、渗井、渗坑、灌注或者篡改、伪造监测数据，或者不正常运行防治污染设施等逃避监管的方式违反法律法规规定排放污染物的）依法实施查封、扣押	环境保护主管部门

专栏 9-15　私设排污口的案例

某滨海化工厂建于2008年12月，东临海滩，厂外是还乡河，有水产养殖场的几千亩鱼塘，是渔业养殖密集区。滨海化工厂建厂时按环评报告的要求，投资安装了废水处理装置，废水经处理后排入东海。设计中只允许有一个排放口，往东海排污。但该厂在施工时却设置了3个排污口，1个排向东海，2个排向还乡河。农民张某承包了水产养殖场200亩鱼塘，养鱼用水除雨水外，全部从还乡河中抽取。2009年3月，张某投入鱼苗1万多千克，几天内发现鱼苗相继大量死亡，损失10万元。张某立即向环境保护部门报告，要求调查处理。环境保护部门在调查中发现，滨海化工厂在环保设施没有验收的情况下，于2009年2月开始试生产，致使硝基苯车间每小时排出的100 t冷却水含有含有毒性物质硝基苯。经测定，还乡河籍张某承包的鱼塘里，硝基苯含量超过渔业标准5～7倍。对此，环境保护部门作出决定，责令滨海化工厂限期拆除排入还乡河的排污口，处5万元罚款。

资料来源：刘定慧主编的《环境典型案例分析与执法要点解析》。

（十）在特定区域从事禁止性环境违法行为

在特殊区域内从事环境违法行为主要有：

（1）饮用水水源一级保护区、二级保护区、准保护区等；

（2）自然保护区、风景名胜区、饮用水水源保护区、基本农田保护区和其他需要特别保护的区域内；

（3）城市集中供热管网覆盖地区新建燃煤供热锅炉等；

（4）高污染燃料禁燃区等。

在特定区域内从事禁止性环境的违法行为的行为认定与法律适用，见表 9-16。

表 9-16　在特定区域内从事禁止性环境违法行为的行为认定与法律适用对照表

法律适用	处罚类型、幅度	执法主体	禁止建设区域
《水污染防治法》第九十一条	责令停止违法行为，处十万元以上五十万元以下的罚款；并报经有批准权的人民政府批准，责令拆除或者关闭	县级以上地方人民政府环境保护主管部门	①在饮用水水源一级保护区内新建、改建、扩建与供水设施和保护水源无关的建设项目的； ②在饮用水水源二级保护区内新建、改建、扩建排放污染物的建设项目的； ③在饮用水水源准保护区内新建、扩建对水体污染严重的建设项目，或者改建建设项目增加排污量的
《太湖流域管理条例》第六十四条第一款	责令改正，处 20 万元以上 50 万元以下罚款；拒不改正的，由太湖流域县级以上地方人民政府环境保护主管部门依法强制执行，所需费用由违法行为人承担；构成犯罪的，依法追究刑事责任	太湖流域县级以上地方人民政府环境保护主管部门	在太湖、淀山湖、太浦河、新孟河、望虞河和其他主要入太湖河道岸线内以及岸线周边、两侧保护范围内新建、扩建化工、医药生产项目，或者设置剧毒物质、危险化学品的贮存、输送设施，或者设置废物回收场、垃圾场、水上餐饮经营设施
《大气污染防治法》第一百零七条	组织拆除燃煤供热锅炉，并处二万元以上二十万元以下的罚款	县级以上地方人民政府环境保护主管部门	在集中供热管网覆盖地区，禁止新建、扩建分散燃煤供热锅炉
《大气污染防治法》第一百零七条	没收燃用高污染燃料的设施，组织拆除燃煤供热锅炉，并处二万元以上二十万元以下的罚款	县级以上地方人民政府环境保护主管部门	在禁燃区内，禁止销售、燃用高污染燃料；禁止新建、扩建燃用高污染燃料的设施，已建成的，应当在城市人民政府规定的期限内改用天然气、页岩气、液化石、油气、电或者其他清洁能源
《大气污染防治法》第一百一十八条第一款	责令改正，没收烧烤工具和违法所得，并处五百元以上二万元以下的罚款	县级人民政府确定的监督管理部门	禁止在当地人民政府禁止的时段和区域内露天烧烤食品或者为露天烧烤食品提供场地
《大气污染防治法》第一百一十九条第一款	责令改正，并可以处五百元以上二千元以下的罚款	县级以上地方人民政府确定的监督管理部门	禁止在人口集中地区对树木、花草喷洒剧毒、高毒农药，或者露天焚烧秸秆、落叶等产生烟尘污染的物质
《大气污染防治法》第一百一十九条第二款	责令改正，对单位处一万元以上十万元以下的罚款，对个人处五百元以上二千元以下的罚款	县级人民政府确定的监督管理部门	禁止在人口集中地区和其他依法需要特殊保护的区域内焚烧沥青、油毡、橡胶、塑料、皮革、垃圾以及其他产生有毒有害烟尘和恶臭气体的物质

法律适用	处罚类型、幅度	执法主体	禁止建设区域
《固体废物污染环境防治法》第六十八条第（五）项	责令停止违法行为，限期改正，处以罚款	县级以上人民政府环境保护行政主管部门	在自然保护区、风景名胜区、饮用水水源保护区、基本农田保护区和其他需要特别保护的区域内，建设工业固体废物集中贮存、处置的设施、场所和生活垃圾填埋场的
《环境保护主管部门实施查封、扣押办法》第四条第二项	实施查封、扣押	环境保护主管部门	在饮用水水源一级保护区、自然保护区核心区违反法律法规规定排放、倾倒、处置污染物

（十一）超标排污

超标排污是指排放污染物超过国家或者地方规定的污染物排放标准，或者超过重点污染物排放总量控制指标的环境违法行为。

超标排污的违法行为认定与法律适用，见表 9-17。

表 9-17 超标排污的违法行为认定与法律适用对照表

法律适用	处罚种类、幅度	执法主体
《水污染防治法》第八十三条	责令改正或者责令限制生产、停产整治，并处十万元以上一百万元以下的罚款；情节严重的，报经有批准权的人民政府批准，责令停业、关闭	县级以上人民政府环境保护主管部门
《淮河流域水污染防治暂行条例》第三十条	责令关闭或者停业	县级以上人民政府
《淮河流域水污染防治暂行条例》第三十五条	责令纠正，可以处 10 万元以下的罚款；情节严重的，由有关县级以上人民政府责令关闭或者停业；对负有直接责任的主管人员和其他直接责任人员，依法给予行政处分	有关县级以上地方人民政府环境保护行政主管部门
《大气污染防治法》第九十九条	责令改正或者限制生产、停产整治，并处十万元以上一百万元以下的罚款；情节严重的，报经有批准权的人民政府批准，责令停业、关闭	所在地县级以上地方人民政府环境保护主管部门
《大气污染防治法》第一百一十八条第三款	责令改正，处五千元以上五万元以下的罚款；拒不改正的，责令停业整治	县级以上地方人民政府确定的监督管理部门
《大气污染防治法》第一百二十三条	自责令改正之日的次日起，按照原处罚数额按日连续处罚	依法作出处罚决定的行政机关
①《环境噪声污染防治法》第五十条 ②《环境噪声污染防治法》第五十九条	由责令改正，并处罚款	县级以上地方人民政府环境保护行政主管部门
《海洋环境保护法》第七十三条第（二）项	责令限期改正，并处以罚款	行使海洋环境监督管理权的部门

法律适用	处罚种类、幅度	执法主体
《防治陆源污染物污染损害海洋环境管理条例》第二十九条	除追缴超标准排污费及滞纳金外，可由处以一千元以上一万元以下的罚款	县级以上人民政府环境保护行政主管部门
《环境保护主管部门实施按日连续处罚办法》第五条第一项	可以按日连续处罚	依法作出罚款处罚决定的环境保护主管部门
《环境保护主管部门实施限制生产、停产整治办法》第五条	（超过污染物排放标准或者超过重点污染物日最高允许排放总量控制指标）可以责令采取限制生产措施	环境保护主管部门
《环境保护主管部门实施限制生产、停产整治办法》第六条第三项	（超过重点污染物排放总量年度控制指标排放污染物或者责令限制生产后仍然超过污染物排放标准排放污染物的）可以责令其采取停产整治措施	环境保护主管部门

专栏 9-16　超标与超总量的案例

2008 年 4 月 20 日，某法律援助中心接到群众投诉，希望他们对其正在诉讼过程中的 17 户果农诉水泥厂污染果树纠纷案进行法律援助。为进一步了解案情，援助部工作人员于 5 月 13 日前往淄博进行现场调研。在淄川区环保局，我们看到了该水泥厂 2007 年的烟气监测结果报告单，数据显示烟尘浓度和排放量都符合国家规定标准。而该厂环境影响报告书也通过了环保局审批。环保局监测站的工作人员告诉我们，他们将依法履行职责，加强监管，督促水泥厂进一步更新配套环保设施。据我们了解，该局信访办受理过群众的信访投诉，并委托区林业局、物价局作了关于污染原因和损失价值的专业技术鉴定，根据区林业局的鉴定报告“粉尘造成果树减产减收”的结论和区物价局价格认证中心出具的具体损失额，于 2007 年 11 月 13 日、19 日、23 日召集果农和企业进行了三次调解，但调解未达成协议。环保局出具了《环境污染损害赔偿纠纷调解终结书》，该案行政调解处理程序结束。行政调解终结后，17 户果农于 2007 年 12 月将 3 家水泥厂告上法庭，要求停止排放污染物，并赔偿损失共计 118 404.3 元。在庭审过程中，水泥厂依然认为除尘设施正常运转、粉尘排放符合环保标准，不可能造成污染而拒绝赔偿。

最终，水泥厂了解了行政合法并不意味着民事免责的法律规定。在法院主持下，当事人双方于 5 月 23 日达成赔偿协议：3 家水泥厂赔偿 17 家果农果树减产损失、鉴定费用、必要的交通费等共计 65 000 元。

资料来源：刘定慧主编的《环境典型案例分析与执法要点解析》。

【本章小结】

环境违法行为的认定是环境执法环节的基础，也是环境执法中实施行政处罚的关键。

目前我国环境保护立法中对环境违法行为的规定较为杂乱，不利于执法人员的理解和掌握。因此，本章的目的在于从企业环境行为出发，找出其违法的节点，以便执法人员对其违法行为进行准确判断。证据是认定案件事实的关键，在实施行政处罚中必须注意证据的三个特性；在环境行政执法领域，认定案件事实的证据还有三种较为特殊的类型，即自动监测数据、调查询问笔录、环境监测报告。环境违法行为的认定标准通常有两个方面，一是违法事实，二是违法证据。本章采用大量表格的形式归纳、分类描述违法行为与相对应证据，力求将知识点系统化、条理化，便于理解和应用。

【思考题】

1. 环境违法行为的概念是什么？
2. 常见环境违法行为的种类有哪些？
3. 证据的三大特征是什么？
4. 证据有哪些种类？
5. 认定环境违法行为的证据的有效条件及证明对象是什么？
6. 常见环境违法行为的违法事实和证据分别是什么？

【延伸阅读】

何家弘，刘品新．证据法学［M］．5版．北京：法律出版社，2013.

（证据法学是研究司法、执法等活动中运用证据证明案件事实或者其他相关事实的规律、方法以及证据法律规范的学科。从总体上来说，该学科包括两大方面的内容：其一是理论方面内容，主要包括证据基本理论（如证据概念、类别等）以及证明的理论（如证明的概念、证明的标准、证明的责任等）；其二是实践方面的内容，主要包括有关证据的收集、审查、认可等方面的法律规定和实际运用。何家弘、刘品新编著的《证据法学（第5版）》图文并茂、深入浅出地介绍了证据的基本理论和证据审查等实践方面知识。）

【实训案例】

一、案情介绍

2016年7月6日零时55分，某市环境监察支队监察人员在一次例行对污染防治设施运行情况检查中，发现某生物化工厂在正常生产之中，污水处理设施各部分正在运行，在污水处理站3#预沉池中有一条黑色的软胶管将池中未经设施处理的生产废水抽出直接注入污水处理站总排口处外排，外排水呈酱黑色，并伴有刺鼻性气味。检查人员在设施总排口处提取水样一壶，并摄像取证，制作询问笔录和现场勘察笔录，并责令该单位立即停止偷排行为。经监测，该单位污水总排口外排废水主要污染因子化学需氧量（COD）严重超标。

二、实践活动

1. 把全班分为3个小组。

2. 要求每个小组列出该案中企业的违法行为及其违法事实。
3. 要求每个小组制作认定违法行为的证据。
4. 根据案情，以小组为单位制作调查询问笔录和现场检查笔录。
5. 教师进行讲评，在学习过程中教师要及时做好评价工作，以调动学生的学习欲望。

三、扩展活动

1. 在学校周边进行调研，实地发现企业存在的违法行为。
2. 将上述调研活动形成调研报告。

第十章　环境行政许可

职业能力目标与学习要求

1. 理解环境行政许可的概念、种类。
2. 了解环境行政许可制度的特点、作用。
3. 熟悉环境行政许可的原则与设定。
4. 掌握环境行政许可的实施程序。

【引　例】

夏春官等4人系江苏省东台市东台镇景范新村19幢的住户，其住宅与四季辉煌沐浴广场（原审第三人）上下相邻。四季辉煌沐浴广场为新建洗浴服务项目，在涉案地段承租了营业用房作为经营场地，项目投资250万元，其中环保投资25万元，先后于2013年2月25日就涉案建设项目报东台市东台镇人民政府审批，于2013年3月12日向东台市环境保护局（以下简称市环保局）提交了《建设项目环境影响申报（登记）表》，并根据该局有关须委托有资质的环评单位编制环境影响报告表的意见，委托东台市环境科学研究所编制相关报告表，其后送至该局进行审批。2013年4月1日，市环保局作出《关于对东台市东台镇四季辉煌沐浴广场洗浴服务项目环境影响报告表的审批意见》（以下简称《审批意见》），同意四季辉煌沐浴广场在景范新村17号楼及19号楼之间新建洗浴服务项目，并对该项目在运营过程中产生的废、污水的处理、场界噪声对邻近声环境质量的影响及各类固体废物处置等提出了具体要求。夏春官等4人认为市环保局在没有召开座谈会、论证会以及征询公众意见的情况下，即作出《审批意见》，侵犯了其合法权益，故提起行政诉讼，请求法院撤销该《审批意见》。[①]

本案引发的法律思考：

1. 什么是环境行政许可？
2. 适用行政许可听证程序应具备哪些条件？
3. 从本案看，听证制度在环境行政许可中具有何意义？

---

① 人民法院环境保护行政案件十大案例．http：//www.legaldaily.com.cn/index_article/content/2014－12/19/content_5893257.htm.

第一节　环境行政许可概述

一、环境行政许可概念

环境行政许可是享有环境行政许可权的行政主体根据环境行政管理相对人的申请，依法赋予符合法定条件的相对人从事某种为环境法律、法规一般禁止事项的权利和资格的一种行政执法行为。例如，公民、法人或者其他组织提出建设项目环境影响评价的申请，环境保护行政机关从环境保护角度进行审查并做出是否准予的行为就是一种环境行政许可（建设项目环境影响评价行政许可）；又如企业事业单位提出向水体排放污染物的申请，环境保护行政机关根据国家和地方规定的污染物排放标准和国家规定的企业事业单位污染物排放总量的要求做出是否准予的行为也是一种环境行政许可（排污行政许可）。它是环境管理机关进行环境保护监督管理的重要手段，也是行政管理相对人获得相关权利和确认相关义务的法定方式。环境行政许可制度就是国家通过法定程序，以法律或规范性文件的形式确立的对环境行政许可活动进行规范的制度。这一制度对环境行政许可的原则、范围、实施机关和程序等进行明确的规定，具有强制执行力。

二、环境行政许可制度的特点

环境行政许可制度与建设、工商、医药等其他行政许可制度相比，具有其相对独立的特点，主要包括以下几个方面：

（一）公益性与社会性

环境保护是涉及公共资源、公共安全和人身健康的公益事项，属可实行特定活动许可的范围。环境行政许可制度体现了人类社会发展规律和自然生态规律的客观要求，以体现这一客观要求的规则去制约和规范人们在发展社会化大生产中与环境有关的一切活动，可以起到维护人类共同生存环境的作用。

（二）技术性与综合性

无论从立法角度还是执法角度来看，环境行政许可相关法律制度的制定和实施都必须体现自然生态规律的要求，要以大量的技术规范、操作规程、环境标准和控制污染的工艺技术等为支撑。至于综合性，是由环境行政许可制度所针对的许可范围的多样性所决定，既涉及生产、流通、生活各个领域，同时又与开发、利用和保护自然资源的广泛社会活动有关；既包括自然科学方面的内容，又包括社会科学方面的内容，另外，一些重大的环境行政许可事项，往往需要多个相关部门组织协调共同决定。

（三）有限性和预限性

受法律保护的环境资源具有一定的稀缺性，环境污染直接导致他人对环境容量利用的缺乏，环境容量具有有限性，在特定的时空范围内，环境容量固定不变，因此对利用环境容量行为的许可必然数量上具有有限性。环境行政许可还是预先设立限制条件的行政许可，即具有预限性。凡涉及环境行政许可范围的事项均须预先设立，预先规定特定范围、申请条件和许可程序。许可的获得必须由申请人预先申请并获准，即许可的授予须依事先申请，审批发证机关不得主动授予。只有依预设的特定目的、条件、程序申请并经有权机关批准，才能获得许可。

（四）公开公正性与公众参与性

由于环境行政许可涉及环境公益，又是特殊权利的获得，公开公正的原则便凸显其必要性和重要性。环境行政许可的规定必须公布，未经公布的，不具合法性，不能作为许可的依据。另外，只有建立一个良好的许可决策机制，广开公众参与途径，防止政府为了满足人们生存从生物、自然、环境中过分摄取，因为某项法律存在漏洞或缺陷而对生态、自然、环境产生负面影响，加速生物物种毁灭的不可逆转。所以，公众参与性是环境行政许可制度最为突出的特点。[①]

三、环境行政许可的种类

环境管理中，许可表现为认可、登记、承认等多种形式，并通常以证书的形式出现。环境保护中的许可证制度是环境法所确认的，对从事可能造成环境不良影响活动的开发、建设或经营者，必须向有关管理机关提出申请，经审查批准，发给许可证后才能从事该项活动，它既包括许可证的申请、审核及颁发，又包括许可证的中止与废止。

根据我国《环境保护法》的规定，许可证分为防治环境破坏许可证、防治环境污染许可证和整体环境保护许可证。

防治环境破坏许可证也就是自然资源许可证，从其性质上可分为三大类：

（1）资源开发许可证，如林木采伐许可证、采矿许可证、捕捞许可证、采集证等；

（2）资源利用许可证，如土地使用证、草原使用证、养殖使用证等；

（3）资源进出口许可证，如野生动植物进出口许可证等。

自然资源许可证，从其保护的内容上可分为：保护土地资源的土地使用权证；保护草原资源的草原使用权证；保护森林资源的林木采伐许可证、木材运输证；保护矿产资源的采矿许可证、勘查许可证；保护渔业资源的养殖使用证、捕捞许可证；保护野生动物资源的特许猎捕证、狩猎证、驯养繁殖许可证、允许进出口说明书；保护水资源的取水许可证；保护野生植物资源的采集证、允许进出口说明书。

防治环境污染许可证，目前主要有：排污许可证、海洋倾废许可证等。

整体环境污染许可证，主要有：建设规划许可证；核设施建造、运行许可证，化学危险品物质生产、经营许可证；危险废物经营、转移许可证；放射性药品生产、经营、使用许可证等。

四、环境行政许可在环境保护中的作用

许可证制度是现代国家管理的重要手段，其具有很强的灵活性，是一种行之有效的加强环境管理的行政管理制度。因此，在国外将这一制度称为环境管理的“支柱”措施。实

① 朱文玉．环境行政许可制度之研究［D］．哈尔滨：东北林业大学，2005.

施许可证制度有很重要的意义。

1. 有利于国家从整体上把握环境保护方向

行政许可具有较大的针对性、灵活性，可根据不同的社会因素，在行政许可制度中规定具有针对性的、灵活的限制性条件和特殊条件，从而把法律规定具体化，国家通过确定许可的范围、事项，实现从直接管理到间接管理，协调社会利益与个体利益的关系。

2. 有利于促进环保高科技的应用

行政机关在审查申请人时会择优许可经济雄厚、科技含量高的经营组织实施被许可的事项。从而促进企业自觉进行技术改造，积极主动采用高新环保技术。

3. 有利于保护并合理分配和利用有限的国力资源，搞好生态平衡，避免资源、财力及人力的浪费

通过许可，可以避免对资源盲目性、重复性、浪费性的开发利用，促进合理经济地利用有限国力资源，优化资源配置，实现经济可持续发展。对可能造成环境污染，影响人民生活及生态平衡的活动予以控制，从而避免因环境污染造成资源浪费和生态环境的破坏。

第二节　环境行政许可的原则与设定

一、环境行政许可的原则

（一）利益平衡原则

该原则要求在行政许可实施过程中，不仅仅注重行政机关权力的实施，还要关注相对人的权益。不仅要关注与行政机关直接发生法律关系的相对方的权利义务，还要关注受行政许可影响的其他相对人的利益保护。在申请人依法取得环境行政许可时，一方面，加强对环境行政许可被许可人的监管，保障其他相对人的合法利益。另一方面，保障环境行政许可被许可人以及其他利害关系人的既得利益。

（二）许可公开、公平、公正原则

许可的公开、公平、公正是便民原则的实质内涵，因而许可公开、公平、公正原则与便民原则密切相关。该原则要求有关许可的事项均应公开，向申请人和利害关系人做准确无误的说明，审查程序公开，禁止暗箱操作，实行回避制。

（三）许可统一原则

该原则要求可以设定行政许可的法律、法规之间根据一定的标准确立各自设定的行政许可，既不能对应该设定许可的事项缺乏相应规范，也不能对同一许可事项适用不同规范。同时，法律规范之间要遵守一定的法律位阶关系，不可冲突也不能留白。

二、环境行政许可的设定

《行政许可法》对行政许可的设定做了专门规定：

（1）《行政许可法》第二章第 11 条是对行政许可设定的原则规定，设定行政许可应当遵循经济和社会发展规律，有利于发挥公民、法人或者其他组织的积极性、主动性，维护公共利益和社会秩序，促进经济、社会和生态环境协调发展。

（2）《行政许可法》第二章还对具有行政许可设定权的国家机关和作为行政许可设定的法律、法规依据作了明确规定。结合环境行政许可的设定来说，只有全国人大及其常委会、国务院可以设定行政许可，省、自治区、直辖市和较大市的人大及其常委会、省级人民政府可以依据法定条件设定环境行政许可，环境保护部等国务院各部门和其他国家机关没有自行设定环境行政许可的权限；从法律、法规及规章来说，只有全国人大、国务院、有法规规章制定权的地方人民政府制定的法律、行政法规、必要时国务院有普遍约束力的决定、地方性法规、省级地方政府规章可设定环境行政许可，而环境保护部等国务院部门制定的规章以及依法不享有规章制定权的地方人民政府和其他机关制定的规范性文件不得设定环境行政许可。

目前，国务院环境保护主管部门正在根据《行政许可法》进一步规范环境行政许可的设定问题。环境保护部依法享有的的行政审批事项，见表 10-1。

表 10-1　环境保护部行政许可事项（截至 2014 年 2 月）

项目名称	设定依据	许可对象
建设项目环境影响评价技术服务机构资质认定	《中华人民共和国环境影响评价法》（中华人民共和国主席令第 77 号）第 19 条	企业事业单位
新化学物质环境管理登记证核发	《国务院对确需保留的行政审批项目设定行政许可的决定》（国务院令第 412 号）附件第 255 项	企业
危险废物越境转移核准	《国务院对确需保留的行政审批项目设定行政许可的决定》（国务院令第 412 号）附件第 256 项	企业
危险化学品进出口环境管理登记证核发	《国务院对确需保留的行政审批项目设定行政许可的决定》（国务院令第 412 号）附件第 258 项 《危险化学品环境管理登记办法（试行）》（环境保护部令第 22 号）第 3 章第 16 条	企业
从事放射性污染防治的专业人员资格认定	《中华人民共和国放射性污染防治法》（中华人民共和国主席令第 6 号）第 14 条	公民个人
从事放射性污染监测工作的机构资质认定	《中华人民共和国放射性污染防治法》（中华人民共和国主席令第 6 号）第 14 条	企业事业单位
民用核设施操纵员执照核发	《中华人民共和国民用核设施安全监督管理条例》（1986 年 10 月 29 日国务院发布）第 8 条	公民个人
民用核材料许可证核准	《中华人民共和国核材料管理条例》（1987 年 6 月 15 日国务院发布）第 6 条	企业
民用核安全设备设计、制造、安装和无损检验单位许可证核发	《民用核安全设备监督管理条例》（国务院令第 500 号）第 12 条	企业

项目名称	设定依据	许可对象
民用核安全设备焊工、焊接操作工资格证书核发	《民用核安全设备监督管理条例》（国务院令第 500 号）第 25 条	公民个人
进口民用核安全设备安全检验合格审批	《民用核安全设备监督管理条例》（国务院令第 500 号）第 33 条	企业
民用核设施选址、建造、装料、运行、退役等活动审批	《中华人民共和国放射性污染防治法》（中华人民共和国主席令第 6 号）第 18 条 《中华人民共和国民用核设施安全监督管理条例》（1986 年 10 月 29 日国务院发布）第 8 条	企业事业单位
生产放射性同位素（除生产医疗自用的短半衰期放射性药物）、销售和使用Ⅰ类放射源（除医疗使用的Ⅰ类放射源）、销售和使用Ⅰ类射线装置单位许可证核发	《中华人民共和国放射性同位素与射线装置安全和防护条例》（国务院令第 449 号）第 6 条 《国务院关于取消和下放一批行政审批项目的决定》（国发〔2014〕5 号）	企业事业单位
列入限制进出口目录的放射性同位素进口审批	《放射性同位素与射线装置安全和防护条例》（国务院令第 449 号）第 16 条	企业事业单位
设立专门从事放射性固体废物贮存、处置单位许可	《中华人民共和国放射性污染防治法》（中华人民共和国主席令第 6 号）第 46 条	企业
由环境保护部负责的建设项目环境影响评价审批	《中华人民共和国环境保护法》（中华人民共和国主席令第 22 号）第 13 条 《中华人民共和国环境影响评价法》（中华人民共和国主席令第 77 号）第 22 条 《中华人民共和国放射性污染防治法》（中华人民共和国主席令第 6 号）第 18 条 《放射性同位素与射线装置安全和防护管理办法》（环境保护部令第 18 号）第 14 条	机关、企业事业单位
可能造成跨省界环境影响的放射性同位素野外示踪试验审批	《放射性同位素与射线装置安全和防护条例》（国务院令第 449 号）第 36 条 《放射性同位素与射线装置安全许可管理办法》（国家环境保护总局令第 31 号）第 6 条	机关、企业事业单位
由环境保护部负责的建设项目竣工环境保护验收	《放射性同位素与射线装置安全和防护管理办法》（环境保护部令第 18 号）第 14 条	机关、企业事业单位
列入限制进口目录的固体废物进口许可	《中华人民共和国固体废物污染环境防治法》（中华人民共和国主席令第 31 号）第 25 条	企业

项目名称	设定依据	许可对象
消耗臭氧层物质生产、使用、进出口配额许可及进出口审批	《中华人民共和国大气污染防治法》（中华人民共和国主席令第 32 号）第 45 条 《消耗臭氧层物质管理条例》（国务院令第 573 号）第 7 条	企业
为境内民用核设施进行核安全设备设计、制造、安装和无损检验活动的境外单位注册登记审批	《民用核安全设备监督管理条例》（国务院令第 500 号）第 32 条	企业
Ⅰ类放射性物品运输容器的设计审查批准	《放射性物品运输安全管理条例》（国务院令第 562 号）第 10 条	企业事业单位
Ⅰ类放射性物品运输容器制造许可证核发	《放射性物品运输安全管理条例》（国务院令第 562 号）第 17 条	企业事业单位
使用境外单位制造的Ⅰ类放射性物品运输容器审批	《放射性物品运输安全管理条例》（国务院令第 562 号）第 26 条	企业事业单位
Ⅰ类放射性物品运输的核与辐射安全分析报告书审查批准	《放射性物品运输安全管理条例》（国务院令第 562 号）第 35 条	企业事业单位
列入自动许可进口目录的固体废物进口许可	《中华人民共和国固体废物污染环境防治法》（中华人民共和国主席令第 31 号）第 25 条 《关于印发〈环境保护部机关“三定”实施方案〉的通知》（环发〔2008〕104 号）	企业
国家级自然保护区的建立、范围调整审核	《中华人民共和国自然保护区条例》（国务院令第 167 号）第 12 条 《国务院关于印发国家级自然保护区调整管理规定的通知》（国函〔2013〕129 号）第 14 条	机关、事业单位
对地方制定严于国家排放标准的机动车船大气污染物排放标准、规定对在用机动车实行新的污染物排放标准并对其进行改造的审核	《中华人民共和国大气污染防治法》（中华人民共和国主席令第 32 号）第 7 条 《关于印发〈地方机动车大气污染物排放标准审批办法〉的通知》（环发〔2001〕21 号）	机关
民用核安全设备无损检验人员资格许可	《民用核安全设备监督管理条例》（国务院令第 500 号）第 25 条	公民个人

第三节 环境行政许可的实施程序

环境行政许可的实施程序，是指行政相对人为从事特定活动而向有权实施行政许可的环境行政机关提出申请，由该环境行政机关审查、决定行政许可的过程的总称。根据行政许可法的规定，可将环境行政许可程序分为申请、受理、审查、决定、监督检查五个阶段。

一、申请

环境行政许申请，是指行政相对人向环境行政机关提出拟从事依法需要取得行政许可的活动的意思表示。申请行政许可的行政相对人为行政许可申请人。

根据《行政许可法》第29条规定，行政许可申请可以通过信函、电报、电传、传真、电子数据交换和电子邮件等方式提出。申请人可以委托代理人提出行政许可申请，但是依法应当由申请人到行政机关办公场所提出行政许可申请的除外。环境行政许可中行政机关与行政相对人应当遵守各自的相关义务。

环境行政机关的义务包括：①环境行政机关应当公示有关行政许可事项的规定；②环境行政机关应当答复行政许可申请人的疑问；③环境行政机关可以提供申请书格式文本，并示范如何填写；④环境行政机关不得要求申请人提交与其申请的行政许可事项无关的材料；⑤环境行政机关应当积极发展电子政务，提高办事效率。

申请人的义务：①应当如实向环境行政机关提交有关材料和反映真实情况，并对其申请材料实质内容的真实性负责；②法律规定需要缴纳申请费的，应当按时如数缴纳；③申请人获得行政许可之后，应当按照行政许可规定的范围从事活动。

二、受理

受理是指环境行政机关经对行政相对人提出的申请进行形式审查后，认为行政许可申请事项属于本机关职责范围，申请材料齐全、符合法定形式的，对其申请予以接受的行为。

申请人提出行政许可申请，环境行政机关即负有审查并作出相应决定的义务。主要审查以下内容：①申请事项是否属于本行政机关管辖范围；②申请事项是否属于依法需要取得行政许可的事项；③申请人是否按照法律、法规和规章的规定提交了符合规定数量、种类的申请材料；④申请人提供的行政许可申请材料是否符合规定的格式；⑤其他事项。

环境行政机关经审查，对于行政相对人提出的申请，应当区别以下情况作出相应处理：①申请事项依法不需要取得行政许可的，应当及时告知申请人不受理；②申请事项依法不属于本行政机关职权范围的，应当即时作出不予受理的决定，并告知申请人向有关行政机关申请；③申请材料存在可以当场更正的错误的，应当允许申请人当场更正；④申请材料不齐全或者不符合法定形式的，应当当场或者在5日内一次告知申请人需要补正的全部内容，逾期不告知的，自收到申请材料之日起即为受理；⑤申请事项属于本行政机关职权范围，申请材料齐全、符合法定形式，或者申请人按照本行政机关的要求提交全部补正申请材料的，应当受理行政许可申请。

三、审查

审查是指环境行政机关对已经受理的行政许可申请材料的实质内容进行核查的过程。行政许可的审查程序是环境行政机关作出行政许可决定的必经环节，审查的质量直接影响行政许可决定的质量。

审查的方式包括：①书面审查；②实地核查；③听取利害关系人意见；④其他审查方式。

行政许可申请人、利害关系人要求听证的，应当组织听证。听证程序参见本章第四节。

四、决定

决定是指环境行政机关根据审查行政许可申请材料的结果，作出是否准予行政许可的决定的过程。

行政许可的决定包括以下两种：①环境行政机关经过审查，认为申请人的申请符合法定条件、标准的，依法作出准予行政许可的书面决定，并予以公开；②环境行政机关经过审查，认为申请人的申请不符合法定条件、标准的，依法作出不予行政许可的书面决定。行政机关依法作出不予行政许可的书面决定的，应当说明理由，并告知申请人享有依法申请行政复议或者提起行政诉讼的权利。

环境行政许可证件的颁发和送达。环境行政机关作出准予行政许可的决定，需要颁发行政许可证件的，应当向申请人颁发加盖本行政机关印章的下列行政许可证件：①许可证、资格证、资质证或者其他合格证书；②环境行政机关的批准文件或者证明文件；③法律、法规规定的其他环境行政许可证件。

作出行政许可决定应当在法定期限内做出。期限包括以下几种：

（1）一般规定。除可以当场作出行政许可决定的外，应当自受理行政许可申请之日起20日内作出行政许可决定。20日内不能作出决定的，经批准，可以延长10日。

（2）采取统一办理或者联合办理、集中办理的行政许可的期限，不得超过45日；45日内不能办结的，经批准，可以延长15日。

（3）下级环境行政机关初审的期限。应当自其受理行政许可申请之日起20日内审查完毕。

（4）环境行政机关颁发、送达行政许可证件的期限。应当自作出决定之日起10日内向申请人颁发、送达行政许可证件。

五、监督检查

环境行政许可的监督检查是指环境行政机关对实施行政许可和被许可人从事行政许可事项的活动进行监督检查，查处违法行为。监督检查包括两方面的含义：环境行政机关内部的层级监督；对被许可人的监督。

为了防止行政机关的监督检查权力的滥用，《行政许可法》明确规定了约束行政许可行为的禁止性行为规范，同时还规定了可以依法撤销或注销的违法行为。这些规定，环境行政机关应当认真执行。

第四节　环境行政许可的听证程序

环境行政许可听证，是《行政许可法》中规定的听证制度在环境保护行政执法过程中的具体体现。实行环境行政听证，是为了规范环境保护行政许可活动，保障和监督环境保护行政主管部门依法行政，提高环境保护行政许可的科学性、公正性、合理性和民主性，保护公民、法人和其他组织的合法权益。目前，对于实施环境行政许可听证比较全面、具体的规定是原国家环境保护总局于2004年6月发布的《环境保护行政许可听证暂行办法》。根据此暂行办法，同时依据《行政许可法》《环境影响评价法》等有关法律法规的规定，对于环境行政许可听证的具体实施可归纳为以下内容。

一、环境行政许可听证的适用范围

不是实行所有的环境行政许可都需要进行听证，县级以上人民政府环境保护行政主管部门实施环境保护行政许可时出现以下列举的情形，才适用听证程序。具体情形是：

（一）应当举行听证的情形

实施环境保护行政许可，有下列情形之一的，应当适用听证程序：

（1）按照法律、法规、规章的规定，实施环境保护行政许可应当组织听证的；

（2）实施涉及公共利益的重大环境保护行政许可，环境保护行政主管部门认为需要听证的；

（3）环境保护行政许可直接涉及申请人与他人之间重大利益关系，申请人、利害关系人依法要求听证的。

（二）可以举行听证会的情形

除国家规定需要保密的建设项目外，建设下列项目的单位，在报批环境影响报告书前，未依法征求有关单位、专家和公众的意见，或者虽然依法征求了有关单位、专家和公众的意见，但存在重大意见分歧的，环境保护行政主管部门在审查或者重新审核建设项目环境影响评价文件之前，可以举行听证会，征求项目所在地有关单位和居民的意见：

（1）对环境可能造成重大影响、应当编制环境影响报告书的建设项目；

（2）可能产生油烟、恶臭、噪声或者其他污染，严重影响项目所在地居民生活环境质量的建设项目。

在本章引例中，江苏省东台市人民法院一审认为，被告市环保局具有对本辖区建设项目的环境影响报告表进行审批的职权。《行政许可法》第47条规定：“行政许可直接涉及申请人与他人之间重大利益关系的，行政机关在作出行政许可决定前，应当告知申请人、利害关系人享有要求听证的权利……”对何谓“重大利益关系”，我国现行法律、法规、规章以及司法解释虽无具体规定，但涉及民生利益的问题，不应排除在“重大利益关系”之外。本案原告夏春官等4人的住宅与第三人四季辉煌沐浴广场相邻。第三人新建的洗浴项目投入运营后所产生的潮湿及热、噪声污染等，不能排除对原告的生活造成重大影响的可能，被告在作出《审批意见》前应当告知 4 名原告享有听证的权利，其未告知即径行作出《审批意见》违反法定程序，遂判决撤销该《审批意见》。

四季辉煌沐浴广场上诉后，盐城市中级人民法院二审认为，《环境影响评价法》第 22 条对建设项目环境影响评价文件的审批部门、审批权限和审批决定时限等问题作了明确规定，对审批部门行政许可的具体程序没有作出规定。但是，《行政许可法》对行政许可的设定和实施程序提出明确要求。本案被诉行政行为属于涉及建设项目环境影响评价的行政许可行为，应当按照《行政许可法》规定的程序进行审批。夏春官等 4 个家庭作为与本案审批项目直接相邻的利害关系人，应当认定与审批项目存在重大利益关系。环保机关在审查和作出这类事关民生权益的行政许可时，应当告知夏春官等人享有陈述、申辩和听证的权利，并听取其意见。原审法院认定市环保局未履行告知听证义务，违反法定程序并无不当，故判决驳回上诉，维持原判。

本案典型意义在于：人民法院通过严格审慎的审查，分析了《行政许可法》第 47 条有关是否存在"重大利益关系"以及听证程序的适用条件，最终撤销环保机关作出的被诉行政行为，保障了公民在环境管理领域的知情权、陈述权、申辩权和听证等权利，很大程度上彰显了程序正义和司法公正。本案作为一起典型的体现公众参与原则的环保行政许可案件，同时也是一起与群众利益息息相关的民生案件，两审法院以环保机关所审批的洗浴项目与相邻群众存在重大利益关系，未告知陈述、申辩和听证的权利违反法定程序为由，撤销环保机关作出的审批意见，既有力地维护了相邻群众的合法权益，又强化了司法对行政权力的监督，对引导和规范环保机关的同类审批行为，促进公众参与环境行政许可的决策与监督，提高行政审批的程序意识，具有重要意义。

（三）规划环境影响评价的听证

对可能造成不良环境影响并直接涉及公众环境权益的工业、农业、畜牧业、林业、能源、水利、交通、城市建设、旅游、自然资源开发的有关专项规划，设区的市级以上人民政府在审批该专项规划草案和作出决策之前，指定环境保护行政主管部门对《环境影响报告书》进行审查的，环境保护行政主管部门可以举行听证会，征求有关单位、专家和公众对《环境影响报告书》草案的意见。国家规定需要保密的规划除外。

二、环境行政许可听证的组织者和参与者

环境行政许可听证是在出现上文适用范围内的情形时，由拟作出环境保护行政许可决定的县级以上环境保护行政主管部门组织。环境行政许可听证的参与者主要分为三类：听证的主持人、听证的申请人和利害关系人以及其他参与人。

（一）听证的主持人

1. 听证主持人的选择

听证的主持人是由承担许可职能的环境保护行政主管部门在组织环境行政许可的听证活动时指定的，通常为以下人员担任：

（1）环境保护行政主管部门许可审查机构内审查该行政许可申请的工作人员以外的人员担任；

（2）环境行政许可事项重大复杂，环境保护行政主管部门决定举行听证，由许可审查机构的人员担任听证主持人可能影响公正处理的情况下，由法制机构工作人员担任。

2. 听证主持人的职责和义务

听证主持人在环境行政许可听证活动当中，应当具有相应的职权和承担一定的义务。其职权主要有：

（1）决定举行听证的时间、地点和方式；

（2）决定听证的延期、中止或者终结；

（3）决定证人是否出席作证；

（4）就听证事项进行询问；

（5）接收并审核有关证据，必要时可要求听证参加人提供或者补充证据；

（6）指挥听证活动，维护听证秩序，对违反听证纪律的行为予以警告直至责令其退场；

（7）指定记录人员；

（8）对听证笔录进行审阅；

（9）法律、法规和规章赋予的其他职权。

其义务主要为：

（1）决定将有关听证的通知及时送达行政许可申请人、利害关系人、行政许可审查人员、鉴定人、翻译人员等听证参加人；

（2）公正地主持听证，保证当事人行使陈述权、申辩权和质证权；

（3）符合回避情形的，应当自行回避；

（4）保守听证案件涉及的国家秘密、商业秘密和个人隐私。

3. 听证主持人的回避

因为听证主持人是属于实施许可的环境保护行政部门的工作人员，为了保证行政许可听证结果的公正，听证的主持人在具有下列情形之一时，应当自行回避。环境保护行政许可申请人或者利害关系人有权以口头或者书面方式申请其回避：

（1）被听证的行政许可的审查人员，或者是行政许可审查人员的近亲属；

（2）被听证的行政许可的当事人，或者是被听证的行政许可当事人、代理人的近亲属；

（3）与行政许可结果有直接利害关系的；

（4）与被听证的行政许可当事人有其他关系，可能影响公正听证的。

行政许可申请人或者利害关系人申请听证主持人回避的，应说明理由，由组织听证的环境保护行政主管部门负责人决定是否回避。在是否回避的决定做出之前，被申请回避的听证主持人应当暂停参与听证工作。

（二）听证的申请人与利害关系人

实施环境行政许可往往会关乎其他人的重大利益，与重大利益有利害关系的人，可以成为环境行政许可的申请人或利害关系人。这类人在环境行政许可听证中具有如下权利和义务。

1. 权利

在环境行政许可证中享有的权利：①要求或者放弃听证；②依法申请听证主持人回避；③可以亲自参加听证，也可以委托1～2人代理参加听证。委托他人代理参加听证的，应当向组织听证的环境保护行政主管部门提交由委托人签名或者盖章的授权委托书。授权委托书应当载明委托事项及权限；④就听证事项进行陈述、申辩和举证；⑤对证据进行质证；⑥听证结束前进行最后陈述；⑦审阅并核对听证笔录；⑧查阅案卷。

有下列情形之一的，视为申请人放弃听证权利：①听证申请人无正当理由不出席听证会的；②听证申请人违反听证纪律，情节严重被听证主持人责令退场的；③听证申请人未经主持人允许中途退场的。

2. 义务

在环境行政许可证中需承担的义务：①按照组织听证的环境保护行政主管部门指定的时间、地点出席听证会；②依法举证；③如实回答听证主持人的询问；④遵守听证纪律。

（三）听证的其他参与人

听证的其他参与人包括：记录员、环境鉴定人、监测人、证人、翻译人员。记录员具体负责听证准备和听证记录工作，承担如下义务：①应当如实制作听证笔录；②保守听证案件涉及的国家秘密、商业秘密和个人隐私；③遵守听证纪律。

鉴定人、监测人承担的义务：①符合回避条件的，应当自主回避；②如实回答听证主持人的询问；③遵守听证纪律；④鉴定或者监测机构应当提交签名或者盖章的书面鉴定或者监测结论。

证人、翻译人员应当如实回答听证主持人的询问，遵守听证纪律。证人确有困难不能出席听证会的，可以提交有本人签名或者盖章的书面证言。

三、环境行政许可听证的具体程序

（一）听证的发起

按照引起听证程序的方式不同，听证可以分为两类：一类是由环境保护行政主管部门决定举行的，另一类是由行政许可申请人、利害关系人申请举行的。两类听证的产生程序不同。

环境保护行政主管部门决定举行的听证，应当符合以下条件：①按照法律、法规、规章的规定，实施环境保护行政许可应当组织听证的；②实施涉及公共利益的重大环境保护行政许可，环境保护行政主管部门认为需要听证的。

这类听证应当在听证举行的10日前，通过报纸、网络或者布告等适当方式，向社会公告。公告内容应当包括：被听证的许可事项和听证会的时间、地点、人数，以及参加听证会的方法。

（二）行政许可申请人、利害关系人申请举行的听证

行政许可申请人、利害关系人申请举行的听证，是环境保护行政许可直接涉及申请人与他人之间重大利益关系时，环境保护行政主管部门在作出许可决定前告知行政许可申请

人、利害关系人享有要求听证的权利，行政许可申请人、利害关系人因而申请举行的听证。此类听证负责许可的环境保护行政主管部门应当向行政许可申请人、利害关系人送达《环境保护行政许可听证告知书》，《环境保护行政许可听证告知书》应当载明下列事项：①行政许可申请人、利害关系人的姓名或者名称；②被听证的行政许可事项；③对被听证的行政许可的初步审查意见、证据和理由；④告知行政许可申请人、利害关系人有申请听证的权利；⑤告知申请听证的期限和听证的组织机关。送达的方式可以采取直接送达、委托送达、邮寄送达、公告送达等形式。

1. 听证申请

听证申请书应包括以下内容：①听证申请人的姓名、地址；②申请听证的具体要求；③申请听证的依据、理由；④其他相关材料。

2. 听证申请的受理与审查

发放行政许可听证的环境保护行政主管部门收到听证申请书后，应当对申请材料进行审查。审查结果如下：对于申请材料不齐备的，应当一次性告知听证申请人补正；听证申请有下列情形之一的，组织听证的环境保护行政主管部门不予受理，并书面说明理由：①听证申请人不是该环境保护行政许可的申请人、利害关系人的；②听证申请未在收到《环境保护行政许可听证告知书》后5个工作日内提出的；③其他不符合申请听证条件的。

对符合听证条件的听证申请，应当受理，并在20日内组织听证。

3. 听证通知书的送达

组织听证的环境保护行政主管部门都应当在听证举行的7日前，将《环境保护行政许可听证通知书》分别送达行政许可申请人、利害关系人，并由其在送达回执上签字。申请人、利害关系人人数众多或者有其他必要情形时，可以通过报纸、网络或者布告等适当方式送达。

《环境保护行政许可听证通知书》应当载明下列事项：①行政许可申请人、利害关系人的姓名或者名称；②听证的事由与依据；③听证举行的时间、地点和方式；④听证主持人、行政许可审查人员的姓名、职务；⑤告知行政许可申请人、利害关系人预先准备证据、通知证人等事项；⑥告知行政许可申请人、利害关系人参加听证的权利和义务；⑦其他注意事项。

4. 听证的举行方式

除涉及国家秘密、商业秘密或者个人隐私外，听证应当公开举行。公开举行的听证，可以在人数允许的范围内安排申请旁听的公民、法人或者其他组织参加旁听。参加环境保护行政许可听证的公民、法人或者其他组织人数众多的，可以推举代表人参加听证。

5. 听证会的具体程序

应在主持人的主持下按以下程序进行：①听证主持人宣布听证会场纪律，告知听证申请人、利害关系人的权利和义务，询问并核实听证参加人的身份，宣布听证开始；②记录员宣布听证所涉许可事项、听证主持人和听证员的姓名、工作单位和职务；③行政许可审查人员提出初步审查意见、理由和证据；④行政许可申请人、利害关系人就该行政许可事项进行陈述和申辩，提出有关证据，对行政许可审查人员提出的证据进行质证；⑤行政许可审查人员和行政许可申请人、利害关系人进行辩论；⑥行政许可申请人、利害关系人做最后陈述；⑦主持人宣布听证结束。

整个听证过程中，主持人可以向行政许可审查人员、行政许可申请人、利害关系人和证人发问。

6. 听证笔录

对于整个听证会的过程组织听证的环境保护行政主管部门必须制作笔录，详细记载以下内容：①听证所涉许可事项；②听证主持人和记录员的姓名、职务；③听证参加人的基本情况；④听证的时间、地点；⑤听证公开情况；⑥行政许可审查人员提出的初步审查意见、理由和证据；⑦行政许可申请人、利害关系人和其他听证参加人的主要观点、理由和依据；⑧延期、中止或者终止的说明；⑨听证主持人对听证活动中有关事项的处理情况；⑩听证主持人认为应当笔录的其他事项。

听证结束后，听证员和记录员要在笔录上签名，同时应交陈述意见的行政许可申请人、利害关系人审核无误后签字或者盖章。无正当理由拒绝签字或者盖章的，应当记入听证笔录。听证终结后，由听证主持人及时将听证笔录报告本部门负责人。

7. 听证的延期、 中止和终止

（1）延期。出现下列情形之一时，组织听证的环境保护行政主管部门应当书面通知听证参加人延期举行听证：①因不可抗力事由致使听证无法按期举行的；②行政许可申请人、利害关系人临时申请听证主持人回避的；③行政许可申请人、利害关系人申请延期，并有正当理由的；④可以延期的其他情形。

（2）中止。出现下列情形之一时，组织听证的环境保护行政主管部门应当书面通知听证参加人中止听证：①听证主持人认为听证过程中提出的新的事实、理由、依据有待进一步调查核实或者鉴定的；②申请听证的公民死亡、法人或者其他组织终止，尚未确定权利、义务承受人的；③其他需要中止听证的情形。

延期、中止听证的情形消失后，由组织听证的环境保护行政主管部门决定是否恢复听证，并书面通知听证参加人。

（3）有下列情形之一的，应当终止听证：①行政许可申请人、利害关系人在告知后明确放弃听证权利的；②听证申请人撤回听证要求的；③听证申请人无正当理由不参加听证的；④听证申请人在听证过程中声明退出的；⑤听证申请人未经听证主持人允许中途退场的；⑥听证申请人为法人或者其他组织的，该法人或者其他组织终止后，承受其权利的法人或者组织放弃听证权利的；⑦听证申请人违反听证纪律，情节严重，被听证主持人责令退场的；⑧需要终止听证的其他情形。

四、违反环境行政许可听证规定的法律责任

根据《环境保护行政许可听证暂行办法》的规定，违反环境行政许可听证规定的法律责任主要包括：

（1）环境保护行政主管部门及其工作人员违反《行政许可法》的规定，有下列情形之一的，由有关机关依法责令改正；情节严重的，对直接负责的主管人员和其他直接责任人员依法给予行政处分：①对法律、法规、规章规定应当组织听证的环境保护行政许可事项，不组织听证的；②对符合法定条件的环境保护行政许可听证申请，不予受理的；③在受理、审查、决定环境保护行政许可过程中，未向申请人、利害关系人履行法定告知义务的；④未依法说明不受理环境保护行政许可听证申请或者不予听证的理由的。

（2）环境保护行政主管部门的听证主持人、记录员，在听证时玩忽职守、滥用职权、徇私舞弊的，依法给予行政处分；构成犯罪的，依法追究刑事责任。

【本章小结】

环境行政许可是环境行政机关根据行政相对人的申请，经依法审查，准予其从事特定活动的行为，是环境保护监管保护部门的一项重要行政权力，在环境执法和环境管理中处于非常重要的地位。本章分别对环境行政许可的概念、特点、意义、种类，环境行政许可的原则与制度，环境行政许可实施程序进行了阐述。

【思考题】

1. 什么是行政许可？其特征是什么？
2. 环境行政许可的种类包括哪些？
3. 在申请阶段行政许可机关的义务包括哪些？
4. 环境行政许可的审查方式有哪些？
5. 听证的适用范围是什么？
6. 听证程序规则包括哪些具体内容？
7. 作出行政许可决定的期限是如何规定的？

【实训案例】　模拟环境行政许可听证

一、案例简介

（一）听证案例背景

2004年7月，吴江市盛泽镇居民王某将盛泽镇绿杨三村（居民小区）内占地上千平方米的居民住宅房租下来，擅自开始改建，准备改作“时旺大酒店”。改建过程中，王某破坏了临街绿化带，并用彩钢板搭建了一层具有安全隐患的房屋。

在王某装修期间，吴江市环境保护局（以下简称市环保局）就接到小区内居民多次投诉王某违法建设“时旺大酒店”（其中一次联名信有近百人签名），2004年10月12日，市环保局向王某发出《关于责令吴江市盛泽时旺大酒店停止建设的通知》（吴环发〔2004〕96号），但王某在未经环境保护部门批准的情形下，继续建设。2005年4月10日酒店开始营业，随之而来的是油烟、噪声等污染以及11户居民到相关部门集体上访。2005年4月19日和6月9日，市环保局至现场进行了调查。2005年8月15日市环保局向王某送达了《行政处罚决定书》（吴环罚决字2005/118号），对王某处以“责令停止‘吴江市盛泽镇时旺大酒店，项目的营业，并罚款1万元”的行政处罚。2005年12月，王某不服此行政处罚决定，向吴江市人民法院提起了行政诉讼。2006年3月21日，吴江市人民法院认为市环保局适用法律、法规错误，撤销了市环保局吴环罚决字2005/118号行政处罚决定。

在这样的背景下，2006年3月27日，吴江市行政服务中心环保窗口收到了王某提交的《吴江市盛泽镇时旺大酒店建设项目环境影响报告表》，王某要求市环保局准予其建设。

市环保局审查后认为，该行政许可事项直接涉及申请人王某和“时旺大酒店”项目所在地周边一定范围内部分住户的重大利益关系（见吴环许述告字〔2006〕01号文件），于2006年4月19日向王某和大酒店周边12户居民发出并送达了《环境行政许可听证告知书》。随后，应王某及11户居民的书面申请（11户居民于2006年4月20日、王某于2006年4月22日分别提出听证申请，其中1户居民放弃听证权利），市环保局于2006年5月10日公开举行了环境保护行政许可听证会。

（二）听证情况简介

1. 听证会举行前

利害关系人对于“时旺大酒店”项目的看法是：此项目对小区内环境、安全产生了极大影响，此项目与原来此处规划（居民住宅）明显不符；只要市环保局坚持依法办事，我们全体利害关系人就没有必要出席5月10日下午举行的听证会。

2. 听证内容

主要围绕市环保局不予行政许可“时旺大酒店”项目是否有法律依据，是否符合《行政许可法》的公平、公正原则。

3. 听证程序

（1）审查人员（行证许可人）说明；

（2）申请人（建设者）陈述；

（3）相互辩论；

（4）最后陈述。

4. 听证参加人

（1）本次听证会主持人：市环保局法制科科长；

（2）书记员：市环保局办公室职员；

（3）环境保护行政许可审查人员：吴江市环境保护局综合计划科副科长；

（4）环境保护行政许可申请人：王某（代理律师：华东政法学院教授、上海市润和律师事务所律师沈福俊）；

（5）环境保护行政许可利害关系人：11户绿杨三村小区居民（均未到场）。

（据查《吴江市环保局不予行政许可决定书》（吴环许可不字2006第1号），王某报批的环境影响报告表中距大酒店最近的13户居民均反对开设餐饮项目。）

5. 听证参加人的主张及意见

（1）审查人员的主张

“吴江市盛泽镇时旺大酒店”建设项目环境影响报告表结论不合适，项目目前不具备环境可行性，拟不予许可。主要理由：①该项目不符合规划要求；②该项目所在地部分业主持反对意见。（①②都违背了江苏省的环保审批“六原则”）

（2）许可申请人王某的主张和意见

①与我们相仿的两个项目为什么能通过？《行政许可法》第5条第3款不是说要公平、公正吗？②市环保局认为“该项目选址不符合规划要求”，这一点不能成为其对申请人不予批准的理由。因为行政机关各司其职，规划权力应由规划部门来行使。而且，市环保局对于“不符合规划要求”这一笼统说法，又没有充分的证据来说明。③《环境影响评价法》并没有规定环境影响评价行政许可要以周围住户的一致同意为最基本的条件。即使江

苏有这样的规定，由于与作为国家法律的《环境影响评价法》相抵触，根据行政法的“法律优先原则”，应当优先适用《环境影响评价法》。

6. 听证的结果

2006 年 5 月 12 日，市环保局发文（吴环建〔2006〕735），市环保局对“吴江市盛泽镇时旺大酒店”建设项目环境影响报告表不予批准。（依据《行政许可法》第 38 条第 2 款、第 78 条）

不予批准的理由如下：

（1）报告表中对项目地房屋性质的表述（“商业门面房”）与事实严重不符，经审查，该项目房屋为原有居民住宅房改建而来。

（2）根据规划部门所出具的结论，该项目选址不符合规划要求，报告表里“评价结论”部分却说“符合吴江市盛泽镇的总体规划”。

（3）该项目所在地周边部分有利害关系的住户未予同意。

二、实践活动

1. 活动内容

根据以上案例背景和情况简介分角色模拟环境行政许可听证。

2. 活动方式

听证会既可以用传统模式，也可以采用了全新的流程模式，保留现实中听证会的过程要求，同时加入新的形式。除了单纯的代表发言外，又集合演讲、辩论、表演于一体，会更加具有说服力和感染力。

3. 活动目的

掌握环境行政许可听证程序，培养执法人员组织听证会技巧以及公民参与听证会能力。

三、扩展活动

听证还可以加入一些现代化手段，如会前播放现场采访录像，倾听市民的声音，演出话剧、相声等，妙趣横生、直入主题，使观众更清晰地了解到代表们的观点，记忆更加深刻。

第十一章　环境行政处罚

职业能力目标与学习要求

1. 理解环境行政处罚的概念及特征。
2. 了解环境行政处罚的实施主体及管辖。
3. 熟悉环境行政处罚的基本原则及法律适用。
4. 掌握环境行政处罚的种类及处罚程序。
5. 学会分析和解决环境行政处罚案件的基本思路。
6. 通过模拟训练，培养和提高参与或主持环境行政处罚听证的能力及技巧。

【引　例】

2011年8月1日，永州市环境保护局执法人员对永州市鸿鑫锰业有限公司进行现场检查时发现，该公司未经环境保护部门批准擅自建成投产。经查实，永州市环境保护局认定，该公司于2008年3月擅自开工建设一条$50m^3$的富锰渣高炉生产线，该项目主要原料为锰矿石、焦炭及无烟煤，主要产品为富锰渣、生铁，副产品为粗铅。该公司于2010年10月未经批准擅自投入试生产，违反了《环境影响评价法》第16条、第25条规定，其行为属于未批先建的环境违法行为。执法人员按照法定程序制作了现场检查笔录和调查询问笔录，并对现场进行了拍照。2011年1月21日，永州市环保局下达了《永州市环境保护局责令改正违法行为决定书》（永环决字〔2011〕03号），责令该公司立即改正违法行为，限期补办环评手续。但是，该公司逾期未改正违法行为，也未补办环评手续。2011年8月8日，永州市环保局依法下达了《行政处罚事先告知书》（永环罚告字〔2011〕14号），根据《环境影响评价法》第31条规定，做出如下处理决定：①责令立即停止生产；②罚款人民币17万元。对此处罚决定，永州市鸿鑫锰业有限公司提出异议，并要求听证。永州市环保局按照法定程序如期举行了听证会，最终维持了原处罚决定。

本案引发的法律思考：

1. 对永州市鸿鑫锰业有限公司的违法行为，环境保护部门责令其立即停止违法行为，罚款17万元是否正确？理由是什么？

2. 责令立即改正违法行为是否属于行政处罚？行政处罚与行政命令是否有区别？环境行政处罚的主要形式包括哪些？

3. 上述案例中主要违法事实及证据是什么？认定环境违法行为的关键是什么？

4. 结合上述案例分析办理行政处罚案件一般涉及哪些必要的法律文书？

5. 结合上述案例分析实施行政处罚应遵循哪些法定程序？

第一节 环境行政处罚概述

一、环境行政处罚的法律、法规依据

我国现行的环境保护行政处罚的主要法律法规，见表 11-1。

表 11-1 环境行政处罚的主要法律法规依据

效力等级	名 称	施行日期
法律	《环境保护法》	2015 年 1 月 1 日
	《行政处罚法》	2009 年 8 月 27 日
	《行政强制法》	2012 年 1 月 1 日
行政法规	《罚款决定与罚款收缴分离实施办法》（国务院令第 235 号）	1998 年 1 月 1 日
部门规章	《环境行政处罚办法》（环境保护部令第 8 号）	2010 年 3 月 1 日
	《关于环境保护行政主管部门移送涉嫌环境犯罪案件的若干规定》（环发〔2007〕78 号）	2007 年 5 月 17 日
	《环境保护行政许可听证暂行办法》（环境保护总局令第 22 号）	2004 年 7 月 1 日
	《关于印发〈行政主管部门移送适用行政拘留环境违法案件暂行办法〉的通知》（公安部、工业和信息化部、环境保护部、农业部、国家质量监督检验检疫总局）	2014 年 12 月 24 日
	《环境行政执法后督察办法》（环境保护部令第 14 号）	2011 年 3 月 1 日
	《环境行政主管部门实施按日连续处罚暂行办法》（环境保护部令第 28 号）	2015 年 1 月 1 日
	《环境保护行政主管部门实施查封、扣押暂行办法》（环境保护部令第 29 号）	2015 年 1 月 1 日
	《环境保护主管部门实施限制生产、停产整治暂行办法》（环境保护部令第 30 号）	2015 年 1 月 1 日
	《突发环境事件调查处理办法》（环境保护部令第 32 号）	2015 年 3 月 1 日
	《企业事业单位环境信息公开办法》（环境保护部令第 31 号）	2015 年 1 月 1 日
规范性文件	《规范环境行政处罚自由裁量权若干意见》（环办〔2009〕24 号） 附件： （1）法律、行政法规和部门规章设定的环境保护部门行政处罚目录； （2）自由裁量权细化参考指南； （3）关于规范环境监察执法自由裁量权的指导意见	2009 年 3 月 1 日
	《环境行政处罚听证程序规定》（环办〔2010〕24 号）	2011 年 2 月 1 日
	《环境行政处罚案件办理程序暂行规定》（环监发〔2009〕42 号）	2009 年 11 月 24 日
	《环境行政处罚证据指南》（环办〔2011〕66 号） 附件：（1）常见证据的证明对象示例； （2）常见环境违法行为的事实证明和证据收集示例； （3）常见证据制作示例	2009 年 11 月 24 日
	《环境行政处罚主要文书制作指南》（环办〔2010〕51 号）	2011 年 5 月 30 日

二、环境行政处罚的概念、特征

环境行政处罚是指国家环境保护监督管理部门，依照法定权限和程序对违反环境法律规范但尚不构成犯罪的单位或个人实施的一种行政制裁。

从上述定义可知，环境行政处罚具有如下特点：

(1) 行政处罚的主体是特定的环境保护行政机关和法律、法规授权的组织。“特定的环境保护行政机关”是指依法享有环境行政处罚权的环境保护行政机关。根据《环境保护法》第 10 条规定，“特定的环境保护行政机关”既包括县级以上地方环境保护行政主管部门还包括依照有关法律的规定对资源保护和污染防治等环境保护工作实施监管理的县级以上人民政府有关部门和军队环境保护部门，而不是所有的国家行政机关。而且这些享有环境保护行政处罚权的行政机关也只能在法定权限范围内实施行政处罚，否则就是违法，其行政处罚决定无效①。

(2) 行政处罚的对象是环境行政相对人中的违法者。环境行政相对人与环境保护监督管理部门之间存在着被监督与监督的行政法律关系。据此，环境行政相对人的环境行为将受到环境保护监督管理部门的监督与约束。反之，环境保护监督管理部门对环境行政相对人的环境行为必须加强监督检查，当发现环境行政相对人实施违反环境法律、法规的行为时必须依法及时查处。

(3) 行政处罚的前提是环境行政相对人实施了违反环境法律规范的行为。即只有环境行政相对人已经实施或者正在实施违反环境法律规范的行为，如某企业未经批准擅自拆除或者闲置污染防治设施才能给予行政处罚；且只有环境法律法规明确规定必须或者可以处罚的行为才可以处罚，而法律法规没有规定的就不能处罚。

(4) 行政处罚的性质是以惩戒环境违法行为为目的的行政制裁措施。行政处罚具有单方性、强制性、惩戒性，是一种特殊的具体行政纠正行为，与其他具体环境行政行为，如审批环评文件、验收“三同时”、颁发许可证等明显不同，其他环境行动行为均不具有单方性、强制性、惩戒性。

三、环境行政处罚与相关环境行政行为的关系

(一) 环境行政处罚与其他具体环境行政行为的区别

环境行政处罚属于环境保护监督管理部门所做出的具体行政行为，但是它与其他具体环境行政行为②有明显的区别，见表 11-2。

表 11-2 环境行政处罚与其他具体环境行政行为的区别

项目	环境行政处罚	其他环境行为
性质不同	是一种带有强制性、惩罚性的行政制裁措施	不具备惩罚性，多为应履行的义务未履行时，违反者才受到行政处罚

① 例如，根据《大气污染防治法》第 58 条第 2 款规定，对建筑施工造成扬尘污染的处罚，由建设行政主管部门决定，当地环境保护行政主管部门则无此处罚权。如果擅自作出行政处罚决定，其决定无效。

② 除环境行政处罚之外的其他环境行政行为，如审批环境影响评价文件、验收“三同时”、接受排污申报登记、颁发许可证、征收排污费、现场检查等。

项目	环境行政处罚	其他环境行为
对象不同	对象必须是违反环境法律规范的违法者	对象并不一定都具有行政违法性，如颁发许可证等则是根据行政相对人的请求作出（行政相对人并不具备违法性特征）
内容不同	基本形式有：警告；罚款；责令停产整顿；责令停产、停业、关闭；暂扣、吊销许可证（或其他证件）；没收违法所得、非法财产；行政拘留等	颁发许可证；审批环评文件；验收“三同时”；现场检查；排污申报登记；征收排污费等
程序不同	依据《行政处罚法》《环境行政处罚办法》规定的程序，其程序较为规范且严格	依据有关法律、法规、规章规定的程序①

（二）环境行政处罚与环境行政命令的区别

“行政命令”是环境保护监督管理部门对实施了违法行为的行政相对人所做出的具有约束力但不具有惩罚性的具体环境行政行为。根据《环境行政处罚办法》第 12 条规定，“行政命令不属于行政处罚，行政命令不适用行政处罚程序”，同时列举了 7 种主要行政命令的表现形式，见表 11-3 至表 11-9。

1. 责令停止建设

责令停止建设的法律适用，见表 11-3。

表 11-3 “责令停止建设”的法律适用

序号	法律依据	适用范围	处罚内容	处罚机关
1	《建设项目环境保护管理条例》第 21 条	建设单位未报批或未重新报批、未重新审核建设项目环境影响评价文件，擅自开工建设的	责令停止建设……	县级以上环境保护行政主管部门
2	《建设项目环境保护管理条例》第 21 条	建设项目环境影响评价文件未经批准或未经原审批机关重新审核同意，擅自开工建设的	责令停止建设……	由负责审批该项目环境影响影响评价文件的环境保护行政主管部门

2. 责令停止试生产

2017 年新修改的《建设项目环境保护管理条例》将“责令停止试生产”废除。

3. 责令停止生产或者使用

责令停止生产或者使用的法律适用，见表 11-4。

---

① 依据《环境影响评价法》《建设项目环境保护管理条例》《排污费征收使用管理条例》《环境保护行政许可听证暂行办法》等规定。

表 11-4　“责令停止生产或者使用”的法律适用

序号	法律依据	适用范围	处罚内容	处罚机关
1	《噪声污染防治法》第 48 条	建设项目中需配套建设的噪声污染防治设施没有建成或者没有达到国家规定的要求，擅自投入生产或者使用的	责令停止生产或者使用……	批准该项目环境影响评价报告书的环境保护行政主管部门
2	《固体废物污染环境防治法》第 69 条	建设项目需要配套建设的固体废物污染防治设施未建成、未经验收或者经验收不合格，主体工程即投入生产或者使用的	责令停止生产或者使用……	审批该项目环境影响评价文件的环境保护行政主管部门
3	《海洋环境保护法》第 81 条	海岸工程建设项目未建成环保设施，或者环保设施未达到规定要求即投入生产、使用的	责令停止生产或者使用……	环境保护行政主管部门
4	《建设项目环境保护管理条例》第 23 条	建设项目需要配套建设的环境保护设施未建成、未经验收或者经验收不合格，建设项目即投入生产或者使用的	造成重大环境污染或者生态破坏的，责令停止生产或者使用……	建设项目所在地县级以上环境保护行政主管部门

4. 责令重新安装使用

责令重新安装使用的法律适用，见表 11-5。

表 11-5　“责令重新安装使用”的适用

序号	法律依据	适用范围	处罚内容	处罚机关
1	现行《环境保护法》第三十七条	未经环境保护行政主管部门同意，擅自拆除或者闲置防治污染的设施，污染物排放超过规定的排放标准的	责令重新安装使用……	环境保护行政主管部门
2	《海洋环境保护法》第七十八条	违反本法规定，擅自拆除、闲置环境保护设施的	责令重新安装使用……	环境保护行政主管部门

5. 责令限期拆除

责令限期拆除的法律适用，见表 11-6。

表 11-6　“责令限期拆除”的适用

序号	法律依据	适用范围	处罚内容	处罚机关
1	《水污染防治法》第八十四条	在饮用水水源保护区内设置排污口的	责令限期拆除	县级以上地方人民政府

6. 责令停止违法行为

责令停止违法行为的法律适用，见表 11-7。

表 11-7 “责令停止违法行为”的适用

序号	法律依据	适用范围	处罚内容	处罚机关
1	《水污染防治法》第八十五条	向水体排放油类、酸液、碱液的；向水体排放剧毒废液，或者将含有汞、镉、砷、铬、铅、氰化物、黄磷等的可溶性剧毒废渣向水体排放、倾倒或者直接埋入地下的；在水体清洗装贮过油类、有毒污染物的车辆或者容器的；向水体排放、倾倒工业废渣、城镇垃圾或者其他废弃物，或者在江河、湖泊、运河、渠道、水库最高水位线以下的滩地、岸坡堆放、向水体排放、倾倒放射性固体废物或者含有高放射性、中放射性物质的废水的；违反国家有关规定或者标准，向水体排放含低放射性物质的废水、热废水或者含病原体的污水的；未采取防渗漏等措施，或者未建设地下水水质监测井进行监测的；加油站等的地下油罐未使用双层罐或者采取建造防渗池等其他有效措施，或者未进行防渗漏监测的；未按照规定采取防护性措施，或者利用无防渗漏措施的沟渠、坑塘等输送或者存贮含有毒污染物的废水、含病原体的污水或者其他废弃物的	责令停止违法行为	县级以上地方人民政府的环境保护行政主管部门
2	《水污染防治法》第九十条	向水体倾倒船舶垃圾或者排放船舶的残油、废油的；未经作业地海事管理机构批准，船舶进行散装液体污染危害性货物的过驳作业的；船舶及有关作业单位从事有污染风险的作业活动，未按照规定采取污染防治措施的；以冲滩方式进行船舶拆解的；进入中华人民共和国内河的国际航线船舶，排放不符合规定的船舶压载水的	责令停止违法行为	海事管理机构、渔业主管部门
3	《水污染防治法》第九十一条	在饮用水水源一级保护区内从事网箱养殖或者组织进行旅游、垂钓或者其他可能污染饮用水水体的活动；个人在饮用水水源一级保护区内游泳、垂钓或者从事其他可能污染饮用水水体的活动的	责令停止违法行为……	县级以上地方人民政府环境保护主管部门

7. 责令限期治理

责令限期治理的法律适用，见表 11-8。

表 11-8 “责令限期治理”的适用

序号	法律依据	适用范围	处罚内容	处罚机关
1	新修订《环境保护法》第六十条（注：对限期治理制度作了修改，见下面说明）	企业事业单位和其他生产经营者超过污染物排放标准或者超过重点污染物排放总量控制指标排放污染物的	责令其采取限制生产、停产整治等措施；情节严重的，责令停业、关闭（经有批准权的人民政府批准）	县级以上人民政府环境保护主管部门
2	《固体废物污染防治法法》第八十一条	造成固体废物严重污染环境的	限期治理	县级以上地方人民政府的环境保护行政主管部门

序号	法律依据	适用范围	处罚内容	处罚机关
3	《环境噪声污染防治法法》第十八条	对于在噪声敏感建筑物集中区域内造成严重环境噪声污染的企业事业单位	限期治理	县级以上人民政府（对小型企事业单位的限期治理，可以由县级以上人民政府授权其环保部门决定）
4	《水污染防治法法》第九十四条	企业事业单位违反本法规定，造成水污染事故的	限期（采取）治理（措施）	县级以上地方人民政府的环境保护行政主管部门

其中，《环境保护法》第60条对限期治理制度进行了较大修改，其主要理由是：

（1）限期治理制度实施以来，为促进污染治理发挥了重要作用，但在实践中存在着许多企业利用限期治理作为超标排污的“护身符”给违法排污网开一面，拖延治理期限，在限期治理期间更加肆无忌惮地排污，最终，限期治理难以起到督促企业治理的作用。

（2）限期治理制度作为特殊时代的产物，是为了适应环保从宽松到严格的过渡而设立的，不应作为环境管理的常态手段，应当对超标超总量排污的企业实行更加严格的措施。

（3）随着经济社会的发展，环境法制的完善，环境管理的手段从单一走向多元，从末端控制走向事前预防，应当通过环评、排污许可、责令改正、按日计罚等多种手段综合惩治环境违法行为，迫使企业自行治理。[①] 为了对超标超总量排污的企业实施更加严格的措施，《环境保护法》第60条规定：“企业事业单位和其他生产经营者超过污染物排放标准或者超过重点污染物排放总量控制指标排放污染物的，县级以上人民政府环境保护主管部门可以责令其采取限制生产、停产整治等措施；情节严重的，报经有批准权的人民政府批准，责令停业、关闭。”这样既能保留限期治理制度中较为积极的一部分功能，督促企业整改，又能避免被限期治理的企业迟迟不进行治理，限期治理决定难以落实的问题。

（三）其他行政命令

除上述行政命令之外，环境保护相关法律还规定了如下行政命令：

（1）责令采取限制生产、停产整治等措施（《环境保护法》第60条）；

（2）责令恢复原状（《环境保护法》第61条）；

（3）责令限期拆除（《水污染防治法》第84条）；

（4）责令限期改正（《水污染防治法》第82、第89条）；

（5）责令限期采取治理措施，消除污染（《水污染防治法》第85、第94条）；

（6）责令停止施工或者生产、使用（《海洋环境保护法》第83条）；

（7）责令退运危险废物（《固体废物污染环境防治法》第78条）；

（8）责令进口者消除污染（《固体废物污染环境防治法》第80条）等。

限制生产、停产整治说明：

“责令采取限制生产、停产整治等措施”是新修订的《环境保护法》针对超标、超总量指标排污的企业增设的一项较严厉的行政措施。根据《环境保护主管部门限制生产、停

① 信春鹰．《中华人民共和国环境保护法》学习读本．北京：中国民主法制出版社，2014：248.

产整治办法》（环境保护部令第 30 号）规定，环境保护主管部门做出限制生产、停产整治决定，应遵循如下程序及要求：

1. 限制生产、停产整治的适用范围

（1）限制生产适用情形。排污者超过污染物排放标准或者超过重点污染物日最高允许排放总量控制指标的，环境保护主管部门可以责令其采取限制生产措施。

（2）停产整治适用情形。①通过暗管、渗井、渗坑、灌注或者篡改、伪造监测数据，或者不正常运行防治污染设施等逃避监管的方式排放污染物超过污染物排放标准的；②非法排放含重金属、持久性有机污染物等严重危害环境、损害人体健康的污染物超过污染物排放标准 3 倍以上的；③超过重点污染物排放总量年度控制指标排放污染物的；④被责令限制生产后仍然超过污染物排放标准排放污染物的；⑤因突发事件造成污染物排放超过排放标准或者重点污染物排放总量控制指标的；⑥法律、法规规定的其他情形。

（3）不予实施停产整治的情形。①对城镇污水处理、垃圾处理、危险废物处置等公共设施的运营单位；②生产经营业务涉及基本民生、公共利益的排污者；③实施停产整治可能影响生产安全的排污者。超过污染物排放标准或者超过重点污染物排放总量控制指标排放污染物的，环境保护主管部门应当按照有关环境保护法律法规予以处罚，可以不予实施停产整治。

2. 实施程序

（1）调查取证。环境保护主管部门在作出限制生产、停产整治决定前，应开展调查取证工作，收集如下主要证据：现场检查笔录、调查询问笔录、环境监测报告、视听资料、证人证言等。

（2）报批。作出限制生产、停产整治决定，应当由环境监察机构书面报经环境保护主管部门负责人批准；案情重大或者社会影响较大的，应当经集体审议决定。

（3）告知听证。环境保护主管部门在作出停产整治决定前，应当告知排污者有关事实、理由、依据及其依法享有的陈述、申辩或者要求举行听证的权利。就同一事项进行行政处罚时，可在《行政处罚事先告知书》或《行政处罚听证告知书》中一并告知。

（4）决定。环境保护主管部门作出限制生产、停产整治决定的，应当制作《责令限制生产决定书》或者《责令停产整治决定书》；也可以在行政处罚决定书中载明。上述两份决定书应当载明下列事项：①排污者的基本情况，包括姓名或名称、营业执照号码、组织机构代码、地址以及法定代表人或者主要负责人姓名等；②违法事实及证据和作出限制生产、停产整治决定的法律依据；③责令限制生产、停产整治的种类和改正方式、期限；④排污者应履行的相关义务及申请行政复议或者提起行政诉讼的途径和期限；⑤环境保护主管部门的名称、印章和决定日期。

（5）送达。环境保护主管部门应当自作出限制生产、停产整治决定之日起 7 个工作日内将两份决定书送达排污者。

（6）报整改方案。排污者应当在收到限制生产决定或者责令停产整治决定后 15 个工作日内，将整改方案（整改方案应当确定改正措施、工程进度、资金保障和责任人员等），报作出决定的环境行政主管部门备案并向社会公开。

（7）解除。排污者完成整改任务的，应当在 15 个工作日内将整改任务完成情况和整改信息社会公开情况，报作出限制生产、停产整治决定的环境保护主管部门备案，并提交监测报告以及整改期间生产用电量、用水量、主要产品产量与整改前的对比情况等材料。限制生产、停产整顿决定自排污者报环境保护主管部门备案之日起解除。

（8）终止。限制生产、停产整治决定的终止，应当符合以下条件：①依法被撤销、解散、宣告破产或者因其他原因终止营业的；②有批准权的人民政府作出责令停业、关闭决定的。

3. 实施限制生产、停产整治应注意的问题

（1）限制生产一般不超过 3 个月；情况复杂的，经本级环境保护主管部门负责人批准，可以延长，但延长期限不得超过 3 个月；停产整治的期限，自《责令停产整治决定书》送达排污者之日起，至停产整治决定解除之日止。

（2）被限制生产的排污者在整改期间，不得超过污染物排放标准或者重点污染物日最高允许排放总量控制指标排放污染物，并按照环境监测技术规范进行监测或者委托有条件的环境监测机构开展监测，保存监测记录。

（3）排污者被责令限制生产、停产整治后，环境保护主管部门应当按照相关规定对排污者履行限制生产、停产整治措施的情况实施后督察，并依法进行处理或者处罚。

（4）排污者解除限制生产、停产整治后，环境行政主管部门应当在解除之日起 30 日内对排污者进行跟踪检查。

需要说明的是，环境行政命令作为环境行政处罚的重要补充，与环境行政处罚既有密切的联系，也有明显的区别。

4. 环境行政命令与环境行政处罚的联系

（1）行政命令与行政处罚的实施，均由行政相对人的环境违法行为引起的。

（2）实施行政命令与行政处罚的最终目的，都是为了维护环境管理秩序，保护公众的环境权益，维护社会公共利益。

（3）行政命令是启动行政处罚的前置程序。根据《环境行政处罚办法》第 11 条规定："环境保护主管部门实施行政处罚时，应当及时作出责令当事人改正或者限期改正的行政命令。"

（4）行政命令与行政处罚同步进行。根据环境法的规定，在很多情况下为达到惩戒环境违法行为的目的，在实施行政处罚的同时责令当事人改正或者限期改正。

5. 环境行政命令与环境行政处罚的区别

环境行政命令与环境行政处罚的区别，见表 11-9。

表 11-9 环境行政命令与环境行政处罚的区别

项目	行政命令	行政处罚
1. 性质不同	不具有惩罚性，只要求违法者纠正违法行为，没有增加新的义务	具有惩罚性，是通过惩罚性措施对违法者的声誉或财产造成一定的损害，科处新的义务
2. 目的不同	目的是督促违法行为人履行法定义	为了惩罚违法行为人，促使其以后不再犯
3. 形式不同	主要表现形式包括责令停止违法行为、责令停止生产或者使用等 8 种	基本形式包括警告、罚款、责令停产整顿等 7 种
4. 程序不同	不适用行政处罚程序，较宽松	必须遵循《行政处罚法》严格的法定程序

（四）环境行政处罚与民事制裁的区别

环境行政处罚是承担行政责任的具体惩罚措施，而环境民事制裁是因环境污染或生态破坏给公民、法人或其他组织造成人身、财产损失所应承担的民事责任的具体措施。二者的主要区别，见表 11-10。

表 11-10　环境行政处罚与民事制裁的区别

项目	环境行政处罚	环境民事制裁
1. 性质不同	是一种公法责任，是实施了环境违法行为的行政相对人对国家承担的行政方面的法律责任，它所保护的是非人格化的环境公共利益	是一种私法责任，是平等主体之间，即实施环境侵权行为者和受害者之间的民事法律责任，它所保护的是人格化的公民、法人和其他组织的个体利益
2. 主体不同	由环境行政机关直接对违法者适用，不存在违法者与其他人的责任转移问题	由平等民事主体之间相互承担责任（例如，加害人向受害人赔偿损失或受害人要求加害人给予赔偿），同时还存在着责任转移问题。在特殊情况下，一个民事主体（不一定是违法者）对受害人先行支付赔偿金后再向侵权人追偿①
3. 处罚条件不同	必须以受罚者存在违反环境法规的行为，而且法律明确规定能够给予处罚；违法性是追究行政责任的必要要件	不以加害人必须存在违法行为为前提条件，只要加害人实施了排污污染环境的行为、有损害后果以及污染环境的行为与损害后果之间存在因果关系（除加害人能证明存在法定的免责事由或污染行为与损害后果之间不存在因果关系外）加害人应当承担民事责任；违法性不是追究民事责任的必要要件

（五）环境行政处罚与环境刑事惩罚的区别

环境行政处罚与环境刑事惩罚的区别，见表 11-11。

表 11-11　环境行政处罚与刑事惩罚的区别

项目	环境行政处罚	环境刑事惩罚
1. 性质不同	属于环境行政责任性质	属于环境刑事犯罪性质，社会危害性与法律制裁要严重和严厉得多
2. 对象不同	对象是违反环境法律规范应承担行政责任的环境行政相对人	对象是实施了污染或者破坏环境造成人身伤亡或者重大经济损失触犯刑律应承担刑事责任的自然人或法人
3. 适用法律不同	实体法适用环境法规中行政责任规范，程序法适用于《行政处罚法》及《环境行政处罚办法》	实体法适用刑法中刑事法律规范及其他有关规定，程序法适用于《刑事诉讼法》

① 《水污染防治法》第 85 条："……水污染损害是由第三人造成的，排污方承担赔偿责任后，有权向第三人追偿。"

项目	环境行政处罚	环境刑事惩罚
4. 惩罚的机关不同	由环境保护监督管理机关实施	只能由人民法院实施
5. 惩罚的形式不同	形式包括警告、罚款、吊销许可证、责令停业关闭等，侧重于财产罚和能力罚	形式包括管制、拘役、有期徒刑、无期徒刑、死刑等主刑和罚金、剥夺政治权利、没收财产等附加刑，侧重于人身罚。在特殊场合，如对外国公民还可适用驱逐出境的惩罚形式（在此，罚款与罚金两者性质不同。罚款为行政制裁，由环境保护部门对违反环境法律法规但不够刑事惩罚的行政相对人适用；罚金为刑罚的一种，只能由人民法院对严重污染或者破坏环境的犯罪分子使用）

第二节　环境行政处罚的原则

环境行政处罚的原则，是指立法机关在环境法中设置行政处罚规范和环境保护监督管理部门实施行政处罚时必须遵循的指导思想。

根据《行政处罚法》和《环境行政处罚办法》规定的精神，环境行政处罚的基本原则包括：处罚法定原则、公正公开原则、罚责相当原则、处罚与教育相结合的原则、保障当事人合法权益原则、查处分离原则。

一、处罚法定原则

处罚法定原则，是由《行政处罚法》第 3 条规定的一项基本原则，是指环境保护监督管理部门必须严格依照环境法规定的处罚依据、形式、程序，对承担行政责任者实施行政处罚。这是依法行政对环境行政处罚的基本要求和具体化，它包含如下三层意思：

（一）实施处罚的主体必须是法定的环境行政主体

即享有行政处罚权的环境保护行政机关及其职责必须由环境法律、法规或者规章明确规定。根据环境法的规定，具有行政执法主体资格的部门有：县级以上人民政府的环境保护行政主管部门；其他依照法律规定行使环境保护监督管理权的部门以及地方县级以上人民政府。未经环境法律、法规授权或者环境保护行政机关委托的任何组织和个人均不能擅自实施行政处罚。

（二）处罚的依据必须是环境法律、法规、规章明确规定的

根据《行政处罚法》关于行政处罚设定权的规定，环境法律、法规和规章才能在各自的权限范围内认定相应的行政处罚权，亦即只有环境法律、法规及规章才能作为行政处罚的依据，除此之外其他的规范性文件不得设定行政处罚（《行政处罚法》第 14 条），亦即

不能作为环境行政处罚的依据，否则处罚无效[①]。

（三）处罚的程序必须是环境法律、法规、规章明确规定的

《行政处罚法》规定了行政处罚的简易程序、一般程序、听证程序、执行程序。据此，《环境行政处罚办法》明确规定了行政处罚的具体程序。环境保护行政机关及其工作人员实施行政处罚必须严格执行上述法定程序，如若违反，例如，对符合法定条件且当事人要求听证的环境保护行政机关无正当理由不予采纳的，行政处罚决定无效（《行政处罚法》第3条第2款），或者可能导致败诉[②]。

二、公正、公开原则

公正、公开原则，是由《行政处罚法》第4条第1款规定的一项重要原则。它是指环境保护行政机关对违反环境法律规范的行政相对人提起行政处罚程序，以至决定给予行政处罚时，必须做到客观、公平、透明。公正、公开原则的含义和要求如下：

（一）公正原则的要求

①环境保护行政机关实施行政处罚必须以事实为根据，要查明违法事实，没有违法事实，不得给予处罚；②给予行政处罚必须以法律为准绳，处罚与违法行为的事实、情节、性质以及社会危害程度相符合，不得滥罚；③与当事人有直接利害关系的环境行政执法人员应当回避[③]；④听证应当由环境行政机关指定的非本案调查人员主持[④]；⑤对情节复杂或者重大违法行为需要给予较重行政处罚的，应当集体讨论决定。

（二）公开原则的含义

公开原则的含义包括两方面：①行政处罚所依据的环境法律、法规和规章必须正式公开（《行政处罚法》第4条第3款），即凡是要求行政相对人遵守的，应当事先公布；②对违法者依法给予行政处罚必须要公开，即要公开处罚程序。

公开处罚程序要求环境行政机关及其执法人员实施行政处罚时必须做到如下几点：①告知当事人作出行政处罚决定的事实、理由及依据，并告知当事人依法享有的（《行政处罚法》第31条）。值得注意的是如果不告知，行政处罚决定不能成立（《行政处罚法》第41条）。②充分听取当事人的意见（《行政处罚法》第32条）。如果拒绝听取当事人的陈述或者申辩，行政处罚决定不能成立（《行政处罚法》第41条）。③符合法定条件且当事人要求听证的，应当组织听证（《行政处罚法》第42条）。④决定给予行政处罚的，应当制作行政处罚决定书（简易程序除外）（《行政处罚法》第39条第1款）。⑤行政处罚决

---

① 例如，北京市某区环保局根据该区政府规范性文件规定，对该区某烤鸭店超标排污的行为做出罚款5 000元的处罚决定引起行政诉讼，经法院审理最终被判决撤销处罚决定。

② 例如，北京市丰台区环保局对一家违反环评、“三同时”制度，违法加工铝合金的业主实施行政处罚中因只派出一名执法人员进行现场调查，且在现场笔录中没有签署当事人的姓名，做出罚款3 000元的处罚决定引起行政诉讼。由于违反法定程序，最终被法院判决撤销处罚决定。

③ 参见《行政处罚法》第37条第2款和第42条第1款第4项规定。

④ 参见《行政处罚法》第42条第1款第4项的规定。这一规定是为了避免主观片面、“先入为主”。

定书应当在宣布后当场交付当事人，当事人不在场时，应当依法送达（《行政处罚法》第40条）。

三、罚责相当原则

罚责相当原则，是《行政处罚法》第4条第2款规定的一项基本原则。它是指设定行政处罚和实施行政处罚，必须根据环境违法行为的事实、性质、情节以及社会危害程度决定给予行政处罚的轻重程度，也称过罚相当原则。罚责相当原则包含以下三个方面的内容：

（一）环境行政处罚规范必须与环境行政责任规范相当

即首先要求立法部门在环境立法中设定行政处罚规范与义务性规范时必须前呼后应，相互配合，协调一致，既不能遗漏，也不能相互脱节，罚不当责。

（二）必须全面、准确认定违法事实，正确适用法律

违法事实包括违法行为发生的时间、地点、侵害的对象、违法的手段、违法者的心理状态（故意或过失）、违法行为造成社会危害后果的大小，以及违法者违法前后的表现等，这些客观与主观事实都需要全面收集，仔细分析，正确评判。在实践中那种只把污染和破坏环境造成损失的大小作为确认行政处罚轻重的主要或者唯一根据的做法是不可取的，因为它忽略了行为人的过错形式。事实上在同样的损害结果情况下，故意要比过失造成的社会危害性更大。在一些场合，过失行为并不违法。在此，需要明确的是，我国环境法的一些条款，并没有把危害后果规定为承担行政责任的必要条件，而把可能造成污染损害的违法行为设定为给予行政处罚的必要条件①。在这种情形下，如果某些违法行为因未造成污染损害后果而不予行政处罚，就属于行政机关不作为，即违法；如果不分有无危害后果，一律予以相同的行政处罚，就是偏重或者偏轻，可能会导致罚不当责。

（三）行政处罚的轻重必须在法定形式与幅度之内

我国环境法针对不同的行政违法行为，设定了不同的处罚形式和罚款幅度。例如，《水污染防治法》第75条规定，违反法律、行政法规和国务院环境保护主管部门的规定设置排污口或者私设暗管的，由县级以上地方人民政府环境保护主管部门责令限期拆除，处2万元以上10万元以下罚款；逾期不拆除的，强制拆除，所需费用由违法者承担，处10万元以上50万元以下罚款；私设暗管或者有其他严重情节的，县级以上地方人民政府环境保护主管部门可以提请县级以上地方人民政府责令停产整顿。根据上述规定，对下达限期拆除令后自行拆除的，可以从轻处罚，即可处以2万元以上5万元以下罚款；对下达限期拆除令后拒不执行行政命令，逾期不拆除的，可以从重处罚，即可处以25万元以上50万元以下罚款（还要责令强制拆除，所需费用由违法者承担）；对有其他严重情节的，还可以提请县级以上地方人民政府责令停产整顿。

① 参见《环境保护法》第35～第37条和《大气污染防治法》等有关单行法的相关条款。

四、处罚与教育相结合的原则

处罚与教育相结合的原则，是《行政处罚法》第5条所明确的一项基本原则。它是指环境保护行政机关在实施行政处罚之前，首先要对行政相对人进行环境法制宣传，通过教育和帮助使其认识违法行为的危害，提高守法意识，在此基础上科以必要的处罚，以达到制止和预防违法的目的。该项原则有两层含义：

（一）实施行政处罚必须以教育为先

实施行政处罚不是目的，更不是唯一的手段，实施行政处罚是为了纠正违法行为，教育行政相对人自觉守法。即通过“惩”已然违法行为，达到“戒”未然违法行为的目的，以保障环境行政机关有效地实施环境监督管理。

（二）教育必须以行政处罚为后盾

教育的特殊功能在于启发、感化和引导，但教育不是万能的，教育也不能代替行政处罚，教育必须借助行政处罚的强制手段才能发挥其最大功效。因此，对违法者进行环境法制教育和帮助的同时，给予必要的适当的行政处罚，二者必须兼顾，不可偏废，才能达到制止和预防违法的目的。

处罚与教育相结合的原则，要求环境保护行政机关在实施行政处罚时，必须注意如下三点：①明确行政处罚的目的在于教育，在于制止和预防违法；②注重提高行政相对人的环境法律意识和守法的自觉性；③行政处罚与部门利益分开。

五、保障当事人合法权益原则

保障当事人合法权益原则，是《行政处罚法》第6条和第42条第1款规定的一项基本原则。它是指环境保护行政机关对违反环境法的行政相对人实施行政处罚时，在行政处罚的整个过程中必须依法保障相对人的合法权益不受任何侵害。《行政处罚法》明确规定当事人依法享有如下权利：

（一）陈述、申辩权

陈述、申辩是当事人在环境行政处罚中依法享有的最基本的权利。当事人通过行使这项权利，可以充分发表自己的意见，进一步了解环境保护行政机关做出处罚决定的事实、理由及依据，切实维护自身的合法权益；环境行政机关通过当事人的陈述和申辩，可以防止和避免处罚错误，以提高行政处罚的质量和效率。

（二）听证权

听证是为加大行政处罚的透明度，保证行政处罚的公开、公正、公平，更好地接受行政相对人的监督而设置的当事人依法享有的一项重要权利。行政相对人在可能受到较重的处罚或者较高额罚款且符合法定条件的（《环境行政处罚听证程序规定》第5条），可以要求环境行政机关举行听证会。反之，环境保护行政机关，在实施较重的处罚或者较高额罚款时，必须告知行政相对人有要求听证的权利；当事人要求听证的，必须按照法定程序举行听证会。

（三）申请行政复议和提起行政诉讼权

行政复议和行政诉讼作为行政处罚的最有效的救济途径，因而是行政相对人依法享有的一项最大、最重要的权利。行政复议和行政诉讼有严格的法定程序和时效，有保障行政相对人在复议、诉讼过程中与环境保护行政机关处于平等地位的各项制度规定，从而使这一监督和制约更加公正、有效，其范围更加广泛。

（四）行政赔偿请求权

行政赔偿是行政处罚的一个特殊救济方式。《行政处罚法》第 6 条规定："公民、法人或者其他组织因行政机关违法给予行政处罚受到损害的，有权依法提出赔偿要求。"这一规定有两层意思：①行政相对人对环境保护行政机关违法实施处罚造成其合法权益损害的，可以在法定期限内请求做出该处罚决定的环境保护行政机关给予赔偿。②环境保护行政机关发现自己违法实施行政处罚侵犯行政相对人合法权益造成损害时，应当主动给予赔偿或者根据当事人的请求依法给予必要的赔偿。

六、查处分离原则

查处分离原则主要包括两个方面的内容：①调查取证与处罚决定相互分离；②罚款决定与收缴罚款相互分离。

（一）调查取证与做出处罚决定相互分离

这是环境行政机关内部的分工，即调查取证由环境监察机构的第一线执法人员实施，做出处罚决定由法制工作机构的工作人员实施。环境行政执法的实践证明，建立健全调查权与处罚权职能相分离的制度，在行政处罚中实行立案、调查、复核、处罚四个关键职能环节的相对分离，"全过程"监督制约行政处罚活动，对于有效地避免由于职能不分，权力过度集中而导致"执法者成为自己案件的法官"的不公正现象，杜绝行政相对人可能受到行政专制的不良侵害，确保行政处罚的公正性具有十分重要的意义。

（二）罚款决定与收缴罚款相互分离

这是环境行政机关与其他有关部门的外部分工，即环境行政机关做出罚款决定，但不能自行收缴罚款（除当场收缴的情形之外），原则上由指定的银行代收后缴至财政部门或环境行政机关直接缴至财政部门。根据《行政处罚法》规定①，国务院于 1997 年 11 月 17 日出台了《罚款决定与罚款收缴分离实施办法》，为规范罚款收缴程序，加强对罚款收缴工作的监督提供了有力的法制保障。

此外，还有"一事不再罚的原则"，以事实为根据、以法律为准绳的原则，不得以行政处罚代替刑事处罚的原则，不得因当事人申辩而加重处罚的原则等（从略）。

---

① 《行政处罚法》第 46 条规定："作出罚款决定的行政机关应当与收缴罚款的机构分离。"

第三节　环境行政处罚的归类及形式

一、行政处罚的归类

我国行政法学界，一般将行政处罚分为四大类：

（一）申诫罚

申诫罚也称“精神罚”或“声誉罚”，是指环境行政机关告诫实施了违法行为的行政相对人其行为已构成行政违法的一种行政处罚。如环境保护中的警告、取消荣誉称号、公布黑名单等即属于申诫罚，主要适用于违法行为、危害后果较轻的行政违法相对人，其主要目的在于使违法的当事人从精神上、声誉上受到一定影响和压力，促使其改正违法行为，以后不再重犯。

（二）财产罚

财产罚也称“经济罚”或“金钱罚”，是指环境行政机关对实施违法行为的行政相对人给予经济上的一定制裁，迫使其履行给付金钱义务的行政制裁措施。财产罚主要包括罚款和没收两种形式，其主要特征是限制和剥夺违法者的财产权益，具有较明显的威慑作用，因此，财产罚中的罚款在行政处罚中适用最广泛、最常用，其作用较大，效果较明显。我国每年预算外的收费罚款收入数额之大，据统计，2011 年我国收费罚款收入达21 962亿元，超过税收的 1/3。①

（三）行为罚

行为罚也称“资格罚”或“能力罚”，是对实施违法行为者的行为予以限制或剥夺的严厉的行政制裁措施。在环境行政处罚中，行为罚主要包括责令停产整顿、责令停产、停业、关闭、暂扣或吊销许可证或执照等形式，因行为罚直接影响和限制违法者的生产、经营活动，甚至可能决定违法企业的生存与发展，威慑作用显得更为明显、更为有效。

（四）人身罚

人身罚也称“自由罚”，是限制或剥夺实施违法行为者人身自由的一种最严厉的行政处罚。目前我国行政处罚中的人身罚只有行政拘留（注：劳动教养已废除）一种形式。人身权是宪法赋予公民的最基本权利，没有人身权做保障，其他权利无从谈起，因此，“限制人身自由的行政处罚，只能由法律设定”（《行政处罚法》第 10 条），且只能由公安机关实施。根据《环境保护法》规定，环境行政处罚中人身罚的行政拘留适用于以下四种情况：①建设项目未依法进行环境影响评价，被责令停止建设，拒不执行；②违反法律规定，未取得排污许可证排放污染物，被责令停止排污，拒不执行；③通过暗管、渗井、渗

---

① 人民日报，2011-11-22。

坑、灌注或者篡改、伪造监测数据，或者不正常运行防治污染设施等逃避监管的方式违法排放污染物；④生产、使用国家明令禁止生产、使用的农药，被责令改正，拒不改正。

二、环境行政处罚的种类

（一）环境行政处罚种类概念

指环境保护行政机关对违反环境法律规范的行政相对人给予行政处罚的形式，也称行政处罚的方式。

我国环境法针对污染环境或者破坏环境和自然资源违法行为，规定了两类行政处罚形式。根据《环境保护法》《环境行政处罚办法》及污染防治单行法的规定，对违反环境法律规范造成或者可能造成环境污染的行政相对人给予行政处罚的主要形式有以下 7 种：警告；罚款；责令停产整顿；责令停产、停业、关闭；暂扣、吊销许可证或者其他具有许可性质的证件；没收违法所得、没收非法财物；行政拘留。

对破坏环境和自然资源的行政相对人给予行政处罚的形式，我国自然资源保护单行法规定了如下主要形式：罚款；责令退还非法占用的土地；限期拆除在非法转让的土地上新建的建筑物和其他设施；责令限期拆除养殖设施；责令缴纳复垦费；责令补种盗伐、滥伐的林木；责令停止开垦；责令收回非法批准、使用的土地；没收（如违法所得，违法买卖的证件、文件，在非法转让的土地上新建的建筑物和其他设施，没收苗种等）；责令非法进入我国管辖海域从事渔业生产或者渔业资源调查的外国人、外国渔船离开或者将其驱逐；等等。上述行政处罚的形式，只能由特定资源保护监督管理部门对违反自然资源保护法的特定的行政相对人实施。

我国环境保护法所规定的行政处罚的形式具有两个明显的特点：

（1）突出了预防性。环境法所规定的诸多行政处罚形式中，最突出的一个特点是设立和实施某种行政处罚，不是为了惩罚而惩罚，而是为了维护生态系统的良性循环，恢复生态平衡，防治环境污染和破坏。

（2）突出了行为罚。行为罚是指环境保护行政机关依法责令违反环境法的行政相对人为某种行为或不为某种行为，以达到维持环境管理秩序，制裁违法者的目的。如责令停产整顿，责令停产、停业、关闭，责令补种树木，责令停止开垦等，这类行政处罚形式在整个行政处罚形式中占有多数，体现了环境法的立法宗旨。

上述特点，要求环境保护行政机关在实施行政处罚时，应正确使用自由裁量权，多选用预防性行为罚，使预防性行为罚在环境行政处罚中发挥更有效的作用。

（二）环境行政处罚的基本形式

根据《环境行政处罚办法》的规定，对污染环境者给予行政处罚的主要形式包括以下 7 种：警告；罚款；责令停产整顿；责令停产、停业、关闭；暂扣、吊销许可证（或者其他证书）；没收违法所得、没收非法财物；行政拘留。

1. 警告

指环境保护行政机关对那些轻微违反环境法律规范的行政相对人的谴责和告诫。警告是申诫罚的一种形式，其作用是通过对违法行为人精神上的惩戒，以申明其有违反环境法的行为，促使其不再违法；对他人则能起到警戒作用，告诫他人不要再去污染或者破坏环境。

警告的处罚具有以下特点：

（1）警告是一种最轻微的行政处罚形式。警告适用违法情节轻微或者尚未造成实际危害后果的违法行为。

（2）警告是以影响违法行为人声誉为内容的处罚。警告是一种软约束措施，虽然不影响违法行为人的财产权利及行为能力方面不受损失，但其声誉，即环保形象受到一定影响。

（3）警告是单独适用的行政处罚形式。由于警告是行政处罚形式中惩罚性最轻的一种，将警告与其他行政处罚形式合并适用没有意义。

2. 罚款

指环境保护行政机关依法强迫违反环境法律规范，应承担行政责任的相对人，向国家缴纳一定数额的金钱的行政处罚形式。罚款是财产罚的一种形式，在环境行政处罚中应用最广泛。罚款具有如下特点：

（1）罚款是最普遍适用的行政处罚形式。我国现行环境法律、法规、规章，几乎都规定有罚款这一行政处罚形式，而且地方环境保护行政机关在实施行政处罚中，适用的最多最普遍的也是罚款。

（2）罚款只对单位和非履行公职的公民适用。根据我国现行环境法的规定，适用罚款的对象主要是单位（即企事业法人），在一些特殊场合对违反环境法的公民也可以处以罚款①。

（3）罚款是对违法者一定财产权的强制性剥夺。罚款作为剥夺违法者一定数额金钱的强制性手段，其目的是促使其醒悟，自觉守法，加强内部环境管理，不再以身试法。

（4）罚款的幅度较大。现行环境法规定的罚款幅度普遍较大，有的条款规定的罚款，上下限之间幅度有10倍之差②。

根据现行环境法律、法规的规定，将适用罚款的范围归纳如下，见表11-12。

表11-12　适用罚款的范围

序号	法律依据	罚款幅度
1	新修订《环境保护法》（第59条）	按照原处罚数额按日连续处罚
2	《水污染防治法》（第80～95条）	500元以下～100万元以下（受到罚款处罚，被责令改正，继续违法污或者拒绝、阻挠复查的，按照原处罚数额按日连续处罚）；（造成一般或较大事故的，按照直接损失的百分之二十计算罚款；造成重大或者特大事故的，按照直接损失的百分之三十计算罚款；对主管人、责任人处上年度年薪收入的50%以下罚款）

① 参见《水污染防治法》第81条第2款；《大气污染防治法》第57条；《噪声污染防治法》第58条第1款第3项。

② 参见《水污染防治法》第71、第72、第76、第78、第80条；《大气污染防治法》第59条、60条；《固体废物污染环境防治法》第70、第73、第74、第75、第78、第79、第82条。

序号	法律依据	罚款幅度
3	《大气污染防治法》(第 98～123 条)	
4	《固废法》(第 68～82 条)	200 元以下～100 万元以下；(1～3 倍罚款……违法所得 3 倍以下罚款)
5	《海洋环境保护法法》(第 73～91 条)	1 万元以下～100 万元以下；
6	《放射性污染防治法》(第 48～58 条)	1 万元以下～100 万元以下；(处违法所得 1～5 倍罚款)
7	《清洁生产促进法》(第 36～39 条)	5 万元以下～50 万元以下；
8	《环境影响评价评法》(第 31 条)	5 万元以下；(建设项目总投资额百分之一以上百分之五以下罚款)
9	《建设项目条例》(第 24～29 条)	5 万以下～10 万元以下；
10	《陆源污染物污染损害海洋环境管理条例》(第 24～30 条)	300 元以上～20 万元以下；
11	《海岸工程建设项目污染损害海洋环境管理条例》(第 26～28 条)	20 万元以下；
12	《医疗废物条例》(第 42～53 条)	100 元以上～3 万元以下
13	《畜禽规模养殖污染防治条例》(第 37～42 条)	3 000 元以下～50 万元以下(注：第 42 条，3 000 元以下的罚款，由动物卫生监督机构实施)
14	《排污费征收使用管理条例》(第 21～23 条)	应缴排污费数额的、所骗取批准减缴免缴或缓缴排污费数额的、挪用资金数额的 1～3 倍罚款

有关"按日计罚"，《环境保护法》第 59 条规定："企业事业单位和其他生产经营者违法排放污染物，受到罚款处罚，被责令改正，拒不改正的，依法作出处罚决定的行政机关可以自责令改正之日的次日起，按照原处罚数额按日连续处罚。"这一新规定第一次将"按日计罚"写入环境保护基本法中，为有效地解决长期以来环境保护中因"违法成本低"，违法企业不在乎罚款，屡罚屡犯，导致环境执法软的问题提供了"撒手锏"。

根据《环境保护主管部门实施按日连续处罚办法》(环境保护部令第 28 号)规定，环境保护主管部门实施"按日计罚"的应遵循如下程序及要求：

(1)"按日计罚"的适用范围

排污者有下列行为之一，受到罚款处罚，被责令改正，拒不改正的，作出罚款处罚决定的环境保护主管部门可以实施按日连续处罚：①超过国家或者地方规定的污染物排放标准，或者超过重点污染物排放总量控制指标排放污染物的；②通过暗管、渗井、渗坑、灌注或者篡改、伪造监测数据，或者不正常运行防治污染设施等逃避监管的方式排放污染物的；③排放法律、法规规定禁止排放的污染物的；④违法倾倒危险废物的；⑤其他违法排放污染物行为。

(2) 实施"按日计罚"的程序

第一步，调查取证。环境保护主管部门检查发现排污者违法排放污染物的，应当进行调查取证，并依法作出行政处罚决定。

第二步，送达处罚决定书。环境保护主管部门可以当场认定违法排放污染物的，应当在现场调查时向排污者送达《责令改正违法行为决定书》，责令立即停止违法排放污染物行为；需要通过环境监测认定违法排放污染物的，环境保护主管部门在取得环境监测报告后三个工作日内向排污者送达《责令改正违法行为决定书》，责令立即停止违法排放污染物行为。《责令改正违法行为决定书》应当载明下列事项：①排污者的基本情况，包括姓名或名称、营业执照号码、组织机构代码、地址以及法定代表人或者主要负责人姓名等；②环境违法事实和证据；③违反法律、法规或者规章的具体条款和处理依据；④责令立即改正的具体内容；⑤拒不改正可能承担按日连续处罚的法律后果；⑥申请行政复议或者提起行政诉讼的途径和期限；⑦环境保护主管部门的名称、印章和决定日期。

第三步，复查。环境保护主管部门在送达《责令改正违法行为决定书》之日起 30 日内，以暗查方式组织对排污者违法排放污染物行为的改正情况实施复查；环境保护主管部门复查时发现排污者拒不改正违法排放污染物行为的，可以对其实施按日连续处罚。（注：认定拒不改正的条件：①《责令改正违法行为决定书》送达后，环境保护主管部门复查发现仍在继续违法排放污染物的；②拒绝、阻挠环境保护主管部门实施复查的。）

第四步，再次复查。排污者被认定为拒不改正违法排放污染物行为的，环境保护主管部门再次作出责令改正违法行为决定（按照《环境保护主管部门实施按日连续处罚办法》第 8 条规定）将决定书送达排污者，责令立即停止违法排放污染物行为，并对排污者再次进行复查（依照《环境保护主管部门实施按日连续处罚办法》第 10 条、第 12 条的规定）。

第五步，作出处罚决定。环境保护主管部门决定实施按日连续处罚的，应当制作处罚决定书。处罚决定书载明下列事项：①排污者的基本情况，包括名称或者姓名、营业执照号码或者居民身份证号码、组织机构代码、地址以及法定代表人或者主要负责人姓名等；②初次检查发现的环境违法行为及该行为的原处罚决定、拒不改正的违法事实和证据；③按日连续处罚的起止时间和依据；④按照按日连续处罚规则决定的罚款数额；⑤按日连续处罚的履行方式和期限；⑥申请行政复议或者提起行政诉讼的途径和期限；⑦环境保护主管部门名称、印章和决定日期。

（3）实施“按日计罚”注意的问题

1）环境保护主管部门实施按日连续处罚应当符合法律规定的行政处罚程序。

2）按日连续处罚的计罚日数为《责令改正违法行为决定书》送达排污者之日的次日起，至环境保护主管部门复查发现违法排放污染物行为之日止。再次复查仍拒不改正的，计罚日数累计执行。

3）再次复查时违法排放污染物行为已经改正，环境保护主管部门在之后的检查中又发现排污者有《环境保护主管部门实施按日连续处罚办法》第 5 条规定的情形的，应当重新作出处罚决定，按日连续处罚的计罚周期重新起算。按日连续处罚次数不受限制。

4）按日连续处罚每日的罚款数额，为原处罚决定书确定的罚款数额；按照按日连续处罚规则决定的罚款数额，为原处罚决定书确定的罚款数额乘以计罚日数。

5）环境保护主管部门针对违法排放污染物行为实施按日连续处罚的，可以同时适用责令排污者限制生产、停产整治或者查封、扣押等措施；因采取上述措施使排污者停止违法排污行为的，不再实施按日连续处罚；环境保护主管部门复查时发现排污者已经改正违法排放污染物行为或者已经停产、停业、关闭的，不启动按日连续处罚；环境保护主管部门在实施复查前，收到排污者改正违法行为的情况报告，并附具相关证明材料的，经核查情况属实的，不再实施按日连续处罚。

6）环境保护主管部门实施按日连续处罚，应当坚持教育与处罚相结合的原则，引导和督促排污者及时改正环境违法行为，并应当向社会公开行政处罚决定和责令改正违法行为决定等相关信息。

除上述之外，还需要说明的是有些违法行为不能适用“按日计罚”。例如，根据《水污染防治法》第 78 条规定，对不符合产业政策的小型项目，必须直接责令关闭，而不存在责令改正的余地，因此不能适用“按日计罚”；关于罚款上限问题，按照原罚款数额按日连续处罚中“原处罚数额”应按照环境保护单行法规定掌握标准。如未经报批环评文件动工建设的违法行为，根据《环境影响评价法》第 31 条规定，可处 5 万元以上 20 万元以下罚款（即封顶）。但对受到罚款处罚，被责令改正，拒不改正的可以“按照原处罚数额按日连续处罚”，可罚款 20 万元以上（即不封顶）。

专栏 11-1　“按日计罚”实例

在我国最早实施“按日计罚”制度的是重庆市环境保护局。2007 年《重庆市环境保护条例》实施以来重庆市环境保护局先后对 69 起拒不改正的违法排污单位实施了“按日计罚”。其中对重庆市紫光天化蛋氨酸有限公司违法排污拒不改正的行为以按日累加处罚，共作出按日加处罚决定 20 次，累计罚款 2 860 万元；对重庆川庆化工厂超标排污、无证排污的违法排污拒不改正的行为实施了“按日计罚”8 次，共罚款 1 606 万元。①

造成环境污染事故适用罚款的范围，见表 11-13。

表 11-13　造成环境污染事故适用罚款的范围

法律依据	事故等级	罚款幅度
《水污染防治法》（第 94 条）	一般、较大事故	直接经济损失×20%计算罚款；（上一年度收入×50%以下的罚款（对主管人、责任人）
	重大、特大事故	直接经济损失×30%计算罚款；（上一年度收入×50%以下的罚款（对主管人、责任人）
《大气污染防治法》（第 122 条）		直接经济损失×（一倍以上五倍以下）；上一年度收入×50%以下的罚款（对主管人、责任人）
《固体废物污染环境防治法》（第 82 条）	一般事故	2 万～20 万元
	重大事故	直接经济损失×30%=100 万元（不超）

3. 责令停产整顿

违反本法规定，有下列行为之一的，由县级以上人民政府环境保护主管部门责令改正或者责令限制生产、停产整治，并处十万元以上一百万元以下的罚款；情节严重的，报经有批准权的人民政府批准，责令停业、关闭：

（一）未依法取得排污许可证排放水污染物的；

（二）超过水污染物排放标准或者超过重点水污染物排放总量控制指标排放水污染物的；

（三）利用渗井、渗坑、裂隙、溶洞，私设暗管，篡改、伪造监测数据，或者不正常

① 见《中国环境报》2014-05-14 第 6 版“屡罚屡犯是否一去不复返?”

运行水污染防治设施等逃避监管的方式排放水污染物的；

（四）未按照规定进行预处理，向污水集中处理设施排放不符合处理工艺要求的工业废水的。

4. 责令停产、停业、关闭

指作出限期治理决定的人民政府①，对逾期未完成治理任务的行政相对人，责令其不得继续生产或者经营的一种行政处罚形式。它是属于行为罚的一种，也称能力罚，具有如下特点：

（1）由特定的人民政府科处。即由作出限期治理决定的人民政府作出，责令中央直接管辖的企业事业单位停业、关闭的，还需报国务院批准。

（2）对特定的行政相对人科处。即只能对经人民政府作出限期治理决定后，逾期未完成治理任务的行政相对人科处②。

（3）属于最严厉的行政处罚形式。受此行政处罚的行政相对人将不能继续从事原来的排污生产、经营活动，因此只能对污染特别严重，且靠一般技术治理难以奏效，经济效益不佳的单位适用。

在此，需要说明的是根据《环境保护主管部门限制生产、停产整顿办法办法》规定，适用停业、关闭应当符合以下条件：①两年内因排放含重金属、持久性有机污染物等有毒物质超过污染物排放标准受过两次以上行政处罚，又实施前列行为的；②被责令停产整治后拒不停产或者擅自恢复生产的；③停产整治决定解除后，跟踪检查发现又实施同一违法行为的；④法律法规规定的有其他严重环境违法情节的。

责令停产、停业、关闭与责令停止生产或者使用的区别，见表11-14。

表11-14 责令停产、停业、关闭与责令停止生产或者使用的区别

项目	责令停产、停业、关闭	责令停止生产或者使用
1. 对象不同	适用的对象是经限期治理而未完成治理任务的正在生产或者经营的老企业事业单位	适用的对象则是防治污染设施没有建成或者未达到国家规定要求而投入生产或者使用的新的建设项目
2. 机关不同	实施行政处罚的机关是对该企业事业单位已作出限期治理决定的人民政府，有的还需要报国务院批准	实施行政处罚的机关则是原批准该建设项目环境影响报告书的环境保护行政主管部门
3. 后果和程序不同	受罚单位其后果是不能继续原来的生产、经营排污活动的，其所受的处罚是长期的，永久的	所受的处罚是短期的、暂时性的，只要防治污染设施建成或使原来未达到国家要求的达到国家要求的，就可以投入生产或者使用

5. 暂扣、吊销许可证（或者其他证书）

指环境保护行政机关依法暂时扣留、收回或撤销违法者已获得的从事某种活动的权利或者资格证书，剥夺或限制违法者从事某种特许活动的资格或权利的处罚形式。暂扣、吊

① 除《固体废物污染环境防治法》和《水污染防治法》规定由环境保护行政主管部门作出限期治理决定外，其他限期治理均由人民政府决定。参见《固体废物污染环境防治法》第81条、《水污染防治法》第74条。

② 例外情况是具备《大气污染防治法》第49条第1款规定应当给予停业、关闭处罚条件的单位。但该条款也规定，如果未达到“情节严重”的，应当先“责令改正”。可见，其基本精神是一致的。

销许可证（或其他证书）是属于资格罚的一种，具有如下特点：

（1）暂扣、吊销许可证（或其他证书）是一种严厉的行政处罚形式之一，直接涉及行政相对人的财产权利。吊销许可证（或其他证书）剥夺和限制了行政相对人从事生产、经营等资格和能力，实质上影响了其财产权利。

（2）暂扣、吊销许可证（或其他证书）是资格能力罚，适用于取得从事某种对环境有影响的活动资格和特许权的违法的行政相对人。这种处罚不同于罚款等财产罚，处罚仅适用于实施许可证的环境监督管理范围内的违法行为，且仅适用于已经取得许可证的违法的行政相对人。

6. 没收违法所得、没收非法财物

“没收违法所得”是指环境保护行政机关将违法行为人的非法收入和所得收归国有的处罚形式。违法所得是指违法者通过非法手段获取的财产，如无经营许可证从事收集、贮存、利用、处置危险废物经营活动获取的财产等[①]。没收违法所得处罚具有如下特点：

（1）没收违法所得是行政处罚形式之一。没收违法所得不同于刑罚附刑中的没收财产，二者的主要区别在于性质不同和适用范围不同。

（2）没收违法所得只适用于有违法所得的环境违法情形。换言之，对于环境违法行为采取没收违法所得的处罚，必须严格区分是否有违法所得。

（3）没收违法所得是涉及违法者财产权利的处罚形式。环境保护行政机关将违法者违法获取的利益收归国有，使违法者已经获得的财产随之丧失，体现了对违法者的制裁。

“没收非法财物”，是《环境行政处罚办法》增加的新的行政处罚形式，它是指环境行政机关将行政相对人所有的非法财物强制无偿收归国库的一种行政制裁措施，是对“没收违法所得”处罚的重要补充。根据《环境行政处罚办法》规定，环境行政机关必须按照国家规定处理没收的非法财物，即应当公开拍卖非法财物，将拍卖得款必须如数全部收入国库，“任何单位和个人不得截留、私分或者变相私分”。[②]

在此，应当明确的是“违法所得”不同于“非法财产”，“违法所得”是行政相对人实施违法行为所得的不应归自己的额外财产，因此，适用“没收违法所得”的处罚。首先，必须弄清行政相对人是否存在违法行为，违反了何种法律规定？目前，我国现行环境法（污染防治领域）关于“没收违法所得”是行政相对人非法占有的违禁品或其他财物，是原本属于自己的物品因违法而转化为非法财物。在我国现行环境法（污染防治领域）中尚无“没收非法财物”行政处罚的规定，因此，适用此类处罚应当慎之又慎，以免侵权导致行政赔偿。

7. 行政拘留

行政拘留，是指依据《治安管理处罚法》，公安机关对违反治安管理而污染环境或者破坏生活环境或者生态环境的人在一定时间内强制限制其人身自由的处罚方式。[③] 环境保护中的行政拘留是行政处罚的特殊形式，属于人身罚的一种。这是现行《水污染防治法》和《环境保护法》增设的新的处罚形式（见专栏 11-2、专栏 11-3），是介于行政处罚与刑

---

① 参见《固体废物污染环境防治法》第 77 条第 1 款、《海洋环境保护法》第 75 条。

② 参见《环境行政处罚办法》第 65、第 66 条。

③ 韩德培．环境保护法教程．6 版．北京：法律出版社，2012：389.

事处罚之间的严厉惩罚措施，其目的在于充分发挥人身罚的作用，加大对严重污染环境的违法行为的惩戒力度，以维护环境社会秩序。《环境保护法》在《水污染防治法》规定的基础上进一步扩大了适用行政拘留的范围。

专栏 11-2　全国人大法工委《对违法排污行为适用行政拘留处罚问题的意见》（法工委复〔2008〕5 号）

环境保护部：

你部《关于商请解释违法排污行为适用行政拘留处罚问题的函》（环函〔2008〕65 号）收悉。经研究，答复如下：

依照《治安管理处罚法》第 30 条关于对违反国家规定处置爆炸性、毒害性、放射性、腐蚀性物质或者传染病病原体等危险物质的行为给予行政拘留处罚的规定，第 18 条关于“单位违反治安管理的，对其直接负责的主管人员和其他直接责任人员依照本法的规定处罚”的规定，以及《水污染防治法》第 90 条关于“违反本法规定，构成违反治安管理行为的，依法给予治安管理处罚”的规定，排污单位违反国家规定，向水体排放、倾倒毒害性、放射性、腐蚀性物质或者传染病病原体等危险物质，构成非法处置危险物质的违反治安管理行为的，可以由公安机关对单位直接负责的主管人员和其他直接责任人员依法给予行政拘留处罚。

2008 年 5 月 23 日

专栏 11-3　《环境保护法》关于适用行政拘留的范围

第 63 条规定：企业事业单位和其他生产经营者有下列行为之一，尚不构成犯罪的，除依照有关法律法规规定予以处罚外，由县级以上人民政府环境保护主管部门或者其他有关部门将案件移送公安机关，对其直接负责的主管人员和其他直接责任人员，处 10 日以上 15 日以下拘留；情节较轻的，处 5 日以上 10 日以下拘留：

（一）建设项目未依法进行环境影响评价，被责令停止建设，拒不执行的；

（二）违反法律规定，未取得排污许可证排放污染物，被责令停止排污，拒不执行的；

（三）通过暗管、渗井、渗坑、灌注或者篡改、伪造监测数据，或者不正常运行防治污染设施等逃避监管的方式违法排放污染物的；

（四）生产、使用国家明令禁止生产、使用的农药，被责令改正，拒不改正的。

关于如何实施行政拘留，公安部、工信部、环境保护部、农业部、国家质检总局于 2014 年 12 月 24 日下发了关于印发《行政主管部门移送适用行政拘留环境违法案件暂行办法》的通知，进一步细化明确了适用行政拘留的范围及程序等相关问题。

（1）适用行政拘留的范围

根据《环境保护法》第 63 条和《行政主管部门移送适用行政拘留环境违法案件暂行办法》（公治〔2014〕853 号）规定，适用行政拘留的范围具体如下：

第一类，建设项目未依法进行环境影响评价，被责令停止建设，拒不执行的行为，包括以下情形：①送达责令停止建设决定书后，再次检查发现仍在建设的；②现场检查时虽未建设，但有证据证明在责令停止建设期间仍在建设的；③被责令停止建设后，拒绝、阻扰环境保护主管部门或者其他负有环境保护监督管理职责的部门核查的。

第二类，违反法律规定，未取得排污许可证排放污染物，被责令停止排污，拒不执行的行为，包括以下情形：①送达责令停止排污决定书后，再次检查发现仍在排污的；②现场检查虽未发现当场排污，但有证据证明在被责令停止排污期间有过排污事实的；③被责令停止排污后，拒绝、阻挠环境保护主管部门或者其他具有环境保护管理职责的部门核查的。

第三类，通过暗管、渗井、渗坑、灌注等不经法定排放口排放污染物等逃避监管的方式违法排放污染物的，包括以下情形：①通过隐蔽的方式达到规避监管目的而设置的排污管道，包括埋入地下的水泥管、瓷管、塑料管等，以及地上的临时排污管道排放污染物的；②通过无防渗漏措施或起不到防渗作用的、封闭或半封闭的坑、池、塘、井和沟、渠等排放污染物的；③通过高压深井向地下排放污染物的。

第四类，通过篡改、伪造用于监控、监测污染物排放的手工及自动监测仪器设备的监测数据的，包括以下情形：①违反国家规定，对污染源监控系统进行删除、修改、增加、干扰，或者对污染源监控系统中存储、处理、传输的数据和应用程序进行删除、修改、增加，造成污染源监控系统不能正常运行的；②破坏、损毁监控仪器站房、通信线路、信息采集传输设备、视频设备、电力设备、空调、风机、采样泵及其他监控设施的，以及破坏、损毁监控设施采样管线，破坏、损毁监控仪器、仪表的；③稀释排放的污染物故意干扰监测数据的；④其他致使监测、监控设施不能正常运行的情形。

第五类，通过不正常运行防治污染设施等逃避监管的方式违法排放污染物的，包括以下情形：①将部分或全部污染物不经过处理设施，直接排放的；②非紧急情况下开启污染物处理设施的应急排放阀门，将部分或者全部污染物直接排放的；③将未经处理的污染物从污染物处理设施的中间工序引出直接排放的；④在生产经营或者作业过程中，停止运行污染物处理设施的；⑤违反操作规程使用污染物处理设施，致使处理设施不能正常发挥处理作用的；⑥污染物处理设施发生故障后，排污单位不及时或者不按规程进行检查和维修，致使处理设施不能正常发挥处理作用的；⑦其他不正常运行污染防治设施的情形。

第六类，生产、使用国家明令禁止生产、使用的农药，被责令改正，拒不改正的行为，包括以下情形：①送达责令改正文书后再次检查发现仍在生产、使用的；②无正当理由不及时完成责令改正文书规定的改正要求的；③送达责令改正文书后，拒绝、阻挠环境保护、农业、工业和信息化、质量监督检验检疫等主管部门核查的。

(2) 实施行政拘留的程序

第一步，县级以上人民政府环境保护主管部门或者其他负有环境保护监督管理职责的部门向公安机关移送环境违法案件，应当制作案件移送审批单，报经本部门负责人批准。

第二步，案件移送部门向公安机关移送环境违法案件，应当在作出移送决定后 3 日内将案件移送书和案件相关材料移送至同级公安机关，并移送下列案卷材料：①移送材料清单；②案件移送书；③案件调查报告；④涉案证据材料；⑤涉案物品清单；⑥行政执法部门的处罚决定等相关材料；⑦其他有关涉案材料等。

第三步，公安机关应当按照《公安机关办理行政案件程序规定》的要求受理；公安机关经审查，认为案件违法事实不清、证据不足的，可以在受案后3日内书面告知案件移送部门补充移送相关证据材料，也可以按照《公安机关办理行政案件程序规定》调查取证；公安机关对移送的案件，认为事实清楚、证据确实充分，依法决定行政拘留的，应当在作出决定之日起三日内将决定书抄送案件移送部门；公安机关对移送的案件，认为事实不清、证据不足，不符合行政拘留条件的，应当在受案后五日内书面告知案件移送部门并说明理由，同时退回案卷材料；案件移送部门收到书面告知及退回的案卷材料后应当依法予以结案。

（3）实施行政拘留注意的问题

1）实施行政拘留处罚的主体不是环境行政机关，而是公安机关。因此，适用该处罚，环境行政机关应当及时将涉嫌依法应当实施行政拘留的案件移送公安机关。

2）应当明确被拘留的直接负责的主管人员，即是违法行为主要获利者和在生产、经营中有决定权的管理、指挥、组织人员；其他直接责任人员，即是直接排放、倾倒、处置污染物或者篡改、伪造监测数据的工作人员等。

3）实施行政拘留的环境违法案件案卷原件由公安机关结案归档。案件移送部门应当将行政处罚决定书、送交回执等公安机关制作的文书以及其他证据补充材料复印存档，公安机关应当予以配合。

4）上级环境行政机关负责对下级环境行政机关经办案件的稽查，发现下级环境行政机关应当移送而未移送的，应当责令移送。

5）当事人不服行政拘留处罚申请行政复议或者提起行政诉讼的，案件移送部门应当协助配合公安机关做好行政复议、行政应诉等相关工作。

三、对破坏环境资源者实施的行政处罚形式

我国目前尚未制定综合性自然资源保护法律。对破坏环境资源者的行政处罚形式，分别规定在各自然资源保护单行法中，归纳起来除警告、罚款及吊销许可证与污染防治单行法规定相近之外，还有如下几种处罚形式。

（一）没收

指资源保护监督管理部门，强令违反环境法破坏环境资源的行政相对人将全部或部分违法所得的财物上缴国家的行政处罚形式。

“违法所得的财物”指非转让土地的违法所得，在非法占用、转让的土地上新建的建筑物及其设施，非法所得的木材、矿产资源，非法猎取的猎获物、渔获物，非法使用的猎捕工具、渔具，倒卖采伐许可证、允许进出口证明或者出售、收购、运输、携带国家或者地方重点保护野生动物及其产品等。

“没收”可根据违法者的情节决定全部或者部分没收，没收的财物或者金钱应全部收缴国库。没收具有如下特点和作用：

（1）没收的对象是违法所得或者非法使用的财物。没收与罚款都是对违法者财产权的剥夺，但没收的对象只能是违法者破坏环境资源非法所得或者非法使用的财物，而罚款上

缴的金钱一般为违法者违法前已拥有的合法财产。

(2) 没收处罚作用在于剥夺违法者的非法所得，同时剥夺其已使用和可能继续使用从事破坏环境资源的手段。

（二）责令停止破坏行为

指资源保护监督管理部门强令违反环境法而破坏环境资源者停止破坏行为的行政处罚形式。包括责令停止违法行为，责令退还非法占用的土地，责令停止开垦，责令限期拆除非法转让或者非法占用的土地上新建的建筑物及其他设施，责令停止破坏性开采矿产资源活动，责令停止破坏水土保持行为，责令停止破坏重点保护野生动物主要生息繁衍场所等。

责令停止违法行为的目的，是为了制止和纠正违法行为对生态环境和自然资源的破坏。值得注意的是，为有效地制止破坏行为，资源保护监督管理部门在责令违法者停止破坏行为的同时，还必须给予其他形式的行政处罚。

（三）责令恢复被破坏的生态环境和自然资源

指资源保护监督管理部门依法强令违反环境法而破坏生态环境和自然资源者在一定期限内恢复被破坏的生态功能或被减损的资源数量的行政处罚形式。包括责令补种、责令恢复原状、责令恢复植被、责令停业治理等。

值得注意的是，适用这一处罚形式，由于生态环境和自然资源破坏容易，恢复却难[①]，在责令违法者恢复被破坏的生态环境和自然资源外，还要依法给予其他形式的处罚。

四、环境行政处罚自由裁量权的运用

（一）自由裁量权的含义及归类

环境行政处罚自由裁量权，是指环境保护部门在查出环境违法行为时，依据法律、法规和规章的规定，酌情决定对违法行为人是否处罚、处罚种类和处罚幅度的权限。[②] 正确行使行政处罚自由裁量权，是严格执法、科学执法，推进依法行政的基本要求，对于准确适用环境法律、法规，公正执法，提高环境监管水平，打击恶意环境违法行为，同时保护相对人的合法权益，具有十分重要的意义。

根据我国现行的环境法律、法规的规定，结合环境行政处罚的实践可将行政处罚自由裁量权归纳为如下 6 种：

(1) 认定违法情节轻重的自由裁量权。如《水污染防治法》第 82 条规定：“水污染事故发生后，未及时启动水污染事故的应急方案，采取有关应急措施的，责令改正；情节严重的，处 2 万元以上 10 万元以下罚款。”在此，法律未规定认定“情节严重的”的具体标准，因此，认定违法者违法的情节严重还是较轻，只能由环境行政机关从实际出发自由裁量。

---

① 如人们可以在短时间内砍光大片深林，杀绝几种珍稀濒危野生动物，但要恢复其生态功能和数量，少则要花十几年，多则几十年，甚至有的永远无法恢复。

② 参见《规范环境行政处罚自由裁量权若干意见》（环办〔2009〕107 号）。

（2）选择行政处罚种类的自由裁量权。如《噪声污染防治法》第51条规定："违反本法第十五条规定，不按照国家规定缴纳超标准排污费的，县级以上环境保护主管部门可以根据不同情节，给予警告或者罚款。"在此，环境行政机关对违法者给予警告还是罚款有权自由裁量。

（3）在罚款幅度内决定罚款数额的自由裁量权。例如，《大气污染防治法》第106条规定："违反本法规定，使用不符合标准或者要求的船舶用燃油的，由海事管理机构、渔业主管部门按照职责处一万元以上十万元以下的罚款。"

（4）决定具体行政行为期限的自由裁量权。如《环境影响评价法》第31条规定："建设单位未依法报批建设项目环境影响评价文件，擅自开工建设的，由有权审批该项目环境影响评价文件的环境保护行政主管部门责令停止建设，限期补办手续。"在此法律未明确规定补办手续的具体期限。如何确定补办手续的具体期限只能由环境行政机关根据建设项目的实际情况自由裁量。

（5）决定是否强制执行的自由裁量权。如《行政诉讼法》第66条规定："公民、法人和其他组织对具体行政行为在法定期限内不提起诉讼又不履行的，行政机关可以申请人民法院强制执行，或者依法强制执行。"再如，《水污染防治法》第75条第2款规定："违反法律、行政法规和国务院环境保护主管部门的规定设置排污口后者私设暗管的，由县级以上人民政府环境保护主管部门责令限期拆除，处2万元以上10万元以下罚款，逾期不拆除的，强制拆除，所需费用由违法者承担"，据此，是否申请人民法院强制执行、是否由环境行政机关强制执行（强制拆除）环境行政机关可以自由裁量。

（二）规范行政处罚自由裁量权的原则

环境行政机关行使自由裁量权应严格遵循如下主要原则，以保证行政处罚的公正、公平性，保护行政相对人的合法权益。

（1）合法原则。环境行政机关行使自由裁量权，必须在法定的自由裁量条件、处罚种类及罚款幅度范围之内裁量，并严格按照《行政处罚法》《环境行政处罚办法》规定的法定程序施罚，防止和避免侵权。

（2）合理原则。环境行政机关行使自由裁量权应当从立法宗旨出发，充分考虑，并全面衡量处罚对象的实际情况、危害后果、社会影响以及不同地方的经济发展情况等因素，力求过罚相当，所采取的手段与措施必要且适当。

（3）公开原则。环境行政机关行使自由裁量权，应当事先向社会公开裁量标准，并告知行政相对人裁量所基于的依据、事实、理由以及依法享有的权利。

（4）公平原则。环境行政机关行使自由裁量权，应当同等对待当事人，对违法事实、性质、情节、危害后果及社会影响类同的案件应当给予相同的处理，防止和避免同类案件不同处罚的现象发生。

（5）综合裁量原则。环境行政机关行使自由裁量权，应当综合考虑违法行为人的过错、侵害的对象、危害后果、社会影响、改错的态度、违法的次数等相关因素，准确判断该不该处罚，科以何种处罚及幅度，防止因片面重视某一情节而处罚不当。

除上述原则之外，环境行政机关行使自由裁量权，还应准确把握适用法律、法规、规章的如下规则：高位法优先规则、特别法优先规则、新法优先规则以及地方法规优先情形、部门规章优先情形。

（三）适用自由裁量的常用法律规定

查阅《规范环境行政处罚自由裁量权若干意见》（环办〔2009〕107 号）附件二：《主要环境违法行为行政处罚自由裁量权细化参考指南》。

第四节　环境行政处罚的主体与管辖

一、环境行政处罚的主体

（一）环境行政处罚的主体概念

指以行政权力实施和执行环境法律规范的机构。它是由环境监督管理体制所派生的，具有如下主要特征：

(1) 必须由环境法律明确规定。根据《行政处罚法》规定，不是所有国家行政机关都具有行政处罚权，而是只有环境法律明确规定的环境保护行政机关才具有行政处罚权，并且各个环境保护行政机关必须严格按照环境法律规定的管辖范围实施环境行政处罚权，不得任意扩大或者缩小。

(2) 以国家名义行使环境行政处罚权。根据我国《环境保护法》规定，对环境与资源保护工作实施监督管理权的行政机关是县级以上地方人民政府环境保护行政主管部门和其他依照法律规定行使环境监督管理权的部门。这些部门依法作出的环境行政处罚决定，都是以国家名义代表国家执法。

（二）环境行政处罚的主体分类及其权限

根据环境行政处罚主体实施行政处罚的对象和监督管理范围不同，我国的环境法律将行政处罚主体分为：县级以上人民政府环境保护行政主管部门；依照有关法律规定对其他环境污染防治实施监督管理的部门；依照有关法律规定对资源保护实施监督管理的部门三类。

1. 县级以上环境保护行政主管部门

根据《环境保护法》《环境影响评价法》《水污染防治法》等环境法律、法规及规章的规定，各级环境保护行政主管部门可以对 14 类 304 种[①]造成或可能造成环境污染和生态破坏的违法行为实施行政处罚。其中常见的、主要的环境违法行为包括 12 种（详见第九章第二节）。

需要说明的是，在我国环境行政执法实践中环境行政机关的行政处罚权，具体由各级环境行政机关的监察机构统一行使。依据相关法律规定，环境监察机构行使行政处罚权有

① 参见《规范环境行政处罚自由裁量权若干意见》（环办〔2009〕107 号）（2009 年 2 月 20 日通过，2009 年 3 月 11 日公布）附件：(1) 法律、行政法规和部门规章设定的环境保护部门行政处罚目录。

两种形式：

（1）受委托行使处罚权。受委托处罚，是指各级环境监察机构，受同级环境行政机关的委托在其委托的权限范围内行使行政处罚权。环境行政机关委托环境监察机构行使处罚权，必须遵守如下委托规则：①必须依照法律、法规、规章的规定委托；②必须在法定权限范围内委托；③受委托的环境监察机构，必须具备法定条件（《行政处罚法》第 19 条规定的条件）；④环境监察机构必须以委托机关的名义实施行政处罚，其法律后果由委托机关承担；⑤必须遵守委托与受委托的禁止性规则（例如，不得委托公民个人或委托不符合法定条件的组织实施处罚权；受委托的环境监察机构不得转让委托；环境监察机构必须接受环境行政机关的监督指导）。

《环境保护法》第 24 条规定："县级以上人民政府环境保护主管部门及其委托的环境监察机构和其他负有环境保护监督管理职责的部门，有权对排放污染物的企业事业单位和其他生产经营者进行现场检查。"这一规定，首次在环境保护基本法层面上确立了环境监察机构的执法主体地位。

（2）经法律授权实施行政处罚权。根据《行政处罚法》第 16 条关于"法律、法规授权的具有管理公共事务职能的组织可以在法定授权范围内实施行政处罚"的规定，授权的组织作为行政处罚的主体必须具备如下条件：①有法律、法规的明确授权；②符合授权法律、法规规定的条件；③授权的组织在法定权限范围内以自己的名义实施行政处罚权，并独立承担法律责任。目前，在我国环境行政处罚中尚无将行政处罚权直接授予有关组织的法律、法规的规定，而只有个别地方性环境法规，如《重庆市环境保护条例》规定，将行政处罚权授予环境监察机构行使[①]。

专栏 11-4　关于环境行政处罚主体资格有关问题的复函
（国家环境保护总局　环函〔2001〕120 号）

山东省环境保护局：

你局《关于环境行政处罚主体资格有关问题的请示》（鲁环发〔2001〕116 号）收悉。经研究，函复如下：

根据《行政处罚法》第 15 条和第 20 条的规定："行政处罚由具有行政处罚权的行政机关在法定职权范围内实施"，并"由违法行为发生地的县级以上地方人民政府具有行政处罚权的行政机关管辖"。《环境保护行政处罚办法》（国家环境保护总局令第 7 号）第 9 条进一步明确，县级以上环境保护行政主管部门在法定职权范围内实施环境保护行政处罚。

另据《行政处罚法》第 18 条的规定，行政机关可以依法在其法定权限内委托符合条件的组织实施行政处罚。《环境保护行政处罚办法》第 10 条也规定，环境保护行政主管部门可以在其法定职权范围内委托环境监理机构实施行政处罚。

由此可见，环境保护行政处罚依法应由具有行政处罚权的环境保护行政机关实施，

① 参见《重庆市环境保护条例》第 8 条第 2 款规定："市环境保护行政主管部门行使的行政处罚权，可以由环境监察机构依照本条例规定实施。"

其他组织未经法律、法规授权，依法不具有实施环境保护行政处罚的主体资格；行政机关委托其他组织实施环境保护行政处罚的，也应在其法定权限之内委托处罚，超越法定职权委托处罚应属无效。

根据《环境保护行政处罚办法》第 15 条第 2 款的规定，对发生在既无环境保护行政主管部门，也无法律、法规授权实施环境保护行政处罚的其他组织，委托实施处罚又超越法定职权的地方的环境违法案件，上级环境保护行政主管部门可以对其直接实施行政处罚。

2001 年 6 月 14 日

2. 依照有关法律规定对其他环境污染防治实施监督管理的部门

如前所述，根据《环境保护法》的规定，这些监督管理部门包括：国家海洋行政主管部门、港务监督、渔政渔港监督、军队环境保护部门和各级公安、交通、铁道、民航管理部门等。这些部门，依照有关环境法律规定，在各自的职权范围内实施行政处罚权（在第二章、第五章中已分别阐述，在此不再赘述）。

3. 依照有关法律规定对资源保护实施监督管理的部门

根据《环境保护法》的规定，对资源保护实施监督管理的部门包括：土地、矿产、林业、农业、水行政主管部门。这些部门依照有关资源保护法律规定，在各自的职权范围内实施行政处罚权（在第六章中已分别阐述，在此不再赘述）。

除上述三类环境行政处罚主体之外，县级以上人民政府在环境保护的重要领域也依法享有行政处罚权。

根据我国《行政机关组织法》、现行的行政体制及行政职能划分，县级以上各级人民政府既是环境保护行政主管部门的领导机关，也是直接行使环境行政处罚权的行政处罚主体。

依照《环境保护法》及相关法律规定，县级以上人民政府在事关环境保护与经济发展的重大问题方面可以作出“责令停业、关闭”等最严厉的行政处罚决定，见表 11-15。

表 11-15　县级以上人民政府适用行政处罚的范围

序号	法规依据	违法行为	行政处罚（命令）措施
1	新《环境保护法》第 60 条	超过污染物排放标准或者超过重点污染物排放总量控制指标排放污染物，情节严重的	环保部门报请有批准权的人民政府批准，责令停业关闭
2	《大气污染防治法》第 99 条	未依法取得排污许可证排放大气污染物情节严重的；超过大气污染物排放标准或者超过重点大气污染物排放总量控制指标排放大气污染物情节严重的；通过逃避监管的方式排放大气污染物情节严重的	环保部门报经有批准权的人民政府批准，责令停业、关闭

序号	法规依据	违法行为	行政处罚（命令）措施
3	《大气污染防治法》第101条	违反本法规定，生产、进口、销售或者使用国家综合性产业政策目录中禁止的设备和产品，采用国家综合性产业政策目录中禁止的工艺，或者将淘汰的设备和产品转让给他人使用的，经处罚拒不改正的	由县级以上人民政府经济综合主管部门、出入境检验检疫机构按照职责，报经有批准权的人民政府批准，责令停业、关闭
4	《大气污染防治法》第102条	违反本法规定，煤矿未按照规定建设配套煤炭洗选设施的，经处罚拒不改正的	由县级以上人民政府能源主管部门报经有批准权的人民政府批准，责令停业、关闭
5	《大气污染防治法》第102条	违反本法规定，开采含放射性和砷等有毒有害物质超过规定标准的煤炭的	由县级以上人民政府按照国务院规定的权限责令停业、关闭
6	《水污染防治法》第83条	未依法取得排污许可证排放水污染物的；超过水污染物排放标准或者超过重点水污染物排放总量控制指标排放水污染物的；利用渗井、渗坑、裂隙、溶洞，私设暗管，篡改、伪造监测数据，或者不正常运行水污染防治设施等逃避监管的方式排放水污染物的；未按照规定进行预处理，向污水集中处理设施排放不符合处理工艺要求的工业废水的	（情节严重的）报经有批准权的人民政府批准，责令停业、关闭
7	《水污染防治法》第84条	在饮用水水源保护区内设置排污口的	责令限期拆除，处10万元以上50万元以下罚款；逾期不拆除的，强制拆除……处50万元以上100万元以下罚款，并可以责令停产整顿
8	《水污染防治法》第85条	向水体排放油类、酸液、碱液的；向水体排放剧毒废液，或者将含有汞、镉、砷、铬、铅、氰化物、黄磷等的可溶性剧毒废渣向水体排放、倾倒或者直接埋入地下的；向水体排放、倾倒放射性固体废物或者含有高放射性、中放射性物质的废水的；未按照规定采取防护性措施，或者利用无防渗漏措施的沟渠、坑塘等输送或者存贮含有毒污染物的废水、含病原体的污水或者其他废弃物的	（情节严重的）由县级以上地方人民政府环境保护主管部门报经有批准权的人民政府批准，责令停业、关闭
9	《水污染防治法》第86条	违反本法规定，生产、销售、进口或者使用列入禁止生产、销售、进口、使用的严重污染水环境的设备名录中的设备，或者采用列入禁止采用的严重污染水环境的工艺名录中的工艺的	（情节严重的）由县级以上人民政府经济综合宏观调控部门提出意见，报请本级人民政府责令停业、关闭

序号	法规依据	违法行为	行政处罚（命令）措施
10	《水污染防治法》第87条	违反本法规定，建设不符合国家产业政策的小型造纸、制革、印染、染料、炼焦、炼硫、炼砷、炼汞、炼油、电镀、农药、石棉、水泥、玻璃、钢铁、火电以及其他严重污染水环境的生产项目的	由所在地的市、县人民政府责令关闭
11	《水污染防治法》第91条	在饮用水水源一级保护区内新建、改建、扩建与供水设施和保护水源无关的建设项目的；在饮用水水源二级保护区内新建、改建、扩建排放污染物的建设项目的；在饮用水水源准保护区内新建、扩建对水体污染严重的建设项目，或者改建建设项目增加排污量的	由县级以上地方人民政府环境保护主管部门报经有批准权的人民政府批准，责令拆除或者关闭
12	《水污染防治法》第92条	饮用水供水单位供水水质不符合国家规定标准的	由所在地市、县级人民政府供水主管部门责令改正，情节严重的，报经有批准权的人民政府批准，可以责令停业整顿
13	《水污染防治法》第94条	企业事业单位违反本法规定，造成重大或者特大水污染事故的	县级以上人民政府环境保护主管部门，可以报经有批准权的人民政府批准，责令关闭
14	《固体废物污染防治法》第72条	生产、销售、进口或使用淘汰设备，或者采用淘汰的生产工艺，情节严重的	由县级以上人民政府经济综合宏观调控部门提出意见，报请同级人民政府按照国务院规定的权限决定停业或者关闭
15	《固体废物污染防治法》第81条	造成固体废物严重污染环境的，逾期未完成治理任务的	由本级人民政府决定停业或者关闭
16	《固体废物污染防治法》第82条	造成固体废物重大污染环境事故的	由县级以上人民政府按照国务院规定权限决定停业或者关闭
17	《噪声污染污染防治法》第52条	经限期治理逾期未完成治理任务的企事业单位	由县级以上人民政府按照国务院规定权限决定责令停业、搬迁、关闭
18	《噪声污染污染防治法》第53条	生产、销售、进口或使用禁止生产、销售、进口、使用的设备，情节严重的	由县级以上人民政府经济综合主管部门提出意见，报请同级人民政府按照国务院规定的权限责令停业、关闭
19	《畜禽规模养殖污染防治条例》第37条	在禁止养殖区域内建设畜禽养殖场、养殖小区的（由县级以上环保部门责令停止违法行为；拒不停止违法行为的）	由县级以上环保部门报县级以上人民政府责令拆除或者关闭
20	《畜禽规模养殖污染防治条例》第37条	在饮用水水源保护区建设畜禽养殖场、养殖小区的	由县级以上环保部门报经有权批准的人民政府批准，责令拆除或者关闭

序号	法规依据	违法行为	行政处罚（命令）措施
21	《排污费征收使用管理条例》第21条	未按规定缴纳排污费的	（由县级以上环保部门责令停限期缴纳；逾期拒不缴纳的，处应缴排污费的1～3倍罚款，）并报经有权批准的人民政府批准，责令停产停业整顿

二、环境行政处罚的管辖

指环境保护行政机关查处违反环境法律案件的分工与权限。它具有如下特点：

（1）环境行政处罚管辖是行政程序中的管辖，是环境行政机关处罚行政违法行为的分工，其内容是由行政相对人的行政违法行为引起的行政处罚案件。

（2）环境行政处罚管辖是环境保护行政机关最初处理行政违法案件并作出行政处罚决定的分工。

（3）环境行政处罚管辖必须遵循便于当事人，有利于执法，保护当事人合法权益，维护环境管理秩序的原则。

（4）环境行政处罚管辖主体必须是环境法律、法规明确规定的有行政处罚权的环境保护行政机关。

三、环境行政处罚管辖的原则

管辖权是对环境保护行政机关行使行政处罚权的具体落实。各级环境保护行政机关在行使行政处罚管辖权时应遵循以下基本原则：

（1）有利于案件的公开查处，保护当事人合法权益原则；

（2）有利于行政相对人监督行政处罚合法性原则；

（3）有利于提高行政处罚效率原则；

（4）分工与协商原则。

根据《行政处罚法》《环境行政处罚办法》及有关环境法律、法规的规定，环境行政处罚的管辖实行职能管辖、地域管辖、级别管辖、移送管辖和指定管辖，如图11-1所示。

（一）职能管辖

职能管辖是指不同职能的环境保护行政机关之间实施行政处罚的权限分工。职能不同的环境保护行政机关享有的行政处罚权是不同的，即只能对自己的职能范围内违法案件享有处罚管辖权①。职能管辖具有如下特征：

（1）职能管辖以《行政机关组织法》为依据，确定行政机关的身份、职责权限；

（2）确立职能管辖，必须由法律、法规明确授权；

（3）职能管辖并不是一成不变的，随着行政机关组织机构的改革、调整，职能管辖会发生变化，即依法变更或者转移。

---

① 如环境保护行政主管部门对污染环境的违法案件有权实施处罚，林业行政主管部门对破坏林木、陆生野生动物、野生植物的违法案件有权实施处罚等。

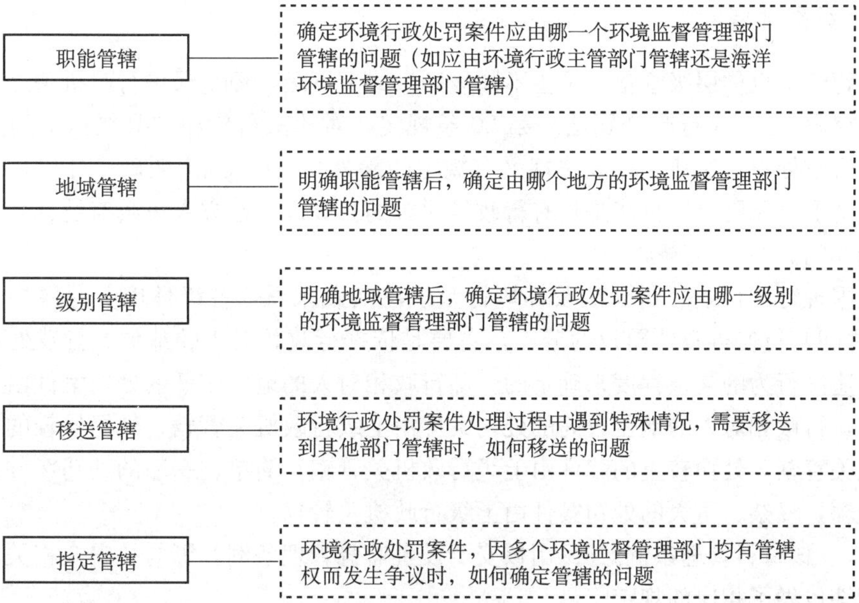

图 11-1 环境行政处罚管辖分类

职能管辖要求，实施行政处罚的机关必须是依法享有行政处罚权的机关，而且只能在自己的职责权限范围内实施行政处罚。值得注意的是，行政机关超越职责范围实施处罚即属于违法行为，应认定为无效，同时还应追究其有关法律责任。

（二）地域管辖

地域管辖，也称区域管辖，是指同级环境保护行政机关之间实施行政处罚的仅限分工。《行政处罚法》第 20 条规定，行政处罚“由违法行为发生地（法律、法规另有规定的除外）”的行政机关管辖，即对违法案件，由违法行为发生地的环境保护行政机关管辖。“违法行为发生地”通常包括违法行为着手地、实施地、经过地和危害结果发生地。地域管辖以“违法行为发生地”为确定标准，符合我国“条块分割”的行政管理体制，便于环境行政机关及时、有效地承办行政处罚案件。据此，确定地域管辖有以下几种情况：

(1) 造成跨行政区域污染的行政处罚案件，由污染行为发生地环境保护行政主管部门管辖（《环境行政处罚办法》第 17 条）。这一规定有效地解决了以往污染行为发生地和污染危害结果地不同而互相推诿、扯皮的管辖之争，有利于提高行政执法效率。

(2) 将淘汰的设备转让给他人使用的行政处罚，由转让者所在地环境保护行政机关管辖。

(3) 两个以上环境保护行政机关都有管辖权的行政处罚案件，由最先发现或者最先接到举报的环境保护行政机关管辖。

(4) 不动产违法案件，如《违反土地管理法》《森林法》《草原法》《矿产资源法》等侵犯不动产行为的处罚，均由不动产所在地资源保护行政机关管辖①。

① 应松年，马怀德. 中华人民共和国行政处罚法学习辅导. 北京：人民出版社，1996：118.

（三）级别管辖

级别管辖，也称层级管辖，是指不同级别（或上下级）环境保护行政机关之间实施行政处罚的权限分工。《行政处罚法》第20条规定，对违法行为由“县级以上地方人民政府”实施行政处罚（法律、行政法规另有规定的除外）。这一规定明确了环境行政处罚的管辖在级别上（原则上）只能是具有行政处罚权的县级以上地方人民政府及其各环境资源保护职能部门。

从我国现行的行政处罚立法及环境行政执法实践来看，各级环境资源保护主管部门（上下级之间）行使行政处罚权的分工，主要是依据行政相对人的地位、行政处罚的轻重以及行政违法行为的复杂程度来确定的。即行政相对人的地位较低的处罚案件由下级行政机关管辖，行政相对人的地位较高的处罚案件由上级行政机关管辖；处罚较轻的案件由下级行政机关管辖，处罚较重的案件由上级行政机关管辖；简单、一般的处罚案件由下级行政机关管辖，复杂、重大的处罚案件由上级行政机关管辖。

此外，《核材料管理条例》《民用核安全设备监督管理条例》等与核安全相关的法规中对级别管辖也做了相应的规定。

（四）移送管辖

移送管辖是指无行政处罚管辖权的环境保护行政机关将已受理的违反环境法律的案件移交给有管辖权的环境保护行政机关。例如，将淘汰的设备转让给他人使用的违法案件，当事人向被转让一方所在地环境保护行政主管部门申请处理的，应当移送转让一方所在地环境保护行政主管部门处理，并告知当事人。

根据《环境行政处罚办法》规定，移送管辖分为内部移送和外部移送：

1. 内部移送

内部移送，是指本属于环境行政机关职权范围内的案件，因存在级别管辖或地域管辖方面的问题而需要移送至有管辖权的环境行政机关。内部移送涉及如下两个问题：

(1) 案件移送机关只有现场监管权，却无处罚权，即无管辖权。例如，某市环境保护局在现场检查中发现，该市某化工厂（该项目的环评由省环境保护厅批准）未经批准擅自闲置污染防治设施超标排污。根据《环境影响评价法》第31条规定，对此违法行为只能由批准该项目环评文件的省环境保护厅实施处罚，而赋有现场监管权的市环境保护局无处罚权。因此，市环境保护局应将案件移送至省环境保护厅，由省环境保护厅实施处罚。根据《环境保护法》第61条规定，在这种情况下实施处罚的主体还可以是审批环境影响评价文件的上级部门（环境保护部），或者是受原审批环境影响项评价文件部门委托的部门（市环境保护局）。

(2) 发现自己对查办的案件没有管辖权，应当移送有管辖权的部门。例如，从事利用危险废物经营的某企业，没有按照经营许可证的规定经营危险废物够成违法的案件，根据《固体废物污染环境防治法》第77条规定，当地环境保护局具有监管权，即可以对该企业实施没收违法所得及罚款权，但却无吊销许可证的权力。因此，类似案件如果欲吊销经营许可证，当地环境保护局应当将案件移送至发证机关（环境保护部或省级环境保护部门）处理。

2. 外部移送

外部移送是指在职权方面对不属于环境行政主管部门管辖的案件，应当按照有关规定移送有管辖权的部门处理。外部移送涉及以下几个方面：

（1）对涉嫌依法应当有人民政府实施责令停产、停业、关闭的案件，环境保护行政主管部门应当提出书面建议报本级政府批准实施；

（2）涉嫌违法依法应当实施行政拘留的案件，移送公安部门；

（3）涉嫌违反党纪、政纪的案件，应当移送纪检、监察部门；

（4）涉嫌犯罪的案件，应当依照《行政执法机关移送涉嫌犯罪案件的规定》等有关规定移送司法机关，不得以行政处罚代替刑事处罚。

（五）指定管辖

指定管辖是指上级环境保护行政机关指定下级环境保护行政机关对某一行政处罚案件行使管辖权。根据《环境行政处罚办法》第 20 条、21 条规定，指定管辖主要有以下三种情况：

（1）环境保护行政机关对管辖权发生争议的，由争议双方协商解决，协商不成的，报共同上一级环境保护行政机关指定管辖；

（2）有管辖权的下级环境保护行政机关因特殊原因不能管辖时，可由上一级环境保护行政机关指定管辖；

（3）上级环境行政机关可以将其管辖的案件交由有管辖权的下级环境行政机关实施行政处罚。

第五节　环境行政处罚的法律适用

环境行政处罚的法律适用，是环境法律规范规定的行政处罚的具体适用。它具体指环境保护行政机关在认定行政相对人违法的基础上，依法决定对违法者是否给予行政处罚和如何科处行政处罚的活动。

环境行政处罚的法律适用既是一个实体问题，同时也是一个程序问题，适用的过程也就是实体与程序综合的过程。根据《行政处罚法》和环境法的规定，环境行政处罚的适用涉及如下主要法律问题。

一、一事不再罚

《行政处罚法》第 24 条规定：“对当事人的同一个违法行为，不得给予两次以上罚款的行政处罚。”“对同一环境违法行为，不得给予两次以上罚款”的含义是：

（1）行为人的一个行为，同时违反了两个以上法律、法规的规定，可以给予两次以上的处罚。但如果是罚款，则罚款只能一次；另一次处罚可以依法是其他种类的行政处罚，如责令停产整顿、暂扣或者吊销许可证、没收违法所得等，就是不能再罚款。

（2）行为人的一个行为，违反了一个法律、法规规定，该法律法规同时规定，施罚机关可以并处两种处罚，如“可以没收并处罚款（《固体废物污染环境防治法》第 77 条）”。这种并处不违反“同一环境违法行为不得给予两次以上罚款”的原则。

（3）环境违法行为构成犯罪、人民法院判处罚金时，环境保护行政机关“已经给予当事人罚款的，应当折抵相应罚金（《行政处罚法》第28条）”。罚款与罚金虽然两者性质不同，但在内容上却是相同的，都是责令违法者缴纳一定数额的款项，因此应当注意避免两者在适用上的重叠。

罚款与罚金的关系还涉及人民法院对构成犯罪的行为人判刑后，环境保护行政机关可否再施罚款的问题。相关的情况可能有两种，一是人民法院判刑并未适用罚金，二是人民法院判刑时已经适用了罚金。对第一种情况，环境保护行政机关可以对其实施罚款处罚。对于第二种情况，由于给犯罪人以财产损失的制裁目的已经达到了，行政机关不应再予重复处罚①。

在环境行政处罚实践中，适用“一事不再罚”规则，应注意如下两种情况：

（1）一个违法行为构成违反多个法律规定的条款的情况。例如，某畜禽养殖场将畜禽粪便存放在厂区附近的坑塘内造成环境污染被当地村民举报。此行为既违反了《固体废物污染环境防治法》第71条规定（可处5万元以下罚款），同时违反了《水污染防治法》第76条第1款第8项（可处2万元以上20万元以下罚款）。此时可以根据《环境行政处罚办法》第9条规定②，选择处罚较重的条款，即选择《水污染防治法》第76条第1款第8项实施处罚，但不能同时对该养殖场的行为分别依照上述两个法律处罚，否则有违“一事不再罚”规则。

（2）环境违法行为连续、持续的情况。例如，某企业不正常运行水污染防治设施连续不断、持续超标排污。对此，环境保护部门已经做出了“责令限期正常运行，并处罚款”的决定。事后，该企业逾期未改正，仍然不正常运行水污染防治设施超标排污，即构成了新的违法行为（《环境行政处罚办法》第11条），则环境保护部门可以再次实施行政处罚。这一处罚决定致使“连续、持续状态”中断，因此，未构成违反“一事不再罚”规则。

专栏11-5　“一事不再罚”的来源

有关“一事不再罚”来源，通常有两种说法：

一种说法认为“一事不再罚”原则源于古罗马法中的“一事不再理”原则。在罗马共和国时期，法院实行一审终审制，与此相联系的就是“一事不再理”原则。“一事不再理”原则对于判决发生法律效力的案件，除法律另有规定的除外，不得另行起诉和受理。这个原则普遍适用于刑事案件，刑事诉讼中的“一事不再理”原则，是指“不论是有罪判决还是无罪判决，作出产生法律效力的判决后，不允许对同一行为再启动新的程序”。刑事诉讼适用“一事不再理”原则是为了防止法院对同一犯罪以同一事实和理由重复定罪并给予刑事处罚，而行政处罚中的“一事不再罚”原则是为了防止行政机关对行政违法行为以同一事实和理由给予行政相对人重复处罚，由于行政处罚中的“一事不再罚”原则与刑事诉讼中的“一事不再理”原则的内涵很相似，因此理

① 应松年，冯怀德．中华人民共和国行政处罚法学习辅导．北京：人民出版社，1996：146.

② “一个违法行为同时违反两个以上环境法律、法规或者规章条款的，……效力等级相同的，可以适用处罚较重的条款。”

论界普遍认为“一事不再罚”原则是刑事诉讼中“一事不再理”原则在行政处罚领域的延伸。

另一种说法认为“一事不再罚”原则最早来源于美国《宪法修正案》第5条的“双重处罚禁止”，后来德国的《基本法》（第103条第3款）和日本《宪法》（第39条）所继受。它最初是适用于刑法领域的，是指任何人不能因为一次行为受到两次以上的刑事处罚。后来“一事不再罚”原则渐渐发展到行政法领域，成为了保障人权的一项重要原则。

资料来源：董维敏．行政处罚中“一事不再罚原则”研究。

专栏11-6　关于对同一行为违反不同法规实施行政处罚时适用法规问题的复函（国家环境保护总局　环函〔2002〕166号）

江苏省环境保护厅：

你局《关于对违反不同法律规定的同一行为如何进行处罚等问题的请示》（苏环法〔2002〕15号）收悉。经研究，函复如下：

根据《固体废物污染环境防治法》第75条的规定，液态废物和置于容器中的气态废物的污染防治，适用于固体废物污染环境防治的法律规定。

另据《国家危险废物名录》的规定，从医用药品的生产制作过程中产生的医药废物，属于危险废物。

《固体废物污染环境防治法》第16条规定，处置固体废物的单位和个人，必须采取防止污染环境的措施。处置危险废物还必须遵守该法第四章关于危险废物污染环境防治的特别规定。

又据《大气污染防治法》第41条的规定：在人口集中地区和其他依法需要特殊保护的区域内，禁止焚烧产生有毒有害烟尘和恶臭气体的物质。

根据以上规定，有关单位在人口集中地区和其他依法需要特殊保护的区域内，焚烧高浓度医药废液，该行为同时违反《固体废物污染环境防治法》和《大气污染防治法》的有关规定。按照《行政处罚法》第24条关于“对当事人的同一违法行为，不得给予两次以上罚款的行政处罚”的规定，环境保护部门对违法行为人可依照两种法律规定中处罚较重的规定，定性处罚。

2002年6月14日

二、责令当事人改正或者限期改正违法行为

《行政处罚法》第23条规定：“行政机关实施行政处罚时，应当责令当事人改正或者限期改正违法行为。”这一规定要求环境保护行政机关在对违法者实施行政处罚的同时，必须依法强令其改正已经实施或者正在实施中的违法行为。这是因为：①行政处罚的主要目的是通过必要惩罚手段，教育和约束违法者改正或纠正违法行为，自觉守法，不再违法。②为避免实践中存在的处罚变许可的弊端，也就是重处置而轻纠正，使处罚成为变相

的通行证或许可证。例如，对擅自拆除或者闲置污染防治设施的单位只给予罚款，而不责令重新安装或者使用，这种罚款就成了许可。

在实践中有些违法行为能够立即改正，但有的违法行为需要一定的时间改正，例如，将拆除的污染防治设施重新安装等。因此，环境保护行政机关应当给予违法者一定的改正期限，责令其限期改正违法行为，恢复原状。

改正违法行为，包括以下主要内容：①必须停止违法行为；②积极主动协助环境保护行政机关调查；③消除违法所造成的不良后果；④因违法造成损害的，要依法给予赔偿，不能逃避民事法律责任；⑤行政相对人违法给国家或公共利益造成损失的，也要依法赔偿。

三、不得以罚代刑

《行政处罚法》第 7 条第 2 款规定：“违法行为构成犯罪，应当依法追究刑事责任，不得以行政处罚代替刑事处罚”。第 22 条还规定：“违法行为构成犯罪的，行政机关必须将案件移送司法机关，依法追究刑事责任”。上述规定，体现了刑事优先原则，也有利于以刑罚手段有力地打击环境犯罪。“不得以罚代刑”要求环境保护行政机关在查处环境行政违法行为时，必须注意以下两点：①把握好违法与犯罪界限，认真分析案情，及早定性，对于构成环境犯罪必须追究刑事责任，决不以罚代刑；②将案件迅速移送司法机关[①]，并协助司法机关追究其刑事责任。

四、从轻或减轻处罚

指在法定的处罚限度内给予较低的行政处罚。从轻或减轻处罚必须有法定的从轻或减轻处罚情节才能从轻或减轻处罚。根据《行政处罚法》第 25 条和第 27 条规定，在环境行政处罚中，从轻或减轻处罚的情节包括：

①已满 14 周岁不满 18 周岁的人实施环境违法行为的；②主动消除或者减轻违法行为危害后果的；③受他人胁迫实施环境违法行为的；④配合环境保护行政机关查处违法行为的；⑤其他应予以从轻或减轻处罚的情节。

此外，《规范环境行政处罚自由裁量权若干意见》也对从轻处罚的主要情节做了具体规定[②]，值得借鉴。

环境行政处罚实践中适用从轻或减轻处罚，还应把握以下三点：①从轻或减轻应当在法定的范围内，即在环境法律、法规、规章规定的应予处罚的行为，处罚种类及幅度内从轻或减轻处罚。②从轻或减轻均以“轻”为出发点，但从轻的程度比减轻的程度要低。③从轻应当在法定种类、幅度内给予较低的处罚，而减轻应在处罚的种类、幅度之下处罚。

五、从重处罚

指环境保护行政机关在法定的处罚形式和幅度内，对违法者适用较重的处罚形式或较

---

① 移送司法机关，应根据《行政机关移送涉嫌犯罪案件的规定》（国务院令第 310 号，2001 年 7 月 9 日公布）、《关于环境保护行政主管部门移送涉嫌环境犯罪案件的若干规定》（国家环保总局、公安部、最高法院于 2007 年 5 月 17 日公布）移送。

② 从轻处罚的主要情节：①主动改正或及时中止违法行为的；②主动消除或减轻违法行为危害后果的；③积极配合查处的；④环境污染轻微、生态破坏程度较小尚未产生危害后果的；⑤一般性超标或超总量排污的。

高金额罚款。例如，不按照经营许可证从事危险废物经营活动的，根据《固体废物污染环境防治法》第 77 条规定，没收违法所得，可并处违法所得三倍以下罚款，还可以吊销经营许可证。如某单位多次不按照经营许可证规定收集、处置危险废物造成严重环境污染的，对此违法行为环境保护行政机关可以从重处罚，即可以没收违法所得，罚款三倍或接近三倍的同时吊销许可证。

根据《规范环境行政处罚自由裁量权若干意见》规定，从重处罚应注意把握以下四个方面的主要情节，见表 11-16。

表 11-16　从重处罚的主要情节

主观恶意的主要情节	1. 私设暗管偷排的； 2. 用稀释“达标”排放的； 3. 非法排放有毒物质的； 4. “未批先建”“批小建大”“未批即建成投产”“以大化小”骗取审批的； 5. 拒绝、阻挠检查的； 6. 私自改变自动监测设备的采样方式、采样点的； 7. 涂改、伪造监测数据的； 8. 拒报、谎报排污申报登记事项的
后果严重的主要情节	1. 造成饮用水中断的； 2. 严重危害人体健康的； 3. 群众反映强烈以及造成严重后果的
区域敏感的主要情节	1. 饮用水水源保护区； 2. 自然保护区； 3. 风景名胜区； 4. 居住功能区； 5. 基本农田保护区等敏感区造成重大不利影响的
屡罚屡犯的情节	被处罚后一年内再次实施违法行为的

值得注意的是，从重处罚必须在环境法律规定的幅度、范围之内进行，否则加重处罚会导致违法，甚至可能还要承担侵权赔偿责任。

六、不予处罚

指环境行政相对人的行为不构成应受处罚的违法行为或者因违法者没有行政责任能力而不予处罚。根据《行政处罚法》第 26 条和第 27 条规定，在环境行政处罚中不予处罚的情节主要包括：

（1）精神病人在不能辨认或者不能控制自己行为时实施违法行为的。

（2）不满 14 周岁的行为人实施违法行为的。

（3）违法行为轻微并及时纠正，没有造成危害后果的。此种情况下不予处罚应具备三个条件：①违法者及时改正并纠正违法行为，积极消除不良影响；②虽已构成行政违法行为，但违法程度轻微；③由于违法行为轻微，且当事人及时纠正，没有造成危害后果。

七、环境行政处罚追究时效

行政处罚追究时效，又称追罚时效，是指环境保护行政机关追究当事人行政处罚责任的有效期限。根据《行政处罚法》第 29 条规定，环境行政处罚追究时效为两年，即在两年内违法行为未被发现或查处的，不再给予处罚；关于追罚时效的计算方法，在一般情况下从违法行为发生之日起计算时效；违法行为有连续或继续状态的，则要从行为终了之日起计算时效①。

第六节 环境行政处罚程序

行政处罚程序，是指行政机关行使行政处罚权的方式、方法及步骤的总称，它既是一种行政程序，也是一种法律程序。

环境行政处罚程序，即环境行政处罚的方式、方法及步骤的总称，是指环境行政机关依法对违反环境法规而应承担行政责任者提起、认定并给予行政处罚的法定手续。

根据《行政处罚法》和《环境行政处罚办法》规定，环境行政处罚的基本程序包括：简易程序、一般程序、听证程序、执行程序以及结案、归档与监督。

一、简易程序

（一）简易程序的概念

简易程序是指环境保护行政机关对符合法定条件的行政处罚事项，当场进行处罚的行政处罚程序。它具有以下三个特点：①必须符合一定的条件，即违法事实确凿，有法定依据，较轻的处罚；②程序简单，可不适用调查取证制度，当场处罚；③不同于一般程序、听证程序，比较简单、方便。

（二）简易程序的适用范围

根据《行政处罚法》及《环境行政处罚办法》规定，适用简易程序必须符合以下 3 个条件：

（1）违法事实确凿且情节轻微。它包括两层含义：①有证据证明环境行政违法事实存在，且案情较简单明了；②证明违法事实的证据应当充分。无证据或者证据不够充分均不能说明违法事实确凿。

（2）有明确的法定依据。即在违法事实确凿的情况下，该违法行为还必须是法律明确规定应当予以处罚的行为。

（3）给予较小数额的罚款或者是警告的处罚。根据《行政处罚法》第 33 条规定，较小数额的罚款，是指对公民处以 50 元以下罚款，对法人、其他组织处以 1 000 元以下的罚款或者警告的行政处罚。以上 3 个条件同时具备才能适用简易程序。

需要说明的是，在符合适用简易程序的情况下，如果行政相对人和执法人员的意见不一致，当事人不服，有抵触情绪，为慎重起见也可以适用一般程序。

---

① 例如，某企业超标排污，因拒绝治理连续一年超标排污，一年后经治理不再超标排污。在此应从超标排污行为终了之日起计算时效。

（三）简易程序的步骤

根据《环境行政处罚办法》规定，简易程序应遵循如下步骤：

（1）表明身份（即出示证件）。执法人员出示环境监察执法证或者其他行政执法证件，以表明自己是合法的执法主体。

（2）确认违法事实，说明理由并告知权利。执法人员现场查清当事人违法的事实，依法取证，并向当事人说明违法的事实，处罚的理由、依据以及拟给予的行政处罚，允许当事人陈述、申辩，听取当事人的意见。

（3）制作处罚决定书。执法人员当场作出处罚决定的，应当填写编有号码、盖有印章的预定格式的行政处罚决定书。

（4）交付处罚决定书。处罚决定书填写完之后，应当场交付当事人。

（5）备案。执法人员当场作出行政处罚决定之后，应当在决定之日起 3 日内报所属环境保护行政机关的法制工作机构备案，上交处罚决定书副本。

在此，值得提及的是，适用简易程序还应注意如下几点：①现场处罚必须有两名或者两名以上的执法人员在现场。②执法人员交付处罚决定书时，应当要求当事人签名。如果当事人因有异议不服处罚而拒签，执法人员应要求并告知当事人先执行处罚决定，然后可以依法申请行政复议或者提起行政诉讼。③将现场处罚的全部过程应当制作笔录。

简易程序流程，见图 11-2①。

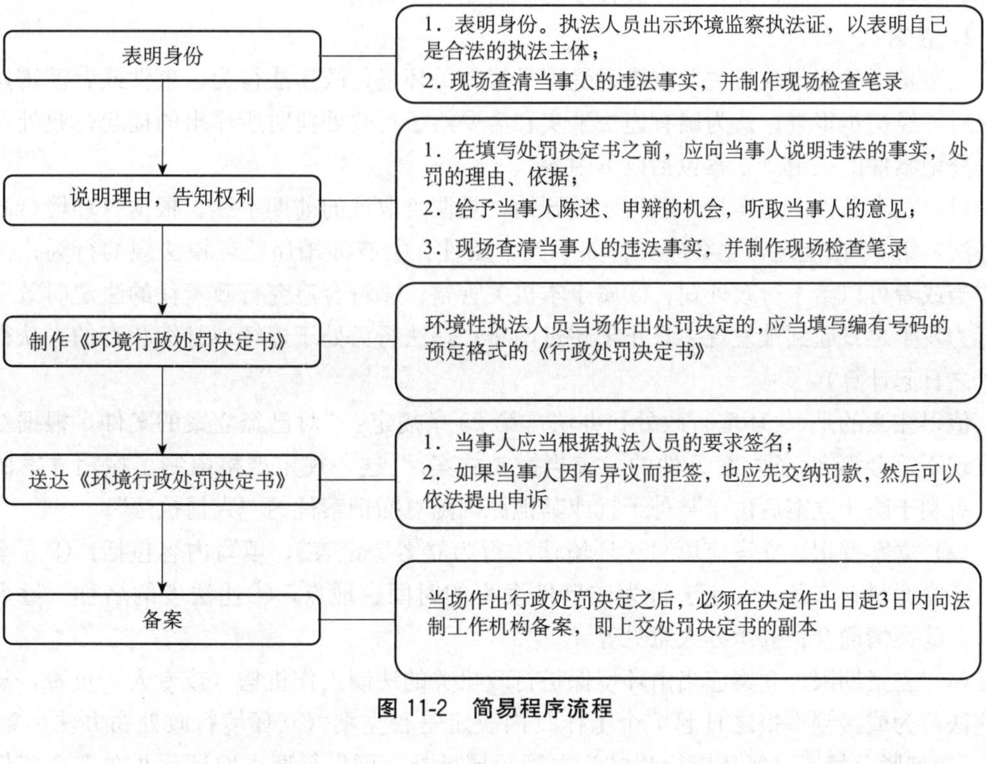

图 11-2 简易程序流程

① 刘定慧．环境行政处罚法．北京：中国环境科学出版社，2012：56

二、一般程序

（一）一般程序的概念

一般程序也称普通程序，是指环境行政执法机关在实施行政处罚时应遵循的基本程序，是环境行政处罚中最完整、适用最广泛的法定程序。它具有如下三个特点：

（1）一般程序是环境行政处罚的基础程序。一般程序是任何环境行政处罚均可以适用的程序，因而也是简易程序的基础。

（2）一般程序具有完整性。根据《行政处罚法》的规定，环境行政机关在实施行政处罚适用一般程序时，必须要经过立案调查、审核、事先告知、听证、决定和送达等程序。因此，一般程序与简易程序相比，其具有完整性和严谨性。

（3）一般程序具有公正性。一般程序要求，环境行政机关在作出行政处罚决定之前，必须告知当事人处罚的事实、理由和依据，并必须听取当事人的陈述或申辩。通过听证程序可使当事人充分发表自己的意见，从而有利于防止行政处罚的不公正性，有效地保护相对人的合法权益。

（二）一般程序的步骤

根据《行政处罚法》《环境行政处罚办法》规定，一般程序包括：立案；调查；案件审查；行政处罚决定；送达。一般程序的简易流程，见图 11-3。

1. 立案

立案是指环境行政机关发现或者受理举报有关环境行政违法行为、事件或者涉嫌违法情况后，经初步审查，认为确有违法事实和需要给予行政处罚时所作出的提起行政处罚程序，登记案件的决定。立案包括以下内容：

（1）立案条件。立案是一般程序的开始，是调查取证的前期手续。根据《环境行政处罚办法》第 22 条规定，立案应具备如下四个条件：①有涉嫌违反环境法规的行为；②依法应当或者可以给予行政处罚；③属于本机关管辖；④符合追究行政责任的法定时效（违法行为发生之日起到被发现之日止未超过两年；违法行为处于连续或继续状态的，从行为终了之日起计算）。

值得注意的是，《环境行政处罚办法》第 23 条规定："对已经立案的案件，根据新情况发现不符合第 22 条立案条件的，应当撤销立案。"这一规定严格限制了撤销立案的条件，有利于防止立案后由于某种干扰或其他原因随意撤销案件的"人情执法"。

（2）立案登记。立案应填写《环境违法行为立案登记表》，填写内容包括：①立案时间；②立案材料来源；③违法行为或事件发生的时间、地点；④违法者的名称（姓名）、地址；⑤案情简介；⑥承办人意见等。

（3）立案期限。立案应当由环境保护行政机关的法制工作机构（或专人）负责，从发现违法行为或接到举报之日起 7 个工作日内决定是否立案（《环境行政处罚办法》第 22 条）。遇到紧急情况，经环境行政机关主管领导批准，可先行调查取证，并在 7 个工作日内决定是否立案和补办立案登记手续（《环境行政处罚办法》第 24 条）。

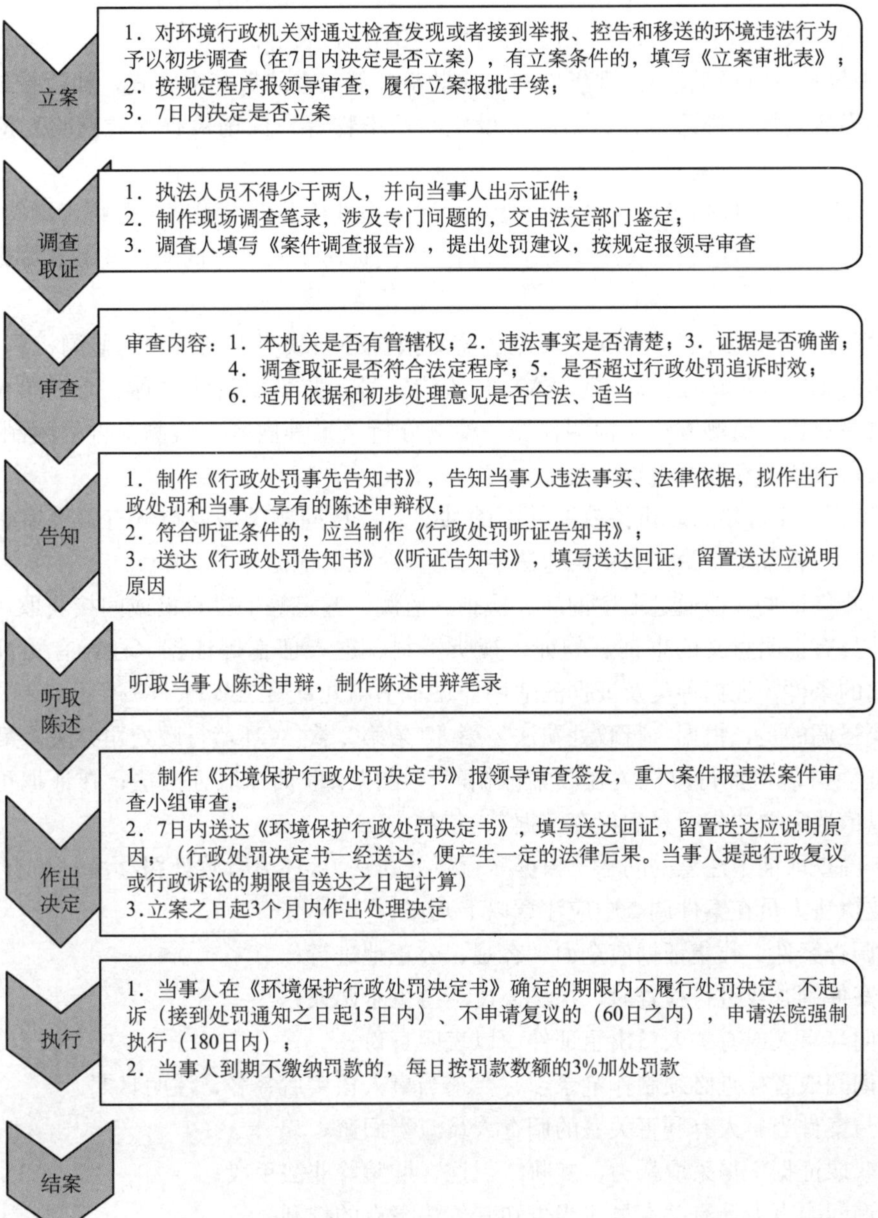

图 11-3　一般程序的简易流程

2. 调查取证

调查取证是指案件承办人员依照法定程序对案件事实调查核实、收集证据材料的活动。调查是行使行政处罚权的第一个关键环节，没有调查就没有证据，没有证据就不能处罚。所以，调查是环境行政机关行使处罚权必不可少的手段和步骤。调查的主要任务是全面收集证据，为客观分析判断证据，弄清案情打下基础。调查涉及以下几个问题：

（1）调查的方式。通常采用以下四种方式：

1）询问当事人、证人。当事人也称利害关系人，一般情况下当事人最了解案件真实情况。证人指案件知情人。询问当事人、证人应填写《调查询问笔录》，并注意以下几点：

①主动到当事人、证人所在单位或住所进行询问；②不得作诱导性提示、不得强迫作伪证；③询问证人应当事先通知；④询问时间一般不能过长等。

2）现场检查（或勘验）。现场检查（或勘验）是调查的最基本方式，如检查或勘验污染或破坏事故现场、排污口、污染防治设施、污染物等。现场检查（或勘验）应当制作《现场检查（或勘验）笔录》。

3）环境监测。即借助监测技术手段，对污染物进行采样，测试、分析污染物的种类、数量、浓度等。环境行政机关组织环境监测，应当提出明确具体的监测任务，并要求提交监测报告。

《环境行政处罚办法》第35条规定，监测报告必须载明下列事项：监测机构的全称；监测机构的国家计量认证标志（CMA）和监测字号；监测项目的名称、委托单位、监测时间、监测点位、监测方法、检测仪器、检测分析结果等内容；监测报告的编制、审核、签发等人员的签名和监测机构的盖章。

4）鉴定。由环境行政机关就案件中的某些专门性问题聘请或指派有关专家进行科学鉴别或判断，将鉴定结论作为认定违法事实是否存在的证据。

（2）收集证据。即通过上述询问、检查、监测、鉴定等手段直接或间接获取一切与案件有关并具有证明意义的书证、物证、视听资料、证人证言等证据（注：有关证据的概念、证据的条件、证据种类及证据的适用详见本书第九章第二节）。

需要强调的是，根据《行政处罚法》第37条第2款、《环境行政处罚办法》第38、第39条规定，环境保护行政机关在收集证据时，可以采取抽样取证方法；在证据可能灭失时，可以依法采取“先行登记保存证据”[①] 措施。

（3）调查取证中注意的问题。根据《行政处罚法》《环境行政处罚办法》的有关规定，环境行政执法人员在案件调查中应注意以下几点：

1）调查案件，收集证据应全面、客观、公正地进行；

2）案件调查或进行检查时，执法人员不得少于两人；

3）向当事人或有关人员出示证件，以表明身份；

4）询问或者检查必须制作笔录，并要求当事人核实后签名、注明日期；

5）与案件当事人有利害关系的调查人员应当回避；

6）获取证据不得采取暴力、威胁、引诱、欺骗等非法手段；

7）询问当事人等有关人员应当告知其依法享有的权利；

8）对当事人等有关人员的陈述应当如实记录。

（4）提出初步处理意见。案件调查终结后，由调查人员填写《案件调查报告》，提出对案件处理的初步意见，并将调查报告及有关证据材料报送法制工作机构或案件审查部门审查（《环境行政处罚办法》第45条）。

3. 案件审查

案件审查，是指法制工作机构或案件审查人员对调查人员报送的案件调查报告及证据

---

① 先行登记保存证据条件：证据可能灭失；证据以后难以取得。先行登记保存证据程序：执法人员提出先行登记保存证据意见；行政机关负责人审查批准；执法人员当场清点，开具清单；当事人和调查人员签名或盖章；7日内作出处理决定（采取如下措施：记录、复制、拍照、录像；送交鉴定；决定查封扣押；决定解除先行登记保存措施）。

材料进行全面的审查复核。这是环境行政机关正确行使行政处罚权的第二个关键环节。因此，法制工作机构或案件审查人员必须对案件调查报告及证据材料进行全面、认真细致的审查复核。案件审查涉及如下几个方面的问题：

（1）审查的内容。根据《环境行政处罚办法》第46条规定，案件审查复核的内容包括：①本机关是否有管辖权；②违法事实是否清楚；③证据是否确凿；④调查取证是否符合法定程序；⑤是否超过行政处罚追诉时效；⑥适用依据和初步处理意见是否合法、适当。

（2）提出案件审查意见。经审查发现违法事实不清、证据不足或者调查取证不符合法定程序的，应当通知案件调查人员补充调查或者依法重新调查取证。

审查终结，法制工作机构或案件审查人员将案件审查意见呈报本部门负责人填写《行政处罚事先告知书》。

4. 告知和听证

（1）告知。“说明理由，告知权利”是环境保护行政机关实施行政处罚过程中必须履行的一项程序性义务。“说明理由，告知权利”是通过送达《行政处罚事先告知书》来实现的。即环境保护行政机关必须在行政处罚决定书送达之前向当事人说明作出行政处罚决定的事实、理由及法律依据，并告知当事人有权为自己辩解、陈述事实并提出证据。

陈述和申辩是《行政处罚法》赋予当事人的一项最主要、最基本的权利，是当事人依法保护自身合法权益不受环境行政机关非法侵犯，同时制约环境行政机关滥用处罚权的有效措施和重要保证。陈述和申辩权的含义包括：①陈述和申辩是当事人法定的权利。当事人对被告知行政处罚的事实、理由和依据有权进行质证。②环境行政机关有义务必须听取当事人的陈述和申辩，并对当事人提出的事实、理由和证据应当进行复核，采纳其合理的内容。③环境行政机关不得因当事人申辩而加重处罚。需要强调的是，“陈述和申辩”是当事人的法定权利，而“听取当事人的意见”则是环境行政机关必须履行的法定义务；环境行政机关对当事人提出的事实、理由和证据应当进行复核；当事人提出的事实、理由或者证据成立的，环境行政机关应当采纳。

（2）听证。即对符合法定条件，且当事人要求听证的，必须组织听证会（听证程序详见本节三行政处罚听证程序）。

法制工作机构或案件审查人员，在走完上述程序之后，在综合分析的基础上最后提出行政处罚意见，填写《行政处罚审批表》呈报本部门负责人审批。

5. 作出处罚决定

环境保护行政机关负责人对案件调查结果及审查意见进行审议，并根据不同情况作出行政处罚决定。根据《行政处罚法》第38条和《环境行政处罚办法》第51条规定，环境保护行政机关负责人可以作出如下决定：

（1）处罚决定。对违法事实成立，依法应当给予行政处罚的，根据情节轻重及具体情况，作出行政处罚决定；

（2）不予处罚决定。违法行为轻微，依法可以不给予处罚的，作出不予处罚决定；

（3）移送决定。对涉嫌违法应当实施行政拘留的案件，涉嫌违反党纪、政纪的案件，涉嫌犯罪的案件，应当分别移送公安机关、纪检监察机关和司法机关决定。

除上述三种决定之外，还有两种特殊情况：一是法律、法规或规章规定行政处罚必须报上级环境保护行政机关批准的，应以书面形式上报，经批准后方可作出处罚决定；二是法律、法规或规章规定由人民政府实施处罚的（例如，责令停业、关闭），应当提出处理建议，报本级人民政府决定（《环境保护法》第 60 条）。

值得注意的是，环境行政机关在作出处罚决定中，对案情复杂或者给予较重的行政处罚案件，应当由行政机关负责人集体审议决定；行政处罚案件自立案之日起，应当在 3 个月内作出处理决定（《环境行政处罚办法》第 55 条）。

（4）制作处罚决定书。环境行政机关决定给予行政处罚的，应当制作统一格式的《行政处罚决定书》。根据《环境行政处罚办法》第 54 条规定，《行政处罚决定书》应当载明如下内容：①当事是人的基本情况（姓名或名称、机构代码、营业执照号码、地址等）；②违法的事实和证据；③处罚的种类、依据和理由；④处罚的履行方式和期限；⑤不服处罚申请复议和起诉的途径和期限；⑥行政机关名称、做出决定日期、加盖印章。

需要特别说明的是，《环境行政处罚办法》第 53 条规定：对同一当事人或者两个以上环境违法行为，可以分别制作《行政处罚决定书》，也可以列入同一《行政处罚决定书》。

6. 送达

指环境行政机关依照法定程序，将《行政处罚决定书》送交被处罚人的行政执法活动。《行政处罚法》规定，《行政处罚决定书》应当在宣布后当场交付当事人。当事人不在场的，行政机关应当在 7 日内依照民事诉讼法的有关规定，将《行政处罚决定书》送达当事人。根据法律规定和我国环境行政执法实践，比较适合的送达方式有以下 3 种：

（1）直接送达。环境行政机关可派两名监察人员将《行政处罚决定书》正本直接交给受处罚单位的法人代表、负责人或受处罚的本人或受送达人的同住成年家属签收，或交给受送达人指定的代收人签收。

（2）留置送达。是指受送达人或者同住成年家属拒绝接收《行政处罚决定书》时，执行送达任务的环境行政执法人员将《行政处罚决定书》强制留放在受送达人住所的送达方法。留置送达应具备以下条件：①必须有受送达人或同住成年家属拒绝签收的情况；②必须邀请有关基层组织或所在单位的代表到场，说明情况，在送达回执上说明拒收事由和日期。

（3）邮寄送达。是指因受送达人不在实施处罚的环境行政机关辖区内或直接送达有困难的，通过邮局将处罚决定书用挂号邮寄给受送达人的送达方式。此时，送达日期以受送达人在挂号回执上注明的收件日期为准。邮寄未回音的，自邮寄之日起 3 个月期满之日为送达日期。

期限和送达时间的起算，应按公历年、月、日计算。开始的当日不计入，从下一天开始计算。如期限的最后一天为星期日或其他法定假日，以休假日的次日为期限的最后一天和送达时间起算的第一天。

除上述三种主要常用的送达方式之外，还可以采用委托送达、转交送达、公告送达、公证送达等方式。

专栏 11-7　国家环境保护总局关于《行政处罚文书》送达有关问题的复函

环函〔2006〕409 号

天津市环境保护局：

你局《关于行政处罚文书送达有关问题的请示》收悉。经研究，现函复如下：

《中华人民共和国行政处罚法》第40条规定："行政处罚决定书应当在宣告后当场交付当事人；当事人不在场的，行政机关应当在7日内依照民事诉讼法的有关规定，将行政处罚决定书送达当事人。"根据《中华人民共和国民事诉讼法》和《最高人民法院关于适用〈中华人民共和国民事诉讼法〉若干问题的意见》关于送达有关规定，送达法律文书可以采取直接送达、留置送达、委托送达、转交送达、邮寄送达和公告送达的方式。

根据上述规定，受送达人是法人或者其他组织的，环境保护部门送达的行政处罚文书应当由法人的法定代表人、其他组织的主要负责人或者该法人、组织的办公室、收发室、值班室等负责收件的人签收或盖章；受送达人拒绝签收的，送达人应当邀请有关人员到现场见证，说明情况，并在送达回执上记明拒收理由和日期，把行政处罚文书留置受送达人处，即视为送达；直接送达行政处罚文书有困难的，可以委托受送达人所在地环境保护部门代为送达，或者邮寄送达。

2006年10月20日

三、行政处罚听证程序

（一）听证程序的概念及特征

听证是行政主体在做出对行政相对人的合法权益产生不利影响的处理决定之前，告知相对人做出处理决定的理由及听证权利，允许相对人提出意见，提供证据以及行政主体听取意见并采纳合理意见、证据的法律制度。

听证制度在美国、英国等西方国家实行的较早，且比较完善，已成为宪法、普通法规定的正当程序原则的基本要求。我国的听证制度始于1996年《行政处罚法》的实施，该法首次引入听证制度，在我国行政立法史上开了先河，具有里程碑的重要意义。根据我国现行行政处罚程序立法及听证实践，听证适用范围主要包括：行政立法、行政许可及行政处罚。

环境保护中的听证程序是行政处罚一般程序中的一个特别程序。它指环境保护行政机关在作出行政处罚决定之前，公开举行由利害关系人参加的听证会，广泛听取当事人的陈述、申辩与质证的过程。听证程序的作用在于通过公开、民主、合理的程序形式将环境行政处罚建立在合法、公正、透明的基础上，以避免处罚决定给行政相对人带来不利的影响。听证程序具有如下特征：①听证只适用于一般程序中重大的行政处罚，如责令停产、停业、吊销许可证或较大数额罚款的行政处罚方可适用听证程序。②听证由环境行政机关非本案调查人员主持，并由各方利害关系人参加。③听证必须公开进行，不仅环境行政机关和利害关系人参加，而且社会各界和普通公民可以旁听，还可以发表意见，新闻记者可以采访。

（二）适用听证程序的范围

根据《行政处罚法》第42条、《环境行政处罚听证程序规定》（以下简称《听证程序规定》）第5条规定，环境行政机关在做出较重或较大数额罚款的行政处罚之前，应当告知听证的权利；当事人要求听证的，应当组织听证。适用听证程序应具备以下4个条件：①拟对法人、其他组织处以人民币5万元以上或者对公民处以5 000元以上罚款的；②拟对法人、其他组织处以人民币（或等价物品价值）5 万元以上或者对公民处以人民币（或等价物品价值）5 000 元以上的没收违法所得或者没收非法财务的；③拟处以暂扣、吊销许可证或者其他具有许可性质的证件的；④拟责令停产、停业、关闭的。

如上所述，从法律上限定听证适用范围，有利于贯彻行政处罚公平与效率原则；同时也明确了听证并不是行政处罚的必经程序，只有符合法定条件的案件才能举行听证：①当事人不要求听证的可以不组织听证，但是环境行政机关认为有必要组织听证的，征得当事人的同意之后也可以组织听证；②当事人与环境行政机关对违法事实的认定一致且无异议的，则不必举行听证；③当事人超过法定期限申请听证或者当事人以外的其他人员提出听证要求的，环境行政机关不组织听证。

（三）听证主持人和听证参加人

1. 听证主持人

听证主持人是听证程序中最关键的角色，选好听证主持人对于确保听证程序的顺利进行，保障当事人的权利得以实现，起着至关重要的作用。《行政处罚法》第 42 条第 4 款规定："听证由行政机关指定的非本案调查人员主持"。这一规定明确了听证主持人及听证员、记录员必须从非本案调查人员中选择，体现了听证制度的公正、公平原则。

（1）听证主持人的职权。根据《听证程序规定》第 9 条规定，听证主持人依法行使如下职权：①职权决定举行听证会的时间、地点；②依照规定程序主持听证会；③就听证事项进行询问；④接收并审核证据，必要时可要求听证参加人提供或者补充证据；⑤维持听证秩序；⑥决定中止、终止或者延期听证；⑦审阅听证笔录。

（2）听证主持人的义务。听证主持人在行使上述职权的同时还应当履行如下义务：①决定将听证通知送达案件听证参加人；②公正地主持听证，保障当事人行使陈述权、申辩权和质证权；③具有回避情形的，自行回避；④保守听证案件涉及的国家秘密、商业秘密和个人隐私；⑤向本部门负责人书面报告听证会情况。

需要强调的是，在举行听证中为防止行政机关偏私，应当实行回避制度。依据《听证程序规定》第 11 条规定，有下列情况之一的听证主持人、听证员、记录员鉴定人、监测人员应当自行回避，当事人也有权申请其回避：①是本案调查人员或者调查人员的近亲属；②是本案当事人或者当事人的近亲属；③是当事人的代理人或者当事人代理人的近亲属；④是本案的证人、鉴定人、监测人员；⑤与本案有直接利害关系；⑥与听证事项有其他关系，可能影响公正听证的。

当事人申请其回避的，应当在听证会开始前书面提出回避申请，并说明理由；在听证会开始后才知道回避事由的，可以在听证会结束前提出；在回避决定做出前，被申请回避的人员不停止参与听证工作（《听证程序规定》第 12 条）。

关于回避的决定，《听证程序规定》第 13 条规定，听证员、记录员、证人、鉴定人、监测人员的回避，由听证主持人决定；听证主持人的回避，由听证组织机构负责人决定；听证主持人为听证组织机构负责人的，其回避由环境保护主管部门负责人决定。

2. 听证参加人

根据《听证程序规定》规定，听证参加人包括：环境行政机关听证人员（主持人、听证员、记录员）案件调查人员、监测人员、行政处罚当时人及其代理人、第三人、证人、鉴定人、翻译人员以及旁听人等。

（1）当事人。当事人是指要求举行听证的公民、法人或者其他组织。

当事人依法享有下列权利：①申请或者放弃听证；②依法申请不公开听证；③依法申请听证主持人、听证员、记录员回避；④可以亲自参加听证，也可以委托1～2人代理参加听证；⑤就听证事项进行陈述、申辩和举证、质证；⑥进行最后陈述；⑦审阅并核对听证笔录；⑧依法查阅案卷材料。

当事人负有下列义务：①依法举证、质证；②如实陈述和回答询问；③遵守听证纪律。

需要明确的是，案件调查人员、监测人员、第三人及有关证人也负有上述义务。

（2）第三人。第三人是与案件有直接利害关系的，要求参加听证的公民、法人或者其他组织。

第三人可能有以下两种情况：①在同一行政处罚决定中，被处罚的几个当事人中的一个或者几个当事人不服处罚决定申请听证的，其他没有申请听证的当事人可以作为第三人参加听证。例如，某市甲、乙、丙三家企业向某河道超标排放水污染物，当地环保部门以污染物威胁饮用水水源为由报请本市人民政府（由市政府授权市环境保护局）对三家企业分别做出了责令停止排污的决定。甲厂不服，向市环境保护局申请听证。乙、丙两家企业认为该具体行政行为与它们有直接的利害关系，申请以第三人的身份参加听证。②对环境行政机关拟做出的行政处罚决定不服，被处罚人申请听证的，已经受到或可能受到被处罚人违法行为侵害的人可以作为第三人参加听证。例如，上述案例中有间接利害关系的河道周围居民认为，如果市环境保护局对三家企业做出的“责令停止排污”的具体行政行为被撤销，其健康安全将受到危害，于是要求参加听证，他们也可以作为第三人身份参加听证。

（3）委托代理人。委托代理人是受当事人或第三人的委托，代为参加听证的人。委托代理人参加听证的，应当在听证会前提交授权委托书。授权委托书应当载明：委托人及其代理人的基本信息；委托事项及权限；代理权的起止日期；委托日期；委托人签名或者盖章。

（4）听证机关的听证人员。听证机关的听证人员包括：听证主持人、听证员和记录员。听证主持人由环境行政机关负责人指定，一般由本机关法制工作机构的负责人或者经验较丰富的专职法制工作人员担任；环境行政机关还可以指定本机关的非本案调查人员担任听证员、记录员，协助听证主持人组织听证；负责听证准备、记录的制作及其他事务。

（四）听证的告知、申请和通知

1. 听证的告知

根据《听证程序规定》，对符合条件可适用听证程序的行政处罚案件，环境保护主管部门应当在送达《行政处罚事先告知书》的同时一并送达《行政处罚听证告知书》，告知当事人有要求听证的权利，并取回送达回执。

《行政处罚听证告知书》应当载明下列事项：①当事人的姓名或者名称；②已查明的环境违法事实和证据、处罚理由和依据；③拟作出的行政处罚的种类和幅度；④当事人申请听证的权利；⑤提出听证申请的期限、申请方式及未如期提出申请的法律后果；⑥环境保护主管部门名称和作出日期，并且加盖环境保护主管部门的印章。

听证告知的方式，同《行政处罚决定书》送达方式基本一样，受送达人应当在送达回执上签名或盖章。

2. 听证的申请

当事人要求听证的，可以在《听证告知书》的送达回执上注明听证要求；也可以在收到《听证告知书》之日起 3 日内，书面形式提出听证申请；以邮寄方式提出申请的，以寄出的邮戳日期为申请日期；因不可抗力或者其他特殊情况不能如期提出申请的，当事人可以在障碍消除后的 3 日内提出申请。

当事人未如期提出申请的、申请人不是本案当事人的、不属于听证适用范围的，环境行政机关不组织听证。

3. 听证的通知

根据《听证程序规定》第 19 条规定，环境行政机关应当在收到当事人听证申请之日起 7 日内进行审查；对不符合听证条件的，决定不组织听证，并告知理由；对符合听证条件的，决定组织听证，并制作《听证通知书》。

《听证通知书》应当载明下列事项：①当事人的姓名或者名称；②听证案由；③举行听证会的时间、地点；④公开举行听证与否及不公开听证的理由；⑤听证主持人、听证员、记录员的姓名、单位、职务等信息；⑥委托代理权、对听证主持人和听证员的回避申请权等权利；⑦提前办理授权委托手续、携带证据材料、通知证人出席等注意事项；⑧环境保护主管部门名称和作出日期，并盖有环境保护主管部门印章。

《听证通知书》应当在举行听证会的 7 日前送达当事人和第三人，并通知听证的时间、地点；当事人申请变更听证时间的，应当在听证会举行的 3 日前向组织听证的环境行政机关提出书面申请，并说明理由；听证会应当在决定听证之日起 30 日内举行。

（五）听证会的举行

1. 听证形式

除涉及国家机密、商业秘密或者个人隐私外，听证必须公开举行。

2. 听证步骤

根据《听证程序规定》规定，听证步骤可分 3 个阶段：

（1）听证准备阶段。

1）记录员查明听证参加人的身份及到场情况。

2）记录员宣布听证会场纪律和注意事项。

听证参加人和旁听人应当遵守如下会场纪律：①未经听证主持人允许，听证参加人不得发言、提问；②未经听证主持人允许，听证参加人不得退场；③未经听证主持人允许，听证参加人和旁听人员不得录音、录像或者拍照；④旁听人员不得发言、提问；⑤听证参加人和旁听人员不得喧哗、鼓掌、哄闹、随意走动、接打电话或者进行其他妨碍听证的活动。

听证参加人和旁听人员违反上述纪律，致使听证会无法顺利进行的，听证主持人有权予以警告直至责令其退出会场。

3）记录员介绍主持人、听证员的姓名、工作单位及职务。

（2）听证进行阶段。

①听证主持人宣布听证会开始（介绍听证案情；询问并核实听证参加人的身份，告知听证参加人的权利和义务；询问当事人、第三人是否申请听证主持人、听证员、记录员回避）；②案件条查人员陈述当事人违法事实，出示证据，提出初步处理意见和依据；③当事人进行陈述、申辩，提出事实理由依据和证据；④第三人进行陈述，提出事实理由依据

和证据；⑤案件调查人员、当事人、第三人进行质证、辩论；⑥案件调查人员、当事人、第三人作最后陈述。

在举行听证过程中，听证主持人及听证人员应注意以下几个问题：①在证据的出示、质证中与案件行管的证据应当在听证过程中出示，并经质证后确认；②涉及国家秘密、商业秘密和个人隐私的证据，由听证主持人和听证员验证，不公开出示；③质证过程主要围绕着证据的合法性、真实性、关联性进行，针对证据证明效力有无以及证明效力大小进行质疑、说明与辩驳；④对书证、物证、视听资料进行质证时应当出示证据原件或者原物；⑤对出示原件或者原物确有困难或者与原件或原物已经不存在的，经听证主持人同意可以出示复制件或复制品；⑥视听资料应当在听证会上播放或者显示，并质证后认定；⑦有关听证证据的处理可参照《环境行政处罚证据指南》等相关规定；⑧对听证的全过程应当制作笔录。笔录内容应符合《听证程序规定》第 35 条的规定。

（3）听证会后阶段。①听证主持人宣布听证会结束；②记录员将笔录交给当事人、第三人、案件调查人审核无误后当场签字或者盖章（拒绝签字或者盖章的，将情况记入听证笔录）；③听证主持人应当制作听证报告，以书面形式报本部门负责人。听证报告的内容应当符合《听证程序规定》第 36 条的规定。

听证程序流程，见图 11-4。

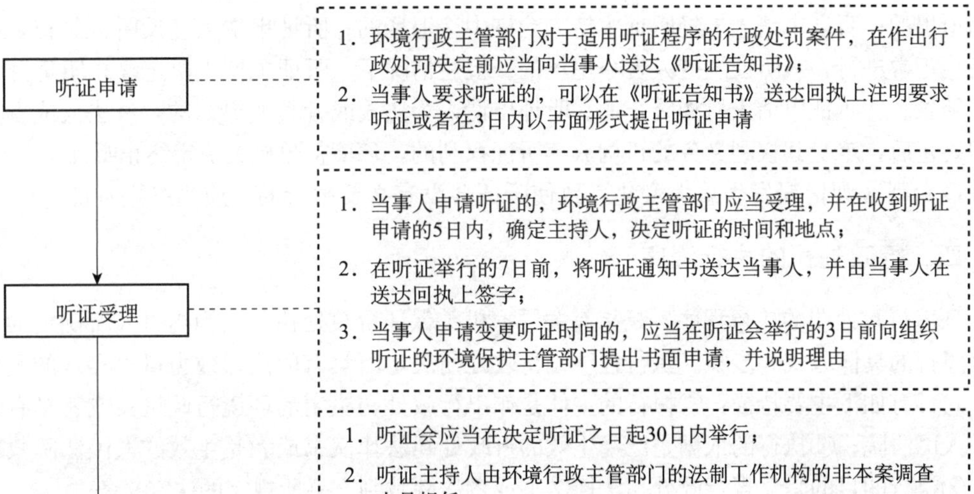

图 11-4 听证程序流程

（六）听证的延期、中止和终止

1. 听证的延期

根据《听证程序规定》第37条规定，可以延期举行听证会的情况有3种：①因不可抗力[①]致使听证会无法按期举行的；②当事人申请听证主持人回避，并有理由的；③当事人申请延期，并有理由的。

听证会举行前出现上述情形的，环境保护主管部门决定延期听证并通知听证参加人；听证会举行过程中出现上述情形的，听证主持人决定延期听证，并记入听证笔录。

2. 听证的中止

听证主持人认为听证过程中提出的新的事实、理由、依据有待进一步调查核实或者鉴定的，或者其他需要中止听证的情形的，可以决定中止听证，待调查核实新的事实、理由、依据后再决定恢复听证，并书面通知听证参加人。

3. 听证的终止

根据《听证程序规定》第40条规定，听证终止的主要情况有两种：

（1）因当事人的原因而终止听证。包括3种情况：①听证会前当事人明确放弃听证权利的；听证申请人撤回听证申请的；听证申请人无正当理由不出席听证会的。上述情况下，环境行政机关可以决定终止听证，并通知听证参加人。②听证进行过程中听证申请人声明退出的；听证申请人未经听证主持人允许中途退场的；听证申请人违反听证纪律，妨碍听证会正常进行，被听证主持人责令退场的。上述情况下，听证主持人决定终止听证并记入听证笔录。③听证申请人机构终止的。听证申请人为法人或者其他组织的，该法人或者其他组织终止后，承受其权利义务的机构放弃听证权利的，环境行政机关决定终止听证。

（2）因客观情况发生重大变化，致使听证会没有必要举行的，应当终止听证。

四、行政处罚的执行程序

环境行政处罚的执行程序，是指有关国家机关保证行政处罚决定为当事人所确定的义务得以履行的具体方式和步骤。执行程序是行政处罚决定所具有的法律效力得以实现的重要保障。它具有如下主要特征：①执行的主体是作出行政处罚决定的环境行政机关或者具有管辖权的人民法院；②执行的依据是已经生效的行政处罚法律文书或者是生效的人民法院裁判文书；③执行的目的是兑现行政处罚法律文书或者法院裁判文书所规定的法定义务。

根据《行政处罚法》和《环境行政处罚办法》的有关规定，环境行政处罚的执行程序主要包括：指定银行代收缴程序、当场收缴程序、暂缓缴纳与分期缴纳程序及强制执行程序。

（一）指定银行代收缴程序

指定银行代收缴程序，也称罚缴分离程序，是指行政罚款决定由享有处罚权的环境行政机关作出，而罚款的缴纳由指定银行统一收缴的程序。实行“罚缴分离”也就是“作出罚款决定的行政机关应当与收缴罚款的机构分离；但是依照《行政处罚法》的规定可以当场收缴罚款的除外。”[②] 这是行政处罚的一项重要原则，对于防止权力过于集中而导致腐

---

① 《民法通则》第153条规定，不可抗力是指不可预见，不能避免，不能克服的客观情况。

② 参见《罚款决定与罚款收缴分离实施办法》（国务院令1997年第235号）第3条。

败、监督环境行政机关依法行政、廉政执法具有重要意义。

根据《行政处罚法》的规定，罚缴分离制度的适用范围，除当场收缴罚款、因交通不便当事人向指定银行缴纳确有困难或不当场收缴事后难以执行的，由环境行政机关先行收缴以及经依法采取执行措施收缴的罚款外，其他正常情况下的行政罚款均属分离制度的适用范围，即罚款由指定的银行统一收缴。

指定银行代收罚款，应遵循如下程序：①确定代收罚款的机构（指定银行）；②签订代收罚款的协议；③被罚款人向指定银行缴纳罚款；④代收罚款的银行开具收据；⑤代收罚款的银行将罚款上交国库。

值得强调的是，根据《行政处罚法》第 46 条规定，当事人收到处罚决定书后，应在 15 日内向指定银行缴纳罚款；代收罚款的银行在期限（15 日）届满之前，可向当事人发出催交通知书，以提醒和督促当事人按期履行缴纳罚款的义务。

依照《罚款决定与罚款收缴分离实施办法》《罚款代收代缴管理办法》指定银行代收罚款的流程，见图 11-5。

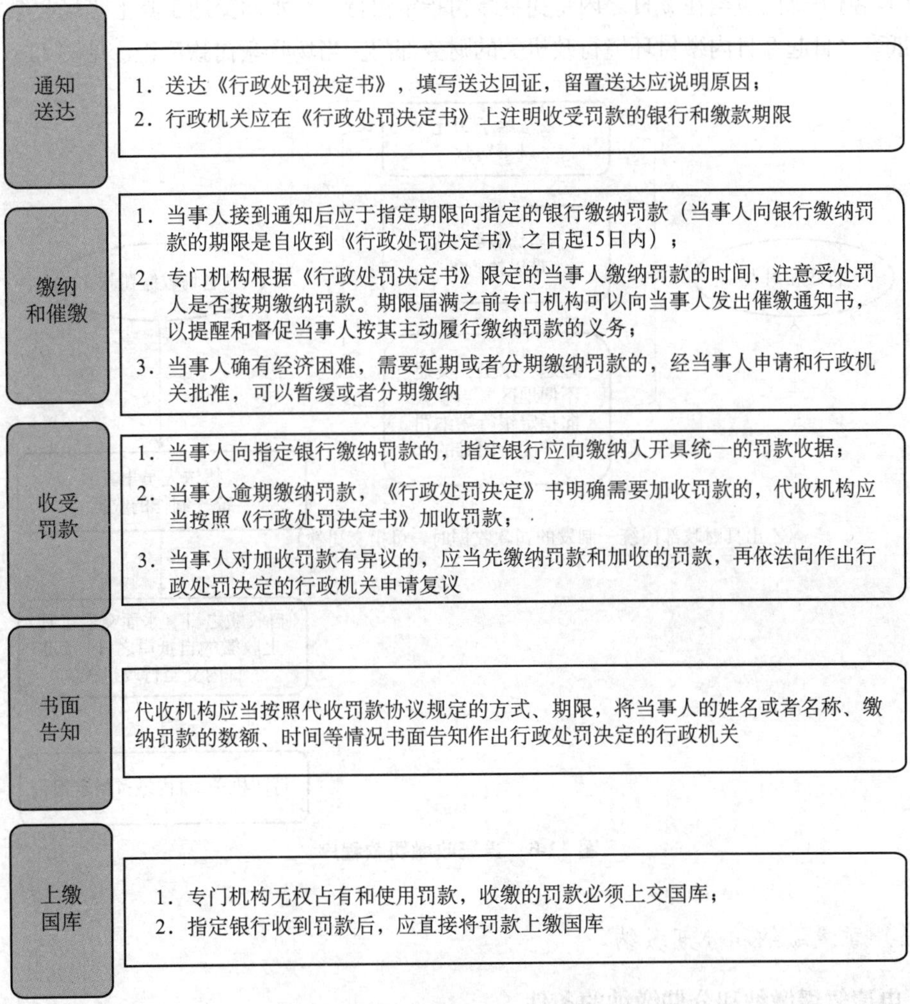

图 11-5　指定银行代收罚款的流程

（二）当场收缴罚款程序

1. 当场收缴罚款程序的适用范围

根据《行政处罚法》第 47、第 48 条规定，当场收缴罚款程序的适用范围包括：①依法给予 20 元以下罚款的；②交通不便地区（如边远、水上、交通不便的山区等），当事人向指定银行缴纳罚款确有困难的（经当事人提出）；③不当场收缴事后难以执行的。如异地人员在当地造成环境污染事故，如不当场收缴罚款可能放纵违法者的情况，或当场处罚时当事人没有携带可供证明其身份的证件，事后难以执行的。上述罚款，均可由环境行政机关当场收缴。

2. 当场收缴的程序

（1）当场收缴罚款的，环境行政执法人员必须向当事人出具省级财政部门统一印制的罚款收据。不出具收据的，当事人有权拒绝缴纳罚款。

（2）环境行政执法人员当场收缴罚款后，应当自收缴之日起 2 日内交至所属环境行政机关财务部门，财务部门应当在 2 日之内将罚款缴付指定银行。在水面交通工具上当场收缴罚款的，应当自抵岸之日起 2 日内缴付环境行政机关的财务部门。当场收缴罚款流程，见图 11-6。

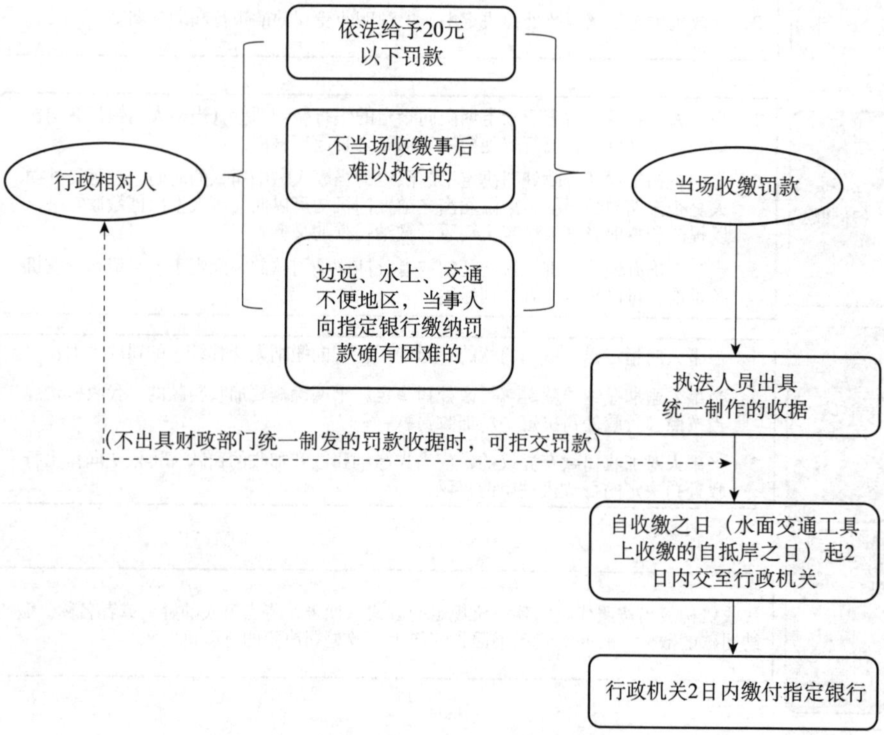

图 11-6　当场收缴罚款程序

（三）暂缓缴纳和分期缴纳

1. 申请暂缓缴纳和分期缴纳的条件

根据《行政处罚法》第 52 条规定，当事人申请暂缓缴纳和分期缴纳应具备如下条件：①当事人经济确有困难；②当事人向环境行政机关提出延期或者分期缴纳的申请；③环境行政机关批准。

需要注意的是，准予延期或者分期缴纳罚款的，应当制作《同意延期（或分期）缴纳罚款通知书》，并送达当事人和指定银行；延期或者分期缴纳罚款的最后一期缴纳时间不得超过申请人民法院强制执行的最后期限。

2. 暂缓缴纳和分期缴纳的步骤

（1）当事人申请。应当在行政机关确定的缴纳罚款时间之前书面申请，说明理由和具体期限。

（2）行政机关审查申请。认为确有经济困难，申请理由成立的，做出允许决定；认为申请理由不成立的，予以驳回。

（3）通知代收罚款的指定银行，送达《同意延期（或分期）缴纳罚款通知书》副本。指定银行据此收缴罚款。

暂缓缴纳和分期缴纳罚款的流程，见图 11-7。

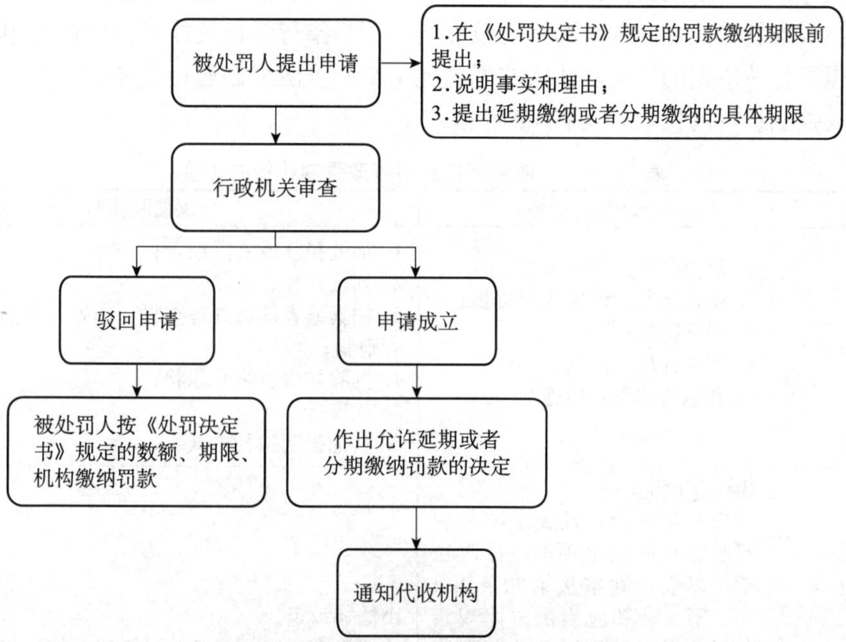

图 11-7 暂缓缴纳和分期缴纳罚款流程

（四）环境行政强制执行

1. 环境行政强制执行的概念

指行政相对人逾期不履行环境行政机关所作出的行政处罚决定或其他具体行政行为时，由环境行政机关申请人民法院采取必要的强制措施，迫使其履行义务的执法活动。环境行政强制执行是环境行政执法的重要内容，它是保障环境行政机关作出具体行政行为最终得以执行（当遇到当事人抵制时）的唯一有效途径。其主要特点表现在：

（1）以行政相对人不及时、不完全执行环境行政处罚决定为前提。

（2）强制执行的目的是为了保证环境行政机关所作出的行政处罚决定及时、完整地得到执行。

（3）强制执行不是以环境行政隶属关系而采取的，而是根据环境行政机关的环境事务管辖权而采取的。

（4）强制执行由环境行政机关提出和申请，由人民法院具体负责实施强制执行，即最终由人民法院裁决能否采取强制执行措施。

2. 行政强制执行的条件

行政强制执行必须具备如下条件：①有生效的《行政处罚文书》。主要包括3种类型：《行政处罚决定书》；《行政复议决定书》（具有可执行内容）；《行政裁判文书》。②行政相对人拒不履行生效的《行政处罚文书》所确定的给付义务。这是行政处罚强制执行的核心要件。③有明确的法律依据。即只有在法律法规明确规定可以实施强制执行，同时规定了强制执行的具体措施的情况下，才能由法律法规授权的行政机关实施强制执行。

根据《行政强制法》规定，行政强制包括行政强制措施和行政强制执行。行政强制措施是指行政机关在行政管理过程中，为制止违法行为、防止证据损毁、避免危害发生、控制危险扩大等情形，依法对公民的人身自由实施暂时性限制，或者对公民、法人或者其他组织的财物实施暂时性控制的行为；行政强制执行是指行政机关或者行政机关申请人民法院，对不履行行政决定的公民、法人或者其他组织，依法强制履行义务的行为。行政强制措施与行政强制执行的比较，见表11-17。

表11-17 行政强制措施与行政强制执行的比较

	行政强制措施	行政强制执行
种类（方式）	1. 限制公民人身自由； 2. 查封场所、设施或者财物； 3. 扣押财物； 4. 冻结存款、汇款； 5. 其他行政强制措施	1. 加处罚款或者滞纳金； 2. 划拨存款、汇款； 3. 拍卖或者依法处理查封、扣押的场所、设施或者财物； 4. 排除妨碍、恢复原状； 5. 代履行； 6. 其他强制执行方式
设定	由法律设定； 尚未制定法律，且属于国务院行政管理职权事项的，行政法规可以设定除本法第九条第1项、第4项和应当由法律规定的行政强制措施以外的其他行政强制措施； 尚未制定法律、行政法规，且属于地方性事务的，地方性法规可以设定本法第9条第2项、第3项的行政强制措施	由法律设定。 法律没有规定行政机关强制执行的，作出行政决定的行政机关应当申请人民法院强制执行

《环境保护法》为了适应当前环境管理转型，加大环境行政执法力度，针对现实中由于环境执法软弱性和不彻底性致使许多企业环境违法行为得不到及时制止的问题，增设了查封、扣押这一特殊的行政强制措施[①]。查封、扣押是指环境行政机关在环境监督管理中，

① 《环境保护法》第25条规定："企业事业单位和其他生产经营者违反法律法规规定排放污染物，造成或者可能造成严重污染的，县级以上人民政府环境保护主管部门和其他负有环境保护监督管理职责的部门，可以查封、扣押造成污染物排放的设施、设备。"

为制止环境违法行为，防止证据损毁、避免危害发生、控制危险扩大等情形，依法对行政相对人的财物实施暂时性控制的行为。环境保护主管部门实施查封、扣押应遵循《环境保护主管部门实施查封、扣押办法》（环境保护部令第 29 号）规定的程序及要求。

（1）适用查封、扣押的范围。环境保护主管部门实施查封、扣押的范围包括：①违法排放、倾倒或者处置含传染病病原体的废物、危险废物、含重金属污染物或者持久性有机污染物等有毒物质或者其他有害物质的；②在饮用水水源一级保护区、自然保护区核心区违反法律法规规定排放、倾倒、处置污染物的；③违反法律法规规定排放、倾倒化工、制药、石化、印染、电镀、造纸、制革等工业污泥的；④通过暗管、渗井、渗坑、灌注或者篡改、伪造监测数据，或者不正常运行防治污染设施等逃避监管的方式违反法律法规规定排放污染物的；⑤较大、重大和特别重大突发环境事件发生后，未按照要求执行停产、停排措施，继续违反法律法规规定排放污染物的；⑥法律、法规规定的其他造成或者可能造成严重污染的违法排污行为。

（2）不予实施查封、扣押的情形。环境保护主管部门对具备下列情形之一的排污者，造成或者可能造成严重污染的，应当按照有关环境保护法律法规予以处罚，可以不予实施查封、扣押：①城镇污水处理、垃圾处理、危险废物处置等公共设施的运营单位；②生产经营业务涉及基本民生、公共利益的；③实施查封、扣押可能影响生产安全的。

（3）实施查封、扣押的程序。实施查封、扣押的程序包括：调查取证、审批、决定、执行、送达、解除。

1）调查取证。环境保护主管部门在实施查封、扣押前应当做好调查取证工作，应收集如下证据：现场检查笔录、调查询问笔录、环境监测报告、视听资料、证人证言和其他证明材料。

2）审批。需要实施查封、扣押的，应当书面报经环境行政机关负责人批准；案情重大或者社会影响较大的，应当经案件审查委员会集体审议决定；情况紧急，需要当场实施查封、扣押的，应当在实施后 24 小时内补办批准手续；环境行政机关负责人认为不需要实施查封、扣押的，应当立即解除。

3）决定。环境行政机关决定实施查封、扣押的，应当制作查封、扣押决定书和清单。查封、扣押决定书应当载明下列事项：①排污者的基本情况，包括姓名或名称、营业执照号码、组织机构代码、地址以及法定代表人或者主要负责人姓名等；②查封、扣押的理由、依据和期限；③查封、扣押设施、设备的名称、数量和存放地点等；④排污者应履行的相关义务及申请行政复议或者提起行政诉讼的途径和期限；⑤环境保护主管部门的名称、印章和决定日期。

4）执行。①由两名以上具有行政执法资格的环境行政执法人员实施，并出示执法身份证件。②通知排污者的负责人或者受委托人到场，当场告知实施查封、扣押的依据以及依法享有的权利、救济途径，并听取其陈述和申辩。③制作现场笔录，必要时可以进行现场拍摄。现场笔录的内容应当包括查封、扣押实施的起止时间和地点等。④当场清点并制作查封、扣押设施、设备清单，由排污者和环境保护主管部门分别收执。委托第三人保管的，应同时交第三人收执。执法人员可以对上述过程进行现场拍摄。⑤现场笔录和查封、扣押设施、设备清单由排污者和执法人员签名或者盖章。⑥张贴封条或者采取其他方式，明示环境保护主管部门已实施查封、扣押。

5）送达。查封、扣押决定书应当当场交付排污者负责人或者受委托人签收。排污者负责人或者受委托人应当签名或者盖章，注明日期；实施查封、扣押过程中，排污者负责人或者受委托人拒不到场或者拒绝签名、盖章的，环境行政执法人员应当予以注明，并可以邀请见证人到场，由见证人和环境行政执法人员签名或者盖章。

6）解除。查封、扣押的期限不得超过30日；情况复杂的，经本级环境保护主管部门负责人批准可以延长，但延长期限不得超过30日（法律、法规另有规定的除外），延长查封、扣押的决定应当及时书面告知排污者，并说明理由。

环境保护主管部门实施查封、扣押后，应当及时查清事实，有下列情形之一的，应当立即作出解除查封、扣押决定：①对违反法律法规规定排放污染物行为已经作出行政处罚或者处理决定，不再需要实施查封、扣押的；②查封、扣押期限已经届满的；③其他不再需要实施查封、扣押的情形。

查封、扣押措施被解除的，环境保护主管部门应当立即通知排污者，并自解除查封、扣押决定做出之日起3个工作日内送达解除决定；扣押措施被解除的，还应当通知排污者领回扣押物；无法通知的，应当进行公告，排污者应当自招领公告发布之日起60日内领回；逾期未领回的，所造成的损失由排污者自行承担；扣押物无法返还的，环境保护主管部门可以委托拍卖机构依法拍卖或者变卖，所得款项上缴国库。

排污者在查封、扣押期限届满前，可以向决定实施查封、扣押的环境保护主管部门提出解除申请，并附具相关证明材料；环境保护主管部门应当自收到解除查封、扣押申请之日起5个工作日内，组织核查，并根据核查结果分别作出如下决定：①确已改正违反法律法规规定排放污染物行为的，解除查封、扣押；②未改正违反法律法规规定排放污染物行为的，维持查封、扣押。

（4）实施查封、扣押中注意的问题。

1）环境保护主管部门查封、扣押排污者造成污染物排放的设施、设备，应当符合有关法律的规定；不得重复查封、扣押排污者已被依法查封的设施、设备；对不易移动的或者有特殊存放要求的设施、设备，应当就地查封；查封时，可以在该设施、设备的控制装置等关键部件或者造成污染物排放所需供水、供电、供气等开关阀门张贴封条。

2）环境保护主管部门实施查封、扣押的，应当依法向社会公开查封、扣押决定；查封、扣押延期情况和解除查封、扣押决定等相关信息。

3）对就地查封的设施、设备，排污者应当妥善保管，不得擅自损毁封条、变更查封状态或者启用已查封的设施、设备；对扣押的设施、设备，环境保护主管部门应当妥善保管，也可以委托第三人保管（扣押期间设施、设备的保管费用由环境保护主管部门承担）。

4）查封的设施、设备造成损失的，由排污者承担；扣押的设施、设备造成损失的，由环境保护主管部门承担；因受委托第三人原因造成损失的，委托的环境保护主管部门先行赔付后，可以向受委托第三人追偿。

5）排污者涉嫌环境污染犯罪已由公安机关立案侦查的，环境保护主管部门应当依法移送查封、扣押的设施、设备及有关法律文书、清单。

6）环境保护主管部门对查封后的设施、设备应当定期检视其封存情况；排污者阻碍执法、擅自损毁封条、变更查封状态或者隐藏、转移、变卖、启用已查封的设施、设备的，环境保护主管部门应当依据《治安管理处罚法》等法律法规及时提请公安机关依法处理。

3. 行政强制执行的分类

根据《行政强制法》规定以及我国行政强制执行实践，可将强制执行分为直接强制执行和间接强制执行。

直接强制执行，是指行政机关依法自行对拒不履行法定义务的行政相对人的人身自由或财产采取强制手段，直接强迫其履行义务或通过强制手段达到与义务人履行义务相同状态的强制执行行为。

间接强制执行，是指行政机关依法通过某些间接手段（如执行罚、代执行等），迫使义务人履行其应当履行的义务或达到与义务人履行义务相同状态的强制执行行为。强制执行措施的分类，见表 11-18。

表 11-18 强制执行措施的分类

直接强制执行措施	间接强制执行措施
1. 划拨存款、汇款 2. 拍卖或者依法处理查封、扣押的场所、设施或者财物 3. 排除妨碍、恢复原状 4. 其他强制执行方式	1. 执行罚 2. 行政代执行

（1）执行罚。根据《行政强制法》规定，行政强制执行方式有：加处罚款或者滞纳金，划拨存款、汇款，拍卖或者依法处理查封、扣押的场所、设施或者财物，排除妨碍、恢复原状，代履行，其他强制执行方式 6 种。其中加处罚款或者收缴滞纳金和代履行属于间接强制执行措施，加处罚款或者收缴滞纳金方式又为执行罚；代履行亦称行政代执行。

执行罚是指义务人逾期不履行法定义务，由行政机关迫使其缴纳强制金以促使其履行义务的强制执行制度，主要适用于当事人不履行不作为义务或不可由他人代替的义务，如与人身有关的义务或特定物的给付等。执行罚与行政处罚中的罚款既有联系又有明显的区别，二者的区别，见表 11-19。

表 11-19 执行罚与行政处罚中罚款的区别

项目	执行罚	行政处罚中的罚款
性质	属于强制执行措施	属于行政处罚的一种类型
目的	为促使当事人履行缴纳罚款等特定义务	为促使当事人改正违法行为
法律后果	行政机关或人民法院可以强制执行	如果不按规定缴纳罚款，将被采取加处罚款或加收滞纳金

1）加处罚款。加处罚款是指被处罚人在无正当理由逾期不履行行政机关作出的罚款决定时，该行政机关可以在原罚款数额的基础上，再增加罚款幅度。根据《行政处罚法》第 51 条规定，罚款幅度以每日按原罚款数额的 3%加以计算。

2）加收滞纳金。加收滞纳金是指行政机关对逾期不履行行政处理决定的当事人科以新的金钱给付义务，迫使其履行行政决定的一种强制执行措施。加收滞纳金的计算，以当事人应当履行行政处理决定之日起连续计算，直到当事人履行行政决定为止。根据我国现行环境法律、法规、规章的规定，加收滞纳金的适用范围主要限于《排污费资金收缴使用管理办法》和《排污费征收工作稽查办法》[①] 的相关规定。

（2）行政代执行。行政代为执行是指违反环境保护相关法律法规的行政相对人，逾期不处置（不治理）或者处置（治理）不符合法律规定要求时，由环境保护行政机关指定相关单位代为处置（治理），处置（治理）费用由违法者承担的制度。在我国，行政代执行制度，最早出现在《固体废物污染环境防治法》中，后逐步扩大到《放射性污染防治法》和《水污染防治法》，随着环境保护事业的发展，加大环境治理的力度，其适用范围将会越来越广。

1）行政代执行的法律依据。主要包括：《固体废物污染环境防治法》第 22 条；《水污染防治法》第 76、第 80、第 83 条；《放射性污染防治法》第 56 条。

2）行政代执行的履行主体及费用。根据《行政强制法》第 50 规定，“行政机关可以代履行，或者委托没有利害关系的第三人代履行”，即行政代执行的履行主体，是环境保护义务人以外的人（环境行政机关及其依法委托的具有相应资质的第三人）；执行中产生的费用，由被执行的实施了违法行为的行政相对人承担。

3）行政代执行的实施。环境行政机关在环境监督管理过程中发现或者接到举报某行政相对人违法处置危险废物或者放射性废物造成环境污染，或者违法排放污染物污染水体时，经调查确认，先责令行政相对人停止违法行为，限期改正后，行政相对人逾期拒不改正（不处置或者处置不符合有关规定）时，由环境行政机关或者环境行政机关委托的具有相应资质的机构实施行政代执行。根据《行政强制法》的规定，归纳行政代执行的程序见图 11-8。

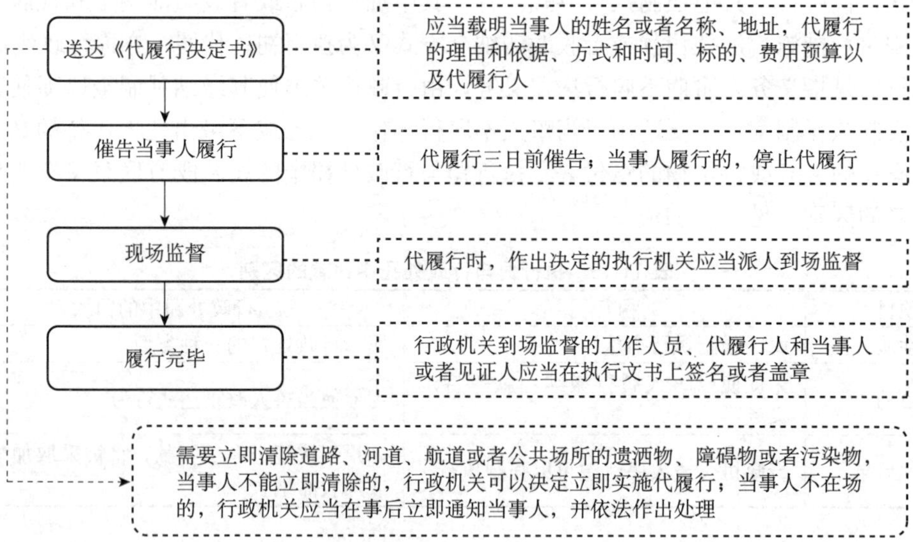

图 11-8　行政代执行程序

---

① 《排污费资金收缴使用管理办法》第 22 条规定：“排污者在规定的期限内未足额缴纳排污费的，由收缴部门责令其限期缴纳，并从滞纳之日起加收 2‰的滞纳金”。《排污费征收工作稽查办法》第 23 条规定：“经稽查，发现排污者少缴排污费且属于排污者责任的，作出排污费征收稽查处理决定的环境保护行政机关应当按照排污费征收稽查处理决定追缴排污费，并从滞纳之日起加收 2‰的滞纳金，滞纳金收入随追缴的排污费一并缴入国库。”

(3) 申请人民法院强制执行。

1) 申请强制执行的条件

根据《最高人民法院关于执行〈中华人民共和国行政诉讼法〉若干问题的解释》(以下简称《若干解释》)第86条规定，环境行政机关申请人民法院强制执行其具体环境行政行为应当具备以下6个方面的条件：①具体环境行政行为依法可以由人民法院执行；②具体环境行政行为已经生效并具有可执行内容是申请强制执行的前提条件；③申请人是作出该具体环境行政行为的环境行政机关；④被申请人是该具体环境行政行为所确定的义务人；⑤被申请人在环境行政处罚确定的期限内或者环境行政机关另行指定的期限内未履行义务是环境行政强制执行的核心条件；⑥被申请执行的行政案件属于受理申请执行的人民法院管辖。

2) 申请强制执行的步骤

第一步，催告。催告是指环境行政机关对逾期不履行具体行政行为的行政相对人，在申请人民法院强制执行前，按照法定程序以书面形式督促行政相对人履行义务的活动。根据《行政强制法》第54条规定，行政机关申请人民法院强制执行前，应当催告当事人履行义务；催告书送达10日后当事人仍未履行义务的，行政机关可以向所在地有管辖权的人民法院申请强制执行(执行对象是不动产的，向不动产所在地有管辖权的人民法院申请强制执行)。

第二步，申请。环境行政机关申请强制执行，应当向人民法院提交如下相关材料和信息：《强制执行申请书》；《行政处罚决定书》及作出决定的事实、理由和依据；当事人的意见及行政机关催告情况；申请强制执行标的；等等。

关于申请人民法院强制执行的期限，《行政强制法》第53条规定："当事人在法定期限内不申请行政复议或者提起行政诉讼，又不履行行政决定的，没有行政强制执行权的行政机关可以自期限满之日起3个月内，依照本章规定申请人民法院强制执行。"需要说明的是，《环境行政处罚办法》(2010年3月1日生效)第62条规定的申请人民法院强制执行的期限是180日(自申请复议、起诉或者上诉期届满之日起180日内)，而《行政强制法》(2012年1月1日生效)第53条规定的期限是3个月之内。根据上位法优于下位法，后法优于先法的规则，申请强制执行的期限应当按照《行政强制法》的规定执行。

第三步，受理。根据《行政诉讼法》和《行政强制法》的规定，人民法院对符合条件的申请，应当在5日内受理；对不符合条件的申请，应当裁定不予受理；行政机关对人民法院不予受理的裁定有异议的，可以在15日内向上一级人法院申请复议，上一级人民法院应当自收到复议申请之日起15日内作出是否受理的裁定。

第四步，审查。人民法院对行政机关强制执行的申请进行书面审查；人民法院在审查中发现明显缺乏事实根据的、明显缺乏法律法规依据的、其他明显违法并损害被执行人合法权益的，在作出裁定之前可以听取被执行人和行政机关的意见。

第五步，决定。人民法院作出执行裁定有两种情况：第一种情况是，如果上述因审查中发现明显不合理之处，在作出裁定前听取被执行人行政相对人的意见的申请，自受理之日起30日内作出是否执行的裁定；裁定不予执行的，应当说明理由，并在5日内将不予执行的裁定书送达行政机关；行政机关对不予执行的裁定有异议的，可以自收到裁定之日起15日内向上一级人民法院申请复议，上一级人民法院应当自收到复议申请自日起30日内作出是否执行的裁定。第二种情况，对符合法律规定，申请材料符合要求，且行政决定具备法定执行效力的，人民法院应当自受理之日期 7 日内作出执行裁定。

第六步，执行。人民法院作出强制执行决定后，向当事人发出《强制执行通知书》，命令当事人在一定的期限内履行处罚决定；如果当事人在法院规定的时间内没有履行，人民法院将采取强制执行措施；因紧急情况，为保障公共安全，行政机关申请人民法院立即执行的，经法院院长批准，人民法院自作出执行裁定之日起 5 日内执行。

人民法院采取强制执行措施包括：冻结、划拨被执行人的存款；扣留、提取被执行人的劳动收入；查封、冻结、变卖被执行人的财产等。在环境行政强制执行中，对行政相对人的执行措施，主要是划拨行政相对人的存款、查封产生严重污染的设备等。环境行政强制执行程序，见图 11-9。

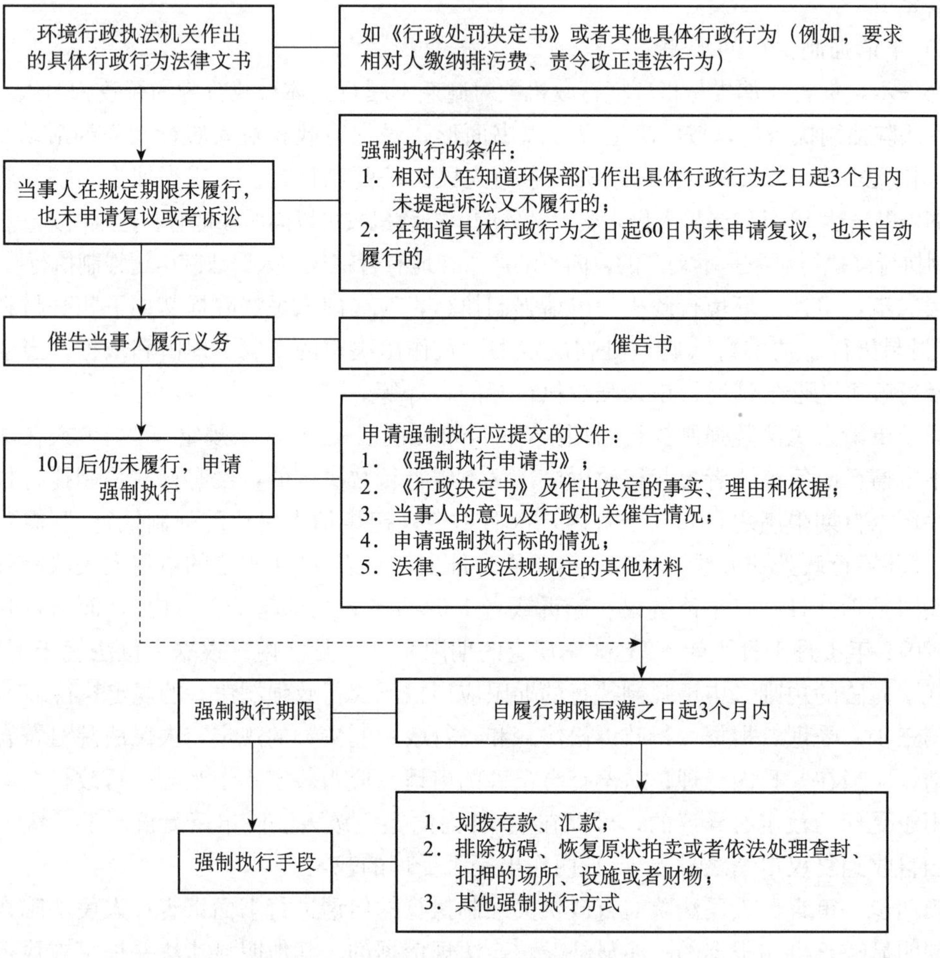

图 11-9　环境行政强制执行程序

五、环境行政处罚的结案与归档

（一）结案

1. 结案条件

结案是对环境行政处罚案件的最后处理，表明该案件已经按照法定程序处理完毕。结案必须符合《环境行政处罚办法》第67条规定的5个条件：①行政处罚决定由当事人执行完毕；②行政处罚决定依法强制执行完毕；③不予行政处罚等无须执行的；④行政处罚决定被依法撤销的；⑤环境保护部门认为可以结案的其他情形。

2. 结案的方式

根据《环境行政处罚案件办理程序暂行规定》（环监发〔2009〕42号）第22条规定，符合结案条件的，案件承办人予以结案，并填写《行政处罚案件结案登记表》。结案的行政处罚案件，应及时立卷归档。立卷归档应符合如下要求：一案一卷，案卷可以分正卷和副卷；各类文书齐全，手续完备；书写文书用签字笔、钢笔或者打印；案卷装订要规范有序，符合文档要求。

（二）归档管理

环境行政处罚档案，是指各级环境行政机关在依法实施行政处罚过程中形成，并处理完毕的反映案件真实情况的，经过整理立卷的案件材料。为保证环境行政处罚工作的科学性、严肃性和连续性，行政处罚档案管理应做到规范化、制度化、常态化。

1. 归档范围

环境行政处罚案件归档文件类型主要包括：①案件来源相关材料，包括检查发现的、投诉举报的、来信来访的、媒体披露的、上级交办的批示等相关文件资料；②立案阶段制作的相关材料，如立案审批表；③调查阶段制作的相关材料，如现场检查笔录、询问笔录等；④审查阶段制作的相关材料，如《行政处罚案件处理审批表》等；⑤申辩听证阶段制作的相关材料，如《行政处罚听证通知书》等；⑥作出处罚决定阶段制作的相关材料，如《行政处罚决定书》等；⑦送达及执行阶段制作的相关材料，如《送达回证》等；⑧行政复议相关材料，如《行政复议申请书》等；⑨行政诉讼相关材料，如《行政诉讼答辩书》等。

2. 归档顺序

归档顺序分为：①正卷装订顺序，包括：《行政处罚决定书》及送达回执；《立案审批表》；调查取证及证据材料；《行政处罚事先告知书》《听证告知书》《听证通知书》及送达回执等；听证笔录；财物处理材料；执行材料；结案材料。②副卷装订顺序，包括：投诉、申诉、举报等案源材料；涉及当事人有关技术秘密和商业秘密的材料；听证报告；审批意见；集体审议记录；其他有关材料。需要说明的是，正卷可以向被处罚对象和社会公开，副卷不予公开。

六、环境行政处罚的监督（略）

【本章小结】

环境行政处罚是指国家环境保护监督管理部门，依照法定权限和程序对违反环境法律规范尚不构成犯罪的单位或个人实施的一种行政制裁，是环境执法中常见的主要的最有效的执法方式，也是追究环境行政责任的主要形式。本章的目的在于依照现行相关环境行政处罚的法律、法规及规章，针对目前环境行政处罚中普遍存在的处罚不规范的问题，科学合理归纳，深入分析和阐述实施环境行政处罚中必须严格遵循的法定原则、程序及正确行使自由裁量权，把握行政处罚的法律适用及注意的问题，以推进环境行政处罚的规范化、制度化。本章按照行政处罚的原则、处罚种类、处罚机关、处罚的管辖、处罚程序、归档管理及行政处罚的监督体例，并采用大量的表格及图表归纳、分类要点，解释难点，注重明细基础知识，突出重点、难点，以便于理解和应用。

【思考题】

1. 什么是环境行政处罚？环境行政处罚与其他环境行政行为的区别是什么？
2. 环境行政处罚的主要原则有哪些？怎样理解处罚法定原则、公开、公正原则？
3. 环境行政处罚的主要形式有哪些？
4. 什么是环境行政处罚管辖？管辖的种类有哪几种？
5. 如何理解“一事不再罚”的含义？
6. 结合实际谈谈怎样理解从轻处罚、从重处罚？
7. 不予处罚的法定条件是什么？
8. 怎样理解环境行政处罚的追究时效？
9. 什么是简易程序？适用简易程序的条件及注意的问题是什么？
10. 什么是一般程序？适用一般程序立案的条件是什么？
11. 调查的方式有哪几种？如何理解“调查取证是正确实施行政处罚的关键环节”？
12. 在什么情况下可以采取证据保全措施？应注意哪些问题？
13. 案件审查中必须把握的要点是什么？
14. 环境行政处罚决定有哪几种？其主要内容是什么？
15. 什么是送达？送达的方式主要有哪几种？在留置送达中应该注意哪些问题？
16. 一般程序的步骤及各个阶段的主要任务是什么？
17. 环境执法人员在实施行政处罚中的主要任务及注意的问题是什么？
18. 什么是听证程序？适用听证程序的条件及各阶段的主要内容是什么？
19. 环境执法人员可以当场收缴罚款的条件及注意的问题是什么？
20. 结合实际谈谈如何正确实施环境行政处罚的执行措施。
21. 申请人民法院强制执行应具备哪些条件？应提交哪些文件材料？
22. 申请强制执行的期限如何计算？执行措施有哪些？

【延伸阅读】

1. 环境保护部环境监察局．环境行政处罚办法释义［M］．北京：中国环境科学出版社，2011.

2. 环境保护部周生贤部长在2010年全国环境保护工作会议上指示，要强化执法，加大责任追究力度，确保环境违法行为整改到位。2010年环境保护部出台新的《环境行政处罚办法》并编制《环境行政处罚办法释义》。该书对《环境行政处罚办法》逐条解释，对涉及的违法行为种类以及相关证据的解说很详细，对环境保护实践工作具有很强的指导意义。

【实训案例】 模拟环境行政处罚

一、案情简介

2011年1月，某市天南建材集团有限公司（以下简称天南公司）下属城南水泥厂为了扩大生产，计划将其厂内原2.2m的窑径改为2.5m。在改建过程中，城南水泥厂认为该项目仅仅是扩大机立窑的窑径，送风的罗茨鼓风机并未扩大，而且改造的目的是使气流通过的面积增大，让窑内原料反应更充分，减少污染物排放，不属于技术改造项目，因此没有办理《环境影响报告书》审批手续，即动工扩建。同年7月，该厂在没有经过环境保护行政主管部门对该项目环境保护设施进行验收的情况下，将改造过的生产设施正式投入使用，投入生产后的烟尘浓度超过国家规定标准的16.6倍，结果对当地生态环境造成了较大影响。

事后，该市环境保护局经过调查认为，天南公司的窑径改造项目既是扩建项目，又是改造生产设备和工艺的项目，但该公司既未报批环评手续，也未经环境保护部门验收该项目配套建设的环境保护设施投入生产，违反了《建设项目环境保护管理条例》第6、第20条规定。于是，该市环境保护局于2011年12月19日，依据《建设项目环境保护管理条例》第28条规定，对该处罚按照法定程序举行了听证会，经举行听证会最终维持了原处罚决定，并送达了《行政处罚决定书》。但该公司既不履行处罚决定，又不申请行政复议，也不起诉。最终该市环境保护局申请人民法院强制执行。

二、实践活动

1. 模拟目的：旨在锻炼分析和处理行政处罚案件的能力，做到查处案件实事清楚，证据确凿，适用法律准确，程序合法，处罚适当，处罚文书规范。

2. 模拟方式：

（1）全班分成三个小组，针对上述案例各组进行充分讨论分析，并制定办理该案件的具体思路，列出与该案件相关的违法事实、相关证据、法律法规标准、相关法律文书及必经程序；

（2）在此基础上模拟调查取证、模拟听证，并写出一份完整的该案件的卷宗；

（3）各组互相交换审阅案件的卷宗，并在教师主持下评出最佳案件卷宗；

（4）教师点评模拟调查取证、模拟听证、最佳案件的卷宗，指出问题及不足，并回答学生们提出的问题。

三、扩展活动

1. 在教师提示、引导下各组找出上述案例中市环境保护局处理该案中的漏洞、不当的问题，列出处理该案不当的原因及相关法律，并指出如何纠正、补充完善的建议；在教师主持下，各组派代表阐明本组观点，并展开讨论；最后教师点评。

2. 邀请当地环境保护部门的有关专家介绍、点评具有代表性的环境行政处罚典型案例，传授环境行政处罚中办案的技巧及经验教训。

第十二章　环境侵权纠纷的行政处理

职业能力目标与学习要求

1. 理解环境侵权纠纷行政处理的概念、特征。
2. 掌握环境侵权纠纷调解处理的法律依据。
3. 掌握环境侵权纠纷行政处理程序及各阶段的主要任务。
4. 学会分析、解决环境侵权纠纷行政处理案件的基本思路。
5. 通过模拟训练，学会参与、主持环境侵权纠纷行政处理的技巧。

【引　例】

2012 年 8 月 27 日，秦皇岛市海港区环保局接到西港镇举报，反映新店子新村鱼塘污染。执法人员接到举报后立即赶到污染现场，经现场检查发现该鱼塘水质呈褐色，水面有死鱼。执法人员沿着河道上游排查，发现佛山市雷工精细化工有限公司倾倒固体废物着色剂与石灰混合物铺垫路面与雨水溶解流入下游，导致新店子新村鱼塘水质受到污染。执法人员对现场进行了拍照，并带回水样进行监测（监测结果 COD、总铁等污染因子严重超标）。2012 年 8 月 28 日，经区环境保护局领导批准同意立案查处。立案后执法人员对该公司仓库管理员进行了调查询问，并制作了调查询问笔录。经调查认定，佛山市雷工精细化工有限公司违反《固体废物污染环境防治法》第 16、第 17 条规定，因存放在库房中的固体废物处置不当，且未采取任何防治污染措施，造成水污染事故，导致鱼塘中的鱼大量死亡，给新店子新村村民造成了较严重的经济损失。海港区环境保护局在认定违法事实与证据的基础上，根据《固体废物污染环境防治法》第 82 条规定，于 2012 年 11 月 27 日作出处罚决定，对雷工精细化工有限公司罚款 7 万元。雷工精细化工有限公司对这一处罚决定不服，于 2012 年 11 月 30 日，向秦皇岛市环保局申请行政复议，请求减免 7 万元的罚款。市环保局经审理，于 2012 年 12 月 14 日作出复议决定，变更原罚款 7 万元的处罚决定，改为罚款 5 万元。

对这一起固体废物污染事件，海港区环保局在作出处罚决定的同时，根据村民的请求，对污染损害赔偿金额的纠纷进行了调解（经有关部门鉴定，所造成的经济损失共计 23.404 7 万元，前期已支付 5 万元，剩余 18.404 7 万元尚未支付）。在多次调解的基础上，于 2012 年 10 月 16 日，海港区环保局主持召开了就新店子新村鱼塘污染事件经济损失赔偿协调会议，经调解双方自愿达成协议，由雷工精细化工有限公司再次支付新店子新村经济损失 12 万元，一次性解决所欠赔偿金额。

本案引发的法律思考：

1. 如何理解环境侵权纠纷行政处理的性质及其意义？
2. 结合上述案例分析解决环境侵权纠纷的最佳途径是什么？
3. 环境侵权纠纷行政处理应遵循的程序如何设计？
4. 保部门在环境侵权纠纷行政处理中应注意哪些问题？

第一节　环境侵权纠纷行政处理概述

一、环境侵权纠纷行政处理的概念

环境侵权纠纷，也称环境民事纠纷。环境侵权纠纷行政处理，是指环境保护监督管理部门根据当事人的请求，对因环境污染或生态破坏引起的侵权纠纷进行调解和处理。

环境侵权纠纷行政处理的最终目的，是为了及时、公平、公正解决环境污染或生态破坏所引起的赔偿责任与赔偿金额的纠纷。先明确赔偿责任，后确定赔偿金额，二者是环境侵权纠纷行政处理中密不可分的统一体。因为，如果不先明确赔偿责任，即便确定了赔偿金额也找不到主赔偿。同样，如果只明确了赔偿责任，而无法确定赔偿金额，仍意味着赔偿纠纷没有得到最终解决。因此，环境侵权纠纷行政处理的关键是在及早明确赔偿责任的基础上，准确核定双方都能够接受的公平、合理的赔偿金额。

二、环境侵权纠纷行政处理的依据

随着我国经济建设的快速发展，建设项目的不断增多，企业在生产经营中因排污造成公私财产和公民人身健康损害而引发的环境侵权纠纷不断增多，直接影响到党群关系和社会的安定团结。为及时、公正、方便地解决日益增多的环境侵权纠纷，更好地发挥各级环境保护监督管理部门在处理和解决环境侵权纠纷中的重要作用，早在 1989 年修订的《环境保护法》第 41 条第 2 款中就明确规定："赔偿责任和赔偿金额的纠纷，可以根据当事人的请求，由环境保护行政主管部门或者其他依照法律规定行使环境监督管理权的部门处理；当事人对处理决定不服的，可以向人民法院起诉。当事人也可以直接向人民法院起诉。"

随后修改、颁布的《大气污染防治法》第 61 条、《水污染防治法》第 86 条、《环境噪声污染防治法》第 60 条、《固体废物污染环境防治法》第 84 条均作出了类似规定。25 年来，各级环境监督管理部门在履行环境监督管理职责的同时，在处理和解决环境侵权纠纷中，为维护公民的合法权益，维护社会稳定，发挥了其他部门所不可代替的重要作用。

需要说明的是，2014 年新修订的《环境保护法》将原《环境保护法》第 41 条第 2 款的规定删除。其主要理由是根据立法理念的发展变化，全国人大立法机构已将原《环境保护法》中"处理"修改为"调解处理"，这在《大气污染防治法》等单行法中已经得到体现，"将负有环境保护职责的部门对环境侵权纠纷的'裁决者'身份修改为'调解者'的身份，适用这些单行法律就足够，所以修订后的《环境保护法》删除了原《环境保护法》第 41 条第 2 款的规定。"①

① 信春鹰．中华人民共和国环境保护法学习读本．北京：中国民主法治出版社，2014：259.

从上述可知，虽然新《环境保护法》删除了原《环境保护法》第 41 条第 2 款的规定，但是立法机构的立法意图是明确的，依据《大气污染防治法》等单行法的规定，环境保护监督管理部门仍然担负着调解处理环境侵权纠纷的职责。

三、环境侵权纠纷行政处理的性质

为弄清环境侵权纠纷行政处理的性质问题，早在 1991 年，全国人大常委会法律工作委员会就对原《环境保护法》第 41 条第 2 款中所称“处理决定”的性质问题，已作出过明确的解释：“我们同意你们的意见”，即同意国家环境保护局关于“处理”含义的意见，“环境保护部门对这类纠纷的处理，在性质上属于行政机关居间对当事人之间的民事权益争议的调解处理”[①]。另外，1990 年后颁布的《固体废物污染环境防治法》《环境噪声污染防治法》及经修订的《大气污染防治法》《水污染防治法》均做出明确规定，即把“处理”改为“调解处理”，把“对处理决定不服”改为“调解不成”。

从上述《水污染防治法》等环境污染防治单行法的有关规定可知，环境保护监督管理部门根据当事人的请求，对环境侵权纠纷的处理属于行政调解性质，即当事人在环境保护监督管理部门主持下对环境侵权纠纷争议进行协商，互相让步达成解决争议的协议。因此，“行政调解”与民事诉讼中的“司法调解”相对应。环境保护监督管理部门之所以能通过行政调解[②]的方式解决环境侵权纠纷，其前提是所处理的侵权纠纷属于平等主体（当事人）之间的环境民事权益争议，当事人有对自己的索赔权等权益进行自由处分的权利。

四、环境侵权纠纷行政处理的意义

在环境行政机关主持下调解处理环境侵权纠纷，是解决日益增多的环境纠纷，化解社会矛盾，构建和谐社会的重要途径，因而可称为我国环境管理的一大特色。

环境侵权纠纷行政处理，虽然不具有法律强制力，有它局限性的一面，但是我国环境保护实践表明，众多的环境侵权纠纷都经过行政调解处理得到了圆满的解决。究其原因，主要是环境行政机关具有取证、监测、鉴定等专业技术和手段，且熟识环境污染危害成因，尤其是在广大人民群众中具有很高的威望，人民群众信任环境保护部门能够秉公调解。

环境侵权纠纷行政处理，有利于简化程序，方便当事人，省时、省费用，提高效率；有利于减轻人民法院的负担；有利于及时、公平、公正地化解因环境侵权纠纷引发的社会矛盾，促进和谐社会的发展。

五、环境侵权纠纷行政处理的特点

（一）必须有当事人的请求

环境侵权纠纷行政处理程序的提起，其必要和充分条件是必须有当事人的请求，如果

---

① 环境保护部政策法规司．中国环境保护法规全书．北京：化学工业出版社，1997：274.

② 这与环境行政机关与行政相对人之间的行政争议不同。《行政诉讼法》第 50 条规定：“人民法院审理行政案件，不适用调解。”

当事人没有提出请求，环境行政机关无权提起这种程序。

（二）行政调解处理适用无过错责任原则

环境侵权纠纷行政处理的最终目的，是为了解决因环境侵权引起的赔偿责任和赔偿金额的纠纷，属于《民法通则》中的特殊民事纠纷，适用无过错责任原则，不以违法性和过错为承担赔偿责任的条件。

（三）当事人的法律地位平等

环境侵权纠纷行政处理中，加害者（排污单位）和受害者（受环境污染危害的单位或个人）作为民事法律关系主体，其地位平等，即双方当事人均享有平等的民事权利和承担平等的民事义务。

（四）可以适用调解原则

由于所处理的纠纷属于平等关系双方当事人的环境民事争议，当事人对自己的民事权益有自由处分的权利，因此环境行政机关在处理环境污染民事纠纷过程中，可以采用调解的方式结案。

（五）作出的处理决定不具有强制力

环境行政机关根据当事人的请求，对环境侵权纠纷所作出的行政处理决定，虽然在环境监督管理工作中起着重要作用，使很多环境侵权纠纷得以顺利解决。但是，如果当事人不履行或不服处理决定时，环境行政机关无权向人民法院申请强制执行。这是由处理的纠纷属于环境侵权争议的性质所决定的。

第二节　环境侵权纠纷行政处理的一般程序

《水污染防治法》第 86 条规定："因水污染引起的损害赔偿责任和赔偿金额的纠纷，可以根据当事人的请求，由环境保护主管部门或者海事管理机构、渔业主管部门按照职责分工调解处理；调解不成的，当事人可以向人民法院提起诉讼。当事人也可以直接向人民法院提起诉讼。"《大气染防治法》《环境噪声染防治法》《固体废物污染环境防治法》均有类似规定。

这些规定，是关于环境侵权纠纷解决程序的原则规定。如果当事人提起环境民事诉讼，人民法院可以根据《民事诉讼法》规定的程序进行审理；但若当事人请求环境行政机关处理，其行政处理程序尚无具体法律规定。

根据上述环境污染防治单行法律的规定，结合我国环境监督管理的实践，环境侵权纠纷行政处理的程序可分为：申请、受理、调查、调解、处理和执行六个阶段。

一、申请

（一）申请的概念

申请，指当事人请求环境保护监督管理部门处理环境民事纠纷的一种行为。申请必须符合以下条件：

（1）当事人必须是与本案有直接利害关系的行政相对人。“直接利害关系”是指与本纠纷有实体方面的民事权利义务关系。即必须是自身的财产、人身受到环境污染危害造成或者可能造成财产损失时，受害人才能提出处理的请求；必须是自己或者本单位的排污行为造成了他人财产、人身损害导致财产损失的加害人，才能提出处理的请求。

（2）有明确的加害人。受害人在提出请求时必须明确提出谁是实施环境污染危害的加害者。由于环境污染危害的特殊性原因，属于“多因一果”“多因多果”现象较普遍。因此，受害人只要指出其中的一个加害人（排污者）就应视为已具备了申请条件。

（3）有具体的要求与理由。对赔偿损失的要求，受害人必须提出具体的内容和所依据的事实及理由。值得注意的是，由于环境民事责任实行无过错责任和举证责任倒置原则，所以受害人提供证据时，可以不考虑加害人的过错及环境污染危害事实的证据①；对于要求排除危害的请求人，则必须提出已经受到环境污染危害或者可能继续受到污染危害，或者受到污染危害威胁的事实，但可以不提供事实上的证据。因为，如果加害人否认，则由其负举证责任②。

（4）属于受理范围和管辖。如果不属于本系统环境行政机关受理的范围，例如，某企业排放废水造成村民养鱼塘财产损失纠纷，向当地渔政部门请求处理的，其请求不会被渔政部门受理；如果属于本系统环境行政机关受理的范围，但不属于本级环境行政机关管辖的，同样也不会被受理。

（二）申请方式

指当事人请求环境行政机关处理环境民事纠纷的形式。

申请方式，可以书面申请，也可以口头申请。因环境民事纠纷案情较为复杂，一般应要求当事人采用书面形式。如果当事人书写有困难，应允许采用口头形式申请，环境管理人员应做好详细记录。申请的内容应当包括：

（1）双方当事人的自然状况。如姓名、性别、年龄、民族、工作单位、职业、住所及电话；法人或者其他组织名称、地址、法人代表或主要负责人的姓名、职务及电话。

（2）请求处理环境民事纠纷的目的。即请求解决赔偿责任及赔偿纠纷还是排除污染危害的纠纷，具体数额多少；还应包括纠纷形成的事实，双方争议的焦点，请求的理由及依据等。

（3）证明上述请求的证据和证据的来源等。还应注明收受的环境行政机关的名称、申请日期、申请人的签名并加盖单位印章。

二、受理

受理，指有管辖权和处理权的环境保护监督管理部门，接受当事人提出的调解处理环境侵权纠纷请求的一种行政决定。

受理阶段的主要任务，是审查当事人的申请是否符合受理条件，并作出是否受理的决

① 见《最高人民法院关于适用〈民事诉讼法〉若干问题的意见》第74条。
② 同上。

定。其主要内容包括：

1. 审查申请

审查的内容，主要围绕着申请条件进行。如果符合前述申请条件，应在收到申请之日起7天（或10天）内作出受理的决定，并及时通知双方当事人；如果认为不符合条件，也同样在7天（或10天）内作出不受理的决定，并向当事人说明理由。

2. 成立调查小组

调查人员应视案情的具体情况而定，但一般应为3人以上（含3人的奇数）的执法人员组成，以便于贯彻少数服从多数的议事规则。与本案有利害关系的调查人员，应当自行回避。

经审查，如若决定受理，调查小组即可以环境行政机关的名义开展调查工作。

三、调查

（一）调查的概念

调查，指办案小组对当事人在申请中提出的请求、证据等进行现场勘验、询问当事人和证人、收集证据、进行专业鉴定、分析判断等活动的总称。

调查阶段的主要任务，是通过各种调查手段，弄清环境污染危害的实际情况和造成或者可能造成的损害的事实。可见，调查对于弄清纠纷的真相，为以后进行调解、处理提供坚实有力的证据基础起着关键作用。

由于环境侵权纠纷的处理适用“举证倒置”原则，加害人如果否认受害人提出的损害事实，必须提出反证，即举证责任在被告一方。但是，为公平、公正地调解处理环境侵权纠纷，环境保护监督管理部门全面掌握案情，弄清环境污染损害事实、原因、证据以及加害人责任的大小等，都是必要的。

（二）调查的方式

调查的方式同环境行政处罚中一般程序的调查方式相似（详见第十一章第七节）。

（三）证据（详见第九章第二节）

四、调解

调解，指在环境保护监督管理部门的主持下，双方当事人对因环境污染而发生的侵权争议，通过协商，达成协议以解决纠纷的活动。调解的程序一般包括：

（一）调解开始

调查小组经过调查阶段基本弄清案情真相之后，即可主动进行调解工作，也可以应当事人的请求进行调解；调解一般由调查小组负责人主持或者由环境保护监督管理部门指定的负责人主持，双方当事人或者代理人参加；调解的地点可选在环境保护行政机关内，也可以就地调解，以便于当事人、证人参加；调解一般应公开举行，双方面对面地进行协商。

（二）进行协商

由于调解协议必须建立在弄清事实、分清是非且符合环境法精神的基础上才有效，因此，协商工作必须从弄清环境污染危害的事实入手。调查小组人员应当充分听取双方当事人、证人的陈述，让其充分进行辩论、质证，要求当事人提供有关证据和说明理由；主持人应当根据当事人争议的焦点和已查明的事实，抓住要害，有针对性地讲解环境法律和政策精神，并进行耐心细致的疏导说服工作，在分清是非，明确赔偿责任的基础上，再由双方当事人反复进行协商，必要时可以邀请双方当事人所在单位派人参加；协商方式，可采取在调查小组（或办案人员）主持下双方当事人面对面协商的方式，也可采取先“背靠背”，后“面对面”的方式，允许当事人自由讨论，自行协商。

（三）达成协议

通过调查小组深入细致的调解工作以及当事人双方充分的协商，在自愿的基础上本着互谅互让、不损害国家公共利益和他人利益的精神，对赔偿责任和赔偿金额纠纷达成协议之后，调查小组应当对协议内容进行全面审查。经审查，认为符合法律规定，且出于双方自愿的，应当予以认可，并立即制作书面调解书（或调解协议书）。调解书应当进行公证，以便事后顺利履行协议。

关于调解书的格式及内容，我国环境法尚未作出统一规定。可参照最高人民法院制定的《关于民事诉讼文书样式（试用）》，结合环境保护实践，提出环境污染民事纠纷调解书格式，其内容包括：

(1) 协议书首部。应依次写明调解机关、文种名称、编号、当事人双方情况及案由。

(2) 事实及理由部分。写明案情概况、受害人的请求、争议的主要事实和调解的理由。

(3) 协议的内容部分。应写明双方当事人自愿达成协议以解决环境侵权纠纷的协议条款（如赔偿金额的具体数字、给付的时间及方式等）。

(4) 协议书尾部。应写明“本协议系双方当事人自愿达成，经双方签字后生效，各方应自觉履行”。并由调查小组负责人署名，记录员署名，注明年、月、日，加盖主持调解的行政机关公章。

五、处理

处理，指环境保护监督管理部门在对环境民事纠纷调解不成，或者达成协议之后当事人不履行时，就纠纷所作出的处理决定。

在此，“处理决定”是根据当事人的请求，由环境行政机关居间依法进行的处理，这种处理行为属于行政司法性质，而不属于具体环境行政行为。因此，不具有法律强制力。

在调查阶段，未达成协议，或者达成的协议未得到履行，说明该纠纷的行政处理程序尚未终结。调查小组应依法及时对纠纷作出处理决定，其程序包括：

（一）调查小组集体评议

即召开调查小组会议，充分发扬民主，全面、公正地评议案件，最后以少数服从多数的议事规则，举手表决，作出处理决定。对不同意见应允许保留，并记录在案。

（二）制作处理决定书

调查小组以口头形式向当事人宣布处理决定之后，应立即制作《处理决定书》。其格式与调解书类同：

(1)《处理决定书》首部。应依次写明处理机关的名称、文种、编号及当事人的基本情况。

(2)《处理决定书》的正文。第一部分为事实理由，写明加害人污染危害环境造成受害人人身、财产损害的事实和导致财产损失的具体情况，以及应承担赔偿责任的理由、依据。第二部分为处理决定，应写明处理决定的内容及法律依据。

(3)《处理决定书》的尾部。①必须写明“当事人对处理决定不服，可以向人民法院提起民事诉讼”。②写明作出处理决定的行政机关的名称，并加盖公章。③写明作出处理决定的时间。

处理决定制作完毕之后，应当及时送达双方当事人。

六、执行

执行，指环境民事纠纷当事人，履行环境行政机关依法所作出的处理决定的一种行为。

如前所述，由于环境侵权纠纷行政处理决定不具有法律强制力，所以在此所说的执行，实际上就是指加害人按照处理决定的要求履行给付赔偿金义务的活动。

【本章小结】

环境侵权纠纷的行政处理，是指环境行政机关根据当事人的请求，对环境侵权所引起的赔偿责任和赔偿金额纠纷进行调解和处理。环境侵权纠纷的行政处理不具有法律强制力，因此，环境行政机关处理环境侵权纠纷应遵循当事人自愿的原则，且只能作为第三者公断，即居间调解而不能强制。本章依照环境侵权纠纷行政处理概念、性质及环境侵权纠纷行政处理一般程序的体例，对环境侵权纠纷行政处理的内容进行了系统阐述。

【思考题】

1. 什么是环境侵权纠纷行政处理？其意义是什么？
2. 怎样理解环境侵权纠纷行政处理的特点？
3. 怎样理解环境侵权纠纷行政处理的性质？
4. 环境侵权纠纷调解处理的法律依据是什么？
5. 环境侵权纠纷行政处理程序及各阶段的主要任务是什么？
6. 结合实际谈谈环境侵权纠纷行政处理中应注意的问题。

【实训案例】 模拟环境侵权纠纷行政处理

一、案情简介

某省遭受了百年未遇的特大洪涝灾害。该省某市硫酸厂也因此发生了几起停水、停电等严重事故，部分生产设备运行不正常，工艺尾气二氧化硫排放浓度过高，处于下风向的邻省某县铜井乡三兴村农田中的水稻分别于7月9日、13日、17日、28日受到4次不同程度的污染。村民纷纷找到硫酸厂，要求赔偿损失，影响了厂房的正常工作和生产秩序。

根据1989年的《环境保护法》的规定，此次环境污染属于跨行政区的环境污染，由双方共同的上级人民政府协调解决作出决定更为合适。但这需要更多的周折和时间，在征得受害方邻省某县铜井乡三兴村的同意后，某市环境保护局本着互谅互让的原则精神，从多为他人着想的角度出发，平等地进行了协调。首先会同双方代表及各自聘请的农艺师对受污染现场进行了察看，对受不同程度危害的稻苗占有的苗数进行了评估，缩短双方的差距；然后又会同现场勘察人员与双方的法律顾问一起座谈、协商，听取了双方的意见，增加处理问题的透明度，使问题很快得以圆满解决。

二、实践活动

1. 针对以上案例，分角色模拟环境侵权纠纷的行政调解处理过程，要求作出调解处理决定书。

2. 采用“请进来”的方法，邀请当地环境保护行政主管部门的有关专家点评具有代表性的环境侵权纠纷行政调解处理典型案例，传授行政调解中的技巧、成功的经验和失败的教训。

3. 选择较简单的环境侵权纠纷案参与当地环境保护行政主管部门的行政调解处理，在实践中熟悉环境法律法规的运用，掌握基本的调解技能。

三、扩展活动

利用寒暑假，在自己的家乡进行一次环境污染纠纷的调查，并参与当地环境保护部门进行行政调解处理，如实记载活动的整个过程。

第十三章　环境行政复议

职业能力目标与学习要求

1. 理解环境行政复议的概念、特征。
2. 了解环境行政复议的原则及制度。
3. 熟悉掌握环境行政复议的范围及管辖。
4. 掌握环境行政复议机构的职责、复议程序及各阶段的主要任务。
5. 会分析、解决环境行政复议案件的基本思路。
6. 过模拟训练，培养和提高参与、主持环境行政复议的能力及技巧。

【引　例】

某县发电厂建立于2000年，根据设计要求应当建设一处储灰场用于防治粉煤灰对周围环境的污染。但是，在施工中负责该发电厂筹集的主管部门却砍掉了储灰场等环境保护设施，在未经环境保护局验收批准的情况下，2003年1月开始生产。生产中产生的大量粉煤灰污染大气，导致周围居民中的许多老人和儿童因此复发和新患了严重的呼吸道疾病，影响了生活和学习。为此，居民们找到该县环境保护局要求关闭该发电厂。2003年11月1日县环境保护局与县政府有关部门商议后，作出“发电厂必须从即日起3个月内完成环境保护设施的建设”的决定，发电厂表示一定要按期完成环境保护设施的建设，治理环境。但是，在规定的期限内发电厂并未积极进行环境保护设施的建设，继续生产造成的污染严重地干扰了周围居民的生活，引起了居民的强烈不满，多次欲冲击发电厂。2004年2月1日，限期建设治理设施的期限已满，根据我国《环境保护法》和《大气污染防治法》的有关规定，县环境保护局对发电厂作出了停业的处理决定。对此，发电厂不服，向上级环境保护部门申请行政复议。

本案引发的法律思考：

1. 发电厂向上级环境保护部门申请行政复议的理由是什么？
2. 环境行政复议的范围应如何确定？
3. 上级环境保护部门应如何处理该行政复议案件？
4. 办理环境行政复议案件应遵循哪些程序？

第一节　环境行政复议概述

一、环境行政复议的法律、法规依据

我国现行的环境保护行政复议的主要法律法规依据，见表 13-1。

表 13-1　环境行政复议的法律法规依据

效力等级	名　称	施行日期
法　律	《行政复议法》	1999 年 10 月 1 日
行政法规	《行政复议法实施条例》（国务院令 第 499 号）	2007 年 8 月 1 日
部门规章、规范性文件	《环境行政复议办法》（环境保护部令 第 4 号）	2008 年 12 月 30 日
	《环境行政复议工作廉政规范与工作程序》（环发〔2001〕13 号）	2001 年 2 月 2 日

二、环境行政复议的概念

环境行政复议是指行政相对人认为环境行政机关的具体行政行为侵犯其合法权益，按照法定程序和条件向作出该具体行政行为的机关的上级机关提出申请，由有管辖权的环境行政机关对有争议的具体行政行为进行审查，并作出决定的行政活动。

环境行政复议是解决环境行政争议最广泛和最重要的一种形式。它具有如下特点：

（1）环境行政复议是环境保护行政机关的一种行政执法活动；

（2）有权提起环境行政复议的是行政相对人；

（3）环境行政复议以具体行政行为的合法性和适当性为审查对象；

（4）环境行政复议申请必须在一定期限内提出；

（5）环境行政复议机关必须对复议申请作出明确的决定。

三、环境行政复议的意义

（1）环境行政复议是环境行政机关解决行政争议、加强自身监督的有效方式。

（2）环境行政复议可以更有效地保护行政相对人的合法权益。

（3）环境行政复议有助于减轻人民法院行政审判的压力。

第二节　环境行政复议的原则和制度

一、环境行政复议的原则

环境行政复议的原则，是指环境行政复议必须遵循的指导思想，它体现《行政复议法》的基本精神和行政复议工作的社会主义法制的本质，贯彻于整个环境行政复议的过程。主要原则包括：① 依法行使职权原则；② 合法原则；③ 及时原则；④ 准确原则；⑤ 便民原则。

二、环境行政复议制度

环境行政复议制度，指环境行政复议活动必须遵循的重要法律规定。环境行政复议制度体现了行政复议的目的，是环境行政复议原则的具体化、规范化。主要制度包括：① 具体行政行为不停止执行制度；② 书面复议制度；③ 一级复议制度；④ 指导和监督制度；⑤ 行政复议建议制度；⑥ 重大行政复议决定备案制度；⑦ 行政复议责任追究制度。

第三节　环境行政复议的范围

一、环境行政复议范围的概念

环境行政复议的范围，是指行政相对人认为环境保护行政机关的具体行政行为侵犯其合法权益时，依法可以向复议机关请求复议的范围。

申请复议的范围，对行政相对人来说，意味着法律、法规赋予的申请权，包括可以对哪些具体行政行为提出复议申请；对复议机关来说，意味着可以对哪些具体行政行为的争议进行复议。并非一切环境行政行为都可以申请复议，或者可以对其争议进行复议[①]。

二、申请复议的范围

根据《行政复议法》第 6、第 7 条和《环境行政复议办法》第 7 条规定，以及有关环境保护法律、法规的规定，行政相对人对环境保护行政机关的下列具体行政行为不服可以申请复议或审查。

（1）对行政强制措施决定不服的。例如，对查封、扣押等行政强制措施决定不服的可以申请复议。对责令减少或停止排放污染物、责令限制生产、责令强制拆除有关设施等行政强制措施决定不服的也可以申请复议。

（2）对行政处罚不服的。包括对警告、罚款、没收违法所得、没收非法财物、责令停产整顿、责令停产停业关闭、暂扣或者吊销许可证、行政拘留不服而申请复议。对环境保护行政机关就行政侵权赔偿所作的裁决不服的，也可以申请复议。

（3）认为符合法定条件，申请环境保护行政机关颁发许可证、资质证、资格证书，或者申请审批、登记有关事项，环境保护行政机关没有依法办理的。例如，行政相对人认为符合法定条件，申请颁发排污许可证，或者申请审批环境影响报告书（表）、登记表等，被环境保护行政机关拒绝或者不予答复不服的可以申请复议。

（4）对环境保护行政机关所作出的有关许可证（或证书）的变更、终止、撤销的决定不服的。许可证（或证书）包括：排污许可证，海洋倾倒许可证，危险废物收集、贮存、处置许可证，放射性同位素与射线装置许可登记证，民用核设施许可证，废物进口许可

① 参见《行政复议法》第 8 条的规定。

证，农药登记证，环境影响评价资格证书，林木采伐许可证，渔业捕捞许可证，野生动物特许猎捕证，狩猎证，驯养繁殖许可证，采矿许可证等。

（5）认为违法征收排污费或者违法要求履行其他义务的。例如，认为环境行政机关违法要求缴纳排污费，包括排污者认为未超过标准排放污染物，或者认为环境行政机关核定的收费额不符合收费标准等。

（6）认为环境保护行政机关的其他具体行政行为侵犯其合法权益的。

（7）认为环境保护行政机关的具体行政行为所依据的有关规定不合法的。

《行政复议法》第7条规定，公民、法人或者其他组织认为行政机关的具体行政行为所依据的国务院部门的规定，县级以上人民政府及其工作部门的规定，乡、镇人民政府的规定不合法的，在对具体行政行为申请行政复议的，可一并提出对该规定的审查申请。这一规定，第一次将部分抽象行政行为列入了申请审查的范围，从而扩大了行政复议的范围。

三、不能申请复议的事项

根据《行政复议法》第8条和《环境行政复议办法》第10条规定，在环境保护领域中不能申请行政复议的事项包括：

（1）申请行政复议的时间超过了法定申请期限又无法定正当理由的；

（2）不服环境保护行政主管部门对环境污染损害赔偿责任和赔偿金额等民事纠纷作出的调解或者其他处理的；

（3）申请人在申请行政复议前已经向其他行政复议机关申请行政复议或者已向人民法院提起行政诉讼，其他行政复议机关或者人民法院已经依法受理的；

（4）法律、法规规定的其他不予受理的情形。

第四节　环境行政复议管辖

一、环境行政复议管辖的概念

复议管辖，是指同系统内上、下级之间，以及同级之间受理行政复议案件的分工和权限。所谓“同系统”的环境保护行政机关，是指根据《环境保护法》第7条关于环境保护监督管理体制所划分的县级以上人民政府中行使环境保护监督管理权的环境行政机关，如省级环境保护厅和市、县级环境保护局，均属“同系统”的环境保护行政机关。明确环境行政复议管辖具有如下意义：

（1）复议管辖使复议受案范围具体化和管理相对人的复议申请得以落实；

（2）复议管辖的规定使复议机关对复议案件的审查得到合理的分工；

（3）复议管辖使环境保护行政机关内部监督法制化。

二、环境复议管辖的种类

根据环境保护行政复议的特点，可将复议管辖分为一般管辖和特殊管辖两大类。

（一）一般管辖

环境行政复议案件一般由上一级环境行政机关管辖。这是根据《行政复议法》第12条、第13条第1款、第14条的规定得出的结论。一般管辖的具体内容包括：

（1）对县级地方人民政府环境保护行政机关的具体行政行为不服的复议申请，由本级人民政府或上一级环境保护行政机关管辖。

（2）对地方各级人民政府的具体行政行为不服的复议申请，由上一级人民政府管辖。

（3）对国务院环境保护行政机关或者省级人民政府的具体行政行为不服的复议申请，由作出该具体行为的国务院环境保护行政机关或者省级人民政府管辖。

（4）对国务院环境保护行政机关或者省级人民政府所作出的行政复议决定不服的裁决申请，由国务院管辖。

（二）特殊管辖

指因作出具体行政行为的行政机关的特殊性，《行政复议法》对复议机关作出特别规定的管辖。《行政复议法》第13条第2款、第15条规定了以下六种特殊管辖：

（1）对省级人民政府依法设立的派出机关所属的县级地方人民政府的具体行政行为不服的复议申请，由该派出机关管辖。

（2）对县级以上地方人民政府依法设立的派出机关的具体行政行为不服的，由设立该派出机关的人民政府管辖。

（3）对政府环境保护行政机关依法设立的派出机构依照法律、法规或者规章规定，以自己的名义作出的具体行政行为不服的，由设立该派出机构的环境保护行政机关或者该机关的本级人民政府管辖。

（4）对法律、法规授权的组织的具体行政行为不服的复议申请，分别由直接管理该组织的地方人民政府、地方人民政府的环境保护行政机关或者由国务院环境保护行政机关管辖。

（5）对两个或两个以上环境保护行政机关以共同名义作出的具体行政行为不服的复议申请，由同系统的共同上一级环境保护行政机关管辖。

以共同的名义作出具体行政行为的另一种情况，同属于某地人民政府的两个以上不同系统的环境保护行政机关共同作出的具体行政行为，例如，某市环境保护局和水利局对企业违反《水资源保护法》造成饮用水污染或枯竭的违法行为，联合作出行政处罚决定，该企业不服申请的复议，应由这两个不同部门的共同上一级人民政府管辖。

（6）对被撤销的行政机关在撤销前所作出的具体行政行为不服的复议申请，由继续行使其职权的行政机关的上一级机关或者同级人民政府管辖。

第五节　环境行政复议机构和复议参加人

一、环境行政复议机构

（一）环境行政复议机构的概念

复议机构，是指复议机关根据工作需要所设立的具体开展环境行政复议工作的办事机构，环境行政复议机构以设立它的复议机关的名义开展复议具体工作。有复议权的环境保护行政机关可视复议工作的需要，设立复议机构或专职工作人员。由此可知，复议机关与复议机构不同。

关于环境保护行政复议机构应设在何处的问题，《行政复议法》第 3 条规定："行政复议机关负责法制工作的机构具体办理行政复议事项。"环境行政复议机构，从各地的做法看，大都设在环境保护行政机关内部的法制工作机构（如法制处、科或法制宣教处、科），有的还专门成立复议机构，其名称有的称环境行政复议工作领导小组，有的则称环境行政复议工作委员会等。环境行政复议机构受同级环境保护行政机关的领导。

（二）环境行政复议机构的职责

根据《行政复议法》第 3 条和《环境行政复议办法》第 4 条规定，行政复议机构或专职复议员的职责，见表 13-2。

表 13-2　行政复议机构或专职复议员的职责

1	受理行政复议申请
2	向有关组织和人员调查取证，查阅文件和资料
3	审查被申请行政复议的具体行政行为是否合法与适当，拟定行政复议决定
4	按照职责权限，督促行政复议申请的受理和行政复议决定的履行
5	处理或者转送《环境行政复议办法》第 29 条规定的审查申请
6	办理《行政复议法》第 29 条规定的行政赔偿等事项
7	办理或者组织办理本部门的行政应诉事项
8	办理行政复议、行政应诉案件统计和重大行政复议决定备案事项
9	研究行政复议工作中发现的问题，及时向有关机关提出改进建议，重大问题及时向环境行政复议机关报告
10	法律、法规和规章规定的其他职责

二、行政复议参加人

复议参加人是指在复议活动中与复议机构或复议专职人员相对称的人。包括复议申请人、被申请人、第三人和复议法定代理人。

（一）申请人

1. 复议申请人的概念

依照法律、法规申请复议的公民、法人和其他组织，称复议申请人。具体地说，复议申请人就是那些认为具体环境行政行为侵犯其合法权益，根据法律、法规的规定并以自己的名义向环境保护行政复议机关提出复议申请的公民、法人或者其他组织。申请人应当具备如下条件：① 必须是认为具体环境行政行为侵犯其合法权益者；② 必须是行政相对人；③ 必须是能以自己的名义申请复议并具有民事权利能力和民事行为能力者；④ 提出复议申请的行为必须是属于可以复议的具体行政行为。

根据《行政复议法实施条例》第 6、第 7、第 8、第 9 条规定，有权申请行政复议的申请人有如下几种：① 合伙企业申请复议的，以核准登记的企业为申请人，由执行合伙事务的合伙人参加复议；② 其他组织申请复议的，由合伙人共同申请复议；③不具备法人资格的组织申请复议的，由该组织的主要负责人参加复议（没有主要负责人的，由共同推选的其他成员参加复议）；④股份制企业（股东大会、股东代表大会、董事会）申请复议的，以企业名义申请复议；⑤ 同一复议案件申请人超过 5 人的，推选 1～5 名代表参加复议；⑥ 与被审查的具体行政行为有利害关系的相对人，可由复议机关通知或者由相对人申请作为第三人参加复议。

2. 申请人的权利与义务

（1）申请人的权利。包括：依法提出复议申请；根据自己的意愿撤回复议申请；可以查阅被申请人提出的书面答复、作出具体行政行为的证据、依据和其他有关材料（除涉及国家秘密、商业秘密或者个人隐私外）；请求停止执行原具体行政行为；因受原具体环境行政行为侵害遭受损失而要求行政赔偿；对被申请人改变原具体环境行政行为表示意见；因复议机关无正当理由拒绝复议申请而向上级主管机关申诉；对复议机关的复议决定不服在法定时间内向人民法院起诉；因复议人员失职、徇私舞弊而向复议机关或监察部门提出控告等。

（2）申请人的义务。包括：依法律、法规规定的方式、期限、程序提出复议申请，申请书的内容应符合《行政复议法》的规定；依法定手续指派法定代理人；复议机构调查询问时，应如实回答有关情况，并提供有关证据和材料等；复议期间不停止具体环境行政行为的执行，即申请人的复议申请被受理之后，在复议机关作出变更、被撤销具体环境行政行为之前，申请人有履行具体环境行政行为规定的义务。

（二）被申请人

1. 被申请人的概念

指公民、法人或者其他组织对行政机关的具体行政行为不服申请复议的，该环境行政机关是被申请人。也就是说，被申请人是作出有争议的具体环境行政行为的行政机关。

从被申请人的定义可知，被申请人必须具备的条件是：① 环境行政主体；② 作出有争议的具体环境行政行为者。

根据《行政复议法实施细则》第 11、第 12、第 13、第 14 条规定，被申请人有以下几种：① 行政相对人对环境行政机关的具体行政行为不服申请复议的，作出该具体行政行为的环境行政机关是被申请人；②环境行政机关与法律、法规授权的组织以共同的名义作出具体行政行为的，环境行政机关和被授权的组织为共同被申请人；③ 环境行政机关与其他组织以共同名义作出具体行政行为的，环境行政机关为被申请人；④ 下级环境行政机关依法经上级环境行政机关批准作出具体行政行为的，批准机关为被申请人；⑤ 环境行政机关设立的派出机构、内设机构或者其他组织，未经法律、法规授权，以自己名义作出具体行政行为的，该环境行政机关为被申请人。

2. 被申请人在复议程序中的地位

（1）被申请人与复议机关的关系。在上级复议的场合，被申请人既是被审查者，又是复议机关的下级。但它们都是国家行政执法机关，维护管理相对人的合法权益与维持正常的环境保护行政管理秩序是它们的共同利益。

（2）被申请人与申请人的关系。在复议阶段，被申请人处在被审查地位，但这是与复议机关（在上级复议的场合）的关系。如果拿被申请人与申请人来说，他们仍然是监督管理与被监督管理的不平等复议参加人的关系。

3. 被申请人的权利与义务

（1）被申请人的权利。包括：提出答辩书；申请停止执行原具体环境行政行为；在复议机关作出复议决定之前，提出改变原具体环境行政行为的申请；在复议机关作出维持原具体环境行政行为的决定生效之前，有申请人民法院强制执行的权利等。

对复议决定不服，被申请人能否向人民法院提起行政诉讼，我国法律、法规尚无具体规定。

（2）被申请人的义务。在收到复议申请书副本之日起 10 日内，有向复议机关提交作出具体环境行政行为的有关材料和证据的义务；原具体环境行政行为侵犯行政相对人合法权益造成损害时，有赔偿损失的义务；有接受复议机关就行政争议的事项进行全面审查的义务；有执行已生效的复议决定的义务等。

（三）复议中的法定代理人

1. 法定代理人的概念

指按照法律、法规的规定或者当事人的委托，以被代理人的名义参加复议活动的公民、法人资格或其他组织。法定代理人包括：① 有权申请复议的公民死亡，其近亲属可以申请复议而成为法定代理人。② 有权申请复议的公民为无行为能力人或者限制行为能力人，其父母、祖父母、兄姐或其他关系亲密的亲属，可以法定代理人的身份申请复议。③ 有权申请复议的法人或其他组织终止时，承受其权利的法人或其他组织可以法定代理人的身份申请复议。

2. 法定代理人的权利与义务

在复议活动中，法定代理人以被代理人的名义参加复议，其目的是为了维护被代理人的合法权益，并在代理权限以内实施代理行为。如果是申请人的法定代理人，其权利义务与前述申请人的权利义务相同。

（四）复议中的第三人

1. 第三人的概念

指同申请复议的具体环境行政行为有利害关系的公民、法人和其他组织。从第三人的概念可知，必须是与有争议的具体环境行政行为有利害关系的人才能成为第三人。“利害关系”可以是直接的，也可以是间接的。例如，甲、乙、丙三家企业同时向某河道排放污染物，当地环境保护局以污染物威胁饮用水水源为由报请人民政府作出强令甲厂停止排污的决定。甲不服，遂向上级人民政府申请复议。乙、丙两家工厂认为该具体行政行为与它们有直接的利害关系，申请以第三人的身份参加复议。间接利害关系如该案例中河道周围居民，认为如果原具体行政行为被撤销，其生命、健康将受到危害，于是申请参加复议，他们也可以第三人身份参加复议①。

2. 复议中第三人的地位

第三人的地位视其对原具体环境行政行为的态度而定。如果要求维持原具体环境行政行为，其地位与被申请人类似，可以对申请人的申请以书面形式进行反驳，向复议机关提供证据以支持被申请人；如果第三人要求改变或者撤销原具体行政行为，则其地位与申请人类似。即与申请人享有同样的权利，承担同样的义务。

第六节　环境行政复议程序

环境行政复议程序，是指行政复议机关进行复议活动审查行政争议案件时，复议机关和复议参加人必须遵循的法定方式和步骤的总称。根据《行政复议法》和《环境行政复议办法》的规定，可将行政复议程序分为复议申请、受理、审查、决定和执行五个阶段，具体情况见图 13-1。

一、申请

（一）申请的概念

环境行政复议申请，是指行政相对人认为环境保护行政机关的具体行政行为侵犯其合法权益，在申请行政复议时效期限内按照法定条件和方式向环境保护行政复议机关提出复议要求，以维护自身的合法权益这样一种活动。

（二）复议申请的条件

环境行政复议程序因申请人的复议申请而开始。但是，必须符合法定条件的复议申请才能为复议机关受理。这些条件是：①申请人是认为具体环境行政行为直接侵犯其合法权益的公民、法人或者其他组织；②有明确的被申请人；③有具体的复议请求和事实根据；④属于申请复议的范围和申请复议的时效期限内；⑤属于受理复议机关管辖；⑥法律、法规规定的其他条件。

（三）申请复议的方式

根据《环境行政复议办法》第 12 条规定，申请人可以书面形式提出复议申请，也可

① 陈汉光，朴光洙．环境法基础·2 版，北京：中国环境科学出版社，2004：231.

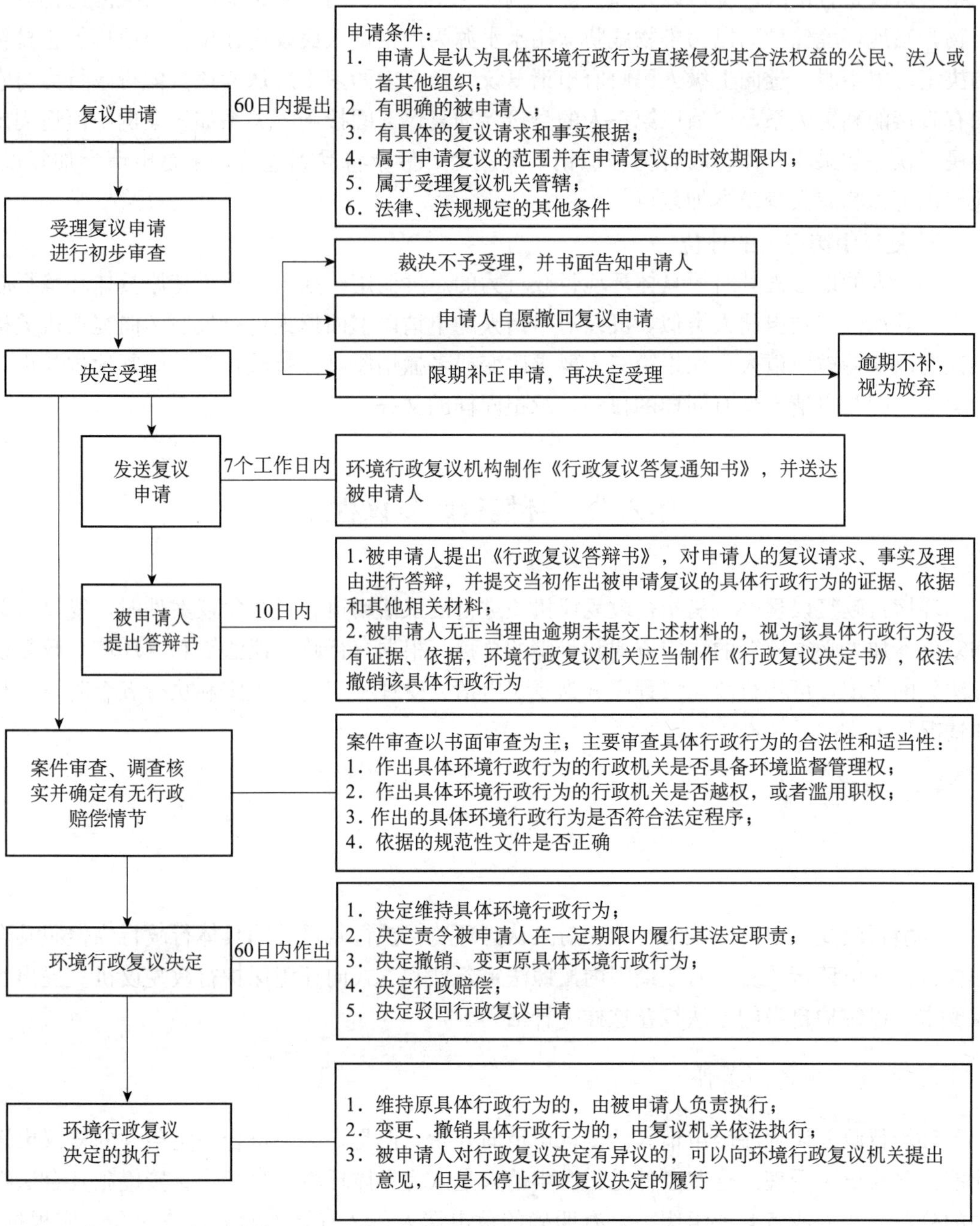

图 13-1　行政复议工作程序

以口头申请。《行政复议申请书》[①] 和口头申请行政复议笔录应当载明下列事项：①申请人基本情况，包括：公民的姓名、性别、年龄、工作单位、住所、身份证号码、邮政编码、联系电话，法人或者其他组织的名称、住所、邮政编码、联系电话和法定代表人或者主要负责人的姓名、职务；②被申请人的名称；③行政复议请求，申请行政复议的主要事实和

① 环境行政复申请书格式，见第十六章第三节环境行政执法常见法律文书格式。

理由；④申请人签名或者盖章；⑤申请行政复议的日期。

书面形式提出复议申请的，可以采取当面递交、邮寄或者传真等方式提出；口头申请的，环境行政机关应当制作笔录，将笔录交申请人核对或者向申请人宣读，并由申请人签字确认。

（四）申请人应提供的证明材料

根据《环境行政复议办法》第14条规定，申请人在如下情况下应当提供必要的证明材料：①认为被申请人不履行法定职责的，提供曾经要求被申请人履行法定职责而被申请人未履行的证明材料；②申请复议日期超过法律、法规规定的申请期限的，提供因不可抗力或者其他正当理由耽误法定申请期限的证明材料；③申请行政复议时一并提出行政赔偿请求的，提供受具体行政行为侵害而造成损害的证明材料。

（五）申请复议的期限

《环境行政复议办法》第11条规定，申请人应当在知道具体环境保护行政行为之日起60日内提出。若遇到不可抗力或者其他正当理由耽误法定申请期限的，申请期限自障碍消除之日起继续计算。但是法律规定的申请期限超过60日的除外。

关于复议申请期限的计算，《行政复议法实施条例》第15条作了如下规定：

（1）当场作出具体行政行为的，自具体行政行为作出之日起计算；

（2）载明具体行政行为的法律文书直接送达的，自受送达人签收之日起计算（注：邮寄送达的，自受送达人在邮件签收单上签收之日起计算；没有邮件签收单的，自受送达人在送达回执上签名之日起计算）；

（3）通过公告形式告知受送达人的，自公告规定的期限届满之日起计算；

（4）环境行政机关作出具体行政行为时未告知行政相对人，事后补充告知的，自行政相对人收到补充告知的通知之日起计算；

（5）环境行政机关能够证明行政相对人知道具体行政行为的，自证明材料证明其知道具体行为之日起计算。

二、受理

受理是指环境行政复议机关在接到复议申请书后，经过审查认为符合法定申请条件而接受申请并作出立案决定的行政活动。

根据《环境行政复议办法》第15条规定，环境行政复议机关自收到复议申请之日起，应当在5个工作日内对复议申请进行审查。审查的内容包括：①复议申请是否符合法定条件[①]；②该行政争议是否已由其他复议机关受理或已向人民法院起诉；③申请手续是否完备；④如果是法定代理人申请，是否具备法定代理人的法定条件和有关证明文件等。

经审查，环境行政复议机关对审查结果可以作出如下处理决定：①符合法定条件和要

① 根据《行政复议法实施条例》第28条规定，符合行政复议申请的法定条件是：（1）有明确的申请人和符合规定的被申请人；（2）申请人与具体行政行为有利害关系；（3）有具体的行政复议请求和理由；（4）在法定申请期限内提出；（5）属于《行政复议法》规定的行政复议范围；（6）属于收到行政复议申请的行政复议机构的职责范围；（7）其他行政复议机关尚未受理同一行政复议申请，人民法院尚未受理同一主体就同一事实提起的行政诉讼。

求的申请，应当予以受理；②需要补充有关材料、证据的，要求限期补正，经补正之后再作出受理决定；③不符合复议申请要求的，决定不予受理，并书面告知申请人；④符合《行政复议法》的规定，但不属于本机关受理的复议申请，应告知申请人向有关复议机关提出；⑤对申请人认为行政机关不履行法定职责申请行政复议，行政复议机关受理后发现该行政机关没有相应法定职责或者在受理前已经履行法定职责的；受理复议申请后，发现该复议申请不符合《行政复议法》和《行政复议法实施条例》规定的受理条件的，复议机关决定驳回复议申请。

《行政复议法》第 17 条还规定，除上述规定外，行政复议申请自行政复议机构收到之日起即为受理。这一规定有利于缩短复议周期，提高复议机关的办事效率，及时解决行政争议。

三、审查

（一）审查的概念

审查是指环境行政复议机关在受理行政争议之后，对该争议依法进行审查的活动。审查是复议程序的关键阶段，通过审查活动弄清引起争议的具体行政行为有关的全部事实，为下阶段作出复议决定打下基础。

（二）审查前的准备工作

（1）发送申请书与接受答辩。复议机构自受理复议申请之日起 7 个工作日内，制作《复议答复通知书》，并将《复议答复通知书》、复议申请书副本或者口头申请复议笔录复印件以及申请人提交的证据、有关材料的副本应一并送达被申请人；被申请人自收到《复议答复通知书》之日起 10 日内提出《复议答复书》，并提交当初作出被申请复议的具体行政行为的证据、依据和其他有关材料。被申请人无正当理由逾期未提交上述材料的，视为该具体行政行为没有证据、依据，复议机关应当制作《复议决定书》，依法撤销该具体行政行为。

（2）查阅复议案件材料。包括查阅申请人送交的材料、证据，被申请人送交的有关材料、证据和法律文书等，以弄清争议的问题和申请人的要求、理由。

（3）共同申请人如果未参加复议，应通知其参加并要求提供有关材料和证据。

（4）进行调查和补充证据。经过查阅申请人、被申请人提供或送交的有关材料、证据，发现疑点或未弄清的事实，要及时开展调查工作，弄清全部案情。

（5）决定是否同意申请人撤回复议申请或被申请人改变原具体环境行政行为的申请。如果申请人撤回申请的要求合理，应予以同意；如果发现属非自愿或受威胁的，则不应同意撤回申请的要求。被申请人改变原具体环境行政行为的申请，如果改变后的具体环境行政行为仍不合法或适当，则作出不同意的复议决定。当作出同意撤回复议申请或同意改变原具体环境行政行为的复议决定之后，便意味着该行政争议的复议程序终结。

（6）决定审查方式。行政复议原则上采取书面审查的办法。但是，对重大、复杂的案件，申请人提出要求或者环境行政复议机构认为必要时，可以采取听证的方式审理。

（三）审查的内容

审查前的准备工作完成之后，复议机构应当在该机构负责人的主持下对复议案件进行全面审查，审查的内容包括：①原具体环境行政行为的合法性和适当性；②作出具体环境行政行为的行政机关是否具备监督管理权；③作出具体环境行政行为的行政机关是否越权，或者滥用职权；④依据的规范性文件是否正确；⑤作出的具体环境行政行为是否符合法定程序。

需要说明的是，根据《行政复议法》第 24 条规定，在复议过程中，被申请人不得自行向申请人和其他有关组织或者个人收集证据。

四、决定

（一）决定的概念

决定是指环境行政复议机构对复议案件进行全面审查之后提出意见，经复议机关的负责人同意或者集团讨论所作的复议决定。在作出复议决定之前，环境行政复议机构的全体成员应进行充分的讨论，并记录在案。

（二）复议决定的种类

根据《行政复议法实施条例》第 43、第 44、第 45、第 46、第 47 条规定，复议机关可以做出如下复议决定：

1. 决定维持

决定维持的，应当符合以下条件：原具体环境行政行为适用的法律、法规、规章正确；事实清楚；证据确凿；内容适当；符合法定程序和权限。

2. 决定责令被申请人在一定期限内履行其法定职责

例如查明环境保护行政机关对排污单位的符合申请条件的排污许可证申请未予以发放，可决定责令其在一定期限内发放。

3. 决定撤销、变更原具体行政行为

原具体环境行政行为有下列情形之一的，决定撤销、变更，还可责令被申请人重新作出具体行政行为：

（1）决定撤销。对主要事实不清的；适用法律、法规、规章错误的；违反法定程序影响申请人利益的，如在作出行政处罚决定之前未听取行政相对人的辩解，或者未让其提供有利于行政相对人利益的证据等；超越职权或者滥用职权的，应当决定撤销原具体行政行为。例如，责令未缴纳排污费的企业停止生产、不属于本系统的监督管理范围而超越职权或者滥用职权实施的具体环境行政行为等。在此，滥用职权是指环境监督管理人员出于不正当的动机和理由所实施的违法行为。

决定撤销的另一种情形，被申请人未依法提出书面答复、提交当初作出具体行政行为的证据、依据和其他有关材料的，视为该具体行政行为没有证据、依据，行政复议机关应当决定撤销该具体行政行为。

（2）决定变更。对认定事实清楚，证据确凿，程序合法，但是明显不当或者适用依据错误的；认定事实不清，证据不足，但是经行政复议机关审理查明事实清楚，证据确凿的，可以决定变更。例如，罚款数额虽在法定幅度之内，但明显不合理，即畸轻或畸重的，决定变更罚款数额等。

(3) 决定被申请人重新作出具体环境行政行为。例如，原具体环境行政行为合理，事实清楚，只是所依据的法律、法规不正确，而仍需对行政相对人作出具体行政行为时，可责令重新作出。重新作出具体行政行为的期限为60日。

4. 决定行政赔偿

复议机关经过审议确认原具体环境行政行为侵犯了行政相对人的合法权益，并造成损失，申请人的行政赔偿要求又合理，则作出责令被申请人按照有关法律、法规的规定给予赔偿的决定。根据《行政复议法实施条例》第50条规定，当事人之间的行政赔偿可以适用调解。

除上述四种复议决定之外，环境行政复议机关还应当依《行政复议法》第26条规定，对规章以下的规范性文件（前面已提及）提出如下审查决定：本机关对该规定有权处理的，应当在30日内依法处理；无权处理的，应当在7日内按照法定程序转送有权处理的行政机关处理；有权处理的行政机关应当在60日内依法处理。

（三）复议决定书的内容

复议决定书[①]应载明下列事项：①申请人的姓名、性别、年龄、职业、住址，或法人和其他组织的名称、地址、法定代表人的姓名；②被申请人的名称、地址、法定代表人的姓名；③申请复议的主要事实和理由；④复议机关认定的事实、理由、适用的法律、法规、规章和决定、命令；⑤复议结论；⑥不服复议决定向人民法院起诉的时效；⑦作出复议决定的机关的全称、法定代表人的姓名；⑧作出复议决定的时间。

（四）作出复议决定的期限

环境行政复议机关应当自受理申请之日起60日内作出行政复议决定；但是法律规定的行政复议期限少于60日的除外。情况复杂，不能在规定期限内作出行政复议决定的，经行政复议机关的负责人批准，可以适当延长，并告知申请人和被申请人；但是延长期限最多不超过30日。

复议决定由复议机关的法定代表人署名，并加盖复议机关的印章。复议决定一经送达，即发生法律效力。

五、执行

环境行政复议决定的执行，包括以下两种情况：

(1) 复议决定维持原具体行政行为的，如果申请人在法定期限内不履行，也不向人民法院起诉，由原作出具体行政行为的环境保护行政机关申请人民法院强制执行。

(2) 复议决定变更原具体行政行为的，如果申请人在法定期限内不履行，也不向人民法院起诉则由复议机关申请人民法院强制执行。

此外，环境行政复议决定的执行，还包括：行政相对人自觉履行行政复议决定；被申

---

① 环境行政复议决定书格式，见第十六章第三节环境行政执法常见法律文书格式。

请人根据复议决定重新作出具体行政行为，或支付行政侵权赔偿金等。

【本章小结】

环境行政复议是行政复议机关基于复议申请人的申请，依照法定程序，对被申请人作出的具体环境行政行为进行审查的活动，是环境行政主体内部自我解决行政纠纷，自我纠正不当具体行政行为的救济和监督机制。环境行政复议机关审理行政复议案件，应当遵循合法、及时、准确、公开、便民原则，并以被申请人作出的具体行政行为为审查对象，附带审查部分抽象行政行为，采用书面审查的方式，全面审查被申请人作出的具体环境行政行为的合法性、适当性，并作出复议决定。本章将依照环境行政复议概述、复议的原则和制度、复议范围、管辖、复议机构和复议参加人以及复议程序的体例，对环境行政复议的内容进行分别阐述。

【思考题】

1. 什么是环境行政复议？结合实际谈谈环境行政复议的意义。
2. 环境行政复议的范围包括哪些？
3. 环境行政复议一般管辖的主要内容是什么？
4. 环境行政复议机构的主要职责是什么？
5. 环境行政复议参加人包括哪些？申请人、被申请人享有的权利和义务是什么？
6. 举例说明环境行政复议中的申请人、被申请人及第三人。
7. 环境行政复议决定的种类有哪几种？
8. 环境行政复议的程序和各个阶段的主要任务是什么？
9. 环境行政机关对拒不履行复议决定，又不向人民法院起诉的申请人可以采取何种措施？

【实训案例】　模拟环境行政复议

一、案情简介

2012 年 4 月 26 日，抚宁县环境保护局执法人员对秦皇岛市洋河水库管理处及其下属的秦皇岛天马旅游有限公司进行现场检查时发现，该水库库区（为饮用水水源地一级保护区）内建有五栋别墅，并拥有两条旅游船（核载人数分别为 55 人、18 人），进行旅游项目开发。经调查核实，执法人员认为五栋别墅均无环评手续，且在饮用水水源地一级保护区内进行旅游开发活动，严重违反了《环境影响评价法》第 22 条和《水污染防治法》第 58 条规定。按照法定程序，执法人员向水库管理处负责人调查询问，制作了调查询问笔录、现场检查笔录，并对现场进行了拍照。根据《水污染防治法》第 83 条规定，抚宁县环境保护局于 2012 年 5 月 16 日，对此案做出了如下处理决定：（1）罚款十万元；（2）报请县政府对秦皇岛市洋河水库管理处北山别墅实施拆除，并取缔秦皇岛天马旅游有限公司。

对此处理决定，秦皇岛市洋河水库管理处不服判决，于 2012 年 7 月 6 日向县政府法制办申请行政复议，请求撤销抚环罚字〔2012〕17号行政处罚决定及抚环责字〔2012〕17号责令改正违法行为决定（其理由是：别墅于2002年5月开始施工建设，2004年12月建成并投入使用，依据《行政处罚法》第29条规定，违法行为在两年内未发现的，不再给予行政处罚。县环境保护局于2012年5月16日作出处罚决定，已超过行政处罚追究时效，处罚无效）。县政府法制办受理复议申请后经审理，于2012年8月1日做出了复议决定，维持县环境保护局的处罚决定。

二、实践活动

1. 模拟目的：旨在锻炼分析和处理行政复议案件的能力，掌握审查复议申请书的要点，把握审查复议案件的基本功，学会制作复议决定书。

2. 模拟方式

（1）全班分成三个小组，针对上述案例各组进行充分讨论分析，并制定办理该复议案件的具体思路，列出与该复议案件相关的违法事实、相关证据、法律法规、相关法律文书及必经程序；

（2）在此基础上模拟调查核实、审查复议案件、集体讨论，作出复议决定，并制作一份完整的复议决定书；

（3）各组互相交换审阅复议决定书，并在教师主持下评出最佳复议决定书；

（4）教师点评模拟调查核实、审查复议案件、制作《复议决定书》中存在的问题及不足，并回答学生提出的问题。

三、扩展活动

教师布置每个小组选择两个环境行政复议方面的案例，并整理出案情简介和法理分析。

第十四章　环境行政诉讼

职业能力目标与学习要求

1. 理解环境环境行政诉讼的概念和特征。
2. 了解环境行政诉讼的种类。
3. 熟悉环境行政诉讼的受案范围及管辖。
4. 掌握环境行政诉讼的证据和程序。
5. 掌握《行政诉讼法》修改后的主要变化。
6. 通过模拟训练，培养和提高环境行政应诉的基本能力及技巧。

【引　例】

郑州红花寺新型建材有限公司位于郑州市二七区侯寨乡红花寺村，2008年6月建厂，2008年9月投入试生产。2010年1月21日，郑州市环境监察支队执法人员到该单位检查发现，该单位生产正常，却一直未向环境保护部门申请验收，执法人员制作了《现场检查(勘察)记录》和《环境保护调查询问笔录》，并拍照取证，同时下达《限期改正环境违法行为通知书》，责令该单位立即停止违法行为，于2月11日前申请该建设项目需要配套建设的环境保护设施竣工验收。

2010年3月10日，执法人员再次到该单位检查，发现该单位生产正常，仍未申请该建设项目需要配套建设的环境保护设施竣工验收。该单位长期试生产，未申请环境保护验收的行为违反了《建设项目环境保护管理条例》第20条第1款及第2款的规定。依据《建设项目环境保护管理条例》第27条的规定，作出如下处罚：1. 限期补办验收手续；2. 罚款3万元。郑州红花寺新型建材有限公司不服处罚决定，向中原区人民法院提起诉讼。①

本案引发的法律思考：

1. 环境保护局对该公司做出的行政处罚决定是否符合法定程序？适用法律法规是否正确？

2. 该公司不服处罚决定提起的诉讼属于何种诉讼？

3. 如何提起环境行政诉讼？环境行政诉讼的受案范围包括哪些？

4. 如果法院受理此案，应通过哪些程序进行审理和判决？

5. 法院将作出何种判决？判决的种类都有哪些？判决的依据是什么？

---

① 铁新华．严谨执法，化解环境执法风险．环境保护，2011（17）：47-50.

第一节　环境行政诉讼概述

一、环境行政诉讼的概念和特征

（一）环境行政诉讼的概念

环境行政诉讼，是指公民、法人或者其他组织认为环境行政机关或其工作人员的具体环境行政行为侵犯其合法权益，依法向人民法院提起诉讼，由人民法院对该行政行为是否合法进行审查并做出裁判的活动和制度。它是环境诉讼中区别于环境民事诉讼和环境刑事诉讼的一种诉讼形式。从上述定义看，环境行政诉讼可以从不同的角度认识它，从静态的角度而言，它是一种法律制度；从动态的角度而言，它是一种诉讼活动或一系列的诉讼过程。

（二）环境行政诉讼的特征

环境行政诉讼的特征主要有以下几点：

(1) 环境行政诉讼是因公民、法人或其他组织不服环境行政机关的行政行为而引起的。

(2) 环境行政诉讼的被告具有恒定性，即必定是环境行政管理机关。因为在环境行政管理过程中，环境行政主体和行政相对人处于不平等的地位，行政主体有权对行政相对人发布行政命令、实施行政制裁，当相对人拒不履行环境行政主体通过具体环境行政行为为其设定的义务时，环境行政主体可依法向人民法院申请强制执行该行政行为，而无须通过起诉使行政行为的效力得以实现。需要指出的是，根据《环境保护法》第 10 条规定，环境行政机关不仅指环境行政主管机关，而且还包括有环境监督管理权的各级人民政府和其他行使环境监督管理权的有关行政主管部门。

(3) 环境行政诉讼的标的是环境行政争议，即环境行政机关及其公务人员在进行环境行政管理的过程中与相对一方发生的争议。环境行政诉讼是解决环境行政争议的重要途径之一，这也区别于环境民事诉讼和刑事诉讼。环境民事诉讼解决的是环境民事主体之间发生的民事争议，环境刑事诉讼的内容则是查明犯罪事实，确定被告是否构成犯罪和如何追究犯罪分子的刑事责任。

二、环境行政诉讼的种类

根据不同的行政争议，可以把环境行政诉讼分为以下 3 种：要求司法审查之诉、要求履行职责之诉、要求行政赔偿之诉。

（一）要求司法审查之诉

环境行政司法审查之诉是指环境行政相对人认为环境行政机关的行政行为不合法或显失公正而要求法院进行审查的诉讼。环境行政司法审查之诉还可以进一步区分为环境行政变更之诉和环境行政撤销之诉。

(1) 环境行政变更之诉是指环境行政相对人认为环境行政机关的行政行为侵害了其合法利益，而请求法院通过司法裁判予以变更的诉讼。

(2) 环境行政撤销之诉是指环境行政相对人认为环境行政机关的行政行为侵害了其合法利益，而请求法院确认环境行政机关的行政行为部分或全部违法，并部分或全部撤销环境行政机关的行政行为的诉讼。

(3) 环境行政诉讼的提起、受理、管辖和执行等内容适用行政诉讼的规定，与普通的行政诉讼并无区别。

（二）要求履行职责之诉

履行职责之诉是指环境行政相对人为要求环境行政机关及其工作人员履行其法定职责而向法院提起的诉讼。提起环境行政履行职责之诉的前提是环境行政机关负有法定的职责，而环境行政机关不履行或迟延履行，并且不履行或迟延履行没有正当的理由，即环境行政机关存在不作为的行为，如拒绝颁发排污许可证、环评批复报告、环保设施验收合格证等。

（三）请求行政赔偿之诉

环境行政赔偿之诉是指公民、法人或其他组织的合法权益受到环境行政机关或其工作人员的行政行为侵犯造成损害时，向人民法院提起的要求赔偿的诉讼。我国《行政诉讼法》第 67 条明确规定，提起行政诉讼的条件是：“公民、法人或者其他组织的合法权益受到行政机关或者行政机关工作人员作出的行政行为侵犯造成损害的。”环境行政诉讼作为行政诉讼的一个类型，当然适用这一规定。

三、环境行政诉讼的宗旨和功能

环境行政诉讼的宗旨由两个方面组成：一是维护和监督环境行政机关依法行使环境行政职权；二是保护公民、法人和其他组织的合法权益。

保障环境行政机关依法行使环境行政职权与保护公民、法人和其他组织合法权益是环境行政诉讼的两个基本点，二者不可偏废。与环境行政诉讼的宗旨相联系，环境行政诉讼具有以下三大功能：

1. 平衡功能

在环境行政执法中，环境行政机关代表的是社会公共利益，而环境行政相对人则代表着个人权益。代表公共利益的环境行政机关在环境行政执法中处于优越地位，而行政相对方则处于弱势地位，这也是实现正常环境行政管理秩序的需要，但是环境行政机关的执法活动也可能违反法律，并对环境行政相对人的合法权益造成侵害。环境行政诉讼的一个重要功能就是对环境行政机关与环境行政相对人在行政执法阶段的明显不对等的法律地位进行平衡。环境行政诉讼的实质在于环境行政机关的环境行政行为必须接受人民法院的司法审查，从而对环境行政相对人的权利进行保障和补救。

2. 人权保障功能

人权得到充分的尊重和保护是法治社会的一个重要特征，在一个国家的人权保障体系中，行政诉讼制度发挥着非常重要的作用。环境行政诉讼作为行政诉讼制度的重要组成部分，主要通过对环境行政行为的司法审查来实现对环境行政相对人的人权保障。

3. 实现社会公正功能

公正是司法的生命，亚里士多德认为：公正的基准是某种利益配置，公正的基本公式是成比例平等。实现环境行政诉讼的社会公正功能是通过环境行政诉讼的诉讼程序公正和法院裁判的实体公正来实现的。

四、行政诉讼立法及新修订的《行政诉讼法》简介

（一）我国行政诉讼立法概况

1989 年 4 月 4 日，第七届全国人民代表大会常务委员会第二次会议通过了《中华人民共和国行政诉讼法》（1990 年 10 月 1 日起施行）。接着最高人民法院公布了《关于贯彻执行〈行政诉讼法〉若干问题的意见（试行）》（1991 年 5 月 29 日通过）；《关于执行〈行政诉讼法〉若干问题的解释》（法释〔2000〕8 号），2000 年 3 月 10 日起施行；《最高法院关于行政诉讼证据若干问题的规定》（法释〔2002〕21 号），2002 年 10 月 1 日起施行等相关司法解释。

2014 年 11 月 1 日，第十二届全国人民代表大会常务委员会第十一次会议通过了《全国人民代表大会常务委员会关于修改〈中华人民共和国行政诉讼法〉的决定》。

（二）新修订的《行政诉讼法》简介

新修订的《行政诉讼法》将于 2015 年 5 月 1 日起施行。新修订的《行政诉讼法》扩大了行政诉讼的受案范围；取消了可诉条件中具体行政行为的限制；加强了对当事人诉权的保护；进一步完善了行政诉讼管辖制度、诉讼参加人制度，行政诉讼证据制度及行政诉讼判决的种类；建立了民事行政争议交叉处理机制；增加了口头起诉方式及简易程序；延长了起诉时效；明确了被诉机关负责人应当出庭应诉以及行政机关不执行判决的责任。具体修改内容，将在本章的相关部分分别阐述。

第二节　环境行政诉讼的受案范围及管辖

一、环境行政诉讼的受案范围

环境行政诉讼受案范围，也称法院的主管范围，指人民法院受理环境行政案件，解决环境行政争议的范围。或者说，法律授权人民法院在多大范围内对环境行政机关的环境行政行为进行司法审查。对相对人而言，受案范围也就是诉权的范围。只有列入受案范围的环境行政行为，相对人才有权对之提起环境行政诉讼。对环境行政机关来说，受案范围决定着其作出的哪些行政行为可能受到法院的司法审查。属于行政诉讼受案范围的环境行政行为，环境行政机关有义务接受审查。环境行政诉讼受案范围是一个十分重要的问题，直接影响到环境行政诉讼制度整体功能的发挥。

（一）概括性规定

新修订的《行政诉讼法》第 2 条规定："公民、法人或者其他组织认为行政机关和行政机关工作人员的具体行政行为侵犯其合法权益，有权依照本法向人民法院提起诉讼。前款所称行政行为，包括法律、法规、规章授权的组织作出的行政行为。"该条规定也适用于环境行政诉讼，对环境行政诉讼的受案范围作出了概括性规定。根据有关司法解释，"行政行为"是指国家行政机关和行政机关工作人员、法律法规规章授权的组织在行政管理活动中行使行政职权，针对特定的公民、法人或其他组织，就特定的具体事项，作出的有关公民、法人或其他组织权利义务的单方行为。

（二）列举性规定

新修订的《行政诉讼法》第 12 条规定，人民法院受理公民、法人或者其他组织提起的下列诉讼：

（1）对行政拘留、暂扣或者吊销许可证和执照、责令停产停业、没收违法所得、没收非法财物、罚款、警告等行政处罚不服的；

（2）对限制人身自由或者对财产的查封、扣押、冻结等行政强制措施和行政强制执行不服的；

（3）申请行政许可，行政机关拒绝或者在法定期限内不予答复，或者对行政机关作出的有关行政许可的其他决定不服的；

（4）对行政机关作出的关于确认土地、矿藏、水流、森林、山岭、草原、荒地、滩涂、海域等自然资源的所有权或者使用权的决定不服的；

（5）对征收、征用决定及其补偿决定不服的；

（6）申请行政机关履行保护人身权、财产权等合法权益的法定职责，行政机关拒绝履行或者不予答复的；

（7）认为行政机关侵犯其经营自主权或者农村土地承包经营权、农村土地经营权的；

（8）认为行政机关滥用行政权力排除或者限制竞争的；

（9）认为行政机关违法集资、摊派费用或者违法要求履行其他义务的；

（10）认为行政机关没有依法支付抚恤金、最低生活保障待遇或者社会保险待遇的；

（11）认为行政机关不依法履行、未按照约定履行或者违法变更、解除政府特许经营协议、土地房屋征收补偿协议等协议的；

（12）认为行政机关侵犯其他人身权、财产权等合法权益的。

根据以上规定并结合环境行政执法的实际情况，环境行政诉讼的受案范围具体包括如下几类：

（1）对环境行政处罚不服起诉的案件

环境行政处罚，是指环境行政执法机关对违反环境法规范的公民、法人或者其他组织所实施的一种行政制裁。实践中，绝大部分环境行政诉讼都是因为对环境行政处罚不服而引起的。可提起环境行政诉讼的行政处罚主要包括如下几种：警告；罚款；责令停产整顿；责令停产、停业、关闭；暂扣、吊销许可证或其他具有许可性质的证件；没收违法所得、没收非法财物；行政拘留以及法律、法规规定的其他行政处罚种类 。其中罚款是环境行政处罚中最普遍的形式，直接影响公民、法人和其他社会组织的经济利益，旨在通过对违法者予以经济上的惩罚来促使其纠正违法行为，预防再犯。《行政诉讼法》赋予行政相对人以诉权，由人民法院对罚款的合法性进行审查，纠正显失公正的罚款处罚。

(2) 对环境行政强制措施不服起诉的案件

环境行政强制，是指环境行政执法机关为实现环境保护管理的目的，依法采取强制措施对行政相对人的人身或者财产予以强行处置的行政行为。环境行政强制的最本质特征是直接强制性。根据行为的直接目的不同，可以分为行政强制措施和行政强制执行两种基本类型。属于环境行政诉讼受案范围的环境行政强制主要指的是即时性强制。

《环境保护法》第25条规定："企业事业单位和其他生产经营者违反法律法规规定排放污染物，造成或者可能造成严重污染的，县级以上人民政府环境保护主管部门和其他负有环境保护监督管理职责的部门，可以查封、扣押造成污染物排放的设施、设备"。查封、扣押，强制拆除（注：《水污染防治法》第75条）等环境行政强制由于涉及对行政相对人人身和财产权益的限制，因而属于环境行政诉讼的受案范围。

(3) 认为侵犯法律规定的经营自主权起诉的案件

在此的"法律"应理解为广义上的，而不能只理解为全国人大或者人大常委会颁布实施的法律规范。"经营自主权主体"不仅包括各类企业，也包括个体或者承包经营业户。在市场经济条件下，企业享有独立的经营自主权，而环境法中涉及经营自主权的内容并不多，环境行政执法机关侵犯经营自主权的情况较少，以此作为案由提起环境行政诉讼的案件也不多。但是在一些具体环境行政行为中也存在着侵犯经营自主权的可能，如要求企业如何使用污染防治设施或者责令企业停止某生产工艺的使用都可能成为侵犯企业经营自主权的行为。

(4) 对环境行政许可不服起诉的案件

环境行政许可是指从事有害或者可能有害环境的活动之前，必须向有关管理机关提出申请，经审查批准，发给许可证后方可进行该活动的一整套法律制度。它是环境行政机关进行环境监督管理的重要手段，也是行政管理相对人获得相关权利的法定方式和确认相关义务的要式法律文件。环境行政许可涉及行政相对人的资格和财产权益，应当纳入司法审查的范围之内。

环境行政许可被诉主要包括以下两种情况：一种是公民、法人或者其他组织依法申请，环境保护部门不予许可的；另一种是公民、法人或者其他组织依法申请，在规定的期限内环境保护部门不作为的。如审查批准环境影响评价文件是一种环境行政许可，属于环境行政诉讼的受案范围。

(5) 认为不履行法定职责起诉的案件

在人身权、财产权受到污染破坏环境行为的侵害时，公民、法人和其他组织有权请求环境行政机关给予"公力救济"，环境行政机关若不履行这项职责，便属于行政失职或行政不作为行为，公民、法人和其他组织可以对此提起环境行政诉讼。实践中主要存在两种情况：①行政相对人请求环境行政机关对侵犯自己环境权益的污染破坏环境者给予行政处罚或者其他处理，环境行政机关拒绝或不予答复的；②请求环境行政机关对污染赔偿纠纷给予处理或解决，环境行政执机关拒绝处理或者不予答复的。在环境行政诉讼中最常见的"认为不履行法定职责的"情况是信访处置不及时或者拒不处置。需要说明的是，不履行法定职责并不以当事人的申请为前提，如果环境行政机关明知存在污染侵权行为拒不履行监督管理职责，也属于被诉范围。

（6）认为违法要求行政相对人履行义务起诉的案件

环境行政机关依法享有为行政相对人设定某种行政义务的行政权力，但这种权力必须严格依照法律、法规的规定来行使，否则就是违法行为，行政相对人可以对此提起环境行政诉讼。以排污收费和排污申报登记制度为例，收费程序违法、随意扩大行政相对人申报登记的范围等均可以成为环境行政诉讼的被诉行政行为。

（7）认为侵犯其他人身权或者财产权起诉的案件

法律不可能对环境行政诉讼的受案范围进行一一罗列，因此《行政诉讼法》有必要对其他可以提起环境行政诉讼的行政行为进行兜底性的说明。即除了以上列举的规定外，凡是公民、法人或者其他组织认为环境行政机关的行政行为侵犯其他人身权或财产权的，都在环境行政诉讼的受案范围之内。例如，环境行政确认也在环境行政诉讼的受案范围之内。行政确认有很多种类，环境行政机关经常适用的是对一定法律事实的确认，如对企业环境守法的确认等，申请确认的主体符合法定条件，而环境行政机关拒不履行确认职责的，企业可以提起环境行政诉讼。

（三）例外规定

根据新修订的《行政诉讼法》第 12 条的规定，人民法院不受理的事项共有四类：①国防、外交等国家行为；②行政法规、规章或者环境行政机关制定、发布的具有普遍约束力的决定、命令；③环境行政机关对环境行政机关工作人员的奖惩、任免等决定；④法律规定由行政机关最终裁决的行政行为。除了以上四类事项，《最高人民法院关于执行〈中华人民共和国行政诉讼法〉若干问题的解释》还规定，公民、法人或者其他组织对下列行为不服提起诉讼的，不属于人民法院行政诉讼的受案范围：①公安、国家安全等机关依照《刑事诉讼法》的明确授权实施的行为；②调解行为以及法律规定的仲裁行为；③不具有强制力的行政指导行为；④驳回当事人对行政行为提起申诉的重复处理行为；⑤对公民、法人或者其他组织权利义务不产生实际影响的行为。在环境行政诉讼中，以上事项也应排除在受案范围之外。

二、环境行政诉讼的管辖

环境行政诉讼的管辖，是指各级人民法院或同级人民法院受理第一审行政案件的职权范围。管辖的种类包括：

（一）级别管辖

级别管辖，是指各级人民法院审理第一审环境行政案件的分工与权限。级别管辖解决的是从纵向上哪些第一审行政案件应由哪一级人民法院审理的问题。它主要是根据行政案件的性质、大小和复杂程度等情况来划分，其目的是为了正确、及时地审理行政案件。根据新修订的《行政诉讼法》第 14～第 17 条规定，环境行政案件的级别管辖分为如下：

（1）基层人民法院管辖第一审环境行政政案件。

（2）中级人民法院管辖下列第一审环境行政案件：①对国务院部门或者县级以上地方

人民政府所作的行政行为提起诉讼的案件；②海关处理的案件；③本辖区内重大、复杂的案件；④其他法律规定由中级人民法院管辖的案件。

（3）高级人民法院、最高人民法院管辖本辖区和全国范围内重大、复杂的第一审环境行政政案件。

新修订的《行政诉讼法》第18条还规定："经最高人民法院批准，高级人民法院可以根据审判工作的实际情况，确定若干人民法院跨行政区域管辖行政案件。"这一规定进一步完善了管辖制度，引入了集中管辖和提级管辖，即明确了高级人民法院可以确定若干基层人民法院，跨行政区域管辖一审环境行政案件；明确了对县级以上地方人民政府提起诉讼的案件，由中级人民法院管辖，中级人民法院也可以跨行政区域管辖一审环境行政案件。

新修订的《行政诉讼法》关于级别管辖的规定，有利于保障司法公正，防止地方政府对司法进行行政干预，使人民法院能够排除外来干扰，独立、公正地审判好行政案件。

（二）地域管辖

地域管辖，是指根据人民法院的辖区和当事人的住所地，划分同级人民法院审理第一审案件的权限。

根据新修订的《行政诉讼法》第18～第21条规定，环境行政案件的地域管辖分为：①行政案件由最初作出行政行为的行政机关所在地人民法院管辖；②经复议的案件，也可以由复议机关所在地人民法院管辖；③因不动产提起的环境行政诉讼，由不动产所在地人民法院管辖；④两个以上人民法院都有管辖权的案件，原告可以选择其中一个人民法院提起诉讼。原告向两个以上有管辖权的人民法院提起诉讼的，由最先立案的人民法院管辖。

（三）指定管辖

指定管辖，是指由于特殊原因，或者两个以上人民法院对管辖权发生争议时，由上级人民法院以裁定方式赋予或者明确人民法院的管辖权。

根据新修订的《行政诉讼法》第24条规定，下级人民法院对其管辖的第一审行政案件，认为需要由上级人民法院审理或者指定管辖的，可以报请上级人民法院决定。

（四）移送管辖

移送管辖，是指受诉的人民法院把不属于自己管辖的行政案件，移送给有管辖权的人民法院审理。移送管辖可以在同级人民法院之间进行，也可以在上下级人民法院之间进行。

根据新修订的《行政诉讼法》第22条规定，人民法院发现受理的案件不属于本院管辖的，应当移送有管辖权的人民法院，受移送的人民法院应当受理；受移送的人民法院认为受移送的案件按照规定不属于本院管辖的，应当报请上级人民法院指定管辖，不得再自行移送。

第三节　环境行政诉讼的参加人

环境行政诉讼参加人，是指依法参加行政诉讼活动，享有诉讼权利，承担诉讼义务，并且与诉讼争议或者诉讼结果有利害关系的人。行政诉讼参加人包括：原告、被告、共同诉讼人、第三人和诉讼代理人。

一、原告

原告是指环境行政机关及其工作人员的具体行政行为侵犯其合法权益，依法向人民法院提起诉讼的行政相对人。

1. 原告的资格

根据新修订的《行政诉讼法》第 25 条规定，具有起诉资格的原告包括：行政行为的相对人以及其他与行政行为有利害关系的公民、法人或者其他组织；有权提起诉讼的公民死亡的，其近亲属；有权提起诉讼的法人或者其他组织终止的，承受其权利的法人或者其他组织。

2. 原告的权利

包括：①起诉、撤诉和变更、增加诉讼要求；②委托诉讼代理人进行诉讼；③申请回避；④请求停止执行原行政行为；⑤使用本民族语言文字进行诉讼；⑥经法院许可向证人、鉴定人、勘验人发问以及查阅本案庭审材料；⑦请求复制本案庭审材料和法律文书；⑧查阅并申请补正本案庭审笔录；⑨在法定期限内对第一审裁判或裁定提起上诉；⑩申请人民法院强制执行已发生法律效力的具有给付内容的判决、裁定等。

3. 原告的义务

包括：①遵守诉讼程序，服从法庭纪律；②依法正确行使诉讼权利；③不得滥用法律法规赋予的权利；④接受法庭传唤，参加诉讼；⑤自觉履行已经生效的判决、裁定；⑥按规定交纳诉讼费用等。

二、被告

被告是指因原告起诉而被人民法院通知应诉的环境行政机关。被告必须具备以下两个条件：①必须是具备环境监督管理权的行政主体；②必须是作出有争议的行政行为的环境行政机关。

根据新修订的《行政诉讼法》第 26 条规定，环境行政诉讼的被告通常有以下几种情况：

（1）行政相对人直接向人民法院提起诉讼的，作出行政行为的行政机关是被告。

（2）经复议的案件，复议机关决定维持原行政行为的，作出原行政行为的行政机关和复议机关是共同被告；复议机关改变原行政行为的，复议机关是被告。复议机关在法定期限内未作出复议决定，公民、法人或者其他组织起诉原行政行为的，作出原行政行为的行政机关是被告；起诉复议机关不作为的，复议机关是被告。

（3）两个以上行政机关作出同一行政行为的，共同作出行政行为的行政机关是共同被告。

(4) 行政机关委托的组织所作的行政行为，委托的行政机关是被告。

(5) 行政机关被撤销或者职权变更的，继续行使其职权的行政机关是被告。

需要说明的是，新修订的《行政诉讼法》将现行《行政诉讼法》规定的经复议的案件，复议机关决定维持原行政行为的，作出原行政行为的行政机关是被告，修改为“复议机关决定维持原行政行为的，作出原行政行为的行政机关和复议机关是共同被告”。这一新规定，有利于改变长期以来因行政复议机关维持原行政行为的现象较普遍而导致复议制度未能很好地发挥作用，使复议公信力严重下降的问题。

被告的权利和义务。作为当事人一方的被告，与原告在诉讼中的权利和义务基本一致。所不同的是：原告在宣布判决之前有权撤诉，而被告在一审程序中无权撤诉；原告不必承担举证责任，被告负有举证责任和提交做出行政行为的证据和所依据的规范性文件的义务。

三、共同诉讼人

行政诉讼的当事人，在通常情况下，原、被告双方都是单数的。但是，在某些行政案件中，原、被告一方或者双方可能不是单一的，而是两个或者两个以上的个人、组织，这种情况即导致共同诉讼。所谓共同诉讼，是指当事人一方或者双方为二人以上，因同一行政行为发生的行政案件，或者因同类行政行为发生的行政案件、人民法院认为可以合并审理并经当事人同意的为共同诉讼。

根据新修订的《行政诉讼法》第26条规定，共同诉讼又可分为两种：

(1) 必要的共同诉讼。即因同一行政行为发生的共同诉讼。例如，甲、乙两个化工厂都擅自闲置防治污染设施，向河道中排放污染物造成水体严重污染。当地环境保护局以同一个处罚决定书分别对甲、乙两个化工厂处以罚款。甲、乙两化工厂对此不服而起诉的就属于必要的共同诉讼。

(2) 普通的共同诉讼。即因同样的行政行为发生的共同诉讼。例如，甲、乙二人分别拥有相邻的两间个体饭店。因违反门前“三包”的规定而被环卫部门处罚，甲、乙均不服处罚而提起的诉讼。

当事人一方人数众多的共同诉讼，可以由当事人推选代表人进行诉讼。代表人的诉讼行为对其所代表的当事人发生效力，但代表人变更、放弃诉讼请求或者承认对方当事人的诉讼请求，应当经被代表的当事人同意。

四、第三人

第三人是指同被诉的行政行为有利害关系但没有提起诉讼，或者同案件处理结果有利害关系，申请参加诉讼，或者由人民法院通知参加诉讼的其他行政相对人。

第三人具有以下特征：①第三人是同起诉的行政行为有利害关系的人；② 第三人必须是行政法律关系的主体；③ 第三人既不是原告，也不是被告，而是具有独立诉讼地位的诉讼参加人；④ 第三人参加诉讼的时间是本诉已经开始但尚未结束前；⑤ 第三人参加诉讼既可以自己申请，也可以由人民法院通知参加。

根据第三人的特征，环境行政诉讼中第三人的情况可以归纳如下：

（1）对环境行政机关所作出的行政处罚不服而提起的行政诉讼，环境污染或者破坏的受害人可以作为第三人参加诉讼；

（2）在同一行政处罚决定处罚的数个当事人中，有对处罚决定不服而起诉的，其余没有起诉的当事人可以作为第三人参加诉讼；

（3）在申请环境行政机关履行制止污染侵害的法定职责，而遭到拒绝或者不予答复，申请人因此而起诉，排污单位可以作为第三人参加诉讼；

（4）当环境行政机关越权作出某行政行为，行政相对人不服而起诉，有权作出行政行为的环境行政机关可以作为第三人参加诉讼；

（5）符合申请条件向环境行政机关申请发放排污许可证，环境行政机关拒发或者不予答复，申请人因此而起诉，有利害关系的人可以作为第三人参加诉讼。

在实践中，环境行政诉讼涉及第三方利益的情形逐渐增多，新修订的《行政诉讼法》规定："公民、法人或者其他组织同被诉行政行为有利害关系但没有提起诉讼，或者同案件处理结果有利害关系的，可以作为第三人申请参加诉讼，或者由人民法院通知参加诉讼；人民法院判决第三人承担义务或者减损第三人权益的，第三人有权依法提起上诉。"

五、诉讼代理人

诉讼代理人是指依法由人民法院指定或者受当事人委托，以当事人的名义在一定期限内为当事人进行行政诉讼的人。

当事人、法定代理人，可以委托1～2人作为诉讼代理人。下列人员可以被委托为诉讼代理人：①律师、基层法律服务工作者；②当事人的近亲属或者工作人员；③当事人所在社区、单位以及有关社会团体推荐的公民。

代理诉讼的律师，有权按照规定查阅、复制本案有关材料，有权向有关组织和公民调查，收集与本案有关的证据。对涉及国家秘密、商业秘密和个人隐私的材料，应当依照法律规定保密。当事人和其他诉讼代理人有权按照规定查阅、复制本案庭审材料，但涉及国家秘密、商业秘密和个人隐私的内容除外。

第四节 环境行政诉讼证据

一、证据的种类

根据新修订的《行政诉讼法》的相关规定，环境行政诉讼的证据种类包括：①书证；②物证；③视听资料；④电子数据；⑤证人证言；⑥当事人的陈述；⑦鉴定意见；⑧勘验笔录、现场笔录。以上证据经法庭审查属实，才能作为认定案件事实的根据。

二、环境行政诉讼的举证责任

举证责任，是指当事人对有利于自己的主张向人民法院提供证据加以证明的责任。

（一）环境行政机关（被告）的举证责任

在环境行政诉讼中，被告即环境行政机关对作出的行政行为负有举证责任。被告应当提供作出该行政行为的证据和所依据的规范性文件。

1. 环境行政机关负举证责任的原因

（1）举证责任由环境行政机关承担是由环境行政机关与管理相对人在行政管理活动中不平等的地位所决定的；

（2）举证责任由环境行政机关承担是由环境行政机关的行政活动必须遵循依法行政原则所决定的。

2. 环境保护行政机关应提供的证据

（1）被诉行政行为的事实依据；

（2）被诉行政行为的法律依据。

此外，根据《关于行政诉讼证据若干问题的规定》第4条规定，被告认为原告起诉超过法定期限的，也由被告承担举证责任。

如果被告对自己的主张不能提供证据或提供的证据不足以证明行政行为的合法性时，将承担败诉的后果。

另外，在行政诉讼过程中原则上不允许被告补充证据，但在法律有规定的情况除外。《最高人民法院关于执行〈行政诉讼法〉若干问题的解释》（以下简称《行政诉讼法解释》）第28条规定，有下列情形之一的，被告经人民法院准许可以补充相关证据：①被告在作出行政行为时已经收集证据，但因不可抗力等正当理由不能提供的；②原告或者第三人在诉讼过程中，提出其在被告实施行政行为过程中没有提出的反驳理由或者证据的。除此之外，在诉讼过程中，被告不能自行向原告和证人收集证据。

（二）环境行政机关（被告）的举证期限

举证期限是指法律规定或法院指定当事人提供证据的期限。被告即作出行政行为的环境行政机关应在收到起诉状副本之日起十日内，提供据以作出被诉行政行为的全部证据和所依据的规范性文件。被告不提供或者无正当理由逾期提供证据，视为没有相应证据。但是，被诉行政行为涉及第三人合法权益，第三人提供证据的除外。

被告在作出行政行为时已经收集了证据，但因不可抗力等正当事由不能提供的，经人民法院准许，可以延期提供。原告或者第三人提出其在行政处理程序中没有提出的理由或者证据的，经人民法院准许，被告可以补充证据。

（三）原告的举证责任

原告可以提供证明行政行为违法的证据。原告提供的证据不成立的，不免除被告的举证责任。原告向人民法院起诉时，应当提供其符合起诉条件的相应的证据材料。在起诉被告不履行法定职责的案件中，原告应当提供其向被告提出起诉的证据。但有下列情形之一的除外：①被告应当依职权主动履行法定职责的；②原告因正当理由不能提供证据的。在行政赔偿、补偿的案件中，原告应当对行政行为造成的损害提供证据。因被告的原因导致原告无法举证的，由被告承担举证责任。

（四）原告的举证期限

《最高人民法院关于行政诉讼证据若干问题的规定》第 7 条规定，原告或者第三人应当在开庭审理前或者人民法院指定的交换证据之日内提供证据。因正当事由申请延期提供证据的，经人民法院准许，可以在法庭调查中提供。逾期提供证据的，视为放弃举证权利。

原告或者第三人在第一审程序中无正当事由未提供而在第二审程序中提供的证据，人民法院不予接纳。

三、证据的收集和调查

（一）证据的收集和调查的含义

证据的收集和调查是指人民法院基于审判权，依照法定程序，向当事人及有关人员收集和调查与案件有关的证据的活动。

人民法院有权向有关行政机关以及其他组织、公民调取证据。但是，不得为证明行政行为的合法性调取被告作出行政行为时未收集的证据。与本案有关的下列证据，原告或者第三人不能自行收集的，可以申请人民法院调取：由国家机关保存而须由人民法院调取的证据；涉及国家秘密、商业秘密和个人隐私的证据；确因客观原因不能自行收集的其他证据。

（二）证据的收集和调查方法

证据的收集和调查方法主要有以下几种：①要求当事人提供或者补充证据；②询问当事人、证人、第三人、鉴定人；③ 向行政机关以及其他有关公民、组织调取证据；④ 指定或聘任鉴定部门进行鉴定；⑤ 对现场及物品（如污染物）进行勘验；⑥ 采取证据保全措施以保全证据。

在行政诉讼中，只有人民法院有权收集和调查证据，在诉讼过程中，被告及其诉讼代理人不得自行向原告、第三人和证人收集证据。

四、证据的保全

（一）证据保全的概念

证据保全，是指证据已存在，但有可能灭失或者以后难以取得，在这种情况下，人民法院依诉讼参加人的申请或依职权所采取的保存证据的措施。根据新修订的《行政诉讼法》规定，证据保全的条件包括：①存在证据可能灭失的情况，如作为证据的物品将要变质、变形或消失的情况；②存在证据以后难以取得的情况，如证人即将出国等。

（二）证据的保全程序

诉讼参加人申请保全证据，应当在举证期限届满前以书面形式向人民法院提出，并说明证据的名称和地点、保全的内容和范围、申请保全的理由等事项。当事人申请保全证据的，人民法院可以要求其提供相应的担保。人民法院应当决定是否接受申请，人民法院也可以主动采取保全措施。主动采取的应区分不同的证据，按照取证的程序进行。证据保全的方法一般有：①询问当事人，并制作笔录或录音、录像；②对物证进行勘验、制作笔录、绘图、拍照、录像或者保存原物；③对书证可以复制或者拍照等。

五、质证规则

（一）质证的概念

质证是指在庭审过程中，由诉讼当事人就法庭上出示的证据进行的对质、核实的活动。

证据应当在法庭上出示，并由当事人互相质证。对涉及国家秘密、商业秘密和个人隐私的证据，不得在公开开庭时出示。人民法院应当按照法定程序，全面、客观地审查核实证据。对未采纳的证据应当在裁判文书中说明理由。以非法手段取得的证据，不得作为认定案件事实的根据。

（二）质证的特征

①质证的主体是法庭和当事人；②质证的对象是当事人提供的和人民法院调取的证据材料；③质证的内容是证据的“三性”（关联性、合法性和真实性）；④质证的场所是法庭；⑤质证的方式是辨认、质疑及发表其他意见；⑥质证是一种动态的活动。

（三）质证的顺序

行政诉讼与民事诉讼在庭审质证顺序上存在很大的不同。民事诉讼一般是按照原告、被告和第三人的顺序组织质证，行政诉讼通常是按照被告、原告和第三人的顺序进行质证，但有些行政案件也是按照原告、被告和第三人的顺序组织质证，如行政赔偿案件。

（四）质证的内容

质证的内容是当事人应当围绕证据的关联性、合法性和真实性，针对证据有无证明效力以及证明效力大小，进行质证。

（五）质证的方法

常用的质证方法是逐一质证和分组质证。逐一质证，就是采取一事一证、一证一质、一质一认的方式。这种质证方式主要适用于法律关系简单、权利义务关系明确和争议不大的案件。分组质证，就是根据案情采取分段、分节的方式进行质证。这种质证方式主要适用于案情复杂、对质证对象能够分段分节的行政案件。

（六）质证中的发问规则

经法庭准许，当事人及其代理人可以就证据问题相互发问，也可以向证人、鉴定人或者勘验人发问。当事人及其代理人相互发问，或者向证人、鉴定人、勘验人发问时，发问的内容应当与案件事实有关联，不得采用引诱、威胁、侮辱等语言或者方式。

第五节 环境行政诉讼程序

一、第一审程序

第一审程序，是指人民法院第一审行政案件所适用的程序。

（一）起诉与受理

1. 起诉

起诉，指行政相对人依照法定条件和程序向人民法院提出行政诉讼请求，要求人民法院行使国家审判权对其合法权益予以保护的诉讼行为。

（1）起诉条件。根据新修订的《行政诉讼法》第49条规定，起诉应当具备以下条件：①原告是行政行为的相对人以及其他与行政行为有利害关系的公民、法人或者其他组织；②有明确的被告；③有具体的诉讼请求和事实根据；④属于人民法院受案范围和受诉人民法院管辖。

（2）起诉方式。起诉应当向人民法院递交起诉状，并按照被告人数提出副本。书写起诉状确有困难的，可以口头起诉，由人民法院记入笔录，出具注明日期的书面凭证，并告知对方当事人。新修订的《行政诉讼法》第50条规定增加了上述口头起诉方式，这一规定方便了当事人行使起诉权，满足了现实中许多文化程度不高、法律知识欠缺的老百姓更希望口头方式起诉的愿望，具有较强的可操作性。需要强调的是，不论口头还是书面起诉，都必须符合法定起诉条件，人民法院才能受理。

需要说明的是，根据新修订的《行政诉讼法》第53条规定，公民、法人或者其他组织认为行政行为所依据的国务院部门和地方人民政府及其部门制定的规范性文件不合法，在对行政行为提起诉讼时，可以一并请求对该规范性文件进行审查。

（3）起诉期限。根据新修订的《行政诉讼法》第46～第48条规定，起诉期限分为以下几种：

1）公民、法人或者其他组织不服复议决定的，可以在收到《复议决定书》之日起15日内向人民法院提起诉讼。复议机关逾期不作出决定的，申请人可以在复议期满之日起15日内向人民法院提起诉讼。法律另有规定的除外。

2）公民、法人或者其他组织直接向人民法院提起诉讼的，应当知道或者应当作出行政行为之日起6个月内提出。法律另有规定的除外。因不动产提起诉讼的案件自行政行为作出之日起超过20年，其他案件自行政行为作出之日起超过5年提起诉讼的，人民法院不予受理。

新修订的《行政诉讼法》第46条规定延长了原告的起诉期限，将现行的《行政诉讼法》规定的3个月延长至6个月，并且对一些特殊情况做了明确的规定。这一规定可以给原告更多的时间来考虑提起诉讼，从而有利于保护原告的合法权益。

3）公民、法人或者其他组织申请行政机关履行保护其人身权、财产权等合法权益的法定职责，行政机关在接到申请之日起两个月内不履行的，公民、法人或者其他组织可以向人民法院提起诉讼。法律、法规对行政机关履行职责的期限另有规定的，从其规定。公民、法人或者其他组织在紧急情况下请求行政机关履行保护其人身权、财产权等合法权益的法定职责，行政机关不履行的，提起诉讼不受前款规定期限的限制。

4）公民、法人或者其他组织因不可抗力或者其他不属于其自身的原因耽误起诉期限的，被耽误的时间不计算在起诉期限内。公民、法人或者其他组织因前款规定以外的其他特殊情况耽误起诉期限的，在障碍消除后10日内，可以申请延长期限，是否准许由人民法院决定。

2. 受理

受理，是指人民法院经审查起诉状，对符合起诉条件的予以接受立案的诉讼行为。

人民法院受理行政诉讼案件应当注意以下几个问题：

1）人民法院在接到起诉状时对符合本法规定的起诉条件的，应当登记立案。对当场不能判定是否符合本法规定的起诉条件的，应当接受起诉状，出具注明收到日期的书面凭证，并在七日内决定是否立案。

2）对不符合起诉条件的，应当作出不予立案的裁定，裁定书应当载明不予立案的理由。原告对裁定不服的，可以提起上诉。

3）对起诉状内容欠缺或者有其他错误的，应当给予指导和释明，并一次性告知当事人需要补正的内容。不得未经指导和释明即以起诉不符合条件为由不接受起诉状。对于不接受起诉状、接受起诉状后不出具书面凭证，以及不一次性告知当事人需要补正的起诉状内容的，当事人可以向上级人民法院投诉，上级人民法院应当责令改正，并对直接负责的主管人员和其他直接责任人员依法给予处分。

4）人民法院既不立案，又不作出不予立案裁定的，当事人可以向上一级人民法院起诉。上一级人民法院认为符合起诉条件的，应当立案、审理，也可以指定其他下级人民法院立案、审理。

新修订的《行政诉讼法》第3条规定："行政机关及其工作人员不得干预、阻碍人民法院受理行政案件。"虽然这是一个宣示性的条款，但是把这一要求明确规定在法律条款中，有利于保障人民法院在行政诉讼中独立行使审判权。

（二）审理

1. 审理前的准备

（1）组成合议庭。人民法院审理行政案件，由审判员组成合议庭，或者由审判员、陪审员组成合议庭。合议庭的成员，应当是3人以上的单数。

（2）发送起诉状和答辩状副本。人民法院应当在立案之日起5日内，将起诉状副本发送被告。被告应当在收到起诉状副本之日起15日内向人民法院提交作出行政行为的证据和所依据的规范性文件，并提出答辩状。人民法院应当在收到答辩状之日起5日内，将答辩状副本发送原告。

（3）更换和追加诉讼参加人。

（4）确定案件是合并审理还是分开审理。人民法院公开审理行政案件，但涉及国家秘密、个人隐私和法律另有规定的除外。涉及商业秘密的案件，当事人申请不公开审理的，可以不公开审理。

（5）诉讼期间，不停止行政行为的执行。但有下列情形之一的，裁定停止执行：① 被告认为需要停止执行的；② 原告或者利害关系人申请停止执行，人民法院认为该行政行为的执行会造成难以弥补的损失，并且停止执行不损害国家利益、社会公共利益的；③ 人民法院认为该行政行为的执行会给国家利益、社会公共利益造成重大损害的；④ 法律、法规规定停止执行的。

（6）回避。当事人认为审判人员与本案有利害关系或者有其他关系可能影响公正审判，有权申请审判人员回避。审判人员认为自己与本案有利害关系或者有其他关系，应当申请回避。前两款规定，适用于书记员、翻译人员、鉴定人、勘验人。院长担任审判长时的回避，由审判委员会决定；审判人员的回避，由院长决定；其他人员的回避，由审判长决定。当事人对决定不服的，可以申请复议一次。

2. 开庭审理

（1）开庭准备。包括以下内容：①在开庭前三日，用传票或通知书通知当事人和其他诉讼参加人；②公开审理的，应当公开当事人的姓名、案由和开庭时间、地点；③开庭审理前，由书记员查明当事人和其他诉讼参加人是否到庭；④审判长宣布开庭。

（2）法庭调查。按下列顺序进行：①原告宣读起诉状，被告宣读答辩状；②被告举证，原告质证；③原告举证，被告质证。

（3）法庭辩论。首先由原告及其代理人发言，然后由被告及其代理人发言，最后由双方展开辩论。

（4）合议庭评议。是指合议庭成员在当事人辩论终结后，对其提出的理由和根据进行不公开的综合评价和认定，从而作出裁判的过程。合议庭评议时应制作笔录，由合议庭成员签名，对重大疑难案件，合议庭做出结论后，应当由院长提交审判委员会讨论决定。

3. 审理行政案件的法律依据

（1）法律和行政法规。这是审理各种行政案件所必须遵循的依据。

（2）地方性法规。这是审理本辖区内发生的行政案件所必须遵循的依据。

（3）自治条例和单行条例。是审理民族自治区域内行政案件所必须遵循的依据。

（4）人民法院在审理行政案件时，还应当参照部门规章和地方政府规章。

4. 行政争议与相关民事争议一并审理

在涉及行政许可、登记、征收、征用和行政机关对民事争议所作的裁决的行政诉讼中，当事人申请一并解决相关民事争议的，人民法院可以一并审理。在行政诉讼中，人民法院认为行政案件的审理需要以民事诉讼的裁判为依据的，可以裁定中止行政诉讼。

（三）判决

1. 撤诉

指原告在人民法院受理行政案件后，自动要求撤回或者取消自己的诉讼请求的行为。除原告主动撤诉外，经人民法院传票传唤，原告无正当理由拒不到庭，或者未经法庭许可中途退庭的，可以按照撤诉处理。

2. 缺席判决

指人民法院在开庭审理行政案件时，被告无正当理由拒不到庭，或者未经法庭许可中途退庭的，可以缺席判决。

3. 判决种类

指人民法院对行政案件经过审理，根据查明的案件事实，依据法律法规的规定，对行政争议作出具有强制性决断的审判行为。判决的种类共有六种：

（1）驳回原告的诉讼请求。行政行为证据确凿，适用法律、法规正确，符合法定程序的，或者原告申请被告履行法定职责或者给付义务理由不成立的，人民法院判决驳回原告的诉讼请求。

（2）判决撤销。指人民法院经过审理认定行政行为全部或者部分确属违法，侵犯了管理相对人的合法权益，从而作出将其全部或者部分撤销的判决。行政行为有下列情形之一的，判决撤销或者部分撤销，并可以判决被告重新作出行政行为：主要证据不足的；适用法律、法规错误的；违反法定程序的；超越职权的；滥用职权的；明显不当的。

（3）判决履行义务。人民法院经过审理，查明被告不履行法定职责的，判决被告在一定期限内履行。人民法院经过审理，查明被告依法负有给付义务的，判决被告履行给付义务。

（4）判决变更。行政处罚明显不当，或者其他行政行为涉及对款额的确定、认定确有错误的，人民法院可以判决变更。人民法院判决变更，不得加重原告的义务或者减损原告的权益。但利害关系人同为原告，且诉讼请求相反的除外。

（5）确认判决。行政行为有下列情形之一的，人民法院判决确认违法，但不撤销行政行为：行政行为依法应当撤销，但撤销会给国家利益、社会公共利益造成重大损害的；行政行为程序轻微违法，但对原告权利不产生实际影响的。

行政行为有下列情形之一，不需要撤销或者判决履行的，人民法院判决确认违法：行政行为违法，但不具有可撤销内容的；被告改变原违法行政行为，原告仍要求确认原行政行为违法的；被告不履行或者拖延履行法定职责，判决履行没有意义的。

行政行为有实施主体不具有行政主体资格或者没有依据等重大且明显违法情形，原告申请确认行政行为无效的，人民法院判决确认无效。

（6）判决被告承担赔偿责任。人民法院判决确认违法或者无效的，可以同时判决责令被告采取补救措施；给原告造成损失的，依法判决被告承担赔偿责任。

4. 一审期限

人民法院应当在立案之日起6个月内作出第一审判决。有特殊情况需要延长的，由高级人民法院批准，高级人民法院审理第一审案件需要延长的，由最高人民法院批准。

5. 调解适用情形

人民法院审理行政案件，不适用调解。但是，行政赔偿、补偿以及行政机关行使法律、法规规定的自由裁量权的案件可以调解。调解应当遵循自愿、合法原则，不得损害国家利益、社会公共利益和他人合法权益。

6. 宣判方式

人民法院对公开审理和不公开审理的案件，一律公开宣告判决。当庭宣判的，应当在十日内发送判决书；定期宣判的，宣判后立即发给判决书。宣告判决时，必须告知当事人上诉权利、上诉期限和上诉的人民法院。

7. 简易程序

人民法院审理下列第一审行政案件，认为事实清楚、权利义务关系明确、争议不大的，可以适用简易程序：被诉行政行为是依法当场作出的；案件涉及款额 2 000 元以下的；属于政府信息公开案件的。除前款规定以外的第一审行政案件，当事人各方同意适用简易程序的，可以适用简易程序。发回重审、按照审判监督程序再审的案件不适用简易程序。

适用简易程序审理的行政案件，由审判员一人独自审理，并应当在立案之日起 45 日内审结。

人民法院在审理过程中，发现案件不宜适用简易程序的，裁定转为普通程序。

需要说明的是，现行的《行政诉讼法》未规定简易程序，新修订的《行政诉讼法》增加了简易程序，这一规定有利于提高审判效率，降低诉讼成本。

二、第二审程序

第二审程序是指上级人民法院对下级人民法院作出的一审案件的裁判，在其发生法律效力之前，由于当事人的上诉而进行审理所适用的程序。第二审程序分为以下 4 种。

（一）上诉的提起

上诉的提起，指行政诉讼的当事人要求上级人民法院对下级人民法院的判决、裁定进行审理的诉讼活动。提起上诉必须符合以下条件：①必须有合格的上诉人和被上诉人；②上诉的对象必须符合法律规定；③上诉必须在法定期限内提起；④上诉必须提交上诉状。

（二）上诉案件的受理

原审人民法院收到上诉状，应当在 5 日内将上诉状副本送达其他当事人；当事人应当在收到上诉状副本之日起 10 日内提出答辩状；原审人民法院应当在收到答辩状之日起 5 日内将副本送达当事人；原审人民法院收到上诉状、答辩状，应当在 5 日内连同全部案卷和证据，报送第二审人民法院；已经预收诉讼费用的，一并报送。

第二审人民法院收到全部案卷、证据、上诉状、答辩状之后，即开始对上诉案件进行审理。

（三）上诉案件的审理

人民法院对上诉案件，应当组成合议庭，开庭审理。经阅卷、调查和询问当事人，对没有提出新的事实、证据或者理由，合议庭认为不需要开庭审理的，也可以不开庭审理。

人民法院审理上诉案件，应当对原审人民法院的判决、裁定和被诉行政行为进行全面审查。

人民法院审理上诉案件，应当在收到上诉状之日起 3 个月内作出终审判决。有特殊情况需要延长的，由高级人民法院批准，高级人民法院审理上诉案件需要延长的，由最高人民法院批准。

（四）上诉案件的裁判

人民法院审理上诉案件，按照下列情形，分别处理：原判决、裁定认定事实清楚，适用法律、法规正确的，判决或者裁定驳回上诉，维持原判决、裁定；原判决、裁定认定事实错误或者适用法律、法规错误的，依法改判、撤销或者变更；原判决认定基本事实不清、证据不足的，发回原审人民法院重审，或者查清事实后改判；原判决遗漏当事人或者违法缺席判决等严重违反法定程序的，裁定撤销原判决，发回原审人民法院重审。

原审人民法院对发回重审的案件作出判决后，当事人提起上诉的，第二审人民法院不得再次发回重审。人民法院审理上诉案件，需要改变原审判决的，应当同时对被诉行政行为作出判决。

三、审判监督程序

审判监督程序，是指人民法院对已经发生法律效力的判决、裁定，发现确有错误的，依法进行再次审理的程序。

当事人对已经发生法律效力的判决、裁定，认为确有错误的，可以向上一级人民法院申请再审，但判决、裁定不停止执行。当事人的申请符合下列情形之一的，人民法院应当再审：①不予立案或者驳回起诉确有错误的；②有新的证据，足以推翻原判决、裁定的；③原判决、裁定认定事实的主要证据不足、未经质证或者系伪造的；④原判决、裁定适用法律、法规确有错误的；⑤违反法律规定的诉讼程序，可能影响公正审判的；⑥原判决、裁定遗漏诉讼请求的；⑦据以作出原判决、裁定的法律文书被撤销或者变更的；⑧审判人员在审理该案件时有贪污受贿、徇私舞弊、枉法裁判行为的。

各级人民法院院长对本院已经发生法律效力的判决、裁定，发现有上述八种情形之一，或者发现调解违反自愿原则或者调解书内容违法，认为需要再审的，应当提交审判委员会讨论决定。

最高人民法院对地方各级人民法院已经发生法律效力的判决、裁定，上级人民法院对下级人民法院已经发生法律效力的判决、裁定，发现有上述八种情形之一，或者发现调解违反自愿原则或者调解书内容违法的，有权提审或者指令下级人民法院再审。

最高人民检察院对各级人民法院已经发生法律效力的判决、裁定，上级人民检察院对下级人民法院已经发生法律效力的判决、裁定，发现有上述八种情形之一，或者发现调解书损害国家利益、社会公共利益的，应当提出抗诉。地方各级人民检察院对同级人民法院已经发生法律效力的判决、裁定，发现有新修订的《行政诉讼法》第 91 条规定情形之一，或者发现调解书损害国家利益、社会公共利益的，可以向同级人民法院提出检察建议，并报上级人民检察院备案；也可以提请上级人民检察院向同级人民法院提出抗诉。各级人民检察院对审判监督程序以外的其他审判程序中审判人员的违法行为，有权向同级人民法院提出检察建议。

第六节　环境行政诉讼的执行

一、执行概念和条件

（一）执行概念

执行是指人民法院依照法定程序，运用国家强制力强制义务人履行已经发生法律效力的判决、裁定及其他法律文书所确定的义务的行为。

执行具有如下特征：①执行申请人或被执行人中必有一方是环境行政机关；②执行机关是拥有强制执行权的人民法院。

（二）执行条件

（1）必须有执行的根据。包括：①人民法院的终审判决和裁定；②当事人在法定上诉期内未提起上诉的第一审人民法院的判决；③当事人在法定期限内没有起诉的环境行政机关依法作出的行政法律文书。

（2）被执行的法律文书具有给付内容。即在生效的法律文书中必须确定一方当事人交付金钱或者完成一定的行为，具有执行性。

（3）必须是义务人在法定期限内故意逃避履行义务。

（4）必须有权利人的申请。

二、执行对象和执行措施

（一）执行对象

执行对象是指执行所指向的由人民法院的判决、裁定或环境行政机关的决定中确定的金钱、财物和相关人的行为。如罚款、排污费等金钱和发放许可证等履行法定义务的行为。

（二）执行措施

根据新修订的《行政诉讼法》第95、第96条规定，环境行政诉讼案件的执行措施包括：

（1）对行政相对人的执行措施。公民、法人或者其他组织拒绝履行判决、裁定、调解书的，行政机关或者第三人可以向第一审人民法院申请强制执行，或者由行政机关依法强制执行。

（2）对环境行政机关的执行措施。行政机关拒绝履行判决、裁定、调解书的，第一审人民法院可以采取下列措施：①对应当归还的罚款或者应当给付的款额，通知银行从该行政机关的账户内划拨。②在规定期限内不履行的，从期满之日起，对该行政机关负责人按日处50元至100元的罚款。③将行政机关拒绝履行的情况予以公告。④向监察机关或者该行政机关的上一级行政机关提出司法建议。接受司法建议的机关，根据有关规定进行处理，并将处理情况告知人民法院。⑤拒不履行判决、裁定、调解书，社会影响恶劣的，可以对该行政机关直接负责的主管人员和其他直接责任人员予以拘留；情节严重，构成犯罪的，依法追究刑事责任。

值得提及的是，新修订的《行政诉讼法》第 96 条，针对行政机关普遍拒绝履行判决、裁定、调解书执行难的问题，规定了上述严厉的措施：①将原来处罚行政机关改为处罚行政机关负责人；②将行政机关拒绝履行的情况在报纸上、互联网上予以公布，这比罚款还严重；③情节恶劣的，还可以拘留行政机关直接负责的主管人员和其他直接责任人员。虽然这一措施一般不会实行，但如同一把剑悬在那里将起到威慑作用，从而有利于落实人民法院判决、裁定的执行。

第七节　环境行政公益诉讼

中国共产党十八届四中全会作出探索建立行政公益诉讼制度的决定以后，2015 年全国人大常委会授权最高人民检察院在部分地区开展公益诉讼试点。2015 年 7 月 2 日，最高人民检察院发布《检察机关提起公益诉讼改革试点方案》，在安徽、内蒙古等 13 个省、自治区、直辖市开展检察机关提起公益诉讼试点，2016 年 2 月，最高人民法院发布《人民法院审理人民检察院提起公益诉讼案件试点工作实施办法》（以下简称《工作办法》）。

一、环境行政公益诉讼

环境行政公益诉讼就是以保护环境公共利益为目的一种诉讼类型。行政公益诉讼制度起源于公益诉讼制度，公益诉讼制度的概念虽然可以追溯至古罗马时代，但却是从 20 世纪 60 年代的美国才开始明确使用的。比照私益诉讼中民事诉讼和行政诉讼的分类，一般依据被诉对象的不同也将公益诉讼分为民事公益诉讼和行政公益诉讼，前者是针对公共利益直接破坏者进行的诉讼，后者是针对公共利益监管者的诉讼。行政公益诉讼的案件事实与起诉者之间没有直接的法律上的利害关系，法律上的利害关系即指行政相对方所诉求的合法权益与被诉行政行为具有法律上的因果关系。因此，环境行政公益诉讼可界定为以保护环境公共利益为目的，依法由法律授权的不具有直接利害关系的原告，对违法行政造成生态环境破坏的行政监管部门向法院起诉，由法院依法追究违法者法律责任的活动，它是行政公益诉讼在生态环境领域的具体体现。

二、环境行政公益诉讼的特征

环境行政公益诉讼制度是随着经济社会发展和法治进程推进，适应现代社会维护环境公共利益而形成的新型行政诉讼制度。同传统行政诉讼制度相比较，环境行政公益诉讼制度具有如下特征：

（一）环境行政公益诉讼目的的公共利益性

传统行政诉讼的目的在于保护作为相对人的公民、法人和其他组织的合法权益，环境行政公益诉讼的目的是为了保护环境公共利益。

（二）环境行政公益诉讼原告资格的多样性

因为诉讼目的是维护环境公共利益，所以环境行政公益诉讼原告资格表现出多样性，检察机关、社会组织，甚至公民个人都可能具有行政公益诉讼的原告资格。

（三）环境行政公益诉讼对象的特定性

环境行政公益诉讼的提起，是因环境行政主体的违法行政使环境公共利益受损或可能受损。因此，环境行政公益诉讼的对象，就是使环境公共利益受损或可能受损的环境行政主体的行政作为或不作为行为。

（四）环境行政公益诉讼功能的预防性

环境行政公益诉讼成立的前提条件，既可以是环境行政主体违法行政行为已经造成环境公共利益的现实损害，也可以是存在针对公共利益发生潜在损害的可能性，因此在功能上具有明显的预防性。

三、环境行政公益诉讼的作用

环境行政公益诉讼制度的作用，不是为了行政争议中的个案救济，而是为了切实维护和保障环境公共利益。环境行政公益诉讼的现实需求来自于部分地区环境违法案件仍然处于多发状态，环境形势依然严峻。随着工业化、城镇化的推进，环境资源和环境承受的压力将越来越大。生态环境的保护需要以法治的方式去解决，目前，环境法律法规体系已基本完备，虽然一些法律条款也存在操作性不强等问题，但从环境行政执法现状来看，相较于环境执法手段的不完善，更大的问题是行政权的不作为或不当作为，执法疲软仍是生态环境问题的重要原因。

行政不作为、乱作为是一种违法现象，对相对人的权益和公共利益构成法律上的损害，受其损害的相对人可通过行政复议、行政诉讼、行政赔偿救济其权益。但针对环境公共利益的行政不作为、乱作为因没有直接的利益受损方，往往也不会对特定的个人权利义务产生影响。在这种情形下，对政府执法机关违法履责、选择性执法、懈怠执法等情形，公民和社会组织因不具有法律上利害关系而无法提起一般行政诉讼实现司法救济，必须通过行政公益诉讼实现对环境公共利益的司法救济。

四、诉前监督程序

检察机关提起环境行政公益诉讼需要履行诉前监督程序，应当先行向相关行政机关提出检察建议，督促其纠正违法行政行为或者依法履行职责。行政机关应当在收到检察建议书后一个月内依法办理，并将办理情况及时书面回复检察机关。经过诉前程序，行政机关拒不纠正违法行为或者不履行法定职责，国家和社会公共利益仍处于受侵害状态的，检察机关可以提起行政公益诉讼，其诉讼请求包括撤销或者部分撤销违法行政行为、在一定期限内履行法定职责、确认行政行为违法或者无效等。

五、诉讼管辖

根据《工作办法》，检察机关提起行政公益诉讼由最初作出行政行为的行政机关所在地基层人民法院管辖，经复议的案件也可以由复议机关所在地基层人民法院管辖；人民检察院对国务院部门或者县级以上地方人民政府所作的行政行为提起公益诉讼的案件，以及本辖区内重大、复杂的公益诉讼案件由中级人民法院管辖。

六、诉讼程序

检察机关提起环境行政公益诉讼依照《行政诉讼法》和《环境保护法》及相关法律审理，其诉讼权利义务参照《行政诉讼法》关于原告诉讼权利义务的规定，一审原则上适用人民陪审制，且不适用调解，检察机关在宣告判决或者裁定前申请撤诉的，由人民法院裁定是否准许。对于人民法院作出的行政公益诉讼判决、裁定，当事人依法提起上诉、人民检察院依法提起抗诉或者其他当事人申请再审且符合《行政诉讼法》第 91 条规定的，分别按照行政诉讼法规定的第二审程序、审判监督程序审理。

【本章小结】

环境行政诉讼是人民法院依照法律规定，审理并裁决环境保护中发生的行政争议案件的活动。本章分别对环境行政诉讼的概念、特征、种类、基本原则和基本制度、受案范围和管辖、诉讼参加人、诉讼证据、诉讼程序、环境行政诉讼的执行等进行了较系统的阐述。

【思考题】

1. 环境行政诉讼的概念、特征是什么？
2. 环境行政诉讼的种类有哪些？如何看待环境行政诉讼的意义？
3. 行政诉讼的基本原则有哪些？行政诉讼特有的原则是什么？
4. 环境行政诉讼的受案范围是什么？
5. 环境行政诉讼的管辖包括哪几种？
6. 什么是环境行政诉讼参加人？环境行政诉讼参加人包括哪些？
7. 环境行政诉讼的被告主要包括哪几种情况？
8. 什么是举证责任？行政诉讼中举证责任的特征是什么？
9.《最高人民法院关于行政诉讼证据若干问题的规定》对书面证据的提供有哪些要求？
10. 环境行政诉讼质证的内容是什么？
11. 提起环境行政诉讼的条件是什么？
12. 行政诉讼的判决种类及适用条件是什么？

【实训案例】　模拟环境行政诉讼

一、案情简介

2011年2月14日江西省九江市中级人民法院对德安县吴山乡张塘村五组诉德安县环境保护局行政不作为一案作出终审判决：驳回上诉，维持星子县人民法院星行初字〔2010〕第5号行政判决。

第一审原告德安县吴山乡张塘村五组诉称，曾家垅、蔡河、田家河流上游的方圆公司、国信公司、隆福矿业有限公司选矿厂的尾矿库废水排放不仅污染地下水、饮用水，其废水排入农田灌溉渠道还造成部分农田受损，居民生命安全因而受到严重威胁。当地村民多次就方圆公司、国信公司、隆福矿业有限公司的排污行为进行举报和反映情况，德安县环境保护局均未给予答复。故以德安县环境保护局为被告，就其环境行政不作为行为提出行政诉讼，请求星子县人民法院判令德安县环境保护局履行职责：对第三人方圆公司的尾矿库立即停止使用、封堵国信公司的尾矿库口、关闭隆福公司的尾矿库且不得向方圆公司尾矿库排放尾矿、对第三人未履行环评手续违法行为作出行政裁决。

第一审法院查明，(1)第三人方圆公司于2010年9月由江西省环境保护厅同意该项目通过竣工环境保护验收，该公司严格执行建设项目中防治污染的设施建设符合环境保护法律、法规的有关规定和程序，做到了达标排放。(2)第三人国信公司于2005年6月经九江市环境保护局审批通过项目环境影响报告书；2009年6月23日该公司尾矿库破溃事故已在县政府的组织协调下，赔偿受害者损失，且经检测2009年6月29日曾家垅水库水质已基本达标。(3)第三人隆福公司2010年3月受惜源选矿厂和德安金源矿业有限公司委托进行统一管理，1989年九江市环境保护局对彭山锡矿建设项目进行了环境保护验收；1998年7月引入惜源选矿厂，该厂系租赁江西彭山锡矿闲置资产进行生产；德安金源矿业有限公司于2009年3月取得了江西省安监局批准的在江西省彭山锡矿矿区范围内运营尾矿库安全许可证；2009年10月经德安县政府协调，同意彭山锡矿民营企业的尾矿全部排入方圆公司的尾矿库。

综上所述，原审法院认为被告已经履行了自己的职责，不存在行政不作为的情形，原告起诉被告行政不作为的理由不成立。遂判令：驳回原告诉讼请求。一审判决后，原告不服，向九江市中级人民法院提出上诉。

九江市中级人民法院查明，原审第三人方圆公司的环评审批隶属江西省环保厅的职责，非被上诉人德安县环保局的职责，无论审批过程中是否存在违法情由，上诉人以此起诉被上诉人行政不作为均不予支持。对原审第三人方圆公司、国信公司、隆福公司的尾矿排放的监管系被上诉人德安县环保局的职责，根据九江市环境监测站监测报告，原审第三人尾矿排放均达到排放标准。至于2009年6月23日原审第三人国信公司尾矿库破溃，已由县政府组织环保局及相关部门协调处理。故被上诉人已经履行了自己的职责，不存在行政不作为的情形。依照《行政诉讼法》规定，九江市中级人民法院做出终审判决：驳回上诉，维持原判。

二、实践活动

1. 活动内容

根据以上案例背景和情况简介分角色模拟环境行政诉讼。

本案争议的焦点及相关法律问题为：

（1）环境行政不作为诉讼的界定；

（2）本案争议的焦点为上诉人所诉环保违法事实是否属于被上诉人的职责范围。

2. 活动方式

在分组的基础上，分审判人员、原告、被告、第三人等角色模拟庭前证据交换过程、庭审过程、庭后评议过程，并制作相应的法律文书，包括起诉书、答辩状、判决书等。

3. 活动目的

掌握环境行政诉讼的原告起诉及诉讼技巧、被告的答辩及诉讼技巧、法官的审理技巧。

三、扩展活动

讨论对环境行政不作为司法审查的条件和限度。

第十五章　环境行政赔偿

职业能力目标与学习要求

1. 理解环境行政赔偿概念及归责原则。
2. 熟悉环境行政赔偿赔偿范围及赔偿标准。
3. 掌握环境行政赔偿程序。
4. 培养和提高运用国家赔偿法解决与环境行政赔偿相关实际问题的技能。

【引　例】

某钒业厂位于某高新区管委会行政管辖区域内，于2004年11月取得个体工商户营业执照并于同年开始生产。2005年10月13日，高新区管委会所在地的××市环境保护局制发〔2005〕106号文，认定某钒业厂在无任何环保审批手续的情况下违法生产，对周边环境造成污染，责令某钒业厂：1. 立即停止生产；2. 自接到本通知之日起，到××省环境保护局按环保审批程序办理有关环保手续；3. 项目未经××省环境保护局审批同意，不得擅自开工生产，否则，将依法追究相关人员的责任。

2005年12月15日，某钒业厂向××省环境保护局申请补办该厂环评手续，××省环境保护局认为某钒业厂项目不符合《××省环境保护局关于我省五氧化二钒建设项目环境管理的指导性意见》的要求，对原告的环评申请不予批准，并认定原告未批先建，要求××市环境保护局依法处理。

2007年7月31日，高新区管委会的高新区环境保护局送发〔2007〕12号文件，请××市电业局对某钒业厂实施断电处理。于是××供电所于2007年8月6日向某钒业厂送达了停电通知，对某钒业厂生产用电进行停电处理。2009年5月18日，高新区环境保护局再次向××市电业局××供电所送发〔2009〕01号文件，函请该所对某钒业厂实施断电；同时，高新区环境保护局向某钒业厂送达停产通知，责令其停止生产。

某钒业厂认为高新区环境保护局的上述行为属滥用职权行为，遂诉至人民法院，诉讼请求为：①请求人民法院判决高新区管委会行政行为违法；②判令高新区管委会赔偿其经济损失270万元。

本案引发的法律思考：

1. 某钒业厂是否存在环境违法行为？如果存在，应当承担的环境法律责任有哪些？

2. 高新区环境保护局对某钒业厂采取的一系列行为存在哪些问题，是否存在违反我国《环境影响评价法》的情形？

3. 人民法院应当如何对本案争议的事实进行认定，某钒业厂应否得到行政赔偿？

4. 根据《环境保护法》的相关规定，对此案有何新的不同观点？

第一节 国家赔偿及环境行政赔偿概述

一、国家赔偿概述

（一）国家赔偿制度

我国 1954 年《宪法》就对国家机关及其工作人员侵犯公民权利应当赔偿作了原则性规定，1982 年《宪法》重申了这一原则。此后的一些部门法如《民法通则》和《行政诉讼法》也作出了相应规定。1994 年 5 月 12 日，第八届全国人大常委会第七次会议通过了《中华人民共和国国家赔偿法》（以下简称《国家赔偿法》），该法于 1995 年 1 月 1 日起施行，为我国全面推行国家赔偿制度，保护公民、法人和其他组织的合法权益提供了有力的法律依据，标志着我国国家赔偿制度的正式确立。《国家赔偿法》被誉为“宪法承诺公民基本权利的兑现法”，是我国民主与法制建设的重要里程碑。对推进我国的人权保障事业和社会主义法制，均有着不可估量的作用和影响。

（二）我国国家赔偿立法概况

1. 国家赔偿和国家赔偿法的概念

国家赔偿，是指国家机关及其工作人员因行使职权给公民、法人及其他组织的人身权或财产权造成损害，依法应给予的赔偿。国家赔偿由侵权的国家机关履行赔偿义务。

国家赔偿法，是指与国家承担侵权赔偿责任相关的法律规范的总称。它有狭义和广义之分。狭义的国家赔偿法，专指国家赔偿法典，在我国是指《国家赔偿法》。广义的国家赔偿法，除国家赔偿法典外，还包括其他有关国家赔偿的法律规范。

2. 国家赔偿范围

指一国对国家机关及其工作人员在行使职权时的侵权行为承担赔偿责任的范围。根据《国家赔偿法》的规定，国家赔偿范围包括行政赔偿和刑事赔偿。

（1）行政赔偿是指行政机关及其工作人员行使职权过程中侵犯公民、法人及其他组织的人身权或财产权造成损害，依法应该给予的赔偿。本章所涉及的环境行政赔偿属于行政赔偿范畴。

（2）刑事赔偿是指行使侦查、检查、审判以及看守所、监狱管理职权的各级公安机关、国家安全机关、人民检察院、人民法院、军队保卫部门、监狱管理机关及其工作人员在行使职权过程中侵犯公民、法人及其他组织的人身权或造成财产权损害，依法应该给予的赔偿。

（3）行政赔偿与刑事赔偿的主要区别。

第一，侵权主体不同。行政赔偿的侵权主体是各级行政机关及其工作人员；而刑事赔偿的主体是行使侦查、检查、审判以及看守所、监狱管理职权的各级公安机关、国家安全机关、人民检察院、人民法院、监狱管理机关及其工作人员。

第二，赔偿的范围不同。行政赔偿的范围是基于各类具体行政行为而产生的对人身、财产损害的赔偿责任；而刑事赔偿范围是基于行使《刑事诉讼法》规定的职权而产生的对人身、财产的损害赔偿。

第三，赔偿程序不同。刑事赔偿请求人只能通过申请行政复议或者向人民法院赔偿委员会提出申请获得救济；而行政赔偿请求人则除此之外还可以通过向人民法院提起行政赔偿诉讼获得救济。

3. 1995 年 《国家赔偿法》 的缺陷及不足

伴随我国经济生活的巨大变化和进步，《国家赔偿法》贯彻十余年来，实践中反映出诸多问题，概括为：违法归责原则相对单一，赔偿程序门槛过高、可操作性和透明度不足；赔偿范围偏窄，赔偿标准偏低；对赔偿义务机关约束不够，赔偿金支付机制不尽合理；赔偿项目的规定难以适应变化了的情况等。

为适应已经发生重大变化的新形势和需要，2010 年 4 月 29 日，第十一届全国人民代表大会常务委员会第十四次会议审议通过了《全国人民代表大会常务委员会关于修改〈中华人民共和国国家赔偿法〉的决定》，并于 2010 年 12 月 1 日起施行。修改后的《国家赔偿法》对原法进行了 20 余处的调整和修改，由原来的 35 条增加到 42 条。2012 年 10 月 26 日第十一届全国人民代表大会常务委员会第二十九次会议第二次修正《国家赔偿法》，将第 19 条第 3 项进行了完善，自 2013 年 1 月 1 日起施行。

4. 2010 年修订的 《国家赔偿法》 的特点及主要内容

(1) 废除了违法归责原则，建立了多元化归责原则。关于国家赔偿的归责原则，是 2010 年修订的重点内容之一。1994 年的《国家赔偿法》强调违法归责，不论行政赔偿还是刑事赔偿，都要经确认致害行为属于违法行为后，才能进入赔偿程序。但不同的意见提出，除了违法行使职权对没有犯罪事实和没有事实证明有犯罪重大嫌疑的人错误拘捕、错判的应当赔偿外，对按《刑事诉讼法》规定程序拘捕的人，事后决定撤销案件、不起诉或者判决宣告无罪终止追究刑事责任的，也应当给予国家赔偿。全国人大法律委员会经研究决定，赞成上述意见，将 1994 年《国家赔偿法》第 2 条第 1 款修改为："国家机关和国家机关工作人员行使职权，有本法规定的侵犯公民、法人和其他组织合法权益的情形，造成损害的，受害人有依照本法取得国家赔偿的权利。""违法"二字的去掉，实际上已将赔偿原则修改成多元化的归责原则，即首先，违法赔偿仍占主要地位，但取消了先行确认违法的独立程序；其次，在刑事赔偿领域确立了结果归责原则。

(2) 完善了国家赔偿程序和举证责任制度。

(3) 提高了赔偿标准，明确了精神损害赔偿。

修改后的《国家赔偿法》使我国国家赔偿制度更加臻于完善，更加具有可操作性和保障性。

二、环境行政赔偿概述

(一) 环境行政赔偿的概念

环境行政赔偿属于国家行政赔偿的一部分，是指环境行政机关及其工作人员行使环境监督管理职权，有法定的侵犯公民、法人和其他组织合法权益的情形，造成损害的，由环境行政机关履行赔偿义务的一种法律责任。从上述定义可知，环境行政赔偿具有以下三个特征：

（1）环境行政侵权的实施主体是环境行政机关。

（2）环境监督管理行为有法定的侵犯公民、法人和其他组织合法权益的情形。

修改后的《国家赔偿法》确立了法定赔偿原则。所谓“法定”，是指符合《国家赔偿法》第 3 条和第 4 条的规定。凡是具备《国家赔偿法》第 3 条和第 4 条规定的情形，造成损害的，就应当履行赔偿义务。

（3）环境监督管理行为造成损害结果。

只有在环境行政机关及其工作人员的职务行为造成损害时才承担行政赔偿责任。

（二）环境行政赔偿与公害民事赔偿的区别

1. 赔偿主体不同

通常民事赔偿主体中的赔偿责任主体就是侵权行为主体，包括平等主体的公民、法人和其他组织。而在国家赔偿中，环境行政赔偿的主体是国家，侵权行为主体则是具体实施侵权行为的国家环境保护监督管理机关及其工作人员。

2. 赔偿归责原则不同

环境行政赔偿主要采用违法性归责原则，即只有行政机关违法行使环境保护监督管理权，其行政机关工作人员主观上具有故意或者重大过失，侵犯行政相对人合法权益造成损害时才给予赔偿。公害民事赔偿则采用无过错责任原则，即一切污染危害环境的单位或者个人，只要对其他单位或个人客观上造成人身伤害或者财产损失，即使主观上没有过错，也要承担赔偿责任。

3. 赔偿标准不同

环境行政赔偿只给予直接损失的赔偿[①]，而公害民事赔偿不仅包括直接损失的赔偿，还包括间接损失的赔偿。

4. 赔偿所适用的法律不同

环境行政赔偿适用《国家赔偿法》和《行政诉讼法》等，而公害民事赔偿则适用《环境保护法》和《民法通则》《民事诉讼法》等法律规范。

（三）环境行政赔偿的归责及构成要件

1. 环境行政赔偿的归责原则

环境行政赔偿的归责原则，是指在法律上确定国家因环境行政机关及其工作人员行使职权造成损害，承担赔偿责任所依据的标准。即在损害事实发生后，以何种标准判断国家是否承担赔偿责任，是基于行为人的过错，已发生的损害结果，还是行为的违法性等作为衡量标准？确立国家赔偿的归责原则，对于从法律价值上判断国家承担赔偿责任的依据和标准，对于确定国家责任的构成要件及免责条件，以及对于确定国家赔偿的范围、确定国家赔偿中的举证责任分配等，都有重要的影响。从《国家赔偿法》第 3 条、第 4 条关于行政赔偿范围的规定，可以看出我国环境行政赔偿的归责原则仍然是违法归责原则，即国家

---

① 参见《国家赔偿法》第 36 条规定。

环境行政机关及其工作人员因违法行使职权侵犯公民、法人和其他组织的合法权益造成损害的，环境行政机关应当承担赔偿责任。

2. 环境保护行政赔偿责任的构成要件

环境保护行政赔偿责任的构成要件，是指环境保护行政机关在何种情况下，具备何种条件，才应承担赔偿责任。这是衡量国家赔偿责任是否成立的具体判断标准。环境行政赔偿责任的构成要件包括：①行为主体必须是环境保护行政机关及其工作人员；②行为要件必须是环境保护行政机关及其工作人员做出的职务违法行为；③必须有损害结果的发生；④环境保护行政机关及其工作人员的职务违法行为与损害结果之间存在因果关系。

（四）建立环境行政赔偿制度的意义

（1）有利于保障行政相对人的合法权益在受到不法侵害时能够得到及时、合理的救济。

（2）有利于推动环境保护监督管理部门及其工作人员提高执法水平，依法行政，搞好廉政建设。

（3）有利于环境保护监督管理部门加强自身内部的监督管理。

第二节　环境行政赔偿范围及赔偿标准

一、环境行政赔偿的范围

环境行政赔偿的范围，是指环境保护行政机关及其工作人员的环境监督管理行为侵犯行政相对人的合法权益造成损害时，受害人依法取得赔偿的范围。根据我国现行的环境保护法律、法规和《国家赔偿法》第3、第4条的规定，在环境保护领域中行政赔偿的范围主要包括：

（1）违法实施行政处罚造成行政相对人财产损失的。如违法实施罚款、没收违法所得、责令停止生产或者使用、吊销排污许可证、责令停业关闭等所造成的损失。

（2）采取强制性行政措施而造成行政相对人财产损失的。如违法强制减少或停止排污等造成的经济损失。

（3）因违法不作为而造成财产损失的。如行政相对人申请环境保护行政机关批准《环境影响报告书（表）》、登记表，申请发放“三同时”验收合格证，申请发放排污许可证等，环境保护行政机关不履行审批义务而造成的损失。

（4）行政相对人符合法定条件申请环境保护行政机关批准《环境影响报告书（表）》、登记表，或者申请发放“三同时”验收合格证等，环境保护行政机关违法不予批准而造成的损失。

（5）环境保护行政机关违法要求行政相对人履行义务而造成财产损失的。如违法要求缴纳排污费或违法决定限期治理等所造成的损失。

（6）侵犯行政相对人人身权或者财产权的其他违法行为所造成的损失。

二、环境行政赔偿方式

环境行政赔偿方式，指环境保护行政机关及其工作人员因违法行使职权，侵犯行政相对人的合法权益造成损害，国家给予赔偿所遵循的给付方式。根据《国家赔偿法》第 32 条规定，环境行政赔偿以支付赔偿金为主要方式；能够返还财产或者恢复原状的，予以返还财产或者恢复原状。违法侵犯他人人身权利，致人精神损害的，应当在侵权行为影响的范围内，为受害人消除影响，恢复名誉，赔礼道歉；造成严重后果的，应当支付相应的精神损害抚慰金（《国家赔偿法》第 35 条）。

三、环境行政赔偿的计算标准

环境行政赔偿的计算标准，是指环境保护行政机关及其工作人员因违法行使职权侵犯行政相对人的合法权益造成损害，国家给予赔偿所遵循的计算依据。根据《国家赔偿法》第 36 条规定，环境保护行政机关侵犯行政相对人合法权益造成损害的应按照下列标准予以赔偿或处理：

（1）处罚款、追缴、没收财产的，返还财产；

（2）查封、扣押、冻结财产的，解除对财产的查封、扣押、冻结；

（3）应当返还的财产损坏的，能够恢复原状的恢复原状，不能恢复原状的，按照损害程度给付相应的赔偿金；

（4）应当返还的财产灭失的，给付相应的赔偿金；

（5）财产已经拍卖或者变卖的，给付拍卖或者变卖所得的价款；变卖的价款明显低于财产价值的，应当支付相应的赔偿金；

（6）吊销许可证和执照、责令停产停业的，赔偿停产停业期间必要的经常性费用开支（即包括企业、个体户生产者营业用房的房租、水电费、仓储费、职工工资等）；

（7）返还执行的罚款、追缴或者没收的金钱，解除冻结的存款或者汇款的，应当支付银行同期存款利息；

（8）对财产权造成其他损害的，按照直接损失给予赔偿。

第三节　环境行政赔偿请求人和赔偿义务机关

一、环境行政赔偿请求人

环境行政赔偿请求人是指因环境保护行政机关及其工作人员违法行使职权而遭受损害，有权请求行政机关给予赔偿的人。根据《国家赔偿法》第 6 条规定，有权提出行政赔偿请求的人有以下几种：受害的公民、法人和其他组织有权要求赔偿；受害的公民死亡，其继承人和其他有扶养关系的亲属有权要求赔偿；受害的法人或者其他组织终止的，其权利承受人有权要求赔偿。

二、环境行政赔偿义务机关

环境行政赔偿义务机关，是指因违法行使环境监督管理职权，侵犯行政相对人的合法权益造成损害而应承担赔偿责任的环境行政机关。根据《国家赔偿法》第 7 条规定，环境行政赔偿义务机关有如下几种情况：

（1）行政机关及其工作人员行使行政职权时侵犯公民、法人和其他组织的合法权益造成损害的，该行政机关为赔偿义务机关；

（2）两个以上行政机关共同行使行政职权时侵犯公民、法人和其他组织的合法权益造成损害的，共同行使行政职权的行政机关为共同赔偿义务机关；

（3）法律、法规授权的组织在行使授予的行政权力时侵犯公民、法人和其他组织的合法权益造成损害的，被授权的组织为赔偿义务机关；

（4）受行政机关委托的组织或者个人在行使受委托的行政权力时侵犯公民、法人和其他组织的合法权益造成损害的，委托的行政机关为赔偿义务机关；

（5）赔偿义务机关被撤销的，继续行使其职权的行政机关为赔偿义务机关；没有继续行使其职权的行政机关的，撤销该赔偿义务机关的行政机关为赔偿义务机关；

（6）经复议机关复议的，最初造成侵权行为的行政机关为赔偿义务机关，但复议机关的复议决定加重损害的，复议机关对加重的部分履行赔偿义务。

第四节　环境行政赔偿程序及追偿

一、《国家赔偿法》规定的赔偿程序

《国家赔偿法》规定的赔偿程序，是指行政相对人获得行政赔偿及赔偿义务机关给予行政赔偿应遵循的法定方式和步骤的总称。

修订后的《国家赔偿法》对赔偿程序作了较大篇幅的修改，对赔偿义务机关受理赔偿案件进行了约束，改善了过去受害人立案难的状况，规定了举证责任分配制度，使受害人请求国家赔偿的可操作性更强了。《国家赔偿法》第 9 条规定了法定赔偿情形："赔偿义务机关对依法确认有本法第 3、第 4 条规定的情形之一的，应当给予赔偿。赔偿请求人要求赔偿应当先向赔偿义务机关提出，也可以在申请行政复议和提起行政诉讼时一并提出。"

在法定赔偿情形的基础上，综合《国家赔偿法》的规定，提出行政赔偿请求还应当具备以下条件：

（1）必须是符合《国家赔偿法》第 6 条规定的受害人。

（2）必须有明确的赔偿义务机关（根据《国家赔偿法》第 7 条和第 8 条规定可以确定赔偿义务机关）。

（3）必须在法定期限内提出行政赔偿请求。法律对公民、法人和其他组织的行政赔偿请求权是有限制的。根据《国家赔偿法》第 39 条的规定："赔偿请求人请求国家赔偿的时效是两年，自其知道或者应当知道国家机关及其工作人员行使职权时的行为侵犯其人身权、财产权之日起计算，但被羁押等限制人身自由期间不计算在内。在申请行政复议或者

提起行政诉讼时一并提出赔偿请求的，适用行政复议和行政诉讼有关时效的规定。赔偿请求人在赔偿请求时效的最后6个月内，因不可抗力或者其他障碍不能行使请求权的，时效中止。从中止时效的原因消除之日起，赔偿请求时效期间继续计算。”

（4）所提出的赔偿请求必须是在法律规定的赔偿额度之内（符合《国家赔偿法》第4章规定的计算方式和标准）。

（5）不在免责范围之内。

只有具备以上条件，行政赔偿请求人才可以单独或者在行政复议、行政诉讼中一并提出赔偿请求。[①]

二、环境行政赔偿程序

根据《国家赔偿法》第9条和《行政诉讼法》第67条的规定，行政相对人获得行政赔偿的程序可分为：

（一）环境行政机关主动依法给予赔偿

环境保护行政机关主动依法给予赔偿，是指行政机关发现其工作人员违法行使环境监督管理权，侵犯行政相对人合法权益造成损害结果，主动纠正违法行使职权行为，按照《国家赔偿法》有关规定，向受害人主动给予行政赔偿。受害人对环境行政机关的主动赔偿无异议并已得到赔偿的，该赔偿程序完毕。

（二）单独提出行政赔偿请求

单独提出行政赔偿请求，是指赔偿请求人认为违法行使职权行为造成其合法权益损害，可以先向作出违法行为的环境保护行政机关“单独提出”赔偿请求。单独提出时需遵守“单独提出赔偿请求—赔偿义务机关处理—行政赔偿诉讼”的程序要求，即先向赔偿义务机关提出赔偿请求，赔偿义务机关在2个月内未作出是否赔偿的决定，或者作出不予赔偿的决定，或者请求人对赔偿方式、数额、项目有异议的，请求人可以自届满之日起3个月内向人民法院提起行政赔偿诉讼。

（三）在行政复议或者行政诉讼中一并提出赔偿请求

在行政复议或者行政诉讼中一并提出赔偿请求，即赔偿请求人认为环境行政机关侵犯了其合法权益，在向上一级环境行政机关申请复议的同时或者向人民法院提起行政诉讼的同时，可以一并提出赔偿请求。环境行政赔偿程序流程，见图15-1。

三、环境行政赔偿的追偿

（一）追偿的概念

环境行政赔偿的追偿，是指环境行政机关赔偿损失之后，依法责令有故意或者重大过

---

① 江必新，最高人民法院赔偿委员会办公室．《中华人民共和国国家赔偿法》条文理解与适用．北京：人民法院出版社，2010.

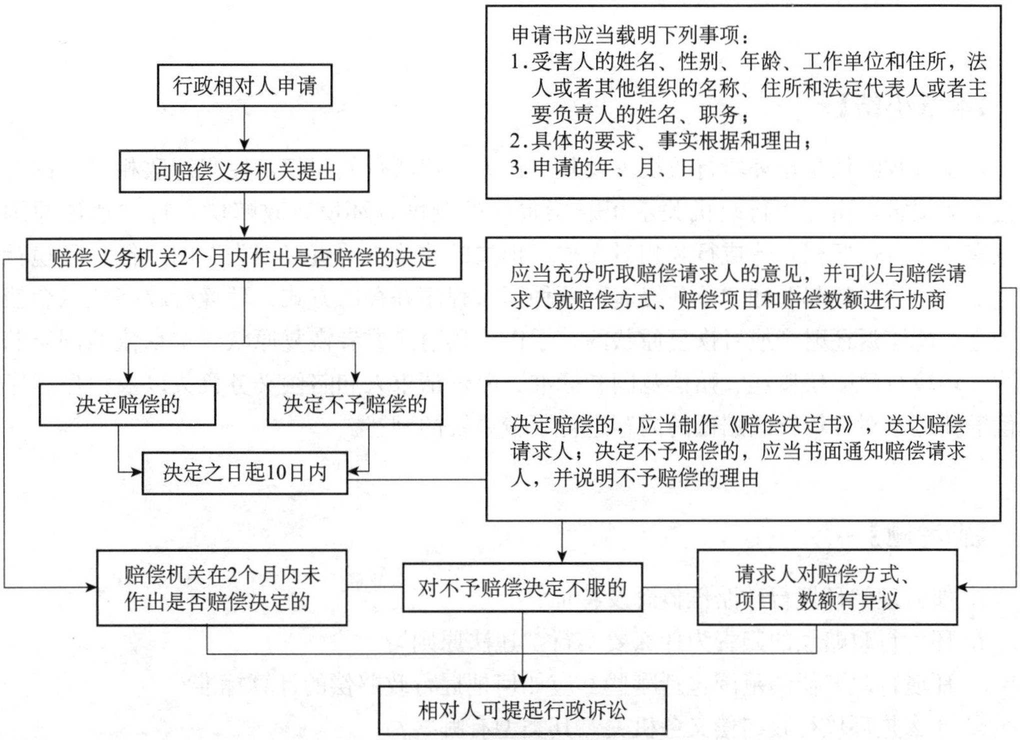

图 15-1　环境行政赔偿程序流程

失的工作人员或者受委托的组织或者个人承担部分或全部赔偿费用。例如，甲、乙为某县环境保护局的环境监察人员，在现场检查时，因重大过失侵犯个体运输户丙的合法权益造成损害。此时，个体运输户丙可以通过法定程序提出行政赔偿请求，要求县环境保护局对其损失给予赔偿。县环境保护局对个体运输户的损失予以赔偿后，有权对其监察人员甲、乙行使行政追偿权，责令甲、乙赔偿全部或一部分行政赔偿费用。从上述行政赔偿的追偿概念可以看出，行政追偿具有以下几个特征：

（1）环境行政赔偿追偿权的行使是以行政赔偿请求人向赔偿义务机关提出赔偿请求并已得到赔偿为前提条件；

（2）环境行政赔偿义务机关对有故意或重大过失的责任人员行使追偿权的时间，只能是在赔偿义务机关对行政侵权受害人的损害给予赔偿之后；

（3）环境行政赔偿义务机关对行政侵权受害人的损害赔偿之后，只能对有故意或者重大过失的责任人员行使追偿权。

（二）追偿的要件

环境行政赔偿追偿的要件，是指环境行政机关对内部行政侵权责任人员行使追偿权所必须具备的条件。《国家赔偿法》第 16 条规定："赔偿义务机关赔偿损失后，应当责令有故意或者重大过失的工作人员或者受委托的组织或者个人承担部分或者全部赔偿费用。"根据这一规定，环境行政机关行使追偿权必须具备以下两个条件：①环境行政机关已经履行了赔偿义务，即向赔偿请求人已经支付了赔偿费用；②违法行使环境监督管理职权的工作人员主观上存在故意或者重大过失。

【本章小结】

环境行政赔偿是指环境行政机关及其工作人员违法行使职权，侵犯行政相对人的合法权益造成损害，由环境行政机关承担赔偿责任的制度；环境行政赔偿实行“违法原则”，即只有违法行使职权，造成行政相对人财产损失的才给予“直接损失”的赔偿；环境行政赔偿实行“一并提起”和“单独提起”两种请求程序并存的方式；环境行政赔偿以金钱给付为主，能够返还财产或者恢复原状的，予以返还财产或者恢复原状。本章依照国家赔偿概述、环境行政赔偿概述、赔偿范围和标准、赔偿请求人和赔偿义务机关以及赔偿程序和追偿的体例，对环境行政赔偿的内容进行了较系统的阐述。

【思考题】

1. 如何理解环境行政赔偿概念及特征？
2. 环境行政赔偿的归责为什么要实行“违法原则”？
3. 环境行政赔偿的范围包括哪些？应如何把握行政赔偿的计算标准？
4. 什么是环境行政赔偿义务机关？其类型有哪些？
5. 行政相对人获得环境行政赔偿的途径有哪几种？
6. 如何理解环境行政赔偿的追偿及其构成要件？
7. 环境行政机关怎样才能防止和避免行政赔偿？

【延伸阅读】

江必新.《中华人民共和国国家赔偿法》条文理解与适用［M］. 北京：人民法院出版社，2010.（本书以简明扼要、准确清晰的方式解读了《国家赔偿法》的修订背景、主要内容和确切含义，对学习、把握《国家赔偿法》要点颇有帮助。）

【实训案例】　某钒业诉环保局行政赔偿案

一、案情简介

某钒业厂位于某高新区管委会行政管辖区域内，于2004年11月取得个体工商户营业执照并于同年开始生产。2005年10月13日，高新区管委会所在地的××市环境保护局制发〔2005〕106号文，认定某钒业厂在无任何环保审批手续的情况下，违法生产，对周边环境造成污染，责令某钒业厂：1. 立即停止生产；2. 自接到本通知之日起，到××省环保局按环保审批程序办理有关环保手续；3. 项目未经××省环保局审批同意，不得擅自开工生产，否则，将依法追究有关人员的责任。2005年12月15日，某钒业厂向××省环保局申请补办该厂环评手续，××省环保局认为某钒业厂厂项目不符合《××省环境保护局关于我省五氧化二钒建设项目环境管理的指导性意见》的要求，对原告的环评申请不予批准，并认定原告未批先建，要求××市环保局依法处理。2007 年 7 月 31 日，高新区管委会所属高新区环保局送发〔2007〕12 号文件，请××市电业局对某钒业厂实施断电处理。于是××供电所于 2007 年 8 月 6 日向某钒业厂送达了停电通知，对某钒业厂生产用电进行停电处理。2009 年 5 月 18 日，高新区环保局再次向××市电业局××供电所送发〔2009〕01 号文件，函请该所对某钒业厂实施断电；同时，高新区环保局向某钒业厂送达停产通知，责令其停止生产。某钒业厂认为高新区环保局的上述行为属滥用职权行为，遂诉至人民法院，诉讼请求为：①请求人民法院判决高新区管委会行政行为违法；②判令高新区管委会赔偿其经济损失 270 万元。

一审人民法院判决：①高新区管委会环保局行政行为违法；②驳回某钒业厂请求赔偿的诉讼请求。某钒业厂和高新区管委会均不服一审判决，均向二审人民法院提出上诉。

二审程序中当事人各方的诉辨意见如下。某钒业厂上诉称：其开业之初在高新区管委会办理了工商执照，并积极申请办理相关环境评价报告，故并不是非法经营。一审判决定性错误，适用法律错误，既然确认高新区环保局行政行为违法，就应当给予行政赔偿，一审驳回赔偿请求是错误的，请求二审人民法院撤销一审判决，在确认行政违法的同时，判令高新区管委会赔偿其各项损失共计 270.30 万元。高新区管委会上诉称：其作出的停电停产通知是执行××市环保局（2005）106 号文的行为，并非新的行政行为，且某钒业厂属于高新区管理范围内的污染企业，未取得环境评价报告，非法生产，理应受到处罚。故一审判决认定停电停产通知是新的处罚行为，且超越职权是错误的，请求二审人民法院依法撤销一审判决，驳回某钒业厂的诉讼请求。

一审人民法院的判决及认定事实和理由：1. 根据《环境影响评价法》第 31 条规定："建设单位未依法报批建设项目环境影响评价文件……擅自开工建设的，由有权审批该项目环境影响评价文件的环境保护行政主管部门责令停止建设，限期补办手续……"；"建设项目环境影响评价文件未经批准……建设单位擅自开工建设的，由有权审批该项目环境影响评价文件的环境保护行政主管部门责令停止建设……"根据《××省建设项目环境保护管理条例》第 19 条规定："县级以上人民政府环境保护行政主管部门，应当对建设项目在建设过程中的环境保护措施落实情况进行检查，发现建设项目未按环境影响评价文件和审批意见进行建设的，应当及时向审批机关报告。"第 27 条规定："建设单位未依法报批建设项目环境影响评价文件或者报批后未获批准擅自开工建设的，由有审批权的环境保护行政主管部门按照《环境影响评价法》第 31 条的规定处罚。建设单位未取得环境保护行政主管部门批准的环境影响评价文件，建设项目投入生产使用的，由有审批权的环境保护行政主管部门责令其停止生产使用……其中，属于国家允许建设的项目，责令限期补办环境影响评价手续；属于国家禁止建设的项目，由有管辖权的县级以上人民政府责令限期拆除。"该条例第 31 条规定："建设项目擅自投入试生产的，由审批机关责令停止试生产……"根据环境保护部 5 号令《建设项目环境影响评价文件分级审批规定》第 8 条第（一）项规定："有色金属冶炼……对环境可能造成重大影响的建设项目环境影响评价文件由省级环境保护部门审批。"本案中，原告未依法报批环境影响评价文件擅自开工建设，并投入生产使用，应由有权审批该项目的环境保护主管部门××省环保局进行相应处罚。被告在无法律授权、无法律依据的情况下于 2009 年 5 月 18 日致函××电管所要求其对某钒业厂进行断电并通知该厂停产的行为违法。2.《国家赔偿法》第 2 条第 1 款规定："国家机关和国家机关工作人员行使职权侵犯公民、法人和其他组织合法权益造成损害的，受害人有依照本法取得国家赔偿的权利。”合法权益是法律规定或确认或不禁止的公民合法人身、财产和其他权益。据该条规定，非法利益不应受法律保护。本案中，某钒业作为化学原料生产企业，依《环境影响评价法》第16条第2款第1、第2项：“可能造成重大环境影响的，应当编制环境影响报告书，对产生的环境影响进行全面评价；可能造成轻度环境影响的，应当编制《环境影响报告表》，对产生的环境影响进行全面评价”，依《××省建设项目环境保护管理条例》第9条规定：“建设单位应当在开工建设前报批建设项目环境影响评价文件。首先应当取得环保审批。”某钒业厂在未办理环评的情况下违法建设、生产，其利益是非法的，不应受到法律保护。

依据《最高人民法院关于执行若干问题解释》第57条第2款第2项、《国家赔偿法》第2条、《最高人民法院关于执行若干问题解释》第56条第4项的规定判决：①确认被告2009年5月18日致函××电管所要求其对某钒业厂进行断电，并于同日通知其停产的行为违法；②驳回某钒业厂要求被告高新区管委会赔偿的诉讼请求。

二、实践活动

（一）活动内容

根据上述案例中所涉及的环境保护法律规定及《国家赔偿法》的规定讨论以下几个问题：

（1）分析判断某钒业厂存在哪些违法行为，根据是什么？

（2）分析高新区环境保护局在执法过程中存在哪些问题，根据是什么？

（3）如果你是二审人民法院的主审法官，对此案应做出怎样的终审判决，其理由根据是什么？

（二）活动方式

1. 将学生分为三个小组，第一组负责完成第一道问题，第二组负责完成第二个问题，第三组负责完成第三道问题，并各小组选出一名代表发言，进行交流。

2. 教师点评：针对三个小组讨论的情况点评该案的焦点、难点及法律适用中注意的问题，帮助同学理清解题思路，掌握案件事实与法律责任之间的逻辑联系，从而得出正确的结论。

三、扩展活动

教师布置学生查阅的《环境保护法》，并适用该法第61条规定，分析讨论该案例可能会得出怎样的结论。

第十六章　环境执法文书

职业能力目标与学习要求

1. 理解环境行政执法文书、环境诉讼文书的含义、特点。
2. 了解环境行政执法文书、环境诉讼文书的种类。
3. 掌握常用环境执法文书制作基本功。

【引　例】

2011年6月4日凌晨，位于A市红门镇的B化工有限公司发生渗漏事故，约5公斤丙烯酸乙烯渗漏，造成B化工有限公司西南方向40米的某培训学校29人感到身体不适。A市环境保护局立即到现场进行处理，并将情况及时汇报A市政府应急办。2007年6月8日，A市环境保护局以B化工有限公司“不正常使用废气处理设施，未运行，造成刺激性气体未经处理直接排入大气环境，此行为违反了《××省实施〈中华人民共和国大气污染防治法〉办法》第10条的规定。依据《××省实施〈中华人民共和国大气污染防治法〉办法》第35条第1项的规定，对你单位处以5 000元罚款。”该《处罚决定书》上告知了B化工有限公司相关的权利，但未列明有何证据。

《××省实施〈中华人民共和国大气污染防治法〉办法》第10条规定：

本市对主要大气污染物排放实行总量控制，具体办法由市人民政府根据国务院的规定制定。

向大气排放污染物的，其污染物排放浓度不得超过国家和本市规定的排放标准。

向大气排放污染物的单位和个人，其大气污染物处理设施必须保持正常使用，拆除或者闲置大气污染物处理设施的，必须经市或者所在地的区、县环境保护行政主管部门批准。

《××省实施〈中华人民共和国大气污染防治法〉办法》第35条规定：

违反本办法有下列行为之一的，由市或者区、县环境保护行政主管部门责令停止违法行为，限期改正，给予警告或者处以5 000元以下罚款；情节严重的，处以5 000元以上5万元以下罚款：

（一）违反本办法第10条第3款规定，不正常使用大气污染物处理设施，或者未经环境保护行政主管部门批准，擅自拆除、闲置大气污染物处理设施的；

……

B化工有限公司接到A市环境保护局处罚后，以自己没有未运行废气处理设施，泄漏是意外事故，处罚适用法律错误等理由提起诉讼。最后法院以适用法律错误为由，判决撤销A市环境保护局的处罚，由A市环境保护局重新做出处理。

本案引发的法律思考：

1. 办理一起环境行政处罚案件，一般涉及哪些法律文书？

2. 本案涉及的法律文书都有哪些？一般要包括哪些内容？

3. 法院以适用法律错误判决撤销A市环境保护局的处罚决定，是否与文书不规范有关？

第一节 环境行政执法文书

一、环境行政执法文书概述

（一）环境行政执法文书的概念

环境行政执法文书是指环境保护行政主管部门在执行环境保护法律法规活动过程中，依照特定的格式，经过规定的程序形成的法律文书的总称。

环境行政执法文书具有以下两个主要特征：①制作环境行政执法文书是环境行政机关依法行使职权，表述法律意志的体现而不是个人行为；②环境行政执法文书的制作，必须依照特定格式和法律规定的要求制作，否则会导致无效或者不能生效。

（二）环境行政执法文书的作用

环境行政执法文书具有如下作用：①规范环境行政执法行为，保障环境法律的顺利执行；②有效地处理环境违法行为，起到法制宣传的作用以及立法、修改法律法规的参考作用；③是环境行政机关行使环境监督管理职能的记载。

（三）环境行政执法文书的分类

按环境行政执法文书的用途分为环境行政许可文书、环境行政处罚文书、环境行政复议文书、环境纠纷调处文书等；按环境行政执法文书制作的形式不同分为填空式文书、表格式文书、笔录式文书、文字叙述式文书等。

二、环境行政执法文书的种类

（一）环境行政许可听证文书

原国家环境保护总局对环境行政许可听证文书作了统一的规定，主要包括以下5种：①环境保护行政许可听证公告；②环境保护行政许可听证告知书；③环境保护行政许可听证申请书；④环境保护行政许可听证通知书；⑤送达回执。

根据《行政许可法》和《环境保护行政许可听证暂行办法》（国家环境保护总局令第22号）的有关规定，地方环境行政主管部门自行发布了环境行政许可文书格式文本或以实施操作规程等形式发布环境行政许可听证文书格式文本。此外，各地政府法制部门也发布了行政许可听证文书格式文本。地方环境行政主管部门自行发布的环境行政许可文书格式文本已达20种以上。

（二）环境保护行政处罚文书

根据原国家环境保护总局1999年公布的《环境保护行政处罚常用法律文书格式》规定，环境行政处罚文书主要包括以下12种：①环境违法行为立案登记表；②调查询问笔录；③案件调查报告；④环境违法行为改正通知书；⑤环境违法行为限期改正通知书；⑥行政处罚事先告知书；⑦行政处罚听证告知书；⑧行政处罚听证通知书；⑨当场处罚决定书；⑩行政处罚决定书；⑪送达回执；⑫行政处罚强制执行申请书。

实施环境行政处罚过程中的其他文本，原国家环境保护总局文件未作统一规范的，各地环境行政主管部门可以根据需要自行规范。

2010年4月，环境保护部公布了《环境行政处罚主要文书制作指南》，涉及环境违法行为立案审批表、环境违法案件销案审批表、调查询问笔录、现场检查（勘察）笔录、先行登记保存证据通知书、解除先行登记保存证据通知书、查封（暂扣）决定书、解除查封（暂扣）决定书、责令改正违法行为决定书、行政处罚事先（听证）告知书、行政处罚听证通知书、听证笔录、行政处罚决定书、当场行政处罚决定书、同意分期（延期）缴纳罚款通知书、送达回证、强制执行申请书、案件移送函、罚没物品处理记录、结案审批表，共20种文书参考样式及相应的制作指南。根据《环境行政处罚主要文书制作指南》，地方环境行政主管部门印发了自己的环境行政处罚文书格式样本。

（三）环境行政复议文书

根据《国务院法制办公室关于印发行政复议法律文书（试行）格式的通知》（国法函〔2000〕31号），原国家环保总局印发了环境行政复议文书格式，主要包括以下13种：①行政复议申请书；②不予受理决定书；③行政复议告知书；④申请转送函；⑤责令受理通知书；⑥责令履行通知书；⑦提出答复通知书；⑧停止执行通知书；⑨行政复议中止通知书；⑩行政复议终止通知书；⑪决定延期通知书；⑫行政复议决定书；⑬规范性文件转送函（一、二）。

地方政府法制部门制定了更为详细的行政复议法律文书格式文本，包括行政复议外部文书参考文本、行政复议内部文书参考文本、提供给当事人的空白文书样本等。

（四）环境纠纷行政调处文书

关于环境纠纷行政调处法律文书格式，尚无统一的规定。但是，各地环境保护行政主管部门在行政执法实践中普遍采用的格式主要有：环境污染损害赔偿纠纷调查笔录、环境污染损害赔偿纠纷调解书等。

三、环境行政执法文书制作

（一）环境保护现场检查笔录

1. 概念

环境保护执法人员在管辖范围内，检查行政管理相对人执行环保法规情况，发现有违法情况时当场制作的笔录，又称现场笔录。

2. 内容

（1）标题：环境保护现场检查笔录；

（2）时间：填写现场检查时的时间（年、月、日、时、分）；

（3）地点：现场地点，应力求清楚明白；

（4）被检查人：现场被检查单位的全称、法定代表人姓名或被检查个人的姓名；

（5）联系电话：被检查人的联系电话；

（6）通信地址和邮政编码：被检查人居住或可以通邮的地址及邮政编码；

（7）检查人：参加现场检查的环保执法人员的姓名等；

（8）记录人：具体执笔记录人的姓名；

（9）在场人：检查时被检查单位现场人员的姓名及职务；

（10）检查内容：详细记录检查的经过、结果和与案件有关的其他事实情况；

（11）记录完毕：由被检查人签字盖章，写明年、月、日。

3. 注意事项

（1）文书中的记录应当与现场检查的内容保持一致。如现场检查进行照相、录像、绘图的，记录内容要与照相、录像或者绘图所示相吻合。

（2）笔录中不应对被查处行为定性，也不能写明行政处罚的意见。

（3）必要时，环境行政机关可以对现场进行多次检查，每次均应制作检查笔录。一案有多处现场的，要分别制作检查笔录。

4. 常见错误

（1）两名以上的行政执法人员参加了现场检查，但只有一人签名或一人代其他人签名；

（2）现场检查笔录有空项；

（3）不记载出示执法证件，表明执法身份的执法程序；

（4）现场检查记录误作为行政处罚记录。

（二）环境保护调查询问笔录

1. 概念

环境保护调查询问笔录，是指环境行政执法人员在询问证人或者其他知晓案件情况的人员时，就其对案件陈述的有关情况所做的文字记录。

2. 内容

（1）文书标题：环境保护调查询问笔录。

（2）询问时间：写明进行询问的起止时间（年、月、日、时、分）。

（3）询问地点：写明承办人员询问被询问人的具体地点。

（4）被询问人及其基本情况：写明被询问人的姓名、性别、年龄、工作单位、联系地址、邮编、联系电话。如果当事人是单位的，还应当写明被询问人在该单位担任的职务或工作岗位。

（5）在场人及其联系方式：有的案件需要有其他人在场的，应当写明在场人的姓名及其联系方式，包括地址、电话。

（6）承办人员：询问时，应当有两名以上行政执法人员在场；一般是一名提问，另一名负责记录。因此，承办人这一栏目一般要求写明询问人和记录人的姓名。

（7）记录人：写明记录人的姓名。记录人应当是承办人员中的一员。

（8）调查情况：在正文的第一句，一般要写明行政执法人员向被询问人表明执法身份，告知其相应的权利、义务。例如，"我们是某某行政机关的执法人员，这是我们的执法证件。因某某案件或事情，需作调查，请你配合我们……"。

（9）提问和记录：询问人的提问要求围绕查清可能违法行为的事实过程进行，重点是违法行为的时间、地点、违法标的物以及违法行为的后果等方面。对于询问人，可以用"问"字起头，表示是其提出的问题；对于被询问人，可以用"答"字或其名字的"姓"起头，表示系其所作的叙述。

（10）询问结束：应当要求被询问人审阅笔录，被询问人发现记录有误，可以要求修改笔录。在每一处修改的地方，要让被询问人一一签名，予以确认。

（11）被询问人签名：询问笔录制作完成后，被询问人应当逐页签名。在文书末尾（紧接正文的最后一行），被询问人应当书写"以上笔录已阅"或者"以上记载与本人口述无误"等意思的语句并签名、注明日期。询问人和记录人也应当分别在文书末尾签名或盖章。

3. 注意事项

（1）案件当事人为单位的，应写明被询问人与上述单位之间的关系。在询问之前，应要求被询问人出具相应证明材料（如法定代表人身份证明书、委托书等），以证明被询问人与该单位之间的关系。

（2）询问内容正文最后一行和被询问人的签字之间有较大的空白部分时，空白部分应填充空白符号或书写"以下空白"。

（3）制作笔录时，书写字迹要端正，保证被询问人、其他执法人员可以正常阅读。此外，记录时不应随意空行。

（4）必要时，可以对被询问人进行多次询问。每一次询问都应当分别制作询问笔录。

4. 常见错误

（1）被询问人是被调查单位工作人员的，笔录中没有相应的记载表明被询问人的确切身份以及与单位的关系。

（2）在文书末尾，被询问人在签字时，未书写"以上笔录已阅"字样。

（3）询问笔录被询问人拒绝签名的，行政执法人员没有在笔录中注明原因。

（三）环境保护行政复议申请书

1. 概念

环境保护行政复议申请书，是指公民、法人和其他组织认为环境保护行政主管部门的具体行政行为侵犯了自己的合法权益，在法定期限内，依照法定程序向做出具体行政行为的上一级环境保护行政主管部门或者上一级人民政府提出申请，要求撤销或变更原具体行政行为的法律文书。

2. 内容

（1）标题：环境保护行政复议申请书或行政复议申请书。

（2）复议申请人、被申请人基本情况：如是公民，应写明其姓名、性别、年龄、民族、籍贯、职业、住所地等。如是法人或其他组织的，应写明其名称、住所地、邮政编码、法定代表人姓名、联系电话等。

（3）案由：注明“因不服××环境保护局××行政处罚决定，特申请复议”或“认为××环境保护局××具体行政行为侵犯了自己的合法权益，特申请复议”。

（4）复议请求：应写明“要求撤销××环境保护局××具体行政行为”或“要求变更××环境保护局××具体行政行为”。

（5）复议理由：针对环境保护行政主管部门的具体行政行为，依据事实和环境法规，说明该具体行政行为如何侵犯了自己的合法权益，从认定事实、适用法律法规、是否符合法定程序等几个方面阐述该具体行政行为的错误所在。还可以提供能够证明客观事实的证据和证人，以便复议机关查明案情，正确做出复议决定。

（6）尾部：写明致送机关，“此致××环境保护行政主管部门”或“此致××人民政府”，复议申请人署名或盖章，注明年、月、日。

（7）附项：证据××，证人姓名、住所地。

（四）环境污染损害赔偿纠纷调查笔录

1. 概念

环境污染损害赔偿纠纷调查笔录，是指环境保护行政主管部门在调查环境污染损害赔偿纠纷案件，向有关人员访问了解情况时制作的法律文书。

2. 内容

（1）标题：环境污染损害赔偿纠纷调查笔录。

（2）写清楚时间、地点、被调查人、通信地址和邮政编码，然后记明调查人、记录人及在场人姓名。

（3）调查内容：所要调查的与环境污染损害赔偿纠纷有关的内容，一般采用问答式，由调查人根据自己的调查内容和要达到的目的提问，被调查人回答问题。问话时要力求简洁并抓住重点。因环境污染损害赔偿纠纷调查笔录在整个案件中起着重要作用，是正确做出调解的重要证据，所以记录需要真实全面。

（4）尾部：记录完毕，由被调查人签字或盖章，写明年、月、日。签名盖章前，要把笔录交被调查人阅看，如被调查人不识字，可朗读给被调查人听。被调查人认为记录不实的地方，应进行修改。阅读或朗读后，由被调查人签字或盖章，写明年、月、日。

第二节　环境诉讼文书

一、环境诉讼文书概述

（一）环境诉讼文书的概念

公安机关、检察机关、审判机关、监狱管理机关和当事人、诉讼代理人依法在环境诉讼活动中所制作的文书。从环境执法的角度，本节应使用环境司法文书的概念，但考虑到阅读对象及应用价值，故选择环境诉讼文书的概念以便介绍环境行政、民事诉状类文书。

（二）环境诉讼文书特征

1. 制作主体特定

每一种环境诉讼文书的制作主体总是特定的，否则要么不符合法律的规定，要么就达不到制作文书的目的。例如，判决书的制作主体就只能是人民法院，答辩状的制作主体一定是被告或者被上诉人等。

2. 制作依据特定

制作依据特定，指法律依据，如人民法院对污染环境罪的被告人做出定罪判刑判决的法律依据是《中华人民共和国刑法》第338条规定，该规定是人民法院制作污染环境罪刑事判决书的重要法律依据。

3. 适用范围特定

人民法院裁判文书的适用范围只能是控辩双方和与案件有利害关系的单位和个人；进入强制执行程序的只能是人民法院发生法律效力的裁判文书和经审查的《环境行政处罚决定书》等环境行政法律文书。

4. 法律后果特定

有些法律文书一经制作送达，就会产生相应的法律后果。如上诉人在二审期间撤回上诉并经人民法院裁定准许，那么，一审判决就发生法律效力，该“上诉人”就不得再进行上诉。

二、环境诉讼文书格式（诉状、答辩状）

（一）诉状

1. 起诉状

××起诉状

原告：姓名、性别、出生年月日、民族、文化程度、工作单位、职业、住址（原告如为单位，应写明单位名称、法定代表人姓名及职务、单位地址）。

被告：姓名、性别、出生年月日、民族、文化程度、工作单位、职业、住址（被告如为单位，应写明单位名称、法定代表人姓名及职务、单位地址）。

请求事项：（写明向法院起诉所要达到的目的）。

事实和理由：（写明起诉或提出主张的事实依据和法律依据，包括证据情况和证人姓名及联系地址）。

此致

×××人民法院

原告：（签名或盖章）

××××年××月××日

附：1. 本诉状副本××份（按被告人数确定份数）；

2. 证据××份；

3. 其他材料××份。

（注：民事、行政案件等诉状的格式基本相同）

2. 上诉状

××上诉状

上诉人：姓名、性别、出生年月日、民族、文化程度、工作单位、职业、住址（上诉人如为单位，应写明单位名称、法定代表人姓名及职务、单位地址）。

被上诉人：姓名、性别、出生年月日、民族、文化程度、工作单位、职业、住址（被上诉人如为单位，应写明单位名称、法定代表人姓名及职务、单位地址）。

上诉人因××（写明案由，即纠纷的性质）一案不服××人民法院（写明一审法院名称）××第××号××判决，现提出上诉，上诉请求及理由如下：

请求事项：（写明提出上诉所要达到的目的）。

事实和理由：（写明上诉的事实依据和法律依据，应针对一审判决认定事实、适用法律或审判程序上存在的问题和错误陈述理由）。

此致

×××人民法院

上诉人：（签名或盖章）

××××年××月××日

附：本上诉状副本××份（按被上诉人人数确定份数）。

（注：民事、行政等案件上诉状的格式基本相同）

（二）答辩状

××答辩状

答辩人：姓名、性别、出生年月日、民族、文化程度、工作单位、职业、住址（答辩人如为单位，应写明单位名称、法定代表人姓名及职务、单位地址）。

被答辩人：姓名、性别、出生年月日、民族、文化程度、工作单位、职业、住址（被答辩人如为单位，应写明单位名称、法定代表人姓名及职务、单位地址）。

答辩人因××（写明案由，即纠纷的性质）一案，进行答辩如下：

请求事项：（写明答辩所要达到的目的）。

事实和理由：（写明答辩的事实依据和法律依据，应针对原告、上诉人、申诉人，即被答辩人提出起诉、上诉、申诉所依据的事实、法律和所提出的主张陈述其不能成立的理由）。

此致

×××人民法院

答辩人：（签名或盖章）

××××年××月××日

附：本答辩状副本××份（按被答辩人人数确定份数）。

（注：民事、行政等案件答辩状的格式基本相同）

三、环境诉讼文书制作

（一）起诉状

1. 环境民事起诉状

环境民事诉状是民事诉状的一种，是与环境民事案件有直接利害关系的公民、法人或者非法人团体为维护其环境民事权益，就有关环境民事权利义务的争议，向人民法院提起诉讼，请求追究被告人的环境民事责任所使用的书状，也叫环境民事起诉状。

示例

民 事 起 诉 状

原告：×××县茅岭养鱼专业合作社，住所地×××县十冲口镇茅岭村。

法定代表人：×××，该社总经理。

被告：×××县十冲口镇胜利煤矿，住所地：×××县十冲口镇。

法定代表人：×××，该矿董事长。

诉讼请求：

1. 判令被告消除茅岭口水库的污染。

2. 判令被告赔偿原告损失 2 921 432 元。

3. 诉讼费用、鉴定费等由被告承担。

事实与理由：

原告是 2012 年 11 月 12 日由×××等人依法成立的农民专业合作社法人，依法在茅岭口水库从事养殖。2012 年 4 月及 2011 年 4 月分别向茅岭口水库投放了鲢鱼、青鱼、草鱼、鲫鱼、鳙鱼等鱼苗共计 18.45 万尾，成本 77 550 元。鱼苗投放后原告进行了认真的管理，鱼苗正常生长，已经达到捕捞收获的条件，至 2014 年 3 月底，又投入了其他管理成本近 10 万元。2014 年 4 月 19 日，被告排放的有毒污水将渔业养殖合作社社员修建的防洪渠冲垮，未经任何处理的大量污水由多个点源直接流入水库。事件发生后，被告并未采取任何措施，任由有毒污水继续向水库排放时间长达 80 多天。由于这个原因，水库内由原告养殖的鱼类开始大面积死亡，原告多年的辛勤劳作是希望能够产生良好的经济效益，但是被告排放的有毒污水却将原告这一愿望破灭，致使原告遭受巨大的经济损失。污染事件发生后，被告不但没有主动采取措施防止污染损失的进一步扩大，而且态度强硬，不愿承担应当承担的法律责任，不愿对原告进行合理的赔偿。面对绝收的渔场和被污染的水库，原告依法向贵院提起诉讼，请求判令被告消除茅岭口水库的污染，赔偿原告损失2 921 432元等。

此致

×××人民法院

起诉人：×××县茅岭养鱼专业合作社

2014 年 8 月 10 日

附：1. 本诉状副本 1 份；

2. 原告证据 18 份。

2. 环境行政诉状

环境行政诉状是行政诉状的一种，是环境行政机关实施行政管理的相对人，对环境行政机关给予的处理或处罚不服，向人民法院起诉呈递的书状，也称环境行政起诉状。

示例

行政起诉状

原告：×××乳制品厂，地址×××市营盘乡大齐村。

法定代表人：×××，厂长。

被告：×××环保局，地址××市南小街××号。

法定代表人：×××，局长。

第三人：×××热电责任有限公司，地址×××市营盘乡大齐村。

法定代表人：×××，总经理。

诉讼请求：

1. 请求撤销被告作出的第三人×××建设项目竣工环境保护验收（环验〔2011〕××号）行政行为，责令被告依法重新验收。

2. 由被告承担诉讼费等。

事实和理由：

原告始建于2000年，厂址××市营盘乡大齐村。2007年7月第三人紧邻原告建设，仅0.2米。第三人的建设致使原告被省、市、区质量技术监督局责令停产，养殖场奶牛受噪声污染全部死亡，造成直接损失3 000多万元。现因第三人的建设和污染，原告已无法也不可能恢复生产（法律规定乳制品生产企业“周围3千米范围内没有粉尘、有害气体、放射性物质和其他扩散型污染源”）。

2010年、2011年原告数次向被告领导、信访办领导投诉第三人严重污染原告一事，经两级环境保护部门组成的联合调查组多次来现场核查，查明：根据建设规划和环评要求，电厂铁路外轨中心线30米内居民搬迁13户，搬迁后加装防止噪声污染屏障等，原告也在13户动迁之中。省环境保护厅曾于2010年9月20日（包括动迁名单、动迁标图）上报被告。2010年11月5日被告下达通知并要求第三人按照“三同时”要求进行整改。2010年以来原告一直在向被告信访投诉第三人没有执行环评与“三同时”，严重污染原告，请求被告责令第三人停止污染，赔偿损失。被告信访办答复污染动迁赔偿问题不解决，“三同时”不会验收。

但是，在原告及周边应该动迁的7户居民受污染没有解决、相应环境保护措施没有落实的情况下，2011年6月23原告得知被告已于2011年1月30日通过了第三人的“三同时”验收，文号为环验〔2011〕××号。

环验〔2011〕××号《关于辽宁××热电厂工程竣工环境保护验收意见的函》（五）：“工程投运后应做好以下工作：配合地方政府，尽快完成铁路沿线30米内7户居民搬迁和供热区域内剩余9台小锅炉关停工作；2011年5月完成铁路专用线噪声绿化隔离带建设；加强烟气在线监测系统的运行管理，定期进行校准；加强环境保护设施日常管理和维护，确保各项污染物长期稳定达标排放。”说明被告明知道第三人配套建设的环境保护设施没有到位。

原告认为被告的验收是违法的，一是受污染需要动迁的7户居民包括原告一直未搬迁、噪声污染屏障一直未装，铁路专用线噪声绿化隔离带一直没有建设，被告依法就不应同意试生产（试生产也超期限），更不应通过验收；二是原告多次上访，信访30多份，被告明知原告受污染等，那么，被告不应偷偷验收。

第三人不管是什么性质的企业都应该遵守环评法律法规，防止污染。被告通过第三人的“三同时”验收是极不负责任的、是违法的、是严重损害原告权益的行为，故原告特提起诉讼，请求撤销被告对辽宁××热电责任有限公司建设项目竣工环境保护验收（环验〔2011〕××号）的行政行为，责令被告依法重新验收。

此致

×××人民法院

原告：锦州市××乳制品厂

××××年××月××日

附：1. 本诉状副本2份；

2. 原告证据15份。

（二）答辩状

1. 一审环境民事诉讼答辩状

环境民事诉讼中的被告，收到原告的起诉状副本后，在法定期限内针对原告在诉状中提出的事实、理由及诉讼请求，进行回答和辩驳的书状，称为一审环境民事诉讼答辩状。一审环境民事诉讼答辩状具有下列特征：必须是环境民事案件被告提出的；提出答辩状，对于环境民事被告来说，既是义务又是权利，但被告不提出答辩状的，不影响人民法院审理，因此主要还是权利；必须针对起诉状的内容进行答辩。

示例

民 事 答 辩 状

答辩人（被告）：×××县十冲口镇胜利煤矿，住所地：×××县十冲口镇。

法定代表人：×××，该矿董事长。

被答辩人（原告）：×××县茅岭养鱼专业合作社，住所地×××县十冲口镇茅岭村。

法定代表人：×××，该社总经理。

答辩人因被答辩人诉答辩人环境污染侵权纠纷一案，现答辩如下：

一、被答辩人在茅岭水库没有取得养殖许可，损失不受法律保护

《中华人民共和国渔业法》第十一条国家对水域利用进行统一规划，确定可以用于养殖业的水域和滩涂。单位和个人使用国家规划确定用于养殖业的全民所有的水域、滩涂的，使用者应当向县级以上地方人民政府渔业行政主管部门提出申请，由本级人民政府核发养殖证，许可其使用该水域、滩涂从事养殖生产。核发养殖证的具体办法由国务院规定。茅岭水库是国家的，被答辩人没有养殖许可证就不应在茅岭水库养殖，如果养殖受到损失也不应得到赔偿。

二、被答辩人虚构在茅岭水库养鱼与大面积死鱼的事实，原告所诉污染事实与损害结果之间不存在因果关系

答辩人一直在茅岭水库西2千米处采矿，从未发现茅岭水库有大面积养殖，2014年4月以来也没有发现茅岭水库有大量鱼死亡的事实，答辩人所诉养殖鱼大量死亡是虚构夸大的。被答辩人投产以来一直遵守环保法的规定，没有超标排放污染物。茅岭水库即使有鱼死亡，也没有证据证明是污染造成的。

综上，根据最高人民法院证据规则第二条第二款之规定，请求法院依法驳回被答辩人的诉讼请求。

此致

×××人民法院

答辩人：×××县十冲口镇胜利煤矿

2014年8月25日

2. 环境行政诉讼答辩状（二审）

二审环境行政诉讼答辩状是被上诉人针对上诉人在上诉状中提出的上诉请求事项、事实和理由，向人民法院做出的书面答复。

示例

行政上诉答辩状

答辩人（原审被告）：×××环境保护局，北京市×××北半截甲13号。

法定代表人：××，局长。

因××招待所（原审原告、上诉人）不服北京市××区人民法院（××）宣行初字第10号行政判决向贵院提出上诉，现提出答辩如下：

一、一审判决认定事实清楚，证据充分

1. 答辩人的两名环境保护监察人员在巡查时，发现上诉人锅炉烟囱正在排烟，对照林格曼烟尘浓度图确认此时烟气黑度达林格曼3级。法院在对各方提供的证据进行严格审查后，确认以上事实。至于上诉人认为答辩人未出示林格曼图，因而认定的烟尘浓度不合法，这是上诉人对法律的曲解。目前我国和北京市已有的法律、法规、规章没有任何一款规定现场检查人员在使用林格曼图时必须向被检查人出示。

2. 至于上诉人1号锅炉除尘器锁器不严，严重漏风的事实，既有上诉人锅炉房负责人提供的证据证明，也有权威部门的材料证明，同时一审法院对此也作过现场勘验。

3. 答辩人在上诉人向锅炉投入原料、燃料、材料作试运行之前，职能部门从未接到过上诉人提出的申请，对此上诉人也不否认，因而以某位同志有过答复来推翻上述事实是不充分的。

二、一审判决所认定的程序完全正确

答辩人的执法人员完全是按照有关法律、法规的规定，在自己职权范围内对上诉人进行执法检查。尽管现场检查时忽视了向上诉人出具监察证，但这种忽视不足以否定答辩人处罚的公正性，也不影响答辩人对整个事实的认定。并且，在此之前，答辩人的执法人员曾多次至上诉人单位进行过检查，上诉人对答辩人执法人员的身份是十分清楚的。

三、一审判决认定答辩人适用法律、法规正确是在认真认定上述事实的基础上所作出的正确结论

上诉人利用一些自以为是事实的想法来推翻事实，进而认为答辩人适用法规错误，这种作法本身就是不严肃的。将自己视为正义的化身，藐视法律，藐视一审法院从权威机构收集到的理论证据，上诉人的这种态度其实也正是导致这次违法行为的原因所在，上诉人再强词夺理下去，不知道还要在违反《环境保护法》的道路上走多远。

综上所述，答辩人认为，一审法院认定事实清楚，证据充分，适用法律正确，请求二

审法院依法维护一审法院的正确判决，以维护法律的严肃性，推动国家环保执法的健康发展。

此致

×××人民法院

答辩人：××环保局

××××年××月××日

附：本答辩状副本2份。

第三节　环境行政执法常见法律文书格式

一、调查询问笔录

××环境保护局

调查询问笔录

时间：________年____月____日____时____分至____时____分　　地点：__________

询问人及执法证号：________________________记录人：__________

被询问人姓名及职务：__________电话：__________与本案关系：__________

工作单位：__________________地址：____________________

法定代表人姓名及职务：__________电话：__________邮编：__________

营业执照注册号：______________组织机构代码：__________________

其他参加人姓名及工作单位（地址）：________________________

问：我们是××环境监察局的执法人员，这是我们的执法证件，请过目确认。今天我们依法进行检查并了解有关情况，你应当配合调查，如实回答询问和提供材料，不得拒绝、阻碍、隐瞒或者提供虚假情况。如果你认为我们与本案有利害关系，可能影响公正办案，可以申请我们回避，并说明理由。清楚了吗？

答：____

被询问人对笔录的审阅确认意见：________________________

被询问人签名：____________________　　________年______月______日

询问人签名：______________________ ______年______月______日
记录人签名：______________________ ______年______月______日
参加人签名：______________________ ______年______月______日

（第 1 页共______页）

（续前页）

被询问人对笔录的审阅确认意见：______________________
被询问人签名：______________________ ______年______月______日
询问人签名：______________________ ______年______月______日
记录人签名：______________________ ______年______月______日
参加人签名：______________________ ______年______月______日

（第______页 共______页）

注意事项：

1. 每份《调查询问笔录》只对应一个被询问人。必要时，可以对被询问人进行多次询问，每一次询问分别制作调查询问笔录。

2. 询问必须有两名以上（含）持合法有效执法证件的行政执法人员同时在场，并出示执法证件，表明身份。

3. 符合《环境行政处罚办法》第八条规定回避条件的，调查人员应当自行回避；当事人申请其回避，应当审查同意。

回避条件为以下之一：①本案当事人或者当事人近亲属的；②本人或者近亲属与本案有直接利害关系的；③法律、法规或者规章规定的其他回避情形。

4. 笔录应当全面、如实记录被询问人与案件相关的陈述。

5. 可以采取拍照、录像、录音或者其他方式记录询问情况。

6. 本文书原件随卷归档。

二、现场检查（勘察）笔录

××环境保护局

现场检查（勘察）笔录

检查时间：__________年______月______日______时______分至______时______分
检查地点：______________________________________

检查（勘察）人姓名及执法证号：________________记录人：__________
被检查单位：____________________________地址：__________________
现场负责人姓名及职务：__________电话：__________与本案关系：__________
法定代表人姓名及职务：__________电话：__________邮编：__________
营业执照注册号：______________组织机构代码：__________________
其他参加人姓名及工作单位（地址）：______________________________
____

执法人员：我们是××环境监察局的执法人员，这是我们的执法证件，请过目确认。今天我们依法进行检查并了解有关情况，你应当配合调查，如实回答询问和提供材料，不得拒绝、阻碍、隐瞒或者提供虚假情况。如果你认为我们与本案有利害关系，可能影响公正办案，可以申请我们回避，并说明理由。清楚了吗？

现场检查（勘察）情况：____
____
____
____
____
____
____
____
____
____
____
____

现场负责人对笔录的审阅确认意见：______________________________
现场负责人签名：______________　______年______月______日
检查（勘察）人签名：______________　______年______月______日
记录人签名：______________　______年______月______日
其他参加人签名：______________　______年______月______日
____

（第1页　共______页）

（续前页）
____
____
____
____
____
____
____
____

示意图：

现场负责人对笔录的审阅确认意见：______________________

现场负责人签名：______________________ ______年______月______日

检查（勘察）人签名：______________________ ______年______月______日

记录人签名：______________________ ______年______月______日

其他参加人签名：______________________ ______年______月______日

（第______页　共______页）

注意事项：

1. 一个案件有多处现场的，分别制作笔录；对现场需进行多次检查的，每次均制作笔录。

2. 现场检查（勘察）必须有两名以上（含）持合法有效执法证件的行政执法人员同时在场进行。

3. 符合《环境行政处罚办法》第八条规定回避条件的，调查人员应当自行回避；当事人申请其回避，应当审查同意。回避条件为以下之一：①本案当事人或者当事人近亲属的；②本人或者近亲属与本案有直接利害关系的；③法律、法规或者规章规定的其他回避情形。

4. 笔录应当全面、如实记录现场检查（勘察）发现的情况。

5. 为增加证明力，可要求被检查（勘察）人加盖公章。

6. 可以采取拍照、录像或者其他方式记录检查（勘察）情况。

7. 本文书原件随卷归档。

三、责令改正违法行为决定书

××环境保护局 责令改正违法行为决定书

××〔　〕××号

______（当事人名称，与营业执照一致）______：

营业执照注册号：______________组织机构代码：______________

地址：______（与营业执照一致）______

法定代表人（负责人）______（姓名）______

我局于______年______月______日对你单位进行了调查，发现你单位实施了以下环境违法行为：

1. ______（陈述违法事实，如违法行为发生的时间、地点、情节、动机、危害后果等内容）______

2. ____

有________（列举证据形式，阐述证据所要证明的内容）________等证据为凭。

你单位的上述行为违反了________（相关法律、法规、规章名称及条款序号）________的规定。依据《中华人民共和国行政处罚法》第二十三条和________（相关法律、法规、规章名称及条款序号）________，责令你单位（于______年______月______日之前）________（改正违法行为的具体形式）________，并于______年______月______日前将改正情况书面报告我局。【法律、法规、规章有禁止性规定但无罚则的，可写明：你单位的上述行为违反了________（相关法律、法规、规章名称及条款序号）________的规定，责令你单位（于______年______月______日之前）改正上述违法行为，并于______年______月______日前将改正情况书面报告我局。】

我局将对你单位改正违法行为的情况进行监督。（逾期）未改正的，我局将申请人民法院强制执行。【法律、法规、规章规定限期改正为行政处罚前置条件的，注明：逾期未改正的，我局将依据________（相关法律、法规、规章名称及条款序号）________实施行政处罚。】

你单位如对本决定不服，可在收到本决定书之日起六十日内向××环境保护局或者××人民政府申请行政复议，也可在收到本决定书之日起六个月内向人民法院提起行政诉讼。

（××环境保护局印章）

年 月 日

注意事项：

1. 尽可能注明改正期限，期限应合法、适当。责令改正期限届满，当事人未按要求改正，违法行为仍处于继续或者连续状态的，可以认定为新的环境违法行为。

2. 加强对违法行为改正情况的监督，及时申请人民法院强制执行，确保执行到位。

3. 为精简文书，责令改正的具体内容也可以写在《行政处罚决定书》中，不再单独作出《责令改正违法行为决定书》。

4. 此文书一份送达当事人（使用送达回证）、一份随卷归档（附送达回证）。

四、行政处罚事先（听证）告知书

××环境保护局行政处罚事先（听证）告知书

××〔 〕××号

________（当事人名称或者姓名，与营业执照、居民身份证一致）________：

我局于______年______月______日对你（单位）进行了调查，发现你（单位）实施了以下环境违法行为：

1. ________（陈述违法事实，如违法行为发生的时间、地点、情节、动机、危害后果等内容）________

2. ____

有________（列举证据形式，阐述证据所要证明的内容）________等证据为凭。

你（单位）的上述行为违反了＿＿＿＿（相关法律、法规、规章名称及条款序号）＿＿＿＿的规定。依据＿＿＿（相关法律、法规、规章名称及条款序号）＿＿＿的规定，我局拟对你（单位）作出如下行政处罚：

1. ＿＿＿＿＿＿＿＿＿＿＿＿＿＿＿＿＿＿＿＿＿；

2. ＿＿＿＿＿＿＿＿＿＿＿＿＿＿＿＿＿。（其中为罚款的，罚款数额大写）

根据《中华人民共和国行政处罚法》第32条的规定，你（单位）如有异议，可以在收到本告知书之日起7日内向我局提出书面陈述申辩意见；未提出陈述申辩意见的，视为你（单位）放弃陈述和申辩权利。

【《行政处罚听证告知书》还注明：其中对你（单位）拟作出的＿＿（符合听证条件的处罚种类、幅度）＿＿，符合听证条件。根据《中华人民共和国行政处罚法》第42条的规定，你（单位）有要求举行听证的权利。你（单位）如果要求听证，可以在收到本告知书之日起3日内向我局提出听证申请；逾期未提出听证申请的，视为你（单位）放弃听证要求。】

联系人：＿＿＿＿＿＿＿＿＿＿＿＿＿＿＿＿电　话：＿＿＿＿＿＿＿＿＿＿

地　址：＿＿＿＿＿＿＿＿＿＿＿＿＿＿＿＿邮政编码：＿＿＿＿＿＿＿＿＿＿

（××环境保护局印章）

年　月　日

注意事项
1. 行政处罚事先告知是必须履行的一项法定程序。如果环境保护部门作出行政处罚决定之前没有告知给予行政处罚的事实、理由和依据，则违反法定程序，行政处罚不能成立。 2. 本文书一份送达当事人（使用送达回证），一份随卷归档（附送达回证）。

五、行政处罚决定书

××环境保护局行政处罚决定书

××〔　〕××号

＿＿＿（当事人名称或者姓名，与营业执照、居民身份证一致）＿＿＿：

营业执照注册号（公民身份号码）：＿＿＿＿＿＿组织机构代码：＿＿＿＿＿＿

地址：＿＿＿＿＿＿（与营业执照、居民身份证一致）＿＿＿＿＿＿

法定代表人（负责人）：＿＿＿＿＿＿（姓名）＿＿＿＿＿＿

一、调查情况及发现的环境违法事实、证据和陈述申辩（听证）及采纳情况

我局于＿＿＿年＿＿＿月＿＿＿日对你（单位）进行了调查，发现你（单位）实施了以下环境违法行为：

1. ＿＿＿＿（陈述违法事实，如违法行为发生的时间、地点、情节、动机、危害后果等内容）＿＿＿＿＿＿＿＿＿＿

2. ＿＿＿＿＿＿＿＿＿＿＿＿＿＿＿＿＿＿＿＿＿＿＿＿＿＿＿＿

以上事实，有＿＿（列举证据形式，阐述证据所要证明的内容）＿＿等证据为凭。

你（单位）的上述行为违反了＿＿（相关法律、法规、规章名称及条款序号）＿＿的规定。

我局于＿＿年＿＿月＿＿日以《行政处罚事先（听证）告知书》（××〔　〕××号）＿＿告知你（单位）陈述申辩权（听证申请权）。＿＿年＿＿月＿＿日，＿＿（叙述陈述申辩及听证过程、当事人意见理由及证据、环境保护部门采纳当事人意见的情况及理由。有从重、从轻、减轻或其他有裁量幅度的，说明法定理由和依据。）

二、行政处罚的依据、种类及其履行方式、期限

依据＿＿（相关法律、法规、规章名称及条款序号）＿＿的规定，我局决定对你（单位）处以如下行政处罚：

1. 罚款（大写）＿＿＿＿＿＿元。

限于接到本处罚决定之日起15日内缴至指定银行和账号。逾期不缴纳罚款的，我局将每日按罚款数额的3%加处罚款。

收款银行：＿＿＿＿＿＿＿＿　户名：＿＿＿＿＿＿＿＿

账号：＿＿＿＿＿＿＿＿＿＿＿＿＿＿＿＿

2. ＿＿＿＿＿＿＿＿＿＿＿＿＿＿＿＿

三、申请行政复议或者提起行政诉讼的途径和期限

如不服本处罚决定，可在收到本处罚决定书之日起60日内向××环境保护局或者向××人民政府申请复议，也可在六个月内直接向××人民法院起诉。

申请行政复议或者提起行政诉讼，不停止行政处罚决定的执行。

逾期不申请行政复议，不提起行政诉讼，又不履行本处罚决定的，我局将依法申请人民法院强制执行。

（××环境保护局印章）

年　月　日

注意事项：

1. 行政处罚决定一经作出，非经法定程序不得擅自变更或者撤销。

2. 加强对行政处罚决定书履行情况的监督，及时申请人民法院强制执行，确保执行到位。

3. 本文书一份送达当事人（使用送达回证），一份随卷归档（附送达回证）。

4. 《中华人民共和国水污染防治法》第八十四条规定的对行政处罚决定不服的，当事人直接向人民法院起诉的期间是在收到通知之日起十五日内，故单行法规定为十五日的仍应按十五日告知。

六、当场行政处罚决定书

××环境保护局当场行政处罚决定书（存根联）

统一编号：××〔　〕××号

（当事人名称或者姓名，与营业执照、居民身份证一致）于＿＿年＿＿月＿＿日＿＿时，在＿＿（违法地点）＿＿因＿＿（行为方式）＿＿的

行为，违反了＿＿（法律、法规、规章名称及条款序号）＿＿的规定。我局执法人员当场告知违法事实、依据和权利，＿＿（并听取了你（单位）的陈述申辩［或：你（单位）未作陈述申辩］＿＿。依据＿＿（法律、法规、规章名称及条款序号）＿＿，我局当场决定处以（警告、罚款＿＿元）＿＿。

缴款方式：（1）当场收缴。（2）在收到本处罚决定之日起15日内将罚款交至＿＿（银行名称、账号、账户）＿＿。

当事人（现场负责人）签名：＿＿＿＿营业执照注册号（公民身份号码）：＿＿＿＿

地址：＿＿＿＿邮政编码：＿＿＿＿电话：＿＿＿＿

执法人员签名及执法证号：＿＿＿＿　＿＿年＿＿月＿＿日

…………………………（加盖环境保护部门骑缝章）……………………………………

××环境保护局当场处罚决定书

统一编号：××〔　〕××号

＿＿（当事人名称或者姓名，与营业执照、居民身份证一致）＿＿：

营业执照注册号（公民身份号码）：＿＿＿＿组织机构代码：＿＿＿＿

地址：＿＿（与营业执照、居民身份证一致）＿＿

法定代表人（负责人）：＿＿（姓名）＿＿职务：＿＿＿＿

你（单位）的＿＿（违法行为）＿＿，违反了＿＿（法律、法规、规章名称及条款序号）＿＿。我局执法人员当场向你（单位）告知了违法事实、依据和依法享有的权利，＿＿［并听取了你（单位）的陈述申辩（或：你（单位）未作陈述申辩）］。

依据＿＿（法律、法规、规章名称及条款序号）＿＿和《中华人民共和国行政处罚法》第33条的规定，我局决定当场对你（单位）给予以下行政处罚：

1. 警告。

2. 罚款（大写）＿＿＿＿元。

缴款方式：（1）当场收缴。（2）在收到本处罚决定之日起十五日内将罚款缴至指定银行和账号。逾期不缴纳罚款的，我局将每日按罚款数额的3%加处罚款。

收款银行：＿＿＿＿户名：＿＿＿＿账号：＿＿＿＿

如不服本处罚决定，可在收到本处罚决定书之日起60日内向××环境保护局或者向××人民政府申请行政复议，也可在六个月内直接向××人民法院提起行政诉讼。

申请行政复议或者提起行政诉讼，不停止行政处罚决定的执行。

逾期不申请行政复议，不提起行政诉讼，又不履行本处罚决定的，我局将依法申请人民法院强制执行。

执法人员签名及执法证件号：＿＿＿＿＿＿＿＿

（××环境保护局印章）

年　月　日

注意事项：

1. 除法律另有规定的外，《当场行政处罚决定书》只适用于违法事实确凿、情节轻微并有法定依据，对公民处以50元以下、对法人或者其他组织处以1 000元以下罚款或者警告的行政处罚。

2. 执法人员填写《当场行政处罚决定书》后，当场宣读并将“当事人联”交付当事人。

3. 当事人和执法人员在《当场行政处罚决定书》上填写的日期一致。

4. 当场收缴罚款的应交付法定罚款票据，并及时交至所属环境保护部门。

5. 执法人员作出当场行政处罚决定后，在3个工作日内报所属环境保护部门备案。

6. “存根联”作为案卷存档。

七、送达回证

××环境保护局送达回证

××〔　〕××号

送达文书名称及文号	
当事人名称或姓名	
送达地点	
送达方式	
收件人签名（盖章）及收件日期	（与当事人的关系：　　　　）　　年　月　日
送达人签名	年　月　日
送达机关盖章	
备注	

注意事项：

1. 行政处罚文书的送达方式和期限参照《中华人民共和国民事诉讼法》下列规定执行：

第84条　送达诉讼文书必须有送达回证，由受送达人在送达回证上记明收到日期，签名或者盖章。

受送达人在送达回证上的签收日期为送达日期。

第85条　送达诉讼文书，应当直接送交受送达人。受送达人是公民的，本人不在交他的同住成年家属签收；受送达人是法人或者其他组织的，应当由法人的法定代表人、其他组织的主要负责人或者该法人、组织负责收件的人签收；受送达人有诉讼代理人的，可以送交其代理人签收；受送达人已向人民法院指定代收人的，送交代收人签收。

受送达人的同住成年家属，法人或者其他组织的负责收件的人，诉讼代理人或者代收人在送达回证上签收的日期为送达日期。

第 86 条　受送达人或者他的同住成年家属拒绝接收诉讼文书的，送达人可以邀请有关基层组织或者所在单位的代表到场，说明情况，在送达回证上记明拒收事由和日期，由送达人、见证人签名或者盖章，把诉讼文书留在受送达人的住所；也可以把诉讼文书留在受送达人的住所，并采用拍照、录像等方式记录送达过程，即视为送达。

第 87 条　经受送达人同意，人民法院可以采用传真、电子邮件等能够确认其收悉的方式送达诉讼文书，但判决书、裁定书、调解书除外。

采用前款方式送达的，以传真、电子邮件等到达受送达人特定系统的日期为送达日期。

第 88 条　直接送达诉讼文书有困难的，可以委托其他人民法院代为送达，或者邮寄送达。邮寄送达的，以回执上注明的收件日期为送达日期。

第 89 条　受送达人是军人的，通过其所在部队团以上单位的政治机关转交。

第 90 条　受送达人被监禁的，通过其所在监所转交。

受送达人被采取强制性教育措施的，通过其所在强制性教育机构转交。

第 91 条　代为转交的机关、单位收到诉讼文书后，必须立即交受送达人签收，以在送达回证上的签收日期，为送达日期。

第 92 条　受送达人下落不明，或者用本节规定的其他方式无法送达的，公告送达。自发出公告之日起，经过六十日，即视为送达。

公告送达，应当在案卷中记明原因和经过。

2. 送达回证附在所送文书后随卷归档。

八、强制执行申请书

××环境保护局强制执行申请书

××〔　〕××号

申请人名称：____________________ 地址：____________

法定代表人姓名：______职务：______ 电话：______邮政编码：______

委托代理人姓名：________工作单位及职务：_______电话：_______

被申请人名称或姓名：____________ 地址：_______________

法定代表人（负责人）姓名：_______ 电话：_______邮政编码：______

对__（当事人及其违法行为）__一案，我局___年___月___日___（行政处罚文书名称、文号）___。【叙述当事人不履行行政处罚文书载明法定义务的情况，叙述行政复议和行政诉讼情况。】

依照《中华人民共和国行政诉讼法》第 97 条【申请强制执行处罚决定书的，还注明：《中华人民共和国行政处罚法》第 51 条】之规定，特申请你院强制执行下列项目：

1. ______________________________________

2. ______________________________________

附：1.《行政处罚决定书》（或者《当场行政处罚决定书》《责令改正违法行为决定

书》）副本；______

2. 法定代表人身份证明、授权委托书各一份；

3. 证明具体行政行为合法的材料______件。

此致

__________人民法院

（××环境保护局印章）

年　月　日

注意事项：

1.《中华人民共和国行政诉讼法》第 66 条规定："公民、法人或者其他组织对具体行政行为在法定期限内不提起诉讼又不履行的，行政机关可以申请人民法院强制执行，或者依法强制执行。"《最高人民法院关于执行〈中华人民共和国行政诉讼法〉若干问题的解释》第 87 条规定："法律、法规没有赋予行政机关强制执行权，行政机关申请人民法院强制执行的，人民法院应当依法受理。"

行政处罚与责令改正均为具体行政行为的一种，因此，可申请强制执行的处罚文书有：《行政处罚决定书》《当场行政处罚决定书》《责令改正违法行为决定书》。

2. 人民法院受理强制执行申请规定见《中华人民共和国行政强制法》第五章。

3. 环境保护部门要及时向人民法院申请强制执行，可在下列期限内尽早提起：

（1）《责令改正违法行为决定书》送达后当事人未申请行政复议且未提起行政诉讼的，在处罚文书送达之日起 3 个月后起算的 3 个月内，如果有改正期限的为期限届满之日后起算；

（2）《行政处罚决定书》《当场行政处罚决定书》送达后当事人未申请行政复议且未提起行政诉讼的，在处罚文书送达之日起 60 日后起算的 3 个月内；

（3）复议决定书送达后当事人未提起行政诉讼的，在复议决定书送达之日起 15 日后起算的 3 个月内。

4. 受理法院一般为环境保护部门所在地基层人民法院；执行对象为不动产的，受理法院一般为不动产所在地的基层法院。

5.《中华人民共和国行政强制法》规定行政机关向人民法院申请强制执行，应当提供下列材料：

（1）强制执行申请书；

（2）行政决定书及作出决定的事实、理由和依据；

（3）当事人的意见及行政机关催告情况；

（4）申请强制执行标的情况；

（5）法律、行政法规规定的其他材料。

6. 强制执行申请书应当由行政机关负责人签名，加盖行政机关的印章，并注明日期。

7. 按人民法院要求办理授权委托手续。

8. 本文书一份送达人民法院，一份随卷归档。

九、行政复议申请书

行政复议申请书

申请人：姓名________年龄________性别________住址________________（法人或者其他组织名称________住址________________法定代表人或者主要负责人姓名________）。

委托代理人：姓名____________住址____________________。

被申请人：名称____________住址____________________。

行政复议请求：____

事实和理由：____

此致

（行政复议机关）

申请人：________

年　月　日

附件：

> 注意事项：
>
> 1. 申请人应当是与具体行政行为有利害关系的行政管理相对人，有民事权利能力和民事行为能力，并以自己名义提出申请。有权申请行政复议的公民死亡的，其近亲属可以申请行政复议。
>
> 2. 申请人应当自知道具体行政行为之日起60日内提出行政复议申请，法律规定的申请期限超过60日的除外。因不可抗力或者其他正当理由耽误法定申请期限的，申请期限自障碍消除之日起继续计算。
>
> 3. 属于申请行政复议范围。凡是行政机关作出的具体行政行为，除人事处理决定和民事调解行为外，都可以申请行政复议。
>
> 4. 属于复议机关管辖范围。
>
> 5. 人民法院未立案受理。人民法院已立案的，复议机关不再受理。
>
> 6. 有具体的复议请求、事实根据和理由。
>
> 7. 申请人在申请书中应留下通信地址、方式，以便行政复议机关核实有关情况。
>
> 8. 收到申请时间以行政复议机关核实的时间为准。

十、行政复议决定书

（行政复议机关名称）行政复议决定书

________〔　〕____号

申请人：姓名____年龄____性别____住址____________（法人或者其他组

织名称________住址____________法定代表人或者主要负责人姓名________）

委托代理人：姓名______________住址________________

被申请人：名称_______________住址________________

第三人：姓名_________________住址________________

委托代理人：姓名______________住址________________

申请人不服被申请人的（具体行政行为），于_____年_____月_____日提起行政复议申请，本机关依法已予受理。

申请人请求，______________________________________

申请人称，____

被申请人称，______________________________________

经查，____

本机关认为：（具体行政行为认定事实是否清楚，证据是否确凿，适用法律依据是否正确，程序是否合法，内容是否适当）。根据《中华人民共和国行政复议法》第28条规定，本机关决定如下：

（符合行政诉讼受案范围的，写明：对本决定不服，可以自接到本决定之日起15日内向__________人民法院提起行政诉讼。）

（法律规定行政复议决定为最终裁决的，写明：本决定为最终裁决，申请人、被申请人或者第三人应于_____年_____月_____日前履行。）

年 月 日

（行政复议机关印章或者行政复议专用章）

注意事项：

1. 坚持有错必纠，遵循合法、公正、公开、及时、便民的原则。

2. 在法定期限作出。行政复议机关应当自受理申请之日起60日内作出行政复议决定；但是法律规定的行政复议期限少于60日的除外。情况复杂，不能在规定期限内作出行政复议决定的，经行政复议机关负责人批准，可以适当延长，并告知申请人和被申请人，但是延长期限最多不超过30日。

3. 复议结论要明确。

【本章小结】

环境执法文书在规范环境执法行为方面起着重要作用。环境行政执法文书是实现环境法律的重要途径，也是环境管理相对人遵守和维护权益的重要依据。本章主要介绍各类环境执法文书的含义、特征；主要环境行政处罚、复议文书的格式；主要环境行政执法文书、环境诉讼文书的制作与应用。

【思考题】

1. 为什么要制定环境行政执法文书格式？

2. 制作环境行政执法现场检查（勘察）笔录应注意的问题是什么？

3. 制作环境行政执法调查询问笔录应注意的问题是什么？

4. 环境行政执法文书与环境诉讼文书在形式上有何区别？

【延伸阅读】

环境执法现场检查（勘察）的内容

一、建设项目现场检查

1. 环境影响评价制度执行情况。初次检查时，检查建设项目环境影响评价审批手续办理情况（环境影响评价文件的批复部门、时间及要求），重大变更履行环境保护手续情况。再次检查时，可注明“首次检查时已对企业的环评审批手续办理情况进行检查，本次不再检查”。

2. 项目建设情况。①项目主体工程建设情况：生产工艺与环评审批情况，建设规模与批复规模情况，主体工程与环境保护设施同步建设情况；②配套污染防治设施建设情况：主要污染物处理单元构筑物建设进度，治污设备安装等情况；③环境风险防范措施和生态保护措施落实情况、防护距离内居民搬迁落实情况；④以新带老项目的污染治理措施落实情况，区域替代任务的项目替代情况。

3. 项目试生产情况。①申请试生产和试生产批复情况；②试生产环境保护核查后下发整改通知落实情况；③试生产期间污染防治设施运行情况：设施正常运行的主要参数、单位耗电量、单位加药量及产生的附属物情况等；④污染物排放情况：项目排放的主要污染物和特征污染物，执行的污染物排放标准等。

4. 项目验收情况。①申请验收及验收手续情况；②验收提出的整改意见落实情况。

二、污染源现场检查

1. 企业的审批文件办理情况。初次检查时，检查企业环评审批手续办理、环境保护验收手续办理、污染治理和验收文件、清洁生产审核和评估验收等情况。再次检查时，可注明“首次检查时已对企业的审批手续办理情况进行检查，本次不再检查”。

2. 企业的生产情况。检查企业主要生产工艺和生产设备，初步判断企业污染物的产生负荷情况。

3. 污染防治设施运行情况。①实际处理工艺、规模是否符合环境影响评价文件批复要求；②保证设施正常运行的主要参数；③单位污染介质或去除单位污染物的絮凝剂、石灰等药剂用量；④单位污染介质或去除单位污染物的耗电量；⑤单位污染介质或去除单位污染物的污泥、石膏等附属物产生量等；⑥检查自动监控装置安装、运行、联网、定期比对监测及监控数据的有效性审核情况。

4. 主要污染物排放情况。①污染物排放口的数量和位置、污染物排放方式和排污去向与企业排污申报登记、环境影响评价批复文件的一致性；②排放浓度、排放量达标情况，检查企业自行监测记录、自动监控数据、监督性监测数据满足污染物排放标准要求等情况。

5. 环境应急管理情况。《突发环境事件应急预案》编制、评估、备案及定期演练情况；应急设施和措施是否完善，应急物资与设备是否配备。

6. 综合性环境管理情况。①企业执行排污许可证制度、排污申报登记制度、排污收费制度、清洁生产审核制度等情况。②企业内部环境管理制度建设情况：企业环境监测制度、污染防治设施设备操作规程、交接班制度、台账制度等各项环境管理制度制定情况；能够检测主要污染物和特征污染物的化验室设置情况；专业环境保护管理人员和环境保护监督员配置情况；危险废物管理计划制定情况，是否报所在地县级以上环境保护主管部门备案。③厂区环境综合管理情况：生产过程中是否存在跑、冒、滴、漏现象；对厂区道路进行硬化、对厂区进行绿化情况。

三、生态环境监察

1. 矿产资源开发项目环境监察

(1) 环境影响评价制度执行情况。初次检查时，检查建设项目环境影响评价审批手续办理情况（环境影响评价文件的批复部门、时间及要求），重大变更履行环保手续情况。再次检查时，可注明“首次检查时已对企业的审批手续办理情况进行检查，本次不再检查”。

(2) 项目试生产情况。①申请试生产和试生产批复情况；②试生产环境保护核查后下发整改通知落实情况；③试生产期间污染防治设施运行情况：设施正常运行的主要参数、单位耗电量、单位加药量及产生的附属物情况等；④环境风险防范措施落实情况；⑤矿区范围内原有遗留生态环境保护问题整治情况；⑥项目周围生态恢复及补偿工作完成进度情况；⑦污染物排放情况：项目排放的主要污染物和特征污染物，执行的污染物排放标准。

(3) 项目验收情况。①申请验收及验收手续情况；②验收提出的整改意见落实情况等。

2. 规模化畜禽养殖场（小区）项目环境监察

(1) 环境影响评价制度执行情况。初次检查时，检查畜禽养殖场（小区）项目环境影响评价审批手续办理情况（环境影响评价文件的批复部门、时间及要求），重大变更履行环境保护手续情况。再次检查时，可注明“首次检查时已对企业的审批手续办理情况进行检查，本次不再检查”。

(2)“三同时”制度执行情况。①项目主体工程建设情况：建设规模与批复规模变化情况，畜禽养殖场（小区）与环境保护设施同步建设情况。②配套污染防治设施建设情况：主要污染物处理单元构筑物建设进度，治污设备安装等情况；畜禽废弃物的贮存设施或场所“三防”措施落实情况。③配套污染防治设施及畜禽废弃物综合利用措施与畜禽养殖场（小区）同时投入运行情况。④生态保护措施落实情况、防护距离内居民搬迁落实情况。

(3) 项目验收情况。①申请验收及验收手续情况；②验收提出的整改意见落实情况。

(4) 污染防治设施运行情况。①实际处理工艺、规模是否符合环境影响评价文件批复要求；②保证设施正常运行的主要参数；③单位污染介质或去除单位污染物的絮凝剂等药剂用量；④单位污染介质或去除单位污染物的耗电量；⑤单位污染介质或去除单位污染物的污泥等附属物产生量等；⑥检查自动监控装置安装、运行、联网、定期比对监测及监控数据的有效性审核情况；⑦畜禽废弃物综合利用符合规范和标准情况，畜禽废弃物无害化处理措施落实情况等。

（5）主要污染物排放情况。①污染物排放口的数量和位置、污染物排放方式和排污去向与企业排污申报登记、环境影响评价批复文件的一致性；②排放浓度、排放量达标情况：企业自行监测记录、自动监控数据、监督性监测数据是否满足污染物排放标准要求。

（6）综合性环境管理情况。①企业执行排污许可证制度、排污申报登记制度、排污收费制度等情况。②企业内部环境管理制度建设情况：环境监测制度、污染防治设施设备操作规程、交接班制度、台账制度等各项环境管理制度制定情况；能够检测主要污染物和特征污染物的化验室设置情况；专业环境保护管理人员和环境保护监督员配置情况。

【实训案例】

一、案情介绍

2007 年 9 月 6 日，南京市 A 区环境保护局环境监察人员在南京市升州路现场监察时发现，江苏某建筑装饰工程公司（以下简称装饰公司）正在沿街为一家新建的银行进行室内外装修。在施工现场，监察人员发现，施工人员动用了一批产生噪声污染的机械设备，主要有 3 台切割电锯、1 台水泥砂浆机以及气泵等，而且，砂浆机就置于装修房的门前，大量黄沙水泥堆放在砂浆机旁边。

环境监察人员还了解到，这家装饰公司早在 10 多天前就已经开始施工，而施工现场没有采取任何隔声、围挡、覆盖等控制噪声、扬尘等防治污染的措施，产生的噪声、扬尘直接向周围环境排放。同时，这家装饰公司在施工前也没有到 A 区环境保护局办理装修申报手续。

见此情景，环境监察人员现场取证后，当即下达了《南京市 A 区环境保护现场监察意见书》，要求施工单位负责人于 9 月 6 日下午 3 点到 A 区环境保护局补办相关手续。

但是，这家公司在接到意见书后，一直没有办理申报手续。

接下来的几天，A 区环境保护局多次电话催促其来补办申报手续，但是装饰公司依然置之不理，而且继续擅自进行施工。

在环境保护部门多次催促下，直到 2007 年 9 月 11 日，这家装饰公司才来补办相关申报手续。

A 区环境保护局认为，这家公司在收到《环境保护现场监察意见书》并得知应到环境保护部门办理申报手续的情况下，仍然不及时补办，既违反了法律规定的时间，又违反了补办时限，其主观上存在故意拖延的行为，已经构成了拒报的违法事实。

虽然这家公司在 9 月 11 日补办了申报手续，但是，这并不能免除其不按规定时间申报所应承担的法律责任。于是，A 区环境保护局对其进行了行政查处，并于 9 月 26 日开具了行政处罚书，按照拒报行为，给予了 4 000 元的经济处罚。

当接到行政处罚书之后，这家装饰工程公司想不通，认为未听说过在装修之前要到环境保护部门去办理申报手续，另外已经补办了申报手续，为什么还要行政处罚。于是，这家装饰公司向 A 区人民政府提出了行政复议。

2007 年 12 月 4 日，A 区人民政府举行了听证会。在听证会上，这家装饰工程公司声称，他们既不存在“拒报”情形，也不存在“谎报”情形，不应当被处罚，A 区环境保护局决定对他们实施的行政处罚无事实依据和法律依据。

A 区环境保护局对装饰工程公司提出的异议答复是：根据《中华人民共和国环境噪声污染防治法》第 29 条和《南京市环境噪声污染防治条例》第 22 条规定：在城市市区范围内，建筑施工过程中使用机械设备，可能产生环境噪声污染的，施工单位必须在工程开工 15 日前向所在地县级以上环境保护行政主管部门申报该工程项目名称、施工场所和期限，可能产生的环境噪声值以及所采取的环境噪声污染防治措施。但是，这家公司不按规定申报的行为违反了排污申报登记制度，依据《中华人民共和国环境噪声污染防治法》第 49 条和《南京市环境噪声污染防治条例》第 34 条第 2 项规定做出责令改正，并到环境保护部门办理排污申报手续。装饰公司迟迟不进行补办相关手续，环境保护部门下达处以 4 000元罚款的处罚决定，是正当行使法定职权，适用法律是正确的。

A 区环境保护局还称：在对本案处理过程中，该区环境保护局依据法定程序进行了立案调查，填写现场监察意见书，询问了当事人，对施工现场进行拍照取证，《行政处罚决定书》等相关法律文书由装饰工程公司人员签收，案件办理程序合法。

经过这次行政听证和当场质证，A 区人民政府认为，A 区环境保护局对装饰公司的行政处罚，认定事实清楚，证据确凿，适用依据正确，程序合法，内容适当，维持环境保护局做出的行政处罚，对装饰公司的行政复议请求不予支持。

这家装饰公司仍不服 A 区人民政府的行政复议决定 ，随后向 A 区人民法院提起了行政诉讼，要求通过法庭来判定 4 000 元罚款的曲直。

二、实训活动

1. 将学生分成三个小组，一组写一份现场笔录；一组写一份询问笔录，一组写一份《环境保护现场监察意见书》；

2. 将现场笔录、询问笔录、《环境保护现场监察意见书》交给最后一组写一份对装饰公司未办理排污申报手续的《处罚决定书》。

三、扩展活动

装饰公司接到处罚决定书后不服，认为处罚没有依据。拟分组，一组每个学生代装饰工程公司拟一份《复议申请书》，一组每个学生代装饰工程公司拟一份《行政起诉状》。

参考文献

［1］朴光洙．环境法与环境执法．北京：中国环境科学出版社，2008.
［2］环境保护部环境监察局．环境监察．北京：中国环境科学出版社，2009.
［3］陈汉光，朴光洙．环境法基础．北京：中国环境科学出版社，2004．
［4］吕忠梅．环境法学．北京：法律出版社，2004.
［5］韩德培．环境保护法教程．6 版．法律出版社，2012.
［6］王权典，高敏编．现代环境法学概论．广州：华南理工大学出版社，2004.
［7］陈光中．证据法学．北京：法律出版社，2013.
［8］汪劲．环境法学．北京：北京大学出版社，2011.
［9］陈泉生．环境法原理．北京：法律出版社，1997.
［10］金瑞林．环境法学．北京：北京大学出版社，2004.
［11］蔡守秋．环境资源法教程．北京：高等教育出版社，2006.
［12］汪劲．中国环境法原理．北京：北京大学出版社，2000.
［13］周玉华．环境行政法学．哈尔滨：东北林业大学出版社 ，2002.
［14］刘志坚．环境行政法论．兰州：兰州大学出版社，2007.
［15］王灿发．中国环境行政执法手册．北京：中国人民大学出版社，2009.
［16］宁致远．中国律师文书范本．北京：民主与建设出版社，2003.
［17］邓延陆．环境保护行政公文应用写作．北京：中国环境科学出版社，2006.
［18］宁致远．行政执法文书教程．北京：中央广播电视大学出版社，2009.
［19］孙佑海．中华人民共和国水污染防治法解读．北京：中国法制出版社，2008.
［20］黄建初．中华人民共和国固体废物污染环境防治法释义．北京：法律出版社，2005.
［21］杜一超，梁小雨．以案说法：固体废物污染环境防治法、水污染防治法、环境噪声污染防治法．北京：中国社会出版社，2006.
［22］曹康泰，等．中华人民共和国放射性污染防治法释义．北京：法律出版社，2003.
［23］信春鹰．中华人民共和国环境保护法学习读本．北京：中国民主法制出版社，2014.
［24］李成思，聂廷勇，王玮．屡罚屡犯是否一去不复返？［N］．中国环境报，2014-05-14（6）．
［25］应松年．行政处罚法学习辅导．北京：人民出版社，1996.
［26］刘定慧．环境行政处罚．北京：中国环境科学出版社，2012.
［27］环境保护部环境监察局．环境行政处罚办法释义．北京：中国环境科学出版社，2011.
［28］解振华．中国环境保护法规全书．北京：化学工业出版社，1997.

附录一　环境保护主要法律法规及规章目录

一、主要法律

《中华人民共和国环境保护法》
《中华人民共和国环境影响评价法》
《中华人民共和国水污染防治法》
《中华人民共和国大气污染防治法》
《中华人民共和国固体废物污染环境防治法》
《中华人民共和国环境噪声污染防治法》
《中华人民共和国放射性污染防治法》
《中华人民共和国海洋环境保护法》
《中华人民共和国环境保护税法》
《中华人民共和国海域使用管理法》
《中华人民共和国清洁生产促进法》
《中华人民共和国循环经济促进法》
《中华人民共和国城乡规划法》
《中华人民共和国节约能源法》
《中华人民共和国可再生能源法》
《中华人民共和国土地管理法》
《中华人民共和国矿产资源法》
《中华人民共和国煤炭法》
《中华人民共和国水法》
《中华人民共和国防洪法》
《中华人民共和国水土保持法》
《中华人民共和国防沙治沙法》
《中华人民共和国草原法》
《中华人民共和国森林法》
《中华人民共和国野生动物保护法》
《中华人民共和国渔业法》
《中华人民共和国侵权责任法》
《中华人民共和国治安处罚法》
《中华人民共和国行政许可法》
《中华人民共和国行政处罚法》

《中华人民共和国行政强制法》
《中华人民共和国行政复议法》
《中华人民共和国行政诉讼法》
《中华人民共和国国家赔偿法》
《中华人民共和国行政监察法》

二、主要行政法规

（一）环境污染防治类主要法规

《规划环境影响评价条例》
《建设项目环境保护管理条例》
《畜禽规模养殖污染防治条例》
《排污费征收使用管理条例》
《危险化学品安全管理条例》
《医疗废物管理条例》
《城镇排水与污水处理条例》
《太湖流域管理条例》
《淮河流域水污染防治暂行条例》
《消耗臭氧层物质管理条例》
《放射性同位素与射线装置安全和防护条例》
《放射性废物安全管理条例》
《放射性物品运输安全管理条例》
《民用核安全设备监督管理条例》
《中华人民共和国防治陆源污染物污染损害海洋环境管理条例》
《中华人民共和国防治海岸工程建设项目污染损害海洋环境管理条例》
《中华人民共和国海洋石油勘探开发环境保护管理条例》
《企业信息公示暂行条例》
《无照经营查处取缔办法》

（二）自然资源保护类主要法规

《中华人民共和国土地管理法实施条例》
《中华人民共和国基本农田保护条例》
《国有土地上房屋征收与补偿条例》
《土地复垦规定》
《地质勘查资质管理条例》
《中华人民共和国矿产资源法实施细则》
《矿产资源勘查区块登记管理办法》
《矿产资源开采登记管理办法》
《探矿权采矿权转让管理办法》

《南水北调工程供用水管理条例》
《取水许可和水资源费征收管理条例》
《中华人民共和国防汛条例》
《长江河道采砂管理条例》
《中华人民共和国河道管理条例》
《中华人民共和国水土保持法实施条例》
《中华人民共和国森林防火条例》
《中华人民共和国森林病虫害防治条例》
《中华人民共和国城市绿化条例》
《中华人民共和国森林法实施条例》
《退耕还林条例》
《国家处置重、特大森林火灾应急预案》
《草原防火条例》
《中国国家重点保护野生动物名录》
《陆生野生动物保护实施条例》
《水生野生动物保护实施条例》
《中华人民共和国水生野生动物利用特许办法》
《中华人民共和国濒危野生动植物进出口管理条例》
《野生药材资源保护管理条例》
《中华人民共和国野生植物保护条例》
《中华人民共和国植物新品种保护条例》
《中华人民共和国渔业法实施细则》
《中华人民共和国水产资源繁殖保护条例》
《中华人民共和国自然保护区条例》

三、主要部门规章

（一）环境污染防治类主要部门规章

《全国环境监测管理条例》（城环字〔1983〕483号）

《饮用水水源保护区污染防治管理规定》（〔89〕环管字第201号）

《汽车排气污染监督管理办法》（〔90〕环管字第359号通过，环境保护部令2010年第16号修改）

《防止含多氯联苯电力装置及其废物污染环境的规定》（〔91〕环管字第50号）

《防治尾矿污染环境管理规定》（国家环境保护局1992年第11号令通过，经国家环境保护总局令1999年第6号修正，环境保护部令2010年第16号修改）

《化学品首次进口及有毒化学品进出口环境管理规定》（环管〔1994〕140号通过，国家环境保护总局令第41号修正）

《环境保护档案管理办法》（国家环境保护局、国家档案局令1994年第13号）

《环境监理人员行为规范》（国家环境保护局令1995年第16号）

《环境保护法规解释管理办法》（国家环境保护总局令 1998 年第 1 号）

《环境标准管理办法》（国家环境保护总局令 1999 年第 3 号）

《危险废物转移联单管理办法》（国家环境保护总局令 1999 年第 5 号）

《近岸海域环境功能区管理办法》（国家环境保护总局令 1999 年第 8 号通过，环境保护部令 2010 年第 16 号）

《环境影响评价审查专家库管理办法》（国家环境保护总局令 2003 年第 16 号）

《专项规划环境影响报告书审查办法》（国家环境保护总局令 2003 年第 18 号）

《全国环保系统六项禁令》（国家环境保护总局令 2003 年第 20 号）

《医疗废物管理行政处罚办法》（卫生部、国家环境保护总局令 2004 年第 21 号通过，经环境保护部令 2010 年第 16 号修改）

《环境保护行政许可听证暂行办法》（国家环境保护总局令 2004 年第 22 号）

《环境保护法规制定程序办法》（国家环境保护总局令 2005 年第 25 号）

《污染源自动监控管理办法》（国家环境保护总局令 2005 年第 28 号）

《国家环境保护总局建设项目环境影响评价文件审批程序规定》（国家环境保护总局令 2005 年第 29 号）

《建设项目环境影响评价行为准则与廉政规定》（国家环境保护总局令 2005 年第 30 号）

《病原微生物实验室生物安全环境管理办法》（国家环境保护总局令 2006 年第 32 号）

《环境信访办法》（国家环境保护总局令 2006 年第 34 号）

《国家级自然保护区监督检查办法》（国家环境保护总局令 2006 年第 36 号）

《环境统计管理办法》（国家环境保护总局令 2006 年第 37 号）

《环境信息公开办法（试行）》（国家环境保护总局令 2007 年第 35 号）

《环境监测管理办法》（国家环境保护总局令 2007 年第 39 号）

《电子废物污染环境防治管理办法》（国家环境保护总局令 2007 年第 40 号）

《排污费征收工作稽查办法》（国家环境保护总局令 2007 年第 42 号）

《危险废物出口核准管理办法》（国家环境保护总局令 2008 年第 47 号）

《环境行政复议办法》（环境保护部令 2008 年第 4 号）

《建设项目环境影响评价文件分级审批规定》（环境保护部令 2009 年第 5 号）

《新化学物质环境管理办法》（环境保护部令 2010 年第 7 号）

《环境行政处罚办法》（环境保护部令 2009 年第 8 号）

《进出口环保用微生物菌剂环境安全管理办法》（环境保护部令 2010 年第 10 号）

《废弃电器电子产品处理资格许可管理办法》（环境保护部令 2010 年第 13 号）

《环境行政执法后督察办法》（环境保护部令 2010 年第 14 号）

《环保举报热线工作管理办法》（环境保护部令 2010 年第 15 号）

《固体废物进口管理办法》（环境保护部令 2011 年第 12 号）

《突发环境事件信息报告办法》（环境保护部令 2011 年第 17 号）

《污染源自动监控设施现场监督检查办法》（环境保护部令 2012 年第 19 号）

《环境监察办法》（环境保护部令 2012 年第 21 号）

《环境监察执法证件管理办法》（环境保护部令 2013 年第 23 号）

《消耗臭氧层物质进出口管理办法》（环境保护部令 2014 年第 26 号）

《环境保护主管部门实施按日连续处罚办法》（环境保护部令 2014 年第 28 号）
《环境保护主管部门实施查封、扣押办法》（环境保护部令 2014 年第 29 号）
《环境保护主管部门实施限制生产、停产整治办法》（环境保护部令 2014 年第 30 号）
《企业事业单位环境信息公开办法》（环境保护部令 2014 年第 31 号）
《突发环境事件调查处理办法》（环境保护部令 2014 年第 32 号）
《建设项目环境影响评价分类管理名录》（环境保护部令 2015 年第 33 号）
《突发环境事件应急管理办法》（环境保护部令 2015 年第 34 号）
《环境保护公众参与办法》（环境保护部令 2015 年第 35 号）
《建设项目环境影响评价资质管理办法》（环境保护部令 2015 年第 36 号）
《建设项目环境影响后评价管理办法（试行）》（环境保护部令 2015 年第 37 号）
《国家危险废物名录》（环境保护部、国家发展和改革委员会、公安部令 2016 年第 39 号）
《电磁辐射环境保护管理办法》（国家环境保护局令 1997 年第 18 号）

（二）主要自然资源保护类部门规章

《闲置土地处置办法》
《建设项目用地预审管理办法》
《建设用地审查报批管理办法》
《土地权属争议调查处理办法》
《土地利用总体规划编制审查办法》
《土地登记办法》
《关于违反土地管理规定行为行政处分暂行办法》
《土地监察暂行规定》
《划拨土地使用权管理暂行办法》
《矿产资源规划编制实施办法》
《矿产资源节约与综合利用专项资金管理办法》
《矿产资源登记统计管理办法》
《地质资料管理条例实施办法》
《矿产资源储量评审认定办法》
《违反矿产资源法规行政处罚办法》
《水利工程建设项目管理规定（试行）》
《水文站网管理办法》
《长江河道采砂管理条例实施办法》
《三峡水库调度和库区水资源与河道管理办法》
《取水许可管理办法》
《水量分配暂行办法》
《水工程建设规划同意书制度管理办法（试行）》
《水行政许可听证规定》
《水利工程建设项目验收管理规定》
《水行政许可实施办法》

《入河排污口监督管理办法》
《水利工程供水价格管理办法》
《建设项目水资源论证管理办法》
《水政监察工作章程》
《水利基本建设项目稽察暂行办法》
《水行政处罚实施办法》
《河道采砂收费管理办法》
《水土保持生态环境监测网络管理办法》
《开发建设项目水土保持设施验收管理办法》
《开发建设项目水土保持方案管理办法》
《开发建设项目水土保持方案编报审批管理规定》
《森林采伐更新管理办法》
《林木林地权属争议处理办法》
《占用征用林地审核审批管理办法》
《林业行政处罚听证规则》
《森林植被恢复费征收使用管理暂行办法》
《突发林业有害生物事件处置办法》
《林木种子质量管理办法》
《中央财政森林生态效益补偿基金管理办法》
《林木种质资源管理办法》
《森林资源监督工作管理办法》
《林业行政许可听证办法》
《国家级森林公园管理办法》
《天然林资源保护工程森林管护管理办法》
《草畜平衡管理办法》
《草原征占用审核审批管理办法》
《全国草原火灾应急预案》
《引进陆生野生动物外来物种种类及数量审批管理办法》
《陆生野生动物疫源疫病监测防控管理办法》
《国家重点保护野生植物名录（第一批）》
《农业野生植物保护办法》
《野生动植物进出口证书管理办》
《远洋渔业管理规定》
《水产养殖质量安全管理规定》
《渔业资源增殖保护费征收使用办法》
《水产苗种管理办法》
《渔业行政执法督察规定（试行）》
《中华人民共和国渔业船舶登记办法》
《中华人民共和国水生动植物自然保护区管理办法》

《森林和野生动物类型自然保护区管理办法》
《水生生物自然保护区管理工作考核暂行办法》
《海洋自然保护区管理办法》
《海洋特别保护区管理暂行办法》

附录二 国务院办公厅关于加强环境监管执法的通知

国办发〔2014〕56号

各省、自治区、直辖市人民政府，国务院各部委、各直属机构：

近年来，各地区、各部门不断加大工作力度，环境监管执法工作取得一定成效。但一些地方监管执法不到位等问题仍然十分突出，环境违法违规案件高发频发，人民群众反映强烈。为贯彻落实党的十八届四中全会精神和党中央、国务院有关决策部署，加快解决影响科学发展和损害群众健康的突出环境问题，着力推进环境质量改善，经国务院同意，现就加强环境监管执法有关要求通知如下：

一、严格依法保护环境，推动监管执法全覆盖

有效解决环境法律法规不健全、监管执法缺位问题。完善环境监管法律法规，落实属地责任，全面排查整改各类污染环境、破坏生态和环境隐患问题，不留监管死角、不存执法盲区，向污染宣战。

（一）加快完善环境法律法规标准。用严格的法律制度保护生态环境，抓紧制（修）订土壤环境保护、大气污染防治、环境影响评价、排污许可、环境监测等方面的法律法规，强化生产者环境保护的法律责任，大幅度提高违法成本。加快完善重金属、挥发性有机物、危险废物、持久性有机污染物、放射性污染物质等领域环境标准，提高重点行业环境准入门槛。鼓励各地根据环境质量目标，制定和实施地方性法规和更严格的污染物排放标准。通过落实环境保护法律法规，约束产业转移行为，倒逼经济转型升级。

（二）全面实施行政执法与刑事司法联动。各级环境保护部门和公安机关要建立联动执法联席会议、常设联络员和重大案件会商督办等制度，完善案件移送、联合调查、信息共享和奖惩机制，坚决克服有案不移、有案难移、以罚代刑现象，实现行政处罚和刑事处罚无缝衔接。移送和立案工作要接受人民检察院法律监督。发生重大环境污染事件等紧急情况时，要迅速启动联合调查程序，防止证据灭失。公安机关要明确机构和人员负责查处环境犯罪，对涉嫌构成环境犯罪的，要及时依法立案侦查。人民法院在审理环境资源案件中，需要环境保护技术协助的，各级环境保护部门应给予必要支持。

（三）抓紧开展环境保护大检查。2015年年底前，地方各级人民政府要组织开展一次环境保护全面排查，重点检查所有排污单位污染排放状况，各类资源开发利用活动对生态环境影响情况，以及建设项目环境影响评价制度、“三同时”（防治污染设施与主体工程同时设计、同时施工、同时投产使用）制度执行情况等，依法严肃查处、整改存在的问题，

结果向上一级人民政府报告，并向社会公开。环境保护部等有关部门要加强督促、检查和指导，建立定期调度工作机制，组织对各地检查情况进行抽查，重要情况及时报告国务院。

（四）着力强化环境监管。各市、县级人民政府要将本行政区域划分为若干环境监管网格，逐一明确监管责任人，落实监管方案；监管网格划分方案要于2015年年底前报上一级人民政府备案，并向社会公开。各省、市、县级人民政府要确定重点监管对象，划分监管等级，健全监管档案，采取差别化监管措施；乡镇人民政府、街道办事处要协助做好相关工作。各省级环境保护部门要加强巡查，每年按一定比例对国家重点监控企业进行抽查，指导市、县级人民政府落实网格化管理措施。市、县两级环境保护部门承担日常环境监管执法责任，要加大现场检查、随机抽查力度。环境保护重点区域、流域地方政府要强化协同监管，开展联合执法、区域执法和交叉执法。

二、对各类环境违法行为“零容忍”，加大惩治力度

坚决纠正执法不到位、整改不到位问题。坚持重典治乱，铁拳铁规治污，采取综合手段，始终保持严厉打击环境违法的高压态势。

（五）重拳打击违法排污。对偷排偷放、非法排放有毒有害污染物、非法处置危险废物、不正常使用防治污染设施、伪造或篡改环境监测数据等恶意违法行为，依法严厉处罚；对拒不改正的，依法予以行政拘留；对涉嫌犯罪的，一律迅速移送司法机关。对负有连带责任的环境服务第三方机构，应予以追责。建立环境信用评价制度，将环境违法企业列入“黑名单”并向社会公开，将其环境违法行为纳入社会信用体系，让失信企业一次违法、处处受限。对污染环境、破坏生态等损害公众环境权益的行为，鼓励社会组织、公民依法提起公益诉讼和民事诉讼。

（六）全面清理违法违规建设项目。对违反建设项目环境影响评价制度和“三同时”制度，越权审批但尚未开工建设的项目，一律不得开工；未批先建、边批边建，资源开发以采代探的项目，一律停止建设或依法依规予以取缔；环境保护设施和措施落实不到位擅自投产或运行的项目，一律责令限期整改。各地要于2016年年底前完成清理整改任务。

（七）坚决落实整改措施。对依法作出的行政处罚、行政命令等具体行政行为的执行情况，实施执法后督察。对未完成停产整治任务擅自生产的，依法责令停业关闭，拆除主体设备，使其不能恢复生产。对拒不改正的，要依法采取强制执行措施。对非诉执行案件，环境保护、工商、供水、供电等部门和单位要配合人民法院落实强制措施。

三、积极推行“阳光执法”，严格规范和约束执法行为

坚决纠正不作为、乱作为问题。健全执法责任制，规范行政裁量权，强化对监管执法行为的约束。

（八）推进执法信息公开。地方环境保护部门和其他负有环境监管职责的部门，每年要发布重点监管对象名录，定期公开区域环境质量状况，公开执法检查依据、内容、标准、程序和结果。每月公布群众举报投诉重点环境问题处理情况、违法违规单位及其法定代表人名单和处理、整改情况。

（九）开展环境执法稽查。完善国家环境监察制度，加强对地方政府及其有关部门落

实环境保护法律法规、标准、政策、规划情况的监督检查，协调解决跨省域重大环境问题。研究在环境保护部设立环境监察专员制度。自2015年起，市级以上环境保护部门要对下级环境监管执法工作进行稽查。省级环境保护部门每年要对本行政区域内30%以上的市（地、州、盟）和5%以上的县（市、区、旗），市级环境保护部门每年要对本行政区域内30%以上的县（市、区、旗）开展环境稽查。稽查情况通报当地人民政府。

（十）强化监管责任追究。对网格监管不履职的，发现环境违法行为或者接到环境违法行为举报后查处不及时的，不依法对环境违法行为实施处罚的，对涉嫌犯罪案件不移送、不受理或推诿执法等监管不作为行为，监察机关要依法依纪追究有关单位和人员的责任。国家工作人员充当保护伞包庇、纵容环境违法行为或对其查处不力，涉嫌职务犯罪的，要及时移送人民检察院。实施生态环境损害责任终身追究，建立倒查机制，对发生重特大突发环境事件，任期内环境质量明显恶化，不顾生态环境盲目决策、造成严重后果，利用职权干预、阻碍环境监管执法的，要依法依纪追究有关领导和责任人的责任。

四、明确各方职责任务，营造良好执法环境

有效解决职责不清、责任不明和地方保护问题。切实落实政府、部门、企业和个人等各方面的责任，充分发挥社会监督作用。

（十一）强化地方政府领导责任。县级以上地方各级人民政府对本行政区域环境监管执法工作负领导责任，要建立环境保护部门对环境保护工作统一监督管理的工作机制，明确各有关部门和单位在环境监管执法中的责任，形成工作合力。切实提升基层环境执法能力，支持环境保护等部门依法独立进行环境监管和行政执法。2015年6月底前，地方各级人民政府要全面清理、废除阻碍环境监管执法的“土政策”，并将清理情况向上一级人民政府报告。审计机关在开展党政主要领导干部经济责任审计时，要对地方政府主要领导干部执行环境保护法律法规和政策、落实环境保护目标责任制等情况进行审计。

（十二）落实社会主体责任。支持各类社会主体自我约束、自我管理。各类企业、事业单位和社会组织应当按照环境保护法律法规标准的规定，严格规范自身环境行为，落实物资保障和资金投入，确保污染防治、生态保护、环境风险防范等措施落实到位。重点排污单位要如实向社会公开其污染物排放状况和防治污染设施的建设运行情况。制定财政、税收和环境监管等激励政策，鼓励企业建立良好的环境信用。

（十三）发挥社会监督作用。环境保护人人有责，要充分发挥“12369”环保举报热线和网络平台作用，畅通公众表达渠道，限期办理群众举报投诉的环境问题。健全重大工程项目社会稳定风险评估机制，探索实施第三方评估。邀请公民、法人和其他组织参与监督环境执法，实现执法全过程公开。

五、增强基层监管力量，提升环境监管执法能力

加快解决环境监管执法队伍基础差、能力弱等问题。加强环境监察队伍和能力建设，为推进环境监管执法工作提供有力支撑。

（十四）加强执法队伍建设。建立重心下移、力量下沉的法治工作机制，加强市、县级环境监管执法队伍建设，具备条件的乡镇（街道）及工业集聚区要配备必要的环境监管人员。大力提高环境监管队伍思想政治素质、业务工作能力、职业道德水准，2017年年

底前，现有环境监察执法人员要全部进行业务培训和职业操守教育，经考试合格后持证上岗；新进人员，坚持“凡进必考”，择优录取。研究建立符合职业特点的环境监管执法队伍管理制度和有利于监管执法的激励制度。

（十五）强化执法能力保障。推进环境监察机构标准化建设，配备调查取证等监管执法装备，保障基层环境监察执法用车。2017年年底前，80%以上的环境监察机构要配备使用便携式手持移动执法终端，规范执法行为。强化自动监控、卫星遥感、无人机等技术监控手段运用。健全环境监管执法经费保障机制，将环境监管执法经费纳入同级财政全额保障范围。

各地区、各有关部门要充分认识进一步加强环境监管执法的重要意义，切实强化组织领导，认真抓好工作落实。环境保护部要会同有关部门加强对本通知落实情况的监督检查，重大情况及时向国务院报告。

国务院办公厅

2014年11月12日

附录三　最高人民法院、最高人民检察院关于办理环境污染刑事案件适用法律若干问题的解释　（节选）

法释〔2016〕29号

第一条　实施刑法第三百三十八条规定的行为，具有下列情形之一的，应当认定为“严重污染环境”：

（一）在饮用水水源一级保护区、自然保护区核心区排放、倾倒、处置有放射性的废物、含传染病病原体的废物、有毒物质的；

（二）非法排放、倾倒、处置危险废物三吨以上的；

（三）排放、倾倒、处置含铅、汞、镉、铬、砷、铊、锑的污染物，超过国家或者地方污染物排放标准三倍以上的；

（四）排放、倾倒、处置含镍、铜、锌、银、钒、锰、钴的污染物，超过国家或者地方污染物排放标准十倍以上的；

（五）通过暗管、渗井、渗坑、裂隙、溶洞、灌注等逃避监管的方式排放、倾倒、处置有放射性的废物、含传染病病原体的废物、有毒物质的；

（六）二年内曾因违反国家规定，排放、倾倒、处置有放射性的废物、含传染病病原体的废物、有毒物质受过两次以上行政处罚，又实施前列行为的；

（七）重点排污单位篡改、伪造自动监测数据或者干扰自动监测设施，排放化学需氧量、氨氮、二氧化硫、氮氧化物等污染物的；

（八）违法减少防治污染设施运行支出一百万元以上的；

（九）违法所得或者致使公私财产损失三十万元以上的；

（十）造成生态环境严重损害的；

（十一）致使乡镇以上集中式饮用水水源取水中断十二小时以上的；

（十二）致使基本农田、防护林地、特种用途林地五亩以上，其他农用地十亩以上，其他土地二十亩以上基本功能丧失或者遭受永久性破坏的；

（十三）致使森林或者其他林木死亡五十立方米以上，或者幼树死亡二千五百株以上的；

（十四）致使疏散、转移群众五千人以上的；

（十五）致使三十人以上中毒的；

（十六）致使三人以上轻伤、轻度残疾或者器官组织损伤导致一般功能障碍的；

（十七）致使一人以上重伤、中度残疾或者器官组织损伤导致严重功能障碍的；

（十八）其他严重污染环境的情形。

第二条 实施刑法第三百三十九条、第四百零八条规定的行为，致使公私财产损失三十万元以上，或者具有本解释第一条第十项至第十七项规定情形之一的，应当认定为“致使公私财产遭受重大损失或者严重危害人体健康”或者“致使公私财产遭受重大损失或者造成人身伤亡的严重后果”。

第三条 实施刑法第三百三十八条、第三百三十九条规定的行为，具有下列情形之一的，应当认定为“后果特别严重”：

（一）致使县级以上城区集中式饮用水水源取水中断十二小时以上的；

（二）非法排放、倾倒、处置危险废物一百吨以上的；

（三）致使基本农田、防护林地、特种用途林地十五亩以上，其他农用地三十亩以上，其他土地六十亩以上基本功能丧失或者遭受永久性破坏的；

（四）致使森林或者其他林木死亡一百五十立方米以上，或者幼树死亡七千五百株以上的；

（五）致使公私财产损失一百万元以上的；

（六）造成生态环境特别严重损害的；

（七）致使疏散、转移群众一万五千人以上的；

（八）致使一百人以上中毒的；

（九）致使十人以上轻伤、轻度残疾或者器官组织损伤导致一般功能障碍的；

（十）致使三人以上重伤、中度残疾或者器官组织损伤导致严重功能障碍的；

（十一）致使一人以上重伤、中度残疾或者器官组织损伤导致严重功能障碍，并致使五人以上轻伤、轻度残疾或者器官组织损伤导致一般功能障碍的；

（十二）致使一人以上死亡或者重度残疾的；

（十三）其他后果特别严重的情形。

第四条 实施刑法第三百三十八条、第三百三十九条规定的犯罪行为，具有下列情形之一的，应当从重处罚：

（一）阻挠环境监督检查或者突发环境事件调查，尚不构成妨害公务等犯罪的；

（二）在医院、学校、居民区等人口集中地区及其附近，违反国家规定排放、倾倒、处置有放射性的废物、含传染病病原体的废物、有毒物质或者其他有害物质的；

（三）在重污染天气预警期间、突发环境事件处置期间或者被责令限期整改期间，违反国家规定排放、倾倒、处置有放射性的废物、含传染病病原体的废物、有毒物质或者其他有害物质的；

（四）具有危险废物经营许可证的企业违反国家规定排放、倾倒、处置有放射性的废物、含传染病病原体的废物、有毒物质或者其他有害物质的。

第十条 违反国家规定，针对环境质量监测系统实施下列行为，或者强令、指使、授意他人实施下列行为的，应当依照刑法第二百八十六条的规定，以破坏计算机信息系统罪论处：

（一）修改参数或者监测数据的；

（二）干扰采样，致使监测数据严重失真的；

（三）其他破坏环境质量监测系统的行为。

重点排污单位篡改、伪造自动监测数据或者干扰自动监测设施，排放化学需氧量、氨氮、二氧化硫、氮氧化物等污染物，同时构成污染环境罪和破坏计算机信息系统罪的，依照处罚较重的规定定罪处罚。

从事环境监测设施维护、运营的人员实施或者参与实施篡改、伪造自动监测数据、干扰自动监测设施、破坏环境质量监测系统等行为的，应当从重处罚。

第十五条 下列物质应当认定为刑法第三百三十八条规定的“有毒物质”：

（一）危险废物，是指列入国家危险废物名录，或者根据国家规定的危险废物鉴别标准和鉴别方法认定的，具有危险特性的废物；

（二）《关于持久性有机污染物的斯德哥尔摩公约》附件所列物质；

（三）含重金属的污染物；

（四）其他具有毒性，可能污染环境的物质。

第十六条 无危险废物经营许可证，以营利为目的，从危险废物中提取物质作为原材料或者燃料，并具有超标排放污染物、非法倾倒污染物或者其他违法造成环境污染的情形的行为，应当认定为“非法处置危险废物”。

后　记

本书由朴光洙负责总体设计，由曹晓凡、宋海鸥、朴光洙、王政、刘湘、马品懿、刘永鑫、刘斌、夏振鹏、杨晓婉、高原、陈晨、刘明、胡艳芬、朴可佳共同完成。全书由朴光洙负责统稿工作。

各章分工如下（以章节为序）：

宋海鸥：第一章、第四章、第六章第五节至第九节、第九章；

曹晓凡：第三章、第五章、第六章第一节至第四节；

王　政：第二章、第十章、第十四章；

刘永鑫、刘斌：第七章；

刘湘、胡艳芬：第八章、第十六章；

朴光洙、杨晓婉、高原、陈晨、刘明：第十一章、第十二章、第十三章；

马品懿、朴可佳：第十五章。

本书由我国著名的环境法学专家、律师、博士生导师王灿发教授担任主审人。王教授对本书的编写倾注了大量心血，对本书的总体设计、编写大纲及具体内容提出了许多宝贵意见和指导。

需要说明的是，本书第三版稿付梓以来，我国先后修订了《大气污染防治法》《环境影响评价法》《水法》《节约能源法》《农药管理条例》；颁布了《环境保护税法》；出台了《党政领导干部生态环境损害责任追究办法（试行）》《“十三五”生态环境保护规划》《水污染防治行动计划》《土壤污染防治行动计划》《生态环境损害赔偿制度改革试点方案》《关于印发〈环境保护督查方案〉（试行）的通知》《关于印发控制污染物排放许可制实施方案的通知》《排污许可证管理理暂行办法》以及《最高人民法院、最高人民检察院关于办理环境污染刑事案件适用法律若干问题的解释》等一系列新的环境保护法规及政策。此次修改已将上述新规定、新内容加以补充、完善，体现了本书的内容始终与时俱进。

本书的编写及出版得到河北环境工程学院领导的大力支持和中国环境出版社领导的鼎力相助，特别是沈建同志的热情协助，在此致以衷心的感谢。

作　者

2017年6月5日

教师反馈卡

尊敬的老师：您好！

谢谢您购买本书。为了进一步加强我们与老师之间的联系与沟通，请您协助填妥下表，以便定期向您寄送最新的出版信息，您还有机会获得我们免费寄送的样书及相关的教辅材料；同时我们还会为您的教学工作以及论著或译著的出版提供尽可能的帮助。欢迎您对我们的产品和服务提出宝贵意见，非常感谢您的大力支持与帮助。

姓名：____________ 年龄：____________ 职务：____________ 职称：____________

系别：____________ 学院：____________ 学校：____________

通信地址：________________________ 邮编：____________

电话（办）：____________（家）____________ E-mail ____________

学历：____________ 毕业学校：____________

国外进修或讲学经历：____________

教授课程	学生水平	学生人数/年	开课时间
1.			
2.			
3.			

您的研究领域：____________

您现在授课使用的教材名称：____________

您使用的教材的出版社：____________

您是否已经采用本书作为教材：□是；□没有。

采用人数：____________

您使用的教材的购买渠道：□教材科；□出版社；□书店；□其他。

您需要以下教辅：□教师手册；□学生手册；□PPT；□习题集；□其他____________

（我们将为选择本教材的老师提供现有教辅产品）

您对本书的意见：____________

您是否有翻译意向：□有；□没有。

您的翻译方向：____________

您是否计划或正在编著专著：□是；□没有。

您编著的专著的方向：____________

您还希望获得的服务：____________

填妥后请选择以下任何一种方式将此表返回（如方便请赐名片）：

地址：北京市东城区广渠门内大街 16 号　中国环境出版社教材图书出版中心

邮编：100062

电话（传真）：（010）67113412

E-mail：shenjian1960@126.com

网址：http://www.cesp.com.cn